■2025年度高等学校受験用

大宮開成高等学校

収録内容一覧

★この問題集は以下の収録内容となっています。また、編集の都合上、解説、解答用紙を省略させていただいている場合もございますのでご了承ください。

（○印は収録、一印は未収録）

入試問題の収録内容			解説	解答	解答用紙
2024年度	単願・第1回併願	英語・数学・国語	○	○	○
	第2回併願	英語・数学・国語	○	○	○
2023年度	単願	英語・数学・国語	○	○	○
	併願A	英語・数学・国語	○	○	○
	併願B	英語・数学・国語	一	○	○
2022年度	単願	英語・数学・国語	○	○	○
	併願A	英語・数学・国語	○	○	○
	併願B	英語・数学・国語	一	○	○

★当問題集のバックナンバーは在庫がございません。あらかじめご了承ください。

●凡例●

【英語】

≪解答≫

〔　〕　①別解
②置き換え可能な語句（なお下線は置き換える箇所が2語以上の場合）
(例) I am〔I'm〕glad〔happy〕to ~

(　)　省略可能な言葉

≪解説≫

1, 2… 本文の段落（ただし本文が会話文の場合は話者の１つの発言）

〔　〕　置き換え可能な語句（なお〔　〕の前の下線は置き換える箇所が 2 語以上の場合）

(　)　①省略が可能な言葉
(例) 「(数が) いくつかの」
②単語・代名詞の意味
(例) 「彼（＝警察官）が叫んだ」
③言い換え可能な言葉
(例) 「いやなにおいがするなべにはふたをするべきだ（＝くさいものにはふたをしろ）」

//　訳文と解説の区切り

cf.　比較・参照

≒　ほぼ同じ意味

【数学】

≪解答≫

〔　〕　別解

≪解説≫

(　)　補足的指示
(例)（右図１参照）など

〔　〕　①公式の文字部分
(例)〔長方形の面積〕=〔縦〕×〔横〕
②面積・体積を表す場合
(例)〔立方体ABCDEFGH〕

∴　ゆえに

≒　約、およそ

【社会】

≪解答≫

〔　〕　別解

(　)　省略可能な語

＿＿　使用を指示された語句

≪解説≫

〔　〕　別称・略称
(例) 政府開発援助〔ODA〕

(　)　①年号
(例) 壬申の乱が起きた（672 年）。
②意味・補足的説明
(例) 資本収支（海外への投資など）

【理科】

≪解答≫

〔　〕　別解

(　)　省略可能な語

＿＿　使用を指示された語句

≪解説≫

〔　〕　公式の文字部分

(　)　①単位
②補足的説明
③同義・言い換え可能な言葉
(例) カエルの子（オタマジャクシ）

≒　約、およそ

【国語】

≪解答≫

〔　〕　別解

(　)　省略してもよい言葉

＿＿　使用を指示された語句

≪解説≫

〈　〉　課題文中の空所部分（現代語訳・通釈・書き下し文）

(　)　①引用文の指示語の内容
(例)「それ（＝過去の経験）が ～」
②選択肢の正誤を示す場合
(例)（ア，ウ…×）
③現代語訳で主語などを補った部分
(例)（女は）出てきた。

／　漢詩の書き下し文・現代語訳の改行部分

大宮開成高等学校

所在地	〒330-8567 埼玉県さいたま市大宮区堀の内町1-615
電　話	048-641-7161
ホームページ	https://www.omiyakaisei.jp/
交通案内	JR大宮駅よりバス7分

普通科

男女共学

くわしい情報はホームページへ

応募状況

年度	募集数	受験数	合格数	倍率
2024	先進・Ⅰ類・Ⅱ類 380名	416名 374名 751名	454名 408名 580名	1.1倍
2023	先進 80名 Ⅰ類150名 Ⅱ類150名	415名 641名 913名	528名 640名 671名	1.1倍
2022	先進 80名 Ⅰ類150名 Ⅱ類150名	355名 544名 775名	471名 527名 561名	1.1倍

※受験数，合格数は単願，第１回・第２回併願(2022・2023年度は併願A・B)の合計。
※合格数にはコースアップ合格数を含む。

試験科目　(参考用：2024年度入試)

単願・併願：国語・英語・数学

教育の特色

新入生は３月から高校生／入学式前の３月下旬に，国語・数学・英語の３科目を学ぶ春期講習を開催。

盤石な基礎学力の確立／平日は７時間の授業。朝自習なども実施。また，土曜日は探究学習の時間として人間力を高める多面的な学習や大学受験に向けた講習などを行う。

探究学習「愛知和ラーニング(PRO)」／実験，教養，スポーツ，検定対策，発展学習など40種類以上の講座の中から，自らの興味関心に合わせて選択する。講座の中には校外でフィールドワークを行うものなどもある。

培った英語力をグローバルプログラムで実践／２年次の海外研修のほか，希望制で校内グローバルスタディ，セブ島夏期留学，ターム留学などがある。

豊富な進路行事と，きめ細かな進路指導／OB・OGが対応してくれる大学見学会，卒業生進路講演会，愛知和講演など多くの進路行事を設けている。

部活動・学校行事を通じて人間力を高める／コース問わずに参加できる部活動や，体育祭や文化祭などの行事を通じて，協調性や社会性，問題発見・解決能力など，社会で必要とされる人間力を養う。

自学・自習の習慣を身につける／図書館２階の自習室には200席の個別ブースを設置。また，職員室の隣には個別質問室があり，いつでも質問できる環境がある。

コース編成

学習到達度に合わせた「特進選抜先進コース」「特進選抜Ⅰ類コース」「特進選抜Ⅱ類コース」の３つのコースがある。授業時間数は同じだが，使用教材や授業進度を調整し，一人ひとりの学力を最大限に高める学習環境を整えている。進級時には学習到達度に合わせてコース変更することも可能。

合格実績（2024年）

◎主な大学合格者数

（2024年３月卒業生・一貫部含む・現役のみ）

東京大１名，一橋大２名，東京工業大２名，北海道大７名，東北大８名，名古屋大２名，大阪大１名，九州大２名，東京外国語大２名，筑波大５名，東京医科歯科大３名，千葉大３名，横浜国立大１名，東京学芸大７名，電気通信大３名，東京農工大１名，埼玉大17名，宇都宮大１名，群馬大１名，東京都立大２名，埼玉県立大３名，早稲田大67名，慶應義塾大27名，上智大31名，東京理科大64名，学習院大44名，明治大85名，青山学院大52名，立教大97名，中央大74名，法政大137名ほか

編集部注—本書の内容は2024年5月現在のものであり，変更されている場合があります。正確な情報は，学校のホームページ等で必ずご確認ください。

出題傾向と今後への対策 英語

出題内容

	2024		2023		2022	
	単・1併	2併	単願	併A	単願	併A
大問数	6	6	6	6	6	6
小問数	43	43	44	45	44	44
リスニング	×	×	×	×	×	×

◎大問6題で，構成内容や難易度は例年ほぼ同じである。

2024年度の出題状況

《単願・第1回併願》

Ⅰ 長文読解総合―説明文
Ⅱ 長文読解総合―説明文
Ⅲ 長文読解総合―会話文
Ⅳ 適語(句)選択
Ⅴ 誤文訂正
Ⅵ 整序結合

《第2回併願》

Ⅰ 長文読解総合―説明文
Ⅱ 長文読解総合―伝記
Ⅲ 長文読解総合―対話文
Ⅳ 適語(句)選択・語形変化
Ⅴ 誤文訂正
Ⅵ 整序結合

解答形式

《単願・第1回併願》 記　述／マーク／併　用

《第2回併願》 記　述／マーク／併　用

出題傾向

どちらの試験も標準的な問題が中心で，難問，奇問といった類の問題は見られない。解答形式はマークシート式で，分量も小問が45問前後と平均的である。

読解問題は400～500語程度の長文2題，会話文1題が近年の傾向である。文法問題から内容把握まで幅広く問う傾向がある。会話文では適文選択形式の問題が頻出。

今後への対策

中学校で学習する事柄を押さえていれば解ける問題なので，教科書と基本的な問題集を徹底的に学習することが肝要である。教科書は何度も音読をしながら，基本的な単語，熟語，構文を覚えよう。手で実際に書くこともあわせてやろう。読解問題は，少し易しいと思える英文を数多く読みこなして苦手意識を克服してほしい。

◆◆◆◆◆ 英語出題分野一覧表 ◆◆◆◆◆

分野		年度	2022		2023		2024		2025予想※	
			単願	併A	単願	併A	単・1併	2併	単・1併	2併
音声	放送問題									
	単語の発音・アクセント		●	●	●	●	●	●	◎	◎
	文の区切り・強勢・抑揚									
語彙・文法	単語の意味・綴り・関連知識									
	適語(句)選択・補充		■	■	■	■	■	■	◎	◎
	書き換え・同意文完成									
	語形変化		●	●	●	●		●	◎	◎
	用法選択									
	正誤問題・誤文訂正		●	●	●	●	●	●	◎	◎
	その他									
作文	整序結合		■	■	■	■	■	●	◎	◎
	日本語英訳	適語(句)・適文選択								
		部分・完全記述								
	条件作文									
	テーマ作文									
会話文	適文選択		●	●	●	●	●	●	◎	◎
	適語(句)選択・補充									
	その他									
長文読解	内容把握	主題・表題								
		内容真偽	■	■	■	■	■	■	◎	◎
		内容一致・要約文完成								
		文脈・要旨把握	●		●	●	●	●	◎	◎
		英問英答								
	適語(句)選択・補充		■	■	■	■	■	■	◎	◎
	適文選択・補充		●			●	●		◎	△
	文(章)整序			●	●	●		●	△	◎
	英文・語句解釈(指示語など)		●	●	●	●	●		◎	◎
	その他(適所選択)			●	●	●		●	△	◎

●印：1～5問出題，■印：6～10問出題，★印：11問以上出題。
※予想欄　◎印：出題されると思われるもの。　△印：出題されるかもしれないもの。

出題傾向と今後への対策　数学

出題内容

2024年度　《単願・第１回併願》

1は計算を主とするもの６問。2は数と式，データの活用，図形などから計６問。3は平面図形の計量題２問。4は空間図形で，三角柱と，これに内接する球について問うもの。5は関数で，放物線と直線に関するもの。

《第２回併願》

出題構成は単願・第１回とほぼ同じ。3の平面図形は，半円と三角形について問う計量題。4は空間図形で，正四面体と円柱を組み合わせた立体について問う計量題。5は関数で，放物線と直線に関するもの。図形の知識も要する。

2023年度　《単　願》

1は計算を主とするもの６問。2は数と式，データの活用，図形などから計６問。3は平面図形の計量題２問。4は空間図形で，正四面体と，これに外接する球について問うもの。5は関数で，放物線と直線に関するもの。

《併願Ａ》

出題構成は単願とほぼ同じ。3の平面図形は，計量題のほか，円周率πが3.10より大きいことを示す証明問題も出題されている。4は空間図形で，円柱を利用した問題。5は関数で，放物線と直線に関するもの。回転体について問うものもある。

作…作図問題　証…証明問題　グ…グラフ作成問題

解答形式

《単願・第１回併願》　記　述／マーク／併　用

《第２回併願》　記　述／マーク／併　用

出題傾向

構成は，大問５題，総設問数20問となることが多い。レベルは標準レベルで，教科書内容の定着度を見るものといえる。1，2の小問集合では，やや複雑なものもあるが正確な計算力，知識を見るものが中心である。3～5は，図形２題と関数１題で，問題集などでよく見るパターンの問題となることが多い。

今後への対策

まずは，教科書を総復習し，基本的な計算力や知識をしっかり身につけること。次に，標準レベルの問題集を用いて，問題に慣れていくようにするとよい。苦手分野は特に集中的に。これと並行して，数・式の計算や方程式など，毎日計算練習もするようにしよう。

◆◆◆◆◆ 数学出題分野一覧表 ◆◆◆◆◆

分野	年度	2022		2023		2024		2025予想※	
		単願	併Ａ	単願	併Ａ	単・1併	２併	単・1併	２併
数と式	計算，因数分解	★	★	★	★	★	★	◎	◎
	数の性質，数の表し方	●	●	●	●	●	●	◎	◎
	文字式の利用，等式変形								
	方程式の解法，解の利用	■	■	■	■	■	■	◎	◎
	方程式の応用	■	★	●	★	●	■	◎	◎
関　数	比例・反比例，一次関数								
	関数$y=ax^2$とその他の関数	★	★	★	★	★	★	◎	◎
	関数の利用，図形の移動と関数								
図　形	(平面）計　量	★	★	★	■	★	★	◎	◎
	(平面）証明，作図				●				△
	(平面）その他								
	(空間）計　量	★	★	★	■	★	★	◎	◎
	(空間）頂点・辺・面，展開図								
	(空間）その他				●				
データの活用	場合の数，確率	●	●	●	●	●	●	◎	◎
	データの分析・活用，標本調査						●		△
その他	不等式								
	特殊・新傾向問題など								
	融合問題								

●印：１問出題，■印：２問出題，★印：３問以上出題。
※予想欄　◎印：出題されると思われるもの。　△印：出題されるかもしれないもの。

出題傾向と今後への対策 国語

出題内容

2024年度

《単願・第1回併願》

一 随筆　二 小説　三 古文　四 国語の知識

課題文

一吉本隆明『読書の方法』
二橋本　治『あんぱん』
三井原西鶴『武家義理物語』／『太平記』

《第2回併願》

一 論説文　二 小説　三 古文　四 国語の知識

課題文

一阪本俊生『ポスト・プライバシー』
二青山七恵『かけら』
三『古今著聞集』／清少納言『枕草子』

2023年度

《単　願》

一 論説文　二 小説　三 古文　四 国語の知識

課題文 一岩崎武雄『哲学のすすめ』
二森沢明夫『虹の岬の喫茶店』
三『十訓抄』

《併願A》

一 論説文　二 小説　三 古文　四 国語の知識

課題文 一中山　元『わたしたちはなぜ笑うのか』
二木内　昇『庄助さん』
三『大和物語』

解答形式

《単願・第1回併願》　記　述／マーク／併　用

《第2回併願》　記　述／マーク／併　用

出題傾向

問題の構成は，オーソドックスであるが，全体の分量はかなり多い。課題文は，内容・分量ともに標準的であるが，設問がそれぞれの問題に5～10問付されている。設問は，現代文・古文とも，内容理解に関するものがほとんどである。国語の知識に関する問題は，漢字のほか，語句や品詞などに関して問われる。

今後への対策

基礎的な読解力を身につけるために，市販の標準的なレベルの問題集を数多くこなしていこう。少しずつでよいから，できれば毎日やるのが望ましい。論理的文章では，全体の論旨の展開に注意し，文学的文章では，登場人物の心情や物語の展開などを意識する。国語の知識については，文法を重点的に勉強しておくのがよい。

◆◆◆◆◆ 国語出題分野一覧表 ◆◆◆◆◆

分野		年度	2022		2023		2024		2025予想※	
			単願	併A	単願	併A	単・1併	2併	単・1併	2併
現代文	論説文 説明文	主題・要旨		●	●	●			△	◎
		文脈・接続語・指示語・段落関係			●				△	
		文章内容	●	●	●	●		●	◎	◎
		表現	●	●	●			●	◎	◎
	随筆 日記 手紙	主題・要旨								
		文脈・接続語・指示語・段落関係					●		△	
		文章内容					●		△	
		表現					●		△	
		心情								
	小説	主題・要旨								
		文脈・接続語・指示語・段落関係								
		文章内容	●	●	●	●	●	●	◎	◎
		表現	●		●		●	●	◎	△
		心情	●	●	●	●	●	●	◎	◎
		状況・情景								
韻文	詩	内容理解								
		形式・技法								
	俳句 和歌 短歌	内容理解				●				△
		技法								
古典	古文	古語・内容理解・現代語訳	●	●	●	●	●	●	◎	◎
		古典の知識・古典文法	●	●	●	●	●	●	◎	◎
	漢文	(漢詩を含む)								
国語の知識	漢字 語句	漢字	●	●	●	●	●	●	◎	◎
		語句・四字熟語	●	●	●	●	●	●	◎	◎
		慣用句・ことわざ・故事成語	●	●	●	●		●	◎	◎
		熟語の構成・漢字の知識								
	文法	品詞	●	●	●	●	●	●	◎	◎
		ことばの単位・文の組み立て								
		敬語・表現技法								
	文学史		●	●	●	●	●	●	◎	◎
作文・文章の構成・資料										
その他										

※予想欄　◎印：出題されると思われるもの。　△印：出題されるかもしれないもの。

合格を勝ち取るための

本書の使い方

本書に掲載されている過去問をご覧になって,「難しそう」と感じたかもしれません。でも,大丈夫。ほとんどの受験生が同じように感じるのです。高校入試の出題範囲は中学校の定期テストに比べて広いですし,残りの中学校生活で学ぶはずの,まだ習っていない内容からも出題されているかもしれません。

ですから,初めて本書に取り組む際には,点数を気にする必要はありません。点数は本番で取れればいいのです。

過去問で重要なのは「間違えること」です。自分の弱点を知るために,過去問に取り組むのです。当然,間違った問題をそのままにしておいては意味がありません。

本書には,長年にわたって高校受験に関わってきたベテランスタッフによる詳細な解説がついています。間違えた問題は重点的に解説を読み,何度も解きなおしてください。時にはもう一度,教科書で復習するのもよいでしょう。

別冊として,抜き取って使える解答用紙を収録しました。表示してあるように拡大コピーをとれば,実際の入試と同じ条件で,何度でも過去問に取り組むことができます。特に記述問題では解答欄の大きさがヒントになる場合があります。そうした,本番で使える受験テクニックの練習ができるのも,本書の強みです。

前のページにある「出題傾向と今後への対策」もよく読んで,本校の出題傾向に慣れておきましょう。

2025年度 高校受験用

大宮開成高等学校　3年間スーパー過去問

をご購入の皆様へ

お詫び

本書、大宮開成高等学校の入試問題につきまして、誠に申し訳ございませんが、以下の問題文は著作権上の問題により掲載することができません。設問と解説、解答は掲載してございますので、ご必要とされる方は原典をご参照くださいますよう、お願い申し上げます。

記

2023年度　単願　国語　一　の問題文

以上

株式会社　声の教育社　編集部

2024年度 大宮開成高等学校(単願・第1回併願)

【英　語】(50分)〈満点：100点〉

I　次の英文を読んで，後の設問に答えなさい。(＊の付いている語(句)は，後にある(注)を参考にすること。)

There is nothing new about people cutting down trees. In ancient times, Greece, Italy, and Great Britain were covered with forests. But those forests were cut down, and now almost nothing is left.

Today, trees are cut down faster and faster. About 100 *acres of rain forests are cut down in a minute. That is (　①　) to cut down all the world's rain forests in ②(only) twenty or thirty years. (③) rain forests cover only a small part of the Earth, they are home to more than half the world's plants and animals. Many of them are losing their homes. Why have people been cutting down the rain forests? There are important reasons for cutting down trees, but ④<u>there are also dangerous influences upon life on earth</u>.

One important reason for cutting down trees is that every country needs wood. In developed countries, people are using more and more wood for paper, *furniture, and houses. There is not enough wood in these countries. So they have begun to take wood from the forests of Asia, Africa, South America, and even Siberia. A lot of wood is also needed as *firewood in developing countries. In many areas, people (⑤) on wood to cook their food. When the number of people goes up, the need for wood becomes great, too. But when too many trees are cut at once, forests are destroyed. When some trees in a forest are left, the forest can grow back. ⑥<u>But only if it is not cut again for at least 100 years.</u> Small farmers who have great need for land move in. They cut down the rest of the trees and burn them. In this way, many millions of acres of forests are destroyed every year. But the land of forests is not good for farming. So these poor farmers are as poor and hopeless as before.

But the poor and hopeless people are not the only ones to cut and burn forests. In Brazil and Central America, large *landowners want to keep lots of farm animals to sell their meat to the U.S. and other countries. Some fast-food restaurants use this cheap meat to make hamburgers. The landowners put too many farm animals on too little land. When that land has been damaged badly, they burn parts of the forests. Then they move the animals into the forest land. This way both land and forest are destroyed.

When rain forests are destroyed, it influences first the people living there. But it also has other influences far away. For example, on the mountainsides, trees help to *take in heavy rains. When the trees are cut down, the rain goes *all at once into the rivers and there are terrible *floods. This has happened to the Ganges, the Mekong, and other large rivers in Asia. But finally, the loss of forests may have an influence on the weather of our planet. Together with worse pollution, it can make temperatures higher, and the weather may change all around the world. Nobody knows clearly what influences this will have on our lives. But for many people the influences will probably be terrible.

You must and can help to stop this. Don't buy things made of rain forest wood. When you go to a fast-food restaurant, ⑦(ア they イ who ウ ask エ where オ work there カ the people キ use ク the meat) comes from. Explain to them why you are asking. Learn and teach about the wonderful and interesting plants and animals of the world's rain forests. Talk with others about the importance of saving the rain forests.

（注） acres エーカー（面積の単位） furniture 家具 firewood 薪 landowners 土地所有主
take in ～ ～を貯める all at once 一斉に floods 洪水

問１ 空欄①，③，⑤に入る最も適切なものを，右のア～エの中から１つずつ選び，それぞれ解答欄 [1]～[3] にマークしなさい。

（①） ア too fast イ too slow ウ fast enough エ slow enough [1]

（③） ア Although イ Since ウ Because エ So [2]

（⑤） ア provide イ damage ウ try エ depend [3]

問２ ②(only)の下線部と同じ発音を含むものを，次のア～エの中から１つ選び，解答欄 [4] にマークしなさい。

ア author イ coat ウ oven エ warm

問３ 下線部④について，本文中に述べられている具体例として，最も適切なものを，次のア～エの中から１つ選び，解答欄 [5] にマークしなさい。

ア 木材から家具を作っている人々が貧困に陥ること

イ 農地において森林火災が発生すること

ウ 多くの家畜が狭い土地に密集してしまうこと

エ 森林から遠い場所で水害が起きること

問４ 下線部⑥の内容として，最も適切なものを，次のア～エの中から１つ選び，解答欄 [6] にマークしなさい。

ア 森林を100年間以上残すためには，森林破壊をしてはいけない。

イ もし森林が成長しなかったとしたら，最低でも100年間は，再び切ってはいけない。

ウ 森林は伐採された場合でも，少なくとも100年間だけは成長し続けることができる。

エ 森林は，少なくとも100年間再び切られなかった場合のみ，もとの姿に戻ることができる。

問５ 下線部⑦が「そこで働いている人たちに，使っている肉はどこから来たものなのか尋ねてみなさい」という意味になるように，（　）内の語(句)を並べ換え，[7]，[8] の位置に入るものだけを，下のア～クの中から１つずつ選び，それぞれ解答欄 [7]，[8] にマークしなさい。

＿＿ ＿＿ [7] ＿＿ ＿＿ ＿＿ [8] ＿＿ comes from

ア they イ who ウ ask エ where

オ work there カ the people キ use ク the meat

問６ 本文の内容と合っているものを，次のア～キの中から２つ選び，それぞれ解答欄 [9]，[10] にマークしなさい。

ア In ancient times, all forests in Greece were cut down.

イ People in developed countries use more wood than people in developing countries do.

ウ Even though small farmers destroy forests in order to farm, their situations don't change greatly.

エ Some people burn parts of the forests in order to sell the land to fast-food restaurants.

オ Terrible floods have led to the loss of forests in Asia.

カ The author thinks that everyone should use things made of rain forest wood.

キ You can help to save rain forests by taking action.

Ⅱ　次の英文を読んで，後の設問に答えなさい。（＊の付いている語(句)は，後にある(注)を参考にすること。）

What can you do with bamboo ?　That's not a good question.　A better question is : (　①　)

Bamboo grows tall, and it looks like a tree.　But it is a kind of grass.　There are 350 different kinds of bamboo.　Most of them grow in ②(Asia).

Bamboo can be used in many ways.　It can be cut up and eaten.　It can be used to make fishing poles or paper.　Some people make mats, chairs, curtains or chopsticks out of it.

Bamboo is an excellent building material.　Bamboo is much stronger than wood, and it is much stronger than concrete.　If you don't believe that, think about what happened in Costa Rica.

In April 1991, there was a big earthquake in Costa Rica.　Houses and hotels fell to the ground. There was broken concrete everywhere.　But in the center of the broken concrete, 20 houses stood. They were all made of bamboo, and (　③　) of them were damaged.

④(ア imagine　イ hard　ウ it's　エ bamboo　オ to　カ how　キ is　ク strong). But here's one way.　Imagine a short, straight bamboo ＊column and a big elephant.　What will happen if the elephant stands on top of the small column ?　Nothing !　Bamboo has a tube shape. A tube is a very strong shape, so the column will not break.

Bamboo is not only strong, it's also (　⑤　).　There are reasons for this.　First, it grows fast.　＊In general, a tree needs to grow for 20 years before it's ready to be cut down.　But bamboo can grow about 1.2 meters a day !　So it can be cut down and used after only one year of growing.

Also, bamboo can easily be cut.　No expensive machines are needed to do the job.　And after it is cut down, it can be carried away by men because it is not very heavy.

So you may ask, "Why isn't every building made of bamboo ?"　Bamboo has some bad points.　It burns easily and fast because it has a tube shape, and there is a lot of air inside.　The danger of fire means that bamboo should not be used for tall buildings or houses with several floors.　The safest bamboo buildings are only one ＊story high.　They must (　⑥　).　If a bamboo house catches fire, the people inside must be able to get out fast.

＊Bugs are also a big problem.　Some bugs love bamboo, and they will eat the bamboo used for houses.　To protect the bamboo, it must be covered with a special ＊liquid.

Water is also a problem because bamboo is easily damaged by water.　If rain falls for several weeks on a bamboo house, the water will get inside, and the house will soon ＊rot.　Bamboo houses aren't very useful in places with a lot of rain.

(注)　column　円柱　　In general　一般的に　　story　階
　　Bugs　虫　　liquid　液体　　rot　腐る

問１　空欄①に入る最も適切なものを，次のア～エの中から１つ選び，解答欄 11 にマークしなさい。

ア　*What can't you do with bamboo ?*
イ　*What can you do for bamboo ?*
ウ　*What do you have to do with bamboo ?*
エ　*Can you do anything for bamboo ?*

問２　②(Asia)の下線部と同じ発音を含むものを，次のア～エの中から１つ選び，解答欄 12 にマークしなさい。

ア　image　　イ　another
ウ　said　　エ　great

問3　空欄③，⑤，⑥に入る最も適切なものを，右のア～エの中から1つずつ選び，それぞれ解答欄 [13]～[15] にマークしなさい。

(③)　ア　all　　イ　none
　　　ウ　either　　エ　neither　[13]

(⑤)　ア　hard　　イ　beautiful
　　　ウ　cheap　　エ　safe　[14]

(⑥)　ア　get fresh air every morning
　　　イ　have many windows and doors
　　　ウ　be made of materials which are stronger than concrete
　　　エ　be changed into new bamboo once every few years　[15]

問4　下線部④の意味が通るように，(　)内の語(句)を並べ換え，[16]，[17] の位置に入るものだけを，下のア～クの中から1つずつ選び，それぞれ解答欄 [16]，[17] にマークしなさい。(ただし，文頭に来る語も小文字で示してある。)

＿＿＿ ＿＿＿ ＿＿＿ [16] ＿＿＿ [17] ＿＿＿ ＿＿＿.

ア　imagine　　イ　hard　　ウ　it's　　エ　bamboo
オ　to　　カ　how　　キ　is　　ク　strong

問5　本文中に述べられている竹の欠点として，最も適切なものを，次のア～エの中から1つ選び，解答欄 [18] にマークしなさい。

ア　竹は生長が早いため，建築資材として用いるには，毎年切らなければならない点
イ　竹は燃えやすいため，竹を使った建築物は，建物内に多くの空洞が必要となる点
ウ　竹は虫の被害を受けやすいため，特別な処理をしなければならない点
エ　竹は水に弱く，家が水没する危険性があるため，雨の多い地域の建物には適さない点

問6　本文の内容と合っているものを，次のア～キの中から2つ選び，それぞれ解答欄 [19]，[20] にマークしなさい。

ア　We can eat food with tools made of bamboo and eat bamboo for food.
イ　Bamboo is stronger than any other building material.
ウ　After a big earthquake in Costa Rica, people built houses and hotels made of bamboo.
エ　Though bamboo has a tube shape, an elephant is too heavy to stand on top of a bamboo column.
オ　Bamboo grows 12 times as fast as a tree does.
カ　Bamboo should not be used for buildings which have two and more floors.
キ　In places with a lot of rain, there are many bugs that damage bamboo houses.

[Ⅲ]　ゲームが子供に与える影響について，教師と生徒たちが議論している。次の会話文を読んで，後の設問に答えなさい。(＊の付いている語は，後にある(注)を参考にすること。)

Teacher : Today let's have a debate between two teams. The title is "Video Games — Are They Good or Bad for Children ?" Let's start ! Team A, please.

Susan : We think video games are good for children. Here's one reason. Children love video games. When they play video games, they have a lot of fun. When people have fun, they are happy — and when people are happy, they are nice to other people. This makes all of society better. So video games are good for society.

Shunichi : (　[21]　) Sometimes, it is hard for children to start talking to a new friend. But if they play video games together, they can start talking about the video games. Then, after that, they can talk about many things. So video games help children to make friends.

Teacher : OK. Team B, what do you think about Team A's reasons ?

Rob : (22) When children play video games, they may have fun, but they are not really nice to other people. For example, when my brother is playing video games, he doesn't even talk to my mother and me.

Rumiko : Team A's second reason has a problem. Many children play video games by themselves for hours and hours, so they never have time to make friends.

Teacher : OK. Team B, you think video games are bad for children. Give us your reasons.

Rob : We think video games are bad for children because they are *violent. Most games are about fighting and war. When children play violent games all day, they become angry. They are not nice to other people. Someday, they may fight in a real war.

Rumiko : When children play video games, they don't study. By studying, children can learn many useful things for their future. What can children learn for their future by playing video games ? Nothing !

Teacher : OK. Team A, what do you think about Team B's reasons ?

Susan : (23) By playing video games with fighting, children can express their anger without really hurting anyone.

Shunichi : Some video games are not violent. There are many kinds of video games, and some are about culture or history. From those kinds of games, children can learn many useful things for their future.

（注） violent 暴力的な

問1 空欄 21 ～ 23 に入る最も適切なものを，次のア～カの中から１つずつ選び，それぞれ解答欄 21 ～ 23 にマークしなさい。（ただし，同じ記号は２度以上使用しないこと。）

ア I agree with Rob for the same reason.
イ Every child feels angry sometimes.
ウ Here's another reason.
エ I'm afraid I disagree with Shunichi.
オ Team A's first reason is not all true.
カ Nobody in my family plays video games, but we have a lot of friends.

問2 本文の内容と合っているものを，次のア～カの中から２つ選び，それぞれ解答欄 24, 25 にマークしなさい。

ア Shunichi has a lot of friends because video games have helped him make friends.
イ Rob wants to play video games with his brother, but his brother likes playing alone.
ウ Rumiko says children should stop playing video games because it is bad for their health.
エ Rob thinks children can become angry by playing video games, and Rumiko thinks nothing can be learned from video games.
オ Rob thinks it is good for children to learn about fighting or war by playing video games.
カ Shunichi says some video games teach children many useful things.

Ⅳ　次の①～⑩の英文の空欄 26 ～ 35 に入る最も適切なものを，下のア～エの中から１つずつ選び，それぞれ解答欄 26 ～ 35 にマークしなさい。

① If you need an English-English dictionary, I will lend you (26).
　ア it　イ one　ウ another　エ the other

② (27) the houses in the city were destroyed by the hurricane.
　ア Almost　イ Many　ウ Most　エ Most of

③ Although her parents said "no" at first, they finally (28) her go to Europe alone.
　ア let　イ allowed　ウ would tell　エ would decide

④ She (29) be a good speaker of English, because she has lived in the US for five years.
　ア have to　イ must　ウ won't　エ can't

⑤ I'll never forget (30) a ghost that night.
　ア to see　イ seeing
　ウ that I see　エ that I have seen

⑥ The number of traffic accidents (31) been increasing sharply.
　ア is　イ are　ウ has　エ have

⑦ We have to study (32) high schools.
　ア to enter　イ entering　ウ to enter into　エ for enter

⑧ Try to finish your homework (33) the end of August.
　ア on　イ until　ウ by　エ for

⑨ He (34) his friends a story about his travel in China.
　ア said　イ spoke　ウ talked　エ told

⑩ I wish I (35) French.
　ア reading　イ to read　ウ will read　エ could read

Ⅴ　次の①～⑤の英文には誤りが１箇所ずつある。誤りを含む部分を，下線部ア～エの中から１つずつ選び，それぞれ解答欄 36 ～ 40 にマークしなさい。

① The story <u>sounded</u>ア <u>so</u>イ real <u>that</u>ウ I became very <u>interesting</u>エ in the book.　36

② His father often <u>gave him</u>ア <u>many advices</u>イ <u>when</u>ウ he was <u>in trouble</u>エ.　37

③ I have a friend <u>whom</u>ア father <u>is</u>イ <u>a teacher</u>ウ <u>of English</u>エ.　38

④ <u>Last night</u>ア, Mary <u>said</u>イ <u>to</u>ウ me, "<u>How</u>エ a nice picture you have !"　39

⑤ You <u>had better</u>ア <u>go home</u>イ before <u>it</u>ウ <u>will start</u>エ raining.　40

VI　次の①～⑤の日本文の意味になるように，下のア～クの語(句)を並べ換えて英文を完成させ，41～50の位置に入るものだけを，それぞれ解答欄 41～50 にマークしなさい。(ただし，文頭に来る語も小文字で示してある。)

① あなたはなぜそんなに早く職場に行かなければならないのですか。

Why ______ ______ [41] ______ ______ [42] ______ ______ early？

ア so　イ for　ウ to　エ leave
オ you　カ do　キ your office　ク have

② 彼女は自分を幸せにしてくれる人を探しています。

______ ______ [43] ______ ______ [44] ______ ______.

ア for　イ she's　ウ who　エ her
オ someone　カ happy　キ looking　ク makes

③ その戦争で何人の人々が亡くなったかだれも知らない。

______ ______ [45] ______ ______ [46] ______ ______ the war.

ア knows　イ killed　ウ no one　エ in
オ how　カ people　キ were　ク many

④ 東京の気候はニューヨークよりもずっと穏やかだそうだ。

People ______ [47] ______ ______ ______ [48] ______ ______ of New York.

ア the climate　イ than　ウ that　エ is
オ of　カ say　キ Tokyo　ク much milder

⑤ この絵を見ると江戸時代の人々の暮らしぶりがわかるでしょう。

[49] ______ ______ ______ ______ [50] ______ ______ the Edo era.

ア you　イ lived　ウ show　エ people
オ in　カ this picture　キ how　ク will

【数　学】（50分）〈満点：100点〉

（注意）(1)　問題の文中の $\boxed{\text{①}}\boxed{\text{②}}$ のような $\square$ には，数字（0，1，2，……，9）が入ります。解答用紙では，その数字を1つずつマークしてください。

(2)　分数で解答する場合，既約分数（それ以上約分できない分数）で答えてください。

(3)　根号（ルート）の中はできるだけ小さい自然数で答えてください。

1　次の $\boxed{\text{①}}$～$\boxed{\text{⑳}}$ にあてはまる数字を，それぞれ1つずつ選んでマークしなさい。

(1)　$-3^3\times\left(-\dfrac{1}{6}\right)^2-2\div(-2)^3$ を計算すると，$-\dfrac{\boxed{\text{①}}}{\boxed{\text{②}}}$ である。

(2)　$(\sqrt{3}+\sqrt{2})^2-\sqrt{12}(\sqrt{3}-\sqrt{2})$ を計算すると，$-\boxed{\text{③}}+\boxed{\text{④}}\sqrt{\boxed{\text{⑤}}}$ である。

(3)　$\dfrac{(3a+b)(a-2b)}{2}-\dfrac{(a+3b)^2}{3}=\dfrac{\boxed{\text{⑥}}a^2-\boxed{\text{⑦}}\boxed{\text{⑧}}ab-\boxed{\text{⑨}}\boxed{\text{⑩}}b^2}{\boxed{\text{⑪}}}$ である。

(4)　$4x^2+4x-24$ を因数分解すると，$\boxed{\text{⑫}}(x-\boxed{\text{⑬}})(x+\boxed{\text{⑭}})$ である。

(5)　2次方程式 $(x+2)^2=2x+5$ を解くと，$x=-\boxed{\text{⑮}}\pm\sqrt{\boxed{\text{⑯}}}$ である。

(6)　連立方程式 $\begin{cases}2x+5y=4\\ \dfrac{1}{2}x-\dfrac{5}{6}y=-\dfrac{1}{4}\end{cases}$ を解くと，$x=\dfrac{\boxed{\text{⑰}}}{\boxed{\text{⑱}}}$，$y=\dfrac{\boxed{\text{⑲}}}{\boxed{\text{⑳}}}$ である。

2　次の $\boxed{\text{㉑}}$～$\boxed{\text{㊵}}$ にあてはまる数字を，それぞれ1つずつ選んでマークしなさい。

(1)　$\sqrt{\dfrac{84n}{5}}$ の値が整数になるような自然数 n のうち，2番目に小さいものは，$\boxed{\text{㉑}}\boxed{\text{㉒}}\boxed{\text{㉓}}$ である。

(2)　2桁の整数 M がある。M の十の位と一の位の数字を入れ替えた整数を N とする。$M+2N=114$ のとき，$M=\boxed{\text{㉔}}\boxed{\text{㉕}}$ である。

(3)　1区間目が10km，2区間目が4km，3区間目が5km，計19kmを3人で走った。3区間目の人は20分かかり，計1時間25分かかった。2区間目の人の速さは1区間目の人の速さの $\dfrac{4}{3}$ 倍であった。3区間目の人の速さは1区間目の人の速さの $\dfrac{\boxed{\text{㉖}}}{\boxed{\text{㉗}}}$ 倍である。

(4)　濃度2％の食塩水 x g と濃度6％の食塩水 y g を混ぜた後，80gの水を蒸発させたところ，濃度6％の食塩水が400gできた。このとき，$x=\boxed{\text{㉘}}\boxed{\text{㉙}}\boxed{\text{㉚}}$，$y=\boxed{\text{㉛}}\boxed{\text{㉜}}\boxed{\text{㉝}}$ である。

(5)　100円，50円，10円，5円の硬貨が1枚ずつある。この4枚の硬貨を同時に投げるとき，表の出る硬貨の金額の合計が55円以上になる確率は，$\dfrac{\boxed{\text{㉞}}\boxed{\text{㉟}}}{\boxed{\text{㊱}}\boxed{\text{㊲}}}$ である。

(6)　右の図のように半径1の3つの円が重なっており，交点A，B，Cはそれぞれの円の中心である。このとき，図の斜線部の面積は，$\dfrac{\pi}{\boxed{\text{㊳}}}-\dfrac{\sqrt{\boxed{\text{㊴}}}}{\boxed{\text{㊵}}}$ である。ただし，円周率を π とする。

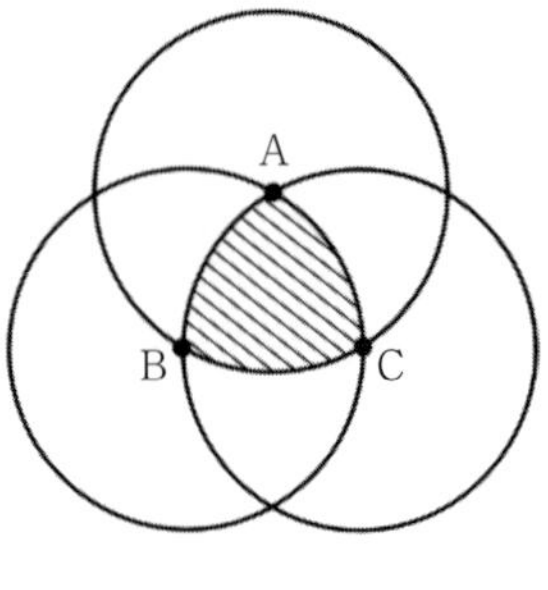

3　図のように，１辺の長さが１の正方形 ABCD と，扇形 ABC がある。辺 AD 上に A，D と異なる点 E をとり，線分 BE と弧 AC の交点を F とする。また，斜線部の面積を S，扇形 ABF の面積を T とする。このとき，次の ㊶～㊽ にあてはまる数字を，それぞれ１つずつ選んでマークしなさい。ただし，円周率を π とする。

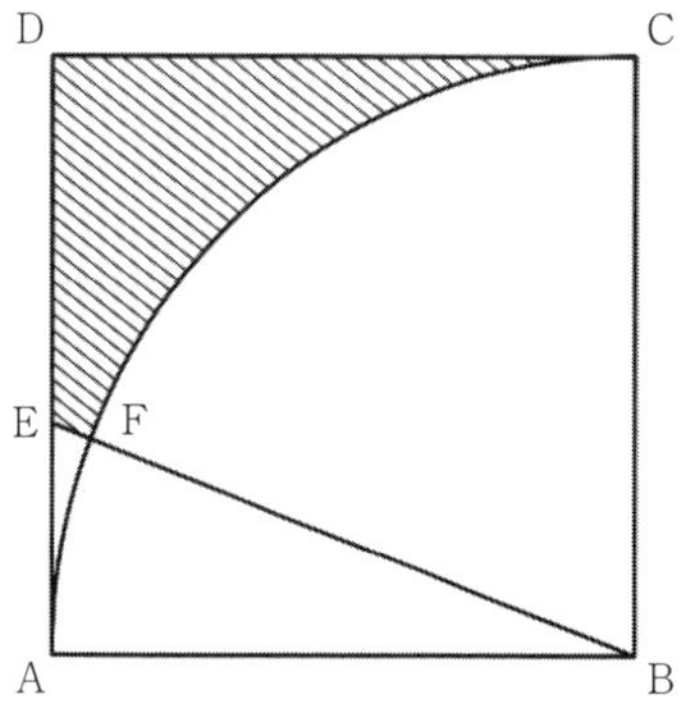

(1)　$S=T$ のとき，$\mathrm{AE}=\text{㊶}-\dfrac{\pi}{\text{㊷}}$ である。

(2)　$T=\dfrac{\pi}{16}$ のとき，$S=\dfrac{\text{㊸}-\sqrt{\text{㊹}}}{\text{㊺}}-\dfrac{\text{㊻}}{\text{㊼㊽}}\pi$ である。

4　図のように，三角柱 ABC-DEF のすべての面に接している球がある。AB＝AC＝6，BC＝4 であるとき，次の ㊾～55 にあてはまる数字を，それぞれ１つずつ選んでマークしなさい。

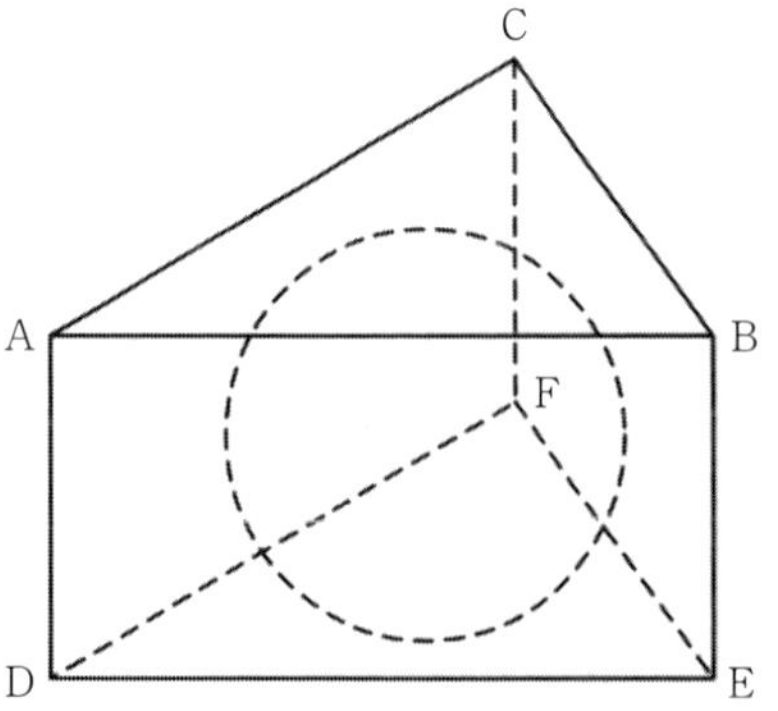

(1)　△ABC の面積は，$\text{㊾}\sqrt{\text{㊿}}$ である。

(2)　三角柱 ABC-DEF の体積は，51 52 である。

(3)　球と面 ABC，面 ADEB，面 DEF の接点をそれぞれ P，Q，R とする。P，Q，R を通る平面で三角柱 ABC-DEF を切断したとき，点 E を含む方の立体の体積は，$\dfrac{\text{53 54}}{\text{55}}$ である。

5　図のように，放物線 $y=ax^2\ (a>0)$ …① と点 A (1，0) があり，点 B が①上にあるような長方形 OABC を考える。この長方形を，原点 O を中心に反時計回りに60°回転させたものを長方形 ODEF とすると，点 C は①上の点 F に移った。このとき，次の 56～70 にあてはまる数字を，それぞれ１つずつ選んでマークしなさい。ただし，円周率を π とする。

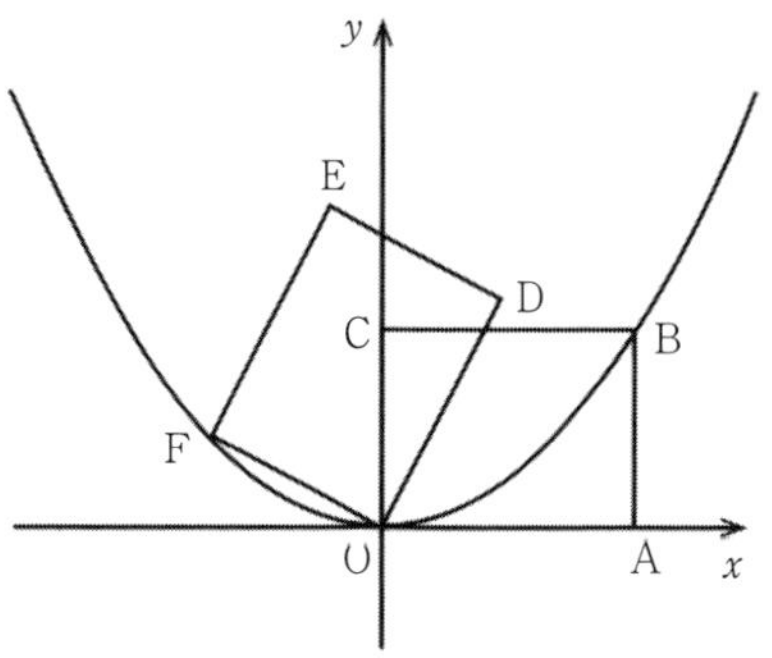

(1)　OC＝OF であるから，点 F の座標を a を用いて表すと，$\left(-\dfrac{\sqrt{\text{56}}}{\text{57}}a,\ \dfrac{\text{58}}{\text{59}}a\right)$ となる。したがって，$a=\dfrac{\sqrt{\text{60}}}{\text{61}}$ である。

(2)　直線 DE の方程式は，$y=-\dfrac{\sqrt{\text{62}}}{\text{63}}x+\dfrac{\text{64}\sqrt{\text{65}}}{\text{66}}$ である。

(3)　長方形 OABC と長方形 ODEF の面積を，ともに二等分する直線を l とする。O を中心とし，l と共有点をもつような球の体積の最小値は，$\dfrac{\text{67}\sqrt{\text{68}}}{\text{69 70}}\pi$ である。

問三　次の文の――線部と同じ意味・用法のものを、後のア～オの中から一つ選び、解答欄31にマークしなさい。 31

チケットの販売は明日かららしい。

ア　いかにも彼らしい発想だ。
イ　あたらしい家に引っ越した。
ウ　父は気分がいいらしい。
エ　病気らしい病気をしたことがない。
オ　本当にすばらしい作品だ。

問四　詩人として活躍し、後に活動の場を小説に移して、『破戒』や『夜明け前』を書いた作家を、次のア～オの中から一つ選び、解答欄32にマークしなさい。 32

ア　島崎藤村　　イ　川端康成　　ウ　志賀直哉
エ　芥川龍之介　　オ　萩原朔太郎

問五　次の意味を表す言葉として正しいものを、後のア～オの中から一つずつ選び、解答欄33・34にそれぞれマークしなさい。

(1)　どうにもならない 33

ア　にべもない
イ　非の打ち所がない
ウ　身もふたもない
エ　のっぴきならない
オ　鼻持ちならない

(2)　記録を保管してあるところ・保存記録 34

ア　インプット　　イ　バックアップ　　ウ　オピニオン
エ　アーカイブ　　オ　メディア

問六　次の各文の――線部のカタカナを漢字に改めた場合、同じ漢字を使うものを、後のア～オの中から一つずつ選び、解答欄35～38にそれぞれマークしなさい。

(1)　トウテイ追いつけない。 35

ア　ソコ冷えのする夜だ。
イ　川のツツミまで走っていく。
ウ　天候がサダまらない。
エ　実力のホドはわからない。
オ　広いニワをもつ屋敷に住む。

(2)　時代のチョウリュウに従う。 36

ア　セイチョウな秋の空。
イ　年度予算がボウチョウする。
ウ　眼下のチョウボウを楽しむ。
エ　洋服をシンチョウする。
オ　古くからのフウチョウを見直す。

(3)　和洋セッチュウのインテリアが好きだ。 37

ア　大自然のセツリに従う。
イ　クッセツ率を計算する。
ウ　ヨウセツ工場で働く。
エ　セツレツな文章を書いてしまった。
オ　セツドある振る舞いをする。

(4)　害虫のボウジョをする。 38

ア　必死にボウセンする。
イ　仕事にボウサツされる。
ウ　流行性のカンボウにかかる。
エ　理科のカイボウ実験をする。
オ　議事の進行をボウガイする。

ウ　酒宴のお金を出してくれた青砥に対してではなく、「才覚らしき男」を褒めたたえる人々の様子が気にくわなかったから。

エ　すべての人足に惜しまず褒美を出してくれる青砥を「才覚らしき男」がだましていたことを知り、不愉快になったから。

問五　――線部Ｅ「青砥が心ざし」とあるが、青砥はどのようなことが重要であると考えているか。最も適当なものを、次のア～エの中から一つ選び、解答欄[25]にマークしなさい。　[25]

ア　質素倹約に努めるべきという考えから、少しのお金でも無駄にしてはいけないと思い、金額の大小にかかわらず大切にすること。

イ　民が心穏やかに暮らすことが重要であるという考えから、一人が富を独占することで争いが起きることがないように、財産を等しく分配していくこと。

ウ　すべての民が安定した暮らしを送るべきであるという考えから、多くの人に仕事を与えることで豊かな生活を維持できるようにすること。

エ　すべての金は国の宝であり流通してこそ価値があるという考えから、金が一か所に留まらず人々の間で使われ続けていること。

問六　――線部Ｆ「申し立て」・Ｇ「入れたりける」の主語として最も適当なものを、次のア～エの中から一つずつ選び、解答欄[26]・[27]にそれぞれマークしなさい。　Ｆ―[26]、Ｇ―[27]

ア　公文　イ　相模守　ウ　青砥（青砥左衛門）　エ　権門

問七　次に示すのは、【文章Ⅰ】【文章Ⅱ】を読んだうえで、四人の生徒が話し合っている場面である。【文章Ⅰ】【文章Ⅱ】の**内容と異なる**発言を次のア～エの中から一つ選び、解答欄[28]にマークしなさい。　[28]

ア　生徒Ａ―【文章Ⅰ】から青砥は周囲の人々から批判され、笑われても自分の信念を貫くところがすごいと思ったよ。罪を犯した人間に対して厳正に処罰し、妥協のない様子が読み取れるね。

イ　生徒Ｂ―【文章Ⅰ】から青砥が嘘をついた人足に対して厳しく接し妥協しない一方で、責任を持ってお金を探させる以上の罪に問わなかったことから公平さも感じられるよ。

ウ　生徒Ｃ―【文章Ⅱ】を読んでみると青砥は公平公正であることを重んじ、自分より偉い人間に対しても臆さないという強い意志を貫いているところが素晴らしいと思うよ。

エ　生徒Ｄ―【文章Ⅰ】からは青砥が個人の損得ではなく国の利益を考える広い視野を持ち、【文章Ⅱ】からは自らも曲がったことを許さない清廉潔白な人物であることがわかるね。

四

次の各問いに答えなさい。

問一　次の文の――線部の「こそ」は係助詞である。それをふまえて、□に入る語として正しいものを、後のア～エの中から一つ選び、解答欄[29]にマークしなさい。　[29]

妻戸おし開けて、「雪こそ降りたり□。」といふほどに、

ア　けら（未然形）　イ　けり（終止形）

ウ　ける（連体形）　エ　けれ（已然形）

問二　次の古文の読み方を現代仮名遣いで表したものとして正しいものを、後のア～エの中から一つ選び、解答欄[30]にマークしなさい。　[30]

けしうはあらずと見ゆめればなむ。かまへて、よき歌つかうまつれ。

ア　けしゅうはあらずとみゆめればなむ。かまえて、よきうたつこうまつれ。

イ　けしゅうはあらずとみゆめればなん。かまへて、よきうたつかうまつれ。

ウ　けしゅうはあらずとみゆめればなん。かまえて、よきうたつこうまつれ。

エ　けしうはあらずとみゆめればなん。かまえて、よきうたつかうまつれ。

【文章Ⅱ】

ある時、※1徳宗領《とくそうりやう》に沙汰出で来て、※2地下《ちげ》の公文《くもん》と、※3相模守と※4訴陳《そちん》に番《つが》ふ事《訴訟》あり。公文が申すところ道理なりけれども、奉行・頭人《とうにん》・評定《ひやうぢやう》衆、皆徳宗領にはばかつて、公文を負かしけるを、青砥左衛門ただ一人、※5権門にも恐れず、ことわりの当たる《道理にかなったことを》ところをつぶさに《くわしく》F申し立てて、つひに相模守をぞ負かしける。その恩を報ぜんとや思ひけん《思ったのだろうか》、銭を三百貫、俵につつみて、後ろの山よりひそかに青砥左衛門が坪《つぼ》《中庭》の内へぞG入れたりける。青砥左衛門これを見て大いに怒り、「全く地下の公文を引くにあらず《ひいきするためにしたことではない》。沙汰に勝ちたる公文が引出物《お礼の品を》をすべき様《やう》なし」とて、一銭をもつひに用ひず《受け取らず》、はるかに遠き田舎《ゐなか》まで持ち送らせてぞ返しける。

（『太平記』による

問題作成のために本文を一部変更したところがあります）

※1　徳宗領…鎌倉幕府の執権である北条氏の家督を相続する者の領地。「得宗領」とも。

※2　地下の公文…下級の役人。

※3　相模守…ここでは、鎌倉幕府の執権を指す。

※4　訴陳に番ふ…訴訟を起こし、それぞれに申し立てをする。

※5　権門…社会的な特権を有した権勢のある家柄。

問一　――線部A「『一文惜しみの百知らず』とぞ笑ひし」とあるが、人々は青砥をどのような人物として捉えているか。最も適当なものを、次のア～エの中から一つ選び、解答欄21にマークしなさい。 21

ア　川の中に落としたわずかな銭をすべて集めることは難しいにもかかわらず、無理にでも探させようとする金銭への執着心の強い人物。

イ　川に落とした十銭程度のわずかな銭を探すために、三貫文という大金を使って人を雇う損得勘定のできない愚かな人物。

ウ　失った銭を回収するためにかけたお金よりも、実際にかかった時間や人々の労力の方が重要であることに気づかない不見識な人物。

エ　わずか十銭の銭を探すために「『たとへ地を割き、竜宮までも是非に尋ねて取り出だせ』」などと大げさなことを言う滑稽《こつけい》な人物。

問二　――線部B「我に礼を言ふべし」とあるが、「才覚らしき男」がこのように言っているのはなぜか。最も適当なものを、次のア～エの中から一つ選び、解答欄22にマークしなさい。 22

ア　全員が褒美をもらいお酒を飲むことができているのは、自分が苦労をして銭を見つけたおかげだから。

イ　盛大に酒宴が開けるのは、自分が青砥に対して巧みに交渉し三貫文もの大金を手に入れたおかげだから。

ウ　銭が見つからず難航していた仕事を早く終わらせられたのは、自分の機転のおかげだから。

エ　全員が仕事をもらえたのは、自分が青砥の銭を事前に盗み出しその後に見つかったように上手くだましたおかげだから。

問三　――線部C「横手を打つて」の本文中での意味として最も適当なものを、次のア～エの中から一つ選び、解答欄23にマークしなさい。 23

ア　感心して　　イ　怪しんで　　ウ　非難して　　エ　驚いて

問四　――線部D「興を覚まし」とあるが、この男が急に楽しむ気持ちを失くしてしまったのはなぜか。最も適当なものを、次のア～エの中から一つ選び、解答欄24にマークしなさい。 24

ア　人足の苦労を労《ねぎら》うために、青砥が私費で出してくれた褒美の金を、酒を飲んで浪費していることに腹が立ったから。

イ　青砥のことを「一文惜しみの百知らず」と馬鹿にしながら、平気で褒美をもらう人足達の厚顔さに嫌気がさしてしまったから。

オ　あんぱんの餡の色が本文149行目で「口紅の色のようだった」と表現されているのは、志津江が一人の女性として真実の恋に憧れを抱き続けていることを表している。

カ　特別な料理ではなく、「あんぱん」という一般的な食べ物を題材とすることで、志津江の人生がどこにでもありふれた平凡なものであったことを象徴している。

三

次の文章を読んで、後の問いに答えなさい。

> 次の【文章Ⅰ】【文章Ⅱ】は、鎌倉時代に幕府の引付《ひきつけ》奉行《ぶぎやう》(訴訟の審理などを扱う役人)を務めた、青砥《あをと》左衛門《ざゑもん》尉《のじよう》藤綱《ふぢつな》という人物に関する逸話である。

【文章Ⅰ】

鎌倉山の秋の夕暮れを急ぎ、青砥左衛門尉藤綱、※1滑川《なめりがは》を渡りし時、いささか用の事ありて、※2火打袋を開くるに、十銭に足らざるを《十銭に足りない銭を》川波に取り落とし、向ひの岸根に上がり、里人をまねき、わづかの銭を、※3三貫文与へて、これを尋ねさせけるに、一銭も手に当たらずして《見つけられず》、難儀する《長い時間苦労していた》事しばらくなり。「たとへ地を割《さ》き、竜宮までも是非に尋ねて《何が何でも探して》取り出《い》だせ」と下知《命令》する時、一人の人足《にんそく》《雇われた労働者》、仕合せと《運よく》一度に三銭探し当たり、その所を変へず、又は一銭二銭づつ、十銭ばかり取り出だせば、青砥左衛門勘定合はせて《数え合わせて》、喜ぶ事限りなく、その男には外に《別に》褒美をとらせ、「これそのまま捨て置かば、国土の重宝朽ちなん事《朽ちてしまうこと》本意なし。三貫文は世にとどまりて、人の回り持ち《人々の間を回っていく》」と、下人に語りて通りける。この理《ことわり》聞きながら、A「一文惜しみの百知らず」とぞ笑ひしは、知恵の浅瀬を渡る下々《したじた》が心ぞかし《浅知恵で世の中を生きていく下々の者の考え方だよ》。

兎角《とかく》は夜のまうけに、思ひ寄らざる事なれば《なんにしても夜に金を儲けることができるとは》、「今宵の月に※4集銭酒《しゆせんざけ》飲まん」と、各々勇みをなせり。その中に物の才覚らしき男の言へるは、「いづれにも心よく酒事《さけごと》さすは、B我に礼を言ふべし。その子細は、青砥が落とせし銭に、尋ね当たるべき事は不定《探し当てられるかは不確かである》なり。時に某《それがし》《私》が利発にて、この方の銭を手回しして《自分の銭を事前に隠しておいて》、左衛門ほど世に賢き者を偽りすましける」と言ひければ、皆々C横手を打つて、「さてはその方が働きゆゑ《お前の働きのおかげ》、楽遊びの面白や《楽しい酒宴の面白いことだ》」と杯《さかづき》始めけるに、又一人の男、D興を覚まして、「これ更にE青砥が心ざしにかなはず。汝《なんぢ》が発明らしき《あなたは利口そうな》顔つきして、人の鑑《かがみ》となれるその心を曇らせけるは、並びなき曲者《くせもの》、天命も恐ろし」と、その座を立ちて帰り、朝にとく起きて、馬の沓《くつ》を作りて、今日をなりあひに《その日その日を》暮らしぬ《暮らしていった》。

この男は言はねど、自然と青砥左衛門聞きて、その人足を捕へて、厳しく横目《監視》を付け、身を丸裸に改め、落とせしまことの銭に尋ね当たるまで《銭を探し当てるまで》、毎日※5過怠《かたい》を言ひ付けるに、九十七日目にかの銭残らず探し出だし、危ふき命を助かりぬ。

（『武家義理物語』による

問題作成のために本文を一部変更したところがあります）

※1　滑川…現在の神奈川県鎌倉市内を流れ、由比ヶ浜に注ぐ川。

※2　火打袋…小物入れの袋。火打ち道具を入れていた。

※3　三貫文…一銭の三千倍の金額。

※4　集銭酒…各自が銭を出し合って飲む酒。

※5　過怠…過失の償いとしての労役。

まうようなものだった」などの表現から、本文全体を通して「あんぱん」と志津江の人生が重ねて描かれていることが関係していると思います。

生徒B―私はこの小説を読んで、本文29行目で年老いた自分の体が軽くなったことを「頼りのない軽さ」と否定的に捉えていた志津江が、あんぱんを食べた後、本文162～163行目で「人生の重みというものも消えて、『ああ、おばあちゃんになるということはこういうことか』」と感じている心情の変化が気になりました。

生徒C―この小説では志津江の人生とあんぱんが重ねられているということを踏まえると、志津江はあんぱんを食べることを通して、［　X　］のではないでしょうか。

教　師―皆さん、良い視点で文章を読めています。他にも気になる描写はありましたか。

生徒D―私は、志津江が食べたあんぱんが単なるあんぱんではなく、本文52行目「桜の花の塩漬けの載せられた」あんぱんだったということにも意味があるのではないかと考えました。

生徒A―本文155行目「その塩漬けの桜の花びらは甘くてからくて」とあることから、桜の花びらは「恋」を象徴する役割を担っているのではないでしょうか。

生徒B―なるほど。そう考えると、本文165～166行目にある「桜の花びらだけは欠いてしまったけれども、まだ四つに分けられたあんぱんの一つが残って」という表現からは、［　Y　］けれども、志津江は残りの人生を大切なものとして考えていると読み取ることができますね。

教　師―だから志津江はあんぱんを「愛おしむように」見ていたのですね。

［X］　［17］

ア　自分の生涯を振り返りながら、多くの苦労があったと追想している

イ　自分の半生を思い返しながら、平凡な人生だったと気落ちしている

ウ　若い頃の自分を思い出しながら、恵まれた人生に感謝をしている

エ　かつての自分を思い出しながら、老いることへの覚悟を決めた

オ　自分の人生を振り返りながら、老いに対する考え方を改めた

［Y］　［18］

ア　恋をすることはもうこれから先ない

イ　遠い昔に恋したことは忘れてしまった

ウ　本気の恋は一度も経験してこなかった

エ　かつての恋は美しい思い出ではない

オ　恋をしていない人生は彩りに欠ける

問六　この文章の表現に関する説明として適当なものを、次のア～カの中から**二つ**選び、解答欄［19］・［20］にそれぞれマークしなさい。　［19］、［20］

ア　本文全体を通して色に関する描写を多く取り入れることで、読者に対して情景が鮮明に示されており、一人の女性の平凡な日常の風景に深みを持たせる働きをしている。

イ　主人公に対して「志津江」と「彼女」という二つの呼称を使い分けることで、様々な視点から志津江の心情を描き出し、心情の変化が分かりやすいように構成されている。

ウ　88～89行目「まだ焼き上げられた後の熱が残っているようなあんぱん」という表現は、これからの志津江の人生が希望に満ち溢れたものであるということを暗示している。

エ　109行目以降の志津江があんぱんを食べる場面では、改行を多用し展開を分かりやすくすることで、志津江の一つ一つの動作を強調し、読者に与える印象を強くしている。

※4　花やぎ…華やかな帯の結び方。
※5　鬆…本来は均質であるべきものの中にできたすき間や、空間のこと。
※6　更紗の手提げ…細かい染柄の入った布製の手提げ袋。

問一　━━線部a・bの本文中での意味として最も適当なものを、後のア～オの中から一つずつ選び、解答欄12・13にそれぞれマークしなさい。

a　さもしい期待　12
ア　自分の治療を優先してもらいたいといういやしい考え
イ　腰痛が治るのは難しいだろうという悲観的な考え
ウ　いずれ腰痛は改善するだろうという能天気な考え
エ　簡単に腰痛が治るのではないかという浅はかな考え
オ　腰痛が治らなくても仕方ないという中途半端な考え

b　ぞんざいな気がする　13
ア　十分すぎる対応だと思う
イ　愛に溢《あふ》れた対応だと思う
ウ　いい加減な対応だと思う
エ　不満を込めた対応だと思う
オ　理にかなった対応だと思う

問二　━━線部A「軽くなってしまった老人の体」とあるが、この時の志津江の説明として最も適当なものを、次のア～オの中から一つ選び、解答欄14にマークしなさい。　14
ア　年を取ったことで体が人間というものの重みに耐えられなくなったと気付き、無力さを痛感している。
イ　若い頃のように、思うままに体を動かすことができないため、自分の将来に諦念を抱いている。
ウ　年を取ったことで次第に自分の人生に重苦しさを感じはじめ、老い先に不安を抱いている。
エ　若い頃のように、活発な運動を自由にできるほどの体ではない自分に、不満を感じている。
オ　若い頃の何不自由なく活動できた身軽さには戻ることができないため、頼りなさを感じている。

問三　36～77行目における志津江の説明として最も適当なものを、次のア～オの中から一つ選び、解答欄15にマークしなさい。　15
ア　39～40行目「パンの中にさまよい込んだ」という表現から分かるように、現在志津江は人生の岐路《きろ》に立たされており、これからの人生をどのように生きるか迷いを感じている。
イ　50行目「はい、はい」という煩《わずら》わし気《げ》な発言から分かるように、顎で人に指示を出すような店員のぶっきらぼうな態度に対して、志津江はわずかばかりのいらだちを覚えている。
ウ　55行目「貴重品のように見えた」とあるように、志津江はパン屋で目にしたあんぱんに、他のパンとは異なる特別さを感じており、その輝きに目を奪われている。
エ　54～59行目において「たった一つの」という表現が多用されることから、志津江は自分が選び取ったあんぱんに対してかけがえのなさを感じていることが分かる。
オ　73～74行目「夢のような甘い匂いから解放された」とあるように、志津江にとってパン屋というのはつらい現実を忘れることのできる場所であり、束の間の幸せを噛《か》みしめている。

問四　空欄 B に共通して入るものとして最も適当なものを、次のア～オの中から一つ選び、解答欄16にマークしなさい。　16
ア　胸が高鳴った　　イ　胸が痛んだ　　ウ　誇らしかった
エ　幸福だった　　オ　愉快だった

問五　次に示すのは、━━線部C「愛おしむように見ていた」について、教師と生徒が話し合っている場面である。空欄 X ・ Y に入るものとして最も適当なものを、後のア～オの中から一つずつ選び、解答欄17・18にそれぞれマークしなさい。

教　師―志津江はなぜあんぱんを「愛おしむように」見ていたのでしょうか。
生徒A―私は、本文109行目「まるで、自分の一生が手の中にあって」や156～157行目「それ以前の自分の人生を嚥み下してし中心にある桜の花の塩漬けを落とさないように、その中心を避けるように、彼女の両手は、ゆっくりとその柔らかいパンを二つに割った。

右手に残った方には、桜の塩漬けがなかった。それをそのまま、彼女は口許《くちもと》へと運んだ。

本当なら、それを更に二つに割るべきだった。しかしそれをしても、残りを置く皿がなかった。

彼女はあんぱんの半分を口許へ運んで、そしてそれを一口齧《かじ》った。

口の中には、不思議な味が広がった。

その味が何かを確かめる前に、彼女は［　B　］。

目の前の梧桐の葉は大きく豊かで、匂うように美しかった。

それを確かめて、彼女は［　B　］。なんだか、それまでの一生が、全部夢になってしまいそうだった。

彼女は更に残りのあんぱんを食べて、相変わらず空腹ではなかったが、［　B　］。

二口食べて、三口目を食べて、四口目で右半分のあんぱんをすべて嚥《の》み下《くだ》してしまった時、彼女は、遠い昔に恋をしたことを思い出した。

彼女はまだ少女で、頬《ほお》を染めていた。その体感ばかりが甦《よみがえ》って、彼女はまだ、自分がいつ、誰に対してそんな感情を持っていたのかを、思い出せなかった。

その相手が夫ではなく、ふっと気がつくと、志津江はいつもその恋の中にいたような気分になった。

彼女はふっと頬を紅らめて、手の中にあるあんぱんの残りを見た。

表は豊かな栗色で、内側は白く、そこにある餡《あん》の色は、遠い昔から変わらない、品のいい紫の色だった。

「昔の餡は、もっと黒かったかもしれない」と、志津江は唐突に思った。

「きっと私が年を取って、血の気も薄くなって来たから、餡の方もそれに合わせてくれたんだわ」と思って、そして平然と、「昔から餡の色はこのように美しい紫だった」と、そう思った。

その餡の色を見つめて、志津江は半分になったままのあんぱんを、更に二つに割った。

白いパンの避け目には紫の餡の跡が残って、それは、白い化粧紙に僅かに残った口紅の色のようだった。

志津江は、自分が遠い昔に恋をした人がいて、それが夫とは違う男だということをよく知っていた。

「私は、恋をしていたことあったんだ」と、志津江は大きくうなずくように思って、塩漬けの桜の花のついている方のあんぱんを、口許へ運んだ。

その塩漬けの桜の花びらは甘くてからくて、それはそのまま、ほとんどそれ以前の自分の人生を嚥み下してしまうようなものだった。

「私は恋をしていて、それだからこそ、今までの人生は、すべて夢になってしまってもいいのだ」と思って、志津江はその四半分のあんぱんを、ゆっくりと食べた。

腰の痛みが消えたように、人生の重みというものも消えて、「ああ、おばあちゃんになるということはこういうことか」と、志津江には思えた。

彼女の手の中には、桜の花びらだけは欠いてしまったけれども、まだ四つに分けられたあんぱんの一つが残って、それを彼女は、C愛《いと》おしむように見ていた。


（橋本　治『あんぱん』による）

※1　合繊の単…化学繊維でできた、裏地をつけない夏物の着物。
※2　薄鼠に扇面散らしの小紋…薄い鼠色の生地に、細かな扇を散らした模様が描かれてある着物。
※3　〝やの字〟…ひらがなの「や」の字の形に見える帯の結び方。

んぱんを一つだけ、パン挟みでつまんで取る。

白いトレイの上に置かれたたった一つのあんぱんは、それ自体が高価で手の届きにくい貴重品のように見えた。

たった一つのあんぱんの値段を、女店員は無造作にレジへと打ち込む。

たった一つのあんぱんは、無造作にビニールの袋の中に投げ入れられ、女店員はその袋の口を、音を立てるようにつかんで渡す。

志津江は、小銭入れの中を確かめて、まるでそれが見知らぬ異国の高価な銀貨や銅貨でもあるようにしっかりと数えて、レジのある台の上に置く。

一枚の銀貨と二枚の銅貨と引き換えにされたものは、白いパン屋の台の上に、なんの値打ちもないような顔をして転がっていた。

それを取ってドアを開けて、甘い匂いの立ち籠めるパン屋を出かかったところで、志津江は、「それだったら、お父さんのお昼を買って行けばいいんだわ――」と、唐突に思った。

夫の宅造《たくぞう》は、年金暮らしの傍らで、定年後に始めた警備員をまだ続けている。昨日は夜勤で、今日は休みだからまだ家にいる。

「じゃ、お願いしますね」と、夫に留守を頼んで出て来たのだから、その昼食の心配だってしてもいい。留守を頼んだ夫の昼食にいくつかの菓子パンを買って帰るのもbぞんざいな気がすると志津江が思ったのは、そのパン屋のドアを開けて、夢のような甘い匂いから解放されたその時になってからだ。

「お父さんのお昼――」と思って振り向いて、その時にはもう店の中には誰もいなかった。わざわざ店員を呼び寄せてそれをする必要もないと思った志津江は、そのままドアを開けて出て行った。

彼女自身を納得させるような言い訳は、彼女の後からやって来る。志津江は、見知らぬ町の見知らぬパン屋を後にして、そのままた商店街を歩き出した。

相変わらず、道を行く人の数は少ない。ほとんどないと言ってもいい。志津江は、たった一つのあんぱんの入った袋を、左手に持った彼女自身の手提げとは別にして、軽く握りしめるようにして右手に持った。

たった一つのあんぱんならば、それを手提げの中に入れてしまえばよい。しかし、口に入れる食物と身の回りの雑貨とを同じ袋にいっしょくたに入れてしまうという発想が、彼女にはない。たった一つの、まだ焼き上げられた後の熱が残っているようなあんぱんを持って、彼女は商店街の出口にまで歩いて行った。

商店街を出たところには、バスの停留所がある。商店街を出る少し手前には、小さな寺の境内がある。人のざわめきの色がそこばかり僅かに途切れる緑の前に、キラリと一瞬光るものがあった。

「あら、またとんぼ――」

彼女はつぶやいて、その緑の方へ歩いて行った。

境内といっても門があるわけではない。白茶けた土の中から何本かの梧桐《あおぎり》と欅《けやき》が生えていて、寺の経営している幼稚園児のための遊戯具があった。キリンの形をしているすべり台やら、象の形をした山のようなものが、塗装の剝《は》げかけた白い鉄柵の向こうにあって、新聞紙が一枚投げ捨てられている以外には人影がない。

志津江は、その小さな緑の空間を眺め渡し、梧桐の根元に置いてある黄色いペンキ塗りのベンチに腰を下ろした。

きちんと揃えた膝《ひざ》の上に、※6更紗《さらさ》の手提げを置き、その上にたった一つのあんぱんの入った袋を置いた。

触ってみると、まだそれは温かい。その温かさをだいなしにしてしまうのは、なんとも無駄でもったいないことのように思った。志津江は袋からあんぱんを取り出して、手の中で、その温かみと柔らかさと、そしてきっとおいしいだろうと思えるその味とを、確かめていた。

それはまるで、自分の一生が手の中にあって、そして何かを自分に語りかけているようだった。

空腹は、ない。

しかし彼女は、ゆっくりとそのあんぱんを二つに割っていた。

れるものだとまとめている。

二　次の文章を読んで、後の問いに答えなさい。

間もなく七十歳を迎えようとしている志津江《しづえ》は、腰痛に効く鍼灸院《しんきゅういん》を紹介してもらい、そこを訪れるために見知らぬ町にやってきている。

もう年なのだし、腰の痛みは体の一部のようにもなってしまっている。それを、「効くんだから、行ってごらんなさいよ」と、人に騙《だま》されるようにして行く。治れば嬉しいけれども、別に治らなくてもかまわない。「もう、年は年だし」と、そのことだけは自分でも分かっている。ただ、このところあまりにも腰は痛くて、それをそのまま何もしないでいるのは、あまりにも自分自身の体に対して慈悲がないと思った。

とりあえず億劫《おっくう》がらずに、そしてあまりにも a さもしい期待を持たぬようにして出掛けようと思った彼女は、※1合繊《ごうせん》の単《ひとえ》を出した。

※2薄鼠《うすねず》に扇面《おうめん》散らしの小紋は、デパートの奉仕品売り場で買った。それに、結び慣れた卮子《くちなし》色の夏帯を※3〝やの字〟に結んで。「腰の痛さを隠すのなら、着物の方がいい」と思ったのは、志津江のせめてもの見栄だった。夏のワンピースのあからさまを着て、見知らぬ町にまで肌をさらしに行くというのは、いくらなんでも抵抗があった。

一日目はそれで、まだ腰の痛みが取れない二日目に着物を着るのは億劫でもあったけれども、昨日の今日で装いをガラリと替えることには抵抗があった。彼女は前日と同じ着物を着、同じ帯を締めて、形ばかりは僅《わず》かによそ行きの※4花やぎに仕立てて、昨日と同じ町に出掛けて来た。

来る時は、自分を解き放てない重苦しさがあった。そして今は、それが自分の体内から消えてしまっていた。

体の自由ということで言えば、昔はもっと自由がきいた——そのように思う。しかし、その遠い昔の自由は、幾重にもかけられたヴェールの向こうで曖昧《あいまい》に霞《かす》んでいる。「今、自分のこの体が軽くなっていたとしても、それは昔の体の軽さと同じものではない」ということだけは分かる。年を取って、骨に※5鬆《す》が入ったように軽くなって、その頼りのない軽さが、人間というものの重みに堪えかねてきしんでいるのかもしれないと、現在の状態を説明してしきれないわけでもない。その軽さが、年を取ったということなのだと。

志津江は、その A 軽くなってしまった老人の体で、パン屋のドアを押し開けた。

甘い匂いの中、焼き上げられたパンだけが整然と積まれていて、やっと朝の時間を過ぎたばかりであるような店内には、人の姿がなかった。

褐色《かっしょく》の艶《つや》を見せて甘い匂いを立ち上らせているパンの中にさまよい込んだ志津江の前に、山盛りのクロワッサンのトレイを抱えた女の店員が現れた。

「あの、そちらのあんぱんを一ついただけます?」と志津江は言って、頭に白い三角巾を巻いた女店員は、「すいません、そちらのトレイをお願いします」と、入口の方を顎《あご》でさした。

入口の横には、白いトレイとパン挟みが積まれてある。見知らぬ町のパン屋に入った志津江は、そこがどこにでもあるパン屋の一つで、パン屋というものはどこでも同じようなシステムによって成り立っているものだということを、束の間忘れてしまっていた。

「はい、はい」と、パートの主婦のような年輩の女店員に答えて、志津江は入口近くに置いてあるトレイの一枚を取った。

そこに、まだ紅《くれない》の色を残した桜の花の塩漬けの載せられたあ

ア　生徒A―この文章は書物の評価について書かれていましたが、私はこの――線部Eに違和感を覚えました。書物を読まない人は評価もしないのだから気にする必要はないはずです。それをあえてこのように述べることで、書物への関心を促しているのだと思いました。

イ　生徒B―私は、筆者自身が書物の評価の仕方を誤った体験が書かれていたので、今筆者の書物を読んでいない見知らぬ人々がいつか読者になったとき、自分の書いたものを彼らに誤って評価してほしくないと考えて、このように述べているのだと読み取りました。

ウ　生徒C―本文には、印刷物となった書物は著者から独立し、新しい読者を得て生まれ変わると書いてありました。だから筆者は、自分から独立した書物がどう解釈されるかを書き手として知りたいと考えて、新しい読者に向けてこのことを記したのだと思いました。

エ　生徒D―私は、おそらく筆者は、ものを書くという行為が筆者の観念の世界の中で完結すると、現実を生きる人々の実感から離れてしまうと考えて、書物を読まない人々の視線を感じとり、その声を聴こうとしてこのように述べたのだと読み取りました。

オ　生徒E―筆者は、書くことを「観念の世界に宿る、奇怪とも果てしないともいいようのない心の働き」としていました。つまり、自分の書物はその時々の主観に過ぎないから、書物を筆者から切り離して読んでほしいと未来の読者に向けて伝えているのだと思いました。

問七　この文章の表現と構成・展開について、次の(i)、(ii)の問いに答えなさい。

(i)　この文章の表現に関する説明として最も適当なものを、次のア～エの中から一つ選び、解答欄[10]にマークしなさい。[10]

ア　文章全体において、「書物」に〈　〉という記号が付されているものと、付されていないものがある。付されているものには筆者独自の思いや特別な意味合いが込められている。

イ　第12段落では「！」や「？」などの記号を用いた表現を重ねることで、読者の注意を引き付けている。また、問いかけるような文末表現によって答えを読み手が自ら考えだすように促している。

ウ　第20～22段落では、青年期に陥りがちな考え方を取り上げている。そしてそれらが思い込みであり、現実はどうなのかということを、書物の著者としての自身の実感をもとに示している。

エ　第28・29段落では、「…かぎらない」、「…であっても、そうでなくとも」、「…であってもなくても」などの表現によって主張をはぐらかし、この後の結論を強調しようとしている。

(ii)　この文章の構成・展開に関する説明として最も適当なものを、次のア～エの中から一つ選び、解答欄[11]にマークしなさい。[11]

ア　書物についての問題を提起することから始まり、自分自身の書物との具体的な関わりを時系列的に紹介し、まとめとして書物とその書き手、読者の関係を逆説的に述べることで持論を強調している。

イ　書物のさまざまな性格と評価という主題を掲げ、書き手としての視点や経験を織り交ぜながら、その評価の在り方について述べ、最後に自らの書く姿勢についての見解を述べている。

ウ　書物の評価について、敗戦後に書物を売り払った経験や、青年期における書物に対する誤解など、消極的な例を通して説明した後、最後に新しい読者に向けて書物を読むときの注意を喚起している。

エ　はじめに、自らが困窮したときに書物が生活の糧になったことを紹介し、次に戦争においては思想を牽引《けんいん》する性質があったことを取り上げて、結局は書物の評価とは読者に委ねら

エ　収集には大金を要するのに、売るときは安値になるという矛盾。

オ　内容の評価は高いのに、商品としての価値が低いという矛盾。

問二　空欄 I ～ IV に入ることばとして最も適当なものを、次のア～オの中から一つずつ選び、解答欄 2 ～ 5 にそれぞれマークしなさい。

I—2、II—3、III—4、IV—5

ア　絶対的　　イ　虚無的　　ウ　潜在的

エ　必然的　　オ　習慣的

問三　——線部B「自己にたいする不満の投射された病い」とあるが、どういうことか。最も適当なものを、次のア～オの中から一つ選び、解答欄 6 にマークしなさい。 6

ア　自分の能力不足は、周囲の人々に原因があると考え、自分のことは正当化して、他者を否定する態度をとるということ。

イ　他者との関係に満足できず、周囲の人々から学ぶことは何もないと考えることで、自己の内面に閉じこもろうとすること。

ウ　自分の内面における欠如には気づかず、不満を外界へと押し付けて、周囲の人々を容認しない態度になるということ。

エ　自分の現在の状況を肯定できないがゆえに、周囲の人々にその不満を投影し、投げやりで無責任な態度になるということ。

オ　自分に自信が持てず、周囲の現実に対して本気で向き合うことを避けるため、視野が狭くなり成長できないということ。

問四　波線部(a)～(e)のことばの中で、——線部C「遠くの存在」と同じ意味で用いられているものとして最も適当なものを、次のア～オの中から一つ選び、解答欄 7 にマークしなさい。 7

ア　(a)　心の糧

イ　(b)　観念の〈人間〉

ウ　(c)　教え手

エ　(d)　じぶんを充たしてくれるもの

オ　(e)　独立した〈書物〉

問五　——線部D「わたしはそのとき〈書物〉というものをいくらか誤解していた」とあるが、この「誤解」についての説明として最も適当なものを、次のア～オの中から一つ選び、解答欄 8 にマークしなさい。 8

ア　書物は、印刷物として固定されれば、著者から独立するものなのに、あくまでも著者に従属するものだと考え、戦争を挑発した著者とその著作を憎み、その書物は戦後において価値はないと思ったこと。

イ　書物は、あくまでも著者の執筆時の考えが書かれたものに過ぎないのに、執筆後に著者が思想をたくみに転化したことは裏切りだと思い、その書物を所有していること自体に苦々しさを感じたこと。

ウ　書物は、出版されると著者から離れて自由になるものなのに、二つを切り離しては考えられず、苦々しい体験にもとづく著者への嫌悪感をその著作にまで投影し、書物全般との関わりを断ち切ったこと。

エ　書物は、刊行されれば著者から切り離され自立するのに、両者の密接な関わりを意識しすぎて、情勢の変化の中で露骨に思想を転化した著者への不信から、その著者が書いた書物にも不信を抱いたこと。

オ　書物は、印刷物となって出版されれば、著者とは無関係にその内容が評価されるべきなのに、著者に見捨てられた書物に普遍的な価値はないと思い込み、いかに高く売れるかが書物の価値だと考えたこと。

問六　次に示すのは、この文章を読んだうえで、五人の生徒が——線部E「〈書物〉を著述するもの書きとしてのわたしが、いちばん大切にかんがえている声や視線は、けっしてわたしの〈書物〉を読まない人々の声や視線であり、一般化していえばけっして〈書物〉を読まない人々の声や視線である」について自分の意見を発表している場面である。本文の趣旨に最も近い生徒の発言を、次のア～オの中から一つ選び、解答欄 9 にマークしなさい。 9

く馬鹿気たことであるという感じに襲われたのは、敗戦時であった。〈書物〉はもとのまま戦争を挑発しているのに、その著者のほうは一夜にして軍国主義者から平和な民主主義者に、※5社会ファシストから共産主義者に転化してしまったからである。

24 そこでわたしは蔵書をすべて売り払った。わたしが〈書物〉を売り値の大小で評価し、また〈書物〉を売ることを覚えたのは、さかのぼればこの時からである。

25 しかしながら、あとから冷静になってかんがえてみると、Dわたしはそのとき〈書物〉というものをいくらか誤解していた形跡がある。それが証拠に、後になって高い銭をはらって戦争中の〈書物〉を、ふたたび資料として探したり買いもとめたりした。

26 いったん書かれ刊行されてしまった〈書物〉は、作者の転変がどうであれ、印刷物の形で固定されそして固定されたままの姿で生きつづける。

27 それはたしかに著者のある時期にかんがえた内容をもつという意味では、著者とかかわることではじめて生きているにはちがいないが、ある面からは著者から(e)独立した〈書物〉という存在である。たとえ、つぎの瞬間に著者から捨てられ、逃亡されたとしても、なおもとのままで生きていることをやめない。

28 そうだとすればつぎの瞬間に著者から裏切られ捨てられても、著者以外のものにたいしては、おなじ語りかけをやめないから、あたらしい年代の読者にとっては、やはり嘘っぱちで、やくざでとはいえない意味をもって語りつづけている。この意味では、著者への不信は、すぐに〈書物〉への不信につながるとはかぎらないのである。

29 それにしても、こういうばあいにあらわれる〈書物〉の評価は、あまり Ⅲ な意味を与えることはできそうもない。すべての〈書物〉が嘘っぱちであっても、そうでなくとも、また、すべての〈書物〉がやくざなものであってもなくても、それは※6コップのなかの著者と読者とのあいだのさ細なできごとと関係にすぎない。

30 E〈書物〉を著述するもの書きとしてのわたしが、いちばん大切にかんがえている声や視線は、けっしてわたしの〈書物〉を読まない人々の声や視線であり、一般化していえばけっして〈書物〉を読まない人々の声や視線である。

31 もちろんそれらの人々の姿はわたしには視えないし、その声はわたしには聞こえない。しかし書き手としてのわたしのほうがその視線を感じその声を聴こうとするのである。それらの〈書物〉を読まない Ⅳ な人々をおそれるのである。

（吉本隆明『読書の方法 なにを、どう読むか』による）

※1 米塩の資…生計を立てるのに必要な費用。生活費。
※2 えい、ままよ…もはや状況にあらがわず、事の流れに身を任せてしまおう、もうなるようになれ、という決意表明の意味合いで用いられる表現。
※3 篤志家…公共事業・社会事業などを熱心に援助する人。
※4 やくざ…物事が悪いこと。役に立たないこと。つまらないこと。
※5 社会ファシスト…社会主義を唱えながら資本主義と妥協し、ファシズムへの道を推し進めた人々。
※6 コップのなかの…W・B・バーナードの劇の題名《Storm in a Teacup》をふまえた表現。当事者には大事でも、他にはあまり影響せずに終わってしまうもめごとのことを表している。

問一 ――線部A「この種の矛盾」とあるが、どういうことか。最も適当なものを、次のア～オの中から一つ選び、解答欄 1 にマークしなさい。 1

ア 名著として価値が高いのに、古本屋で売られているという矛盾。
イ 著名な古典であるのに、完全な形では残っていないという矛盾。
ウ 普遍的価値があるのに、秘蔵した特権階級しか読めないという矛盾。

当時において、おおくAこの種の矛盾をはらんだものではなかったのだろうか。

11 著名な古典が、誰某《だれそれ》の写本というような形で存在するのは、それを譲りわたして代償を得るということができにくいために、写して流布されるということになった当然の帰結のようにおもわれる。もちろん時代が遠くなれば、富豪や※3篤志家《とくしか》や社寺が万金を積んで買い求めることになる。そのときは、何々寺蔵本とか誰某氏私蔵本とかいうことになるのも、また当然の帰結である。

12 〈書物〉とはいったい何だろうか！　それを評価するとか、読むとかいうことは何を意味するのだろうか？　それを売るとか買うとかいうことになるのは、何だろうか？

13 これらの問いに、もっとも近づきやすいのは、〈書物〉を人間からもっとも遠くにある(b)観念の〈人間〉とみなすことである。

14 わたしたちは誰でも、子どものころは親とか兄弟とか友人とか教師から、知識や判断力や書物にたいする［　Ⅰ　］な位置のとり方を習いおぼえる。そして青年期に足を踏みこむと、しだいに親や兄弟や教師たちを、(c)教え手としては物足りなく思いはじめ、離反するようになる。これは個人にとっては〈乳離れ〉とおなじで［　Ⅱ　］なものである。

15 しかし、わたしたちは誰もここで錯覚した経験をもっている。親や兄弟や教師などはくだらない存在であり、自分はかれらより優れてしまったし、かれらより純粋であるし、かれらから学ぶものはなにもないというように思いはじめる。こういう思い込みが真実でありうるのは、半分くらいである。あとの半分では、青年期に達したとき、わたしたちは眼の前に何を与えられてもくだらないし、何にたいしても否定したいという衝動をもつようになる。

16 これは、B自己にたいする不満の投射された病いにすぎない。つまり誰もかれを満足させるものではなく、何を与えても否定的であることの一半の原因は、対象の側にはなく自己の側にあるだけである。

17 この時期に、わたしたちは、(d)じぶんを充たしてくれるものとして、〈書物〉をもとめる。〈書物〉は周囲で眼に触れる事柄や人間にすべて不満である時期に、いわば、〈肉体〉をもたない〈親〉や〈兄弟〉や〈教師〉の代理物としてあらわれる。

18 ほんとうは〈書物〉は、身近にいる〈親〉や〈兄弟〉や〈教師〉などよりつまらないものであるかもしれない。しかしわたしたちは青年期に足を踏みこんだとき、〈書物〉には肉体や性癖や生々しい触感がなく、ただの〈印刷物〉であるということだけで、不満や否定から控除するのだといってよい。

19 そこで〈書物〉は、身近にいる〈親〉や〈兄弟〉や〈教師〉などより格段に優れた〈親〉や〈兄弟〉や〈教師〉に思われてくる。つまり、C遠くの存在だというだけで苛立《いらだ》たしい否定の対象から免れるのだ。

20 しかし、青年期にはいったときわたしたちは、さらに錯覚する。こういう優れた〈書物〉を書いた著者は、人格も識見もじぶんの知っている〈親〉や〈兄弟〉や〈教師〉などより格段に優れており、平凡な肉親や教師たちとちがった特異な生活をしているにちがいない、ぜひ一度会って、できるならばその生活ぶりも知りたいものだというように。

21 しかし、かれが実際に訪れてみると、その〈書物〉の著者は、すくなくとも見掛けたところ、ごく普通の生活をやっている平凡な人物にすぎない。じぶんの〈親〉や〈兄弟〉や〈教師〉とおなじように、子どもを叱りとばしたり、女房と喧嘩《けんか》をしたり、くだらぬお説教のひとつも喋《しゃべ》言るありふれた人物である。

22 ここで、青年に足を踏みいれたときわたしたちは落胆した体験をもっている。だがこの世界に超人などはいないので、いるのはありふれた生活人と、ありふれた生活人の観念の世界に宿る、奇怪とも果てしないともいいようのない心の働きだけである。

23 わたしの体験に則していえば、〈書物〉というのはまったく嘘っぱちで、※4やくざで、こういうものを信用することはまった

二〇二四年度
大宮開成高等学校（単願・第一回併願）

【国　語】（五〇分）〈満点：一〇〇点〉

一　次の文章を読んで、後の問いに答えなさい。

1　〈書物〉というのは、さまざまな性格をもっている。また、そのためにさまざまな評価の仕方がある。

2　もう十年以上も前に、失業と結婚がおなじ時期にかさなっていたとき、じぶんの蔵書といっしょに他人から寄贈された書物を売り払って、〈※1米塩《べいえん》の資《し》〉に供していたことがあった。じぶんの蔵書については、買うときはあんなに高価であるものが、こうも安いものかという思いで、やりきれない気分に襲われるのが常のことであった。

3　そしていくらかの愛着を伴うのでいっそうみじめな気になってゆくこの繰返しのなかに、なにか追われるものの立場が普遍的にあり、そのみじめさのなかに失墜の世界がこもっていた。どこかで、一挙にこの気分を喰《く》い止める方法はないかともがいたが、なかなかその手立てはみつけられなかった。

4　他人から寄贈された書物を売り払うことも、背信行為をやっているようで頗《すこぶ》る忌《いま》わしい感じを伴った。それで、せめてもの自慰から、寄贈者の名前を、カミソリで削りおとしたり、見開きを一枚カミソリで切りとったりしたが、いずれも巧くいかないので、かえって安値を呼ぶということになる。労おおくして功すくない方法であることがわかった。

5　そのあげく、※2えい、ままよ、署名をそのままに売り払え、これも腹のたしであればやむをえないとじぶんを強いてかりたてて売り払い、ある経路をへて寄贈者ご当人から指摘され、〈ああ、おれはこの人から悪党だとおもわれても自業自得だ、どんな弁解もすまい〉と心の中でおもいながら、ただただ恐縮の意を表したことがあった。

6　たまたま、その寄贈者は寛大で、わたしを罵《ののし》ったり非難したりしなかったが、わたしのほうの気分はかえっておこられたほうが楽であったかもしれない。その経験があってから、わたしは、ふたつのことを心の奥で思いきめた。

7　ひとつは、書物を寄贈するときはけっして署名をすまいということである。なぜなら、寄贈されたひとが何かの理由で売り払うとき手間がかからず、また、わたしに背信感をもたないですむだろうからである。もうひとつは、わたしの著書が売り払われて古本屋の店頭にあるのを見つけても、けっしておこったり不快の念をもったりすまいということである。なぜなら、書物は、(a)心の糧《かて》となりうるとともに、文字通りの〈糧〉ともなりうるものだからである。

8　わたしの著書で署名入りのものが古本屋で流布されていたら、それはかならずその所有者から依頼されたものであると断言できる。文学者のなかにはじぶんが署名入りで寄贈した相手が、それを売り払ったあげく古本屋に流布されているのを発見しておこる人がいるが、わたしにはそういう著作家は、〈書物〉が心の糧ばかりではなく生活の〈糧〉でもあることを骨身に沁《し》みて知らないからだとしかおもえない。すくなくともわたしならば、手ばなしで喜ばないまでも、〈おう、やってるな〉と微笑するだろうことも、断言できるような気がする。

9　その頃のわたしには、書物を評価する基準は、いくらくらいで売れるかということであった。この基準からすれば、古今東西の名著をあつめた〈何々文庫〉というのは、もっとも矛盾の大きい書物であった。内容をかんがえれば、たしかに価値の大きいものだが、売り払えば二束三文でしかない。そこで、どうしてもこの種の書物は売り払いにくいので、自然にとり残されることになった。

10　そこでおもうのだが、現在、古典としてのこされている書物は、

英語解答

Ⅰ 問１ ①…ウ ③…ア ⑤…エ
問２ イ 問３ エ 問４ エ
問５ 7…イ 8…ア 問６ ウ，キ

Ⅱ 問１ ア 問２ エ
問３ ③…イ ⑤…ウ ⑥…イ
問４ 16…ア 17…ク 問５ ウ
問６ ア，カ

Ⅲ 問１ 21…ウ 22…オ 23…イ
問２ エ，カ

Ⅳ ① イ ② エ ③ ア ④ イ
⑤ イ ⑥ ウ ⑦ ア ⑧ ウ
⑨ エ ⑩ エ

Ⅴ ① エ ② イ ③ ア ④ エ
⑤ エ

Ⅵ ① 41…ク 42…イ
② 43…ア 44…ク
③ 45…オ 46…キ
④ 47…ア 48…ク
⑤ 49…カ 50…エ

Ⅰ〔長文読解総合―説明文〕

≪全訳≫❶人間が木を伐採するのは何も新しいことではない。古代，ギリシャやイタリアやグレートブリテン島は森に覆われていた。だが，それらの森は伐採され，現在ではほとんど残っていない。❷今日，木々はますます急速に伐採されている。１分間に約100エーカーの熱帯雨林が伐採されている。それは世界中の全ての熱帯雨林をたった20年か30年で切り倒すのに十分な速さである。熱帯雨林は地球のほんの一部を覆っているにすぎないが，それは世界の動植物の半分以上にとっての生息地である。それらの多くが自分の生息地を失いつつあるのだ。なぜ人間は熱帯雨林を伐採し続けているのか。木々を伐採するのには重大な理由があるが，地球上の生物に対する危険な影響もある。❸木を伐採することの重大な理由の１つは，あらゆる国が木材を必要としていることである。先進国では，人々は紙や家具，家屋のためにますます多くの木材を利用している。これらの国々には十分な木材がない。そこでそういう国々はアジアやアフリカ，南米，さらにはシベリアにある森から木材を調達するようになった。発展途上国でもたくさんの木材が薪として必要とされている。多くの地域では，人々は食物の調理を木材に依存している。人口が増加すると，木の需要も大きくなる。だが，一度に多くの木を切りすぎると，森林は破壊される。森に一部の木が残っていれば，その森は再生することが可能である。だがそれは最低でも100年は再び伐採することがなかった場合のみである。土地を大いに必要とする小規模農場主が移り住む。彼らが残っている木々を伐採して燃やす。このようにして，何百万エーカーもの森林が毎年破壊されている。しかし，森林だった土地は農業には適さない。よって，これらの農場主は以前と変わらず貧しく希望を持てないのである。❹だが，このような貧しく希望のない人々だけが森林を伐採して燃やしているわけではない。ブラジルや中央アメリカの大地主たちは，家畜を大量に飼育して，その肉をアメリカやその他の国々に売りたいと考えている。一部のファストフードのレストランはそういった安価な肉を使ってハンバーガーをつくる。地主は狭すぎる土地で多すぎる家畜を飼っている。その土地が荒廃してきたら，彼らは森林の一部を焼く。そして彼らは家畜をその森林だった土地に移動させる。このようにして，土地と森林の両方が破壊されるのである。❺熱帯雨林が破壊されると，まずそこに住んでいる人々に影響する。だがそれはまた，遠く離れた所にも他の影響が及ぶのだ。例えば，山の中腹では，木々が大雨を蓄えるのに役立っている。木々が伐採されると，雨は一気に川に流れ込み，ひどい洪水が起こる。こういうことがガンジス川，メコン川，その他アジアの大きな河川で起きている。だが最終的には，森林の消失はこの惑星の天候に影響を及ぼす可能性がある。悪化しつつある大気汚染と相まって，森林の消失は気温を上昇させる可能性があり，世界中で気象が変化してしまうかもしれない。これが私たちの生活にどのような影響を及ぼすか，誰にもはっきりとはわかっていない。だが，多くの人々にとって，その影響は恐ろしいものとなるだろう。❻皆さんはこれを食いとめる協力をしなければならないし，することができる。熱帯雨林の木材でできた品物を買ってはいけない。ファストフードレストランに行ったら，⑦そこで働いている人たちに，彼らが使っている肉がどこからきたのか尋ねてみるといい。その人たちに，なぜあなたがそう尋ねているのかを説明するのだ。世界の熱帯雨林のすばらしくて興味深い動植物について学んだり教えたりするのもいい。熱帯雨林を救うことの重要性について他の人たちと話し合うのもいいだろう。

問1＜適語(句)選択＞①主語の That は前文の「1分間に約100エーカーの熱帯雨林が伐採されている」という内容を指す。これがわかれば，「20か30年で世界中の全ての熱帯雨林が伐採されるほどの速さだ」という意味になると判断できる。‘形容詞〔副詞〕+enough to ～’「～できるほど〔するほど〕十分…」　③空所を含む文の前半と後半が相反する内容になっている。although は「～だけれども」という意味を表す接続詞。　⑤depend on ～で「～に頼る，～に依存する」。

問2＜単語の発音＞only[ou]　ア．author[ɔ:]　イ．coat[ou]　ウ．oven[ʌ]　エ．warm[ɔ:r]

問3＜要旨把握＞森林伐採の生命への影響は，第5段落に書かれており，その具体例として山林の伐採により起こる水害が挙げられている。

問4＜英文解釈＞ここでの only if ～は「～する場合にかぎり」という意味。it は前文の the forest を指す。下線部が前文の「森は再生可能」という内容の条件を表しており，繰り返しとなる the forest can grow back が省略されていることを読み取る。

問5＜整序結合＞「～に…なのか尋ねてみなさい」は，‘ask＋人＋物事’「〈人〉に〈物事〉を尋ねる」の形で表せる。‘人’に当たる「そこで働いている人たち」は，who を主格の関係代名詞として使って the people who work there とまとめる。‘物事’に当たる「使っている肉はどこから来たものなのか」は‘疑問詞＋主語＋動詞...’の間接疑問で表す。‘主語’に当たる「使っている肉」は，目的格の関係代名詞が省略された‘名詞＋主語＋動詞’の形で the meat they use とする。　..., ask the people who work there where the meat they use comes from.

問6＜内容真偽＞ア.「古代には，ギリシャにあった全ての森林が伐採された」…×　第1段落第2文参照。森に覆われていた。　イ.「先進国の人々は発展途上国の人々よりも多くの木を使っている」…×　第3段落第2文および第5文参照。どちらも多く使っていることは述べられているが，その量を比較する記述はない。　ウ.「小規模農場主が農業をするために森林を破壊したとしても，彼らの状況が大きく変わるわけではない」…○　第3段落終わりの5文に一致する。　エ.「ファストフードレストランに土地を売るために森林の一部を焼く人たちがいる」…×　第4段落第1～3文参照。売りたいのは土地ではなく肉である。　オ.「ひどい洪水がアジアの森林の消失を招いてきた」…×　第5段落第4文参照。森林伐採により洪水が起こる。　カ.「全ての人が熱帯雨林の木材でできた品物を使うべきだと筆者は考えている」…×　第6段落第2文参照。使わないように促している。　キ.「あなた方は行動を起こすことで熱帯雨林を救うのに役立つことができる」…○　第6段落に一致する。

Ⅱ 〔長文読解総合─説明文〕

≪全訳≫❶竹を使ってできることは何だろうか。これはいい質問ではない。もっとよい聞き方はこうだ──①竹を使ってできないことは何だろうか。❷竹は高く生長するので，樹木のように見える。だが竹は草の一種である。竹には350もの違った種類がある。竹のほとんどはアジアに生育している。❸竹は多くの用途に利用できる。竹は薄く切って食べることができる。釣りざおや紙をつくるのに使える。竹を使って敷物や椅子，カーテン，箸をつくる人たちもいる。❹竹は優れた建築材である。竹は木材よりもはるかに丈夫で，コンクリートよりもずっと頑丈である。それが信じられないなら，コスタリカで起きた出来事について考えてみてほしい。❺1991年の４月，コスタリカで大地震が起きた。住宅やホテルは倒壊した。いたるところに壊れたコンクリートが散乱した。だが，コンクリートの残骸の真ん中に，20軒の家が立っていた。それらは全て竹でできており，損傷しているものは１つもなかった。❻④竹がどれほど丈夫なのかを想像するのは難しい。だが１つ方法がある。１本の短くてまっすぐな竹の円柱と，１頭の大きなゾウを思い浮かべてみてほしい。ゾウが、その小さな円柱の上に立ったら何が起こるだろうか。何も起こりはしないのだ。竹は筒の形をしている。筒というのは非常に頑丈な形状なので，この円柱が壊れることはないのである。❼竹は丈夫なだけでなく，安価でもある。これにはいくつかの理由がある。まず，竹は生長するのが早い。一般的に，木が伐採できる状態になるまでには20年生長する必要がある。ところが，竹はなんと１日で約1.2メートルも伸びるのだ。そのため，竹はたった１年の生長期間の後，伐採して利用することが可能なのである。❽また，竹は簡単に切れる。この作業には高価な機械は必要ない。そして伐採した後，竹はそれほど重くないため，人力で運搬することができる。❾そこで皆さんはこう尋ねるかもしれない。「どうして全ての建物を竹でつくらないのか」と。竹にはいくつかの欠点がある。竹は筒状をしていて内部に空気がたくさん入っているため，簡単にすぐ燃えてしまう。火災の危険があるということは，竹は高い建物や何階もある住宅には使うべきではないということである。最も安全な竹製の建物は１階建てである。その建物にはたくさんの窓とドアをつける必要がある。竹の家に火がついた場合，中にいる人たちがすぐに脱出できるようにしておかなければならない。❿虫も大きな問題である。竹を非常に好む虫がいるので，それらが住宅に使われている竹を食べてしまう。竹を保護するためには，特殊な液体で竹をコーティングする必要がある。⓫竹は水で簡単に傷んでしまうため，水もまた問題となる。竹製の家に何週間も雨が降りかかったら，水が内部に入り，家はすぐに腐ってしまう。竹の家は雨の多い場所ではあまり使い物にならないのである。

問１＜適文選択＞この後，第３，４段落で，竹に多くの使い道があり，丈夫であることが説明されている。つまり，できることよりも，できないことを尋ねた方が早いということである。

問２＜単語の発音＞Asia[ei]　ア．image[i]　イ．another[ə]　ウ．said[e]　エ．great[ei]

問３＜適語(句)選択＞③空所を含む段落では，竹の頑丈さを証明する事例を紹介している。大地震の中，竹でできた家はどれも損傷していなかったのである。none は「１つも～ない」という意味を表す否定語。　⑤この後に続く，普通の樹木に比べて生長が早いため，切ってもまたすぐに使えるようになる，切るのに高価な機械が必要ない，重くないので人力で運べる，という内容から，その分 cheap「安い，安価だ」と考えられる。　⑥直後の，火災になったらすぐに避難できるようにしておく必要がある，という内容につながるものを選ぶ。

問４＜整序結合＞この後，竹の丈夫さを示す例が挙げられているので，「竹の丈夫さを想像するのは難しい」といった意味になると推測できる。全体を 'It is ～ to …'「…するのは～だ」の形にする。

It's hard to imagine とし，imagine の目的語を‘疑問詞＋主語＋動詞…’の間接疑問の形にまとめるが，how が「どれほど」と‘程度’の意味の場合は直後に形容詞〔副詞〕が続くので，how strong とすることに注意。　It's hard to imagine how strong bamboo is.

問５＜要旨把握＞竹の欠点は第９段落以降に述べられており，ウの内容が第10段落の内容に一致する。燃えやすいこと，水に弱いことも欠点だが，イは「建物内に多くの空洞が必要」，エは「家が水没する危険性がある」という点が不適切。

問６＜内容真偽＞ア．「私たちは竹でできた道具を使って物を食べたり，竹を食品として食べたりすることができる」…○　第３段落第２，４文に一致する。「竹でできた道具」とは chopsticks「箸」のこと。　イ．「竹は他のどんな建築素材よりも丈夫である」…×　第４段落第２文参照。木材とコンクリート以外の建材については述べられていない。　ウ．「コスタリカの大地震の後，人々は竹で家やホテルを建てた」…×　地震後のことに関する記述はない。　エ．「竹は筒状にもかかわらず，ゾウは重すぎて竹の円柱の上に立つことはできない」…×　第６段落参照。筒状であることで頑丈なため，ゾウは円柱に乗れる(乗っても竹は壊れない)。　オ．「竹は木の12倍早く生長する」…×　第７段落参照。20倍である。　カ．「竹は２階建て以上の建築物には使うべきではない」…○　第９段落第４文に一致する。　キ．「雨の多い場所には，竹の家に被害を与える虫がたくさんいる」…×　第10，11段落参照。雨と害虫の関係については述べられていない。

Ⅲ〔**長文読解総合─会話文**〕

≪全訳≫❶先生(Ｔ)：今日は２つのチームに分かれて討論しましょう。議題は「テレビゲーム──それは子どもにとって良いか悪いか」です。では始めましょう！　Ａチーム，どうぞ。**❷スーザン(Su)**：私たちは，テレビゲームは子どもにとって良いと考えています。１つ理由があります。子どもはテレビゲームが大好きです。テレビゲームをしているとき，子どもはとても楽しく過ごせます。人は楽しいときに幸せを感じます──そして幸せだと，他人に優しくなれます。これは社会全体をより良くします。だから，テレビゲームは社会にとって良いものだといえます。**❸シュンイチ(Sh)**：$_{21}$他にも理由があります。ときどき，子どもは新しい友達と話し出すのが困難な場合があります。ですが，一緒にテレビゲームをすれば，彼らはそのゲームについて話し始めることができます。そうすれば，その後，いろいろなことについて話すことができます。ですから，テレビゲームは子どもたちが友達をつくるのに役に立つといえます。**❹Ｔ**：わかりました。Ｂチーム，Ａチームの理由についてどう思いますか？**❺ロブ(Ro)**：$_{22}$Ａチームの最初の理由は必ずしも正しいとはいえません。子どもがテレビゲームをするとき，彼らは楽しいかもしれませんが，他者に対してそんなに優しくなれるわけではありません。例えば，僕の弟〔兄〕はテレビゲームをしているとき，母や僕と会話することさえありません。**❻ルミコ(Ru)**：Ａチームの２番目の理由には問題点があります。多くの子どもたちは１人でゲームを何時間もするので，彼らには友達をつくる時間なんて絶対にありません。**❼Ｔ**：わかりました。Ｂチーム，あなたたちはテレビゲームが子どもにとって良くないと考えているのですね。理由を教えてください。**❽Ro**：僕たちがテレビゲームは子どもにとって良くないと考える理由は，それが暴力的だからです。ほとんどのゲームは戦いや戦争に関するものです。子どもが一日中暴力的なゲームをしていれば，彼らは怒りっぽくなります。他者に優しくなどなれません。いずれ彼らは本当の戦争で戦うことになるかもしれません。**❾Ru**：子どもはテレビゲームをしていると勉強しません。勉強することで，子どもたちは将来のために役立つことをたくさん学ぶことができます。子どもがテレビゲームをすることで将来のために何を学べるでしょうか？　何も学べません！10T：わかりました。Aチーム，Bチームの理由についてどう思いますか？11Su：23どんな子どもでも，ときには怒りを感じます。戦闘のあるテレビゲームをすることで，子どもたちは実際には誰も傷つけることなく自分の怒りを表現することができるのです。12Sh：テレビゲームの中には暴力的でないものもあります。さまざまな種類のテレビゲームがあり，中には文化や歴史に関するものもあります。こうした種類のゲームから，子どもたちは自分の将来にとって有益なことを学ぶことができるのです。

問１＜適文選択＞21．この後，テレビゲームが子どもにとって良いといえる別の理由を挙げている。

22．この後に続くのは，第２段落でスーザンが述べた１つ目の理由に対する反論になっている。

23．この後，テレビゲームが怒りの発散に役立つと述べていることに着目する。第８段落のロブの発言に対して，怒りについての一般論を述べて反論したのだと考えられる。

問２＜内容真偽＞ア．「シュンイチには友達がたくさんいるが，それはテレビゲームが友達をつくるのに役立ったからだ」…×　第３段落参照。自分のことは話していない。　イ．「ロブは弟〔兄〕と一緒にテレビゲームをしたいが，弟〔兄〕は１人でゲームをするのが好きだ」…×　第５段落参照。一緒にゲームをしたいとは言っていない。　ウ．「ルミコは，健康に悪いので子どもはテレビゲームをするのをやめるべきだと考えている」…×　健康に関する記述はない。　エ．「ロブは，子どもはテレビゲームをすることで怒りっぽくなる場合があると考えており，ルミコは，テレビゲームから何も学ぶことはできないと考えている」…○　第８，９段落に一致する。　オ．「ロブは，子どもたちがテレビゲームをすることにより戦いや戦争について学ぶのはいいことだと考えている」…×　第８段落参照。暴力的だという理由でテレビゲームに反対している。　カ．「シュンイチは，テレビゲームには子どもたちにたくさんの有益なことを教えてくれるものもあると言っている」…○　第12段落に一致する。

Ⅳ〔適語(句)選択〕

①前に出た名詞の代用となり，不特定のものを指すのは one。it は前に出た名詞そのもの(特定のもの)を指すので，ここでは不可。　「英英辞典が必要なら，貸してあげるよ」

②'most of＋特定の名詞'「～のほとんど」の形。ア，イ，ウはどれも直後に the ～の形を続けることはできない。　「その町にある家のほとんどがそのハリケーンで崩壊した」

③'let＋目的語＋動詞の原形'「～に…させる〔…することを許す〕」の形。イ，ウ，エの動詞はどれも後ろに'目的語＋動詞の原形'という形をとらない。　「はじめのうち，彼女の両親は『だめだ』と言ったが，最終的に彼らは彼女が１人でヨーロッパに行くことを許可した」

④because 以下の内容から判断できる。must には「～に違いない」という意味がある。　「彼女はアメリカに５年間住んでいるので，英語を上手に話すに違いない」

⑤'forget＋動名詞(～ing)'で「～したことを忘れる」。'forget＋to不定詞'「～するのを忘れる，し忘れる」との違いに注意。　「私はあの夜，幽霊を見たことを決して忘れないだろう」

⑥直後に過去分詞の been があるので，完了形の文。主語は The number で単数名詞なので，has を選ぶ。　「交通事故の件数が急激に増加しつつある」

⑦「～するために」という'目的'を表す副詞的用法の to不定詞の文。なお，enter「～に入る」は他動詞なので，前置詞は不要。　「高校に入学するためには勉強しなければならない」

⑧動作の完了する'期限'を表すのは by「～までには」。「～までずっと」という'継続'を表す until

との違いに注意。　「８月末までには宿題を終わらせるようにしなさい」

⑨'tell＋人＋物事' で「〈人〉に〈物事〉を話す，伝える」。say，speak，talk はこの形はとらない。　「彼は友人たちに自分の中国旅行についての話をした」

⑩'I wish＋主語＋動詞の過去形～'「～ならいいのに」の形の仮定法過去の文。　「フランス語を読めればいいのにな」

Ⅴ〔誤文訂正〕

①interesting は「(物事が)おもしろい，興味深い」の意味。ここは I が主語なので，interested「(人が～に)興味を持った」とするのが正しい。　「この物語はとても現実的なので，私はその本に非常に興味を持った」

②advice は '数えられない名詞' なので，a lot of advice などとするのが正しい。　「彼が困ったとき，彼の父はよく彼にたくさんの助言を与えてくれた」

③whom の後ろにある father は先行詞 a friend の父親と考えられるので，目的格の関係代名詞 whom ではなく，所有格の関係代名詞 whose とするのが正しい。　「私には，父親が英語の教師をしている友人がいる」

④後ろに 'a＋形容詞＋名詞' が続くので，How ではなく What を用いて 'What (a/an)＋形容詞＋名詞＋主語＋動詞！' の感嘆文にする。How を使う感嘆文は 'How＋形容詞〔副詞〕＋主語＋動詞！' の形。　「昨夜，メアリーは私に，『あなたはなんてすてきな絵を持っているの！』と言った」

⑤'時' や '条件' を表す副詞節(if，when，before などから始まる副詞のはたらきをする節)の中は，未来の内容でも現在形で表す。　「雨が降り始める前に家に帰った方がいい」

Ⅵ〔整序結合〕

①「職場に行く」は leave for ～「～に向かって出発する」の形で leave for your office と表し，これを have to ～「～しなければならない」の後に続ける。　Why do you have to leave for your office so early?

②She's looking for someone「彼女は人を探しています」が文の骨組み(look for ～「～を探す」)。「自分を幸せにしてくれる」は，who を主格の関係代名詞として用い，'make＋目的語＋形容詞'「～を…(の状態)にする」の形で表す。　She's looking for someone who makes her happy.

③「だれも知らない」は No one knows で表せる。knows の目的語となる「何人の人々が亡くなったか」は '疑問詞＋主語＋動詞…' の間接疑問にまとめる。「亡くなった」は be killed「(事故などで)死ぬ」で表せる。　No one knows how many people were killed in the war.

④「～だそうだ」を「人々は～だと言っている」と読み換えて People say ～で表す。「ニューヨークよりも」は，「ニューヨークの気候よりも」ということなので，that を the climate を受ける代名詞として用いる。　People say the climate of Tokyo is much milder than that of New York.

⑤「この絵を見ると～わかるでしょう」を「この絵は～をあなたに教えてくれるでしょう」と読み換えて，'show＋人＋物事' の形で表す。'物事' に当たる「江戸時代の人々の暮らしぶり」は，「江戸時代に人々はどのように暮らしていたか」と読み換えて，'疑問詞＋主語＋動詞…' の間接疑問で表す。　This picture will show you how people lived in the Edo era.

数学解答

1 (1) ①…1　②…2
(2) ③…1　④…4　⑤…6
(3) ⑥…7　⑦…2　⑧…7　⑨…2
⑩…4　⑪…6
(4) ⑫…4　⑬…2　⑭…3
(5) ⑮…1　⑯…2
(6) ⑰…1　⑱…2　⑲…3　⑳…5

2 (1) ㉑…4　㉒…2　㉓…0
(2) ㉔…6　㉕…2
(3) ㉖…5　㉗…4
(4) ㉘…1　㉙…2　㉚…0　㉛…3
㉜…6　㉝…0
(5) ㉞…1　㉟…1　㊱…1　㊲…6
(6) ㊳…2　㊴…3　㊵…2

3 (1) ㊶…2　㊷…2
(2) ㊸…3　㊹…2　㊺…2　㊻…3
㊼…1　㊽…6

4 (1) ㊾…8　㊿…2
(2) (51)…3　(52)…2
(3) (53)…9　(54)…6　(55)…7

5 (1) (56)…3　(57)…2　(58)…1　(59)…2
(60)…6　(61)…3
(2) (62)…3　(63)…3　(64)…2　(65)…3
(66)…3
(3) (67)…5　(68)…5　(69)…4　(70)…8

1〔独立小問集合題〕

(1)＜**数の計算**＞与式$=-27\times\dfrac{1}{36}-2\div(-8)=-\dfrac{27}{36}-\left(-\dfrac{2}{8}\right)=-\dfrac{3}{4}+\dfrac{1}{4}=-\dfrac{2}{4}=-\dfrac{1}{2}$

(2)＜**数の計算**＞与式$=(\sqrt{3})^2+2\times\sqrt{3}\times\sqrt{2}+(\sqrt{2})^2-\sqrt{2^2\times3}\times\sqrt{3}+\sqrt{2^2\times3}\times\sqrt{2}=3+2\sqrt{6}+2-2\times3+2\sqrt{6}=3+2\sqrt{6}+2-6+2\sqrt{6}=-1+4\sqrt{6}$

(3)＜**式の計算**＞与式$=\dfrac{3(3a+b)(a-2b)-2(a+3b)^2}{6}=\dfrac{3(3a^2-6ab+ab-2b^2)-2(a^2+6ab+9b^2)}{6}=\dfrac{3(3a^2-5ab-2b^2)-2(a^2+6ab+9b^2)}{6}=\dfrac{9a^2-15ab-6b^2-2a^2-12ab-18b^2}{6}=\dfrac{7a^2-27ab-24b^2}{6}$

(4)＜**式の計算—因数分解**＞与式$=4(x^2+x-6)=4(x-2)(x+3)$

(5)＜**二次方程式**＞$x^2+4x+4=2x+5$，$x^2+2x-1=0$　解の公式より，$x=\dfrac{-2\pm\sqrt{2^2-4\times1\times(-1)}}{2\times1}=\dfrac{-2\pm\sqrt{8}}{2}=\dfrac{-2\pm2\sqrt{2}}{2}=-1\pm\sqrt{2}$となる。

(6)＜**連立方程式**＞$2x+5y=4$……㋐，$\dfrac{1}{2}x-\dfrac{5}{6}y=-\dfrac{1}{4}$……㋑とする。㋐×2より，$4x+10y=8$……㋐′　㋑×12より，$6x-10y=-3$……㋑′　㋐′＋㋑′より，$4x+6x=8+(-3)$，$10x=5$　$\therefore x=\dfrac{1}{2}$　これを㋐に代入して，$2\times\dfrac{1}{2}+5y=4$，$5y=3$　$\therefore y=\dfrac{3}{5}$

2〔独立小問集合題〕

(1)＜**数の性質**＞$84=2^2\times3\times7$より，$\sqrt{\dfrac{84n}{5}}=\sqrt{\dfrac{2^2\times3\times7\times n}{5}}$である。$n$は自然数より，これが整数となるのは，$k$を自然数とすると，$n=5\times3\times7\times k^2$と表せるときで，$\sqrt{\dfrac{2^2\times3\times7\times n}{5}}=\sqrt{\dfrac{2^2\times3\times7\times5\times3\times7\times k^2}{5}}=\sqrt{2^2\times3^2\times7^2\times k^2}=\sqrt{(2\times3\times7\times k)^2}=2\times3\times7\times k$となる。よって，最小の自然数$n$は，$k=1$のときで，2番目に小さい自然数$n$は，$k=2$のときだから，$n=5\times3\times7\times2^2=420$である。

(2)＜**方程式の応用**＞2けたの整数Mの十の位の数をa，一の位の数をbとすると，$M=10a+b$と表せ，NはMの十の位の数と一の位の数を入れかえた整数だから，$N=10b+a$と表せる。$M+2N=114$となるとき，$(10a+b)+2(10b+a)=114$だから，$10a+b+20b+2a=114$，$12a+21b=114$，$4a+7b=38$，$4a=38-7b$，$a=\frac{38-7b}{4}$となる。a，bは1以上9以下の整数で，$38-7b$は4の倍数になり，38は偶数より，$7b$も偶数だから，bは偶数となる。$b=2$のとき，$a=\frac{38-7\times2}{4}=6$となり，適する。$b=4$のとき，$a=\frac{38-7\times4}{4}=\frac{5}{2}$となり，適さない。$b=6$のとき，$a=\frac{38-7\times6}{4}=-1$となり，適さない。$b=8$のとき，$a<0$となり，適さない。以上より，$a=6$，$b=2$となるから，$M=62$である。

(3)＜**一次方程式の応用**＞1時間25分は$60+25=85$(分)より，19kmを3人で走るのに85分かかり，3区間目の人は20分かかったので，2区間目までにかかった時間は，$85-20=65$(分)である。1区間目の人が走った速さを分速$x$kmとすると，2区間目の人の速さは1区間目の人の速さの$\frac{4}{3}$倍だから，$x\times\frac{4}{3}=\frac{4}{3}x$より，分速$\frac{4}{3}x$kmである。よって，1区間目の人が走った時間は，$10\div x=\frac{10}{x}$(分)であり，2区間目の人が走った時間は，$4\div\frac{4}{3}x=\frac{3}{x}$(分)なので，$\frac{10}{x}+\frac{3}{x}=65$が成り立つ。この式の両辺に$x$をかけて解くと，$10+3=65x$，$65x=13$，$x=\frac{1}{5}$となり，1区間目の人の走る速さは，分速$\frac{1}{5}$kmとなる。また，3区間目の人は5kmを20分で走ったので，その速さは，$5\div20=\frac{1}{4}$より，分速$\frac{1}{4}$kmだから，3区間目の人の速さは1区間目の人の速さの$\frac{1}{4}\div\frac{1}{5}=\frac{5}{4}$(倍)である。

(4)＜**連立方程式の応用**＞まず，xgの食塩水とygの食塩水を混ぜた後，80gの水を蒸発させたら400gの食塩水ができたので，食塩水の量について，$x+y-80=400$，$x+y=480$……㋐が成り立つ。次に，濃度2％の食塩水xgに溶けている食塩の量は，$x\times\frac{2}{100}=\frac{1}{50}x$(g)であり，濃度6％の食塩水$y$gに溶けている食塩の量は，$y\times\frac{6}{100}=\frac{3}{50}y$(g)である。また，濃度6％の食塩水400gに溶けている食塩の量は，$400\times\frac{6}{100}=24$(g)だから，食塩の量について，$\frac{1}{50}x+\frac{3}{50}y=24$が成り立ち，$x+3y=1200$……㋑が成り立つ。㋐，㋑を連立方程式として解く。㋑－㋐より，$3y-y=1200-480$，$2y=720$，$y=360$(g)となり，これを㋐に代入して，$x+360=480$，$x=120$(g)となる。

(5)＜**確率―硬貨**＞100円，50円，10円，5円の4枚の硬貨を同時に投げるとき，それぞれ表，裏の2通りの出方があるから，4枚の硬貨の表，裏の出方は全部で$2\times2\times2\times2=16$(通り)ある。このうち，表の出る硬貨の金額の合計が55円以上になる場合を考える。100円が表だった場合，他の3枚の硬貨の表，裏の出方にかかわらず，金額の合計は必ず55円以上になる。よって，その出方は，$2\times2\times2=8$(通り)ある。100円が裏だった場合，50円は表が出て，10円，5円のどちらか，または両方が表が出れば，金額の合計は55円以上になる。よって，このときの表になる硬貨の出方は，50円と10円，50円と5円，50円と10円と5円の3通りある。また，100円と50円が裏だった場合は金額の合計は55円以上にはならない。したがって，4枚の硬貨を同時に投げるとき，表の出る硬貨の金額の合計が55円以上になる場合の数は，$8+3=11$(通り)あるから，求める確率は$\frac{11}{16}$である。

≪別解≫表の出る硬貨の金額の合計が55円未満になる場合は，表になる硬貨が，5円，10円，5円と10円，50円のときの4通りと，全ての硬貨が裏になる1通りで，$4+1=5$(通り)ある。よって，金額の合計が55円以上になるのは，$16-5=11$(通り)だから，求める確率は$\frac{11}{16}$となる。

(6)＜**平面図形―面積**＞右図のように，△ABCをつくると，点A，B，Cをそれぞれ中心とする3つの円の半径が1だから，AB＝BC＝CA＝1となり，△ABCは正三角形である。点Aから辺BCに垂線ADを引くと，△ABDは3辺の比が$1:2:\sqrt{3}$の直角三角形となるから，$\mathrm{AD}=\frac{\sqrt{3}}{2}\mathrm{AB}=\frac{\sqrt{3}}{2}\times1=\frac{\sqrt{3}}{2}$となる。よって，$\triangle\mathrm{ABC}=\frac{1}{2}\times\mathrm{BC}\times\mathrm{AD}=\frac{1}{2}\times1\times\frac{\sqrt{3}}{2}=\frac{\sqrt{3}}{4}$となる。また，$\angle\mathrm{ABC}=\angle\mathrm{BCA}=\angle\mathrm{CAB}=60^\circ$だから，∠ABC，∠BCA，∠CABをそれぞれ中心角とする3つのおうぎ形は合同であり，線分ACと$\overset{\frown}{\mathrm{AC}}$で囲まれた部分，線分ABと$\overset{\frown}{\mathrm{AB}}$で囲まれた部分，線分BCと$\overset{\frown}{\mathrm{BC}}$で囲まれた部分もまた合同である。線分ACと$\overset{\frown}{\mathrm{AC}}$で囲まれた部分の面積は，半径がAB＝1で，中心角が$\angle\mathrm{ABC}=60^\circ$のおうぎ形の面積から△ABCの面積をひいたものだから，$\pi\times1^2\times\frac{60^\circ}{360^\circ}-\frac{\sqrt{3}}{4}=\frac{\pi}{6}-\frac{\sqrt{3}}{4}$である。以上より，求める面積は，△ABCの面積と線分ACと$\overset{\frown}{\mathrm{AC}}$で囲まれた部分の面積3つ分の和と等しいので，$\frac{\sqrt{3}}{4}+\left(\frac{\pi}{6}-\frac{\sqrt{3}}{4}\right)\times3=\frac{\sqrt{3}}{4}+\frac{3\pi}{6}-\frac{3\sqrt{3}}{4}=\frac{\pi}{2}-\frac{\sqrt{3}}{2}$である。

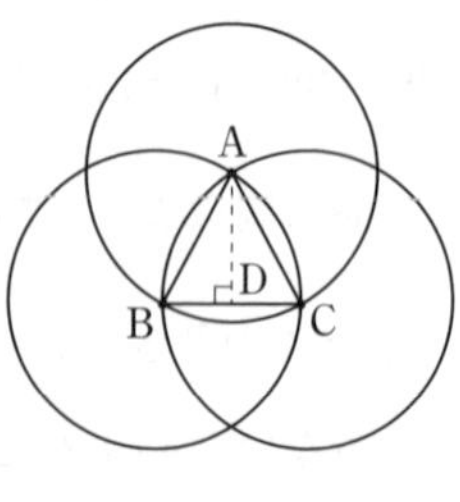

3 〔**平面図形―正方形，おうぎ形**〕

≪基本方針の決定≫(2)　線分AEの長さを求める。

(1)＜**長さ**＞右図1で，線分AE，EF，$\overset{\frown}{\mathrm{AF}}$で囲まれた図形の面積を$R$とする。$S=T$のとき，$S+R=T+R$となり，正方形ABCDからおうぎ形BACを除いた部分の面積と，△ABEの面積が等しくなる。おうぎ形BACの中心角は$\angle\mathrm{ABC}=90^\circ$だから，$S+R$＝〔正方形ABCD〕－〔おうぎ形BAC〕$=1^2-\pi\times1^2\times\frac{90^\circ}{360^\circ}=1-\frac{1}{4}\pi$となる。また，$\mathrm{AE}=x$とおくと，$T+R=\triangle\mathrm{ABE}=\frac{1}{2}\times1\times x=\frac{1}{2}x$となる。よって，$1-\frac{1}{4}\pi=\frac{1}{2}x$が成り立ち，$x=2-\frac{1}{2}\pi$となるから，$\mathrm{AE}=2-\frac{\pi}{2}$である。

図1

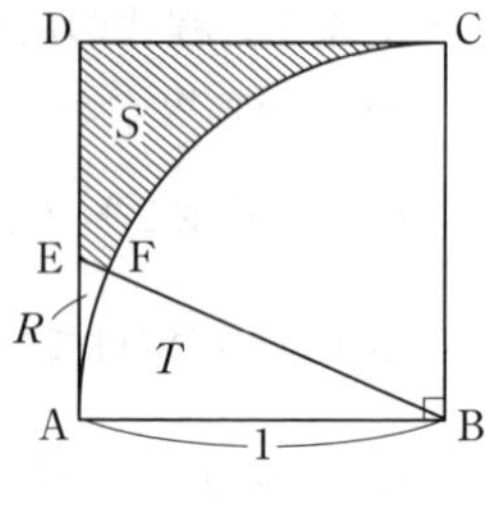

(2)＜**面積**＞右図2のように，対角線BDを引き，$\angle\mathrm{ABE}=a$とおく。Tは中心角がaで，半径がABのおうぎ形の面積だから，$T=\pi\times1^2\times\frac{a}{360^\circ}=\frac{\pi a}{360^\circ}$となり，$T=\frac{\pi}{16}$のとき，$\frac{\pi a}{360^\circ}=\frac{\pi}{16}$が成り立つ。これより，$a=22.5^\circ$となる。△ABDは$\angle\mathrm{BAD}=90^\circ$の直角二等辺三角形より，$\angle\mathrm{ABD}=45^\circ$だから，$\angle\mathrm{DBE}=\angle\mathrm{ABD}-\angle\mathrm{ABE}=45^\circ-22.5^\circ=22.5^\circ$となる。ここで，線分BDと$\overset{\frown}{\mathrm{AC}}$の交点をGとおく。△ABEと△GBEにおいて，$\angle\mathrm{ABE}=\angle\mathrm{GBE}=22.5^\circ$，AB＝GB(半径)，BE＝BEより，△ABE≡△GBEである。よって，$\angle\mathrm{EGB}=\angle\mathrm{EAB}=90^\circ$であり，GE＝AEである。また，$\angle\mathrm{EGD}=90^\circ$，$\angle\mathrm{EDG}=45^\circ$だから，△DEGは直角二等辺三角形であり，GE＝GDである。これより，AE＝GE＝GDとなる。よって，$\mathrm{DB}=\sqrt{2}\mathrm{AB}=\sqrt{2}\times1=\sqrt{2}$，GB＝1より，$\mathrm{GD}=\mathrm{DB}-\mathrm{GB}=\sqrt{2}-1$となり，$\mathrm{AE}=\sqrt{2}-1$である。したがって，(1)

図2

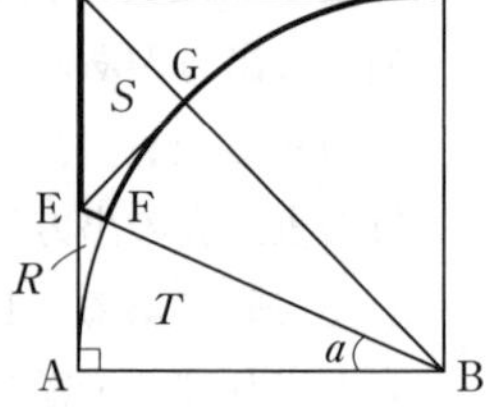

より，$R=\triangle\mathrm{ABE}-T=\frac{1}{2}\times1\times(\sqrt{2}-1)-\frac{\pi}{16}=\frac{\sqrt{2}}{2}-\frac{1}{2}-\frac{\pi}{16}$ となる。Sは正方形ABCDの面積からおうぎ形BACの面積とRをひいたものだから，$S=1-\frac{\pi}{4}-\left(\frac{\sqrt{2}}{2}-\frac{1}{2}-\frac{\pi}{16}\right)=\frac{3-\sqrt{2}}{2}-\frac{3}{16}\pi$ である。

4 〔空間図形―三角柱，球〕

≪基本方針の決定≫(2)　三角柱の高さは球の直径と等しい。

図1

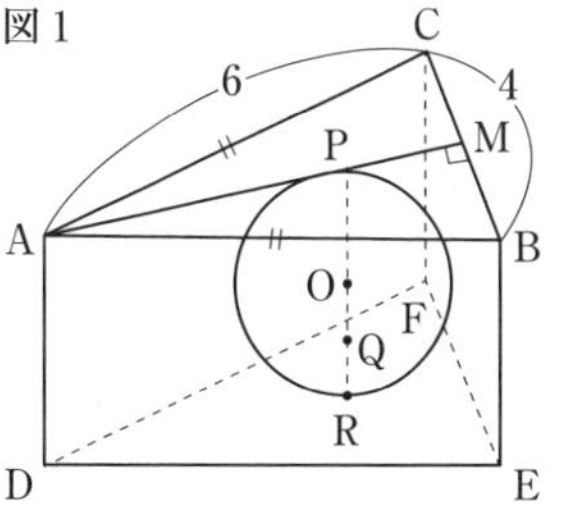

(1)**<面積>**△ABCはAB＝AC＝6の二等辺三角形だから，右図1のように点Aから辺BCに垂線AMを引くと，点Mは辺BCの中点になり，$\mathrm{BM}=\mathrm{CM}=\frac{1}{2}\mathrm{BC}=\frac{1}{2}\times4=2$ となる。△ABMで三平方の定理より，$\mathrm{AM}=\sqrt{\mathrm{AB}^2-\mathrm{BM}^2}=\sqrt{6^2-2^2}=\sqrt{32}=4\sqrt{2}$ となる。よって，△ABCの面積は，$\frac{1}{2}\times\mathrm{BC}\times\mathrm{AM}=\frac{1}{2}\times4\times4\sqrt{2}=8\sqrt{2}$ である。

図2

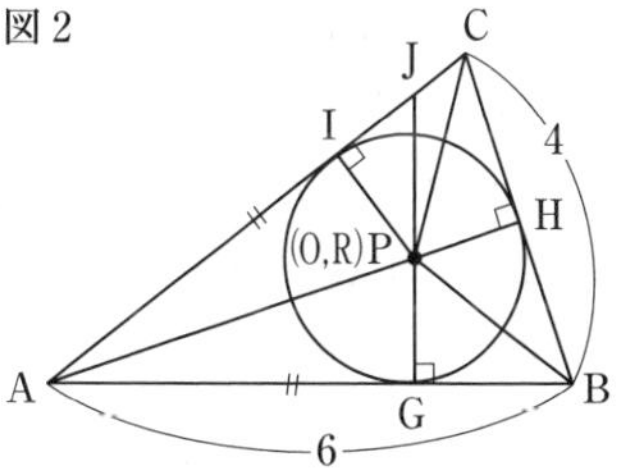

(2)**<体積>**右上図1のように，三角柱ABC-DEFの全ての面に接している球の中心をO，球が△ABC，△DEFに接している点をそれぞれP，Rとする。〔面ABC〕//〔面DEF〕であり，面ABCと線分OP，面DEFと線分ORはそれぞれ垂直に交わるので，3点P，O，Rは一直線上にある。これより，線分PRは球の直径で，三角柱の高さとなる。また，図1を真上から見た平面図は右図2のようになり，点Pを中心とする円と3つの辺AB，BC，CAとの接点をそれぞれG，H，Iとすると，線分PG，PH，PIは球の半径であり，PG⊥AB，PH⊥BC，PI⊥CAである。よって，点Pと3点A，B，Cをそれぞれ結ぶと，△ABCの面積は，△APB，△BPC，△CPAの3つの三角形の面積の和で求められるから，PG＝PH＝PI＝rとおくと，△ABC＝△APB＋△BPC＋△CPA＝$\frac{1}{2}\times\mathrm{AB}\times\mathrm{PG}+\frac{1}{2}\times\mathrm{BC}\times\mathrm{PH}+\frac{1}{2}\times\mathrm{CA}\times\mathrm{PI}=\frac{1}{2}\times6\times r+\frac{1}{2}\times4\times r+\frac{1}{2}\times6\times r=8r$ となる。(1)より，△ABCの面積は$8\sqrt{2}$だから，$8r=8\sqrt{2}$ より，$r=\sqrt{2}$ となり，$\mathrm{PR}=2r=2\times\sqrt{2}=2\sqrt{2}$ である。したがって，求める体積は，$\triangle\mathrm{ABC}\times\mathrm{PR}=8\sqrt{2}\times2\sqrt{2}=32$ である。

図3

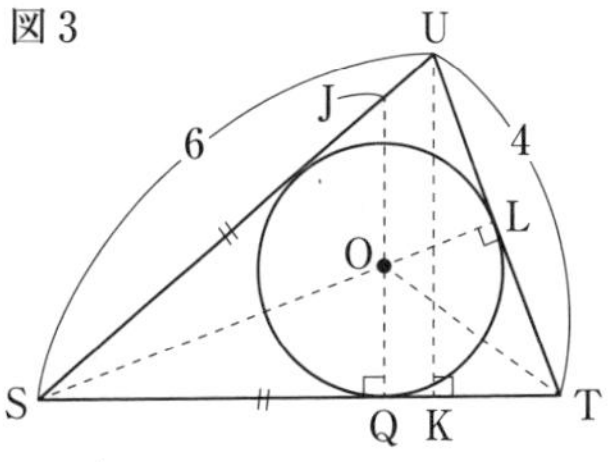

(3)**<体積>**三角柱ABC-DEFを，点Qを通り，面ABCに平行な平面で切断したとき，切断面と辺AD，BE，CFとの交点をそれぞれS，T，Uとすると，その切断面は，右図3のような△STUになり，球の切断面の円の中心は，球の中心Oになる。右上図1で，3点P，Q，Rを通る平面で三角柱を切断すると，その切断面と面STUの交線は，図3の直線QOとなる。直線QOと辺SUの交点をJとすると，点Eを含む方の立体は，底面は四角形QTUJと合同な四角形で，高さはPRの四角柱である。ここで，点Uから辺STに垂線UKを引く。△STUについて，底辺をSTとすると高さはUKとなり，面積は△ABCの面積と等しく$8\sqrt{2}$だから，$\frac{1}{2}\times\mathrm{ST}\times\mathrm{UK}=8\sqrt{2}$ が成り立ち，$\frac{1}{2}\times6\times\mathrm{UK}=8\sqrt{2}$ より，$\mathrm{UK}=\frac{8\sqrt{2}}{3}$ となる。△TUKは∠UKT＝90°の直角三角形だから，三平方の定理より，$\mathrm{TK}=\sqrt{\mathrm{TU}^2-\mathrm{UK}^2}=\sqrt{4^2-\left(\frac{8\sqrt{2}}{3}\right)^2}=\sqrt{16-\frac{128}{9}}=\sqrt{\frac{16}{9}}=\frac{4}{3}$ となり，$\mathrm{SK}=\mathrm{ST}-\mathrm{TK}=6-\frac{4}{3}=\frac{14}{3}$ である。また，点Sから辺TUに垂線SLを引くと，点OはSL上にあり，OQ＝OL，∠OQT＝

$\angle OLT=90^\circ$，$OT=OT$ より，直角三角形の斜辺と他の１辺がそれぞれ等しく，$\triangle OQT \equiv \triangle OLT$ となるから，$QT=LT=\frac{1}{2}UT=\frac{1}{2}\times 4=2$ である。これより，$SQ=ST-TQ=6-2=4$ である。$\triangle SJQ$ と $\triangle SUK$ について，$\angle JSQ=\angle USK$，$\angle JQS=\angle UKS=90^\circ$ より，$\triangle SJQ \backsim \triangle SUK$ だから，$SQ:SK=JQ:UK$ となり，$4:\frac{14}{3}=JQ:\frac{8\sqrt{2}}{3}$，$\frac{14}{3}\times JQ=4\times\frac{8\sqrt{2}}{3}$，$JQ=\frac{16\sqrt{2}}{7}$ となる。四角形 QTUJ の面積は，$\triangle STU$ の面積から $\triangle SJQ$ の面積をひくことで求められる。したがって，$\triangle SJQ=\frac{1}{2}\times SQ\times JQ=\frac{1}{2}\times 4\times\frac{16\sqrt{2}}{7}=\frac{32\sqrt{2}}{7}$ より，四角形 QTUJ の面積は，$8\sqrt{2}-\frac{32\sqrt{2}}{7}=\frac{24\sqrt{2}}{7}$ となるから，求める立体の体積は，$\frac{24\sqrt{2}}{7}\times 2\sqrt{2}=\frac{96}{7}$ である。

5 〔関数―関数 $y=ax^2$ と一次関数のグラフ〕

≪基本方針の決定≫(3)　長方形の面積を２等分する直線は，対角線の交点を通る。

図１

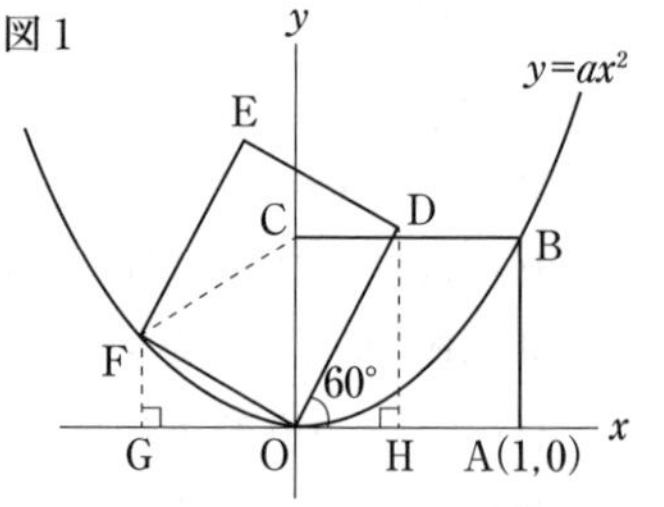

(1)**＜座標，比例定数＞**右図１のように，点Bは放物線 $y=ax^2$ のグラフ上の点で，長方形 OABC より，２点A，Bの x 座標は同じ１だから，点Bの y 座標は，$y=a\times 1^2=a$ となり，B$(1,\ a)$である。また，２点B，Cの y 座標は等しく，点Cは y 軸上の点だから x 座標は０より，C$(0,\ a)$である。よって，$OC=a$ となり，$OF=OC=a$ となる。点Fは点Cを原点Oを中心に反時計回りに60°回転させた点だから，$\angle COF=60^\circ$ である。点Fから x 軸に垂線 FG を引くと，$\angle FOG=\angle COG-\angle COF=90^\circ-60^\circ=30^\circ$，$\angle FGO=90^\circ$ より，$\triangle FOG$ は３辺の比が $1:2:\sqrt{3}$ の直角三角形なので，$FG=\frac{1}{2}OF=\frac{1}{2}a$，$GO=\sqrt{3}FG=\sqrt{3}\times\frac{1}{2}a=\frac{\sqrt{3}}{2}a$ と表せる。よって，点Fは x 座標が負の数，y 座標が正の数だから，$a>0$ より $F\left(-\frac{\sqrt{3}}{2}a,\ \frac{1}{2}a\right)$ と表せる。また，点Fは放物線 $y=ax^2$ のグラフ上の点だから，$x=-\frac{\sqrt{3}}{2}a$，$y=\frac{1}{2}a$ を代入して，$\frac{1}{2}a=a\times\left(-\frac{\sqrt{3}}{2}a\right)^2$，$\frac{1}{2}a=\frac{3}{4}a^3$，$3a^3=2a$，$3a^3-2a=0$，$a(3a^2-2)=0$，$a>0$ より，$3a^2-2=0$，$a^2=\frac{2}{3}$，$a=\pm\frac{\sqrt{6}}{3}$，$a>0$ より，$a=\frac{\sqrt{6}}{3}$ である。

(2)**＜直線の式＞**(1)より，$a=\frac{\sqrt{6}}{3}$ だから，点Fの x 座標は $-\frac{\sqrt{3}}{2}\times\frac{\sqrt{6}}{3}=-\frac{3\sqrt{2}}{6}=-\frac{\sqrt{2}}{2}$，$y$ 座標は $\frac{1}{2}\times\frac{\sqrt{6}}{3}=\frac{\sqrt{6}}{6}$ より，$F\left(-\frac{\sqrt{2}}{2},\ \frac{\sqrt{6}}{6}\right)$ である。長方形 ODEF は，DE∥OF だから，上図１より，直線 DE の傾きは直線 OF の傾きと等しく，$-\frac{\sqrt{6}}{6}\div\frac{\sqrt{2}}{2}=-\frac{\sqrt{3}}{3}$ となるので，直線 DE の式は $y=-\frac{\sqrt{3}}{3}x+b$ とおける。また，点Dは点Aを原点Oを中心に反時計回りに60°回転させた点だから，$\angle DOA=60^\circ$ であり，$OD=OA=1$ である。点Dから x 軸に垂線 DH を引くと，$\triangle DOH$ は３辺の比が $1:2:\sqrt{3}$ の直角三角形だから，$OH=\frac{1}{2}OD=\frac{1}{2}\times 1=\frac{1}{2}$，$DH=\sqrt{3}OH=\sqrt{3}\times\frac{1}{2}=\frac{\sqrt{3}}{2}$ となり，$D\left(\frac{1}{2},\ \frac{\sqrt{3}}{2}\right)$ である。点Dは直線 DE 上にあるから，$y=-\frac{\sqrt{3}}{3}x+b$ に $x=\frac{1}{2}$，$y=\frac{\sqrt{3}}{2}$ を代入して，$\frac{\sqrt{3}}{2}=-\frac{\sqrt{3}}{3}\times\frac{1}{2}+b$ より，$b=\frac{2\sqrt{3}}{3}$ となる。したがって，求める直線の式は $y=-\frac{\sqrt{3}}{3}x$

$+\frac{2\sqrt{3}}{3}$ である。

(3)＜**体積**＞右図2で，長方形OABCの対角線の交点をM，長方形ODEFの対角線の交点をNとすると，2つの長方形はそれぞれ点M，Nを対称の中心とする点対称な図形だから，この2つの長方形の面積をともに2等分する直線 l は，2点M，Nを通る直線である。また，原点Oを中心とし，直線 l と共有点を持つ球の体積が最小となるのは，球が直線 l に接するときである。このとき，球と直線 l の接点をPとすると，線分OPが球の半径となり，OP⊥l となる。△OMNについて，点Nは点Mを原点Oを中心に反時計回りに60°回転させた点だから，∠MON＝60°であり，OM＝ONである。よって，△OMNは正三角形である。点Mは対角線OBの中点だから，B$\left(1, \frac{\sqrt{6}}{3}\right)$より，$x$ 座標は $\frac{0+1}{2}=\frac{1}{2}$，$y$ 座標は $\left(0+\frac{\sqrt{6}}{3}\right)\div 2=\frac{\sqrt{6}}{6}$ である。点Mから x 軸に垂線MKを引くと，△OMKはOK＝$\frac{1}{2}$，MK＝$\frac{\sqrt{6}}{6}$，∠OKM＝90°の直角三角形なので，三平方の定理より，$\mathrm{OM}=\sqrt{\mathrm{OK}^2+\mathrm{MK}^2}=\sqrt{\left(\frac{1}{2}\right)^2+\left(\frac{\sqrt{6}}{6}\right)^2}=\sqrt{\frac{15}{36}}=\frac{\sqrt{15}}{6}$ である。△OMPは∠OMP＝60°，∠OPM＝90°より，3辺の比が $1:2:\sqrt{3}$ の直角三角形だから，$\mathrm{OP}=\frac{\sqrt{3}}{2}\mathrm{OM}=\frac{\sqrt{3}}{2}\times\frac{\sqrt{15}}{6}=\frac{\sqrt{5}}{4}$ である。したがって，求める球の体積は，$\frac{4}{3}\pi\times\left(\frac{\sqrt{5}}{4}\right)^3=\frac{5\sqrt{5}}{48}\pi$ である。

図2

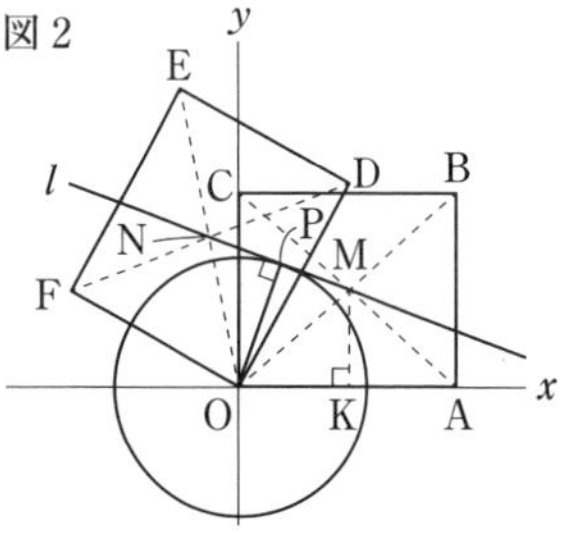

国語解答

一 問一　オ
問二　Ⅰ…オ　Ⅱ…エ　Ⅲ…ア　Ⅳ…ウ
問三　ウ　問四　イ　問五　エ
問六　エ　問七　(i)…ウ　(ii)…イ

二 問一　a…エ　b…ウ　問二　オ
問三　エ　問四　エ
問五　X…オ　Y…ア　問六　エ，カ

三 問一　イ　問二　ウ　問三　ア
問四　エ　問五　エ
問六　F…ウ　G…ア　問七　ア

四 問一　エ　問二　ウ　問三　ウ
問四　ア　問五　(1)…エ　(2)…エ
問六　(1)…ア　(2)…オ　(3)…イ　(4)…ア

一〔随筆の読解―芸術・文学・言語学的分野―読書〕出典：吉本隆明『読書の方法　なにを，どう読むか』「書物の評価」。

≪本文の概要≫〈書物〉は，さまざまな性格を持ち，そのためにさまざまな評価の仕方がある。書物を売り払って生活費にしていた頃の私には，書物を評価する基準は，いくらくらいで売れるかであった。〈書物〉とは，何か。その問いに近づくには，〈書物〉を人間から最も遠くにある観念の〈人間〉だと見なすことである。青年期に入ると私たちは，〈書物〉は周囲にいる人々より格段に優れた存在で，その著者も周囲にいる人々より格段に優れていると思い込むが，それが錯覚であることに気づき，落胆する。私自身，敗戦時には，〈書物〉は全て信用できないと思い，全ての蔵書を売り払った。しかし，私は〈書物〉を誤解していた。いったん書かれて刊行された〈書物〉は著者から独立した存在であるから，著者への不信は，すぐに〈書物〉への不信につながるとはかぎらない。ただ，このような場合の〈書物〉の評価は，著者と読者の間だけの出来事や関係にすぎないため，絶対的な意味を与えることはできそうもない。〈書物〉を著述する私が一番大切に考え恐れているのは，決して〈書物〉を読まない人々の声や視線である。

問一＜**指示語**＞「古今東西の名著をあつめた〈何々文庫〉」は，「内容をかんがえれば，たしかに価値の大きいものだが，売り払えば二足三文でしかない」という，「もっとも矛盾の大きい書物」である。「現在，古典としてのこされている書物」は，大方，この「内容をかんがえれば，たしかに価値の大きいものだが，売り払えば二足三文でしかない」という「矛盾」をはらんだものだった。

問二＜**表現**＞Ⅰ．私たちは，「子どものころ」に，「親とか兄弟とか友人とか教師」から，書物に対する位置の取り方のしきたりを習い覚える。　Ⅱ．青年期になると親や兄弟や教師たちから離反するようになるのは，「〈乳離れ〉とおなじ」で，当然そうなるはずのことである。　Ⅲ．「すべての〈書物〉が嘘っぱちであっても，そうでなくとも，また，すべての〈書物〉がやくざなものであってもなくても，それはコップのなかの著者と読者とのあいだのさ細なできごとと関係にすぎない」のだから，その〈書物〉の評価は，何とも比べようもないほど価値のあるものではない。　Ⅳ．「わたし」が「いちばん大切にかんがえている声や視線」は，「けっしてわたしの〈書物〉を読まない」，姿も見えず声も聞こえないがどこかに潜んでいる人々の声や視線である。

問三＜**文章内容**＞「眼の前に何を与えられてもくだらないし，何にたいしても否定したいという衝動をもつ」のは，「自己にたいする不満」があるのにそれを自覚せず，自分の外部にいる人々に問題があるように思って，その人々を容認しないからである。つまり，「誰もかれを満足させるものではなく，何を与えても否定的であることの一半の原因」は，「自己の側にある」のである。

問四＜**文章内容**＞「眼の前に何を与えられてもくだらないし，何にたいしても否定したいという衝動をもつ」青年期は，「周囲で眼に触れる事柄や人間にすべて不満」で，周囲の「眼に触れる」ものではなく「遠くの存在」である〈書物〉を求める。この場合，〈書物〉は，「人間からもっとも遠くにある観念の〈人間〉」である。

問五＜文章内容＞「そのとき」とは，「わたし」が「蔵書をすべて売り払った」とき，すなわち，「敗戦時」の，「〈書物〉というのはまったく嘘っぱちで，やくざで，こういうものを信用することはまったく馬鹿気たことであるという感じに襲われた」ときである。そのように感じて書物を売り払ったのは，〈書物〉が「著者から独立した」ものであることを理解せず，「著者への不信」が「すぐに〈書物〉への不信につなが」っていたからである。

問六＜文章内容＞〈書物〉を「嘘っぱち」だとか「やくざ」だと評価するにしても，そうではないと評価するにしても，それは「コップのなかの著者と読者とのあいだのさ細なできごとと関係」にすぎず，現実から離れた観念の世界のことでしかない。一方，「コップのなか」で著者と読者が関わっている状態ではなく，著者と関わることのない，「けっして〈書物〉を読まない人々の声や視線」にこそ，現実を生きる人々の感じ考えていることが，表れるはずである。「わたし」は，現実を生きる人々の考え方に意味や価値を認めるので，「〈書物〉を読まない人々」を「おそれる」のである。

問七＜表現＞(i)青年期に入ったとき，私たちは「こういう優れた〈書物〉を書いた著者は，人格も識見もじぶんの知っている〈親〉や〈兄弟〉や〈教師〉などより格段に優れており，平凡な肉親や教師たちとちがった特異な生活をしているにちがいない」と思いがちである。しかし，「この世界に超人などはいない」のであり，「いるのはありふれた生活人と，ありふれた生活人の観念の世界に宿る，奇怪とも果てしないともいいようのない心の働きだけ」である。これは，「わたし」が敗戦時に蔵書を全て売り払い，後に戦争中の〈書物〉を，再び探したり買い求めたりしたという体験からいえることである。　(ii)第1段落で，「〈書物〉というのは，さまざまな性格をもっている。また，そのためにさまざまな評価の仕方がある」というように主題が提示される。そして，そのことについて，「わたし」自身が書物を売ったときのことにも言及しながら，書物の評価には「売り値の大小」という基準があることや，書物は著者から独立した存在であることが述べられる。それらを受けて，第30・31段落では，「〈書物〉を著述するもの書きとしてのわたし」は潜在的な読者の声や視線を恐れている，ということが述べられている。

二〔小説の読解〕出典：橋本治『あんぱん』(『生きる歓び』所収)。

問一＜語句＞a.「さもしい」は，意地汚いさま。志津江は，鍼灸院に行くことは行くが，治るかもと見苦しい期待はせずにいようと思った。　b.「ぞんざい」は，いいかげんに行動するさま。夫に留守を頼んでおきながら，いくつかの菓子パンを買って帰って，それで昼食を済ませてもらおうとするのは，いかにも投げやりなことのように，志津江には思われた。

問二＜文章内容＞志津江は，「昔はもっと自由がきいた」が，今は「年を取って，骨に鬆が入ったように軽く」なるという「頼りのない軽さ」を感じていた。

問三＜文章内容＞志津江は，「あんぱんを一つだけ，パン挟みでつまんで」取り，白いトレイの上に置いた。そのトレイに置かれた「たった一つのあんぱん」は，志津江には「それ自体が高価で手の届きにくい貴重品のように」見えた。すなわち，「たった一つ」しかない，貴重で大事なものに見えたのである。

問四＜心情＞あんぱんの不思議な味が「何かを確かめる前」に，志津江は，「目の前の梧桐の葉」が「大きく豊かで，匂うように」美しいのを見て，「それまでの一生が，全部夢になってしまいそう」な，満ち足りた気分になっていた。

問五＜文章内容＞X．はじめは年老いた自分の体が軽くなったことを「頼りのない軽さ」と否定的にとらえていた志津江は，あんぱんを食べた後には，「人生の重みというものも消えて，『ああ，おばあちゃんになるということはこういうことか』と」感じた。志津江の人生とあんぱんは重ねられており，あんぱんを食べたことを通して，志津江自身の年を取るということへの考え方は，変わったのである。　　Y．あんぱんの上の「甘くてから」い桜の花びらは，志津江の人生における恋を象徴していると考えられる。あんぱんが残っていても「桜の花びら」を「欠いてしまった」ということは，志津江が今後の人生において，もう恋をすることはないということを表しているのである。

問六<**表現**>本文では，志津江があんぱんを食べながら自分の人生を振り返り，老いについての考え方も変わってくるため，あんぱんを食べる過程の描写は重要な意味を持っている。その部分は，細かく改行されて，一つ一つの文が強調されている(エ…○)。本文全体を通して描かれているのは，志津江があんぱんを買って食べる過程であり，そのあんぱんと彼女の人生が重ね合わされている。ここで食べたものがごく庶民的な「あんぱん」であることは，彼女の人生がありふれたささやかなものであったことを象徴する(カ…○)。

三〔**古文の読解―浮世草子**〕出典：井原西鶴『武家義理物語』巻一，一／〔**古文の読解―物語**〕出典：『太平記』巻第三十八。

≪現代語訳≫【文章Ⅰ】鎌倉山の秋の夕暮れの道を急ぎ，青砥左衛門尉藤綱は，滑川を渡ったとき，ちょっとした用事があって，火打ち袋を開けたところ，十銭に足りない銭を川の中に落とし，向こう岸に上がり，村人を集め，わずかの銭を，三貫文与えて，これを探させたが，一銭も見つけられず，長い時間苦労していた。／「たとえ地を割き，竜宮までも何が何でも探して取り出せ」と命令しているとき，一人の人足が，運よく一度に三銭探し当て，同じ場所で，また一銭二銭ずつ(探し当てて)，十銭ほど取り出したので，青砥左衛門は数え合わせて，限りなく喜び，その男には別に褒美を与え，「これはそのまま捨てておくと，国の重要な宝が朽ちてしまうことは残念だ。三貫文は世にとどまって，人々の間を回っていく」と，下人に語って帰った。この道理を聞きながら，「一文惜しみの百知らず」と笑ったのは，浅知恵で世の中を生きていく下々の者の考え方だよ。／(人足たちは)何にしても夜に金をもうけることができるとは，思いがけないことだったので，「今宵の月(をさかな)に銭を出し合って飲もう」と，それぞれ勢い込んだ。その中で利口そうな男が，「何につけても気持ちよく酒を飲むのは，私に礼を言うべきである。その訳は，青砥が落とした銭について，探し当てられるかは不確かである。たまたま私が利口で，自分の銭を事前に隠しておいて，左衛門ほどの賢明な者をだましたのだ」と言ったので，皆感心して，「それではお前の働きのおかげだから，楽しい酒宴のおもしろいことだ」と飲み始めたところ，また一人の男が，楽しむ気持ちをなくして，「これは全く青砥の志を無にする。あなたは利口そうな顔つきをして，人の手本となっているその心を曇らせたのは，またといない曲者で，天罰も恐ろしい」と言って，その座を立って帰り，朝早く起きて，馬の沓をつくって，その日その日を暮らしていった。／この男は言わないが，自然と青砥左衛門が(これを)聞いて，その人足を捕らえて，厳しく監視をつけ，身を丸裸にして調べ，落とした本当の銭を探し当てるまで，毎日償いの労役をするよう言いつけたところ，九十七日目にその銭を残らず探し出し，危うい命を助かった。

【文章Ⅱ】あるとき，徳宗領で訴訟が起きて，下級の役人と，相模守とが訴訟を起こしそれぞれに申し立てをすることがあった。役人が申すところは道理にかなっているが，奉行・頭人・評定衆は，皆徳宗領をはばかって，役人を負けさせたのを，青砥左衛門はただ一人，権勢のある家柄にも恐れず，道理にかなったことを詳しく申し立てて，ついに相模守を負かした。その恩に報いようと思ったのだろうか，(役人は)銭を三百貫，俵に包んで，後ろの山からひそかに青砥左衛門の中庭の中へ入れた。青砥左衛門はこれを見て大変怒り，「全く下級の役人をひいきするためにしたことではない。訴訟に勝った役人がお礼の品を渡す必要はない」と言って，一銭をもついに受け取らず，はるかに遠い田舎まで持たせて送り返した。

問一＜古文の内容理解＞青砥左衛門は，十銭ほどの銭を探すために三貫文を出した。そのことを，下人たちは，わずかな銭にこだわって大金を失うことに気づかない愚か者だと言って笑った。

問二＜古文の内容理解＞「才覚らしき男」は，自分が「利発」で自分の銭を事前に隠しておいて青砥左衛門をだましたと言った。自分のおかげで銭を探す作業は早く終わった，というのである。

問三＜古語＞「横手を打つ」は，感心する，という意味。

問四＜古文の内容理解＞「才覚らしき男」は，事前に銭を隠しておき，それで銭が見つかったということにして青砥左衛門をだましていた。そのことを知った「又一人の男」は，それは青砥の志を無にし，「人の鑑」である青砥の心を曇らせたということだと思い，不快感を覚えた。

問五＜古文の内容理解＞青砥は，十銭ほどの銭を探すために三貫文を出したが，そのことについて，落とした銭をそのまま捨ててしまったら国の重要な宝が朽ちてしまうことになるが，人足に与えた三貫文は世にとどまって人々の間を回っていくと説明している。

問六＜古文の内容理解＞Ｆ．「奉行・頭人・評定衆」が徳宗領にはばかって役人の負けにする中で，青砥左衛門だけは道理にかなったことを詳しく申し立てて，相模守の負けとした。　Ｇ．青砥左衛門が道理にかなったことを主張したために訴訟に勝つことができた役人は，その恩に報いようと思ったのか，銭を包んで後ろの山から青砥左衛門の庭に入れた。

問七＜古文の内容理解＞青砥左衛門は，個人の損得勘定ではなく銭が人々の間を回っていくことを重視する考えを持っている。また，探すべき銭を探さずに不正な行為によって利益を得た人物には責任を持って銭を探させ，自らも道理に合わない銭は決して受け取らないなど，公平公正で清廉潔白な人物である。ただ，「国土の重宝」を大事にして銭が「世にとどまりて，人の回り持ち」になることを重視するという明確な考えを持ってはいるが，その信念を人々に笑われても貫いたということは本文には出てこない(ア…×)。

四〔国語の知識〕

問一＜古典文法＞係助詞「こそ」があると，係り結びの法則によって，結びは已然形になる。

問二＜歴史的仮名遣い＞歴史的仮名遣いを現代仮名遣いで表すときには，「iu」は「yuu」に，「au」は「ou」になる。また，「なむ」は，「なん」になる。さらに，語頭以外のハ行は，原則として「わいうえお」になる。

問三＜品詞＞「明日かららしい」と「気分がいいらしい」の「らしい」は，伝聞・推定の助動詞。「いかにも彼らしい」と「病気らしい病気」の「らしい」は，いかにも〜と思われる，という意味を添える接尾語。「あたらしい」と「すばらしい」の「らしい」は，形容詞の一部。

問四＜文学史＞島崎藤村は，明治時代から昭和時代までを生きた詩人・小説家。詩集『若菜集』や小説『破戒』『夜明け前』はよく知られている。

問五⑴＜慣用句＞「にべもない」は，愛嬌も思いやりもなく，とりつきようがないさま。「非の打ち所がない」は，欠点が全くないさま。「身もふたもない」は，露骨で何の含みも趣もないさま。「鼻持ちならない」は，言動が嫌味で我慢ならないさま。　⑵＜語句＞「インプット」は，入力のこと。「バックアップ」は，予備の記憶媒体にデータをコピーしておくこと。「オピニオン」は，意見のこと。「メディア」は，媒体や手段のこと。

問六＜漢字＞⑴「到底」と書く。アは「底冷え」，イは「堤」，ウは「定まらない」，エは「程」，オは「庭」。　⑵「潮流」と書く。アは「清澄」，イは「膨張」，ウは「眺望」，エは「新調」，オは「風潮」。　⑶「折衷」と書く。アは「摂理」，イは「屈折」，ウは「溶接」，エは「拙劣」，オは「節度」。　⑷「防除」と書く。アは「防戦」，イは「忙殺」，ウは「感冒」，エは「解剖」，オは「妨害」。

Memo

2024年度 大宮開成高等学校(第2回併願)

【英　語】 (50分) 〈満点：100点〉

I　次の英文を読んで，後の設問に答えなさい。(＊の付いている語(句)は，後にある(注)を参考にすること。)

When summer comes, (①) do the mosquitoes. Many people put on bug spray or wear long-sleeved clothing to protect themselves from getting bitten. *In spite of all these efforts, however, some people get bitten a lot, *while other people almost never get bitten. *According to research, about 20% of people are especially delicious to mosquitoes and get bitten more often than others. [ア] So what's the difference between these delicious people and the people who *rarely get bitten? Scientists have a few ideas.

One *factor is the color of the clothes. Mosquitoes are attracted to dark colors because they can see dark colors from far away. So, if you don't want to get bitten, try not to wear black or other dark colors. [イ]

(②) important factors are related to *biology. One of them is CO_2 people *give off from their body. Mosquitoes can find their targets by smelling the CO_2 in their breath. As a result, people who breathe out more air — generally, large people — tend to attract more mosquitoes than others. [ウ]

The bacteria on the skin are another important biological factor. ③One (ア skin イ the bacteria ウ study エ shows that オ human カ that キ attract ク normally live on) mosquitoes. Have you ever noticed that mosquitoes often bite your feet and *ankles? This could be because feet and ankles have more bacteria than other parts of the body. [エ]

Blood type can also be a factor. One study found that mosquitoes may be attracted to certain blood types. It says that mosquitoes landed on people with type O blood nearly twice as often as on those with type A. People with type B blood were bitten more often than type A but less often than type O. In addition, about 85% of people release a chemical through their skin which tells their blood type, while 15% do not. Mosquitoes are more attracted to people who release ④this chemical, *regardless of their blood type.

Though people cannot change their blood type or other biological factors, it is very important to avoid being bitten by mosquitoes. This is because mosquitoes carry many serious diseases such as *Zika and dengue. Recently, scientists have found that there are some people who release a certain type of chemical that mosquitoes dislike. This chemical may help develop new sprays that can keep mosquitoes away from even the "(⑤)" people.

(注) In spite of ～　～にもかかわらず　　while　だが一方　　According to ～　～によれば
rarely ～　めったに～ない　　factor　要素　　biology　生物学
give off ～　～を発する　　ankles　足首　　regardless of ～　～にかかわらず
Zika and dengue　ジカ熱やデング熱(どちらも蚊に刺されることにより引き起こされる感染症)

問1　空欄①，②，⑤に入る最も適切なものを，右のア～エの中から1つずつ選び，それぞれ解答欄 1 ～ 3 にマークしなさい。

(①)　ア　and　　イ　but　　ウ　or　　エ　so　[1]

(②)　ア　Another　　イ　Other　　ウ　No　　エ　The others　[2]

(⑤)　ア　hungry　　イ　old　　ウ　delicious　　エ　serious　[3]

問2　次の英文を本文中に補うとき，最も適切な箇所を本文中の[ア]～[エ]の中から1つ選び，解答欄[4]にマークしなさい。

This is one of the reasons why children usually get bitten less than adults.

問3　下線部③の意味が通るように，(　)内の語(句)を並べ換え，[5]，[6]の位置に入るものだけを，下のア～クの中から1つずつ選び，それぞれ解答欄[5]，[6]にマークしなさい。

One ______ ______ ______ [5] ______ ______ ______ [6] mosquitoes.

ア　skin　　イ　the bacteria　　ウ　study　　エ　shows that

オ　human　　カ　that　　キ　attract　　ク　normally live on

問4　本文で述べられている，蚊を引き寄せやすい血液型の順として最も適切なものを，下のア～エの中から1つ選び，解答欄[7]にマークしなさい。

(例　A＞B＞Oならば，A型が一番蚊を引き寄せやすいということ。)

ア　O＞A＞B　　イ　O＞B＞A　　ウ　B＞A＞O　　エ　B＞O＞A

問5　下線部④について述べているものとして最も適切なものを，次のア～エの中から1つ選び，解答欄[8]にマークしなさい。

ア　People who release this chemical are more likely to have type B blood.

イ　People who release this chemical are bitten by mosquitoes less often than others.

ウ　More than 80% of people release this chemical, so they do not usually get bitten by mosquitoes.

エ　More than 80% of people release this chemical, and they are more likely to get bitten by mosquitoes than others.

問6　本文の内容と合っているものを，次のア～カの中から2つ選び，それぞれ解答欄[9]，[10]にマークしなさい。

ア　About 20% of people get bitten by mosquitoes more often than others, so they look more delicious to mosquitoes.

イ　If you do not want to get bitten by mosquitoes, you should avoid wearing dark colors.

ウ　Mosquitoes can find their targets by using the sound people make when they breathe.

エ　Mosquitoes often bite your feet and ankles because they do not want to be found.

オ　It is very important to avoid being bitten by mosquitoes though people can change neither their blood type nor other biological factors.

カ　Thanks to a certain type of chemical that mosquitoes dislike, scientists were able to make new sprays that could reduce the bacteria on human skin.

[Ⅱ]　次の英文を読んで，後の設問に答えなさい。(*の付いている語(句)は，後にある(注)を参考にすること。)

Thomas Alva Edison was born one cold winter day (①) February 11, 1847. On the day Thomas was born, his father Samuel was waiting for news about his son.

Finally, a neighbor came to tell him that everything was okay. The neighbor said that Thomas had gray eyes and looked a lot like his mother Nancy.

Samuel said, “Good! If he is only like her in brains, and *temper, too, he will indeed be a *blessing!"

Thomas had three older brothers and sisters. They were Marion, William Pitt, and Harriet Ann. The first three children were born in Vienna, Canada, and Thomas was born in Milan, Ohio.

Thomas was named after his father's brother, but when he was young, almost no one called him by that name. Thomas's middle name was Alva, and everyone called him "Al."

They say that Thomas did not talk until he was four years old. But when he did start speaking, the things he said were (②). He began asking everyone about how things worked.

Thomas wanted to know what things were made of, what was inside them, and why they did the things they did.

If people told young Thomas that they could not answer his difficult questions, he looked into their eyes and asked them, "Why ?" It was his favorite word.

Thomas wanted to know everything, and he was not afraid of anything. When he became interested in finding out about something, no one could stop him.

③

Thomas fell into the grain, and it was like falling into the ocean. He could not get out, and there was no air. Luckily, someone heard him shouting and pulled him out.

Another time, when Thomas's family was visiting a farm, he went off by himself. Everyone was looking for him, and they finally found him in the *barn. ④His family (ア see イ to ウ was sitting エ was オ on カ that キ Thomas ク shocked) some bird's eggs.

When Thomas was asked what he was doing, he told everyone that he had seen a baby bird come out of an egg when its mother sat on it, and he wanted to try it for himself.

Thomas also wanted to fly. He saw birds flying, and he thought that maybe it was (⑤). He decided to do an experiment. He found some *worms and put them in water.

Thomas gave the worm drink to a neighbor and told her that if she drank it, she would be able to fly. The girl got sick, and everyone was angry at Thomas as usual.

Another big mistake was the time he became interested in a *beehive. He wanted to see what was inside it, so he broke it ⑥(open). He was *chased by hundreds of angry bees, and it was (⑦). But it did not stop him from wanting to find out even more.

Thomas once *burned down his father's barn *by accident, but even that did not stop him from wanting to find out more about the way the world worked.

Some people say that it is a miracle Thomas lived to become a great scientist, because he was so foolish when he was young!

(注) temper 気質，気性　blessing 天の恵み　barn （農場の）家畜小屋
worms 虫　beehive ミツバチの巣　chased chase ～ （～を追いかける）の過去分詞形
burned down ～ ～を全焼させた　by accident 誤って

問１ 空欄①，②，⑤，⑦に入る最も適切なものを，右のア～エの中から１つずつ選び，それぞれ解答欄 11 ～ 14 にマークしなさい。

(①) ア on イ in ウ by エ at 11

(②)　ア　surprisingly　　イ　to surprise　　ウ　surprising　　エ　surprised　　12

(⑤)　ア　thanks to their wings　　イ　because of the food they ate

　　　ウ　because they found the food　　エ　thanks to their muscles　　13

(⑦)　ア　a heartwarming lesson　　イ　a boring experience

　　　ウ　a positive experience　　エ　a painful lesson　　14

問２　空欄③には次のＡ～Ｄが入る。その順番として最も適切なものを，下のア～クの中から１つ選び，解答欄 15 にマークしなさい。

A　But Thomas climbed up to the top to look inside it.

B　It was a tall building that was used to keep wheat in, and it was very dangerous.

C　One day, Thomas saw a *grain elevator.

D　He suddenly fell in.

（注）grain elevator　穀物倉庫

ア　A－B－C－D　　イ　A－B－D－C　　ウ　A－C－B－D　　エ　A－D－B－C

オ　C－B－A－D　　カ　C－B－D－A　　キ　C－A－B－D　　ク　C－D－B－A

問３　下線部④の意味が通るように，(　)内の語(句)を並べ換え，16，17 の位置に入るものだけを，下のア～クの中から１つずつ選び，それぞれ解答欄 16，17 にマークしなさい。

His family ______ ______ __16__ ______ ______ __17__ ______ ______ some bird's eggs.

ア　see　　イ　to　　ウ　was sitting　　エ　was

オ　on　　カ　that　　キ　Thomas　　ク　shocked

問４　⑥(open)の下線部と同じ発音を含むものを，次のア～エの中から１つ選び，解答欄 18 にマークしなさい。

ア　oven　　イ　women　　ウ　ocean　　エ　pond

問５　本文の内容と合っているものを，次のア～カの中から２つ選び，それぞれ解答欄 19，20 にマークしなさい。

ア　A neighbor found that Thomas had gray eyes and was very similar to his father Samuel.

イ　Thomas's brothers and sisters were three years older than he was.

ウ　When he was a child, Thomas was called "Al" by everyone, instead of his first name.

エ　Thomas began speaking when he was four years old, and then asked people around him about the way things worked.

オ　Because they wanted to fly, a neighbor and Thomas drank the worm drink, and then she got ill.

カ　Thomas was not smart when he was a child, but everyone around him believed he would become a great scientist.

Ⅲ　次の Paul と Sayaka の会話文を読んで，後の設問に答えなさい。

Paul　：(　21　)

Sayaka：It was wonderful.　My brother just started to study at university in Paris, so I went to see him for a week.　It is such a beautiful city.

Paul　：Wow, you are lucky!　I have seen it in movies and on television.　(　22　)

Sayaka：Yes!　There are so many museums and historical buildings to see.　We walked a lot every day.　Even then, there were still some places that we didn't have the time to go to.

Paul　：Did you go to the Eiffel Tower?　I heard that it is still the tallest tower in Paris, even though it was built about 130 years ago.

Sayaka : Yes. I went there on my first day! I wanted to see it so much. The views were amazing. I was very surprised to find that such an old building had an elevator.

Paul : Did you go to one of the restaurants in the tower? It must be exciting to eat in such a high place.

Sayaka : No, we didn't. (23) Did you know that there is an apartment at the very top of the tower?

Paul : What? I had no idea!

Sayaka : The man who built the Eiffel Tower, Gustave Eiffel, made a secret room for himself. He used it to entertain his friends. For a long time, people were not able to see it, but now, visitors can go inside.

Paul : I would be excited to visit there someday!

問1 空欄 21 ～ 23 に入る最も適切なものを，次のア～クの中から1つずつ選び，それぞれ解答欄 21 ～ 23 にマークしなさい。(ただし，同じ記号は2度以上使用しないこと。)

ア The food we had at the restaurant wasn't delicious.
イ Having lunch in a high place was a great experience.
ウ They were too expensive for us.
エ It seems like there are a lot of places to visit there.
オ Do you have a plan to go to the Eiffel Tower?
カ We had lunch there, but it was very crowded.
キ How was your winter vacation, Sayaka?
ク What are you going to do during winter vacation, Sayaka?

問2 本文の内容と合っているものを，次のア～カの中から2つ選び，それぞれ解答欄 24, 25 にマークしなさい。

ア Sayaka went to Paris to study at university there.
イ During her stay in Paris, Sayaka walked a lot with her brother.
ウ No other tower in Paris is taller than the Eiffel Tower.
エ Paul knows there is a restaurant in the Eiffel Tower because he learned about it in school.
オ Sayaka went to an apartment at the top of the Eiffel Tower because there were few people there.
カ Paul has been to the Eiffel Tower before.

Ⅳ 次の①～⑩の英文の空欄 26 ～ 35 に入る最も適切なものを，下のア～エの中から1つずつ選び，それぞれ解答欄 26 ～ 35 にマークしなさい。

① Mary and Tom (26) for Hokkaido next month.
ア leaves イ has left ウ left エ are leaving

② If I (27) the truth, I would tell him.
ア will know イ knew ウ have known エ am knowing

③ I don't like this shirt. Please show me (28).
ア other one イ one another ウ each other エ some others

④ The girl was (29) Tom.
ア laughed by イ laughed at ウ laughed at by エ laughed

⑤ Mary is the tallest ([30]) all the girls in her class.

ア in　イ with　ウ from　エ of

⑥ I'd really like him ([31]) much harder at school.

ア studied　イ to studying　ウ to study　エ study

⑦ Mary went out after ([32]).

ア had dinner　イ she was having dinner

ウ having dinner　エ she has dinner

⑧ I'll be back ([33]) two hours.

ア at　イ by　ウ in　エ after

⑨ The man ([34]) came to see you.

ア who I don't know his name　イ I don't know his name

ウ whose name I don't know　エ of his name I don't know

⑩ Mary and Tom ([35]) each other since 2000.

ア have been knowing　イ have known

ウ were knowing　エ were known

[V] 次の①～⑤の英文には誤りが1箇所ずつある。誤りを含む部分を，下線部ア～エの中から1つずつ選び，それぞれ解答欄 [36]～[40] にマークしなさい。

① Her elder(ア) son married with(イ) a good-looking(ウ), tall woman(エ). [36]

② Does he know the population of this country(ア) is about(イ) as many(ウ) as that of(エ) Saitama City ? [37]

③ It's(ア) been snowing heavy(イ) here since(ウ) the day before yesterday(エ). [38]

④ By using(ア) the Internet, we can get an information(イ) that(ウ) we need easily and(エ) quickly. [39]

⑤ I'm going to(ア) school with(イ) my friends(ウ) by bicycle(エ) every day. [40]

[VI] 次の①～⑤の日本文の意味になるように，下のア～クの語(句)を並べ換えて英文を完成させ，[41]～[50] の位置に入るものだけを，それぞれ解答欄 [41]～[50] にマークしなさい。(ただし，文頭に来る語も小文字で示してある。)

① あなたは彼女がいつここに来るか知っていますか。

[41] ____ ____ ____ [42] ____ ____ ____ ?

ア when　イ come　ウ do　エ know

オ you　カ will　キ she　ク here

② Tom はなんて上手に英語を話すのでしょう。

____ [43] ____ ____ ____ ____ [44] ____ !

ア Tom　イ good　ウ is　エ what

オ speaker　カ a　キ of　ク English

③ 若いうちにできるだけ多くの本を読みなさい。

Read ____ ____ [45] ____ [46] ____ ____ ____.

ア you are　イ as　ウ as you　エ when

オ many　カ young　キ can　ク books

④　夜遅く散歩しない方がよい。

______ ______ ______ [47] ______ [48] ______ ______ night.

ア　take　　イ　not　　ウ　you　　エ　walk

オ　better　　カ　had　　キ　a　　ク　late at

⑤　この辞書はポケットに入れて運べるくらい小さい。

______ ______ ______ ______ [49] ______ [50] ______ the pocket.

ア　is　　イ　enough　　ウ　this　　エ　small

オ　dictionary　　カ　to　　キ　in　　ク　carry

【数　学】（50分）〈満点：100点〉

（注意）(1)　問題の文中の ①② のような □ には，数字（0，1，2，……，9）が入ります。解答用紙では，その数字を1つずつマークしてください。

(2)　分数で解答する場合，既約分数（それ以上約分できない分数）で答えてください。

(3)　根号（ルート）の中はできるだけ小さい自然数で答えてください。

1　次の ① ～ ⑳ にあてはまる数字を，それぞれ1つずつ選んでマークしなさい。

(1)　$\left\{\left(-\frac{1}{2}\right)^2-\left(\frac{2}{3}\right)^3\div\left(\frac{2}{3}\right)^2\right\}^2$ を計算すると，$\frac{\text{①②}}{\text{③④⑤}}$ である。

(2)　$\frac{\sqrt{6}-\sqrt{2}}{\sqrt{2}}+(\sqrt{12}-1)(\sqrt{3}+\sqrt{2})$ を計算すると，⑥ $-\sqrt{\text{⑦}}+$ ⑧ $\sqrt{\text{⑨}}$ である。

(3)　$(2a+3b)^2-(4a-b)(3a+5b)=-$ ⑩ a^2- ⑪ $ab+$ ⑫⑬ b^2 である。

(4)　$(x+1)^2-3(x+1)-10$ を因数分解すると，$(x-$ ⑭ $)(x+$ ⑮ $)$ である。

(5)　2次方程式 $\frac{1}{2}x^2-x-3=0$ を解くと，$x=$ ⑯ $\pm\sqrt{\text{⑰}}$ である。

(6)　連立方程式 $\begin{cases} x:y=1:3 \\ 2x+\frac{1}{3}y=1 \end{cases}$ を解くと，$x=\frac{\text{⑱}}{\text{⑲}}$，$y=$ ⑳ である。

2　次の ㉑ ～ ㊲ にあてはまる数字を，それぞれ1つずつ選んでマークしなさい。

(1)　すべての辺の長さが整数であり，面積が2024である長方形を考える。このうち，隣り合う辺の長さの差が最小であるものの周の長さは，㉑㉒㉓ である。必要ならば，$2025=45^2$ であることを用いてよい。

(2)　次の箱ひげ図は，40人のクラスで実施した数学の試験の結果を表したものである。

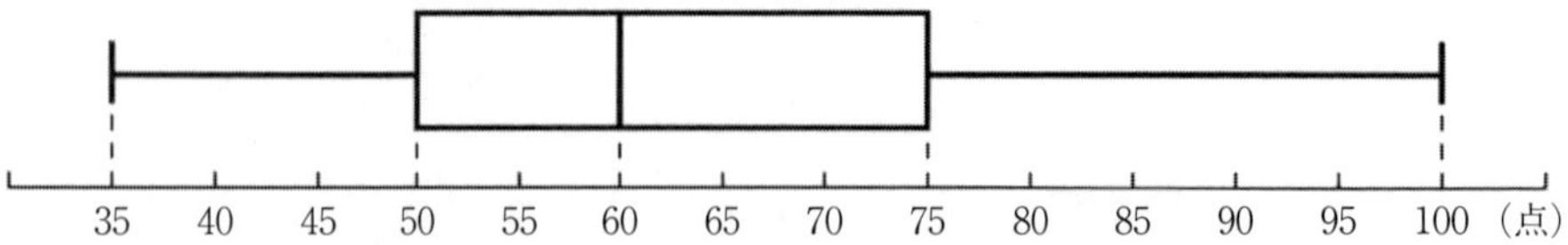

この箱ひげ図から読み取れないものは，次の選択肢⓪～③のうち，㉔ である。

【選択肢】

⓪　このクラスの最高点は，100点である。

①　50点以上60点以下の生徒数は，10人である。

②　60点以上の生徒数は，20人以上である。

③　四分位範囲は，25点である。

(3)　ある列車が一定の速さで走っている。この列車が長さ1200mのトンネルに入り始めてから，完全に抜け出るまで40秒かかった。また，同じ列車が長さ400mの橋を渡り始めてから，完全に渡りきるまで15秒かかった。このとき，この列車の長さは，㉕㉖ mである。

(4)　濃度8％の食塩水 x gに，濃度12％の食塩水 y gと水10 gを加えて混ぜたところ，濃度10％の食塩水が400 gできた。このとき，$x=$ ㉗㉘㉙，$y=$ ㉚㉛㉜ である。

(5)　大小2個のさいころを投げて，出た目の数をそれぞれ a，b とする。3辺の長さが a，b，$2\sqrt{2}$ である直角三角形が存在するような a，b の目が出る確率は，$\frac{\text{㉝}}{\text{㉞㉟}}$ である。

(6)　図のように，AB＝1，中心角60°の扇形 ABC の線分 AB が直線 l に重なっている。この扇形 ABC を直線 l 上をすべらないように，線分 AC が直線 l に初めて重なるまで時計回りに回転させる。このとき，点Aが通った道のりは，$\dfrac{\boxed{36}}{\boxed{37}}\pi$ である。ただし，円周率を π とする。

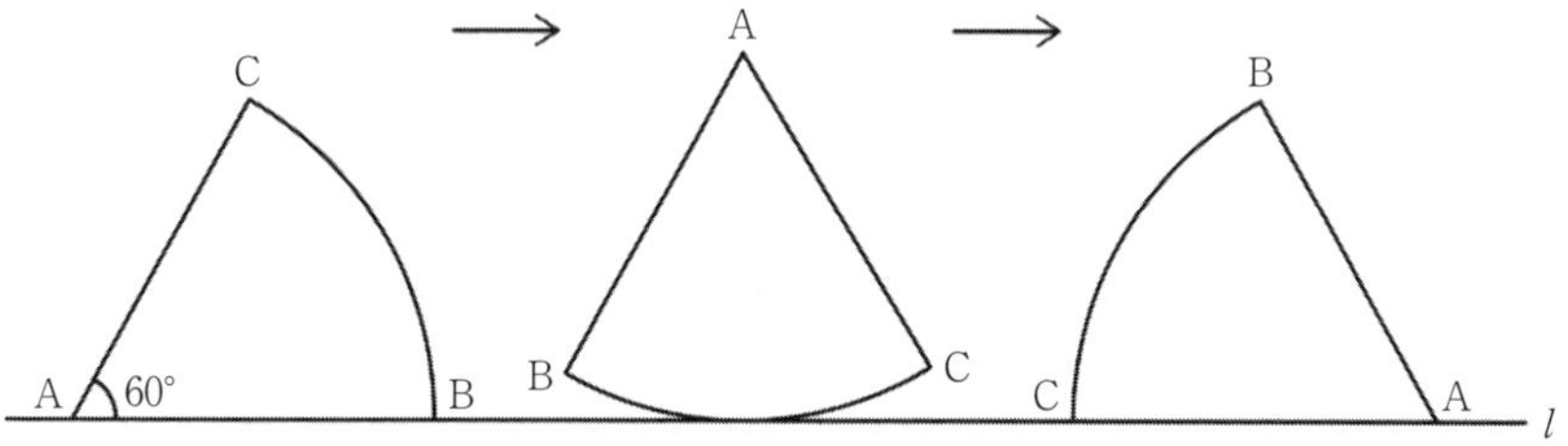

3　図のように，線分 AB を直径とする半円の周上に2点C，Dがあり，$\overset{\frown}{CD}=\overset{\frown}{BD}$ である。また，線分 AD と線分 CH，CB の交点をそれぞれE，Fとし，点Hは直径 AB 上の点で，AB⊥CH である。$AB=3\sqrt{5}$，$AC=2\sqrt{5}$，BF＝3 のとき，次の $\boxed{38}$～$\boxed{43}$ にあてはまる数字を，それぞれ1つずつ選んでマークしなさい。

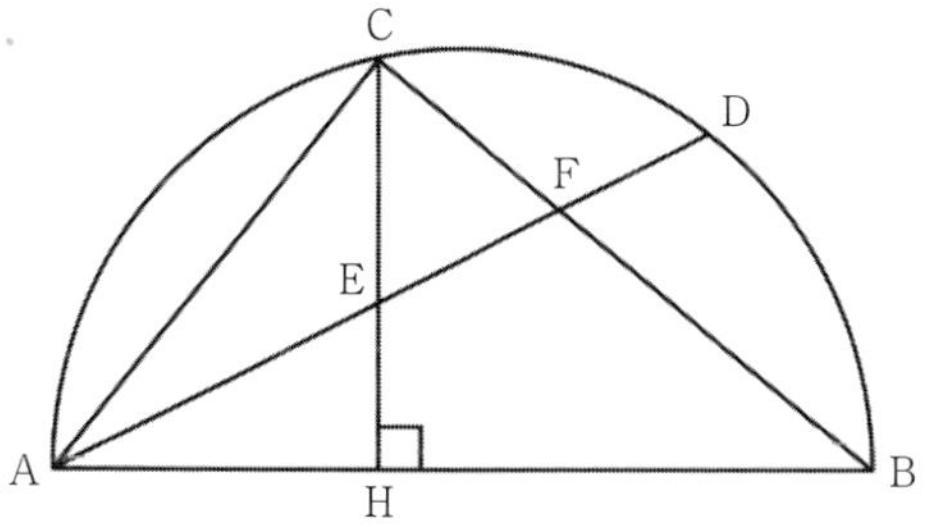

(1)　CF＝$\boxed{38}$，EH＝$\dfrac{\boxed{39}}{\boxed{40}}$ である。

(2)　直線 AC，BD の交点を I とする。△ICD の面積は，△CEF の面積の，$\dfrac{\boxed{41}\boxed{42}}{\boxed{43}}$ 倍である。

4　図のように，1辺の長さが6の正四面体 ABCD と，底面の円が△BCD に内接し，上面の円の中心が点Aと一致する円柱がある。このとき，次の $\boxed{44}$～$\boxed{51}$ にあてはまる数字を，それぞれ1つずつ選んでマークしなさい。ただし，円周率を π とする。

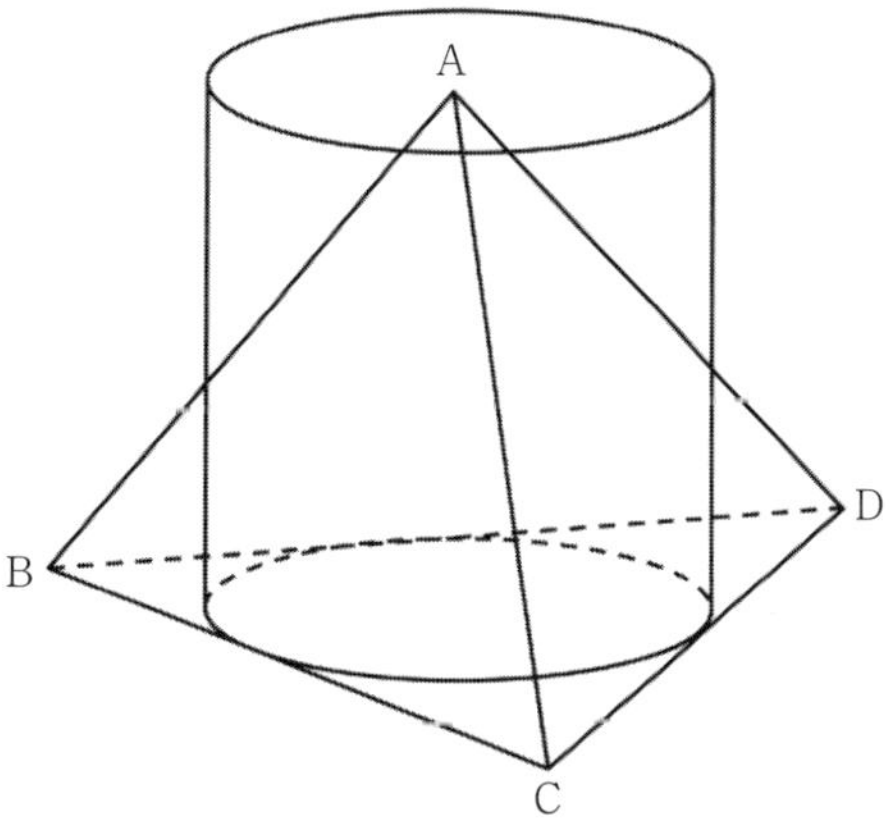

(1)　△BCD の面積は，$\boxed{44}\sqrt{\boxed{45}}$ である。

(2)　円柱の体積は，$\boxed{46}\sqrt{\boxed{47}}\pi$ である。

(3)　辺 AB，AC，AD 上にそれぞれ点E，F，Gを $AE=AF=AG=3\sqrt{3}$ となるようにとる。正四面体 ABCD と円柱の共通部分を3点E，F，Gを通る平面で切ったときの断面積は，$\dfrac{\boxed{48}\sqrt{\boxed{49}}+\boxed{50}\pi}{\boxed{51}}$ である。

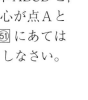

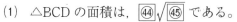

5　図のように，放物線 $y=x^2$ 上の x 座標が－1，3である点をそれぞれA，Bとする。また，Bを通り，傾きが $-\frac{1}{2}$ である直線と放物線との交点のうち，Bでない方をCとする。このとき，次の $\boxed{52}$ ～ $\boxed{59}$ にあてはまる数字を，それぞれ1つずつ選んでマークしなさい。

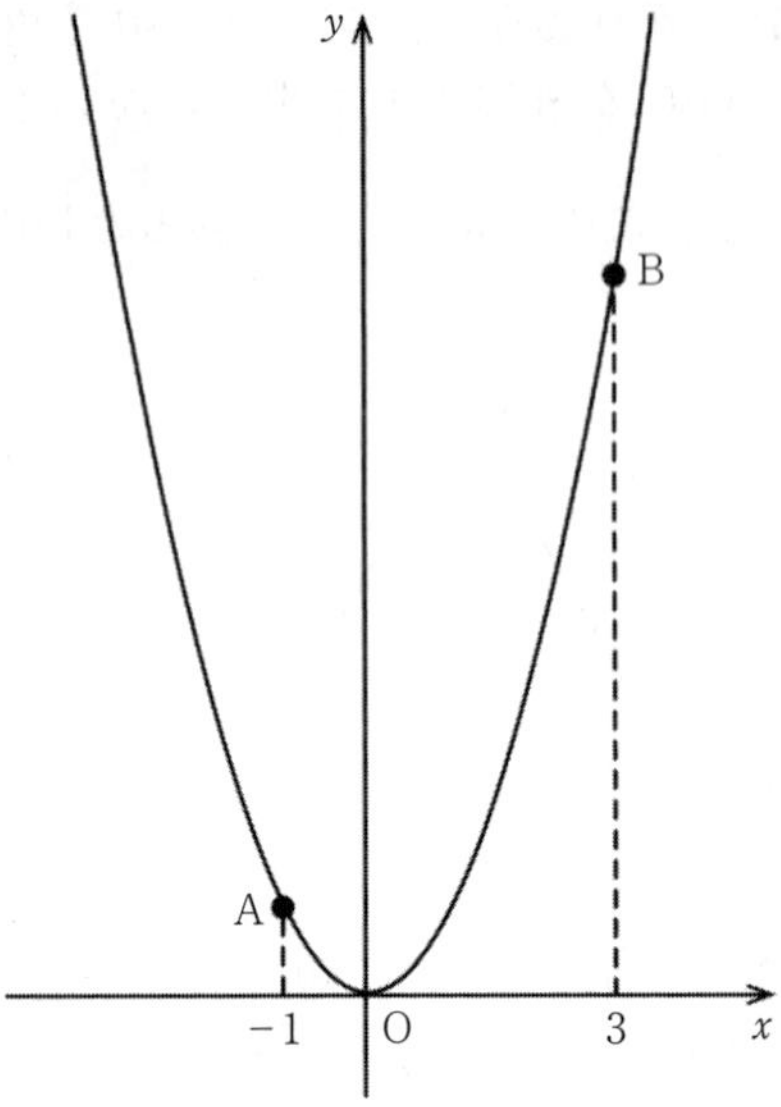

(1)　直線 AB の方程式は，$y=\boxed{52}x+\boxed{53}$ である。

(2)　△ABC の面積は，$\dfrac{\boxed{54}\boxed{55}}{\boxed{56}}$ である。

(3)　直線 AC 上の点で，x 座標が－3である点をDとする。Dを通り，△ABC の面積を二等分する直線と直線 AB の交点の座標は，$\left(\dfrac{\boxed{57}}{\boxed{58}},\ \boxed{59}\right)$ である。

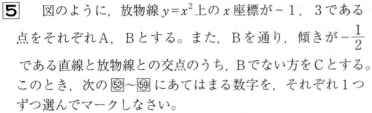

れに心苦し。

ア　つきひをへだてたまえらんおどをおぼしやるに、いといみじくあわれにこころぐるし。
イ　つきひをへだてたまえらんほどをおぼしやるに、いといみじゅうあわれにこころぐるし。
ウ　つきひをへだてたまえらんほどをおぼしやるに、いといみじうあはれにこころぐるし。
エ　つきひをえだてたまえらんほどをおぼしやるに、いといみじゅうあわれにこころぐるし。

問三　次の文の――線部と同じ意味・用法のものを、後のア～オの中から一つ選び、解答欄 30 にマークしなさい。 30

去年のことが思い出されてならない。

ア　早くも十年の月日が流れた。
イ　これから先生が話されます。
ウ　電車に乗れば十五分で行かれるよ。
エ　故人のことがしのばれた。
オ　自分の弱さを思い知らされた。

問四　「六歌仙」の一人である在原業平を思わせる男性を主人公とする、その一代記風の物語を、次のア～オの中から一つ選び、解答欄 31 にマークしなさい。 31

ア　源氏物語　イ　大和物語　ウ　平家物語
エ　伊勢物語　オ　雨月物語

問五　次の意味を表す言葉として正しいものを、後のア～オの中からーつずつ選び、解答欄 32・33 にそれぞれマークしなさい。

(1)　見込みがないので断念する 32

ア　水に流す　イ　涙をのむ　ウ　途方に暮れる
エ　手に余る　オ　匙《さじ》を投げる

(2)　経済や産業などの発展につながる技術や仕組みを新しく取り入れること・革新・刷新 33

ア　イノベーション　イ　モチベーション　ウ　ポジティブ　エ　サプライズ
オ　リテラシー

問六　次の各文の――線部のカタカナを漢字に改めた場合、同じ漢字を使うものを、後のア～オの中から一つずつ選び、解答欄 34 ～ 37 にそれぞれマークしなさい。

(1)　きっと君はタイキ晩成するだろう。 34

ア　それはキジョウの空論だ。
イ　キリョウと才気にあふれている。
ウ　立ち直ってサイキをはかる。
エ　新しい事業がキドウにのる。
オ　体育祭のキバ戦で活躍する。

(2)　母からショカンが届く。 35

ア　カンサンとした山里だ。
イ　辞典のカンシュウをする。
ウ　行事をカンソにする。
エ　カカンな行動をとる。
オ　カンルイにむせぶ。

(3)　定年を待たずユウタイする。 36

ア　仕事のタイマンを叱られる。
イ　吹雪の中のタイカン訓練を行う。
ウ　フタイテンの決意をする。
エ　破損した商品のダイタイ物。
オ　梅雨前線がテイタイする。

(4)　伝統的な産業のシンコウを図る。 37

ア　父は会社をオコした。
イ　ミツぎ物をささげる。
ウ　勝ち負けにコダワらない。
エ　連絡先を手帳にヒカえる。
オ　湖のそばに家をカマえる。

ぞ見ゆる。篳篥はいとかしがましく、秋の虫をいはば、轡虫《くつわむし》などの心地《ここち》して、うたてけ近く《嫌なので近くでは》聞かまほしからず《聞きたくない》。ましてわろく吹きたるは、いとにくきに、臨時の祭の日、まだ御前《おまへ》には出《い》でで《出ずに》物のうしろに、横笛をいみじう吹き立てたる、あな、おもしろと聞くほどに、なからばかりより、うち添へて吹きのぼりたるこそ、ただいみじううるはしき髪持ちたらむ人も《美しい髪を持っているような人も》、みな立ちあがりぬべき心地すれ。

（『枕草子』による
問題作成のために本文を一部変更したところがあります）

ア　生徒A―横笛は聞く距離によって音色が変わるところに風情があって、音が大きく近くでは聞きたくない篳篥とは違い、素晴らしい楽器だと言っているね。笛の大きさも持ち運びがしやすくて良いと、すごく褒めているね。

イ　生徒B―篳篥は秋に鳴く轡虫のようで不快だけれど、笙の笛は明るい月の下で聞くと素晴らしいと言っているね。でも、笙は大きすぎて扱いにくそうだとも言っているよ。

ウ　生徒C―大きな音が出る篳篥は下手な人が演奏することでより一層嫌になると言っているね。一方で、近くで聞くのは嫌だけれど遠くから聞くのは良いとも言っているよ。

エ　生徒D―篳篥は単独の楽器として演奏を聞いても良いと思わないけれど、他の楽器と合わせたときには大変に素晴らしい音色になると言っているよ。

問七　次に示すのは、【文章Ⅰ】【文章Ⅱ】を読んだうえで、教師と生徒が話し合っている場面である。【文章Ⅰ】【文章Ⅱ】の**内容と異なる**発言を後のア～エの中から一つ選び、解答欄 27 にマークしなさい。 27

教　師―同じように篳篥や笛について語られている【文章Ⅰ】と【文章Ⅱ】を読み比べるとどのようなことに気づきますか。みんなで話し合ってください。

ア　生徒A―篳篥を嫌い用枝が宴遊へ参加することを嫌がっていた志賀僧正は清少納言と同じように、以前から篳篥が好きではなかったというところが共通しているよ。

イ　生徒B―用枝の素晴らしい演奏を聞き篳篥の印象が変わった志賀僧正と同じように、清少納言も他の楽器の音色と篳篥の音色が調和したときに篳篥の良さに気づいたんだね。

ウ　生徒C―篳篥の演奏をたびたび聞いてきた清少納言とは違い、志賀僧正はこれまで篳篥の音色を嫌い、演奏を聞く機会がなかったから篳篥の良さが理解できずにいたんだね。

エ　生徒D―志賀僧正がすべての褒美を用枝に与えたり、清少納言が髪の毛が逆立つようだと喩えたりしているように、篳篥は演奏者が良ければ素晴らしい音色を奏でる楽器なんだね。

四

次の各問いに答えなさい。

問一　次の文の――線部の「なむ」は係助詞である。それをふまえて、□に入る語として正しいものを、後のア～エの中から一つ選び、解答欄 28 にマークしなさい。 28

かく白く咲けるをなむ、夕顔と申し□。

ア　はべら（未然形）　　イ　はべり（終止形）
ウ　はべる（連体形）　　エ　はべれ（已然形）

問二　次の古文の読み方を現代仮名遣いで表したものとして正しいものを、後のア～エの中から一つ選び、解答欄 29 にマークしなさい。 29

月日をへだてたまへらむほどを思《おぼ》しやるに、いといみじうあは

ア　篳篥の名手である用枝の演奏が聞けるのではないかと期待している。

イ　篳篥を水に浸している姿を見て大切な楽器が壊れるのではないかと心配している。

ウ　打物を演奏するはずの用枝が篳篥を吹こうとしているのではないかと怪しんでいる。

エ　打物しか持っていないと言っていた用枝が篳篥を取り出したことに驚いている。

問三　――線部C「何となき体にてゐたり」とあるが、この時の用枝の説明として最も適当なものを、次のア～エの中から一つ選び、解答欄 22 にマークしなさい。　22

ア　なぜ問われたのか分からないといった、不思議そうな様子で座っている。

イ　特に何かをしようとするわけでもない様子で、平然と座っている。

ウ　篳篥を吹くことを強く止められたため、驚き困惑した様子で座っている。

エ　周りの制止を意に介さず、篳篥を吹く準備をしながら静かに座っている。

問四　――線部D「歎きあへる」・F「言ひ出し」の主語として最も適当なものを、次のア～エの中から一つずつ選び、解答欄 23 ・ 24 にそれぞれマークしなさい。　D― 23 、F― 24

ア　僧正明尊　　イ　用枝　　ウ　楽人ども　　エ　伽陵頻

問五　――線部E「人よりことに泣きて」とあるが、僧正が周囲の人よりもひどく泣いたのはなぜか。最も適当なものを、次のア～エの中から一つ選び、解答欄 25 にマークしなさい。　25

ア　篳篥は昔から伽陵頻の声を真似た美しい音色であると言われていたにもかかわらず、これまで嫌い続けてきたことを後悔したから。

イ　篳篥は仏教において尊重される貴い音色であるにもかかわらず、これまで嫌ってきたことは仏の教えに背く行いであったと反省したから。

ウ　篳篥の音色は美しくないと思い込んできたが、初めて素晴らしい演奏を聞き篳篥を楽しむ機会を失い続けてきたことを悔しく思ったから。

エ　篳篥の音色は下品であると言い続けてきたが、素晴らしい演奏を聞くことで考えが変わり、これまで演奏してくれた人々に申し訳なく思ったから。

問六　次に示すのは、【文章Ⅰ】を読んだうえで、教師と生徒が話し合っている場面である。話し合いの途中に出てくる【文章Ⅱ】の**内容と異なる**発言を後のア～エの中から一つ選び、解答欄 26 にマークしなさい。　26

生徒A―【文章Ⅰ】では僧正の篳篥に対する思いが変わっていくところが面白いね。

生徒B―でも、僧正はなんでそんなに篳篥が嫌いなのかな。篳篥は他の楽器とどんなところが違うのかな。

生徒C―私もそこが不思議に思ったよ。当時は他にどんな楽器があったのかな。

教　師―そうですね、篳篥がどのような楽器として当時の人から見られていたのか気になりますね。清少納言が書いた『枕草子』に色々な楽器について語られた文章があるので一緒に読んでみましょう。

【文章Ⅱ】

笛は、横笛《よこぶえ》いみじうをかし。遠《とほ》うより聞ゆるが、やうやう近うなりゆくもをかし。近かりつるが、はるかになりて、いとほのかに聞ゆるも、いとをかし。懐《ふところ》にさし入れて持ちたるも、何とも見えず、さばかりをかしきものはなし。笙《さう》の笛は、月の明かきに、車などにて聞き得たる、いとをかし。所狭《せ》く（人きくて置き場所が狭く）もてあつかひにくく

イ　写真の背景に写り込んだ父の視線が、空に向かっていることに気が付いた
ウ　父が写された写真だけが、他の退屈な写真と違って特別なものに感じられた
エ　取るに足りない写真に写り込んだ父親が、自分の知っている姿と違うことに気付いた
オ　撮影時には気付けなかった、父親の魅力がようやく理解できるようになった

三

次の文章を読んで、後の問いに答えなさい。

次の【文章Ⅰ】は※1篳篥《ひちりき》という楽器の音色が嫌いなことで有名だった僧正明尊《みょうそん》が参加する月見の宴に、篳篥の名手である用枝《もちえ》も参加することになった場面である。

【文章Ⅰ】

志賀の僧正明尊、もとより篳篥を憎む人なりけり。ある時、明月の夜、湖上に三船をうかべて、管弦・和歌・※2頌物《しょうもつ》の人を乗せて宴遊《えんゆう》しけるに、伶人《れいじん》等《楽器を演奏する人》その舟に乗らんとする《乗ろうと》時いはく、「この僧正は篳篥にくみ給ふ人なり。しかあれば用枝は乗るべからず。Aことにがりなんず」とて乗せざりければ、用枝、「さらば※3打物《うちもの》をもこそ仕らめ《演奏しましょう》」とて、しひて乗りてけり《無理に乗ってしまった》。やうやう深更《真夜中》におよぶほどに、用枝ひそかに篳篥をぬきいだして、湖水にひたしてうるほしけり。人々見て、B「篳篥か」と問ひければ、「さにはあらず《そうではない》。手あらふなり」とこたへて、C何となき体にてゐたり。しばらくありて、つひに音《ね》取出《いだ》し《曲を吹き始めた》たりければ、かたへ《近くにいた》の楽人ども、「さればこそ《だからこそ》いひつれ《いったのだ》。よしなきものを乗せて興さめなんず《催しが台無しになってしまう》」と、色を失ひてD歎《なげ》きあへるほどに、その曲めでたく妙《たへ》にしてしみたり《心にしみた》。聞く人みな涙おちぬ《涙を落とした》。年比《としごろ》《長年》これをいとはるる《嫌っていた》僧正、E人よりことに泣きていはれけるは、「※4正教《しやうげう》《経典》に、篳篥は※5伽陵頻《かりようびん》の声を学ぶといへる《言われている》事あり。このことを信ぜざりける、口惜しき事なり。今こそ思ひ知りぬれ《思い知った》。今夜の纏頭《てんとう》《褒美》は他人に及ぶべからず《授けてはいけない》。用枝一人にあるべし《授けるべきだ》」とぞいはれける。この事を後々までF言ひ出して泣かれけるとぞ。

（『古今著聞集』による
問題作成のために本文を一部変更したところがあります）

※1　篳篥…竹などで作られた縦笛。葦《よし》という植物から作られた蘆舌《ろぜつ》と呼ばれるリードを管の上部に差し込んで演奏する。演奏前に蘆舌を湿らせて音を出す。
※2　頌物…漢詩文を作ること。
※3　打物…打って鳴らす楽器。鉦《しょう》や鼓のこと。
※4　正教…仏教の経典。
※5　伽陵頻…仏教における上半身が人、下半身が鳥の想像上の生き物。大変に美しい声で仏の声を表すとも言われる。

問一　――線部A「ことにがりなんず」の本文中での意味として最も適当なものを、次のア～エの中から一つ選び、解答欄20にマークしなさい。　20

ア　きっと不愉快なことになるだろう。
イ　おそらく目立ちすぎてしまうだろう。
ウ　決して苦々しくは思われないだろう。
エ　まさかお怒りになることはあるまい。

問二　――線部B「『篳篥か』と問ひければ」とあるが、この時の人々の説明として最も適当なものを、次のア～エの中から一つ選び、解答欄21にマークしなさい。　21

現は、父親の体が弱っていることを示しており、それが「かけら」に関する父独自の発想に繋がっていることを示している。

エ　本文124～125行目「珍しい虫でも見るような表情でわたしを見つめた」という表現は、父親の態度に反発している桐子の様子が、普段の彼女とは異なっていることに兄が驚いていることを表現している。

オ　本文158～159行目「切り取られて、音も匂いも失った風景たち」という表現は、写真とはありのままの現実を写すものではなく、現実の一側面を切り取るものに過ぎないことを表現している。

問六　次に示すのは、この文章と本試験における[一]の評論文（22ページ～24ページ）を読んだうえで、四人の生徒が二重傍線部「これは、かけらだ」というセリフについて話し合っている場面である。空欄[X]～[Z]に入るものとして最も適当なものを、後のア～オの中から一つずつ選び、解答欄[17]～[19]にそれぞれマークしなさい。

生徒A—この場面では、父親は「かけら」について「ここにあるもの全部」だと言っているけど、これってどういうことなのかな。

生徒B—作品の中でも桐子は、「そうですか」と父の言葉を切り捨ててしまっているから、あまり理解できていないように感じるね。

生徒C—私はそうした父と桐子のすれ違いこそが、この問題を考える切り口だと思うわ。桐子は、父親のことを「芯」や「気骨」がないと言っているけど、これって、父親には[一]の評論で言うところの[　X　]がないってことなんじゃないかしら。

生徒D—確かに、それは「お父さんは実際、いないようなものだ」（73行目）という父親のセリフに繋がるものがあるね。でも、そのことが「かけら」とどう繋がるの？

生徒A—そうか。[一]の評論にあった通り、そもそも近代以降の自己を[　Y　]と考えるなら、本来、人間は一貫性や同一性があるわけではないんだ。そして、そうした一貫性のない自分を、その瞬間ごとの存在であるという意味で「かけら」と表現するならば、確かに父親の言葉通り、「桐子」も「お父さん」も「ここにあるもの全部」が「かけら」となるんだね。

生徒B—なるほど。桐子はその考え方がわからずに、父親に「芯」や「気骨」といった同一性とか全体像のようなものを求めてしまっているんだね。だから、桐子は「お父さんと二人は難しいよ。」と言うのかな。

生徒C—でも、そんな桐子も最後には父親のそうした主張を理解したのだと思うわ。だからこそ、[　Z　]のではないかしら。

生徒D—桐子は父親の「かけら」を、ようやく見つけることができたんだね。

[X]
ア　自己の一貫性・同一性
イ　語りうる他の多くのストーリー
ウ　プライバシーへの希求
エ　自らへの疑いの苦悩
オ　私的領域の中身
[17]

[Y]
ア　自分自身で決定するものだ
イ　多くのストーリーを持つ脆弱なものだ
ウ　他人の目により疑われるものだ
エ　プライバシーによって守られるものだ
オ　取るに足りない些末《さまつ》な情報
[18]

[Z]
ア　退屈な写真の中に写り込んだ父の姿に、目を奪われた
[19]

エ　ただ水に石を落っことしてる

オ　答えの出ないなぞなぞを解いてる

C　13

ア　父という人間は、あのなんとかアルプスのように歪んだ形をしているのだ、と思う

イ　父という人間を、あのなんとかアルプスのような大きな存在だと、信じることができない

ウ　父という人間に、何だかあのなんとかアルプスのような力強さを、求めてしまうことがある

エ　父という人間が、本当はあのなんとかアルプスと同じ偉大さを持っていると、思うことがある

オ　父という人間は、決してあのなんとかアルプスのようにくっきりとした形では、見えない

問三　――線部D「そうだね、と答えそうになる」とあるが、なぜ桐子は答えなかったのか。その理由として最も適当なものを、次のア～オの中から一つ選び、解答欄 14 にマークしなさい。 14

ア　父親の話を聞く中で、彼が想像以上に物事を深く捉えていたことを知ったため、再び難解な会話に巻き込まれるのは避けたいと考えたから。

イ　父親の主張を聞く中で、物事を難解に捉える彼の考え方は自分に理解できないと感じたため、下手に返事をするのはやめた方がよいと思ったから。

ウ　父親と共に一日を過ごす中で、何事に対しても芯がない彼のあいまいな態度に嫌気がさしていたため、これ以上会話することを面倒に感じたから。

エ　父親と休日を共に過ごしたことで、彼が自分をいなくてもよい存在と捉えていたことを知り、そっとしておく方が互いにとってよいと思ったから。

オ　父親と共に休みを過ごした中で、物事に対するこだわりや主張が何もない彼に不甲斐なさを感じ、これ以上、共に過ごすことに嫌気を感じたから。

問四　――線部E「わたしは体をまっすぐにした」とあるが、なぜ桐子は「体をまっすぐにした」のか。その理由として最も適当なものを、次のア～オの中から一つ選び、解答欄 15 にマークしなさい。 15

ア　自分は父を理解していると思っていたが、写真の背景に溶け込んでいた父の姿は、あたかも見知らぬ人であるようにも感じ、そうした父の姿を見失わないようにしようと思ったから。

イ　自分は昔から父のことを理解していると思っていたが、偶然、撮影された父は見知らぬ人のように感じられ、沈黙したまま美しい風景の一部となっている彼をよく見ようと思ったから。

ウ　自分は父のことを十分理解していると思っていたが、写された父の姿は見知らぬ人のように感じられ、他の写真にはない美しさが感じられるその姿を大切にしようと思ったから。

エ　疲れと失望を感じるほど繰り返し確認して、ようやく見つけた父親の姿は、自分の知っている姿と少し違う印象を受けたが、そうした父の姿もきちんと見ておこうと思ったから。

オ　何ら美点が見出せない写真の中の一枚に偶然入り込んだ父の姿は、自分の知っている父とは全く違う魅力を発しており、そうした父の様子を見逃さないようにしようと思ったから。

問五　この文章の表現に関する説明として最も適当なものを、次のア～オの中から一つ選び、解答欄 16 にマークしなさい。 16

ア　本文1行目「あいだに小さい子どもがもう一人座れるくらいのすきま」という表現は、二人の座る場所を通じて、桐子と父親の間に埋められないわだかまりがあることを示している。

イ　本文36～37行目「だらしなく読書しているだけじゃないだろうか」という表現は、本文112行目「兄は居間のソファでパソコン雑誌を広げていた」という先の展開の伏線となっており、桐子の洞察力の鋭さを強調している。

ウ　本文104行目「色白の父の手」、「貧相な体つきと歳」という表

取りに行った。自転車で走っていると、昼過ぎまで降り続いていた雨のせいで、いつもより柔らかいアスファルトの感触がペダルの足の裏につたわった。道の白線はときどき光って見えた。

　店を出てからすぐ、駐輪場の自販機の横で受け取った写真にぱらぱら目を通してみたけれど、どれもこれも似たようなアングルでぱっとしない。「自然」とか「日本の美」とか、あたりさわりのないタイトルならなんでも似合いそうな平凡な写真ばかりだった。それでも何か美点を見つけられはしないかと、わたしは自販機によりかかり、今度は一枚一枚をじっくりと眺めた。バスの中から撮ったぶれた写真、そば畑の写真、その向こうの山並み、さくらんぼを食べる人たち、あぜ道、丘から見た霧ヶ峰……切り取られて、音も匂《にお》いも失った風景たち。

　疲れと失望を感じ始めた三順目で、そば畑からさくらんぼ園を写したうちの一枚に、中年の女たちに混じって父の横顔が小さく写っているのを見つけた。撮ったときには全然気づかなかった。

　右奥の木の下に立っている父は、さくらんぼを欲しがるおばさん連中に囲まれながら、不思議とそこに写っている誰のことも見ていないようだった。顔は少し上向きで、口が半開きになっていて、表情は読みとれないけれど、その横顔はやっぱり父だった。

　どこを見るでもなく何を言うでもなく、ただ空間に向けられた視線が、写真の中を斜めに突っ切っている。

　じっと見ていると、わたしは昔からちゃんと父を知っていたという気がしたし、同時に、写真の中の人はまったくの見知らぬ人であるようにも感じた。もたれた肩から伝わってくる自販機の熱とかすかな振動は、どこまでも続く沈黙に守られたその風景を散りぢりにしてしまいそうで、Eわたしは体をまっすぐにした。

　父の視線は写真をはみ出して、雲の切れ目に薄い色の星が浮かぶ東の空に向かっている。

（青山七恵『かけら』による
問題作成のために本文を一部変更したところがあります）

※1　ビーナスライン…長野県茅野市から、同県上田市の美ヶ原高原美術館に至る観光道路。

※2　雷鳥の里…長野県を中心に販売されているお菓子の商品名。

※3　りか子…英二の妻。

問一　――線部A「どちらかと言えば写真のほうが作り物なのではないかという気もする」とあるが、どういうことか。最も適当なものを、次のア～オの中から一つ選び、解答欄[11]にマークしなさい。　[11]

ア　今では娘までいる兄と、父と共にカメラの勉強をしている自分が、かつて「幸せの鐘」の前で家族写真を撮っていたという偶然に感じ入るものがあるということ。

イ　自分も兄も実家を出て別々の生活を送っている現在において、「幸せの鐘」の前で家族が並び立つ姿が写っている子ども時代の写真は現実感が乏しいということ。

ウ　結婚して子どももできた兄と未だにカメラの勉強に苦心している自分が、子ども時代に同じ「幸せの鐘」の前で写真を撮っていたということが、信じられないということ。

エ　今ではばらばらの生活を送っている自分たちが、子ども時代に「幸せの鐘」の前で、楽しげで微笑ましい家族写真を撮っていたということが、想像できないということ。

オ　現在カメラの勉強をしている自分が、子ども時代のこととはいえ、「幸せの鐘」の前で家族写真を撮ったことを覚えていないということに、違和感があるということ。

問二　空欄[B]・[C]に入るものとして最も適当なものを、後のア～オの中から一つずつ選び、解答欄[12]・[13]にそれぞれマークしなさい。

[B]　[12]

ア　鏡にひとりで話しかけてる

イ　小さい子に話しかけてる

ウ　お花の観察記録をつけてる

「今、見ているものとか、ここにあるもの全部。お父さん。桐子。あの鐘。全部。これがお父さんの主張」

かけらとは、青木金物店の看板だとか、道に転がった空き缶だとか、山の切れ端だと、私は思った。でも、父の言うとおり今見ているもの、ここにあるものの全部が何かのかけらだとすれば、その何かとはどんな形をしていて、どれほどの大きさをしたものなのか。

「そうですか」

わたしはバスに戻ろうと立ち上がった。背後で父が、「写真、撮らなくていいのか」と言っているのが聞こえた。

帰りの高速道路はひどい渋滞《じゅうたい》で、退屈しのぎに寝て過ごすしかなかった。ただ、いくら目を閉じて窓枠に頭をもたせかけても、※1ビーナスラインでよっぽど熟睡したらしく、眠ることができなかった。さっきまで後ろの女子大生たちはさんざん文句を言っていたのに、今ではすっかり寝静まっている。父は彼女たちよりずっと前に寝ていた。色白の父の手は、貧相な体つきと歳《とし》のわりにはふっくらしていて、しわのよった半ズボンの膝に半分上向きになって放り出されていた。

新宿駅が近づいてくると、父はひとりでに目を覚ました。今度はわたしが目をつむって、寝ているふりをした。

今日は暑かったなあ、とつぶやくのが聞こえる。Dそうだね、と答えそうになる。

家に帰ると、鞠子ちゃんはまだ寝込んでいて、母は夕飯を作るのに忙しく、兄は居間のソファでパソコン雑誌を広げていた。帰りのサービスエリアで買った『※2雷鳥の里』を手渡すと、「おお、ありがとう」と言って雑誌を読みながらがつがつ食べ始めた。

「鞠子ちゃんは」

「なんか、熱はさがったんだけど、まだちょっと苦しそうなんだよな」

「そんなの読んでていいの」

「ずっと横にいてじいっと見つめてたって、子どもは元気にならないんだよ」

「お母さん、※3りか子さんに言うと思うよ」

「お前、おとな気ないな。そんなに一緒に来てほしかったのか?」

「お父さんと二人は難しいよ。心底」

兄は本から目を上げて、珍しい虫でも見るような表情でわたしを見つめた。包み紙に描かれた雷鳥がもう五、六羽、パッチワークのソファカバーの上に落ちている。

「桐子、お父さんに難しさを感じたのか? お父さんはむしろ簡単だぞ」

「だってぜんぜん芯《しん》がないんだもん。気骨とか、覇気《はき》とか、ぜんぜん」

「お前、そういうのを求めてたのか」

部屋着に着替えた父が居間に入ってきて、乾いた足音をさせてわたしたちの横を通り、台所に抜けて行った。

「求めてなかった」

答えると、兄はすぐさま興味を失って、雑誌に目を落とした。母が夕飯の手伝いをするようわたしと兄の名前を呼んだ。

結局その日の写真を現像に出したのは、三週間以上もたってからのことだった。さくらんぼ狩りの翌週から梅雨に入ったせいか、わたしはなんとなく外出がおっくうになってしまって、カメラケースごと部屋のテレビ台の上にうっちゃっておいたのだった。写真教室では、これまでに撮った写真の中から数枚を適当に選んで、提出した。それは雑誌のコンテストに応募されることになっていて、結果は二ヶ月後に発表ということだったけれども、わたしは早々に期待するのをやめた。

梅雨もそろそろ明けそうな今日になってやっと、夕方のアルバイトが終わったあとで、近くの電器屋に現像に出した写真を受けんて、そんなセンチメンタルなことはしたくなかった。

　あの写真に写っていた子ども二人がいまやそれなりにものを知って、それぞれの生活を持って、兄など新しい家族まで作ってしまって、十数年後の今に至るという事実は、なんだか作り話のように思える。でもわたしは今、現に父と二人で鐘つき台を見ているし、兄も家で娘の面倒を見ているはずなのだから、Aどちらかと言えば写真のほうが作り物なのではないかという気もする。

　今頃母は何をしているだろう。兄は、ちゃんと鞠子ちゃんの面倒を見ているだろうか。隣に寝そべって、だらしなく読書しているだけじゃないだろうか。

　父も同じようなことを考えていたかはわからないが、ぽつりと「お母さんや英二は、何やってるかな」と呟《つぶや》いた。

「別に何もしてないと思うよ。鞠子ちゃん、熱ひいたかな」

「どうだろうな」

「お兄ちゃんも来ればよかったのに。お母さんがいるんだから、家にいる必要、絶対なかったよね」

「英二も、疲れてるんだろう」

「あたしだって疲れてるもん」

「そうか」

「お父さんだって疲れてるでしょ」

「いや」

「疲れてないの？」

「桐子ほどは」

「あたし、そんなに疲れてるように見える？」

「今、疲れてるって言っただろう」

　わたしは意味ありげな沈黙を作ってから、少し強い調子で言った。

「お父さんて、ほんと話しがいがないね」

　は、は、と乾いた声で父は笑った。

「なんか、［　B　］みたいなんだよね。お父さんと話してると」

「そうか」

「お父さんは前ここに来たときだって大人だったんだから、ふつう覚えてるんじゃないの」

「いや、本当に今さっき思い出したんだよ。ずいぶん昔だったから」

「お母さん、なんか言ってなかった？」

「いや、お母さんも忘れてたんじゃないか」

　わたしは膝《ひざ》の上に両肘《りょうひじ》を立てて頭を落とし、髪の毛をぐしゃぐしゃと乱した。髪のすきまから冷たい空気が地肌に触れる。

「お父さん、そんなふうだとそのうち全部忘れちゃうよ」

「ああ、そうだな」

　父は力なく笑った。それもすぐに鐘の音にかき消された。

「それに、もっと主張しないと、あたしたちからだって忘れられちゃうよ」

「いいよ。お父さんは実際、いないようなものだ」

「何それ」

　今度は意図せず、わたしは黙った。

　少しだけ、一緒に住んでいたころの父を思い出した。

　食後の散らかったテーブルだとか、ベランダのクッションがやぶけた椅子《いす》だとか、階段の下に置いてある荷物置きの台とか、そんなもののあいだにすっとなじんで、そのまま同じ風景になっていた父。何種類あるのかわからないグレーの背広を着て、朝八時きっかりに家を出、駅へ向かう人々の中にすぐにまぎれてしまう父。

　今でも、［　C　］。

「これはかけらだな」

　父が出し抜けに言った。

「え、何？」

「これは、かけらだ」

「これって何」

存在として構成された〈私〉のイメージを破壊する可能性を持つものだからこそ、警戒されてきたということ。

オ　代わり映えのしない情報である私的領域の中身は、個人の私生活を取り囲むことでその脆弱さを補うものだからこそ、他者の目から隠し、守られてきたということ。

問七　「プライバシー」に関する本文の**内容として適当でない**ものを、次のア～オの中から一つ選び、解答欄 10 にマークしなさい。　10

ア　個人情報が露見することで、その人の社会的なイメージが崩れることを防ごうとするもの。

イ　近代において生まれた自家製の自己が脆弱であるからこそ、生まれたもの。

ウ　再帰的な自己が、自らの手で自分自身を再構成しようとする際に、必要となるもの。

エ　それが侵害されて苦しむかどうかは、本人の自己認識によって決まるというもの。

オ　ありきたりで、特別な内容が含まれていない情報を隠すために、求められるもの。

二　次の文章を読んで、後の問いに答えなさい。ただし、設問の一部に 一 の文章を読んでいないと解けない問題がある。

　大学生の桐子《きりこ》は、さくらんぼ狩りツアーに父と母、兄（英二）とその娘の鞠子《まりこ》の家族五人で参加する予定だった。しかし、ツアー前日に鞠子が熱を出し、その看病をするため、母と兄は参加を見送ることとなった。当初は、桐子も参加を拒《こば》もうとしたが、彼女が通う写真教室で出された、「かけら」というテーマで写真を撮《と》るという課題を行うのに丁度良い機会だと考え、父と二人でツアーに参加することにした。ツアーの途中に立ち寄った、「霧ヶ峰ホテル」の「幸せの鐘」を訪れた桐子は、幼いころにもここを訪れたことがあったと思い出す。

　父は、あいだに小さい子どもがもう一人座れるくらいのすきまを空けて、わたしの隣に座っている。

「お父さん、今ふと思ったんだけどね、もしかしてここ、来たことない？」

「何？」

「ここ。来たことあるような気がするんだけど。お母さんとお父さんとお兄ちゃんと。小学生のとき、いや違う、もっと前」

「そうだな、あるな。桐子は忘れてるかと思ったよ」

「知ってたの？」

「いや、お父さんもさっき思い出した」

　わたしはちょっと身動きすればすぐに吹き飛んでしまいそうな記憶を、慎重に思い出し始めた。

　たしか数年前の年末に、古いアルバムをめくっていてその写真を見つけたのだ。頭からタオルケットをかぶって、青白く不機嫌そうなわたしは向かって一番左に位置し、鐘つき台のふちに腰掛けていた。その隣に母、兄、父が並んで立っていた。写真のわたしたち四人と、その背後に広がる曇った空のあいだに、今目の前にしているあの鐘があった。まだ家庭と幼稚園という世界しか知らなかった小さなわたしは、今子どもたちが走り回っているあの場所に腰をかけて、サンダルばきの足を二本、カメラの前にぶら下げていたのだった。

「あそこの鐘のところで、写真を撮ったと思う」

「え、どこだ？」

「あの鐘をバックにして、みんなで写真撮ったよ。アルバムに入ってた」

「そうか、あそこでか」

　だからといって、今日鐘つき台で父と二人写真を撮って帰るな

う欲求が生まれたということ。

オ　自己の一貫性は個人によって管理されるべきだが、常に一貫した行動原理を貫くことは現実的には難しいため、矛盾した言動を起こしかねない私的領域を管理する超越的な存在が求められたということ。

問四　――線部C「再帰的な自己」とあるが、筆者の述べる「再帰的な自己」の具体例として最も適当なものを、次のア～オの中から一つ選び、解答欄[7]にマークしなさい。　[7]

ア　恋人の言葉を盲信し、友人や両親といった人々の反対を押しきって駆け落ちした後、ケンカやすれ違いを重ねつつも、今でも彼を愛していると語る女性。

イ　医者になって欲しいという親の期待を振りきって、絵画の勉強のために留学し、時には挫折を味わいつつも、今では偶然得た美術史教師としての仕事をしている男。

ウ　子どもの頃に見たプロ野球選手の華々しい活躍が忘れられないため、同じ失敗を何度繰り返しても、決してあきらめず、ひたむきに野球選手を目指し続ける大学生。

エ　役者になることを夢見て上京したが、多くのライバルとの競争の中で自分の才能に見切りをつけ、現在は親の指示に従って家業を継いでいる八百屋の店主。

オ　子どもの頃から大好きであった昆虫について、大人になっても延々と研究を重ね、挫折も反省もないまま、まるで子どものように昆虫の研究を続ける研究者。

問五　――線部D「プライバシー侵害にあった個人の苦悩とは、つきつめれば個人自身の自らへの疑いの苦悩、すなわち自己意識の問題でもあるのだ」とあるが、「プライバシー侵害にあった個人の苦悩」を「自己意識の問題」と言える理由として最も適当なものを、次のア～オの中から一つ選び、解答欄[8]にマークしなさい。　[8]

ア　私生活を覗《のぞ》かれた人の苦悩とは、他人から見た自己のイメージが崩れることを必要以上に恐れる、当人の気持ちの問題に過ぎないから。

イ　私生活を暴露された人の苦悩とは、本来、自分の人生のシナリオは自分で決めてよいはずのものなので、感じる必要のないものだから。

ウ　私生活を暴かれた人の苦悩とは、私生活における自分自身は他人に見せることができないものだと考える、当人の自意識に由来するから。

エ　私生活を侵害された人の苦悩とは、自分自身で決めたストーリーを自分自身で守ることのできない人の、自業自得に過ぎないから。

オ　私生活をさらされた人の苦悩とは、他者向けの自分と自分のイメージする自己像に一貫性がないことを気にする、当人の感性の問題だから。

問六　――線部E「情報としては取るに足りないものである。だがそうであるからこそ、それらがプライバシーとして重視されてきた」とあるが、「情報としては取るに足りない」からこそ「プライバシーとして重視されてきた」とはどういうことか。最も適当なものを、次のア～オの中から一つ選び、解答欄[9]にマークしなさい。　[9]

ア　私的領域の中身は平凡なものだからこそ、自身の持つ超越的な特権性と矛盾し、自分の特別さを破壊する危険性があるため、プライバシーとして守られてきたということ。

イ　私的領域の中身は空疎であるからこそ、文化的な存在としての自己がつくられたものに過ぎないことを暴き出す危険を持つため、プライバシーとして秘匿されたということ。

ウ　私的領域の中身は日常的な情報に過ぎないからこそ、特別な存在としての自己の特権性が侵害されるのを防ぐため、プライバシーとして人の目から隠されてきたということ。

エ　一見、日常的な情報に見える私的領域の中身は、実は社会的ーの範疇におかれる。これらはいずれも、個人の文化的で社会的な〈私〉がつくられたものであることを示唆してしまうために、それを隠すよう社会的圧力がはたらくことになるのだ。

　これら私的領域の中身は、いずれも日常的で、ありきたりで、どの人であってもあまり代わり映えのしない、E情報としては取るに足りないものである。だがそうであるからこそ、それらがプライバシーとして重視されてきたことはむしろ興味深い。個人の私生活は、その内容の空疎さ、些末《さまつ》さにもかかわらず、近代での個々人の文化的な存在としての自己、あるいは社会的な役割の保守とかかわってきた、ただそれだけの理由から重きをおかれてきたのである。

（阪本俊生『ポスト・プライバシー』による
問題作成のために本文を一部変更したところがあります）

※1　イニシアティヴ…主導権。
※2　イデオロギー…人間の行動を左右する根本的な物の考え方の体系。
※3　ポリグラフ…複数の生理反応を同時に記録する装置のこと。犯罪捜査などの事情聴取の過程で、皮膚電気活動や呼吸、心拍などを同時に測定することで、特定の事実について知っているか否かを鑑別するために用いられることがある。

問一　空欄[Ⅰ]～[Ⅳ]に入ることばとして最も適当なものを、次のア～エの中から一つずつ選び、解答欄[1]～[4]にそれぞれマークしなさい。（ただし、同じ記号を二度以上選んではならない。）

Ⅰ―[1]、Ⅱ―[2]、Ⅲ―[3]、Ⅳ―[4]

ア　伝統　　イ　特権　　ウ　生得　　エ　道徳

問二　――線部A「このとき個人の自己アイデンティティは、その個人自身の自由裁量の問題、あるいはプライベートな問題となる」とあるが、どういうことか。最も適当なものを、次のア～オの中から一つ選び、解答欄[5]にマークしなさい。　[5]

ア　かつては生まれやしきたりに規定されていた〈私〉が、近代以降、自分の手で生み出すものとなったため、自分の個性や人格をいかに表出するかは私的な問題になったということ。

イ　かつては規範や慣習によって定められていた〈私〉が、近代以降、自分の手で作り出すものとなったため、規範や慣習から自分の個性や人格をいかに守るかが問題となったということ。

ウ　かつては社会によって決められていた〈私〉の命運が、近代以降、自分の手で切り拓《ひら》くものとなったため、自分の人生の目標をどこに設定するかが個人の重要な問題となったということ。

エ　近代以降、〈私づくり〉の主導権が個人に与えられるようになったことで、かつて社会に定められていた〈私〉は否定されるべきものとなってしまったということ。

オ　近代以降、〈私づくり〉が自己表現の一環となったことで、かつて存在した社会の規範や慣習の多くは間違ったものだと考えられるようになったということ。

問三　――線部B「プライバシーへの希求が生まれてくる産屋となった」とあるが、どういうことか。最も適当なものを、次のア～オの中から一つ選び、解答欄[6]にマークしなさい。　[6]

ア　個人の思想は自由であるべきだが、人間には思想を無制限に拡大しようとする性質があるため、各々の思想が反映された私的領域は他者の目に触れないように制限する必要があると考えられるようになったということ。

イ　個人の主張は自由であるはずだが、人間は他人から見ておかしな言動をしないよう自らを制限する脆弱な存在であるため、私的領域を覆い隠すことで、その中だけでも自由にふるまいたいと考えるようになったということ。

ウ　個人は自身の主張を守ろうとする一方で、実際にはそれが不可能だと理解しているため、せめて私的領域では本当の自分をさらけ出す自由を認めてもよいのではないかと考えるようになったということ。

エ　自己の一貫性は他者に受け容れられるために必要である一方で、人間は矛盾した行動をとることが少なからずあるために、そうした行動をとり得る私的領域を他者の目から隠したいといる。そしてそれが現実のものになるか、途中で変更を余儀なくされるか、あるいはそのつどのように書き換えていくかは、個人自身の能力や機会、偶然のチャンスや出会いなどにかかっている。そして個人は、そのつど、自らの知識と反省によって、自分自身で自己を再構成しながら人生を歩んでいく。ギデンズはこれをC再帰的な自己と呼ぶ。近代で自己とは、いわば再帰的なプロジェクトになったのである。

　ギデンズは、このような自己について、セラピストのジャネット・レインウォーターの記述をまとめながら次のようにいう。「自己は再帰的プロジェクトであり、個人はその責任を負っている。私たちは私たちが現にそれであるものではなく、私たちが私たち自身から作り上げているものである」。このような自己の感覚は頑強である一方で、脆弱でもある。なぜなら、それは「一つの「ストーリー」にすぎず」、「語りうる他の多くのストーリーが存在するからである」。にもかかわらず、個人は自分が決めた、そのなかのある一つのストーリーを演じきらなければならない。そのためには自己のストーリーとは矛盾するストーリーを隠しておく必要に迫られる。そうでなければ、自己のストーリーそのものに他人からの疑いの目が向けられ、否定されかねないからだ。個人のイメージを損なうようなスキャンダルや私生活の暴露は、その典型例である。

　これは、単に他人が自分の自己を信じなくなるというだけの問題ではない。近代の自己の脆弱さには、個人自らも自分自身のなかにある複数のストーリーをもてあましてしまうという問題もある。イギリスの精神科医ロナルド・D・レインによれば、「自己のアイデンティティとは、自分が何者であるかを、自分に言って聞かせる物語」である。だが自らが選択した自己のストーリーが否定される社会状況では、他人がそれに対して不信の目を向ける以前に、個人は自分自身でも他人からの不信を意識するようになる。そのために自分が他人に見せるアイデンティティを自分自身に納得させ、自分との折り合いをつけて他人の前に出て行くことに困難を感じたりもする。ベンなどが指摘するように、Dプライバシー侵害にあった個人の苦悩とは、つきつめれば個人自身の自らへの疑いの苦悩、すなわち自己意識の問題でもあるのだ。

　近代の〈私づくり〉とプライバシーとのかかわりは、個人にとっての〈私〉が何に由来するのかという視角からも見ていくことができる。近代化は、〈私づくり〉の拠点の移行をもたらすものであった。前近代では〈私〉が何であるかの根拠は、いわゆる神話や祖先たちの世界におかれていた。したがってこの拠点は、当然、誰にも手の届かない遠く隔たったところであった。だが近代化のなかで、〈私づくり〉は個人を中心とした日々の私生活の場にその拠点を移してきた。近代では、個々人のアイデンティティは、その私生活のなかでつくられていく。

（中略）

　こうした〈私づくり〉の拠点の移行と近代の〈私〉の危うさゆえに、個人の私生活は聖域にされ、その保護を求めるような社会意識が生まれてきた。その中身としては、個人の心や内面、私生活の場、個人の親しい人びととのかかわりなどがあげられる。たとえば、※3ポリグラフや心理テストへの反対、個人の日記や私信の保護、自宅や自室、トイレ、浴室、ロッカールームなどへの他人のアクセスの制約なども起こってくる。

　また個々人は、それぞれが文化の担い手となる。そのため文化的で社会的な〈私〉のイメージがつくられる以前の非文化的で野性的、あるいは動物的な状態、すなわち生理的な営みや行動なども、プライバシーによって隠されることになる。たとえば、（中略）むき出しの感情、むき出しの身体あるいは裸体、身体のケア、休息や就寝、リラックスした身体の状態などである。また非文化的な姿から文化的な姿へと変わっていくプロセス、たとえば、着替えや化粧、鏡を見たり、自分の髪の毛を整えたりといった行動もまた、プライバシ

二〇二四年度

大宮開成高等学校（第二回併願）

【国　語】（五〇分）〈満点：一〇〇点〉

一　次の文章を読んで、後の問いに答えなさい。

自己分析という言葉をよく耳にするようになった。私探しやアイデンティティの確立といったことは以前からいわれてきたが、ついにそれも社会生活に不可欠の技術あるいは［Ⅰ］的義務にまでなったようである。それをもって個人が社会から「存在証明を煽《あお》られている」ようになったのだという見方もある。だが、必ずしもそればかりではない。そもそも、人間はつねに自分が何者であるかを求める存在だともいえる。ただし、近代になるまで、あるいは近代のある時代までは、個人が何であるかは社会によってかなり動かし難く規定されていた。そのような社会では、自分のことを証明する必要はない。だが近代化とともに個々人のあり方の流動性が高まり、個人は自らの存在証明を強く求めざるをえなくなってきた。

おそらく近代以前の社会では、個々人が自ら〈私づくり〉をすることなどまったく想像もつかなかっただろう。いずれの文化圏でも、前近代の人びとは、生まれやしきたり、世襲などの［Ⅱ］的な制度や規範、慣習に縛られていて、個人のあり方もかなりの程度は規定されていた。この時代に生活していた人びとにとって、自らのアイデンティティをつくりだすことには、今日では到底考えられないほどの制約があったに違いない。つまり、個人に〈私づくり〉の※1イニシアティヴなど、ほとんど求めようもなかったはずである。

だが近代になると、個人にとっての〈私〉は、生まれつき決められたものから、自分の手でつくりだすものへと変わっていく。個人のアイデンティティは、［Ⅲ］的なものから獲得的なものになった。個人はそれぞれ自分の手で、自らの個性や人格、イメージやアイデンティティをつくり、それを他人に向けて自己表現として示し、維持しようとするようになった。Aこのとき個人の自己アイデンティティは、その個人自身の自由裁量の問題、あるいはプライベートな問題となる。

だがそうなると、今度は個人が自らのアイデンティティを自分の手で守らなければならなくなる。そして、自家製の〈私〉の不安定さや脆弱《ぜいじゃく》さに悩まされるようになった。そのような〈私〉は、いつ他人から否定されるかわからない。これに対抗して、その〈私〉が一定の信頼を獲得するには、個人は自らの一貫性を主張するしかない。自己を［Ⅳ］的に制御できる近代の〈個人〉は、「自己が過去・現在・未来を通じて同じもの＝「この私」でなければならない」のである。

かくして個人の自分自身に関する超越的な特権性は、個人が自己の一貫性・同一性を引き受けることを意味していた。ところが人間は、現実にはそれほど一貫した行動をとりうるものでもなければ、生き方を変えることさえありうる。その一方で、自己の首尾一貫性の※2イデオロギーのもとでは、こうしたルールに反すること、つまり個人が矛盾する行動をとったり、生き方や性格を変えたりすることは、個人の自己そのものを揺るがすことになる。このような近代の個人の自己の脆弱性こそが、Bプライバシーへの希求が生まれてくる産屋となった。そして実際、プライバシー問題の大半は、多かれ少なかれこの自己の脆弱性とかかわってきたのである。たとえば、個人が自らの人生なかばでやり直し（いわば変身）をはかったとき、その人が変わる以前の人生は、その人の現在の自己を揺るがすがためにその人にとってのプライバシーになるのである。

イギリスの社会学者アンソニー・ギデンズの言い方を借りれば、私たちが歩む人生のストーリーは、かつては大筋で社会によって決められていた。だが近代になると、私たちは自分自身でそれを考え、また自らの経験や知識、人との出会いなどを通じて、制作していかなければならない存在となった。

近代では、私たちそれぞれが自分の人生のシナリオライターとな

2024年度／大宮開成高等学校（第２回併願）

英語解答

Ⅰ 問１ ①…エ ②…イ ⑤…ウ
問２ ウ 問３ ５…カ ６…キ
問４ イ 問５ エ 問６ イ，オ

Ⅱ 問１ ①…ア ②…ウ ⑤…イ ⑦…エ
問２ オ 問３ 16…イ 17…キ
問４ ウ 問５ ウ，エ

Ⅲ 問１ 21…キ 22…エ 23…ウ
問２ イ，ウ

Ⅳ ① エ ② イ ③ エ ④ ウ
⑤ エ ⑥ ウ ⑦ ウ ⑧ ウ
⑨ ウ ⑩ イ

Ⅴ ① イ ② ウ ③ イ ④ イ
⑤ ア

Ⅵ ① 41…ウ 42…キ
② 43…カ 44…ア
③ 45…ク 46…キ
④ 47…イ 48…キ
⑤ 49…イ 50…ク

Ⅰ〔長文読解総合─説明文〕

≪全訳≫❶夏がくると，蚊もやってくる。多くの人は蚊に刺されないように身を守るために，虫よけスプレーをつけたり長袖の服を着たりする。しかし，こういったあらゆる努力にもかかわらず，たくさん蚊に刺される人もいれば，ほとんど全く刺されない人もいる。調査によると，人間の約20パーセントが蚊にとって特においしくて，他の人よりも蚊に刺されやすいのだという。では，こういうおいしい人間と，ほとんど蚊に刺されない人との違いは何なのだろうか。科学者たちはいくつかの考えを持っている。❷１つの要因は，衣服の色である。蚊は黒っぽい色に引きつけられるが，それは蚊が黒っぽい色を遠くからでも識別できるからである。だから，蚊に刺されたくなければ，黒やその他の暗い色を身につけないようにするとよい。❸他の重要な要因は，生物学に関係がある。そのうちの１つは人間が身体から発する二酸化炭素である。蚊は人の息に含まれる二酸化炭素のにおいを嗅ぐことによって標的を見つけることができる。その結果，より多くの空気を呼吸する人──一般的には体の大きい人──は他の人よりも多くの蚊を引きつける傾向がある。ウこれは，子どもが普通は大人よりも蚊に刺されにくい理由の１つである。❹皮膚上のバクテリアはまた別の生物学的要因である。③ある研究は，通常人間の皮膚に住みついているバクテリアが蚊を引きつけていることを明らかにしている。蚊が足や足首を刺すことが多いことに気づいたことはあるだろうか。これは，足や足首には身体の他の部分よりもバクテリアが多く存在するからなのかもしれない。❺血液型もまた１つの要因である可能性がある。ある研究は，蚊が特定の血液型に引きつけられる場合があると明らかにした。蚊はＡ型の人に比べて約２倍多くＯ型の血液を持つ人の上に止まったということだ。Ｂ型の人はＡ型よりは多く刺されたが，Ｏ型ほどは刺されなかった。加えて，約85パーセントの人が血液型を判別できる化学物質を皮膚から放出していた一方，15パーセントの人はそうではなかった。蚊は，血液型に関係なく，この化学物質を放出している人により強く引きつけられるのだ。❻人は自分の血液型やその他の生物学的要因を変えることはできないが，蚊に刺されないようにすることはとても重要である。なぜなら，蚊はジカ熱やデング熱など数々の深刻な病気を媒介するからである。最近，研究者らは，蚊の嫌うある種の化学物質を放出している人がいることを突きとめた。この化学物質は「おいしい」人々でも蚊を遠ざけることのできる新たなスプレーの開発に役立つかもしれない。

問１＜適語(句)選択＞①‘so＋助動詞＋主語’の形。これは，前の肯定文を受けて「～もそうである」という意味を表す。　②「他の」という意味で important factors を修飾する語が入る。factors と複数形になっているので Another は不可。また，The others は「それ以外のもの〔人〕」という名詞である。　⑤‘keep ～ away from …’で「～を…から遠ざけておく」という意味。新しいスプレーができれば，蚊がどのような人に寄りつかなくなるか考える。　delicious「おいしい」

問２＜適所選択＞脱落文の内容から，この前には子どもが大人より蚊に刺されにくい理由となる内容があると考えられる。空所ウの前で述べられている，体の大きい人がより蚊を引きつけやすいという内容は，その理由であるといえる。

問３＜整序結合＞shows that から，One study shows that ～「ある研究は～だと示している」という形になると考えられる。この that は接続詞で，その後には‘主語＋動詞...’が続く。attract が「～を引きつける」という意味なので the bacteria attract mosquitoes「バクテリアが蚊を引きつける」を that節の骨組みとする。残りはもう１つの that を主格の関係代名詞として使って bacteria を修飾する関係詞節をつくる。　One study shows that the bacteria that normally live on human skin attract mosquitoes.

問４＜要旨把握＞第５段落第３，４文参照。O型はA型よりも刺されやすい(O＞A)。また，B型はA型より刺されやすく(B＞A)，O型よりは刺されにくい(O＞B)。　‘twice as ～ as …’「…の２倍～」

問５＜要旨把握＞this chemical「この化学物質」とは，前文にある，約85パーセントの人が排出し，それから血液型がわかる化学物質のこと。また，下線部を含む文は，蚊がこの化学物質を放出する人に引きつけられる，という内容である。エ．「80パーセント以上の人がこの化学物質を放出しており，彼らは他の人よりも蚊に刺されやすかった」は，この２文の内容をまとめている。

問６＜内容真偽＞ア．「約20パーセントの人は他の人よりも蚊に刺されやすいので，彼らは蚊にとってよりおいしそうに見える」…×　第１段落第４文参照。「おいしくて，刺されやすい」とは書かれているが，「おいしそうに見える」という記述はない。　イ．「蚊に刺されたくなければ，黒っぽい色の物を身につけるのを避けるべきだ」…○　第２段落最終文に一致する。　ウ．「蚊は人間の呼吸音で標的を見つけることができる」…×　第３段落第３文参照。音ではなくにおいである。　エ．「蚊がよく足や足首を刺すのは，見つかりたくないからである」…×　第４段落最後の２文参照。バクテリアが多いからである。　オ．「人は自分の血液型やその他の生物学的要因を変えることはできないが，蚊に刺されないようにすることはとても重要である」…○　第６段落第１文に一致する。　カ．「蚊の嫌うある種の化学物質のおかげで，研究者らは人間の皮膚にいるバクテリアを減らせる新たなスプレーをつくることができた」…×　第６段落最終文参照。このスプレーはまだできていない。

Ⅱ〔**長文読解総合―伝記**〕

≪全訳≫❶トーマス・アルバ・エジソンは1847年２月11日，ある寒い冬の日に生まれた。トーマスが生まれた日，彼の父，サミュエルは自分の息子に関する知らせを待ち望んでいた。❷とうとう，ある隣人が万事うまくいったと彼に知らせに来てくれた。その隣人は，トーマスは灰色の瞳で母親のナンシーによく似ていると言った。❸サミュエルは言った。「よかった！　その子の頭脳と気性も母親の方にだけ似ているのなら，その子は全く天の恵みとなるだろうよ！」❹トーマスには３人の兄姉がいた。マリオン，ウィリアム・ピット，そしてハリエット・アンだ。はじめの３人の子どもたちはカナダのヴィエンナで生まれたが，トーマスはオハイオ州マイランで生まれた。❺トーマスは父の兄弟の名前をとって名づけられたが，彼が幼い頃はほとんど誰も彼をその名前では呼ばなかった。トーマスのミドルネームはアルバといい，皆は彼を「アル」と呼んだ。❻トーマスは４歳になるまでしゃべらなかったと言われている。だが，話し始めると，彼が口にするのは驚くようなことだった。彼は皆に物がどのような仕組みではたらくのかを尋ねるようになった。❼トーマスは，物が何でできているか，物の中には何があるのか，そして物がどうしてそのようなはたらきをするのかを知りたがった。❽人々が幼いトーマスに，彼の難しい質問には答えられないと言うと，彼は人々の目をのぞき込んで「どうして？」と尋ねた。それは彼のお気に入りの言葉だった。❾トーマスはあらゆることを知りたがり，どんなことも恐れなかった。彼が何かについて解明することに興味を持つと，誰も彼を止められなかった。❿→Ｃ．ある日，トーマスは穀物倉庫を見かけた。／→Ｂ．それは小麦を蓄えるために使われる背の高い建物で，とても危険なものだった。／→Ａ．だが，トーマスはその中を見るためにそのてっぺんに登った。／→Ｄ．突然，彼はその中に落ちた。／⓫トーマスは穀物の中に落下し，それはまるで大海の中に落ちたようなものだった。彼は出ることができず，そこに空気はなかった。幸運なことに，誰かが彼の叫び声を聞きつけて彼を引っぱり出してくれた。⓬また別のとき，トーマスの一家がある農場を訪れていると，彼は１人でふいにいなくなってしまった。皆で彼を捜し，ついに家畜小屋の中で彼を発見した。④彼の家族は，トーマスが鳥の卵の上に座り込んでいるのを見て衝撃を受けた。⓭何をしているのかと尋ねられると，母鳥が卵の上に座っているときに卵から鳥のひなが出てきたのを見て，自分でもそれをやってみたくなったのだとトーマスは皆に言った。⓮また，トーマスは空を飛びたがった。彼は鳥が飛んでいるのを見て，それはきっと鳥が食べている物が原因なのだと考えた。彼はある実験をすることにした。彼は虫を何匹か見つけてきてそれを水の中に入れた。⓯トーマスはその虫入りの飲み物を近所の子に渡し，それを飲めば飛べるようになると彼女に言った。その少女は具合が悪くなり，皆はいつものごとくトーマスに腹を立てた。⓰もう１つの大失敗は，彼がミツバチの巣に興味を持ったときのことだった。彼はその中がどうなっているのか見てみたいと思ったので，巣を壊して中を開けてみた。彼は何百匹もの怒ったハチに追いかけ回され，それは手痛い教訓となった。しかし，その教訓も彼がさらにもっと多くのことを明らかにしたいと思うのを止められなかった。⓱トーマスは一度，父親の家畜小屋を誤って全焼させたことがあったが，それでさえ世界の仕組みを解明したいという彼の欲求を止めることはできなかった。⓲トーマスがその後の人生で偉大な科学者になったのは奇跡だという人もいるが，それは彼が幼いときはこんなにも分別がなかったからなのだ。

問１＜適語(句)選択＞①‘日付’の前に置く前置詞は on。　②しゃべれるようになりたての子どもが，物事の仕組みを尋ね始めたのは「驚くべき」ことだといえる。surprising「(物事が)驚かせるような」と surprised「(人などが)驚いて」の意味の違いに注意。　⑤この後，虫を人間に食べさせる実験をしている。虫は鳥の食べ物と考えられる。　wing(s)「翼，羽」　muscle(s)「筋肉」　⑦ハチの巣を壊したために大量のハチに追いかけ回されたのは a painful lesson「手痛い教訓」といえる。　heartwarming「心温まる」　boring「退屈な」

問２＜文整序＞トーマスが何かに好奇心を持つと止められなかったことを示すエピソードとなる部分。まず，One day「ある日」で始まるＣを置く。Ｂの主語 It がＣにある a grain elevator を指していると考えられるのでＢを続ける。But で始まるＡとＢの間に「危険だったが登った」という‘逆接’の関係が成り立つのでＡを続け，最後に転落したというＤを置く。

問３＜整序結合＞直後の文の内容から，トーマスが母鳥のように卵の上に座り込んでおり，それを見た家族が驚いたという内容だと推測できる。His family was shocked とし，この後は‘感情の原因’を表す to不定詞の副詞的用法で to see と続ける。残りの語句で see の目的語となる that節をつくる。　His family was shocked to see that Thomas was sitting on some bird's eggs.

問４＜単語の発音＞open［ou］　ア．oven［ʌ］　イ．women［i］　ウ．ocean［ou］　エ．pond［ɑː］

問５＜内容真偽＞ア．「隣人は，トーマスが灰色の瞳をしていて，父親のサミュエルによく似ていると思った」…×　第２段落第２文参照。母親に似ていた。　イ．「トーマスの兄と姉は彼より３歳年上だった」…×　第４段落第１文参照。３人の兄と姉がいた。年齢に関する記述はない。　ウ．「子どもの頃，トーマスは皆から，自分のファーストネームではなく『アル』と呼ばれていた」…○　第５段落に一致する。　エ．「トーマスは４歳のときにしゃべり始め，それからは物事の仕組みについて周囲の人たちに尋ねるようになった」…○　第６段落に一致する。　オ．「隣人とトーマスは飛んでみたかったので，虫入りの飲み物を飲んで，その後彼女は具合が悪くなった」…×　第14，15段落参照。飛んでみたかったのはトーマスだけ。また，彼は虫入りの飲み物を飲んでいない。　カ．「トーマスは子どもの頃は賢くなかったが，彼の周囲の人は皆，彼が偉大な科学者になるだろうと信じていた」…×　第18段落参照。なるとは思っていなかった。

Ⅲ〔長文読解総合―対話文〕

≪全訳≫❶ポール(Ｐ)：[21]冬休みはどうだった，サヤカ？❷サヤカ(Ｓ)：すばらしかったわ。私の兄〔弟〕がパリの大学に留学したばかりでね，だから１週間彼に会いに行っていたの。すごく美しい都市だったよ。❸Ｐ：へえ，ラッキーだね！　パリは映画やテレビでなら見たことがあるよ。[22]あそこには訪れるべき場所がたくさんあるみたいだね。❹Ｓ：そうなの！　見るべき美術館や歴史的建造物がとてもたくさんあるのよ。毎日いっぱい歩いたわ。それでも，時間がなくて行けない場所がまだあったんだけどね。❺Ｐ：エッフェル塔には行った？　約130年前に建てられたのに，今でもパリで一番高い塔なんだってね。❻Ｓ：ええ。そこへは初日に行ったわ！　エッフェル塔はすごく見たかったのよ。眺めがすばらしかったわ。あんな古い建物にエレベーターがあるって知ってとてもびっくりしたわ。❼Ｐ：エッフェル塔の中にあるレストランには行った？　あんな高い所で食事をしたらわくわくするに違いないね。❽Ｓ：いいえ，行かなかったわ。[23]私たちには値段が高すぎたの。エッフェル塔の最上階にアパートがあるって知ってた？❾Ｐ：そうなの？　知らなかったな！❿Ｓ：ギュスターヴ・エッフェルっていうエッフェル塔を建築した人が，自分用に秘密の部屋をつくったんですって。自分の友人たちを楽しませるためにその部屋を使ってたのよ。長い間，普通の人はそれを見ることはできなかったんだけど，今では観光客が中に入れるのよ。⓫Ｐ：いつかそこを訪ねるのが楽しみだな！

問１＜適文選択＞21．この後サヤカが自分のパリ滞在中の感想について語っている。ポールはサヤカが休み中にどう過ごしたかを尋ねたのである。　22．この後サヤカが Yes! と答え，パリにはたくさんの見所があると話したのは，ポールがここでパリには見所がたくさんあることに言及したからである。　23. ウの「値段が高すぎた」という内容は，エッフェル塔内のレストランに行かなかった理由となる。主語の They は the restaurants in the tower を受けている。

問２＜内容真偽＞ア.「サヤカはそこの大学で学ぶためにパリへ行った」…×　第２段落第２文参照。パリの大学に留学したのは兄〔弟〕である。　イ.「パリ滞在中に，サヤカは兄〔弟〕と一緒にたくさん歩いた」…○　第４段落第３文に一致する。　ウ.「パリにはエッフェル塔より高い塔はない」…○　第５段落第２文に一致する。‘No other＋単数名詞＋動詞＋比較級＋than ～’「他のどの—も…ほど〔より〕～ない」　エ.「ポールがエッフェル塔の中にレストランがあることを知っているのは，それについて学校で習ったからである」…×　「学校で習った」とは言っていない。　オ.「サヤカがエッフェル塔の最上階にあるアパートに行ったのは，そこにはほとんど人がいないからである」…×　訪問者の数についてはふれていない。　カ.「ポールは以前エッフェル塔に行ったことがある」…×　第３段落および第11段落参照。

Ⅳ〔適語(句)選択・語形変化〕

①現在進行形は‘確定的な未来・予定’を表すことができる。　「メアリーとトムは来月北海道に出発することになっている」

②‘If＋主語＋動詞の過去形～，主語＋助動詞の過去形＋動詞の原形…’「もし～なら，…するのに」の仮定法の文。　know－knew－known　「もし私が真相を知っていれば，彼に教えるのに」

③「他のシャツ」を表すのは，some others「いくつかの他のもの」。他のものが１つの場合は another (one)を用い，other one とは言わないのでアは不可。one another と each other はどちらも「お互い」という意味。　「このシャツは好みではありません。いくつか別のものを見せてください」

④laugh at ～で「～のことを笑う」。laugh at ～の受け身は be laughed at by ～「～に笑われた」となる。このように動詞句の受け身形は，過去分詞の後ろにその動詞句を構成する語(句)をそのままの順で置き，その後に「～によって」の by を置く。　「その少女はトムに笑われた」

⑤最上級の文で「～の中で」を表すとき，この文の all the girls のように‘～’が主語と‘同類’の複数名詞または数詞の場合は of を用い，‘範囲・場所’を表す単数名詞の場合は in を用いる。　「メアリーは彼女のクラスの女子全員の中で最も背が高い」

⑥‘would like＋人＋to ～’で「〈人〉に～してほしい」。　「彼には学校で勉強をもっとがんばってほしいと心から思っている」

⑦after は後ろに‘主語＋動詞…’をとることも(この場合の after は接続詞)，名詞・動名詞(～ing)をとることもできる(この場合の after は前置詞)が，イは意味が不自然，エは時制の一致が起きていないのでどちらも不可。　「メアリーは夕食をとった後，外出した」

⑧in には「(今から)～後に」という意味がある。　「２時間後に戻ります」

⑨空所は man を修飾する部分。文が成立するのは所有格の関係代名詞 whose を用いたウだけ。「私が名前を知らない男性があなたに会いに来ました」

⑩文末に since 2000「2000年から(ずっと)」とあるので，過去のある時点から現在まで継続している状況を表す現在完了時制のアかイになるが，know「～を知っている」は普通，進行形にならないのでイを選ぶ。　「メアリーとトムは2000年以来の知り合いである」

V 〔誤文訂正〕

①'marry＋人' または 'get married to＋人' で「〈人〉と結婚する」という意味になるので，with は不要。　「彼女の長男は，容姿が優れていて背の高い女性と結婚した」

②population「人口」の「多い」「少ない」は many，few ではなく，large，small を用いる。「この国の人口はさいたま市とほぼ同じくらい多いということを彼は知っていますか」

③snowing という動詞を修飾するので，形容詞の heavy「激しい」ではなく副詞の heavily「激しく」が正しい。　the day before yesterday「一昨日」　「一昨日からずっとここでは激しく雪が降っている」

④information は '数えられない名詞' なので，an は不要。　「インターネットを利用することで，私たちは必要な情報を簡単にすばやく入手できる」

⑤every day「毎日」に着目する。「毎日〜している」という '現在の習慣的な動作' は現在形で表す。　「私は毎日，友人たちと一緒に自転車で通学している」

VI 〔整序結合〕

①Do you know の後，「彼女がいつここに来るか」を，'疑問詞＋主語＋動詞...' の語順の間接疑問にまとめる。　Do you know when she will come here?

②「Tom はなんて上手な英語の話し手でしょう」と読み換えて，'What (a/an)＋形容詞＋名詞＋主語＋動詞！' の感嘆文をつくる。　What a good speaker of English Tom is!

③「できるだけ多くの本」は 'as 〜 as＋主語＋can'「できるだけ〜」の形で as many books as you can と表せる。'as 〜 as …' の表現で '数' に関して述べる場合は 'as many＋名詞の複数形＋as 〜' の形になることに注意。「若いうちに」は「若かったとき」と考えて，'when＋主語＋動詞...'「〜するとき」の形にまとめる。　Read as many books as you can when you are young.

④「〜しない方がよい」は，had better 〜「〜した方がよい」の否定形である had better not 〜で表せる。not の位置に注意。「散歩する」は take a walk，「夜遅く」は late at night。　You had better not take a walk late at night.

⑤「〜運べるくらい小さい」は，'形容詞〔副詞〕＋enough to 〜'「〜できるほど〔するほど〕十分…」の形で表す。　This dictionary is small enough to carry in the pocket.

2024年度／大宮開成高等学校（第２回併願）

数学解答

1
(1) ①…2　②…5　③…1　④…4
　⑤…4
(2) ⑥…5　⑦…2　⑧…2　⑨…6
(3) ⑩…8　⑪…5　⑫…1　⑬…4
(4) ⑭…4　⑮…3
(5) ⑯…1　⑰…7
(6) ⑱…1　⑲…3　⑳…1

2
(1) ㉑…1　㉒…8　㉓…0
(2) ①　(3) ㉕…8　㉖…0
(4) ㉗…1　㉘…7　㉙…0　㉚…2
　㉛…2　㉜…0

(5) ㉝…1　㉞…1　㉟…2
(6) ㊱…4　㊲…3

3
(1) ㊳…2　㊴…4　㊵…3
(2) ㊶…1　㊷…5　㊸…8

4
(1) ㊹…9　㊺…3
(2) ㊻…6　㊼…6
(3) ㊽…9　㊾…3　㊿…6　(51)…4

5
(1) (52)…2　(53)…3
(2) (54)…6　(55)…5　(56)…2
(3) (57)…3　(58)…2　(59)…6

1〔独立小問集合題〕

(1)＜数の計算＞$\left(\frac{2}{3}\right)^3\div\left(\frac{2}{3}\right)^2=\frac{2}{3}$ となるから，与式$=\left(\frac{1}{4}-\frac{2}{3}\right)^2=\left(\frac{3}{12}-\frac{8}{12}\right)^2=\left(-\frac{5}{12}\right)^2=\frac{25}{144}$ である。

(2)＜数の計算＞与式$=\frac{\sqrt{6}}{\sqrt{2}}-\frac{\sqrt{2}}{\sqrt{2}}+(2\sqrt{3}-1)(\sqrt{3}+\sqrt{2})=\sqrt{3}-1+2\times3+2\sqrt{6}-\sqrt{3}-\sqrt{2}=\sqrt{3}-1+6+2\sqrt{6}-\sqrt{3}-\sqrt{2}=5-\sqrt{2}+2\sqrt{6}$

(3)＜式の計算＞与式$=4a^2+12ab+9b^2-(12a^2+20ab-3ab-5b^2)=4a^2+12ab+9b^2-12a^2-20ab+3ab+5b^2=-8a^2-5ab+14b^2$

(4)＜式の計算―因数分解＞与式$=x^2+2x+1-3x-3-10=x^2-x-12=(x-4)(x+3)$
≪別解≫ $x+1=X$ とおくと，与式$=X^2-3X-10=(X-5)(X+2)$ となり，Xをもとに戻すと，与式$=(x+1-5)(x+1+2)=(x-4)(x+3)$ である。

(5)＜二次方程式＞$x^2-2x-6=0$　解の公式より，$x=\frac{-(-2)\pm\sqrt{(-2)^2-4\times1\times(-6)}}{2\times1}=\frac{2\pm\sqrt{28}}{2}=\frac{2\pm2\sqrt{7}}{2}=1\pm\sqrt{7}$ である。

(6)＜連立方程式＞$x：y=1：3$……㋐，$2x+\frac{1}{3}y=1$……㋑とする。㋐より，$y\times1=x\times3$，$y=3x$……㋐′
㋐′を㋑に代入して，$2x+\frac{1}{3}\times3x=1$，$3x=1$　$\therefore x=\frac{1}{3}$　これを㋐′に代入して，$y=3\times\frac{1}{3}$　$\therefore y=1$

2〔独立小問集合題〕

(1)＜数の性質＞$2025=45^2$ を利用して，$2024=2025-1=45^2-1^2=(45+1)(45-1)=46\times44$ と表せるから，隣り合う辺の長さは46と44が考えられる。これよりも２辺の長さの差が小さいものはないから，２辺の長さは46と44である。よって，このとき，長方形の周の長さは，$(46+44)\times2=180$ である。

(2)＜データの分析　選択問題＞⓪…正。　①…誤。第１四分位数である50点は10番目の生徒と11番目の生徒の得点の平均で，中央値は20番目の生徒と21番目の生徒の平均である。問題の箱ひげ図より，第１四分位数は50点だから，10番目の生徒と11番目の生徒がともに50点の場合が考えられ，中央値は60点だから，20番目の生徒と21番目の生徒がともに60点の場合が考えられる。よって，50点以上60点以下の生徒は10人とは限らない。　②…正。①で調べたように，21番目の生徒は最も低い得点の場合でも60点であるから，60点以上の生徒は20人以上いることになる。　③…正。〔四分位範囲〕=〔第３四分位数〕−〔第１四分位数〕だから，75−50=25(点)である。

(3)<**連立方程式の応用**>列車の長さをxm，速さを毎秒ymとする。まず，列車が長さ1200mのトンネルに入り始めてから，完全に抜け出るまで進んだ距離は，$1200+x$mと表され，完全に抜け出るまで40秒かかったことから，進んだ距離は$y\times40=40y$(m)とも表される。よって，$1200+x=40y$……㋐が成り立つ。同様に，400mの鉄橋を渡り始めてから，完全に渡りきるまで15秒かかったことから，$400+x=15y$……㋑が成り立つ。㋐，㋑を連立方程式として解くと，㋐−㋑より，$1200-400=40y-15y$，$800=25y$，$y=32$となり，これを㋐に代入して，$1200+x=40\times32$より，$x=80$となる。よって，列車の長さは80mである。

(4)<**連立方程式の応用**>８%の食塩水xgに，12%の食塩水ygと水10gを加えて混ぜると，10%の食塩水が400gできたことから，食塩水の量について，$x+y+10=400$，$x+y=390$……㋐が成り立つ。また，それぞれの食塩水に含まれている食塩の量は，８%の食塩水には，$\frac{8}{100}\times x=\frac{8}{100}x$(g)，12%の食塩水には，$\frac{12}{100}\times y=\frac{12}{100}y$(g)，10%の食塩水400gには，$\frac{10}{100}\times400=40$(g)であるから，食塩の量について，$\frac{8}{100}x+\frac{12}{100}y=40$……㋑が成り立つ。㋑の両辺を100倍して，$8x+12y=4000$より，$2x+3y=1000$……㋑′となる。㋑′−㋐×２より，$3y-2y=1000-780$，$y=220$(g)となる。これを㋐に代入して，$x+220=390$より，$x=170$(g)となる。

(5)<**確率—さいころ**>大小２個のさいころを投げるとき，目の出方はそれぞれ６通りあるから，出た目の数a，bの組は全部で$6\times6=36$(通り)ある。大，小のさいころの出た目の数をそれぞれa，bとし，３辺の長さがa，b，$2\sqrt{2}$である直角三角形を考えるとき，まず，$2\sqrt{2}$を斜辺とする直角三角形は，三平方の定理より，$a^2+b^2=(2\sqrt{2})^2$，$a^2+b^2=8$が成り立つ。これを満たすのは，$a=2$，$b=2$のときである。次に，bを斜辺とする直角三角形は，$a^2+(2\sqrt{2})^2=b^2$，$a^2+8=b^2$が成り立つ。これを満たすのは，$a=1$，$b=3$のときである。さらに，aを斜辺とする直角三角形は，$b^2+(2\sqrt{2})^2=a^2$，$b^2+8=a^2$が成り立ち，これを満たすのは，$a=3$，$b=1$のときである。以上より，a，bの組は３通りあるから，求める確率は$\frac{3}{36}=\frac{1}{12}$である。

(6)<**平面図形—長さ**>右図で，まず，おうぎ形ABCは点Bを中心におうぎ形A_1BC_1の位置まで回転し，点Aは$\overset{\frown}{AA_1}$を描く。このとき，点Bはおうぎ形A_1BC_1と直線lとの接点となるから，A_1Bと直線lは垂直となり，$\angle A_1BA=90^\circ$である。次に，おうぎ形ABCは直線lと$\overset{\frown}{BC}$が重なりながら，おうぎ形$A_2B_1C_2$の位置まで回転し，点Aは線分A_1A_2を描く。同様に考えると，$\angle A_2C_2B=90^\circ$となる。このとき，$\angle A_1BC_2=\angle A_2C_2B=90^\circ$，$A_1B=A_2C_2$より，四角形$A_1BC_2A_2$は長方形で，$A_1A_2=BC_2$となり，$BC_2=\overset{\frown}{BC}$となるから，$A_1A_2=\overset{\frown}{BC}$である。さらに，おうぎ形ABCは点$C_2$を中心におうぎ形$A_3B_2C_2$の位置まで回転し，点Aは$\overset{\frown}{A_2A_3}$を描く。よって，点Aが通った道のりは，$\overset{\frown}{AA_1}+A_1A_2+\overset{\frown}{A_2A_3}=2\pi\times1\times\frac{90^\circ}{360^\circ}+2\pi\times1\times\frac{60^\circ}{360^\circ}+2\pi\times1\times\frac{90^\circ}{360^\circ}=\frac{1}{2}\pi+\frac{1}{3}\pi+\frac{1}{2}\pi=\frac{4}{3}\pi$となる。

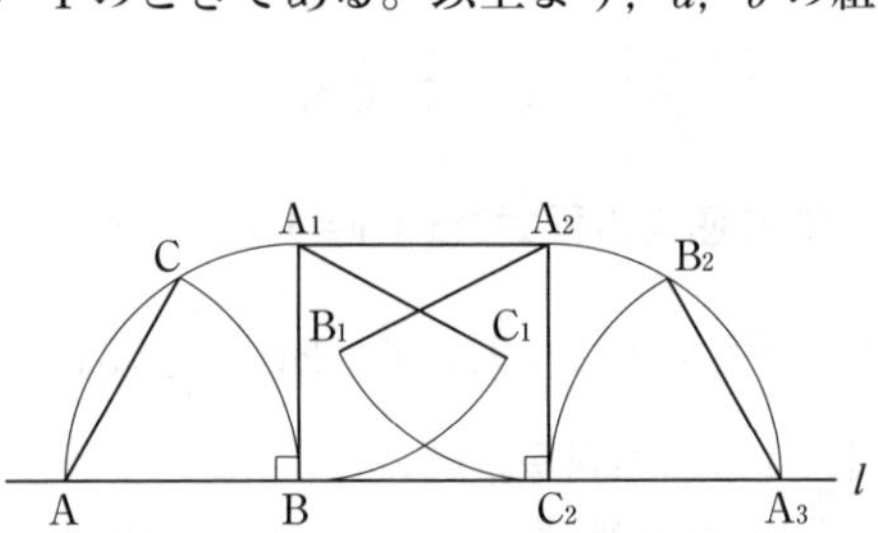

3 〔平面図形―円〕

≪基本方針の決定≫(1)　△CEF が二等辺三角形になることに気づきたい。　(2)　△ICD∽△CEF である。

(1)＜**長さ**＞右図で，まず，線分 AB は半円の直径だから，∠ACB $=90^\circ$ である。これより，△ABC は直角三角形だから，三平方の定理より，$BC=\sqrt{AB^2-AC^2}=\sqrt{(3\sqrt{5})^2-(2\sqrt{5})^2}=\sqrt{25}=5$ である。よって，BF＝3 より，CF＝BC－BF＝5－3＝2 となる。次に，△ACH と△ABC において，∠AHC＝∠ACB＝90°，∠CAH＝∠BAC だから，2 組の角がそれぞれ等しくなり，△ACH∽△ABC である。これより，CH：BC＝AC：AB となるから，CH：5＝$2\sqrt{5}$：$3\sqrt{5}$ が成り立ち，これを解くと，$CH\times 3\sqrt{5}=5\times 2\sqrt{5}$ より，$CH=\dfrac{10}{3}$ である。ここで，図のように，∠BAD＝a，∠ABC＝b とおく。$\overset{\frown}{CD}=\overset{\frown}{BD}$ だから，等しい弧に対する円周角は等しくなり，∠CAD＝∠BAD＝a である。また，△ACH∽△ABC より，∠ACH＝∠ABC＝b である。よって，△ACE で内角と外角の関係より，∠CEF＝∠CAD＋∠ACH＝$a+b$ となり，同様に，△ABF で，∠CFE＝∠BAD＋∠ABC＝$a+b$ となるから，∠CEF＝∠CFE である。したがって，CE＝CF＝2 となり，$CH=\dfrac{10}{3}$ より，$EH=CH-CE=\dfrac{10}{3}-2=\dfrac{4}{3}$ となる。

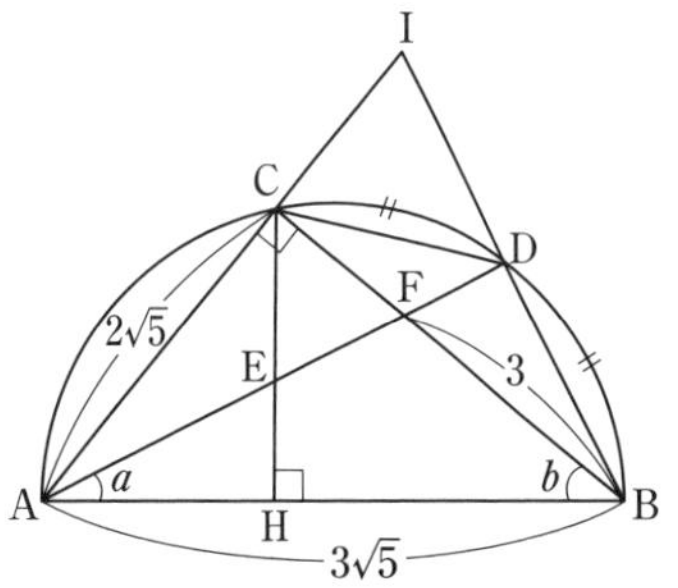

(2)＜**面積比**＞右上図で，$\overset{\frown}{AC}$ に対する円周角より，∠ADC＝∠ABC＝b であり，(1)で∠CAD＝∠BAD＝a であるから，△ADC で内角と外角の関係より，∠ICD＝∠CAD＋∠ADC＝$a+b$ と表される。また，∠ADB＝∠ACB＝90° より，∠ADI＝90° となるから，△AFC と△AID で，∠ACF＝∠ADI であり，∠CAF＝∠DAI なので，2 組の角がそれぞれ等しく，△AFC∽△AID となり，∠AFC＝∠AID である。(1)より，∠AFC＝∠CFE＝$a+b$ なので，∠AID＝$a+b$ と表せる。よって，△ICD と△EFC はそれぞれ底角が $a+b$ の二等辺三角形だから，△ICD∽△EFC である。次に，相似比を求めるために，CD の長さを求める。△AFC で AC＝$2\sqrt{5}$，CF＝2 だから，三平方の定理より，$AF=\sqrt{AC^2+CF^2}=\sqrt{(2\sqrt{5})^2+2^2}=\sqrt{24}=2\sqrt{6}$ である。また，△ABF と△CDF は，∠BAD＝∠BCD，∠AFB＝∠CFD より，2 組の角がそれぞれ等しいから，△ABF∽△CDF となる。したがって，AB：CD＝AF：CF より，$3\sqrt{5}$：CD＝$2\sqrt{6}$：2 が成り立ち，$CD\times 2\sqrt{6}=3\sqrt{5}\times 2$，$CD=\dfrac{\sqrt{30}}{2}$ である。以上より，△ICD と△EFC の相似比は，CD：FC＝$\dfrac{\sqrt{30}}{2}$：2＝$\sqrt{30}$：4 となり，面積比は相似比の 2 乗だから，△ICD：△EFC＝$(\sqrt{30})^2:4^2$＝30：16＝15：8 となる。よって，△ICD は△CEF の $\dfrac{15}{8}$ 倍である。

4 〔空間図形―正四面体，円柱〕

≪基本方針の決定≫(3)　断面図は，線分と弧に囲まれた図形になる。

(1)＜**長さ**＞次ページの図 1 で，辺 CD の中点をMとし，点 B とMを結ぶ。△BCD は正三角形より，△BCM は 3 辺の比が 1：2：$\sqrt{3}$ の直角三角形となるから，$BM=\dfrac{\sqrt{3}}{2}BC=\dfrac{\sqrt{3}}{2}\times 6=3\sqrt{3}$ である。よって，$\triangle BCD=\dfrac{1}{2}\times CD\times BM=\dfrac{1}{2}\times 6\times 3\sqrt{3}=9\sqrt{3}$ である。

(2)＜**体積―特別な直角三角形**＞次ページの図 1 で，円柱の底面の中心をOとする。図形の対称性より，頂点Aと中心Oを結ぶと，AO⊥〔面 BCD〕となり，AO は正四面体の高さとなる。また，点Mは円Oと△BCD の接点になり，中心Oは BM 上にある。ここで，中心Oと点C，Dを結ぶと，△BCD は△OBC，△OCD，△ODB の３つの合同な二等辺三角形に分けられ，底辺は BC＝CD＝DB＝6，高さは OM に等しく，円Oの半径となる。円Oの半径を r とおくと，3△OBC＝△BCD より，$3\times\frac{1}{2}\times6\times r=9\sqrt{3}$ が成り立ち，これより，$r=\sqrt{3}$ となるから，$OM=\sqrt{3}$ である。次に，２点A，Mを結ぶと，△ACD と△BCD は合同な正三角形だから，$AM=BM=3\sqrt{3}$ である。よって，△AOM で三平方の定理より，$AO=\sqrt{AM^2-OM^2}=\sqrt{(3\sqrt{3})^2-(\sqrt{3})^2}=\sqrt{24}=2\sqrt{6}$ となるから，求める円柱の体積は，$\pi\times(\sqrt{3})^2\times2\sqrt{6}=6\sqrt{6}\,\pi$ である。

図１

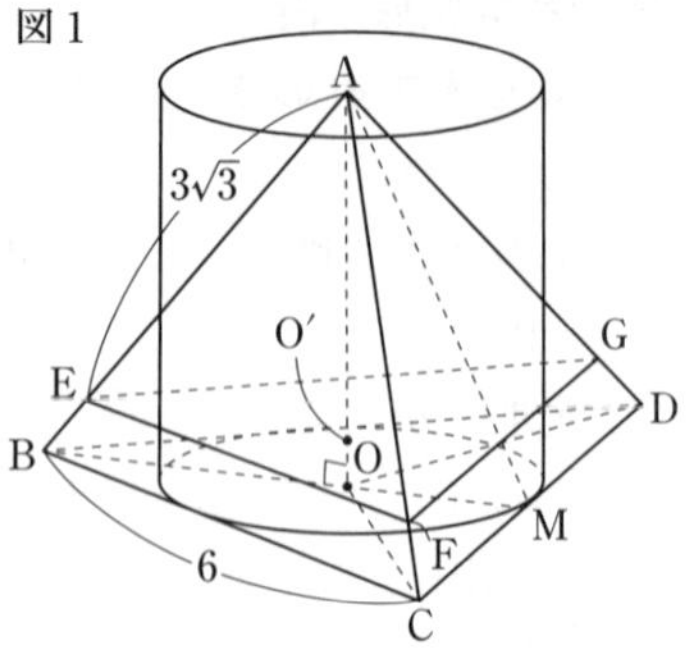

(3)＜**面積―特別な直角三角形**＞右上図１で，３点E，F，Gを通る平面と AO の交点を O′ とする。(2)より，円Oの直径は $2\times\sqrt{3}=2\sqrt{3}$，AE＝AF＝AG より，〔四面体 ABCD〕∽〔四面体 AEFG〕となるから，$EF=FG=GE=AE=3\sqrt{3}$ となり，△EFG は正三角形で，その高さは $\frac{\sqrt{3}}{2}EF=\frac{\sqrt{3}}{2}\times3\sqrt{3}=\frac{9}{2}$ となる。これより，$2\sqrt{3}<\frac{9}{2}$ だから，３点E，F，Gを通る平面で切ったときの断面図は，右図２のようになり，△EFG と円柱の側面との交点をP～Uと定めると，断面は線分 PQ，$\overset{\frown}{QR}$，線分 RS，$\overset{\frown}{ST}$，線分 TU，$\overset{\frown}{UP}$ で囲まれた図形になる。ここで，(2)と同様に考えて，△EFG に内接する円の半径を求める。半径を s とすると，△EFG の面積は $\frac{1}{2}\times3\sqrt{3}\times\frac{\sqrt{3}}{2}\times3\sqrt{3}=\frac{27\sqrt{3}}{4}$，また，点 O′ を頂点とする３つの合同な二等辺三角形の面積の和として求めると，$\frac{1}{2}\times3\sqrt{3}\times s\times3=\frac{9\sqrt{3}}{2}s$ となるから，$\frac{9\sqrt{3}}{2}s=\frac{27\sqrt{3}}{4}$，$s=\frac{3}{2}$ である。これより，図２で，点 O′ から FG に垂線 O′N を引くと，$O'P=\sqrt{3}$，$O'N=\frac{3}{2}$ となり，$O'P:O'N=\sqrt{3}:\frac{3}{2}=2:\sqrt{3}$ だから，△O′PN は３辺の比が $1:2:\sqrt{3}$ の直角三角形で，∠PO′N＝30°となる。よって，∠QO′N＝∠PO′N＝30°より，∠PO′Q＝30°＋30°＝60°となるから，△O′PQ は正三角形であり，△O′RS，△O′TU も合同な正三角形である。また，∠QO′R＝∠SO′T＝∠UO′P＝(360°－60°×3)÷3＝60°となるから，おうぎ形 O′QR，O′ST，O′UP は半径が$\sqrt{3}$，中心角が60°のおうぎ形になる。以上より，求める面積は，$\frac{1}{2}\times\sqrt{3}\times\frac{3}{2}\times3+\pi\times(\sqrt{3})^2\times\frac{60^\circ}{360^\circ}\times3=\frac{9\sqrt{3}}{4}+\frac{3}{2}\pi=\frac{9\sqrt{3}+6\pi}{4}$ である。

図２

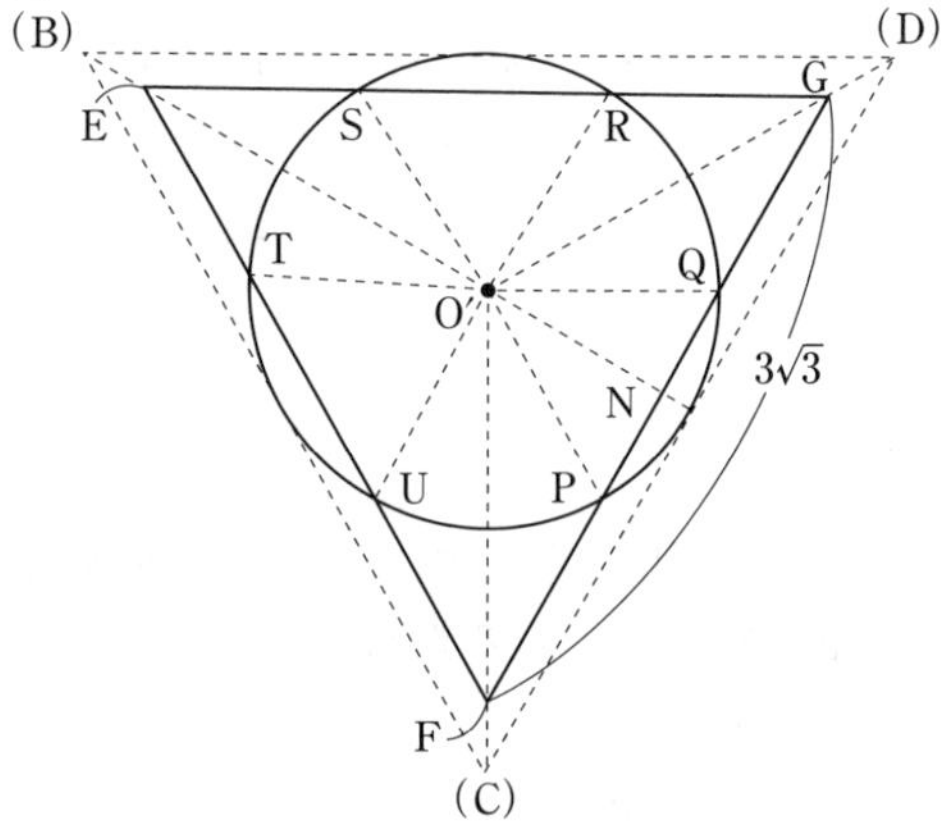

5〔**関数―関数 $y=ax^2$ と直線**〕

≪基本方針の決定≫(3)　等積変形を利用する。

(1)＜**直線の式**＞次ページの図で，点A，Bは放物線 $y=x^2$ 上の点で，x 座標がそれぞれ－1，3だから，Aの y 座標は $y=(-1)^2=1$，Bの y 座標は $y=3^2=9$ となり，A(－1，1)，B(3，9)である。これより，直線ABの傾きは $\frac{9-1}{3-(-1)}=2$ となり，直線ABの式を $y=2x+m$ とおく。点Aの座標より，$x=-1$，$y=1$ を代入して，$1=2\times(-1)+m$，$m=3$ となり，直線ABの式は $y=2x+3$ である。

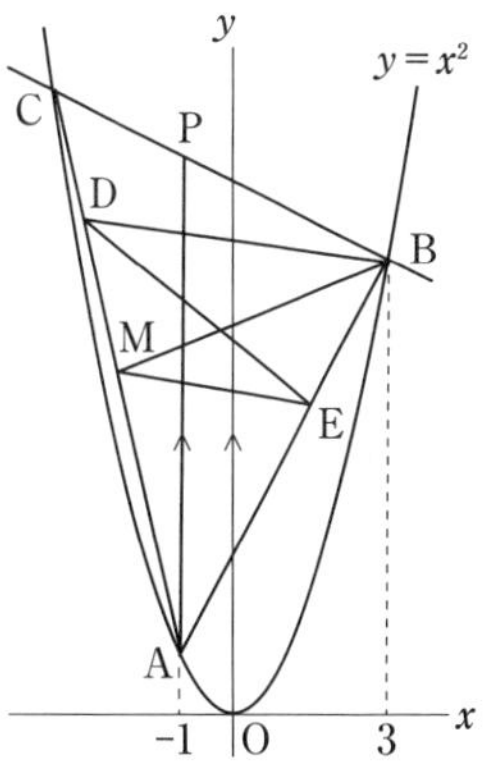

(2)＜**面積**＞右図で，まず，直線BCの式を求め，点Cの座標を求める。直線BCは傾きが $-\frac{1}{2}$ より，その式を $y=-\frac{1}{2}x+n$ とおく。B(3, 9)を通ることから，$x=3$，$y=9$ を代入して，$9=-\frac{1}{2}\times3+n$，$n=\frac{21}{2}$ となり，直線BCの式は $y=-\frac{1}{2}x+\frac{21}{2}$ である。これより，点Cは放物線 $y=x^2$ と直線 $y=-\frac{1}{2}x+\frac{21}{2}$ の交点だから，2式から y を消去して，$x^2=-\frac{1}{2}x+\frac{21}{2}$，$x^2+\frac{1}{2}x-\frac{21}{2}=0$，$2x^2+x-21=0$，解の公式より，$x=\frac{-1\pm\sqrt{1^2-4\times2\times(-21)}}{2\times2}=\frac{-1\pm\sqrt{169}}{4}=\frac{-1\pm13}{4}$ となり，$x=\frac{-1+13}{4}=3$，$x=\frac{-1-13}{4}=-\frac{7}{2}$ である。$x=3$ は点Bの x 座標だから，点Cの x 座標は $-\frac{7}{2}$ である。このとき，点Cの y 座標は $y=\left(-\frac{7}{2}\right)^2=\frac{49}{4}$ より，$C\left(-\frac{7}{2}, \frac{49}{4}\right)$ である。ここで，図のように，点Aを通り y 軸に平行な直線を引き，直線BCとの交点をPとすると，点Pの x 座標は -1 だから，$x=-1$ を直線BCの式 $y=-\frac{1}{2}x+\frac{21}{2}$ に代入して，$y=-\frac{1}{2}\times(-1)+\frac{21}{2}=11$ となり，P(−1, 11)である。△ABC＝△ABP＋△ACPとして面積を求める。APを△ABPと△ACPの底辺と見ると，点A，Pの y 座標より，$AP=11-1=10$ である。△ABPの高さは，点B，Pの x 座標より，$3-(-1)=4$ であり，△ACPの高さは，点P，Cの x 座標より，$-1-\left(-\frac{7}{2}\right)=\frac{5}{2}$ である。よって，△ABC＝△ABP＋△ACP＝$\frac{1}{2}\times10\times4+\frac{1}{2}\times10\times\frac{5}{2}=20+\frac{25}{2}=\frac{65}{2}$ である。

(3)＜**座標**＞右上図で，まず，直線ACの式を求め，点Dの座標を求める。直線ACの式を $y=ax+b$ とおくと，A(−1, 1)より，$1=-a+b$，$C\left(-\frac{7}{2}, \frac{49}{4}\right)$ より，$\frac{49}{4}=-\frac{7}{2}a+b$ となり，2式から b を消去して，$1-\frac{49}{4}=-a-\left(-\frac{7}{2}a\right)$，$-\frac{45}{4}=\frac{5}{2}a$，$a=-\frac{9}{2}$ となる。これより，$1=-\left(-\frac{9}{2}\right)+b$，$b=-\frac{7}{2}$ となり，直線ACの式は $y=-\frac{9}{2}x-\frac{7}{2}$ である。点Dは，直線AC上の点で，x 座標が -3 だから，$y=-\frac{9}{2}\times(-3)-\frac{7}{2}=10$ より，D(−3, 10)となる。ここで，図のようにACの中点をMとすると，点Mの x 座標は $\left\{(-1)+\left(-\frac{7}{2}\right)\right\}\div2=-\frac{9}{4}$，$y$ 座標は $\left(1+\frac{49}{4}\right)\div2=\frac{53}{8}$ より，$M\left(-\frac{9}{4}, \frac{53}{8}\right)$ である。図のように，点Dを通り，△ABCの面積を2等分する直線と直線ABの交点をEとする。まず，直線BMを引くと，△ABMと△CBMは，底辺をAM，CMと見ると，AM＝CMで，高さが共通だから，△ABM＝△CBM＝$\frac{1}{2}$△ABCである。このとき，△AED＝△ABM＝$\frac{1}{2}$△ABCとなり，図のように点MとEを結ぶと，△AED＝△AEM＋△EDM，△ABM＝△AEM＋△EBM

だから，△EDM＝△EBMとなる。△EDMと△EBMは，底辺をMEと見ると，底辺が共通だから高さが等しくなり，DB∥MEである。直線DBの傾きは，B(3, 9)，D(−3, 10)より，$\frac{9-10}{3-(-3)}=-\frac{1}{6}$だから，直線MEの傾きも$-\frac{1}{6}$となり，直線MEの式を$y=-\frac{1}{6}x+k$とおく。直線$y=-\frac{1}{6}x+k$上に点Mはあるから，点Mの座標より，$x=-\frac{9}{4}$，$y=\frac{53}{8}$を代入して，$\frac{53}{8}=-\frac{1}{6}\times\left(-\frac{9}{4}\right)+k$，$k=\frac{25}{4}$となり，直線MEの式は$y=-\frac{1}{6}x+\frac{25}{4}$である。よって，点Eは直線ABと直線MEの交点である。(1)より，直線ABの式は$y=2x+3$だから，点Eのx座標は$2x+3=-\frac{1}{6}x+\frac{25}{4}$，$\frac{13}{6}x=\frac{13}{4}$，$x=\frac{3}{2}$となる。したがって，$y$座標は$y=2\times\frac{3}{2}+3=6$となるから，求める点Eの座標は$\left(\frac{3}{2}, 6\right)$である。

国語解答

一　問一　Ⅰ…エ　Ⅱ…ア　Ⅲ…ウ　Ⅳ…イ
　問二　ア　問三　エ　問四　イ
　問五　ウ　問六　イ　問七　ウ

二　問一　イ　問二　B…エ　C…オ
　問三　ウ　問四　ア　問五　オ
　問六　X…ア　Y…イ　Z…エ

三　問一　ア　問二　ウ　問三　イ
　問四　D…ウ　F…ア　問五　ア
　問六　ウ　問七　ア

四　問一　ウ　問二　イ　問三　エ
　問四　エ　問五　(1)…オ　(2)…ア
　問六　(1)…イ　(2)…ウ　(3)…ウ　(4)…ア

一〔**論説文の読解─社会学的分野─現代社会**〕出典：阪本俊生『ポスト・プライバシー』「〈私〉は誰がつくるのか」。

≪**本文の概要**≫近代以前は，個人のあり方は社会にかなり規定されていた。しかし，近代になると，個人にとっての〈私〉は，自分の手でつくり出すものへと変わった。そうなると，個人が，自らのアイデンティティを自分の手で守らなければならなくなる。だが，個人の自己は不安定で脆弱であるため，プライバシーが希求されるようになった。また，近代では，人生のストーリーを自分で制作し，必要に応じて自分自身で再構成することになるが，他人から自己を否定されないためには，自己のストーリーと矛盾するストーリーは隠しておく必要が生じる。〈私づくり〉の拠点は，個々人の私生活へと移行したが，この移行と近代の〈私〉の脆弱さゆえに，個人の私生活は聖域にされ，その保護を求めるような社会意識が生まれてきた。また，個々人は，文化の担い手となり，非文化的な状態は，プライバシーによって隠されることになる。これら私的領域の中身は，情報としては取るに足りないものであるが，だからこそ，それらはプライバシーとして重視されてきたことは，興味深い。

問一＜**表現**＞Ⅰ．「私探しやアイデンティティの確立」は，今や「社会生活に不可欠の技術」あるいは人間が生きるうえで守り従わなければならない「義務」にまでなったようである。　Ⅱ．「前近代の人びと」は，「生まれやしきたり，世襲など」のような，その社会で長い間伝えてきた制度や規範，慣習に縛られていた。　Ⅲ．「個人のアイデンティティ」すなわち「個人にとっての〈私〉」は，「生まれつき決められたもの」から「自分の手でつくり出すもの」へと変わっていった。　Ⅳ．近代以前には，個人のあり方も，社会によってかなり規定されていたが，近代になると，「個人にとっての〈私〉」は，「自分の手でつくり出すもの」になった。個人は，「〈私づくり〉のイニシアティヴ」を得たのである。

問二＜**文章内容**＞近代になり，「個人にとっての〈私〉は，生まれつき決められたものから，自分の手でつくり出すものへと変わって」いったとき，「個人の自己アイデンティティ」は，近代以前のように社会によって「制約」されるものではなく，個人が決めるべき問題となったのである。

問三＜**文章内容**＞個人の「〈私〉」が他人から「一定の信頼を獲得する」には，「自らの一貫性を主張する」しかない。しかし，「人間は，現実にはそれほど一貫した行動をとりうるものでもなければ，生き方を変えることさえありうる」のである。そのため，一貫性のない行動や生き方の変更は，私的な事柄として，他人に対しては隠しておきたいということになる。

問四＜**文章内容**＞近代では，個人は「個人自身の能力や機会，偶然のチャンスや出会いなど」によって自分の人生を書き換え，「そのつど，自らの知識と反省によって，自分自身で自己を再構成しながら人生を歩んで」いく。こうした自己が，「再帰的な自己」である。

問五＜**文章内容**＞「プライバシー侵害」に遭うということは，「個人のイメージを損なうようなスキャンダルや私生活の暴露」のように，他人には見せないことにしている自己のストーリーを見られるということである。これが「苦悩」になるのは，そもそも，そのような面は隠しておかなければ揺らいでしまうほど自己が「脆弱」で，隠している面を見られた人は他人が自分のプライバシーに「不信の目を向ける以前」に「自分自身でも他人からの不信を意識するようになる」からである。

問六＜文章内容＞「プライバシーの範疇」におかれる行動は，いずれも「個人の文化的で社会的な〈私〉がつくられたものであることを示唆してしまう」から隠される。「プライバシーの範疇」におかれる行動とは，すなわち「私的領域の中身」であるが，それが「ありきたり」で「情報としては取るに足りない」からこそ，表向きの姿が「つくられたもの」であることを強調してしまう。したがって，それは隠さなければならず，「プライバシーとして重視」されるのである。

問七＜文章内容＞近代の自己は自分自身でつくり出す「自家製の〈私〉」であるが，これは脆弱であり，その「脆弱性」こそが「プライバシーへの希求」を生み出した(イ…○)。「再帰的な自己」は，「自分自身で自己を再構成しながら人生を歩んでいく」が，このストーリーは脆弱で，他人から信頼されるためには「自己のストーリーとは矛盾するストーリーを隠しておく必要」に迫られる(ウ…×)。プライバシーの侵害は，「単に他人が自分の自己を信じなくなるというだけの問題」ではなく，「個人自身の自らへの疑いの苦悩，すなわち自己意識の問題」でもある(エ…○)。「文化的で社会的な〈私〉のイメージ」と矛盾するためにその人の社会的なイメージを崩すようなものは，「プライバシーによって隠される」べき「私的領域」となるが(ア…○)，その中身は，「いずれも日常的で，ありきたりで，どの人であってもあまり代わり映えのしない」ものである(オ…○)。

二〔小説の読解〕出典：青山七恵『かけら』。

問一＜文章内容＞「わたしは今，現に父と二人で鐘つき台を見ているし，兄も家で娘の面倒を見ているはず」で，これは確かに現実として感じられる。しかし，子ども時代の写真は昔のもので，現実の生活とかけ離れていて，現実感がなかった。

問二＜文章内容＞B．桐子が父に何を言っても，父は「どうだろうな」「そうか」「いや」などと簡単な返事をするだけで，会話が発展していくようなことは言わない。それはちょうど，水に石を落としたときに石がそのまま沈んでそれ以上は何も起こらないのと同じようで，「ほんと話しがいがない」のである。　C．父は，「食後の散らかったテーブルだとか，ベランダのクッションがやぶけた椅子だとか，階段の下に置いてある荷物置きの台とか，そんなもののあいだにすっとなじんで，そのまま同じ風景になって」しまうような人物である。「何種類あるのかわからないグレーの背広を着て，朝八時きっかりに家を出，駅へ向かう人々の中にすぐにまぎれてしまう」父は，父その人というくっきりした輪郭が見えず，存在感がない。

問三＜心情＞父は，「話しがいがない」人物だった。桐子が「そんなふうだとそのうち全部忘れちゃうよ」と言っても「ああ，そうだな」と「力なく笑」い，「もっと主張しないと，あたしたちからだって忘れられちゃうよ」と言っても「いいよ。お父さんは実際，いないようなものだ」と言っただけである。桐子は，そのようなことを言う父を全く「芯」がない人間だと思ってうんざりし，それ以上話す気にはなれなかった。

問四＜心情＞思いがけず撮った写真の中に父の横顔を見出した桐子は，その父を見ながら，「昔からちゃんと父を知っていたという気がしたし，同時に，写真の中の人はまったくの見知らぬ人であるようにも」感じた。そのとき桐子は自販機によりかかっていたが，そのままの姿勢でいると「もたれた肩から伝わってくる自販機の熱とかすかな振動」が「どこまでも続く沈黙に守られたその風景を散りぢりにしてしまいそう」に感じ，それが「散りぢり」にならずに済むように，自販機によりかかるのをやめた。

問五＜表現＞桐子は，ツアーで何枚も写真を撮ったが，そこに映っているものは，現場にはあった

「音」や「匂い」などのない，そのときの光景を一面的にとらえただけのものである。

問六＜文章内容＞X．桐子が父に対して感じている「芯がない」とは，その時々でその場の中に適当に存在しているだけで，一人の人間としてのはっきりした輪郭や全体像が見えず，父には，一貫性や同一性が感じられないということである。　Y．近代以降の自己は，自分で「自らの個性や人格，イメージやアイデンティティ」をつくり，自己の「ストーリー」をつくるが，「人間は，現実にはそれほど一貫した行動をとりうるものでもなければ，生き方を変えることさえありうる」し，「語りうる他の多くのストーリーが存在する」という意味で「脆弱」な存在である。　Z．桐子が撮った写真には，思いがけず父が写っていた。桐子は，そこに，「まったくの見知らぬ人」のようにも感じられるものを見て取った。桐子は，父にはいくつもの面があり，それが父という人であることに気づいた。

三〔**古文の読解―説話**〕出典：『古今著聞集』巻第六，二五一／〔**古文の読解―随筆**〕出典：清少納言『枕草子』。

≪現代語訳≫【文章Ⅰ】志賀の僧正明尊は，もともと篳篥を嫌っている人だった。あるとき，月の明るい夜，湖上に三隻の舟を浮かべて，管弦・和歌・漢詩文をする人を乗せて宴遊をしていたところ，楽器を演奏する人がその舟に乗ろうとするときに，「この僧正は篳篥がお嫌いな人だ。だから用枝は乗ってはいけない。きっと不愉快なことになるだろう」と言って乗せなかったので，用枝は，「それでは打物を演奏しましょう」と言って，無理に乗ってしまった。しだいに真夜中になるうちに，用枝はこっそり篳篥を抜き出して，湖水に浸して湿らせた。人々が見て，「篳篥か」と問うと，「そうではない。手を洗っているのだ」と答えて，何でもない様子で座っていた。しばらくして，とうとう曲を吹き始めたので，近くにいた楽人たちが，「だからこそ言ったのだ。不都合な者を乗せて催しが台なしになってしまう」と，青ざめて嘆き合っていたとき，その曲は非常にすばらしくて心に染みた。聞いている人は皆涙を落とした。長年これを嫌っていた僧正は，他の人よりもひどく泣いて，「経典に，篳篥は伽陵頻の声をまねたものだと言われている。このことを信じなかったのは，残念なことだ。今思い知った。今夜の褒美は他人に授けてはいけない。用枝一人に授けるべきだ」とおっしゃった。このことを後々まで言い出してお泣きになったという。

【文章Ⅱ】笛は，横笛が大変趣がある。遠くから聞こえるのが，だんだん近くなっていくのもおもしろい。近かったのが，遠くになって，とてもかすかに聞こえるのも，たいそうおもしろい。懐にさして持っているのも，何とも見えず，これほど趣のあるものはない。笙の笛は，月が明るいときに，車などで聞けると，とても趣がある。（だが，）大きくて置き場所が狭く扱いにくいように見える。篳篥はとても騒々しく，秋の虫でいえば，轡虫などのような感じがして，嫌なので近くでは聞きたくない。まして下手に吹いているのは，とても嫌だが，臨時の祭の日，まだ御前には出ずに物の後ろで，横笛をすばらしく吹き立てるのを，ああ，趣があると思って聞いているうちに，途中から，それに加わって一緒に吹いたのは，ただすばらしく美しい髪を持っているような人も，（その髪が）全て立ち上がってしまいそうな気持ちがした。

問一＜現代語訳＞「ことにがる」は，事態が面倒なことになる，という意味。「なんず」は，きっとそうなるだろう，という意味。用枝は，僧正が篳篥を嫌うので，篳篥が得意な用枝が舟にいたら面倒なことが起こるだろうと言われたのである。

問二＜古文の内容理解＞用枝は，篳篥ではなく打物を演奏しようと言って強引に舟に乗った。その用枝が篳篥を出して湿らせているので，人々は，篳篥を吹こうとしているのではないかと思った。

問三＜古文の内容理解＞篳篥を湖水に浸していた用枝は，篳篥かと問われたが，手を洗っているのだと答えて，何も特別なことをしようとしているわけでもないといった様子で平然としていた。

問四＜古文の内容理解＞D．用枝が篳篥を吹き始めたので，「かたへの楽人ども」は，青ざめて嘆いた。　　F．僧正は，篳篥の演奏を聞いて，経典に篳篥は伽陵頻の声をまねたものだとあるのを信じなかったことを残念がり，このことを後々まで言って泣いた。

問五＜古文の内容理解＞僧正は，経典に篳篥は伽陵頻の声をまねたものだとあるのに，それを信じなかったことが残念だと言って泣いた。

問六＜古文の内容理解＞横笛は，遠くから聞こえていたのが近くなっていくのも，近かったのが遠くなってかすかに聞こえるのも趣があり，懐に入れて持ち歩くのもよく，これほどすばらしいものはない(ア…○，ウ…×)。笙は，大きくて扱いにくそうだが，月の明るいときに聞くとすばらしいのに対し，篳篥は，轡虫のようで嫌なので，近くでは聞きたくない(イ…○)。篳篥は，騒々しくて近くでは聞きたくないが，横笛を吹いているところへ加わって一緒に吹くと，大変すばらしく聞こえる(エ…○)。

問七＜古文の内容理解＞僧正はもともと篳篥が嫌いなので，宴遊のとき，楽人たちは，僧正のことを考えて用枝を管弦の舟に乗せまいとした(ア…×)。篳篥を嫌っていた僧正は，用枝のすばらしい演奏を聞いて感動し，篳篥は近くで聞きたくないと思っていた清少納言も，篳篥が他の楽器に加わって演奏されたのを聞いたときには，非常に感動した(イ・エ…○)。清少納言は，篳篥の音を聞いたことがあって騒々しくて嫌だと思っていたが，僧正は，経典に篳篥は伽陵頻の声をまねたものだとあるのを信じずにただ篳篥を嫌って聞こうとしなかった(ウ…○)。

四〔国語の知識〕

問一＜古典文法＞係助詞「なむ」があると，結びは連体形になる。

問二＜歴史的仮名遣い＞歴史的仮名遣いの語頭以外のハ行は，原則として現代仮名遣いでは「わいうえお」になる。歴史的仮名遣いの「iu」は，原則として現代仮名遣いでは「yuu」になる。「へだて」の「へ」,「ほど」の「ほ」は語頭であり，表記は変わらない。

問三＜品詞＞「思い出されて」の「れ」と「しのばれた」の「れ」は，助動詞で，自発の意味。「流れた」の「れ」は，動詞「流れる」の一部。「話されます」の「れ」は，助動詞で，尊敬の意味。「行かれる」の「れ」は，助動詞「れる」の一部で，可能の意味。「思い知らされた」の「れ」は，助動詞で，受け身の意味。

問四＜文学史＞『伊勢物語』は，平安時代に成立した歌物語。『源氏物語』は，平安時代に成立した物語で，作者は紫式部。『大和物語』は，平安時代に成立した歌物語。『平家物語』は，鎌倉時代に成立した軍記物語。『雨月物語』は，江戸時代に成立した読本で，作者は上田秋成。

問五(1)**＜慣用句＞**「水に流す」は，過去のことをなかったことにする，という意味。「涙をのむ」は，悔しさをこらえる，という意味。「途方に暮れる」は，どうすればよいかわからず，困り果てる，という意味。「手に余る」は，自分の力では扱いきれない，という意味。　　(2)**＜語句＞**「モチベーション」は，やる気のこと，また，動機を与えること。「ポジティブ」は，積極的，また，肯定的，という意味。「サプライズ」は，驚きのこと，また，驚かせること。「リテラシー」は，読み書きの能力のこと，また，ある分野についての知識や能力のこと。

問六＜漢字＞(1)「大器」と書く。アは「机上」，イは「器量」，ウは「再起」，エは「軌道」，オは「騎馬」。　　(2)「書簡」と書く。アは「閑散」，イは「監修」，ウは「簡素」，エは「果敢」，オは「感涙」。　　(3)「勇退」と書く。アは「怠慢」，イは「耐寒」，ウは「不退転」，エは「代替」，オは「停滞」。　　(4)「振興」と書く。アは「興」，イは「貢」，ウは「拘」，エは「控」，オは「構」。

2023年度　大宮開成高等学校(単願)

【英　語】(50分)〈満点：100点〉

Ⅰ　次の英文を読んで，後の設問に答えなさい。(＊の付いている語(句)は，後にある(注)を参考にすること。)

Dr. Spencer was a scientist in the United States. In 1968, he tried to make very strong ＊glue, but he failed. The glue which he made was not very ＊sticky. It would never dry. It was very (①). It ＊stuck to objects but could be easily taken off. But Dr. Spencer believed that this glue was something useful. He tried to find a good use for it. ②He (ア glue and　イ for　ウ talked　エ other　オ to　カ about his　キ people　ク asked) help. One of them was Dr. Fry.

Dr. Fry was a scientist who worked with Dr. Spencer. He tried to think of a good use of the glue for several years, but he couldn't. One day in 1974, he was singing with his song book in church. He used little pieces of paper as bookmarks, but they kept falling out. [　ア　] Suddenly, he thought of Dr. Spencer's glue.

The next day, Dr. Fry took Dr. Spencer's glue and put some on the back of a piece of paper. He made the first sticky bookmarks! [　イ　] He wanted to see ＊if other people would buy them. So he gave them to other workers at the company. Although they liked the sticky bookmarks very much, there was ③a problem. They could use the bookmarks again and again. So Dr. Fry was afraid that the new bookmarks would not sell very well.

One day, Dr. Fry wrote some questions on a small note and put some glue on it. [　ウ　] He then stuck the note on a report and gave it to another scientist. [　エ　] Later, the scientist passed the report back with his answers. Suddenly he noticed that he could stick these notes on anything — on a book, on a desk, on a wall. He just found another use for Dr. Spencer's invention.

After that, Dr. Fry and Dr. Spencer wanted to sell the sticky notes as a new product.

④

Finally, (⑤) April 6, 1980, the sticky notes appeared in stores.

Even the simple sticky notes ＊were brought to life after 12 years of hard work by Dr. Fry and Dr. Spencer. They did not give up (⑥) they found a perfect use for the products. When they were trying to find one, they thought outside the box. ⑦That made a big difference.

(注) glue　接着剤　　sticky　粘着性の　　stuck　stick(くっつく)の過去形
if ～　～かどうか　　for free　無料で　　～ were brought to life　～は現実のものになった

問1　空欄①，⑤，⑥に入る最も適切なものを，次のア～エの中から1つずつ選び，それぞれ解答欄 1 ～ 3 にマークしなさい。

(①)　ア　weak　　イ　strong　　ウ　easy　　エ　hard　　1
(⑤)　ア　in　　イ　at　　ウ　on　　エ　to　　2
(⑥)　ア　after　　イ　but　　ウ　because　　エ　until　　3

問2　下線部②の意味が通るように，（　）内の語(句)を並べ換え，[4]，[5] の位置に入るものだけを，下のア～クの中から1つずつ選び，それぞれ解答欄 [4]，[5] にマークしなさい。

He ______ ______ [4] ______ ______ ______ [5] ______ help.

ア　glue and　　イ　for　　ウ　talked　　エ　other

オ　to　　カ　about his　　キ　people　　ク　asked

問3　次の英文を本文中に補うとき，最も適切な箇所を本文中の[ア]～[エ]の中から1つ選び，解答欄 [6] にマークしなさい。

He thought they were very useful.

問4　下線部③の内容として最も適切なものを，次のア～エの中から1つ選び，解答欄 [7] にマークしなさい。

ア　People could use a sticky bookmark only once, so they had to buy a new one.

イ　People could use a sticky bookmark only once, so they did not have to buy a new one.

ウ　People could use a sticky bookmark many times, so they had to buy a new one.

エ　People could use a sticky bookmark many times, so they did not have to buy a new one.

問5　空欄④には次のA～Dが入る。その順序として最も適切なものを，下のア～エの中から1つ選び，解答欄 [8] にマークしなさい。

A　One year later, people noticed that they were very useful.

B　So Dr. Fry and Dr. Spencer gave the sticky notes to many people *for free in 1978.

C　People did not see a need for this new product.

D　However, another big problem came up.

ア　B―A―C―D　　イ　B―D―A―C

ウ　D―C―B―A　　エ　D―B―A―C

問6　下線部⑦の内容として最も適切なものを，次のア～エの中から1つ選び，解答欄 [9] にマークしなさい。

ア　完璧な製品を作ろうと試みたとき，容器のデザインに気を使ったこと。

イ　完璧な製品を作ろうと試みたとき，自由で創造的な考え方をしたこと。

ウ　ふせんの最適な用途を見出そうと試みたとき，容器のデザインに気を使ったこと。

エ　ふせんの最適な用途を見出そうと試みたとき，自由で創造的な考え方をしたこと。

問7　本文の内容と合っているものを，次のア～カの中から2つ選び，それぞれ解答欄 [10]，[11] にマークしなさい。

ア　Spencer 博士が1968年に作った接着剤は，乾くのが速く，使い物にならなかった。

イ　Spencer 博士は，自身が作った接着剤のよい使い道を1968年に発見した。

ウ　Fry 博士が教会で歌を歌う際に使っていたしおりは，落ちてばかりいた。

エ　Fry 博士が会社の従業員に渡した粘着性のしおりは，評判が悪かった。

オ　Fry 博士は，他の科学者とのやり取りの中で，Spencer 博士の発明品の新たな用途を発見した。

カ　Fry 博士と Spencer 博士が無料で多くの人にふせんを配った翌年，ふせんは発売された。

[Ⅱ]　次の英文を読んで，後の設問に答えなさい。（＊の付いている語(句)は，後にある(注)を参考にすること。）

Have you ever eaten a sandwich?　I think all of you have had one before.　Where did the word "sandwich" come from?　Do you know?　The word comes from a man's name, and the man is the English *Earl of Sandwich (1718-1792).　The Earl often enjoyed playing cards with his friends for many hours. He asked his cooks to make a snack which they could eat without stopping their card games. Then, the sandwich was born, and it *was named after him. Meat, cheese and vegetables are put between two slices of ①(bread). The sandwich quickly became very popular among people. Mr. Sandwich was a well-known English *politician at that time, but now is not known as the politician but is known very well for the food.

By the way, there is an English expression that says "the meat in the sandwich." What does it mean ? Maybe, two of the Earl's guests had trouble with (②) and started an *argument about their game. The Earl had to listen to both of them and make peace between them. But in the end, they didn't agree and started to get angry with the Earl himself. The Earl was in a difficult situation between the two angry friends. So, we can say he is the "meat in the sandwich." When a person feels pressure from (③) sides, he is the meat in the sandwich.

④(ア we イ using ウ our daily food エ find オ English expressions カ many キ can ク the names of). Let's look at some other examples. "To butter someone up" is an interesting one. Butter is a very important food for English speaking people. It is used to add taste, and to make other food taste better.

⑤

For example, an office worker who wants to get a higher *salary may try to "butter up" his boss by saying, "Your necktie is very nice today !" or "You are a very good golfer !"

When someone says, "It's not my cup of tea," the person means that he or she doesn't like something. British people love drinking tea. There are many kinds of tea which have different tastes, and each person has a different taste for tea. This expression means that something is not "my favorite taste."

When someone says, "It's a piece of cake," the person means that something is easy and simple for him or her to do. A piece of cake is (⑥) small and sweet that it is easy for English-speaking people to eat.

All languages have expressions that use food for special meanings. ⑦There are many in our Japanese language, too. It will be interesting for us to look for such expressions and find differences between English and Japanese.

（注） Earl of Sandwich サンドウィッチ伯爵 was named after ～ ～にちなんで名づけられた
politician 政治家 argument 言い争い salary 給料

問１ ①(bread)の下線部と同じ発音を含むものを，次のア～エの中から１つ選び，解答欄 12 にマークしなさい。

ア beat イ breakfast ウ peak エ heard

問２ 空欄②，③，⑥に入る最も適切なものを，次のア～エの中から１つずつ選び，それぞれ解答欄 13 ～ 15 にマークしなさい。

(②)	ア	him	イ	other	ウ	them	エ	each other	13
(③)	ア	both	イ	each	ウ	every	エ	another	14
(⑥)	ア	such	イ	very	ウ	so	エ	too	15

問３ 下線部④の意味が通るように，（ ）内の語(句)を並べ換え，16，17 の位置に入るものだけを，

下のア～クの中から１つずつ選び，それぞれ解答欄 16，17 にマークしなさい。（ただし，文頭に来る語も小文字で示してある。）

_____ _____ _____ __16__ _____ __17__ _____ _____.

ア　we　　イ　using　　ウ　our daily food　　エ　find
オ　English expressions　　カ　many　　キ　can　　ク　the names of

問４　空欄⑤には次のＡ～Ｄが入る。その順序として最も適切なものを，下のア～カの中から１つ選び，解答欄 18 にマークしなさい。

A　When you want someone to like you better, you will say very good things to that person, and sometimes you will say things that are too good or better than they really are.
B　Many of you put butter on your bread and your bread becomes more delicious.
C　You try to "butter up" that person.
D　"To butter someone up" can also have a special meaning.

ア　Ｂ－Ａ－Ｃ－Ｄ　　イ　Ｂ－Ｄ－Ａ－Ｃ
ウ　Ｃ－Ｄ－Ａ－Ｂ　　エ　Ｃ－Ｄ－Ｂ－Ａ
オ　Ｄ－Ａ－Ｃ－Ｂ　　カ　Ｄ－Ｃ－Ｂ－Ａ

問５　下線部⑦に関して，日本語に「ごまをする」という表現があるが，本文中に紹介された英語の表現で最も近い意味を表すものを，次のア～エの中から１つ選び，解答欄 19 にマークしなさい。

ア　"The meat in the sandwich"
イ　"To butter someone up"
ウ　"It's not my cup of tea"
エ　"It's a piece of cake"

問６　本文の内容と合っているものを，次のア～カの中から２つ選び，それぞれ解答欄 20，21 にマークしなさい。

ア　The Earl wanted something to eat while playing cards with his friends.
イ　The sandwich was not popular among people at first.
ウ　The Earl succeeded in making peace between his friends.
エ　No other food is more important than butter for people all over the world.
オ　You can find expressions which use food in every language.
カ　It is difficult to find differences between English and Japanese.

Ⅲ　次の Rio と Joe の会話文を読んで，後の設問に答えなさい。

Rio : Do you know any exciting magic trick?
Joe : Sure. I'm going to do the envelope trick.
Rio : The envelope trick? (22)
Joe : First I'll say to everyone, "My magic is great. I can see through envelopes." Then I'll give everyone a card and say, "Please write a sentence on your card."
Rio : (23)
Joe : Yes, but I don't want anyone to know that you're helping me. My trick is like this; I'll say a sentence only to you before the party, and I want you to write it — "The radio says it will rain tomorrow," for example.
Rio : Then what?
Joe : Then they will put the cards into envelopes and I'll collect the envelopes. I'll stand far away,

so (24). I'll pick up the first envelope and hold it in front of my closed eyes. I'll shout, "I can see the sentence. 'The radio says it will rain tomorrow.' Who wrote it ?" And you'll be surprised and say in an excited voice, "It's me ! Great !"

Rio : But you'll know the sentence on my card only. How will you know the sentences on the other cards ?

Joe : That's the trick. I'll put your envelope on the bottom. Someone else's card will be in the first envelope. After I say, "The radio says it will rain tomorrow," I'll open it and look at the sentence that's really on the card — "An elephant is flying in the sky," for example. I'll say, "Yes, I was right. 'The radio says it will rain tomorrow' is written on this card." Then I'll put the card into a hat. So no one will see any of the cards until I finish the magic trick.

Rio : I see ! In every envelope, you'll see the sentence you'll say next.

Joe : Yes. And after I say each sentence, I'll ask the person who wrote it to stand up. And your card will be the last.

Rio : On the last card you'll see the sentence "The radio says it will rain tomorrow." But you will say another sentence. Everyone will say, "He was right every time."

Joe : Of course ! Let's do it !

問1　空欄 22 ～ 24 に入る最も適切なものを，次のア～エの中から１つずつ選び，それぞれ解答欄 22 ～ 24 にマークしなさい。

(22)　ア　What did you speak ?　　イ　What about saying that ?
　　　ウ　What did you say ?　　エ　What's that ?

(23)　ア　Shall I help you to write a sentence ?
　　　イ　Will there be nothing for them to do ?
　　　ウ　Will there be anything for me to do ?
　　　エ　Can you do that for yourself ?

(24)　ア　no one can see the cards　　イ　everyone can see the cards
　　　ウ　anyone can see the cards　　エ　someone can see the cards

問2　本文の内容と合っているものを，次のア～キの中から２つ選び，それぞれ解答欄 25 ， 26 にマークしなさい。

ア　Joe is asking Rio to finish writing a sentence after the party.
イ　Joe has a special ability to read "The radio says it will rain tomorrow."
ウ　Joe knows the words Rio wrote because she put a card onto an envelope.
エ　Joe has already known what everyone wrote before opening their envelopes.
オ　Joe is explaining to Rio a secret way of reading the sentences on the cards without being noticed by anyone.
カ　When Joe sees a card and says "An elephant is flying in the sky," he is not actually looking at the sentence.
キ　When Joe finished his envelope trick, everyone got surprised and said, "He was right every time."

Ⅳ　次の①～⑩の英文の空欄 27 ～ 36 に入る最も適切なものを，下のア～エの中から１つずつ選び，それぞれ解答欄 27 ～ 36 にマークしなさい。

① Every (27) a new bag.

ア students has　イ student have　ウ students have　エ student has

② He often tells a lie. He (28) be an honest man.

ア can　イ cannot　ウ must　エ must not

③ It is (29) for him to swim across the river.

ア able　イ possible　ウ capable　エ can

④ Don't forget (30) this letter when you come back home from school.

ア to mail　イ mail　ウ mailing　エ mailed

⑤ (31) these are!

ア What sweet oranges　イ How cold water

ウ What an interesting story　エ How big apples

⑥ A man (32) health is poor cannot work hard.

ア who　イ whom　ウ whose　エ that

⑦ Mary isn't very popular. She has very (33) friends.

ア much　イ many　ウ few　エ little

⑧ I have done all (34), and I'd like to take a short break.

ア a homework　イ homeworks

ウ my homework　エ homeworks of mine

⑨ Some of the people (35) to the ceremony couldn't come.

ア were invited　イ who invited　ウ inviting　エ invited

⑩ This box is (36) that one.

ア as twice large as　イ larger twice than

ウ twice as large as　エ twice larger as

Ⅴ　次の①～⑤の英文には誤りが１箇所ずつある。誤りを含む部分を，下線部ア～エの中から１つずつ選び，それぞれ解答欄 37 ～ 41 にマークしなさい。

① James said that(ア) he was(イ) looking(ウ) forward to meet(エ) the President.　37

② We were very(ア) exciting(イ) when(ウ) our team won(エ) the contest.　38

③ I want to make(ア) as many(イ) friends as I can(ウ) when I study to abroad(エ).　39

④ Our teacher always(ア) says(イ) us to be polite while(ウ) we are talking to(エ) older people.　40

⑤ The museums that(ア) I visited with my sister during(イ) the summer vacation was(ウ) very interesting(エ).　41

Ⅵ　次の①～⑤の日本文の意味になるように，下のア～クの語(句)を並べ換えて英文を完成させ，42～51 の位置に入るものだけを，それぞれ解答欄 42～51 にマークしなさい。(ただし，文頭に来る語も小文字で示してある。)

① 私はジョンに宿題を手伝うように頼まれた。

John ＿＿ ＿＿ [42] ＿＿ ＿＿ [43] ＿＿ ＿＿.

ア me　イ homework　ウ his　エ him
オ help　カ asked　キ to　ク with

② これは，この時計を買うために私が持っている全てのお金だ。

This is all ＿＿ ＿＿ ＿＿ [44] ＿＿ [45] ＿＿ ＿＿.

ア have　イ buy　ウ the　エ this
オ I　カ money　キ watch　ク to

③ 祖母は温泉ほど心地よいものはないといつも言っている。

My grandmother ＿＿ ＿＿ ＿＿ [46] ＿＿ ＿＿ ＿＿ [47] a hot spring bath.

ア so　イ always　ウ as　エ that
オ says　カ pleasant　キ is　ク nothing

④ これは，私が今まで飲んだ中で最高のコーヒーだ。

This is ＿＿ ＿＿ ＿＿ [48] ＿＿ ＿＿ [49] ＿＿.

ア best　イ coffee　ウ ever　エ had
オ have　カ I　キ that　ク the

⑤ あの男性が何を探しているか知っていますか。

＿＿ ＿＿ ＿＿ [50] ＿＿ ＿＿ [51] ＿＿?

ア that man　イ you　ウ what　エ for
オ do　カ looking　キ is　ク know

【数　学】（50分）〈満点：100点〉

（注意）(1) 問題の文中の ①② のような□には，数字（0，1，2，……，9）が入ります。解答用紙では，その数字を1つずつマークしてください。

(2) 分数で解答する場合，既約分数（それ以上約分できない分数）で答えてください。

1　次の ①～㉑ にあてはまる数字を，それぞれ1つずつ選んでマークしなさい。

(1) $\frac{5}{4}\times0.3-\left(-\frac{1}{2}\right)^3$ を計算すると，$\frac{\boxed{①}}{\boxed{②}}$ である。

(2) $\frac{6+\sqrt{6}}{\sqrt{6}}-(\sqrt{12}-\sqrt{2})^2$ を計算すると，$\boxed{③}\sqrt{\boxed{④}}-\boxed{⑤}\boxed{⑥}$ である。

(3) $\frac{a^2-3ab+b^2}{2}-\frac{a(a-b)}{5}+ab=\frac{\boxed{⑦}a^2-\boxed{⑧}ab+\boxed{⑨}b^2}{\boxed{⑩}\boxed{⑪}}$ である。

(4) $7x^2-2023$ を因数分解すると，$\boxed{⑫}(x+\boxed{⑬}\boxed{⑭})(x-\boxed{⑮}\boxed{⑯})$ である。

(5) 2次方程式 $3(x-1)(x-3)=-x^2$ を解くと，$x=\frac{\boxed{⑰}}{\boxed{⑱}}$ である。

(6) 連立方程式 $\begin{cases}x=2y-3\\6y=1-x\end{cases}$ を解くと，$x=-\boxed{⑲}$，$y=\frac{\boxed{⑳}}{\boxed{㉑}}$ である。

2　次の ㉒～㊲ にあてはまる数字を，それぞれ1つずつ選んでマークしなさい。

(1) $\sqrt{7}$ の整数部分と小数部分をそれぞれ a，b とする。たとえば $1<\sqrt{3}<2$ であるから，$\sqrt{3}$ の整数部分は1，小数部分は $\sqrt{3}-1$ である。このとき，ab^2+3a^2b の値は，$\boxed{㉒}\sqrt{\boxed{㉓}}-\boxed{㉔}$ である。

(2) $\frac{600}{n}$ が整数の平方になるような正の整数 n は，㉕ 個ある。

(3) A君とB君が1周400mのグラウンドを12周半で5000m走る競走をした。2人は同時にスタートし，それぞれ一定の速さで走るものとする。A君は12分後にB君に1周差をつけ，最終的に15分で先にゴールした。B君がゴールするまでにかかった時間は，㉖㉗ 分 ㉘㉙ 秒である。

(4) 容器に濃度4％の食塩水が100g入っている。この容器に毎分10gずつ濃度10％の食塩水を加えるとき，容器の食塩水の濃度が8％になるのは，㉚㉛ 分後である。

(5) 1個のさいころを2回投げて，出た目を順に a，b とする。十の位が a，一の位が b である2桁の整数を M，M の十の位と一の位を入れ替えた2桁の整数を N とするとき，$M-N=9$ となる確率は，$\frac{\boxed{㉜}}{\boxed{㉝}\boxed{㉞}}$ である。

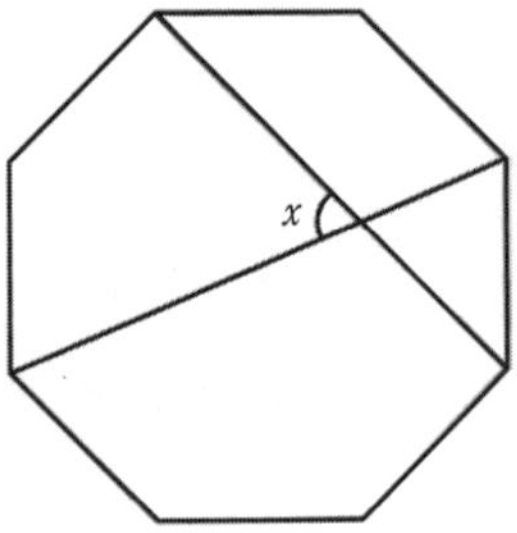

(6) 図のような正八角形において，$x=\boxed{㉟}\boxed{㊱}.\boxed{㊲}^\circ$ である。

3　図のように，AB＝8，AD＝12 の長方形ABCDがある。辺BC上に点Fと点J，辺CD上に点E，辺AD上に点Gをとる。このとき，CE＝5，BF＝2である。ここで，長方形ABCDをEFを折り目として折り返すと，点Cは点Gに重なった。また，長方形ABCDをAJを折り目として折り返すと，点Bは点Gに重なった。AJとFG，FEの交点をそれぞれH，Iとおく。また，GJとEFの交点をKとおく。このとき，次の ㊳～㊷ にあてはまる数字を，それぞれ1つずつ選んでマークしなさい。

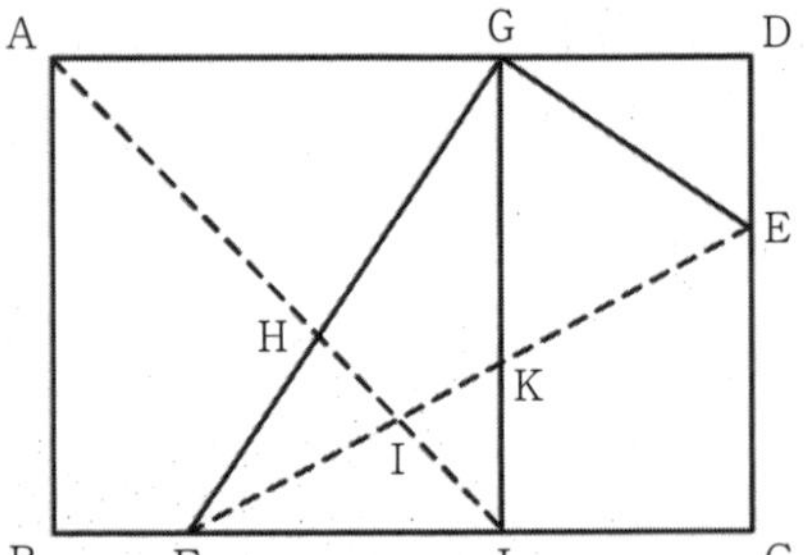

(1)　△EFG の面積は，㊳㊴ である。

(2)　四角形 GHIK の面積は，$\dfrac{\text{㊵㊶}}{\text{㊷}}$ である。

4　図のように，一辺の長さが 4 の正四面体 ABCD と，正四面体 ABCD に外接する球Oがある。このとき，次の ㊸～㊿ にあてはまる数字を，それぞれ 1 つずつ選んでマークしなさい。ただし，円周率を π とする。

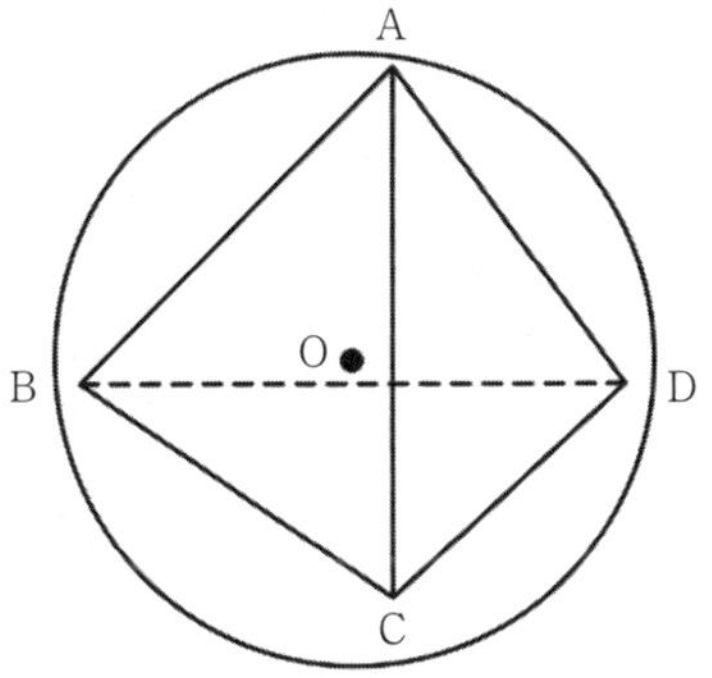

(1)　△BCD の面積は，$\text{㊸}\sqrt{\text{㊹}}$ である。

(2)　正四面体 ABCD の体積は，$\dfrac{\text{㊺㊻}\sqrt{\text{㊼}}}{\text{㊽}}$ である。

(3)　球Oの体積は，$\text{㊾}\sqrt{\text{㊿}}\,\pi$ である。

5　図のように，2 つの放物線 $y=ax^2$ と $y=-\dfrac{1}{2}x^2$ 上に，x 座標が等しい点A，Bをとり，直線 OA と $y=-\dfrac{1}{2}x^2$ の交点のうち，O でない方をCとする。また，$y=ax^2$ 上に x 座標が 4 である点Dをとると，直線 BD の式が $y=2x+2$ となった。このとき，次の (51)～(59) にあてはまる数字を，それぞれ 1 つずつ選んでマークしなさい。

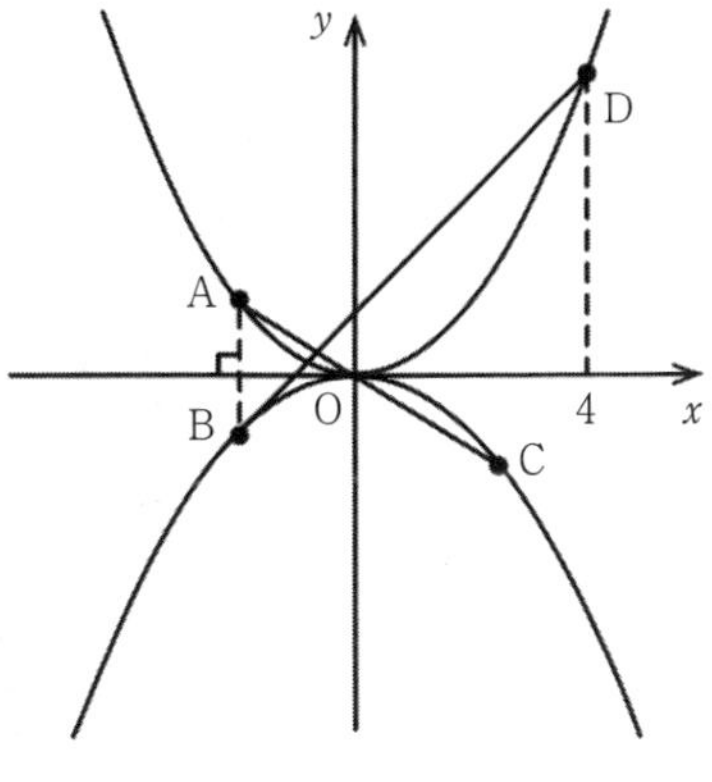

(1)　$a=\dfrac{\text{(51)}}{\text{(52)}}$ である。

(2)　△BCD の面積は，$\dfrac{\text{(53)(54)(55)}}{\text{(56)}}$ である。

(3)　y 軸上に点Eをとり，四角形 ABDE をつくる。四角形 ABDE と△BCD の面積が等しいとき，Eの座標は，$\left(0,\ \dfrac{\text{(57)(58)}}{\text{(59)}}\right)$ である。

ウ　おりふしのうつりこうるこそ、ものごとにあはれなれ。
エ　おりうしのうつりかはるこそ、ものごとにあわれなれ。

問三　次の文の――線部と同じ意味・用法のものを、後のア～オの中から一つ選び、解答欄30にマークしなさい。　30

彼はとても元気で、明るい。

ア　激しい痛みで倒れそうになった。
イ　このかばんは丈夫で長持ちする。
ウ　暑いので、お茶をもう飲んでしまった。
エ　あの人は有名な役者である。
オ　駅から学校まで徒歩で行けますか。

問四　鎌倉時代、鴨長明が著したとされる随筆を、次のア～オの中から一つ選び、解答欄31にマークしなさい。　31

ア　枕草子　イ　玉勝間　ウ　徒然草
エ　方丈記　オ　御伽草子

問五　次の意味を表す言葉として正しいものを、後のア～オの中から一つずつ選び、解答欄32・33にそれぞれマークしなさい。

(1)　なかなか出世できない。　32

ア　うだつが上がらない
イ　一筋縄ではいかない
ウ　人後に落ちない
エ　間尺に合わない
オ　枚挙にいとまがない

(2)　二つの物事を媒介するもの。媒体。情報伝達を指すことが多い。　33

ア　イデオロギー　イ　オピニオン
ウ　ジャーナリズム　エ　ニュース
オ　メディア

問六　次の各文の――線部のカタカナを漢字に改めた場合、同じ漢字を使うものを、後のア～オの中から一つずつ選び、解答欄34～37にそれぞれマークしなさい。

(1)　サイシンの注意を払う。　34

ア　ショウサイについて説明をする。
イ　社長のケッサイを仰ぐ。
ウ　家庭サイエンで野菜を育てる。
エ　財務省の資料で、コクサイの購入について学ぶ。
オ　サイゲンなく続く話。

(2)　フシンな電話に注意しよう。　35

ア　シンチョウに道具を選ぶ。
イ　スーツをシンチョウする。
ウ　シンリン伐採について調べる。
エ　シンチョウが伸びた。
オ　美術コンクールの最終シンサに残る。

(3)　ドルを円にカンサンする。　36

ア　復習がカンヨウである。
イ　カンヨウな態度。
ウ　過去の作品をカンコツダッタイしたものだ。
エ　カンセイな住宅街。
オ　裁判所にショウカンされる。

(4)　是非を判断するには、時期ショウソウである。　37

ア　彼の意見は的外れでイッショウに付すしかなかった。
イ　彼女はコウショウな趣味を持っていると思う。
ウ　先輩に友人をショウカイした。
エ　今度の体育祭ではショウガイブツ競走に出る。
オ　値下げのためのコウショウをする。

エ　見物人たちは北面の武士やその家来たちの様子を有名な賀茂祭の行列になぞらえ、行列の立派さを称賛し合っていた。

オ　白河院は左衛門尉行遠が行列に無断で参加しなかったことを怒っていたが、その理由を聞き一切処罰をせずに笑って許してやった。

問七　次に示すのは、本文から読み取れることについて教師と生徒が話している場面である。これを読んで空欄 X に入る最も適当なものを、後のア～エの中から一つ選び、解答欄 27 にマークしなさい。 27

生徒A―この文章は左衛門尉行遠の、人より目立ちたいという思いが裏目に出てしまった点が面白いですね。

生徒B―先生、この話は何という本に書かれているのですか。

教　師―この話は『十訓抄』という本に収録されています。

生徒A―『十訓抄』はどのような本なのですか。

教　師―『十訓抄』は鎌倉時代中期の教訓説話集で、次の十個の項目に分けて書かれています。この資料を見てください。

【資料】

第一　人に恵を施すべき事…他人に恩恵を与えること

第二　傲慢《ごうまん》を離るべき事…驕り高ぶらないこと

第三　人倫《じんりん》を侮らざる事…人を馬鹿にしないこと

第四　人の上を誡《いまし》むべき事…人の失敗などをことさらに言わないこと

第五　朋友を選ぶべき事…交際する人間をよく選ぶこと

第六　忠直を存ずべき事…忠義を大切にすること

第七　思慮を専《もっぱ》らにすべき事…思慮深く行動すること

第八　諸事を堪忍《かんにん》すべき事…様々のことに我慢をすること

第九　懇望《こんぼう》を停むべき事…何でも欲しがらないこと

第十　才芸を庶幾《しょき》すべき事…才能や能力を磨くこと

生徒B―それぞれの話に教訓が込められていて、ただ面白い話を載せているだけではないのですね。

生徒A―この文章にはどんな教訓があるのかな。

生徒B―この文章の場合は従者の行いについての教訓が込められています。具体的には　X　という教訓だと思います。

教　師―そうですね、それぞれの文章を通して本当は何を伝えたかったのかを理解することが重要ですね。

ア　従者が白河院に叱責される左衛門尉行遠の姿を見て笑ったことに対して「人の上を誡むべき事」

イ　従者が主人である左衛門尉行遠を敬わず、自分勝手な振る舞いをしていたことに対して「忠直を存ずべき事」

ウ　従者が左衛門尉行遠の意図をよく理解せずに行動していたことに対して「思慮を専らにすべき事」

エ　従者が左衛門尉行遠の命令よりも行列見物を優先したことに対して「諸事を堪忍すべき事」

四

次の各問いに答えなさい。

問一　次の文の――線部の「や」は係助詞である。それをふまえて、□に入る語として正しいものを、後のア～エの中から一つ選び、解答欄 28 にマークしなさい。 28

法皇、「人や□。」とめされけれど、

ア　あら（未然形）　イ　あり（終止形）

ウ　ある（連体形）　エ　あれ（已然形）

問二　次の古文の読み方を現代仮名遣いで表したものとして正しいものを、後のア～エの中から一つ選び、解答欄 29 にマークしなさい。 29

をりふしのうつりかはるこそ、ものごとにあはれなれ。

ア　おりうしのうつりかわるこそ、ものごとにあわれなれ。

イ　おりふしのうつりかわるこそ、ものごとにあわれなれ。

※1　鳥羽…鳥羽院時代の離宮があった場所。
※2　北面のものども…院の御所を守護する武士。
※3　受領…実際に赴任して国政を執った国司。
※4　衣出して…晴れの時の立派な衣装で着飾ること。
※5　賀茂の祭…京都賀茂神社の祭り。荘厳な行列で有名。

問一　――線部A「人にかねて見えなば、目馴れぬべし」とあるが、どういうことか。最も適当なものを、次のア～エの中から一つ選び、解答欄 19 にマークしなさい。　19

ア　他の参列者と同じような衣装を着てしまうと、目新しさがないということ。
イ　他の人に事前に衣装を見られてしまうと、新鮮さが失われてしまうということ。
ウ　他の人から借りた衣装を見られてしまうと、見慣れてしまってつまらないということ。
エ　人ごみに紛れてしまうと、見物人から注目してもらえないということ。

問二　――線部B「やをら、御所の辺にて、見て来」とあるが、どういうことか。最も適当なものを、次のア～エの中から一つ選び、解答欄 20 にマークしなさい。　20

ア　白河院が行列に満足しているか、御所の近くまで行ってしっかり見て来いということ。
イ　見物人がどれほど集まっているのか、御所の近くまで行ってじっくりと見て来いということ。
ウ　他の参列者がどのような衣装を着ているのか、御所の近くまで行って細かく見て来いということ。
エ　行列にいつ加わるべきか、周囲に気づかれないように御所の近くまで行ってそっと見て来いということ。

問三　――線部C「あやしくおぼえて」・E「よくよく見て」の主語として最も適当なものを、次のア～エの中から一つずつ選び、解答欄 21・22 にマークしなさい。　C―21、E―22

ア　白河院　　イ　玄蕃頭久孝
ウ　左衛門尉行遠　　エ　従者

問四　空欄 D に当てはまる言葉とその解釈として最も適当なものを、次のア～エの中から一つ選び、解答欄 23 にマークしなさい。　23

ア　いかに来て告げぬぞ…どうして来て報告しないのか
イ　いかに見て候はぬぞ…どうして見物してこないのか
ウ　いかに参りて見ぬぞ…どうして参上して見ないのか
エ　いかに聞きて知らぬぞ…どうして聞いて理解しないのか

問五　――線部F「主従ともに、おろかなりけるものかな」とあるが、「主」が「おろか」と評されているのはなぜか。その理由として最も適当なものを、次のア～エの中から一つ選び、解答欄 24 にマークしなさい。　24

ア　従者に対し、相手の能力を越えた役割を与え、結果的に自分自身が処罰を受けることになってしまったから。
イ　従者が帰って来ないことを気にしながらも、自分自身で時間を確認しなかったため遅刻をしてしまったから。
ウ　見物人からの評価ばかりを気にし、白河院を喜ばせるという本来の目的を忘れてしまったから。
エ　見栄を張り衣装を出し惜しみしたため、かえって披露することが出来なくなってしまったから。

問六　本文の内容と**異なるもの**を次のア～オの中から二つ選び、解答欄 25・26 にマークしなさい。　25、26

ア　国司役を任せられた玄蕃頭久孝は白河院の期待に応えようと、立派な冠や衣装などを用意し入念な準備をしていた。
イ　玄蕃頭久孝以外の武士たちも自分や家来のために豪華な衣装を用意し、他の人より立派に見えるように競い合っていた。
ウ　左衛門尉行遠は行列を待つ間に門の方から人々の声がすることを不思議に思ったが、これから行列を見に行く人々だと考えた。

ア　本文5行目、59行目、85行目、140行目の四か所に登場する「ため息」は、すべて幸福感によって出されたものである。

イ　本文58行目「窓の外の青空を眺めた」という表現は、希美が母親の死を認識しており、母親は空、つまり天国にいると考えていることを示している。

ウ　本文85行目「なんだか古い時代を憶い返すみたいな」、133行目「現に、私がそうだったんだから」など、悦子が近しい人の死を経験したことがあることが示唆されつつも明言されないことで、彼女の過去について読者に想像する余地が生まれている。

エ　「アメイジング・グレイス」「スピッツ」など有名な楽曲名やグループ名を登場させることで、この物語に描かれるような大切な人との別れは、誰の身にもいつかは起こりうるものであることを示唆している。

オ　本文145行目「本当に久し振りに創作意欲が湧いてきた」という表現は、「私」が悦子との出会いをきっかけに、もう一度陶芸家として一から出直そうとしていることを示している。

カ　本文160行目「おうちに帰ったら、寝るときに『ミミっち』の絵本、読んでくれる?」という希美のセリフは、彼女にとっての幸福は、自分の家にあることを表している。

三

次の文章を読んで、後の問いに答えなさい。

白河院、※1鳥羽におはしましける（いらっしゃった）時、「※2北面のものどもに、※3受領《ずりやう》、国へ下《くだ》るまねさせて、御覧《ごらん》あるべし（国司が任国へ下る時の行列の真似をさせて見物しよう）」とて、国司には玄蕃頭久孝《げんばのかみひさのり》といふものをなして、衣冠《いくわん》に※4衣出《きぬいだ》して、そのほか五位ども（五位の身分の者に先導役を）には前駆《ぜんく》せさせけり。おのおの、錦《にしき》、唐綾《からあや》を着て、劣らじとしけるほどに、左衛門尉行遠《さゑもんのじようゆきとほ》、心ことに出《い》でたちて、「A人にかねて見えなば、目馴《な》れぬべし」とて、御所近かりける人の家に入りて、従者《ずさ》を呼びて、「Bやをら、御所の辺にて、見て来《こ》」といひて、参らせてけり。

無期《むご》（長い間）に見えざりければ、「いかに、かくは遅きにや」と、「辰《たつ》の時（行列は八時ごろ）とこそ催《もよほ》しはありしか。さらむ定《ぢやう》（いくらなんでも）、午未《うまひつじ》には渡らむずらむものを（昼過ぎには行列が来るはずなのに）」と思ひて、待ち居たるに、門の方に声して、「あはれ、ゆゆしかりつるものかな」といへども、「ただ参るものなどぞ（これから御所に行く者だろう）」と思ふほどに、「玄蕃頭の国司の姿、をかしかりつるものかな」「藤左衛門殿《とうさゑもんどの》は錦を着たり」「源兵衛尉《げんひやうゑのじよう》は継物《つぎもの》を金の文《もん》つけて」など語る。

Cあやしくおぼえて、「やおれ（おい、これ）」といへば、この「見て来」と言ひつる男、うち笑《ゑ》みて、「おほかた、かばかりの見物候はず（ございません）。※5賀茂《かも》の祭もことうるはしく、なにともおぼえ候はず。院の御桟敷《さじき》の前、渡しあひ給ひつるさま、目も心も及び候はず（お席の前を、行列が通る様子は、見たことがないほどでした）」といふ。「さて、いかに」といへば、「はやう果て候ひぬ」といふ。「それをば、［　D　］」といへば、「こはいかなることにか候ふらむ。参りて（行って）見て来と候へば、目もたたかず（まばたきもせず）、Eよくよく見て候ふぞかし」といふ。おほかたとかくいふにも足らず（あれこれ言っても仕方がない）。

「行遠が進奉《しんぽう》不参（行列への不参加）、かへすがへす奇怪なり。たしかに召し籠《こ》めよ」と仰せ下されて、二十日あまり候ひけるほどに、この次第を聞こしめして、笑はせ給ひてぞ、召し籠め、許《ゆ》りて候ひける。F主従ともに、おろかなりけるものかな。

ことによりて、よく機嫌《きげん》をはからふべきなり。

（『十訓抄』による　問題作成のために本文を一部変更したところがあります）

わらずにいることを、「私」には忘れないでほしいと思ったから。

問四　――線部E「虹が、さっきよりもきらきら光って見えたのは気のせいだろうか」とあるが、この時の「私」の説明として最も適当なものを、次のア～オの中から一つ選び、解答欄15にマークしなさい。　15

ア　優しさに満ちた音楽を聴くことを通じ、誰かを失う苦しみを抱えているのは自分だけではないと気づき、希美と共に苦しみを乗り越えていこうと思っている。

イ　悦子さんが聞かせてくれた美しい音楽への感動を通じ、これまでの自分の人生の過ちに気づき、これからは希美を何よりも大事にしようと決心している。

ウ　神々しい音楽に包まれつつ、希美とともに見た虹の絵があまりにも美しかったため、天国にいる妻も希美の成長を祝福しているに違いないと、直感している。

エ　多幸感をもたらす音楽を聴いたことで、自分にとっての宝物は希美であったことに気づき、美しい絵を彼女と共に眺めることができた喜びを噛みしめている。

オ　慈愛に満ちた音楽を聴きながら、悦子さんにかけられた言葉を通じ、自分にとっては希美こそが大事なものだったと気付いたことで、彼女と共にいる喜びを感じている。

問五　次に示すのは、本文における「虹」に、何らかの文化的意味が含まれると考えた五人の生徒が、それぞれの考えを明らかにしている場面である。本文の内容を踏まえ、その説明として最も適当なものを、次のア～オの中から一つ選び、解答欄16にマークしなさい。　16

ア　生徒A―私は本文における「虹」の描写は、旧約聖書における「契約の虹」の話と関連すると思います。旧約聖書では、虹は神と人間の間に契約が結ばれた象徴として描かれますが、本文における「私」の「希美は、優しい子に育ってくれてるよ――」という独白は、「私」が希美を立派に育てるという約束を母親である小枝子との間に交わしたことを示しているように思います。

イ　生徒B―僕は本文における「虹」の描写は、ギリシア神話における虹の神イーリスが神々のメッセージを運ぶ伝令の神であることと関連すると思うよ。「パパとね、虹さがしの冒険をしてたの」や「私もね、虹さがしの冒険の途中なの」といった台詞は、大切な人を失くした登場人物たちが死者の再生を求めていることを示しているのではないかな。

ウ　生徒C―私は本文における「虹」の描写は、虹の根元には宝物が眠っているという虹《こう》脚《きゃく》埋《まい》宝《ほう》伝説と関連しているように思うわ。虹脚埋宝伝説は世界各地に残された伝承だそうだけど、虹を探していた「私」が、娘である希美こそ自分にとっての「宝物」であったと気づくという物語の構成は、虹脚埋宝伝説と重ね合わされるように描かれているように感じるわ。

エ　生徒D―僕は本文における「虹」の描写は、人間の多様性の象徴として、LGBT運動で使われた「レインボーフラッグ」と関係すると感じました。本文で悦子さんは「でも、一方では『アメイジング・グレイス』を授かっているのよ」と述べていますが、これにより人間は平等に祝福されていることを示そうとしているのではないでしょうか。

オ　生徒E―私は本文における「虹」の描写は、虹の色数の見え方が世界各国によって違うという問題と関連すると考えます。本文で希美が「小枝子がこの世に残してくれたアメイジング・グレイスそのもの」と表現されるのは、人間にとって幸福が何であるかは、人それぞれ異なるのだということを示していると思います。

問六　この文章の表現の説明として適当なものを、次のア～カの中から二つ選び、解答欄17・18にマークしなさい。　17、18

スそのものを抱き上げると、思い切り頬ずりをした。

希美がくすぐったそうに笑う。

「ごちそうさまでした」

心から悦子さんにそう言ったとき、私はもう「長いトンネル」をくぐり抜けていたことに気づいたのだった。

（森沢明夫『虹の岬の喫茶店』による。）

※1　釉薬…素焼きの段階の陶磁器の表面に塗っておく薬品。
※2　BOSE…アメリカに本社を置く音響機器メーカー。
※3　アメイジング・グレイス…十八世紀のイギリス生まれの牧師ジョン・ニュートンが作詞した讃美歌。
※4　宝物、ね――。…本文開始以前の場面で、悦子さんが希美のことを指して、「私」に言った言葉。
※5　スピッツ…日本のロックバンド。

問一　[A]・[B]に入るものとして最も適当なものを、次のア～オの中から一つずつ選び、解答欄[11]・[12]にそれぞれマークしなさい。

[A]　[11]

ア　たとえようもないほど優しい風味だった
イ　味わったことないほど深い風味だった
ウ　経験したことがないほど独特の風味だった
エ　涙が出そうなほど懐かしい風味だった
オ　舌がしびれるほど刺激的な風味だった

[B]　[12]

ア　不思議そうに希美を見詰める
イ　慈しむように希美を見詰める
ウ　いぶかしんで希美を見詰める
エ　切なそうに希美を見詰める
オ　満足気に希美を見詰める

問二　――線部C「この最高に美味しいコーヒーこそ、小枝子に飲ませてやりたい、と」とあるが、この時の「私」の説明として最も適当なものを、次のア～オの中から一つ選び、解答欄[13]にマークしなさい。　[13]

ア　妻の死を思い出し、胸を痛めていた所に、素敵な店主が煎れたコーヒーを飲み、美味しさに衝撃を受け、この味わいを亡き妻と共有したかったと感じている。
イ　亡き妻を思い出し、胸を痛めていた所に、柔和な店主が煎れた温かいコーヒーを飲み、店主の優しさを感じると同時に、この穏やかな味わいこそ、亡き妻と共有したかったと感じている。
ウ　妻の死を告げても柔和な雰囲気を崩さない店主と彼女が煎れたコーヒーにこの上ない気遣いを感じ、亡き妻にも店主の優しさが届いてほしいと願っている。
エ　自分の好物を母にも分け与えたいとつぶやく娘の姿に成長を感じ、その機会を与えてくれた店主に亡き妻も感謝しているに違いないと、思いを馳せている。
オ　大好きなアイスを母親とも共有したいと呟く娘に成長を感じ、こうした娘の姿を妻と共に見ることが出来たらどれほど幸せだっただろうかと嘆いている。

問三　――線部D「いまのあなたには、絶対にこの曲だと思って」とあるが、悦子がこのように考えたのはなぜか。その説明として**適当でないもの**を、次のア～オの中から一つ選び、解答欄[14]にマークしなさい。　[14]

ア　「私」が父親として亡くなった妻の分まで娘のことをとても大切にしているように映ったから。
イ　妻を亡くしたと語る「私」が、どんなに時間が経とうとも乗り越えることのできない苦しみを抱えているように見えたから。
ウ　その曲を聞くだけで、ただひたすら優しさに包まれた気分になれるような慈愛に満ちた曲だから。
エ　誰もがどこかで耳にしたことのあるような懐かしい曲調が、大切なものを思い出させてくれるはずだと思ったから。
オ　妻を亡くしても、希美という大切でかけがえのない存在は変ことがある曲に思えてきた。そして、鈴を転がすような女性ヴォーカルが入った刹那《せつな》、私の脳裏をある曲名がよぎった。

「これはね、『※3アメイジング・グレイス』っていう曲よ」丸椅子の方から声がした。いつの間にか、悦子さんは戻っていたのだった。「ケルティック・ウーマンっていうアイルランドの女性グループが唄っているの」

「何ていうか、すごくきれいな……」

「ひたすら、優しさに包まれるでしょ」

「はい……」

「この店はね、コーヒーと音楽を売りにしてるの。Dいまのあなたには、絶対にこの曲だと思って」

悦子さんの顔に、先ほどの悪戯っぽい微笑みが戻っていた。

「どうして、この曲を？」

「アメイジング・グレイス、どういう意味だか、分かる？」

昔から英語は苦手だった。私は正直に首を振った。

「直訳すれば、驚くほどの恩恵――って感じね」

「驚くほどの、恩恵……」

私は鸚鵡《おうむ》返しをした。そして、悦子さんの視線を追って、ハッとした。悦子さんは、希美を見ていたのだ。希美はそして、あの虹の絵を見詰めていた。天国に届くかも知れない、光の架け橋。

※4宝物、ね――。

さっきの悦子さんの台詞が、胸のなかで甦《よみがえ》る。

「人間って、生きているうちに色々と大切なものを失うけど、でも、一方では『アメイジング・グレイス』を授かっているのよね。そのことにさえ気づけたら、あとは何とかなるものよ」

現に、私がそうだったんだから――。

語尾まで言わずとも、悦子さんの言葉が聞こえた気がした。

私は、希美を見た。希美も、私を見ていた。

「パパ、すごいね」

神々しい音楽に包まれて、希美はもう一度あの虹の絵を見上げた。私も一緒になって、同じ絵を眺めた。E虹が、さっきよりもきらきら光って見えたのは気のせいだろうか。

私は、幸福感を多分に含んだため息をつくと、すでに冷めてしまったコーヒーの残りを飲み干した。そしてハート型のカップをテーブルに置いたときに、ふと思ったのだ。

この店に、私の焼いたコーヒーカップを贈ろう。今日の思い出を形にしたカップを、この店のお客さんに使ってもらおう。

私のなかに、本当に久し振りに創作意欲が湧いてきた。土をいじりたくて、指先が疼《うず》くほどに。

やがて『アメイジング・グレイス』が終わると、再び店内に静寂が戻った。しかし、それは淋しい静けさではなかった。音楽のぬくもりが、まだ余韻として空気のなかにしっとりと溶けていたのだ。

私は希美に訊いた。

「さあ、どうしよう。まだ冒険を続けるかい？」

希美は私を見上げると、満足げな顔で首を振った。

「ううん。もう、おうちに帰る」

「そっか。じゃあ、また※5スピッツを聴きながら帰ろうか」

「うん」

頷いたあとに、希美は上目遣いをした。

「ねえ、パパ？」

「ん？」

「おうちに帰ったら、寝るときに『ミミっち』の絵本、読んでくれる？」

私は笑った。

「もちろん」

「明日も？」

「うん。ずっとずっと、毎晩、読んであげるよ」

そう言って、私はゆっくりと席を立った。

そして、小枝子がこの世に残してくれたアメイジング・グレイ

「え、そんな……」

「いいの、いいの。まだメニューにない試作品のアイスだけどね」

「すみません、なんか……」

悦子さんはもう一度「いいのよ」と言って厨房《ちゅうぼう》に消えると、すぐに茶色い葉っぱの形をした陶器の皿にアイスをのせて、希美に「はい、どうぞ」と差し出した。

「ありがとう」

スプーンでひと口食べて「美味しい」と顔をあげた希美は、「これ、ママにも食べさせてあげたいなぁ。甘いの大好きだから」と、小さな声で言って、窓の外の青空を眺めた。

その横顔を見ながら、私は、ふっと小さなため息をついた。

希美は、優しい子に育ってくれてるよ――。

胸裡《きょうり》ではそうつぶやいて、しかし口では別のことを言った。

「ほら、早く食べないと、アイスが溶けちゃうぞ」

「うん」

希美はアイスに向き直った。そして次のひと口からは、パクパクと真剣に好物の味を堪能《たんのう》しはじめた。

「奥さまは、お留守番？」

微笑ましげに希美を眺めながら言う悦子さんに、私は「いいえ」と小声で返して、首を横に振った。

「先日、他界しました」

「え……」

この店に入って初めて、微笑んでいない悦子さんの顔を見た。笑っていなくても優しい顔をした人なんだな、と私はぼんやり思いながらコーヒーをまたひと口啜った。そして、しみじみ思ったのだ。Cこの最高に美味しいコーヒーこそ、小枝子に飲ませてやりたい、と。

「ごめんなさい」

声を落とした悦子さんに、「いいえいえ」と言いながら、私は笑みを浮かべてみせる。多分、下手な笑い方になっているだろう。そんな不器用な自分が恥ずかしかったせいもあってか、私は訊かれてもいないのに余計なことまでしゃべり出していた。

「若年性の癌《がん》で。つい先日――。病名が分かってからは、もうあっという間で……」

「そう、だったの……」

「ええ」

小さくため息をついた悦子さんは、なんだか古い時代を憶《おも》い返すみたいな、少し遠い目をしていた。そして、その目をそっと私に向けて、こう言ったのだ。

「あなたたちが虹をさがして、今日ここに来てくれたことに、運命のようなものを感じるわ」

運命……？

「ええと、それは、どういう……」

私が質問をしようと思ったとき、悦子さんはすっと丸椅子から立ち上がった。そして、「ちょっと待ってて」と言って、厨房の方へと消えてしまった。

すると――。

ふいに、それまでかかっていたスローなジャズが途切れて、店のなかはシーンと音のない世界に包まれた。

夢中でアイスクリームを食べていた希美も、その異変に気づいて顔をあげた。

そして次の瞬間――パイプオルガンに似た美しい音色が、※2ＢＯＳＥのスピーカーから流れはじめた。

私は、希美と顔を見合わせた。

それは、何とも言えず慈愛に満ちていて、透明で、厳《おごそ》かで……神々しい音楽だと思ったとき、私の両腕と背中に、ざざっと鳥肌が立った。

希美も私も、その曲にじっと聴き入った。

前奏のメロディラインを追っていると、ふと、どこかで聴いたその生命の神秘を解明していくことが現代の課題である。

オ　科学的認識が広まって世界が発展した結果、傲慢《ごうまん》な態度で自然を支配しようとしていることに現代の問題の根源がある。

二

次の文章を読んで、後の問いに答えなさい。

> 陶芸作家である「私」は、妻の小枝子を病気で亡くし、四歳になる娘の希美と二人で暮らすことになった。妻の葬儀の翌日、窓の外に虹を見つけた希美が「虹をさわってみたい」と言ったので、「私」は希美を車に乗せて「虹さがしの冒険」に出発し、小さな岬の先端にある喫茶店にたどり着いた。そこで二人は美しい虹の絵を見つける。以下はそれに続く場面である。

初老の女性の名は柏木《かしわぎ》悦子《えつこ》さんといった。コーヒーをテーブルに置いたときに、店の名刺も一枚添えてくれて、そこに彼女の名前が書いてあったのだ。

悦子さんのいれたコーヒーは、[A]だったので、ひと口飲んですぐに、私はため息をついてしまった。さらに、カップまでが素敵だった。縁が丸みを帯びたハート型だったのだ。内側だけにクリーム色の※1釉薬《ゆうやく》をかけた、焦げ茶色のカップだ。

「洒落《しゃれ》たカップですね」

ついつい陶芸家目線になっていた私が、思ったままを口にすると、悦子さんは、でしょ、といった感じの悪戯《いたずら》っぽい笑みを浮かべた。

「希美ちゃんのハートをイメージして選んだカップなのよ。これで飲んだら、コーヒーの味もハッピーになるかなって思って」

「ありがとうございます……」

私はちょっと面映《おもはゆ》い気分になって、もうひと口、コーヒーを啜《すす》った。希美はストローで林檎《りんご》ジュースを一気に半分くらい飲んでしまった。

「ひとつ、訊《き》いてもいいかしら」

薪《まき》ストーブの脇に置かれた丸椅子にちょこんと腰掛けて、悦子さんが言う。

「え？　はあ……」

私はカップを皿の上に置いた。

「さっき、虹の絵を見たとき、ついに見つけたなっておっしゃってたけど……」

「ああ、それはですね——」

しかし、そこから先を言ったのは希美だった。

「パパとね、虹さがしの冒険をしてたの」

「虹さがし？」

「うん。朝ね、マンションから見えた虹が、どっかにいっちゃったから、さがしてたの」

悦子さんは目を細めて、[B]。

「そういうことだったのね。それで、ようやく見つけたのが、この絵のなかの虹だった、と」

「はい」

ここでようやく二文字だけ私が答えられた。

「じゃあ、私と同じ旅をしてたのね」

「え？」

「私もね、虹さがしの冒険の途中なの」

どういう意味だろう……。

私は首をかしげて悦子さんを見ていたけれど、悦子さんは、ふふふ、と意味ありげに笑ったと思ったら、林檎ジュースを飲み終えた希美に話しかけた。

「希美ちゃん。おばちゃんが作ったバナナの味のアイス食べる？」

「うん！」

「じゃあ、ご馳走してあげる。ハッピーを分けてもらったお礼ね」

思想
・［X］
・絶対的な存在を人間は否定し、科学的な世界観を絶対的なものと考えるようになる。

生徒A「私たちは古代・中世から近世にかけての思想の変化に着目するために、その背景にあった出来事や考え方について調べました。その中で古代から中世にかけてのヨーロッパは階級ごとの身分が固定的であったということが分かりました。」

生徒B「また、本文にもあったように人々が神を疑うことを知らない時代で、キリスト教的な価値観に支配された生活をしていたということも分かりました。」

教　師「とてもよく調べられていますね。では、それが近世になるとどのように変化したのでしょうか。」

生徒C「古代・中世から近世にかけての思想の変化には『ルネサンス』と『宗教改革』という二つの出来事が大きく関係しています。これらの出来事によって、教会中心の考え方から人間の理性や感情を重んじる人間中心主義へと大きな変化を迎えたことが分かりました。」

教　師「その通りです。本文の内容も踏まえて考えると、近世では［Y］という価値観が次第に形成されていくわけですが、一方で科学の発展が人間の勘違いを引き起こしているのではないか、と筆者は述べているのですね。」

［X］ 8

ア　身分や階級ごとに国家が形成されていき、それぞれの国家が異なる価値基準を有していると考えられていた。

イ　主従関係が極めて明確で、すぐれた指導者が唱えた思想は人間にとって絶対的なものとして考えられていた。

ウ　同じ尺度で物事を捉える共同体重視の世の中で、個々の人間を尊重する精神は存在しないと考えられていた。

エ　人間は理性を持つという点で他の自然物や動物と区別され、特別な価値を持つ存在として考えられていた。

オ　人間には絶対的な存在を認識する能力はあっても、科学的な根拠を認識する能力はまだないと考えられていた。

［Y］ 9

ア　文化の復興を目標とした活発な経済活動を積極的に行うことで、人間はキリスト教信仰から完全に脱却し、改めて自己の存在と向き合うことができるようになる

イ　自然を神学的な解釈から解き放ち、実際に自分の目や耳を通じて捉えたことを土台とすることで、自己の理性にもとづいて自由を獲得し、人間の尊厳を保持しよう

ウ　科学的な思考を絶対視し、自然そのものに内在する自然法則を見いだすことで、人間が自然と一体化して新たな文化を創り出していくことは可能である

エ　キリスト教信仰を支えとする従来の考え方を見直して、道理にもとづいて論理的に思考する能力である理性を重視することで、他の動物との差別化を図っていこう

オ　人間が神や自然の奴隷であることに変わりはないが、身分制度が時代の変化に伴って撤廃されたことにより、すべての人間を等しく尊重していくべきである

問六　この文章の内容として最も適当なものを、次のア～オの中から一つ選び、解答欄 10 にマークしなさい。 10

ア　科学によってすべての自然現象を操ろうとする誤った考えを正し、自然との関係性を見直していくことが必要である。

イ　自然科学を絶対視したことによって喪失してしまった人間自身の生命の価値や可能性を取り戻すことが必要である。

ウ　科学技術の発展によって引き起こされてしまった医療や生命倫理の問題を解決していくことが現代の課題である。

エ　絶対的に価値があるものは人間のかけがえのない生命であり、

なくなってしまったということ。

ウ　近世になって根拠のないものが多くあふれていた中で、唯一根拠を明確に持つ科学だけを絶対視するといった偏った価値観が、無意識のうちに人々に刷り込まれてしまったということ。

エ　近世以前は自身の経験を超えたものに依拠していた人間が、自己自身に価値の基準を置くようになったことで世界観が多様化し、むしろ絶対的な価値基準を持ち得なくなってしまったということ。

オ　古代や中世においては個々の価値観に従って人間以上の絶対的なものにすがっていた人間が、人間自身の持つ価値を重んじるという認識を共有したことで、価値基準がかえって統一的なものになってしまったということ。

問三　――線部B「きわめて謙虚な人間の態度」とあるが、どういうことか。最も適当なものを、次のア～オの中から一つ選び、解答欄6にマークしなさい。　6

ア　人間が自然現象を超えた絶対的なものを認識できないということに気付き、目の前の現象を率直に捉えることしかできないという事実を受け入れるようになったということ。

イ　人間が科学的知識を絶対的なものとみなし、科学的な根拠に基づくありのままの事実を素直に受け入れるようになったことで、人間の無力さを痛感するようになったということ。

ウ　人間が科学的にみると自分たちは決して特別な存在ではないということを自覚し、自然現象の奥にある形而上学的な世界をありのまま捉えるようになったということ。

エ　人間が自然現象のあるべき姿を問い続け、自然科学の本質を再認識したことで、自分たちは決して自然の支配者ではないということを理解するようになったということ。

オ　人間が自然現象の奥にある真理を追究することで、その法則が少しずつ解明されていき、次第に自然現象を超越した絶対的なものを認識できるようになったということ。

問四　――線部C「このことを自覚するとき」とあるが、「このこと」とは何を指しているか。最も適当なものを、次のア～オの中から一つ選び、解答欄7にマークしなさい。　7

ア　人間は生命をつくりだすことはできなくとも、自然科学の発展により、ある程度自然に対して思い通りに力を働かせることは可能になるということ。

イ　人間が自然科学についての知識をもつことで、自然自身の持つ法則や条件に気付くことができ、生命が発生するきっかけを作ることができるということ。

ウ　人間が生命を発生させるための条件を見いだすことで、自然科学は今以上に発展するが、生命がもつ謎を科学的に解明することは決してできないということ。

エ　自然科学の発展により人間は多くの技術を手にしてきたが、人間が人為的につくりだした生命は、自然に発生した生命の持つ価値には及ばないということ。

オ　自然科学がどれだけ発展しようとも、人間は自然の力や法則の恩恵を受けているだけであり、自分自身で生命を創造することはできないということ。

問五　次に示すのは、大宮開成高校の生徒が本文で語られている時代について調べ、ノートにまとめたものをもとに、授業の中で発表をしている場面である。本文の内容を踏まえたうえで、X・Yに入る最も適当なものを、後のア～オから一つずつ選び、解答欄8・9にそれぞれマークしなさい。

【ノート】

	古代・中世	近世
背景	・奴隷制社会 ・封建制 ・キリスト教的価値観の拡大	・ルネサンス ・宗教改革 ・人間中心主義の拡大

※1　古代や中世…本文中の「古代や中世」はヨーロッパ史における時代区分を示しており、古代は西ローマ帝国滅亡の五世紀頃まで、中世はルネサンスや宗教改革が起こる十五世紀頃までを指している。

※2　近世…前項と同じくヨーロッパ史における時代区分のひとつであり、十五、六世紀以降の時代を指す。本文では近代と同義で使用されている。

※3　形而上学…形を超えた、目に見えない本質を追究する学問。

※4　前に述べたように…本文より前に、同様の記述がある。

問一　空欄［Ⅰ］～［Ⅳ］に入ることばとして最も適当なものを、次のア～オの中から一つずつ選び、解答欄［1］～［4］にそれぞれマークしなさい。（ただし、同じ記号を二度以上選んではならない。）

Ⅰ―［1］、Ⅱ―［2］、Ⅲ―［3］、Ⅳ―［4］

ア　必然的　　イ　客観的　　ウ　相対的
エ　本質的　　オ　有限的

問二　――線部A「大きな歴史の皮肉」とあるが、どういうことか。最も適当なものを、次のア～オの中から一つ選び、解答欄［5］にマークしなさい。［5］

ア　人間が自己自身に対して絶対の自信をもつようになることで、他者の価値観を受容することができなくなってしまい、かえって人間同士の関係が希薄化するという事態を招いてしまったということ。

イ　人間が人間以上の絶対的なものの存在を認めなくなると、古代から積み上げられてきた画一的な価値基準が見失われてしまい、それに代わる新たな価値基準を構築していかなければなら

二〇二三年度 大宮開成高等学校（単願）

【国　語】〈五〇分〉〈満点：一〇〇点〉

一　次の文章を読んで、後の問いに答えなさい。

〔編集部注：課題文は著作権上の問題により掲載しておりません。
作品の該当箇所につきましては次の書籍を参考にしてください〕

・岩崎武雄著『哲学のすすめ』

〈講談社現代新書　昭和四一年一月一六日第一刷発行〉

一八〇頁三行目「古代や中世に～一八七頁九行目

英語解答

Ⅰ 問1　①…ア　⑤…ウ　⑥…エ
問2　4…エ　5…ク　問3　イ
問4　エ　問5　ウ　問6　エ
問7　ウ，オ

Ⅱ 問1　イ
問2　②…エ　③…ア　⑥…ウ
問3　16…カ　17…イ　問4　イ
問5　イ　問6　ア，オ

Ⅲ 問1　22…エ　23…ウ　24…ア
問2　オ，カ

Ⅳ ①　エ　②　イ　③　イ　④　ア
⑤　ア　⑥　ウ　⑦　ウ　⑧　ウ
⑨　エ　⑩　ウ

Ⅴ ①　エ　②　イ　③　エ　④　イ
⑤　ウ

Ⅵ ①　42…キ　43…ク
②　44…ア　45…イ
③　46…ク　47…ウ
④　48…キ　49…ウ
⑤　50…ウ　51…カ

Ⅰ〔長文読解総合―説明文〕

≪全訳≫❶スペンサー博士はアメリカ合衆国の科学者だった。1968年に，彼は非常に強力な接着剤をつくろうとしたが，失敗した。彼がつくった接着剤はあまり粘着力がなかった。それはどうしても乾かないのだった。それはとても粘着力が弱かった。物体にくっつきはするのだが，簡単にはがれてしまうのだ。しかしスペンサー博士は，この接着剤は役立つ物だと信じていた。彼はそれのよい使い道を見つけようとした。②彼は他の人たちに自分の接着剤のことを話し，助力を求めた。そのうちの1人がフライ博士だった。❷フライ博士はスペンサー博士とともに研究している科学者だった。彼は数年間，この接着剤のよい使い道を考えていたが，思いつけずにいた。1974年のある日，彼は教会で歌の本を持って歌っていた。彼は小さな紙切れをしおりとして使っていたが，それらはすぐに落っこちてしまうのだった。ふと，彼はスペンサー博士の接着剤のことを思い浮かべた。❸次の日，フライ博士はスペンサー博士の接着剤を取り出して，紙切れの裏側に少しつけた。彼は史上初のくっつくしおりをつくったのだ。イ彼は，これは非常に役に立つと考えた。彼は他の人たちがこのくっつくしおりを買いたがるかどうか知りたいと思った。そこで彼は会社にいる他の社員たちにそのしおりをあげた。彼らはそのくっつくしおりをとても気に入ったのだが，1つ問題があった。そのしおりは何度も繰り返し使うことができてしまうのだ。そのため，フライ博士は，この新たなしおりは残念ながらそれほど売れないのではないかと思った。❹ある日，フライ博士は小さなメモ用紙にいくつかの質問を書いてそれに接着剤をつけた。それからそのメモ用紙を報告書に貼りつけて，別の科学者に渡した。その後，その科学者は答えと一緒にその報告書を返してきた。そこで彼は，これらのメモ用紙は何にでも――本でも，机でも，壁でも――貼りつけることができるということに，ふと気がついた。彼はスペンサー博士の発明の，もう1つの使い道をこの瞬間に見つけたのだ。❺その後，フライ博士とスペンサー博士はこのくっつくメモ用紙を新製品として販売したいと思った。／→D．ところが，別の大問題が持ち上がった。／→C．人々はこの新製品に対して必要性を感じなかったのだ。／→B．そこでフライ博士とスペンサー博士は1978年にこのふせんを大勢の人たちに無料で配布した。／→A．1年後，人々はこのふせんが非常に便利なことに気がついた。／そしてついに，1980年4月6日，ふせんは店頭に登場したのである。❻この単純なふせんでさえ，フライ博士とスペンサー博士の12年にわたる大変な努力の後に現実のものとなったのである。彼らはこの製品にぴったりな使い道を見つけるまでずっと諦めなかった。その使い道を見出そうとする際，彼らは思考の枠にとらわれずに考えた。それが大きな差をもたらしたのである。

問１＜適語選択＞①空所を含む文の主語 it は the glue を指す。文脈から，粘着力が「弱い」ことが読み取れる。　⑤‘日付’の前につく前置詞は on。　⑥ give up は「諦める」。２人は最適な使い道を見つけるまで諦めなかったのである。「～までずっと」という意味を表すのは接続詞 until。

問２＜整序結合＞接着剤のよい使い道を見つけるために，周りの人たちにその接着剤のことを話して助力を求めた，といった文意になると推測できる。‘talk to＋人’と‘talk about＋物事’を合わせて talked to other people about his glue「他の人たちに自分の接着剤のことを話した」がまずまとまる。ask for ～で「～を求める」なので，残りを asked for help とまとめて「助力を求めた」とする。　He talked to other people about his glue and asked for help.

問３＜適所選択＞脱落文の they に注目し，これが指す内容を考える。前に出ている複数名詞の中で useful と考えられるのは，空所イの直前にある the first sticky bookmarks「初のくっつくしおり」である。

問４＜語句解釈＞下線部の具体的な内容は，次の２文で述べられている。このように英語では‘抽象’→‘具体’の順で説明されることが多い。説明されている内容に一致するのは，エ．「人々はくっつくしおりを何度も使うことができるため，彼らは新しいものを買う必要がなかった」。

問５＜文整序＞空所前後の文脈から，ふせんが販売に至るまでの流れを説明した部分であることを読み取る。まず，商品化しようという意図に反して新たな問題が生じたというＤとその具体的な内容に当たるＣを置く。続いて，問題を受けての対応策を述べたＢを置くと，その結果として人々がふせんの便利さに気づいたというＡにつながる。

問６＜指示語＞この That は前文の内容を受けている。前文に含まれる one は前に出ている‘数えられる名詞’の代わりとなる代名詞で，ここではその前にある a perfect use for the products「製品にぴったりな使用法」を指す。think outside the box は「自由で独創的な考え方をする」という意味の慣用表現で，２人がふせんの商品化までに行ってきたさまざまな試行錯誤を指している。

問７＜内容真偽＞ア…×　第１段落第４文参照。乾かなかったのである。　イ…×　第１段落最後から３，２文目参照。使い道が見つからなかったので仲間に助力を求めた。　ウ…○　第２段落第３，４文に一致する。　エ…×　第３段落第５，６文参照。従業員はしおりを気に入った。　オ…○　第４段落に一致する。　カ…×　第５段落終わりの３文参照。ふせんが発売されたのは無料で配った２年後である。

Ⅱ〔長文読解総合　説明文〕

≪全訳≫❶あなたはこれまでにサンドウィッチを食べたことがあるだろうか。誰もが今までに食べたことがあると思う。「サンドウィッチ」という言葉はどこから生じたのだろうか。ご存じだろうか。この言葉はある人物の名前に由来しており，その人物とはイングランドのサンドウィッチ伯爵(1718～1792)である。この伯爵はしょっちゅう友人らと何時間もトランプをして楽しんでいた。彼は自分の料理人に，トランプゲームを中断せずに食べられるような軽食をつくってくれと頼んだ。そうしてサンドウィッチという料理が生まれ，彼にちなんで名づけられたのだ。肉，チーズ，野菜が２枚のパンの間に挟まれている。サンドウィッチはすぐに人々の間で大人気となった。その当時，サンドウィッチ氏は有名なイングランドの政治家だったのだが，現在では政治家としてではなく，この食べ物のことで非常によく知られているのだ。❷ところで，the meat in the sandwichという英語の表現がある。これはどういう意味だろうか。おそらく，伯爵の招待客のうちの２人が仲たがいをし，ゲームのことで口論を始めたのだろう。伯爵は彼ら２人の言い分を聞き，彼らを仲裁しなければならなかった。しかし最後には，彼らは意見が一致せず，伯爵自身に対して腹を立て始めた。伯爵は２人の立腹した友人の板挟みになって困難な状況に立たされた。そんな場合に彼はmeat in the sandwichだと表現できるのである。ある人が両側からの圧力を感じている場合に，その人はサンドウィッチの中の肉となるのだ。❸④日常的な食品の名前を使った英語の表現はたくさん見つかる。別の例をいくつか見てみよう。To butter someone upはおもしろい例である。バターは英語圏の人々にとっては大変重要な食品である。風味を添え，他の食べ物の味をよりよくするのに使われる。／→Ｂ．パンにバターを塗る人は多く，そうするとパンはよりおいしくなる。／→Ｄ．To butter someone upにも特別な意味がある。／→Ａ．誰かに自分をもっと好きになってほしければ，その人に対して非常によいことを言う場合があるし，ときにはよすぎることや，実際よりもよいことを言う場合もあるだろう。／→Ｃ．それはその人にbutter up「お世辞を言う」しようとしているのである。／例えば，もっと高い月給をもらいたがっている会社員は，「今日のネクタイはとてもすてきですね！」，「ゴルフが本当にお上手ですね！」などと言って，自分の上司にお世辞を言おうとすることがある。❹誰かがIt's not my cup of teaと言う場合，その人は自分がある物を好きではないと言いたいのである。イギリス人は紅茶を飲むのが大好きだ。さまざまな味の多種多様な紅茶があり，人それぞれ違った紅茶の好みがある。この表現は，ある物が「自分の好みではない」という意味なのである。❺誰かがIt's a piece of cakeと言う場合，その人はあることをするのが自分にとっては簡単で単純だと言いたいのである。一切れのケーキはとても小さくて甘いので，英語圏の人なら簡単に食べてしまうのだ。❻全ての言語には，食べ物を使って特別な意味を表す表現がある。我々の日本語にもたくさんある。そのような表現を探して，英語と日本語の違いを見つけるのはおもしろいだろう。

問１＜単語の発音＞bread［e］　ア．beat［iː］　イ．breakfast［e］　ウ．peak［iː］　エ．heard［əːr］

問２＜適語(句)選択＞② have trouble with ～で「～ともめごとを起こす」。主語がtwo of the Earl's guestsであることに注目。２人の客どうしがeach other「お互い」ともめごとを起こしたのである。　③仲裁に入った人は「両方の側からの圧力」を感じることになる。また，選択肢の中で直後に複数形をとれるのはbothだけである。　⑥ 'so ～ that …'「とても～なので…」の形。

問３＜整序結合＞We can find「私たちは見つけられる」で始め，findの目的語をmany English expressions「たくさんの英語表現」とする。usingは「～している」という意味を表す現在分詞と考え，using the names of our daily food「私たちの日常的な食べ物の名前を使っている」とまとめ，expressionsを修飾する語句として後ろに置く(現在分詞の形容詞的用法)。　We can find many English expressions using the names of our daily food.

問４＜文整序＞空所の前はバターについての一般的な説明になっていることから，最初に，その続きとなるＢを置く。残りは慣用句としての意味の説明と考え，まずは特別な意味があることを紹介するDを置き，その具体的な状況を説明するAを続ける。Cは butter up という表現を用いてAの内容を簡潔に言い換えているのでこれを最後に置く。

問５＜要旨把握＞「ごまをする」とは誰かに気に入られようとしてお世辞を言うという意味なので，ここでは第３段落で紹介されたイ．「お世辞を言う」が最も近い意味である。　ア．「板挟みになる」　ウ．「好みではない」　エ．「朝飯前(とても簡単)」

問６＜内容真偽＞ア．「伯爵は，友人とトランプをしながら食べられる物が欲しかった」…○　第１段落第７文に一致する。　イ．「サンドウィッチは最初のうちは人々に人気がなかった」…×　第１段落最後から２文目参照。quickly became very popular とある。　ウ．「伯爵は友人どうしを仲裁するのに成功した」…×　第２段落第４，５文参照。　in the end「最後には，最終的に」　エ．「世界中の人々にとってバターほど重要な食べ物はない」…×　そのような記述はない。　‘No other＋単数名詞＋動詞＋比較級＋than ～’「～ほど…な―はない」　オ．「全ての言語に食べ物を使った表現を見つけることができる」…○　第６段落第１文に一致する。　カ．「英語と日本語の間の違いを見つけるのは難しい」…×　第６段落最終文参照。難しいとは言っていない。

Ⅲ〔長文読解総合―対話文〕

≪全訳≫❶リオ(Ｒ)：何かおもしろい手品を知ってる？❷ジョー(Ｊ)：もちろん知ってるよ。封筒の手品をやってみようか。❸Ｒ：封筒の手品？　22それはどんなの？❹Ｊ：まず，みんなに向かってこう言うんだ。「私のマジックはすごいんですよ。私は封筒の中身を透視できるんです」　それからみんなにカードを渡してこう言うんだ。「ご自分のカードに文を１つ書いてください」❺Ｒ：23私がすることは何かある？❻Ｊ：あるよ，でも君が僕を手伝ってるってことを誰にも知られたくないんだ。そのトリックっていうのはね，こういうことなんだ，つまりパーティーの前に僕が君だけにある１文を言っておくから，君にそれを書いてほしいんだ，例えば，「ラジオによると，明日は雨が降るでしょう」とかね。❼Ｒ：それからどうなるの？❽Ｊ：それから観客がカードを封筒に入れて，僕がその封筒を回収する。僕は離れた所に立つ，だから24誰もそのカードを見ることはできない。僕は最初の封筒を手に取って，それを閉じた目の前にかざす。僕はこう叫ぶ。「この文が見えます。『ラジオによると，明日は雨が降るでしょう』　これを書いたのはどなたですか？」　そして君がびっくりして興奮した声でこう言うんだ，「私です！　すごい！」❾Ｒ：でもあなたが知ってるのは私のカードに書いた文だけでしょ？　他のカードに書いてある文はどうやったらわかるの？❿Ｊ：そこがトリックなんだよ。僕は君の封筒を一番下に置いておく。最初の封筒に入ってるのは誰か他の人のカードってことだ。「ラジオによると，明日は雨が降るでしょう」って言った後，その封筒を開けて，そのカードに実際に書かれている文を見る――例えば「ゾウが空を飛んでいる」とかね。僕はこう言う。「やっぱり思ったとおりだ。このカードには『ラジオによると，明日は雨が降るでしょう』と書かれています」　それからそのカードを帽子の中に入れる。そうすれば，僕がこの手品を終えるまで，誰もどのカードも見ることはないからね。⓫Ｒ：そういうことか！　封筒を開けるたびに，次に言う文を見ることになるのね。⓬Ｊ：そういうこと。そしてそれぞれの文を言った後，それを書いた人に立ち上がってくれるように頼む。そして君のカードが一番最後にくる。⓭Ｒ：最後のカードには「ラジオによると，明日は雨が降るでしょう」って書かれてるんだね。でもあなたは別の文を読み上げる。みんなは「彼は毎回当てたぞ」って言うだろうな。⓮Ｊ：

もちろんさ！　さあ，やってみよう！

問１＜適文選択＞22．この後ジョーが手品の内容について説明している。リオはその手品がどのようなものかを尋ねたのである。　23．この後ジョーがYesと答えた後，リオにやってもらいたい役割を説明していることから，リオは自分に何かできることはあるかと尋ねたのだとわかる。　24．直前のsoに注目。このsoは「だから」の意味で‘理由’と‘結果’をつなぐ。ジョーが観客から離れた位置に立つことで，カードは誰にも見られなくなる，という関係。

問２＜内容真偽＞ア．「ジョーはリオに，パーティーの後で文を書き終えるように頼んでいる」…×　第４，６段落参照。文を書くのはパーティーの最中である。　イ．「ジョーは『ラジオによると，明日は雨が降るでしょう』を読める特殊能力を持っている」…×　第６段落参照。マジックのトリックとして最初からわかっている。　ウ．「ジョーは，リオがカードを封筒の上に置いたので，リオの書いた言葉を知っている」…×　そのような記述はない。　エ．「ジョーは封筒を開ける前にみんなが書いたことをすでに知っていた」…×　第10段落参照。前の封筒の内容を見て言っている。　オ．「ジョーは，誰にも気づかれずにカードに書かれた文を読む秘密の方法を，リオに説明している」…○　この対話の内容全体が，そのトリックの説明となっている。　カ．「ジョーがカードを見て『ゾウが空を飛んでいる』と言うとき，彼は実際にその文を見ているわけではない」…○　第10段落に一致する。　キ．「ジョーが封筒の手品を終えた後，みんなは驚いて『彼は毎回当てたぞ』と言った」…×　第13，14段落参照。ジョーたちはこの手品をこれから披露するつもりであり，まだ行われていない。

Ⅳ〔適語(句)選択・語形変化〕

①every ～「全ての～」は単数扱いなので，後ろにくる名詞はstudent，動詞は３人称単数現在形のhasとなる。　「全ての生徒は新しいかばんを持っている」

②cannotには「～はずがない」という意味がある。　「彼はよくうそをつく。彼が正直者のはずがない」

③‘It is possible for ～ to …’で「～が…することは可能だ」。ableやcapableはこの形はとらない。　「彼がこの川を泳いで渡ることは可能だ」

④‘forget＋to不定詞’で「～するのを忘れる」という意味を表す。　*cf.*‘forget＋動名詞(～ing)’「～したことを忘れる」　「学校から帰るときに，この手紙を忘れずに投函してください」

⑤‘What (a/an)＋形容詞＋名詞＋主語＋動詞！’の形の感嘆文。‘主語’がtheseなので，名詞が複数形になっているものを選ぶ。なお，感嘆文のもう１つの形は，‘How＋形容詞〔副詞〕＋主語＋動詞！’。「これらはなんて甘いオレンジだろう」

⑥A man cannot work hard.「人は一生懸命働けない」が文の骨組み。(　) health is poorはa manを先行詞とする関係代名詞節。a manとhealthの間に「その人の健康」という関係が成り立つので，所有格の関係代名詞whoseを選ぶ。　「健康状態がよくない人はがんばって働けない」

⑦friends「友達」は‘数えられる名詞’なので‘量’を表すmuchやlittleは使えない。「あまり人気がない」とあるので「(数が)ほとんどない」という意味の形容詞としてfewを選ぶ。　「メアリーはあまり人気がない。彼女にはほとんど友達がいない」

⑧homework「宿題」は‘数えられない名詞’なので，冠詞のaや複数形のsはつかない。　「宿題

が全部終わったので，小休憩を取ろうと思う」

⑨ Some of the people couldn't come.「その人たちのうちの何人かは来られなかった」が文の骨組み。(　) to the ceremony は「式典に招待された」という意味で people を修飾する部分になると考え，過去分詞 invited を選ぶ(過去分詞の形容詞的用法)。　「その式典に招待された人々のうち，何人かは来られなかった」

⑩ 'twice as ～ as …' で「…の２倍～」。　「この箱はあの箱の２倍大きい」

V〔誤文訂正〕

① look forward to ～「～を楽しみに待つ」の to は前置詞なので，meet ではなく動名詞 meeting が正しい。　「ジェームズは大統領に会うのを楽しみにしていると言った」

② We「私たち」という'人'が主語になっているので，過去分詞 excited「(人が)興奮している」が正しい。現在分詞の exciting は「(人を物事などが)興奮させる，わくわくさせる」という意味。「自分たちのチームがコンテストで優勝したとき，私たちはとても興奮した」

③ abroad は「海外へ〔で〕」の意味の副詞なので，前置詞は不要。　study abroad「海外留学する」「海外留学したら，できるだけたくさんの友達をつくりたい」

④ say「言う」は'say＋人＋to ～'の形をとらない。正しくは says を tells として'tell＋人＋to ～'「〈人〉に～するように言う」の形にする。　「私たちの先生はいつも，年長者と話しているときは礼儀正しくするようにと私たちに言う」

⑤文の主語は The museums という複数名詞なので，be動詞は was ではなく were になる。なお，that ～ vacation の部分は museums を先行詞とする関係代名詞節。　「夏休み中に私が妹〔姉〕と一緒に訪れた美術館はとても興味深かった」

VI〔整序結合〕

①「私はジョンに～頼まれた」を「ジョンは私に～頼んだ」と読み換えて'ask＋人＋to ～'「〈人〉に～するように頼む」の形にする。「宿題を手伝う」は'help＋人＋with＋物事'の形で help him with his homework と表せる。　John asked me to help him with his homework.

②「私が持っている全てのお金」は，目的格の関係代名詞を省略した'名詞＋主語＋動詞'の形で all the money I have とする。「この時計を買うために」は副詞的用法の to不定詞で to buy this watch とまとめて最後に置く。　This is all the money I have to buy this watch.

③ My grandmother always says that ～「祖母は～といつも言っている」で始める。「温泉ほど心地よいものはない」は，'Nothing is so〔as〕～ as …'「…ほど～なものはない」の形で表す。
My grandmother always says that nothing is so pleasant as a hot spring bath.

④ This is the best coffee「これは最高のコーヒーだ」で始める。that は coffee を修飾する目的格の関係代名詞として用い，「私が今まで飲んだ中で」は，「これまでに～したことがある」という'経験'用法の現在完了を用いて I have ever had と表す。　This is the best coffee that I have ever had.

⑤ Do you know ～「～を知っていますか」で始める。「あの男性が何を探しているか」は，'疑問詞＋主語＋動詞...'の間接疑問で what that man is looking for とまとめる。look for ～で「～を探す」。　Do you know what that man is looking for?

2023年度／大宮開成高等学校(単願)

数学解答

1 (1) ①…1　②…2
(2) ③…5　④…6　⑤…1　⑥…3
(3) ⑦…3　⑧…3　⑨…5　⑩…1
⑪…0
(4) ⑫…7　⑬…1　⑭…7　⑮…1
⑯…7
(5) ⑰…3　⑱…2
(6) ⑲…2　⑳…1　㉑…2

2 (1) ㉒…4　㉓…7　㉔…2　(2) 4
(3) ㉖…1　㉗…6　㉘…4　㉙…0
(4) ㉚…2　㉛…0
(5) ㉜…5　㉝…3　㉞…6
(6) ㉟…6　㊱…7　㊲…5

3 (1) ㊳…2　㊴…5
(2) ㊵…7　㊶…5　㊷…7

4 (1) ㊸…4　㊹…3
(2) ㊺…1　㊻…6　㊼…2　㊽…3
(3) ㊾…8　㊿…6

5 (1) 51…5　52…8
(2) 53…2　54…4　55…3　56…8
(3) 57…8　58…5　59…8

1 〔独立小問集合題〕

(1)＜数の計算＞与式$=\frac{5}{4}\times\frac{3}{10}-\left(-\frac{1}{8}\right)=\frac{3}{8}+\frac{1}{8}=\frac{4}{8}=\frac{1}{2}$

(2)＜数の計算＞与式$=\frac{(6+\sqrt{6})\times\sqrt{6}}{\sqrt{6}\times\sqrt{6}}-(12-2\times\sqrt{12\times2}+2)=\frac{6\sqrt{6}+6}{6}-(14-2\times\sqrt{2^2\times6})=\sqrt{6}+1-(14-2\times2\sqrt{6})=\sqrt{6}+1-(14-4\sqrt{6})=\sqrt{6}+1-14+4\sqrt{6}=5\sqrt{6}-13$

(3)＜式の計算＞与式$=\frac{5(a^2-3ab+b^2)-2a(a-b)+10ab}{10}=\frac{5a^2-15ab+5b^2-2a^2+2ab+10ab}{10}=\frac{3a^2-3ab+5b^2}{10}$

(4)＜式の計算―因数分解＞与式$=7(x^2-289)=7(x^2-17^2)=7(x+17)(x-17)$

(5)＜二次方程式＞$3(x^2-4x+3)=-x^2$，$3x^2-12x+9=-x^2$，$4x^2-12x+9=0$，$(2x)^2-2\times2x\times3+3^2=0$，$(2x-3)^2=0$となるから，$2x-3=0$より，$2x=3$，$x=\frac{3}{2}$である。

(6)＜連立方程式＞$x=2y-3$……①，$6y=1-x$……②とする。①を②に代入して，$6y=1-(2y-3)$，$6y=1-2y+3$，$8y=4$　$\therefore y=\frac{1}{2}$　これを①に代入して，$x=2\times\frac{1}{2}-3$　$\therefore x=-2$

2 〔独立小問集合題〕

(1)＜数の計算＞$\sqrt{4}<\sqrt{7}<\sqrt{9}$より，$2<\sqrt{7}<3$だから，$\sqrt{7}$の整数部分$a$は$a=2$となり，小数部分$b$は$b=\sqrt{7}-2$となる。よって，与式$=ab(b+3a)=2\times(\sqrt{7}-2)\times(\sqrt{7}-2+3\times2)=2(\sqrt{7}-2)\times(\sqrt{7}-2+6)=2(\sqrt{7}-2)(\sqrt{7}+4)=2(7+4\sqrt{7}-2\sqrt{7}-8)=2(2\sqrt{7}-1)=4\sqrt{7}-2$である。

(2)＜数の性質＞$600=2^3\times3\times5^2$より，$\frac{600}{n}=\frac{2^3\times3\times5^2}{n}$となり，$n$は正の整数だから，$\frac{600}{n}$が整数の平方(2乗)になるときの$\frac{600}{n}$の値は，1，$2^2$，$5^2$，$2^2\times5^2$が考えられる。$\frac{600}{n}=1$のとき，$n=600$である。$\frac{600}{n}=2^2$のとき，$n=2\times3\times5^2$より，$n=150$である。$\frac{600}{n}=5^2$のとき，$n=2^3\times3$より，$n=24$である。$\frac{600}{n}=2^2\times5^2$のとき，$n=2\times3$より，$n=6$である。よって，正の整数$n$は$n=6$，24，150，600の4個ある。

(3)＜数量の計算＞A君は5000mを15分で走ったから，A君の走る速さは，$5000\div15=\frac{1000}{3}$より，分速$\frac{1000}{3}$mである。よって，A君は，12分間で，$\frac{1000}{3}\times12=4000$(m)走る。このとき，A君はB君

とグラウンド1周分の差をつけているので，B君が走った距離は，グラウンド1周分少ない$4000-400=3600$(m)である。このことから，B君の走る速さは，$3600\div12=300$より，分速300mである。したがって，B君がゴールするまでにかかった時間は，$5000\div300=\frac{50}{3}$(分)である。$\frac{50}{3}=16+\frac{2}{3}$，$60\times\frac{2}{3}=40$より，$\frac{50}{3}$分は16分40秒だから，B君がゴールするまでにかかった時間は16分40秒となる。

(4)＜一次方程式の応用＞4％の食塩水100gに含まれる食塩の量は$100\times\frac{4}{100}=4$(g)，10％の食塩水10gに含まれる食塩の量は$10\times\frac{10}{100}=1$(g)である。4％の食塩水100gに10％の食塩水を毎分10gの割合でx分加えると，食塩水の量は$100+10x$g，含まれる食塩の量は$4+1\times x=4+x$(g)となる。よって，濃度が8％になるとき，含まれる食塩の量について，$(100+10x)\times\frac{8}{100}=4+x$が成り立つ。これを解くと，$800+80x=400+100x$，$-20x=-400$，$x=20$となるから，濃度が8％になるのは20分後である。

(5)＜確率―さいころ＞1個のさいころを2回投げるとき，目の出方は全部で$6\times6=36$(通り)あるから，a，bの組は36通りある。Mは，十の位の数がa，一の位の数がbの整数だから，$M=10a+b$と表せ，Nは，Mの十の位の数と一の位の数を入れかえた整数だから，十の位の数がb，一の位の数がaとなり，$N=10b+a$と表せる。$M-N=9$となるとき，$(10a+b)-(10b+a)=9$だから，$9a-9b=9$，$9(a-b)=9$，$a-b=1$となる。これを満たすa，bの組は，$(a,\ b)=(2,\ 1)$，$(3,\ 2)$，$(4,\ 3)$，$(5,\ 4)$，$(6,\ 5)$の5通りだから，求める確率は$\frac{5}{36}$である。

(6)＜平面図形―角度＞右図で，正八角形の8個の頂点をA～Hとし，正八角形ABCDEFGHの8個の頂点を通る円の中心をOとする。8点A～Hは円Oの周を8等分する点となるから，線分AE，CGは円Oの直径であり，AE⊥CGである。これより，線分CGと線分AFの交点をIとすると，∠AOI＝90°である。また，$\angle EOF=\frac{1}{8}\times360°=45°$であり，$\overset{\frown}{EF}$に対する円周角と中心角の関係より，$\angle OAI=\frac{1}{2}\angle EOF=\frac{1}{2}\times45°=22.5°$である。よって，△AOIの内角の和より，$x=\angle AIO=180°-\angle AOI-\angle OAI=180°-90°-22.5°=67.5°$となる。

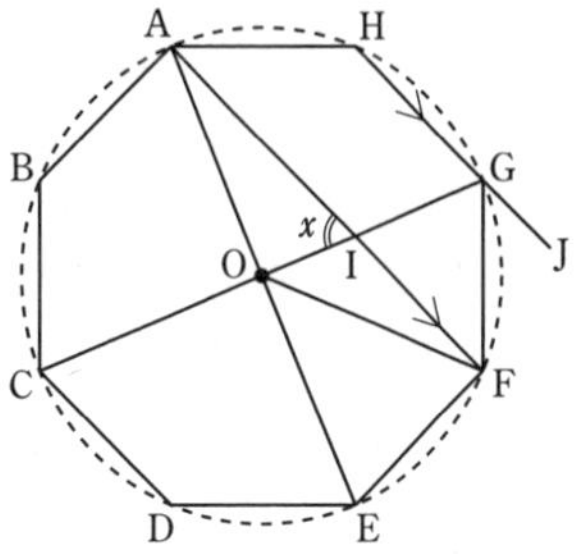

≪別解≫右上図で，辺HGの延長上に点Jをとる。正八角形の1つの外角の大きさは$360°\div8=45°$だから，∠FGJ＝45°より，$\angle FGH=180°-\angle FGJ=180°-45°=135°$である。これより，$\angle HGC=\angle FGC=\frac{1}{2}\angle FGH=\frac{1}{2}\times135°=67.5°$であり，HJ∥AFより同位角は等しいから，$x=\angle HGC=67.5°$である。

3〔平面図形―長方形〕

≪基本方針の決定≫(1)　△EFG≡△EFCである。　(2)〔四角形GHIK〕＝△GHJ－△IJKと考えるとよい。

(1)＜面積＞右図で，FC＝BC－BF＝12　2＝10であり，△EFGは△EFCを折り返したものだから，$\triangle EFG=\triangle EFC=\frac{1}{2}\times FC\times CE=\frac{1}{2}\times10\times5=25$である。

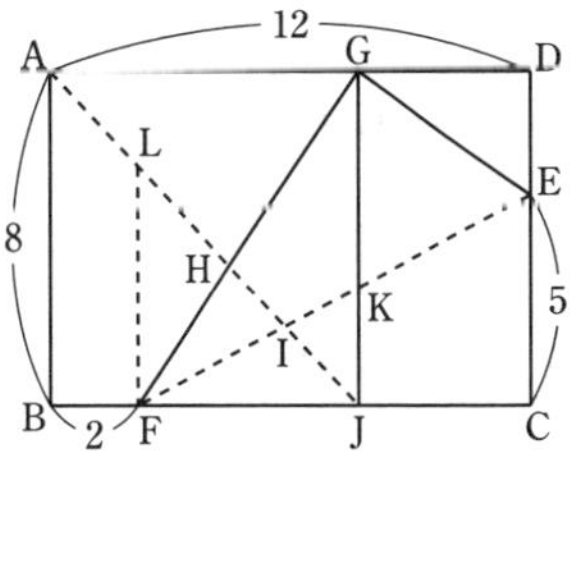

(2)＜面積＞右図で，〔四角形GHIK〕＝△GHJ－△IJKである。△AGJは△ABJを折り返したものだから，AG＝AB＝8，∠AGJ＝∠ABJ＝90°

となり，$\angle BAG=90^\circ$だから，四角形ABJGは正方形となる。これより，$BJ=AB=8$となり，$FJ=BJ-BF=8-2=6$となる。$\angle AHG=\angle JHF$であり，$AD /\!/ BC$より$\angle HAG=\angle HJF$だから，$\triangle AHG \backsim \triangle JHF$である。よって，$GH:FH=GA:FJ=8:6=4:3$となるので，$\triangle GHJ:\triangle FHJ=GH:FH=4:3$となる。$GJ=AG=8$より，$\triangle GFJ=\frac{1}{2}\times FJ\times GJ=\frac{1}{2}\times 6\times 8=24$だから，$\triangle GHJ=\frac{4}{4+3}\triangle GFJ=\frac{4}{7}\times 24=\frac{96}{7}$である。次に，$\triangle ABJ$は直角二等辺三角形だから，点Fを通りABに平行な直線とAJとの交点をLとすると，$\triangle LFJ$も直角二等辺三角形となり，$LF=FJ=6$となる。また，$\angle FJK=\angle FCE=90^\circ$，$\angle KFJ=\angle EFC$より，$\triangle FJK \backsim \triangle FCE$だから，$JK:CE=FJ:FC=6:10=3:5$となり，$JK=\frac{3}{5}CE=\frac{3}{5}\times 5=3$となる。さらに，$\angle FIL=\angle KIJ$であり，$LF /\!/ GJ$より$\angle LFI=\angle JKI$だから，$\triangle ILF \backsim \triangle IJK$となる。これより，$FI:KI=LF:JK=6:3=2:1$となるので，$\triangle IJF:\triangle IJK=FI:KI=2:1$である。$\triangle FJK=\frac{1}{2}\times FJ\times JK=\frac{1}{2}\times 6\times 3=9$だから，$\triangle IJK=\frac{1}{2+1}\triangle FJK=\frac{1}{3}\times 9=3$となる。以上より，〔四角形GHIK〕$=\frac{96}{7}-3=\frac{75}{7}$である。

4〔空間図形—球と正四面体〕

≪基本方針の決定≫(1)　△BCDは正三角形である。　(2)　三平方の定理を利用して高さを求める。
(3)　点Oと面BCDの距離を考える。

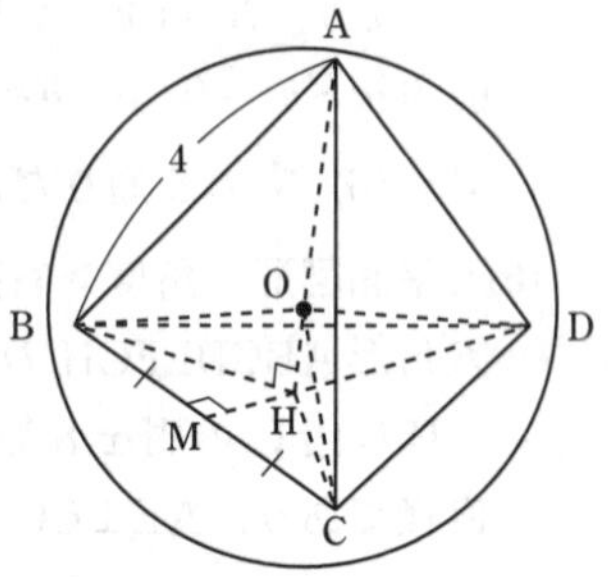

(1)＜面積＞右図で，立体ABCDが正四面体より，△BCDは正三角形だから，辺BCの中点をMとして点Dと点Mを結ぶと，△BMDは3辺の比が$BM:BD:DM=1:2:\sqrt{3}$の直角三角形である。よって，$DM=\frac{\sqrt{3}}{2}BD=\frac{\sqrt{3}}{2}\times 4=2\sqrt{3}$であり，$\triangle BCD=\frac{1}{2}\times BC\times DM=\frac{1}{2}\times 4\times 2\sqrt{3}=4\sqrt{3}$となる。

(2)＜体積＞右図で，点Aから面BCDに垂線AHを引くと，図形の対称性より，点Hは線分DM上の点で，$BH=CH=DH$となる。これより，△BCH，△CDH，△DBHは合同な二等辺三角形であり，$\angle HBD=\angle HBC=\frac{1}{2}\angle DBC=\frac{1}{2}\times 60^\circ=30^\circ$となるから，△HBMは3辺の比が$1:2:\sqrt{3}$の直角三角形である。$BM=\frac{1}{2}BC=\frac{1}{2}\times 4=2$だから，$BH=\frac{2}{\sqrt{3}}BM=\frac{2}{\sqrt{3}}\times 2=\frac{4\sqrt{3}}{3}$である。よって，△ABHで三平方の定理より，$AH=\sqrt{AB^2-BH^2}=\sqrt{4^2-\left(\frac{4\sqrt{3}}{3}\right)^2}=\sqrt{\frac{96}{9}}=\frac{4\sqrt{6}}{3}$となるから，正四面体ABCDの体積は，$\frac{1}{3}\times\triangle BCD\times AH=\frac{1}{3}\times 4\sqrt{3}\times\frac{4\sqrt{6}}{3}=\frac{16\sqrt{2}}{3}$である。

(3)＜体積＞右上図で，球の中心Oと4点A，B，C，Dをそれぞれ結ぶと，正四面体ABCDは三角錐O-BCDと合同な4つの三角錐に分けられるから，〔三角錐O-BCD〕$=\frac{1}{4}$〔正四面体ABCD〕である。よって，△BCDを底面と見ると，三角錐O-BCDの高さは正四面体ABCDの高さの$\frac{1}{4}$である。点Oは線分AH上の点となるので，$OH=\frac{1}{4}AH=\frac{1}{4}\times\frac{4\sqrt{6}}{3}=\frac{\sqrt{6}}{3}$となり，球Oの半径は，$OA=AH-OH=\frac{4\sqrt{6}}{3}-\frac{\sqrt{6}}{3}=\sqrt{6}$である。したがって，球Oの体積は，$\frac{4}{3}\pi\times(\sqrt{6})^3=8\sqrt{6}\pi$である。

≪別解≫右上図で，$OA=OB=r$とすると，$OH=AH-OA=\frac{4\sqrt{6}}{3}-r$と表せる。$BH=\frac{4\sqrt{3}}{3}$だから，△OBHで三平方の定理$OH^2+BH^2=OB^2$より，$\left(\frac{4\sqrt{6}}{3}-r\right)^2+\left(\frac{4\sqrt{3}}{3}\right)^2=r^2$が成り立つ。これ

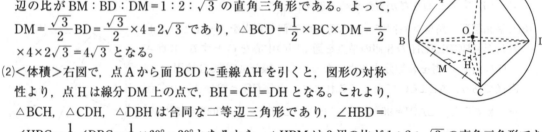

を解くと，$\frac{32}{3}-\frac{8\sqrt{6}}{3}r+r^2+\frac{16}{3}=r^2$，$\frac{8\sqrt{6}}{3}r=16$，$r=\sqrt{6}$ となるから，球の体積は$\frac{4}{3}\pi\times(\sqrt{6})^3$
$=8\sqrt{6}\pi$である。

5〔関数―関数 $\boldsymbol{y=ax^2}$ と一次関数のグラフ〕

≪基本方針の決定≫(1)　点Dの座標がわかる。　(3)　点Eの y 座標を文字でおいて，面積についての方程式をつくる。

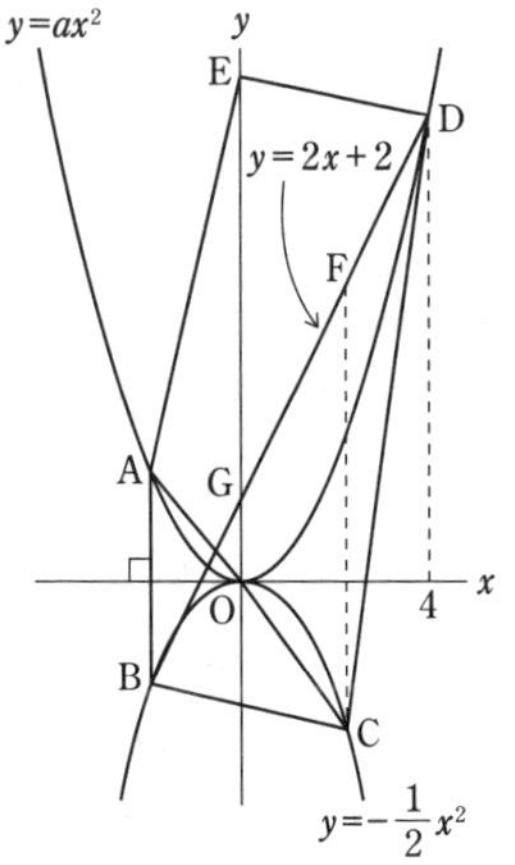

(1)＜比例定数＞右図で，点Dは直線 $y=2x+2$ 上の点で x 座標は4だから，y 座標は，$y=2\times4+2=10$ となり，D(4，10)である。点Dは放物線 $y=ax^2$ 上の点でもあるから，$x=4$，$y=10$ を代入して，$10=a\times4^2$，$a=\frac{5}{8}$である。

(2)＜面積＞右図で，点Bは，放物線 $y=-\frac{1}{2}x^2$ と直線 $y=2x+2$ の交点だから，2式から y を消去して，$-\frac{1}{2}x^2=2x+2$ より，$x^2+4x+4=0$，$(x+2)^2=0$　∴$x=-2$　よって，点Bの x 座標は -2 であり，$y=2\times(-2)+2=-2$ だから，B$(-2,\ -2)$である。(1)より，点Aは放物線 $y=\frac{5}{8}x^2$ 上の点であり，x 座標は -2 となるから，$y=\frac{5}{8}\times(-2)^2=\frac{5}{2}$ より，A$\left(-2,\ \frac{5}{2}\right)$である。よって，直線AOの傾きは$\left(0-\frac{5}{2}\right)\div\{0-(-2)\}=-\frac{5}{4}$であり，その式は $y=-\frac{5}{4}x$ である。点Cは放物線 $y=-\frac{1}{2}x^2$ と直線 $y=-\frac{5}{4}x$ の交点だから，$-\frac{1}{2}x^2=-\frac{5}{4}x$，$2x^2-5x=0$，$x(2x-5)=0$　∴$x=0$，$\frac{5}{2}$　点Cの x 座標は$\frac{5}{2}$だから，$y=-\frac{5}{4}\times\frac{5}{2}=-\frac{25}{8}$ より，C$\left(\frac{5}{2},\ -\frac{25}{8}\right)$となる。次に，点Cを通り y 軸に平行な直線とBDの交点をFとする。点Fは直線 $y=2x+2$ 上の点で x 座標が$\frac{5}{2}$だから，$y=2\times\frac{5}{2}+2=7$ となり，F$\left(\frac{5}{2},\ 7\right)$である。これより，CF$=7-\left(-\frac{25}{8}\right)=\frac{81}{8}$となる。CFを底辺と見ると，2点B，C，2点C，Dの x 座標より，△BCFの高さは$\frac{5}{2}-(-2)=\frac{9}{2}$，△DCFの高さは$4-\frac{5}{2}=\frac{3}{2}$となるので，△BCD＝△BCF＋△DCF$=\frac{1}{2}\times\frac{81}{8}\times\frac{9}{2}+\frac{1}{2}\times\frac{81}{8}\times\frac{3}{2}=\frac{243}{8}$である。

(3)＜座標＞右上図で，BDと y 軸の交点をGとすると，〔四角形ABDE〕＝〔台形ABGE〕＋△DEGである。また，(2)より，〔四角形ABDE〕＝△BCD$=\frac{243}{8}$だから，〔台形ABGE〕＋△DEG$=\frac{243}{8}$である。E$(0,\ e)$とすると，直線 $y=2x+2$ の切片が2より，G(0，2)だから，EG$=e-2$ となる。A$\left(-2,\ \frac{5}{2}\right)$，B$(-2,\ -2)$より，AB$=\frac{5}{2}-(-2)=\frac{9}{2}$であり，点Aの x 座標より，台形ABGEの高さは2である。点Dの x 座標が4なので，△DEGの底辺をEGと見ると，高さは4となる。よって，$\frac{1}{2}\times\left\{\frac{9}{2}+(e-2)\right\}\times2+\frac{1}{2}\times(e-2)\times4=\frac{243}{8}$が成り立つ。これを解くと，$e+\frac{5}{2}+2e-4=\frac{243}{8}$，$3e=\frac{255}{8}$，$e=\frac{85}{8}$となるから，E$\left(0,\ \frac{85}{8}\right)$である。

2023年度／大宮開成高等学校（単願）

国語解答

一　問一　Ⅰ…オ　Ⅱ…ウ　Ⅲ…エ　Ⅳ…イ
　　問二　エ　　問三　ア　　問四　オ
　　問五　Ｘ…ウ　Ｙ…イ　　問六　オ

二　問一　Ａ…ア　Ｂ…イ　　問二　イ
　　問三　エ　　問四　オ　　問五　ウ
　　問六　イ，ウ

三　問一　イ　　問二　エ
　　問三　Ｃ…ウ　Ｅ…エ　　問四　ア
　　問五　エ　　問六　エ，オ　　問七　ウ

四　問一　ウ　　問二　イ　　問三　イ
　　問四　エ　　問五　(1)…ア　(2)…オ
　　問六　(1)…ア　(2)…オ　(3)…ウ　(4)…イ

一〔論説文の読解―哲学的分野―哲学〕出典；岩崎武雄『哲学のすすめ』「人間の有限性の自覚」。

《本文の概要》古代や中世においては，人間以上の絶対的なものが考えられており，その絶対的なものが，価値の基準だった。しかし，近世になるとその考えは否定され，人間は人間以上のものを持たなくなった結果，価値の基準が，見失われていった。だが，客観的な価値の基準を見出せないということではない。近世に成立した自然科学は，人間の能力が限られたものであることを自覚することによって，ただ自然現象をありのままにとらえようとするものである。そのように考えれば，人間は，自然科学的知識を持つことによっていっさいのものの支配者となったのではないといえる。自然科学が発展し，人間は生命の発生すべき一定条件を見出すことはできたが，人間自身が生命をつくり出せるわけではない。このことを自覚するとき，一人ひとりの人間の持つかけがえのない生命を，絶対的な価値の基準として見出すことができる。

問一＜表現＞Ⅰ．古代や中世において，人間は，「自分よりも大きなもの，すぐれたもの」に「すがって」生きることしかできず，人間は限りがある存在だと考えられていた。また，人間が自分の認識能力には限りがあることを知ることによって，自然現象をそのままとらえる自然科学が成立した。
Ⅱ．人によって考え方も世界観も異なるため，「相異なる世界観のうちどれがよいかを決定すべき基準」は存在せず，どの考え方や世界観が絶対的だとはいえなくなる。　Ⅲ．「科学的に考察する」かぎり，人間も「他の自然物，あるいは動物」も，その本来的な性質は異なるものではない。
Ⅳ．人間が人間以上のものを認めなくなり，「価値の基準というものがまったく見失われて」きたが，誰もが納得する視点からとらえた価値の基準を見出せないのだろうか。

問二＜文章内容＞古代や中世においては，「人間以上の絶対的なもの」が考えられており，「この絶対的なものこそ価値の基準であり，人間はこれにしたがって生きてゆくべきである」とされていた。しかし近世になると，「人間以上の絶対的なものの存在を考えることが根拠のないものだ」ということになり，人間は「人間以上のもの」を持たなくなった。その結果，人によって考え方が異なるため，「世界観はまったく分裂して」きて，「価値の基準というものがまったく見失われてくるようになった」のである。

問三＜文章内容＞近世以前は，「人間は自然現象を超越した絶対的なものを認識することができる」と考えられていた。しかし，「人間にはこのような経験を越えたものを認識する能力がないということを自覚する」ことによって，ただ自然現象をありのままにとらえる自然科学が成立したのである。

問四＜指示語＞自然科学は発展したが，「人間のなしうること」は，「ただ生命の発生すべき一定の条件がなんであるかを見いだすこと」であり「人間の手でこの条件をタンパク質に与えることだけ」

で，人間自身が生命をつくり出すことはできない。人間は生命をつくり出すことはできないということを自覚するとき，我々は，改めて「絶対的な価値の基準を見いだすこと」ができるだろう。

問五＜文章内容＞Ｘ．古代や中世では，誰もが「人間以上の絶対的なもの」を価値の基準と考えてそれに従っていて，「基本的人権というような思想」はなかった。　Ｙ．古代や中世には「人間以上の絶対的なもの」として神が考えられ，それが絶対的な価値の基準となっていたが，近世では，そのような「形而上学的世界観がくずれ」て，人間は，自然現象をありのままにとらえるようになった。また，「人間自身のもつ価値が重んぜられ」て，「基本的人権というような思想があらわれ」てきた。

問六＜要旨＞人間は，「ある程度まで自然現象を人間の意のままにすることができるように」なったが，「勝手に自然法則をつくりだすこと」はできず，「法則を知って，それを利用して，自然自身をして働かせることができるだけ」である。我々は現在，この点について「思い違い」をし，「みずから自然の支配者になったかのように」考えがちなのである。

二〔小説の読解〕出典；森沢明夫『虹の岬の喫茶店』。

問一＜文章内容＞Ａ．悦子さんは「笑っていなくても優しい顔をした人」で，その悦子さんは「ひたすら，優しさに包まれる」ような曲を聴かせてくれた。悦子さんのいれたコーヒーの風味もまた，「優しい」ものだったと考えられる。　Ｂ．希美が「マンションから見えた虹が，どっかにいっちゃったから，さがしてたの」と言うと，悦子さんは「目を細めて」，希美をいとおしむようなまなざしで見つめていた。

問二＜心情＞「笑っていなくても優しい顔をした」悦子さんがいれてくれたコーヒーは，悦子さんの人柄そのもののように優しい風味のものだった。優しさに心を打たれている「私」は，その優しさを，妻とともに味わいたかったと思った。

問三＜文章内容＞「私」が妻を亡くしてまだ間もないことを知った悦子さんは，「私」のために「慈愛」に満ちた曲をかけた(ウ…○)。この曲をかけたことについて，悦子さんは「人間って，生きているうちに色々と大切なものを失うけど，でも，一方では『アメイジング・グレイス』を授かっているのよね。そのことにさえ気づけたら，あとは何とかなるものよ」と言っていることから，「私」を励まそうとしていると考えられる(ア・イ・オ…○)。「私」は聴いているうちに「ふと，どこかで聴いたことがある曲に思えてきた」が，この曲が「誰もがどこかで耳にしたことのあるような懐かしい曲調」だとは述べられていない(エ…×)。

問四＜心情＞「私」は，曲名の意味が「驚くほどの恩恵」と知り，そのとき悦子さんが希美を見ていることに気づいて「ハッと」した。その希美は虹の絵を見ており，「私」は「天国に届くかも知れない，光の架け橋」と思った。そして，「私」は希美のことを「宝物」と悦子さんが言ったことを思い出した。悦子さんが「アメイジング・グレイス」をかけてくれたことで，「私」は，妻を亡くしはしたものの，自分には大切な希美がいることに気づいたのである。その「幸福感」から，「私」は，同じ虹の絵を見ても，前より「きらきら光って見えた」のだと考えられる。

問五＜文章内容＞「私」と希美は，虹を探しており，虹の絵のある喫茶店で，「私」は，希美がいることが「アメイジング・グレイス」を授かっているということであり，希美こそが自分にとっての大切なものであると気づいた。それは，虹の根元には宝物が眠っているという伝説と重なる。

問六＜表現＞希美は「これ，ママにも食べさせてあげたいなぁ」と言って「窓の外の青空」を眺めたので，希美が，ママは亡くなって空にいると思っていることがわかる(イ…○)。悦子さんは，「私」

の妻の死を知って「なんだか古い時代を憶い返すみたいな，少し遠い目」をしていたり，「人間って，生きているうちに色々と大切なものを失うけど，でも，一方では『アメイジング・グレイス』を授かっているのよね。そのことにさえ気づけたら，あとは何とかなるものよ」と言ったりしているので，悦子さんも大切な人を亡くした経験があることは想像できるが，実際に何があったのかは文中には書かれていない。そのため，読者は，悦子さんの過去について自由に想像を膨らませることができる(ウ…○)。

三 〔古文の読解―説話〕出典；『十訓抄』七ノ三十一。

≪現代語訳≫白河院が，鳥羽にいらっしゃったとき，「北面の武士どもに，国司が任国へ下るときの行列のまねをさせて，見物しよう」といって，国司には玄蕃頭久孝という者をさせて，衣冠姿に出し衣(という晴れのときの立派な衣装の着方)をさせて，その他五位の身分の者に先導役をさせた。おのおの，錦や唐綾を着て，(他の人に)劣るまいとしていたときに，左衛門尉行遠が，格別に衣装をととのえ，「人に事前に衣装を見られてしまうと，目が慣れて(新鮮さがなくなって)しまう」といって，御所の近くの人の家に入って，従者を呼んで，「(行列にいつ加わるべきか，)そっと，御所の辺りで，(様子を)見てこい」と言って，行かせた。

(従者が)長い間戻ってこなかったので，(行遠は)「どうして，こんなに遅いのか」と(思い)，「(行列は)八時頃催された。いくら何でも，昼過ぎには行列が来るはずなのに」と思って，待っていたところ，門の方で声がして，「ああ，すばらしいものだなあ」と言うが，「これから御所に行く者だろう」と思っていると，「玄蕃頭の国司の姿は，おもしろかったなあ」「藤左衛門殿は錦を着ていた」「源兵衛尉は継物を金の模様をつけて」などと言っている。

(行遠が)おかしいと思って，「おい，これ」と言うと，この「見てこい」と言った男が，ほほ笑んで，「全く，これほどの見物はございません。賀茂の祭りもきちんとしてはいますが，何とも思われません。院のお席の前を，行列が通る様子は，見たことがないほど(すばらしいもの)でした」と言う。「それで，(行列は)どうか」と言うと，「とっくに終わりました」と言う。「それを，〈どうして来て報告しないのか〉」と言うと，「これはどういうことでございましょうか。行って見てこいとのことでございましたので，まばたきもせず，よくよく見ておりましたよ」と言う。あれこれ言ってもしかたがない。

「行遠の行列への不参加は，本当にけしからぬことである。必ず召し籠めよ」とおおせがあって，(行遠は罰として閉じ込められて)二十日あまりたった頃に，(白河院は)事情をお聞きになって，お笑いになって，召し籠めを，お許しになった。主従ともに，愚かなことですよ。

事柄によって，よく時機を見計らうべきなのである。

問一＜古文の内容理解＞「かねて」は，前もって，という意味。「見えなば」は，見られてしまったら，という意味。「目馴れぬべし」は，目が慣れてしまうだろう，という意味。行遠は，人に事前に衣装を見られたら，行列のときに，見ても新鮮さが感じられなくなるだろうと思ったのである。

問二＜古文の内容理解＞「やをら」は，そっと，という意味。格別に着飾った行遠は，事前に衣装を見られたら新鮮さがなくなるだろうと思い，隠れていてちょうどよいタイミングで行列に加わろうと考え，従者に御所の辺りで様子を見てくるようにと命じたのである。

問三＜古文の内容理解＞C．行遠は，様子を見てくるようにと命じた従者がなかなか戻らないところに，玄蕃頭の国司の姿はおもしろかったなあなどという声が聞こえたので，変だと思った。　E．従者は，帰りが遅くなったことについて問われると，御所の辺りで行列の様子を見てこいと言われたのでじっくり見てきたと答えた。

問四＜古文の内容理解＞従者を使いに出したつもりの行遠が，行列はどうなったのかと問うと，従者は，とっくに終わったと答えた。そこで，行遠は，なぜそれを報告に来ないのかと言った。

問五＜古文の内容理解＞行遠は，格別に身なりをととのえて行列に参加しようと思っていた。しかし，事前にその衣装を人に見られるのは望ましくないと考えて隠れていたため，結局，行遠は，行列に参加することができず，立派な衣装を人に見せることもできなくなってしまった。

問六＜古文の内容理解＞国司の任国下りのまねをさせるということになったとき，国司役の久孝は，立派な衣装で着飾り，準備していた(ア…○)。他の者たちも，それぞれ立派な衣装を着て，他の人に劣るまいとしていた(イ…○)。行遠は，隠れて行列を待っていたが，そのときに門の方から人々の声が聞こえたけれども，これから御所に行く者だろうと考えた(ウ…○)。行列を見てきた従者は，賀茂の祭りもきちんとしているが，今見てきた行列はとてもすばらしくて，賀茂の祭りなど何とも思わないほどだったと答えた(エ…×)。白河院は，行遠が無断で行列に参加しなかったことに対し，行遠に「召し籠め」の罰を与え，行遠は閉じ込められていたが，二十日ほどたったところで，白河院は事情を聞き，笑って許した(オ…×)。

問七＜古文の内容理解＞従者は，行遠の命令の意味をよく考えもせず，様子を見てきて行遠に報告するのではなく，自分だけが行列を見てきてしまった。これは，思慮が足りない行為だといえる。

四〔国語の知識〕

問一＜古典文法＞「や」は係助詞で，これがあると，係り結びの法則により，結びは連体形になる。

問二＜歴史的仮名遣い＞「をりふし」は「折節」で，語頭の「を」は「お」にする。また，語頭以外のハ行は，現代仮名遣いでは原則として「わいうえお」になるので，「うつりかはる」は「うつりかわる」になり，「あはれなれ」は「あわれなれ」になるが，「をりふし」については，「節」という名詞の意味が残っているため「ふし」のままである。

問三＜品詞＞「元気で」と「丈夫で」の「で」は，それぞれ形容動詞「元気だ」「丈夫だ」の連用形活用語尾。「痛みで」「役者で」「徒歩で」の「で」は，いずれも格助詞。「飲んで」の「で」は，接続助詞「て」が濁ったもの。

問四＜文学史＞『方丈記』は，鎌倉時代の鴨長明の随筆。『枕草子』は，平安時代の清少納言の随筆。『玉勝間』は，江戸時代の本居宣長の随筆。『徒然草』は，鎌倉時代の兼好法師の随筆。『御伽草子』は，室町時代から江戸時代にかけての短編物語の総称。

問五(1)＜慣用句＞「一筋縄ではいかない」は，普通の方法ではうまくいかない，という意味。「人後に落ちない」は，他人に劣らない，という意味。「間尺に合わない」は，割に合わない，という意味。「枚挙にいとまがない」は，数えきれないほど多い，という意味。　(2)＜語句＞「イデオロギー」は，思想傾向，歴史的・社会的立場に制約された考え方のこと。「オピニオン」は，意見のこと。「ジャーナリズム」は，新聞・雑誌や放送を通じて時事的な問題を伝える活動のこと。「ニュース」は，新しい出来事やその知らせのこと。

問六＜漢字＞(1)「細心」と書く。アは「詳細」，イは「決裁」，ウは「菜園」，エは「国債」，オは「際限」。　(2)「不審」と書く。アは「慎重」，イは「新調」，ウは「森林」，エは「身長」，オは「審査」。　(3)「換算」と書く。アは「肝要」，イは「寛容」，ウは「換骨奪胎」，エは「閑静」，オは「召喚」。　(4)「尚早」と書く。アは「一笑」，イは「高尚」，ウは「紹介」，エは「障害物」，オは「交渉」。

Memo

2023年度　大宮開成高等学校（併願Ａ）

【英　語】（50分）〈満点：100点〉

I　次の英文を読んで，後の設問に答えなさい。（＊の付いている語(句)は，後にある(注)を参考にすること。）

There are many big differences between Japanese society and Western society, and one of them is about telling the truth. All Japanese know the expression, ‘①Lying is sometimes good.’ In Western culture people also tell lies, (②) the reasons for lying are often quite different from the reasons for lying in Japan.

When I was in elementary school in America, my teacher said, “You know George Washington. He was the first U.S. President. When he was a child, he cut down his father’s favorite cherry tree. He then went and said to his father, ‘I cannot tell a lie. I cut down the cherry tree.’ George’s father then said that telling the truth was very important.” [ア]

Teachers in the U.S. told children this story and said, “It is always right to tell the truth.” In fact this is not a true story about George Washington. [イ] But this lie was used for a good reason. Teachers wanted to teach kids to tell the truth. Both Americans and Japanese lie because they do not want to hurt someone else. There are also lies ‘for a good reason’ and they are called ‘white lies.’

Of course, many Americans actually lie in a lot of situations. American children often lie when they want to run away from difficult situations. [ウ] But they usually think that lying is (③).

Lies are very common in American society, but even more common in Japan. [エ] Serious lies are found all through Japanese culture. ④People can *forgive most of the lies in Japanese society. They do not even call most of these real lies. They just say they are not telling the truth about something. They think telling the truth is not polite when it hurts someone. ⑤We can find this idea in Western culture, too, but not as much as in Japan.

There is a Japanese expression, ‘⑥(ア a pot　イ *a lid　ウ you　エ put　オ that　カ should　キ smells　ク on) bad.’ This is used to show that we should not tell the truth about things that may hurt someone. In this way, you sometimes have to (⑦).

In Japanese society, people cannot *live in harmony if everyone tells the truth about everything. Lying to keep the peace is natural and most people feel that it is another part of Japanese society.

（注）forgive ～　～を許す　　a lid　ふた　　live in harmony　仲良く暮らす

問１　下線部①の内容に最も近い表現を，次のア～エの中から１つ選び，解答欄 1 にマークしなさい。

ア　嘘つきは泥棒の始まり　　イ　嘘八百を並べる

ウ　嘘から出たまこと　　エ　嘘も方便

問２　次の英文を本文中に補うとき，最も適切な箇所を本文中の[ア]～[エ]の中から１つ選び，解答欄 2 にマークしなさい。

It’s a big lie!

問３　空欄②，③，⑦に入る最も適切なものを，次のア～エの中から１つずつ選び，それぞれ解答欄

[3]～[5] にマークしなさい。

(②)　ア　so　イ　since
　　　ウ　because　エ　but　[3]

(③)　ア　right　イ　funny
　　　ウ　wrong　エ　serious　[4]

(⑦)　ア　tell the truth　イ　tell a lie
　　　ウ　be honest　エ　be polite　[5]

問4　下線部④の理由として最も適切なものを，次のア～エの中から１つ選び，解答欄 [6] にマークしなさい。

ア　Because they do not think all lies are so serious in Japan.

イ　Because they know everyone tells lies in Japanese culture.

ウ　Because they usually think no one knows the truth.

エ　Because they know telling the truth sometimes hurts someone else.

問5　下線部⑤の示す内容として最も適切なものを，次のア～エの中から１つ選び，解答欄 [7] にマークしなさい。

ア　In Western culture people usually do not tell lies because they are taught lying is wrong.

イ　Japanese people often forgive serious lies but Westerners forgive them more often.

ウ　In Western culture people think telling lies is not always bad and this feeling is stronger in Japan.

エ　Japanese people do not hurt anyone when they tell lies, and Westerners do not, either.

問6　下線部⑥が「臭いものにはふたをしろ。」という意味になるように，(　)内の語(句)を並べ換え，[8]，[9] の位置に入るものだけを，下のア～クの中から１つずつ選び，それぞれ解答欄 [8]，[9] にマークしなさい。(ただし，文頭に来る語も小文字で示してある。)

____ ____ ____ [8] ____ ____ [9] ____ bad.

ア　a pot　イ　a lid　ウ　you　エ　put
オ　that　カ　should　キ　smells　ク　on

問7　本文の内容と合っているものを，次のア～カの中から２つ選び，それぞれ解答欄 [10]，[11] にマークしなさい。

ア　Teachers in the U.S. used the story of George Washington to show that not everything that someone hears is true.

イ　Though they are taught to tell the truth at school, Americans sometimes tell lies for a good reason.

ウ　Americans finally tell the truth after lying because they think lying is wrong.

エ　Most Americans cannot understand Japanese people at all because they sometimes tell serious lies.

オ　Japanese people think that telling lies is sometimes good when they do not want to hurt someone.

カ　Japanese people need to change their custom of telling lies in today's international society.

Ⅱ　次の英文を読んで，後の設問に答えなさい。（＊の付いている語(句)は，後にある(注)を参考にすること。）

Language students often think they have a memory problem. They worry because they can't ①(re-mem-ber) *vocabulary. They think something is wrong with their brain. In fact, the problem is not their brain or their memory. The problem is (　②　).

If you want to improve your memory, ③it's important to understand how it works. There are two kinds of memory: short-term and long-term.

④

Only some things move into your long-term memory. Which things (　⑤　)? This is an important question for a student. In fact, your long-term memory keeps things that are interesting or important to you. *That's why you remember big events in your life or your favorite sports events. Your long-term memory keeps other things, too. It *holds onto things that you have thought about and worked with. So if you want to remember words, (　⑥　).

Many students study vocabulary by repeating the words. This may be enough to remember them for a while. But after a day or a week, you may have lost them. The reason for this is very simple. Long-term memory is like a very big library with many, many books. And like a library, it *is organized. When you *put away a book — or a memory — you can't just leave it anywhere. If you want to find it again, you have to put it in a certain place.

Repeating a new word doesn't help you remember it for long, because it doesn't give you any way to find it again. You need to make a place for the word in your long-term memory. There are many ways you can do this. One way is to make a picture in your mind with the word. For example, if the word is *height, you can think of the tallest person you know and try to guess his height.

All of these activities are ways to work with words. They make the meaning of words (　⑦　) in your long-term memory. And they give you a way to find a word when you need it.

（注）vocabulary　語い　　That's why ～　そういうわけで～　　holds onto ～　～を保持する
～ is organized　～は整理されている　　put away ～　～をしまう　　height　高さ

問1　下線部①(re-mem-ber)と第一アクセントの位置が同じものを，次のア～エの中から１つ選び，解答欄 12 にマークしなさい。

ア　in-ter-net　　イ　en-gi-neer　　ウ　fa-vor-ite　　エ　mu-se-um

問2　空欄②，⑤，⑥，⑦に入る最も適切なものを，次のア～エの中から１つずつ選び，それぞれ解答欄 13～16 にマークしなさい。

(②)　ア　the way they study
　　　イ　how they repair their brain damage
　　　ウ　the way of finding a book
　　　エ　how they relax　　13

(⑤)　ア　are more important, words in short-term memory or in long-term memory
　　　イ　do you remember more clearly, big events in your life or your favorite sports
　　　ウ　go into your short-term memory

エ　move into your long-term memory 14

(⑥)　ア　you don't have to build a strong vocabulary

イ　you don't have to think about them deeply

ウ　you have to work with them in some way

エ　you have to say them again and again 15

(⑦)　ア　weaker　　イ　stronger

ウ　more difficult　　エ　more interesting 16

問3　下線部③が指す内容として最も適切なものを，次のア～エの中から１つ選び，解答欄 17 にマークしなさい。

ア　a memory problem　　イ　your memory

ウ　to improve your memory　　エ　to understand how it works

問4　空欄④には次のＡ～Ｃが入る。その順番として最も適切なものを，下のア～カの中から１つ選び，解答欄 18 にマークしなさい。

A　In order to remember something for more than a few minutes, it must move into your long-term memory.

B　But it can stay there for just a few minutes.

C　All information goes into your short-term memory first.

ア　Ａ－Ｂ－Ｃ　　イ　Ａ－Ｃ－Ｂ　　ウ　Ｂ－Ａ－Ｃ

エ　Ｂ－Ｃ－Ａ　　オ　Ｃ－Ａ－Ｂ　　カ　Ｃ－Ｂ－Ａ

問5　long-term memory について述べているものとして最も適切なものを，次のア～エの中から１つ選び，解答欄 19 にマークしなさい。

ア　膨大な分量の記憶が乱雑に蓄積されているということ

イ　膨大な分量の記憶がきちんと整理されているということ

ウ　繰り返し書いた言葉のみ，長期間保存することができるということ

エ　複雑な記憶は蓄積できず，単純な記憶しか保存できないということ

問6　本文の内容と合っているものを，次のア～カの中から２つ選び，それぞれ解答欄 20, 21 にマークしなさい。

ア　Some long-term memories move into your short-term memory as time goes by.

イ　Because long-term memory keeps things forever, you will never forget them.

ウ　All big events in your life are kept in your long-term memory after you enjoy them.

エ　If you want to remember a word, you should guess the meaning of the word before using your dictionary.

オ　The important thing is to keep a word in your long-term memory if you want to remember it for a long time.

カ　If you want to remember the word *height*, it is a good idea to imagine the tallest person you know and guess how tall he is.

Ⅲ　次の Mrs. Ellis と Mr. Suzuki の会話文を読んで，後の設問に答えなさい。

Mrs. Ellis　:　Hello ?

Mr. Suzuki :　Is this Mrs. Ellis ?

Mrs. Ellis　:　Yes.　Who's calling, please ?

Mr. Suzuki :　This is Mr. Suzuki from Tokyo calling.　I met Mr. Ellis when he visited Japan last year.

Mrs. Ellis　:　Oh, yes, Mr. Suzuki.　I've heard so much about you from my husband.

Mr. Suzuki :　(　[22]　)

Mrs. Ellis　:　(　[23]　)　He'll be back in an hour or so, I guess.　Are you calling from Tokyo ?

Mr. Suzuki :　Oh, no.　I'm in the United States on a short business trip, and I thought I would say hello to your husband.　But I know he is a very busy man.

Mrs. Ellis　:　Where are you now ?

Mr. Suzuki :　Well, I'm calling from the airport in Los Angeles.

Mrs. Ellis　:　Oh, are you ?　If you aren't too busy, why don't you stay with us tonight ?

Mr. Suzuki :　Won't it be a problem for you ?

Mrs. Ellis　:　(　[24]　)　My husband was so happy at your house.　Please stay where you are.　I'll come and pick you up in our car.

Mr. Suzuki :　That's very kind of you.　Then I'll wait for you here.

Mrs. Ellis　:　Fine.　I'll be there in about twenty minutes.　Will it be difficult to find you in the crowds there ?

Mr. Suzuki :　No, I don't think so.　I'll stand by the information desk and I'll keep an eye on the main entrance.　I'm wearing a dark blue coat and a brown hat, have glasses on, and have a camera on my shoulder.　I seem to be the only Japanese around here at the moment !

Mrs. Ellis　:　That's clear enough.　If you don't mind, I'd like to do some shopping on our way back.

Mr. Suzuki :　Not at all, Mrs. Ellis.　And thank you for going to all this trouble.

Mrs. Ellis　:　No, it's our pleasure.　See you in a little while then.

Mr. Suzuki :　See you soon, Mrs. Ellis.

問１　空欄 [22]～[24] に入る最も適切なものを，次のア～カの中から１つずつ選び，それぞれ解答欄 [22]～[24] にマークしなさい。（ただし，同じ記号は２度以上使用しないこと。）

ア　Oh, no trouble at all.

イ　Thank you for holding.

ウ　I'm sorry, he's not at home right now.

エ　May I speak to him ?

オ　Do you want to leave a message for him ?

カ　Oh, yes, of course.

問２　本文の内容と合っているものを，次のア～カの中から２つ選び，それぞれ解答欄 [25]，[26] にマークしなさい。

ア　Mr. Suzuki and Mr. Ellis met in Japan and promised to meet again in Los Angeles.

イ　Mr. Ellis told his wife that Mr. Suzuki would come to see him in an hour.

ウ　It will take about twenty minutes to drive from Mrs. Ellis's house to the airport in Los Angeles.

エ　There are many people at the airport in Los Angeles, so Mrs. Ellis must wait for Mr. Suzuki at the main entrance.

オ　Mr. Suzuki is a Japanese man who is wearing a dark blue coat and will stand by the information desk.

カ　Mrs. Ellis would like to go shopping on the way to the airport in Los Angeles.

Ⅳ　次の①～⑩の英文の空欄 27 ～ 36 に入る最も適切なものを，下のア～エの中から１つずつ選び，それぞれ解答欄 27 ～ 36 にマークしなさい。

① You (27) swim in this river. It's dangerous.
　ア had not better　イ had not better to
　ウ had better not　エ had better not to

② Tom (28) a shower when the telephone rang.
　ア takes　イ took　ウ was taking　エ has taken

③ I'll never forget (29) the beautiful sea from the hill on my last trip.
　ア see　イ seeing　ウ to see　エ seen

④ I'm so busy today that I have (30) time to talk about the plan.
　ア little　イ few　ウ little of　エ few of

⑤ You must not use the words (31) meaning you don't understand well.
　ア that　イ who　ウ whose　エ which

⑥ I would like to go abroad (32) the summer vacation.
　ア during　イ to　ウ while　エ when

⑦ He has a wonderful voice, but it doesn't (33) good through a microphone.
　ア hear　イ listen　ウ sound　エ come

⑧ Read the directions (34) when you take the medicine.
　ア careful　イ carefully　ウ care　エ carefulness

⑨ The road (35) the two villages is very narrow.
　ア connect　イ connects　ウ connected　エ connecting

⑩ It (36) ten years since we became friends.
　ア is passed　イ has passed　ウ was　エ has been

Ⅴ　次の①～⑤の英文には誤りが１箇所ずつある。誤りを含む部分を，下線部ア～エの中から１つずつ選び，それぞれ解答欄 37 ～ 41 にマークしなさい。

① Our teacher has finished making a wonderful speech in front of a big crowd a few minutes ago. 37
　（下線部）ア has finished　イ making　ウ wonderful　エ a big crowd

② On his way home, Jack met Dan, and enjoyed to talk with him. 38
　（下線部）ア On　イ home　ウ to talk　エ with

③ When you will come to the office tomorrow morning, you will be asked to sign your name. 39
　（下線部）ア will come　イ tomorrow morning　ウ be asked　エ to sign

④ As you know, Microsoft developed a computer operating system calling *Windows*. 40
　（下線部）ア developed　イ a computer　ウ operating　エ calling

⑤ One of the most important things for young people are to read as many books as possible. 41
　（下線部）ア One　イ things　ウ are　エ many books

[VI] 次の①～⑤の日本文の意味になるように，下のア～クの語（句）を並べ換えて英文を完成させ，[42]～[51] の位置に入るものだけを，それぞれ解答欄 [42]～[51] にマークしなさい。（ただし，文頭に来る語も小文字で示してある。）

① 彼女は親切にも私に駅への道を案内してくれた。

She ______ ______ [42] ______ ______ [43] ______ ______ to the station.

ア kind　イ me　ウ way　エ show
オ enough　カ the　キ to　ク was

② その男の子はこのクラスで一番利口な生徒だ。

______ ______ [44] ______ ______ [45] ______ ______ in this class.

ア other　イ smarter　ウ student　エ is
オ boy　カ the　キ than　ク any

③ 彼女はなるべく早く家に帰るように言われた。

She ______ ______ [46] ______ ______ ______ [47] ______.

ア as　イ as possible　ウ to　エ told
オ go　カ was　キ soon　ク home

④ トーナメントで優勝するのは誰だと思いますか。

[48] ______ ______ ______ [49] ______ ______ ______?

ア the　イ do　ウ who　エ tournament
オ you　カ think　キ will　ク win

⑤ ここは私の祖父が50年前に働いていた博物館です。

______ ______ ______ ______ [50] ______ ______ [51] fifty years ago.

ア museum　イ the　ウ my　エ grandfather
オ is　カ worked　キ this　ク for

【数　学】（50分）〈満点：100点〉

（注意）(1) 問題の文中の $\boxed{①}\boxed{②}$ のような□には，数字（０，１，２，……，９）が入ります。解答用紙では，その数字を１つずつマークしてください。

(2) 分数で解答する場合，既約分数（それ以上約分できない分数）で答えてください。

1

次の $\boxed{①}$～$\boxed{⑰}$ にあてはまる数字を，それぞれ１つずつ選んでマークしなさい。

(1) $\dfrac{3}{10}\div(-0.5)^2-\dfrac{2}{35}\div\left(-\dfrac{2}{7}\right)$ を計算すると，$\dfrac{\boxed{①}}{\boxed{②}}$ である。

(2) $(2+\sqrt{2})(2\sqrt{2}+\sqrt{2})(2-\sqrt{2})(2\sqrt{2}-\sqrt{2})$ を計算すると，$\boxed{③}\boxed{④}$ である。

(3) $\dfrac{a-b}{2}-\dfrac{2a-b}{3}+\dfrac{3a-7b}{5}=\dfrac{\boxed{⑤}\boxed{⑥}a-\boxed{⑦}\boxed{⑧}b}{\boxed{⑨}\boxed{⑩}}$ である。

(4) $2ax^2-2axy-12ay^2$ を因数分解すると，$\boxed{⑪}a(x-\boxed{⑫}y)(x+\boxed{⑬}y)$ である。

(5) ２次方程式 $(x-1)^2-2(x-1)-8=0$ を解くと，$x=-\boxed{⑭}$，$\boxed{⑮}$ である。

(6) 連立方程式 $\begin{cases} 3x+5y=-4 \\ \dfrac{x-y}{4}=\dfrac{x+4}{6} \end{cases}$ を解くと，$x=\boxed{⑯}$，$y=-\boxed{⑰}$ である。

2

次の $\boxed{⑱}$～$\boxed{㉛}$ にあてはまる数字を，それぞれ１つずつ選んでマークしなさい。

(1) ある40人のクラスで数学が好きか嫌いかアンケートをとった。クラス全体では好きな生徒と嫌いな生徒の割合が７：３となったが，男子だけでは３：１，女子だけでは２：１という結果だった。このクラスの男子生徒の人数は，$\boxed{⑱}\boxed{⑲}$ 人である。

(2) 2023は７の倍数である。$m^2-n^2=2023$ を満たす自然数 m，n において，$m+n$ の最小値は，$\boxed{⑳}\boxed{㉑}\boxed{㉒}$ である。

(3) Ａ君は，Ｓ地点から２km 離れたＧ地点まで，途中にあるＰ地点を通って行く。Ｓ地点からＰ地点までは分速75m，Ｐ地点からＧ地点までは分速100mで進んだところ，合計で22分かかった。Ｓ地点からＰ地点の道のりは，$\boxed{㉓}\boxed{㉔}\boxed{㉕}$ m である。

(4) 濃度２％の食塩水と濃度６％の食塩水をそれぞれ何ｇか混ぜると，濃度３％の食塩水ができた。この食塩水の半分を取り出して水を20ｇ混ぜると，濃度２％の食塩水になった。このとき，はじめに混ぜた濃度６％の食塩水は，$\boxed{㉖}\boxed{㉗}$ ｇである。

(5) 右の図のように正五角形ABCDEがあり，点Ｐは，はじめ頂点Ａにいる。１～６の数字が１つずつ書かれた６枚のカードから同時に２枚引き，その引いたカードに書かれた数の積の分だけ，点Ｐを隣りの頂点へ時計回りに動かす。たとえば，$\boxed{2}$ と $\boxed{3}$ のカードを引いたとき，点Ｐは頂点Ｂに移動する。点Ｐが頂点Ｄに移動する確率は，$\dfrac{\boxed{㉘}}{\boxed{㉙}}$ である。

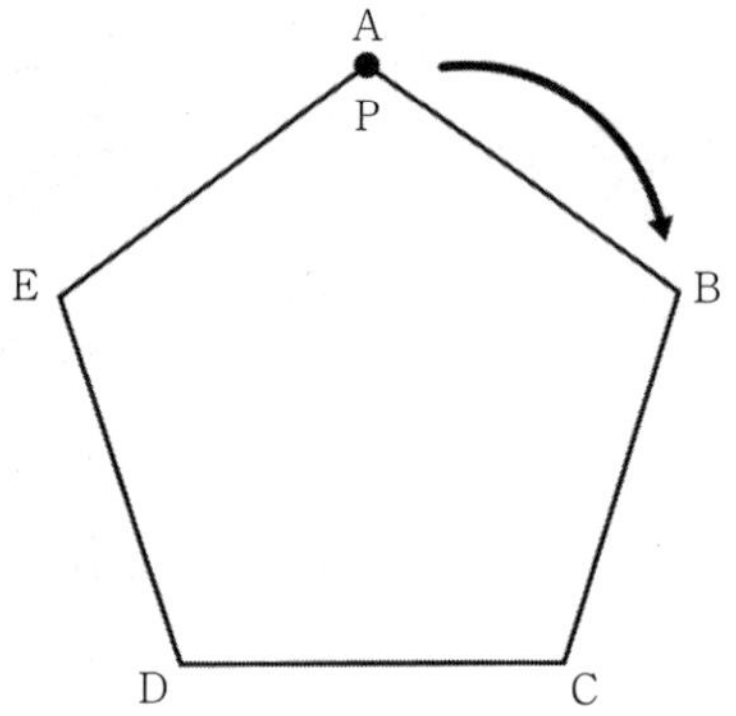

(6) 次のページの図のように，半径１の円の円周を12等分する点がある。このとき，斜線部の面積は，$\dfrac{\boxed{㉚}+\pi}{\boxed{㉛}}$ である。ただし，円周率を π とする。

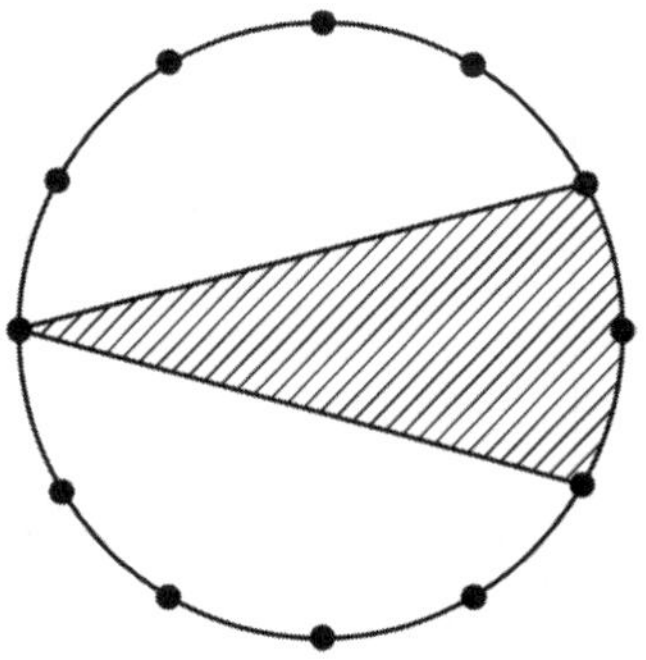

3　次の㉜〜㊼にあてはまる数字を，それぞれ1つずつ選んでマークしなさい。ただし，円周率をπとする。

【図1】

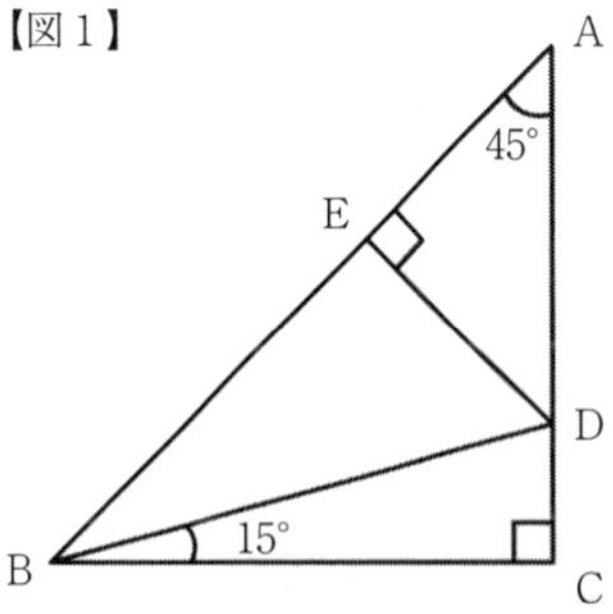

(1)　【図1】のように，$\angle C=90^\circ$の直角二等辺三角形ABCがある。$\angle DBC=15^\circ$となるように，点Dを辺AC上にとる。また，点Dから辺ABに垂線DEを下ろす。BD＝2であるとき，AE＝㉜，AC$=\dfrac{\sqrt{㉝}+\sqrt{㉞}}{㉟}$である。ただし，㉝＞㉞とする。

(2)　円周率πが3.10より大きいことを，次のように証明した。ただし，$1.414<\sqrt{2}<1.415$，$2.449<\sqrt{6}<2.450$，$2.645<\sqrt{7}<2.646$とする。

(証明)

半径1の円Oに内接する正二十四角形の面積をSとする。半径1の円の面積はπなので，$\pi>S$であるから，$S>3.10$であることを証明すればよい。

【図2】

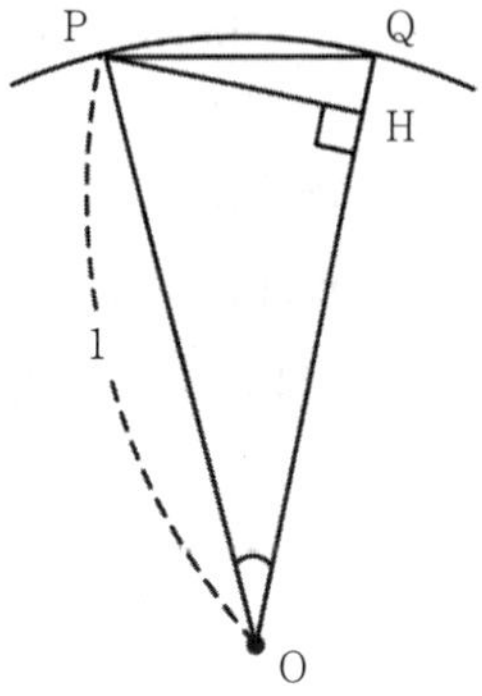

【図2】において，P，Qは正二十四角形の隣り合う頂点であり，Pから半径OQに垂線PHを下ろす。

このとき，$\angle POQ=$㊱㊲°であるから，

PH$=\dfrac{\sqrt{㊳}-\sqrt{㊴}}{㊵}$である。

よって，$S=$㊶$(\sqrt{㊷}-\sqrt{㊸})$である。

ここで，

$1.414<\sqrt{2}<1.415$，$2.449<\sqrt{6}<2.450$，$2.645<\sqrt{7}<2.646$のうち必要なものを利用すると，

$\sqrt{㊷}-\sqrt{㊸}>$㊹.㊺㊻㊼であるから，$S>3.10$である。

したがって，$\pi>3.10$である。

(証明終わり)

4 図のように，半径6の円を底面とし，高さが12の円柱があり，線分 AB は下面の直径である。また，点Cは上面にあり，AB⊥BC である。2つの動点P，Qは，それぞれA，Bを同時に出て，毎秒 π の速さで下面の周上を反時計回りにちょうど1周して停止する。このとき，次の [48]～[56] にあてはまる数字を，それぞれ1つずつ選んでマークしなさい。ただし，円周率を π とする。

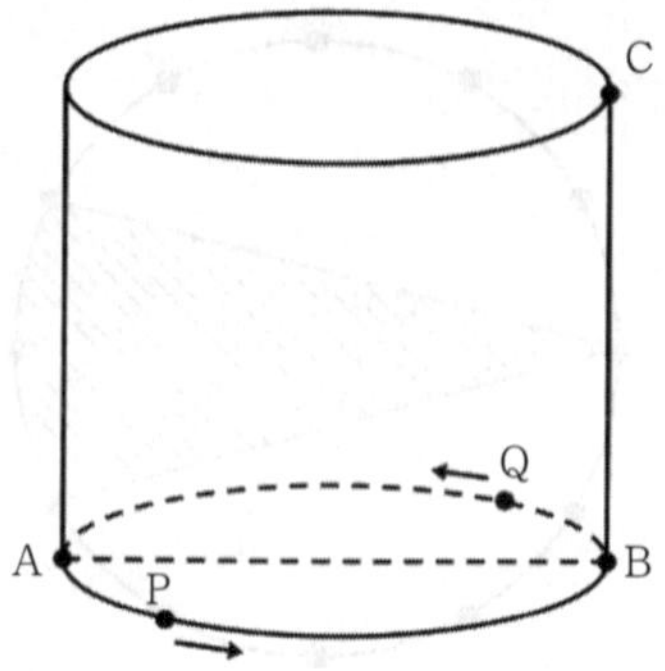

(1) P，Qが動き出してから2秒後の∠AQP の大きさは，[48][49]°である。

(2) 四面体 APQC の体積の最大値は，[50][51][52] である。

(3) 動点Rは，Pと同時にAを出て，次のルールに従って動く。

- Rは毎秒 x の速さで円柱の側面上を動く。ただし，側面と上面の共通部分の円のうち，C以外の点に到達することはできない。
- RはCに到達すると停止する。

(2)で求めた値を V とするとき，四面体 APQR の体積が V と等しくなることがあるような x の最小値は，$\dfrac{[53]}{[54]}\sqrt{\pi^{[55]}+[56]}$ である。

5 図のように，放物線 $y=\dfrac{1}{2}x^2$…①と直線 $y=x+4$…②がある。①と②の交点を x 座標の小さい方からA，Bとする。線分 AB を直径とする半円と y 軸との交点をPとする。ただし，Pは直線 AB の上側にあるものとする。次の [57]～[67] にあてはまる数字を，それぞれ1つずつ選んでマークしなさい。ただし，円周率を π とする。

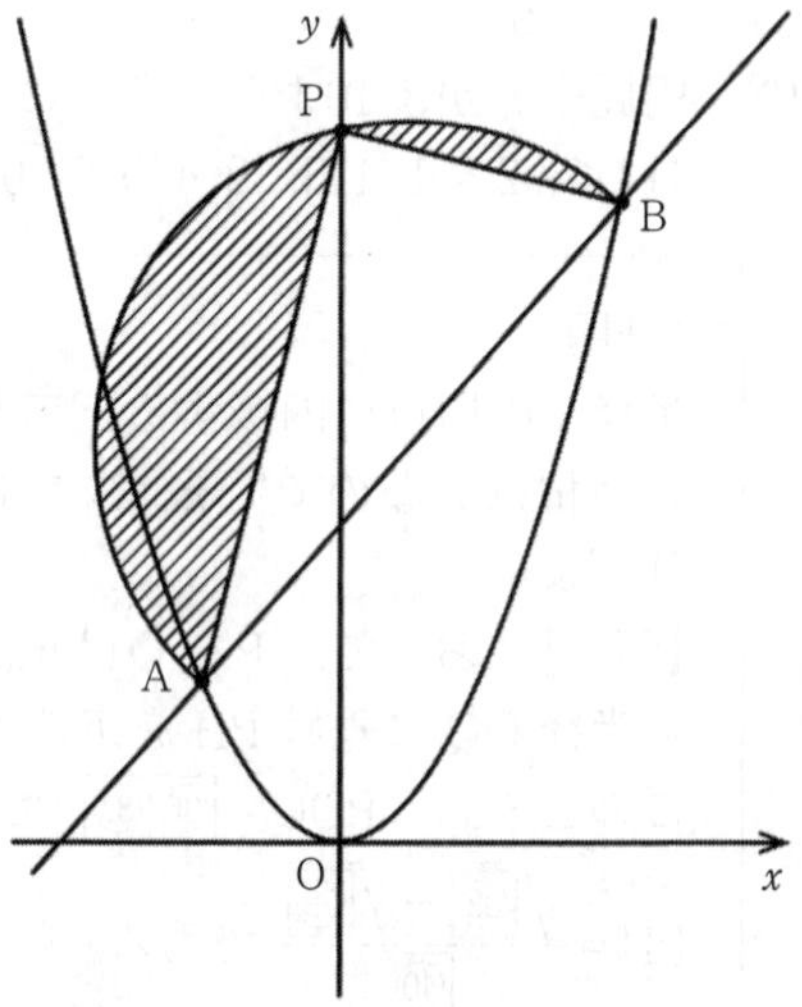

(1) Aの x 座標は $-$[57]，Bの x 座標は [58] である。

(2) Pの座標は，$(0,\ [59]+\sqrt{[60][61]})$ である。

(3) 図の斜線部を，②を軸として1回転させてできる立体の体積は，$[62]\sqrt{[63]}\left([64][65]-\sqrt{[66][67]}\right)\pi$ である。

オ　あの雲はおかしな形をしている。

問四　江戸時代、上田秋成が著したとされる作品を、次のア～オの中から一つ選び、解答欄［30］にマークしなさい。［30］

ア　好色一代男　イ　雨月物語　ウ　土佐日記

エ　東海道中膝栗毛　オ　源氏物語

問五　次の意味を表す言葉として正しいものを、後のア～オの中から一つずつ選び、解答欄［31］・［32］にそれぞれマークしなさい。

(1)　欲しいという気持ちが起きる。［31］

ア　食指が動く

イ　木で鼻をくくる

ウ　枕を高くする

エ　固唾を呑《の》む

オ　歯が浮く

(2)　必要な情報を手に入れ、その情報を使いこなす力。［32］

ア　アイデンティティ

イ　ユーモア

ウ　リテラシー

エ　マインド

オ　ソース

問六　次の各文の――線部のカタカナを漢字に改めた場合、同じ漢字を使うものを、後のア～オの中から一つずつ選び、解答欄［33］～［36］にそれぞれマークしなさい。

(1)　従業員をカイコする。［33］

ア　カイコ録を読む。

イ　病人をカイホウする。

ウ　容態がカイホウに向かう。

エ　涼しげなカイキンシャツを着る。

オ　輸入がカイキンされた農作物。

(2)　ソガイされ、孤独を感じる。［34］

ア　人口が減り、カソ化していく。

イ　ソマツな食事。

ウ　ソショウを起こす。

エ　問題解決のためのソチを講じる。

オ　ソセンが残した家宝。

(3)　事実をコチョウして表現する。［35］

ア　チョウレイボカイの指示では困る。

イ　学力だけにヘンチョウする姿勢には反対だ。

ウ　チョウコクが有名な美術館に行く。

エ　常識をチョウエツした意見に圧倒される。

オ　イッチョウラのスーツを着て結婚式に行く。

(4)　この取り組みは、同業他社とキを一にするものだ。［36］

ア　穏やかなキコウの土地ですね。

イ　国家キコウの安定を図る。

ウ　船が航海を終え、キコウする。

エ　有名作家の人生のキセキをたどる。

オ　江戸時代に書かれたキコウ文の学習。

わっています。まずは、次の【文章Ⅱ】を読んでみましょう。これは『古今和歌集』「仮名序」に書かれている和歌の効果について語った有名な文章です。

【文章Ⅱ】

やまと歌は、人の心を種として、よろづの言《こと》の葉とぞなれりける。世の中にある人、ことわざ繁《しげ》きものなれば、心に思ふことを、見るもの聞くものにつけて、言ひ出《い》だせるなり。花に鳴く鶯《うぐひす》、水にすむ蛙《かはづ》の声を聞けば、生きとし生けるもの、いづれか歌をよまざりける。力をも入れずして天地《あめつち》を動かし、目に見えぬ鬼神《おにがみ》をもあはれと思はせ、男女の中をもやはらげ、猛《たけ》きもののふの心をも慰むるは歌なり。

（『古今和歌集』「仮名序」による）

ア　生徒A―和歌は人の心から生まれてくる様々な感情を言葉として表現する手段なのですね。

イ　生徒B―鶯や蛙などでさえ、生きているものは全て何らかの形で和歌を詠んでいると考えるのは素敵だな。

ウ　生徒C―人だけでなく、本来は言葉の通じないような鬼神までも感動すると思わず歌を詠むなんて和歌はすごいね。

エ　生徒D―男女の喧嘩や荒々しい武士の心を穏やかにしてくれるというのも和歌の持つ大切な力だね。

教　師―そうですね。当時は和歌に対するこのような考えがあったからこそ、【文章Ⅰ】で元の妻は和歌を男に伝えようとしたのです。

問七　――線部の和歌は、「ふね」という言葉に「舟」と「馬舟」の二つの意味が、「まかぢ」にも「舟の舵」と「まかぢ」という童の名前がそれぞれ込められている。これらを踏まえてこの和歌の趣旨として最も適当なものを、次のア～エの中から一つ選び、解答欄26にマークしなさい。　26

ア　行き先を決める舵を失った舟のように、私は辛い世の中をどうやって生きて行けばよいのでしょう。

イ　舟を停める時に巻く綱のように、私は「男」の気持ちを何とかして引き止めたいのです。

ウ　激しい流れに逆らって進む舟のように、私は「新しい妻」から「男」の気持ちを取り戻したいのです。

エ　舟が舵を切って進む方向を変えるように、私も一人で新しい人生を歩んでいこうと思います。

四

次の各問いに答えなさい。

問一　次の文の――線部の「こそ」は係助詞である。それを踏まえて、□に入る語として正しいものを、後のア～エの中から一つ選び、解答欄27にマークしなさい。　27

聞きしにもすぎてたふとくこそおはし□。

ア　けら（未然形）　イ　けり（終止形）

ウ　ける（連体形）　エ　けれ（已然形）

問二　次の古文の読み方を現代仮名遣いで表したものとして正しいものを、後のア～エの中から一つ選び、解答欄28にマークしなさい。　28

はかなき仲なれば、かくてやむやうもありなむかし、

ア　はかなきなかなれば、かくてやむやうもありなむかし、

イ　わかなきなかなれば、かくてやむようもありなむかし、

ウ　はかなきなかなれば、かくてやむようもありなんかし、

エ　わかなきなかなれば、こうてやむようもありなんかし、

問三　次の文の――線部と同じ意味・用法のものを、後のア～オの中から一つ選び、解答欄29にマークしなさい。　29

妙なうわさが広がっている。

ア　おだやかな海が好きだ。

イ　それほど遠くはない。

ウ　いろんな価値観にふれてみたい。

エ　春なのにまだ寒い。

ひければ、「いとよく申してむ」とEいひければ、かくいひける、

「『ふねも往ぬ　まかぢもみえじ　今日《けふ》よりは　うき世の中を　いかで渡らむ』と申せ」といひければ、男に、「かく」といひければ《「このように言われました」と言ったところ》、物かきふるひ往にし男なむ、しかながら《そっくりそのまま》運び返して、もとのごとくあからめもせでF添《そ》ひゐにける。

（『大和物語』による　問題作成のために本文を一部変更したところがあります）

※1　男、妻まうけて…当時は現在とは異なり一夫多妻制であったため男が複数の妻を持つことがあった。

※2　馬舟…飼葉桶《かいばおけ》。馬や牛の餌《えさ》となる藁や草を入れておくための桶。

問一　――線部A「男女すみわたりけり」とあるが、どういうことか。最も適当なものを、次のア～エの中から一つ選び、解答欄[19]にマークしなさい。[19]

ア　男と女が様々な場所を転々と暮らしていたということ。

イ　男と女がそれぞれ別の場所で暮らしていたということ。

ウ　男と女が同じ場所で一緒に暮らし続けていたということ。

エ　男と女が別の場所から引っ越してきたということ。

問二　――線部B「この家にありける物どもを、今の妻のがり、かきはらひもて運び行く」とあるが、どういうことか。最も適当なものを、次のア～エの中から一つ選び、解答欄[20]にマークしなさい。[20]

ア　新しい妻の荷物を全て住んでいた家に持って来たということ。

イ　住んでいた家の全ての荷物を新しい妻の家に持って行ったということ。

ウ　男の荷物を全て新しい妻の家に持って行ったということ。

エ　元の妻の荷物を住んでいた家から全て捨ててしまったということ。

問三　――線部C「きむぢも今はここに見えじかし」とあるが、このように言っている時の女の説明として、最も適当なものを、次のア～エの中から一つ選び、解答欄[21]にマークしなさい。[21]

ア　「あなたも今だけはここに来て顔を見せてほしい」と男への愛しさを述べている。

イ　「お前はもうここに来てはいけないよ」と童に対しての別れを告げている。

ウ　「あなたには二度とここに来ないでほしい」と男への恨みを訴えている。

エ　「お前ももう今後はここに来てくれないのだろう」と童への寂しさを訴えている。

問四　――線部D「文はよに見給はじ」とあるが、どういうことか。最も適当なものを、次のア～エの中から一つ選び、解答欄[22]にマークしなさい。[22]

ア　男は私の手紙を世間の人には見せないだろうということ。

イ　男はあなたに私の手紙を絶対に見せないだろうということ。

ウ　男は決して私の手紙を読んでくれないだろうということ。

エ　男はいつものように私の手紙を新しい妻に見せるだろうということ。

問五　――線部E「いひけれ」・F「添ひゐ」の主語として最も適当なものを次のア～エの中から一つずつ選び、解答欄[23]・[24]にそれぞれマークしなさい。　E―[23]、F―[24]

ア　男　　イ　女（元の妻）

ウ　妻（新しい妻）　　エ　童（まかぢ）

問六　次に示すのは、【文章Ⅰ】における＝＝線部の和歌の効果について教師と生徒が話している場面である。後のア～エの生徒の発言の中で、【文章Ⅱ】の内容と**異なること**を述べているものを一つ選び、解答欄[25]にマークしなさい。[25]

生徒A―どうして女の和歌を聞いて男の気持ちが変わったのですか。

教　師―それは【文章Ⅰ】の中で元の妻が詠んだ和歌の働きがかか

ある相対化を前提とする」ことなのである。そしてこの視点に立つかぎり、「それ自身はきわめてささやかなことも最大のよろこびをもたらしうる」のだという。笑っているかぎり、幸福と喜びを味わえているかぎり、どれほど苦悩に満たされた心でも、心が壊れることを防げるだろう。

※1　ヴィクトル・フランクル…オーストリアの精神科医。第二次世界大戦中、ナチスの強制収容所に捕らえられた。『夜と霧』はその時の凄惨《せいさん》な経験を描いた本。

生徒C―どうだろう。ここに書かれていることは、まさしく青年の最後の笑いを説明するのではないかな。

生徒D―つまり、青年は笑うことで自分が徴兵されるという現実を相対化して、必死に自分を維持しようとしているのね。言われてみれば、確かに、彼自身、「［Y］」とも言っているわ。

生徒A―……すごいなぁ。僕は、自分が同じ立場だったら、そんな風に笑える自信がないよ。

生徒B―いわゆる「［Z］」という状態ね。なるほど、そういえば青年が目指していたのは「泣きと笑いの映画」だったわね……。

［X］ 16

ア　青年に赤紙が届いたことで、青年の心のゆとりがなくなった

イ　青年に赤紙が届いたことで、青年と支配人の間にあった枠組みが崩れ去った

ウ　青年に赤紙が届いたことで、支配人の言動が機械的となった

エ　青年が映画を諦めることで、青年と支配人の間に差異が生まれてしまった

オ　青年が映画を諦めることで、青年と支配人はそもそも同一でなかったと露呈した

［Y］ 17

ア　再来週には僕、兵隊さんじゃ

イ　阿呆じゃな。芸術家も世相を見ならんのになぁ

ウ　ほら、おっさん、いつもの台詞じゃ

エ　あのね、おっさん、わしゃ、かーなわんよ！

オ　でも僕、負けとうないのう

［Z］ 18

ア　明日の事を言えば鬼が笑う

イ　今泣いた烏がもう笑う

ウ　顔で笑って心で泣く

エ　笑う顔に矢立たず

オ　一銭に笑う者は一銭に泣く

三　次の文章を読んで、後の問いに答えなさい。

【文章Ⅰ】

下野《しもつけ》の国にA男女すみわたりけり。年ごろ住みけるほどに、※1男、妻《め》（新しい妻）まうけて心かはりはてて、Bこの家にありける物どもを、今の妻のがり、かきはらひもて運び行く。心憂《う》しとおもへど、ただなほまかせて見けり（そのままさせて見ていた）。塵《ちり》ばかりのものも残さずみな持て往《い》ぬ。ただのこりたるものは、※2馬舟のみなむありける。それを、この男の従者《ずさ》、「まかぢ」と言ひける童《わらは》を使ひけるして、この舟をさへ取りにおこせたり。この童に女のいひける、「Cきむぢも今はここに見えじかし」などいひければ、「などてかさぶらはざらむ（どうして来ないことがあるでしょうか）。主おはせずとも、さぶらひなむ」などいひ立てり。女「ぬしに消息《せうそこ》聞こえむ（連絡をしたい）は申してむや（伝えてくれないか）。D文《ふみ》はよに見給はじ。ただ、言葉にて申せよ」とい

きてくれたことに安堵せずにはいられなかったから。

エ　最高の泣きと笑いの映画を作ると言ってからずいぶん経つのに、姿を消した彼に対し、自分のつまらない話が彼の映画製作を邪魔したのではないかと後悔していたところ、彼が戻ってきたため、安心せずにはいられなかったから。

オ　ひとつ目の脚本を仕上げると言ってからずいぶん経つのに、長らく姿を見せなかった彼に対し、何か事件や事故に巻き込まれたのではないかと心配していたところ、彼が戻ってきて、思わず嬉しくなったから。

問五　次に示すのは、この文章と本試験における[一]の評論文（23ページ～21ページ）を読んだうえで、四人の生徒が話し合っている場面である。空欄[X]～[Z]に入るものとして最も適当なものを、後のア～オの中から一つずつ選び、解答欄[16]～[18]にそれぞれマークしなさい。

生徒A―僕は、この小説の最後の場面で「いつものように笑った」「いつもの台詞じゃ」「初めて映写室へ案内したときと未だ同じ色で照っていた」というように、青年がそれ以前と変わりないことが強調されていることが、どうしても気になったよ。

生徒B―私もそこに注目したわ。それと同時に、「言葉をなくした」「そりゃ、おまえさん……」「息が詰まって途切れた」と、直前まで「おどけた台詞」を吐いていた支配人の何も言えなくなっている姿が印象的だわ。

生徒C―なるほど。言われてみると、笑う青年と、言葉を失う支配人が対比的に描かれているね。これは一体どういうことだろう。

生徒D―[一]の評論の内容を使って考えてみるとわかりやすいんじゃないかな。つまり、ここでは[　X　]ということだと思うよ。

生徒A―たしかに。だから、支配人は笑う青年に対して、笑い返すことが出来ないんだね。

生徒B―でも、それは支配人の態度についての説明にはなっても、最後に青年が「くしゃくしゃになった顔で笑った」ことの説明にはならないような気がするわ。この小説は、青年の「つっはははは、という空疎な笑い声」で終わりになるけど、なぜ青年は最後に笑い声をあげるのかしら。

生徒C―その点について、僕は次の文章が参考になると思うんだ。[一]の評論文の続きにあたる箇所なんだけど、ちょっと見てもらえないかな。

　笑いと自由の深い結びつきを語っているのが、強制収容所への収容を体験した※1ヴィクトル・フランクルである。『夜と霧』のなかで彼は、笑いが人々の精神を崩壊させないためにいかに貴重な武器となったかを強調している。強制収容所にはユーモアもあったと言ったならば驚かれるだろうと認めながら、フランクルは「ユーモアもまた自己維持のための闘いにおける心の武器である。周知のようにユーモアは通常の人間の生活におけるのと同じように、たとえ既述のごとく数秒でも、環境から距離をとり、それを上から眺める場所にみずからを置くのに役立つのである」と指摘する。ユーモアは自己を含めた強制収容所というものの全体を批判的なまなざしで眺めるために役立つのである。

　そして収容所の仲間の心が挫けないようにするために、仲間に「これから少なくとも一日に一つ愉快な話をみつけることをおたがいの義務にしよう」と提案したのだった。想像できるように強制収容所の生活は、巨大な苦悩をもたらす。その苦悩は心を満たし、やがて心を壊してしまうだろう。それを避けるためには、この苦悩を相対化するまなざしをもつ必要があるのである。

　ユーモアの意志をもつこと、それは「事物を何らかの形で機知のある視点でみようとすること」であり、「あらゆる苦悩の

ウ　支配人の選ぶ映画には「憐れ」を伝えようという意志が溢れており、それは彼の持つ噺家特有の雰囲気と関係すると思ったから。

エ　支配人に「噺」をしていた人間特有の雰囲気を感じ、それが彼の選ぶ映画の質の高さにつながっている気がしていたから。

オ　支配人の所作に古典芸能を学んだ人間特有のものを感じ、それが彼の選ぶ映画の人気につながっている気がしていたから。

問二　――線部B「いつもの台詞は、うまく言えそうにない」とあるが、この時の支配人の心情として最も適当なものを次のア～オの中から一つ選び、解答欄 12 にマークしなさい。 12

ア　妻を裏切ってまでのめり込んでも、ものにできなかった浪曲の経験が自分の身に染みついていることを、自分の過去を何も知らない青年に気付かれ、そうした過去が現在につながっていることを彼に認められたことで、救われた気持ちになっている。

イ　妻を死に追いやってまでも、まったく、ものにできなかった浪曲が自分の今につながっていることを、まだ青年に自分の過去を話していないにも関わらず、彼から指摘されたことで、嬉しいのか悲しいのかすらわからない感情に満たされている。

ウ　自分が心の底からものにしたかった「泣き」とは違う「憐れ」が、気づかない内に身に染みついていることを青年に指摘され、妻を苦しめてまで続けた浪曲をようやくものにできたのだと感じ、言葉にできない感慨深さを感じている。

エ　仕事も妻も捨ててまで努力しても、浪曲をまるでものにできなかったことを青年に告白したところ、だからこそ支配人の現在があるのだと軽々しく青年が語るのを聞き、浪曲は失っても今の自分には映画があると気付き、心が軽くなっている。

オ　妻に隠れて修業した浪曲だが、結局、何一つものにはできなかったと青年に告白したところ、そうした暗い過去も含めて現在はあるのだと青年が語るのを聞き、映画館の支配人としてできることを頑張ろうと、気持ちが前向きになっている。

問三　空欄 C ・ D に入るものとして最も適当なものを、後のア～オの中から一つずつ選び、解答欄 13 ・ 14 にそれぞれマークしなさい。

C 13

ア　もうすぐに、つぼみは開く

イ　しかし、桜は咲かなかった

ウ　雪のように散る桜が、少し楽しみだった

エ　ふと、青年は桜のような人だと思った

オ　自分も桜を好きになれるかもしれない。そんな予感がした

D 14

ア　春を告げる穏やかな風

イ　まるで梅雨のような重たい風

ウ　真夏の夜のような生ぬるい風

エ　晩秋を思わせる渇いた風

オ　まだ冬を残した風

問四　――線部E「見当はずれなおどけた台詞を吐いてしまった」とあるが、支配人がこのように言うのはなぜか。その説明として最も適当なものを、次のア～オの中から一つ選び、解答欄 15 にマークしなさい。 15

ア　挫折を繰り返してきた自分と共にいることを苦痛に感じ、青年が姿を消すのは当然だと思いつつも、何も言わずに姿を消した彼が過去の自分に重なり怒りも感じていたが、いざ彼が戻ってくると、思わず嬉しくなったから。

イ　青年に自分がただの薄汚れた初老の男に過ぎないと気付かれたため、彼が映画館を去るのは仕方ないと思いつつ、自分はもっと青年と話がしたかったと感じていたので、突然姿を現した青年の姿に思わず喜びを感じたから。

ウ　自分が語った挫折話に失望し、青年は映画館を去ったに違いないと悔いていた一方、何も連絡をよこさない青年への怒りも感じていたが、以前と変わらぬ青年を前にすると、彼が戻って

お門違いであることを恐れた。

「家の事情かい？　映画を撮るのはどうするんだい」

　遠慮がちに訊くと青年は、つっははは、といつものように笑った。「家のことならよかったんじゃがのう」と目頭の辺りをこすった。

「あのなぁ、おっさん。僕にも※7赤紙が来よったんじゃ」

　支配人は、なにか別の世界の言語に接するように、その耳慣れぬ言葉を聞いていた。

「二週間前に通知が来ての、身体検査だのなんだのすぐやれゆうて、うるそうてのう。おっさんに知らせねばと思ったんじゃが、僕の下宿、電話を引いてないけん、連絡できんですんません」

　また鹿威しのように頭を下げる。支配人は、言葉をなくした。この十日余りの間に青年が味わった懊悩《おうのう》に触れたような気がした。ここに連絡することすら思いつかなかったほどの懊悩に。

「でな、もう来週には荷物まとめて一旦故郷に戻ってな、家族と別《べつ》宴《えん》してのう、そこから今度は筑波の演習場に入るんじゃ。再来週には僕、兵隊さんじゃ」

「そりゃ、おまえさん……」

「泣きの活動写真に夢中になってな、僕も徴兵されるかもしれんっちゅうことをすっかり忘れとった。阿呆《あほう》じゃな。芸術家も世相を見なならんのになぁ」

　わざとらしく頭を掻いた。それから物欲しそうな顔をした。

「ほら、おっさん、いつもの台詞じゃ」

　両手を前に出して煽《あお》るような仕草で手首を動かす。支配人は、青年の目を見た。その目は、初めて映写室へ案内したときと未だ同じ色で照っていた。

「※8馬鹿は死ななきゃ……」

　息が詰まって途切れた。それを見て青年はひと際大きな声で返した。

「あのね、おっさん、※9わしゃ、かーなわんよ！」

　怒鳴るような声だった。ずっと続くはずだったものを鉈《なた》で断ち切る掛け声のようでもあった。

「のう、おっさん。やっぱり現実は思うたよりずっと手強いんじゃのう。でも僕、負けとうないのう」

　青年はそう言って、くしゃくしゃになった顔で笑った。

　つっははは、という空疎な笑い声が、映画館の辺りをしばらく所在なげに漂っていた。

※1　活動写真…現在の映画のこと。明治・大正期における映画の呼称。
※2　噺や小唄…落語や、三味線の伴奏で歌う歌曲のこと。いずれも古典大衆芸能。
※3　浪曲…明治時代初期から始まった、三味線を伴奏にして独特の節と語りで物語を進める語り芸。
※4　弁士…まだ映画に音声がついていなかった時代、上映中の映画の解説や台詞をしゃべることを仕事とした芸人。
※5　庄助さん…青年のあだ名。
※6　ミソサザイ…鳥の名前。
※7　赤紙…軍隊の召集令状の俗称。
※8　馬鹿は死ななきゃ…「……治らない」と続く。当時流行した浪曲「森の石松」の台詞。
※9　わしゃ、かーなわんよ…喜劇役者である高勢実乗『怪盗白頭巾』のセリフ。

問一　――線部A「おっさんは昔、活動写真のもっと源の、例えば噺や小唄のようなもんをしとらんかったかの」とあるが、青年がこのように言うのはなぜか。その理由として最も適当なものを次のア～オの中から一つ選び、解答欄[11]にマークしなさい。[11]
ア　支配人の選ぶ映画は「泣き」とは違う「憐れ」が描かれており、浪曲をやっていた人間に違いないと思っていたから。
イ　支配人の選ぶ映画には見事な「憐れ」が描かれた作品が多く、本来、映画とは別の世界を生きるべき人のような気がしていたから。

朝から、青年はうれしそうだ。

「そうかねぇ。桜は少し派手すぎるよ。散り方も殺生だ。きれいに見えるのは梅までだ。せいぜいそこまでだよ」

「そんなことはないよ、おっさん。ええぞう、桜は。雪みたいじゃぞう。ほうじゃ、一遍お堀の桜を見に来たらええよ。僕が案内したるけん。見たら考えも変わるはずじゃ」

「※5庄助さん！」と彼を捜す従業員の声がロビィのほうから聞こえてきた。「あ、いかん。やりっ放しじゃった」と青年は口の中で言って、慌てて階段を下りていった。支配人は青年とひとつの約束をしていた。桜の咲くまでに取り敢えずひとつ目の脚本を仕上げてみること。
[C]。
ところがそれから三日後、青年は突然、連絡もなしに仕事を休み、それきりぱったり映画館に来なくなったのだ。

はじめは誰もが「風邪でもひいたのだろう」と気にも留めなかった。あれほど夢中で通ってきていたのに、挨拶《あいさつ》もなく辞めるはずもないと従業員の誰もが青年を疑わなかったのだ。それでも十日経っても電話一本入らず手紙一つ届かないとなると、さすがにみな、不審の顔を見合わせるようになった。

支配人は「家にこもって脚本書きに夢中になっているのだろう」と青年の不在を心の中で理由づけた。そのそばから、あんな話をしたからだ、という悔恨が腹の奥に湧いてくるのだ。なぜ浪曲をやっていた時分の話などしたのだろう。前しか見ていない青年が、初老の男の薄汚れた挫折《ざせつ》話に失望しないはずがない。そんな人間と一緒にいるのを苦痛に思わぬはずもないのだ。挫折や妥協なぞ、あの若さで誰が咀嚼《そしゃく》したいと思うだろう。

下宿の詳しい住所も知らず、電話の有無もわからなかったから、青年とは連絡のとりようもなかった。もどかしい日々が続いた。従業員たちは「庄助さん」の不在を、馴染みの駄菓子屋が店を閉めたときのような取り返しのつかない寂しさをもって噂《うわさ》し合った。支配人は腹の中で悔いたり、怒ったり、嘆いたりと、忙しく煩《わずら》った。

「それにしたって一言あってもよかったはずだ」といういじけた考えが所構わず噴き出して難渋《なんじゅう》した。事務室にこもっているといろんな考えが頭をもたげて息苦しくなるから、表に出て呼び込みをする。声を上げていると唯一、考えを休むことができた。
[D]が足下を吹き抜け、それと同じ低い場所を※6ミソサザイが羽音も立てずに飛んでいった。
「おっさん」

聞き慣れた声が漂ってきて、支配人はうろたえた。幻聴までできたのかと怯《おび》えたのである。が、振り向いて、そこに幻覚ではなくあの青年が立っているのを見つけて、思わず喉《のど》を詰まらせた。

「おまえさん、急に……」

叱りつけようか、それとも先に事情を聞こうか、支配人は逡巡する。なのに安堵や喜びのほうが先に立ち、

「なんだい、例の泣きと笑いの映画の撮影にでも入ったのかと思っていたよ」

と、E見当はずれなおどけた台詞を吐いてしまった。青年はそれを聞くと、妙に懐かしそうな顔をした。それから一旦、口を引き結んで言った。

「あのな、おっさん。急なんじゃけどな、僕な、ここを辞めさせてもらうことになりました」

「そりゃ……なんでまた」

水に黒いインクを落としたような失望が、支配人の内側に広がっていく。

「故郷に帰らねばならなくなったんじゃ」

青年が長男だと言っていたのを支配人は思い出した。親御さんから、東京でフラフラしているのなら家を継げとかなんとか言ってきたのだろうか。いや、単純にここにいるのが憂鬱《ゆううつ》になったのだ。自分のように崩れていくのが怖くなったのだ。支配人は短い間で忙しく、そして重苦しく考えを巡らせた。引き留めたいが、それ自体が

な、おっさん。前から訊《き》こうと思うとったんじゃけどな、Aおっさんは昔、活動写真のもっと源の、例えば※2噺《はなし》や小唄のようなもんをしとらんかったかの」

　誰にも語っていなかった過去を突かれ、支配人は言葉をなくした。

「……どこでそれを知った？　※3浪曲のことを……」

「あぁ浪曲かぁ、なるほどのう」

　顎《あご》をさすりながら青年は笑う。

「別段知っとったわけではないんじゃけどな、僕、おっさんに会《お》うてすぐわかった。ああ、この人は『支配人』じゃのうて、『おっさん』のほうがええのうて勝手に思った。浪曲とかな、噺の雰囲気じゃ。そういう拍子っちうんかな、それが身体に染みついとるけん。だから選ぶ活動写真が粋でな、で、なんちうか憐れを見事に描いたもんが多かったんじゃな、とわかった。僕はな、ここで活動写真を観るたびに、ようある『泣き』とは違う『憐れ』を学んだ気がしてたんじゃ。勉強になりました」

　青年は鹿威《ししおど》しのように頭を下げた。彼の頭のてっぺんにあるふたつのつむじを見るうちに、支配人はなぜか泣きそうになった。嬉しいのか、哀しいのかすらわからない、ただただ床《ゆか》しい心持ちに身体中を浸された。

「やっていたのは確かだが、まったく、ものにはならなくてね」

　動揺を隠しながら支配人は言う。

「あれはどういうもんだろう、年齢がいってなにか新しいものに目覚めちまうと歯止めがきかないんだな」

　青年は手を膝《ひざ》の上に揃《そろ》えて置いて、支配人の言葉を聞いている。支配人はその青年の目を見て、それ以上語ることをよした。それからの経緯は、言葉として発するにはどこか実感に乏しかったからだ。

　妻になぜ、役所を辞めたと言えなかったのか。浪曲の道に進みたいと言えなかったのか。そんなことすら、今となっては曖昧だ。それまでの蓄えと幾ばくかの手当で体裁を繕《つくろ》い、役所勤めを続けているふりをして、こっそり芽の出ぬ修業に勤しんだ。白山の長久亭で、毎日出囃子を聴き、師匠の鞄《かばん》を持ち続けた。すぐに妻は自分の姿を見つけるだろう、そのときを申し開きの機にするのだ、と決めていた。おまえが絵に出会ったように、俺も見つけたんだよ、と。一緒に好きな道をまっとうしようと言えば、彼女は反対しなかったはずだ。なのに、市街電車の事故をきっかけにそのまま失踪し、それきり妻とは会わなかった。

　程なくして起こった震災で、妻が家の下敷きになって死んだことを人づてに聞いた。浪曲に見切りをつけたのは、そのすぐあとのことだ。

「何年やっても煮ても焼いても食えなくてさ、結果四十になってからの宗旨《しゅうし》替えだ。昔の仲間で※4弁士に転じた奴がいてね、そのつてでなんとかここに拾われたってわけだ。だから映画を見る目なんぞ、そう持っちゃいないんだよ」

　青年は、大人しく耳を傾けるだけで、根掘り葉掘り詳細を訊くようなことをしなかった。だが支配人がもう一度、「そう。ものにはならなかったんだ」と自嘲《じちょう》を込めて言うや、間を置かずに、

「そじゃけぇ、お陰でこねーにおもろいもんがおっさんを待っとったんじゃのう。浪曲がうまくいってたら、おっさんここにはおらんかったな」

　と、笑った。支配人はぼんやりと青年の顔を眺めた。「どこまで楽天家だろう」というBいつもの台詞は、うまく言えそうにない。

「おっさんはええのう。もう自分の中に笑いと泣きがありようる。僕の目指すもんをもう内側に持っとるんじゃ」

　青年は心底羨《うらや》ましそうな顔つきで言った。やっぱり活動写真を撮るのは生半可なことじゃいかんな、こういう手合がちゃんと生きて居るんじゃからな、と笑い、手垢《てあか》で黒くなった帳面を開いて、そこに書いてあったいくつかのメモ書きをくしゃくしゃと塗りつぶした。

　そろそろ春の花が、開きはじめる頃になった。

「もうすぐ桜の季節じゃのう。僕の下宿の近くには桜並木があるけんな、あすこが満開になるときれいじゃぞう」

に変化させることで成立するため、その調節が重要だということ。

エ　笑いは、その場面の背景にある暗黙の了解だけでなく、その了解がすれ違うことによっても引き起こされるということ。

オ　笑いは、それを生み出す特定の枠組みを維持するのか破棄するのかの判断を、気まぐれに委ねることこそが大事だということ。

問四　――線部C「生けるものの上に貼りつけられた機械的なもの」とあるが、なぜベルクソンは人間を「機械的」と表現したのか。最も適当なものを、次のア～オの中から一つ選び、解答欄[7]にマークしなさい。　[7]

ア　誰もが自分では自分の意思で行動しているつもりであるが、実際は他人から与えられた刺激に反応しているに過ぎないから。

イ　誰もが自分を特別な存在だと考えているが、現実的には社会の自動的な規則ずくめから逃れることができていないから。

ウ　誰もが自分は自由に行動していると考えるが、無意識のうちに社会の規範に捕らわれ、型にはまった行動を繰り返しているから。

エ　誰もが自分を自分でコントロールしているつもりであるが、人間には他人に流され、真似をしてしまう性質があるから。

オ　誰もが自分だけは他人と違うと考えがちだが、人間は他人の行動を反復し、その言動を増殖させてしまう性質があるから。

問五　空欄[X]に入るものとして最も適当なものを、次のア～オの中から一つ選び、解答欄[8]にマークしなさい。　[8]

ア　人間にとっての笑いの重要性

イ　人間の笑いが機械的になってしまっていること

ウ　人間が笑うことの文化的意味

エ　人間の笑うべき生き方

オ　人間が本当の意味で笑うために必要なこと

問六　「笑い」に関する本文の説明として適当なものを、次のア～カの中から二つ選び、解答欄[9]・[10]にそれぞれマークしなさい。　[9]、[10]

ア　『パンセ』によると、二つの似かよった顔を同時に見ることは、別々に見る時以上の笑いを引き起こす。

イ　人間が笑うためには、心のゆとりが必要である。

ウ　「びっくり箱」は「いないいないばあ」の笑いを、おもちゃで実現するために作られた。

エ　チャップリンのドタバタ喜劇には、「笑い」の理想的なあり方が見られる。

オ　「いないいないばあ」の笑いとベルクソンが示した「笑い」は、「枠組みの転換」という観点の有無で異なる。

カ　機械的な生活は人間から「笑い」を奪い去ってしまう。

二

次の文章は、木内昇の小説「庄助さん」の一節である。戦時体制下の浅草で、質の高い作品を上映する映画館の支配人は、そこで下働きしながら映画作りを夢みる青年から、彼の「新作」について何度か講評を求められていた。以下はそれに続く場面である。これを読んで、後の問いに答えなさい。ただし、設問の一部に[一]の文章を読んでいないと解けない問題がある。

年が明けて間もない昼下がり、青年は例の如《ごと》く、練り直した筋書きを書いた帳面を手に、事務室を訪れた。

「私の意見をそう信用することはないんだよ。映画を撮った経験が私にあるわけでもないんだから」

この頃には支配人は、青年に意見をすることが、どうも申し訳ないような心持ちになっていた。青年は事務室の小さな椅子《いす》に尺の長い身体をうまく収めようとしばし奮闘したが、ややあって諦め、長い足を放り出して照れたように笑った。

「いやぁでもな、おっさんの選ぶ※1活動写真が僕は好きじゃし、面倒かもしれんけんが、おっさんの意見は聞きたいんじゃ。それにによって、重大であるとともに意外な結果に到達する」と説明している。このプロセスは初期の※5チャップリンなどのドタバタ喜劇の映画によくみられる笑いのメカニズムであろう。初めはちょっとしたいたずらだったものが、反復されるうちに途方もない結末をもたらす。初めの枠組みとはまったく違う状況が発生するために、そのきっかけを作ったいたずら者も途端に慌てだす。そこで観客の笑いはますます強められるのである。

ベルクソンが示したこれらのどの例も、同一性の反復、反復における差異の発生、反復が維持される間の同じ枠組みの維持と、それが拡大していった後の枠組みの転換といった「いないいないばあ」の笑いのメカニズムを展開したものとなっている。しかしベルクソンはこれらの笑いの機能を、このメカニズムに限定することはない。そしてこの理論に基づいて、社会のなかで生きる人間の生活の機械化というもっと深い意味を与えようとしているのである。

ベルクソンは人間が社会のうちで知らず知らずに機械的な生き方をしてしまっていることに批判の目を向ける。笑いが生まれるメカニズムよりも、むしろ[X]を明らかにすることをこそ、この著作『笑い』は目指しているのである。

（中山　元『わたしたちはなぜ笑うのか』による）

※1　ベケット…アイルランドの劇作家。（一九〇六年～一九八九年）

※2　パスカル…フランスの哲学者。（一六二三年～一六六二年）

※3　ベルクソン…フランスの哲学者。（一八五九年～一九四一年）

※4　ピノキオの物語…イタリアの作家カルロ・コッローディの児童文学作品。もしくは、それを原作としたウォルト・ディズニーのアニメーション作品。ピノキオとは、これらの作品の主人公である、意思を持つ繰り人形のおもちゃのこと。

※5　チャップリン…イギリスの映画俳優。映画監督。（一八八九年～一九七七年）

問一　――線部A「『いないいないばあ』の笑いが成立するには、三つの基本条件が必要である」とあるが、筆者の述べる「『いないいないばあ』の笑い」と同様の「笑い」を含む例として最も適当なものを、次のア～オの中から一つ選び、解答欄[1]にマークしなさい。　[1]

ア　落語ファンならだれもが知る有名なネタに、時事に関する特別なアレンジを加えて、会場全体の笑いを誘った落語。

イ　何度、膝《ひざ》から降ろしても、すぐに飼い主の膝の上に飛び乗って甘えてくるという、思わず微笑ましくなるような子猫の行動。

ウ　独特の話し方で生徒の注意を引きつけ、歴史上の人物の知られざるエピソードを語り、教室中を笑わせた新任の歴史教師。

エ　昨年の漫才グランプリで優勝し、一躍有名になったお笑い芸人が、劇場で初披露し、前回同様多くの人を笑わせた新作ネタ。

オ　始業式の日に、クラスメートが全員冬服を着てきている中、自分だけが間違えて夏服を着てきて、みんなに笑われた経験。

問二　空欄[Ⅰ]～[Ⅳ]に入る言葉として最も適当なものを、次のア～オの中から一つずつ選び、解答欄[2]～[5]にそれぞれマークしなさい。（ただし、同じ記号を二度以上選んではならない。）

Ⅰ―[2]、Ⅱ―[3]、Ⅲ―[4]、Ⅳ―[5]

ア　原理　　イ　契約　　ウ　習慣
エ　哲学　　オ　文脈

問三　――線部B「笑いはこのように、その場面を支えている枠組みの同一性と差異の戯れから生まれる」とあるが、どういうことか。最も適当なものを、次のア～オの中から一つ選び、解答欄[6]にマークしなさい。　[6]

ア　笑いは、特定の遊びをしているという前提が明確な場合において成立するものであり、その前提を守ることが大切だということ。

イ　笑いは、二人の人間が同じことを語っているように見せながら、微妙に枠組みがすれ違っている時にのみ引き起こされるということ。

ウ　笑いは、その場面を支える枠組みの同一性を、時間経過と共めの心のゆとりが欠けているだろう。「いないいないばあ」の笑いはこのように、同一性と差異と枠組みという人間の笑いの基本的なメカニズムをうまく示している。

　このような同一性と差異のゲームの理論を利用しているのが※3ベルクソンの笑いの理論である。ベルクソンは笑いを分析した著作『笑い』で、人間の行為が機械的になったところで笑いをもたらすと主張する。「C生けるものの上に貼りつけられた機械的なもの」、それが笑いを引き起こすというのである。ベルクソンはその三つの例をあげる——びっくり箱、操り人形、雪だるまである。

　びっくり箱というのは、映画などでよく見かけるので周知のものだろう。ベルクソンは「われわれはみな、小さいころ箱から飛び出す小鬼で遊んだものである。ぎゅうぎゅう押さえつければ、それだけぴょんと高く跳ね上がる。蓋《ふた》の下にそれを押し潰すと、往々一切《いっさい》合切《がっさい》を跳ね飛ばす」と書いている。

　このおもちゃには、「いないいないばあ」の［Ⅲ］が活用されているのは明らかだろう。出てくるのはいつも同じ小鬼である。しかしこの小鬼はスプリング仕掛けで、押さえれば押さえるほどに高く跳ね返る。まるで生きているかのように、同じであるはずの小鬼が、前よりももっと元気になってふたたび現われるのである。そして子供が遊びたいとき、その条件をみたすときだけに現われる。同一性と差異のシステムによる笑いの三つの条件をすべて満たしているのである。

　ベルクソンはこのおもちゃについてはとくに「反復」の要素を重視する。「すると、われわれが手にいれるのは、古典喜劇の常套的《じょうとうてき》手段の一つである繰返しである」。たしかにドタバタ喜劇でも、追いかけっこを繰り返して、笑いをとることが多い。あるいは同じ言葉を違うタイミングで繰り返して笑わせることもある。いずれにしても笑いの第一の条件である同一性の反復が、このおもちゃに組み込まれているのはたしかだ。

　第二の例は操り人形である。自分では自力で動いているつもりでも、実は他者に操られて動いているマリオネットについては、※4ピノキオの物語をはじめとして、長い笑いの歴史があるが、ベルクソンが語るのは、人生において無意識のうちに定型を反復してしまう人の例である。誰もが自分は自由であると考えているし、自由に行動していると考えている。しかし無意識のうちに［Ⅳ］というものの操り人形になっていることが暴露されると、そこで笑いが生まれるというのである。

　ベルクソンは少し奇妙な例をあげる。かつて商船が難破して、数名の乗客がやっと救助されたことがあった。勇敢にもボートに乗って乗客を救助にかけつけたのは税関の役人たちだった。しかし彼らは乗客を助けると、まず「何も申告を要する物を携帯してはいませんね」と尋ねたのである。この質問はその状況を考えてみれば、枠組みの違いによって笑いが生まれると思われる。救助の枠組みと税関での申告の枠組みというまったく異なる二つの枠組みが、同一の人物のうちで混同されて提示されるから、おかしみが生じているのだろう。しかしベルクソンはそうではなく、「社会の自動的な規則ずくめ」から逃れることができない役人のちぐはぐさが笑いを引き起こすのだと考えるのである。

　第三の例は、雪だるまである。これは大雪のあとで子供がつくって、街角で箒《ほうき》をもって立っている雪だるまではない。子供が小さな雪の球を作って、斜面でころがして大きくしていくのだ。そのうちに雪だるまは加速し、まるで生きているもののように、自分の力だけで斜面を転がり始める。そしてますます大きくなりながら、周囲のすべてのものをなぎ倒して転がりつづける。ここにあるのは最初は同一性の反復でありながら、その同一性が反復されることによって異質なものに変化してしまうことによるおかしさであり、最初は遊びの枠組みで行なわれていたことが、災害の枠組みに転換してしまうことによるおかしさである。

　ベルクソンはこの枠組みの転換について、「自己増幅を加えながら自分を伝えてゆくから、初めは取るに足りないが不可避的な進行

二〇二三年度 大宮開成高等学校（併願A）

【国　語】（五〇分）〈満点：一〇〇点〉

一　次の文章は子供が「いないいないばあ」をなぜ好むのかを分析することを通じて、「笑い」のメカニズムを考察したものである。これを読んで後の問いに答えなさい。

A「いないいないばあ」の笑いが成立するには、三つの基本条件が必要である。第一の条件は、同一のものが隠れ、また現われることである。二度目に違う顔が出てきたのでは、子供は笑うことができない。馴染《なじ》みの顔が出てくるから笑うのである。それにこの同じものがそのままそこにあったのでは子供は笑わない。同じ顔が隠れて、また現われることが必要である。

ただし出てきた顔は前と同じものであるが、まったく同じものではない。第二の条件は、同一のものが現われるときに、すでに何らかの差異がそこに含まれていることである。この「いないいないばあ」の笑いでは、第二の顔は第一の顔とはすでに違うものとなっている。時間的な経過によって子供はそこにある違いを加えるからである。二度目の顔はすでに一度いなくなった顔であるという過去をそなえている。そして二度目の顔が現われるまで、ちょっとの間じらされると、子供はそれだけ楽しそうに笑うだろう。さらに反復する回数が増えれば増えるほど、子供の笑いは繰り返され、笑い声は高くなり、少しヒステリックになってくるだろう。

第三の条件は、この顔の同一性と差異を可能にする「遊び」という暗黙の了解が、笑いを生みだす特定の枠組みとして存在していることである。枠組みの違いが笑いを引き起こすこともあるが、「いないいないばあ」の場合には、「遊び」あるいはゲームという枠組みの同一性が必要である。わたしと子供は「いないいないばあ」の遊びをするという暗黙の「　I　」を結んでいるのである。

わたしが途中でいなくなってしまったならば、遊びはおしまいである。子供は笑わない。わたしが途中で顔を変えてしかめ面になったなら、子供は笑わない。顔ではなく、おもちゃを見せたら、子供はやはり笑うのをやめるだろう。どれもゲームの規則が違うからである。そして子供の笑いがヒステリックになった段階でやめておかないと、子供は泣きだしてしまうだろう。その場合には遊びという枠組みが崩壊してしまっているのであり、もっと違う枠組みが生じている。そしてわたしは子供を苛《いじ》めたと咎《とが》められるだろう。

これと反対に、枠組みの違いも大きな笑いの源泉となる。かけあい漫才で、二人の人が同じことについて語っているようにみせながら、二人ともまったく違う　II　で語っていたら、観客は大笑いするだろう。片方は明日の試験のことを語っているのに、もう一人は明日の夜のデートのことを語っていて、二人とも相手は自分と同じことを語っていると信じ込んでいれば、滑稽《こっけい》な対話が生まれるのは間違いない。※1ベケットの戯曲『ゴドーを待ちながら』のどこか滑稽な味わいもまたこうして生まれるのだろう。

B笑いはこのように、その場面を支えている枠組みの同一性と差異の戯れから生まれることが多い。同一性が笑いを生むことは、多くの人が語っている。※2パスカルは『パンセ』で、「二つの似かよった顔は、ひとつひとつのときはおかしくないが、いっしょにすると、その似ていることが笑いをひきおこす」と語っている。

しかしまったく同じ顔の写真の二枚のコピーを見て、笑う人はいないだろう。同じものが二枚あると思うだけだからだ。違うところがあり、それでいて酷似しているところがあるから笑うのだ。同一性とともに差異が存在しなくては、笑いの源泉とならない。

それにこの二つの顔が笑いを誘うためには、ある枠組みが必要である。もしも警察で目撃者として多数の似た写真を見せられたならば、とても笑う余裕はないだろう。まったく違う枠組みのもとでは、同じ印象も笑いの源泉にはならないことが多いし、そもそも笑うた

2023年度／大宮開成高等学校（併願Ａ）

英語解答

Ⅰ 問１　エ　　問２　イ
問３　②…エ　③…ウ　⑦…イ
問４　エ　　問５　ウ
問６　８…イ　９…オ　　問７　イ，オ

Ⅱ 問１　エ
問２　②…ア　⑤…エ　⑥…ウ　⑦…イ
問３　エ　　問４　カ　　問５　イ
問６　オ，カ

Ⅲ 問１　22…エ　23…ウ　24…ア
問２　ウ，オ

Ⅳ ①　ウ　②　ウ　③　イ　④　ア
⑤　ウ　⑥　ア　⑦　ウ　⑧　イ
⑨　エ　⑩　エ

Ⅴ ①　ア　②　ウ　③　ア　④　エ
⑤　ウ

Ⅵ ①　42…オ　43…イ
②　44…エ　45…ク
③　46…ウ　47…キ
④　48…ウ　49…キ
⑤　50…ウ　51…ク

Ⅰ〔長文読解総合―説明文〕

≪全訳≫❶日本社会と欧米社会の間にはたくさんの大きな違いがあり，そのうちの１つは真実を語ることに関するものである。日本人は皆，「うそも方便」という表現を知っている。欧米文化でも人々はうそをつくが，うそをつく理由は，日本でうそをつく理由とはかなり違う場合が多い。❷私がアメリカの小学校にいた頃，私の先生はこう言った。「皆さんはジョージ・ワシントンを知っていますね。彼は初代アメリカ合衆国大統領です。彼は子どもの頃，自分の父親の大事な桜の木を切り倒してしまいました。それから彼は父の所へ行ってこう言いました。『僕はうそをつくわけにはいきません。僕があの桜の木を切りました』　するとジョージの父は，本当のことを話すのはとても大切なことだと言いました」❸アメリカの教師たちは子どもたちにこの話を聞かせて，「真実を語ることは常に正しい」と言っていた。実は，これはジョージ・ワシントンにまつわる実話ではない。イこれは大うそなのだ。しかしこのうそは善なる理由のために用いられた。教師たちは子どもたちに真実を語るように教えたかったのだ。アメリカ人も日本人も，他の人を傷つけたくないからうそをつく。「善なる理由のための」うそも存在し，それは white lies「罪のないうそ」と呼ばれている。❹もちろん，多くのアメリカ人が実際はさまざまな状況でうそをついている。アメリカ人の子どもたちは困難な状況から逃げ出したくてうそをつくことが多い。しかし，たいていの場合はうそをつくことは悪いことだと考えている。❺アメリカ社会でうそはとてもよく見られるものだが，日本においてはより一層普通のこととなっている。真面目なうそは日本文化の至る所で見られる。日本社会では，うその大半が許される。日本人はこういったもののほとんどを本当のうそと呼ぶことすらしない。単に，あることについて真実を語っていないだけだというのである。日本人は，誰かを傷つける場合には，本当のことを言うのは失礼にあたると考えている。この考えは欧米文化にも見られるが，日本ほどではない。❻「⑥臭いものにはふたをしろ」という日本語の表現がある。この表現は，誰かを傷つけるかもしれないことについては真実を語るべきではないということを表すのに使われる。このように，ときにはうそをつかなければならないこともあるのだ。❼日本社会では，皆が全てのことについて本当のことを言っていたら，人々は仲良く暮らすことができない。平和を維持するためにうそをつくことは自然なことであり，ほとんどの人はそれが日本社会のまた

1つの側面だと感じているのである。

問1＜英文解釈＞下線部は「うそをつくことはときにはよい場合もある」という意味。これは，必要に応じてうそを手段として用いるべき場合もあるという「うそも方便」という日本語のことわざに相当する。

問2＜適所選択＞脱落文の It は a big lie「大うそ」の内容を指している。この「大うそ」に当たる部分を探すと，イの前に，ジョージ・ワシントンと桜の木の話が本当ではないという文が見つかる。ここに補うと，直後の this lie が脱落文の a big lie を指すことになり，うまくつながる。

問3＜適語(句)選択＞②空所の前では「欧米人もうそをつく」と日本人と欧米人の共通点を述べているのに対し，空所後では両者の違いを説明しており，空所前後が‘逆接’の関係になっている。

③文頭の But「しかし」に着目。「アメリカ人の子どもはうそをつくことがある」という前文に対し，文全体で‘逆接’の関係になる言葉が入る。　⑦文頭の In this way は「このように」という意味。ここから，空所を含む文は，前文の「誰かを傷つける場合には本当のことを言うべきではない」という内容を言い換えた内容になるとわかる。

問4＜文脈把握＞下線部の3文後に，誰かを傷つける場合に本当のことを言うのは失礼だという日本人の考え方が述べられており，この考え方によってうそが許されていると判断できる。これを表しているのは，エ.「彼らは，真実を語ることがときには他の人を傷つけるということを知っているから」。

問5＜英文解釈＞下線部の this idea は直前の誰かを傷つけることを避けるために本当のことを言わないという日本人の考え方を指す。‘not as ～as …’は「…ほど～ではない」という意味なので，文全体としては，本当のことを言わない方がよいという考え方は欧米でも見られるが，日本ほど多くはないという意味になる。これを最もよく言い換えているのは，ウ.「欧米文化では，人々はうそをつくことが常に悪いわけではないと考えているが，日本の方がよりこの感覚が強い」。

問6＜整序結合＞「～しろ」は，ここでは You should ～「～すべきだ」と表し，‘put *A* on *B*’「*A* を *B* に置く」の形を続ける。‘*A*’は a lid「ふた」。‘*B*’の「臭いもの」は「嫌なにおいのする容器」と読み換え，a pot「容器」の後に that を主格の関係代名詞として用いて that smells bad「嫌なにおいのする」を続ける。smells bad は‘smell＋形容詞’「～なにおいがする」の形。

You should put a lid on a pot that smells bad.

問7＜内容真偽＞ア.「アメリカの教師たちは，ジョージ・ワシントンの話を用いて，聞いたことの全てが本当とは限らないということを説明する」…×　第3段落第1文参照。正直であることが正しいという説明に用いる。　イ.「学校では真実を語るように教えられているが，アメリカ人はときどき善なる理由でうそをつくことがある」…○　第3段落後半の内容に一致する。　ウ.「アメリカ人は，うそをつくのは悪いことだと考えているため，うそをついた後で結局は本当のことを言う」…×　このような記述はない。　エ.「日本人はときどき真面目なうそをつくため，ほとんどのアメリカ人は日本人を全く理解できない」…×　このような記述はない。　オ.「日本人は，誰かを傷つけたくないときにうそをつくのはよい場合もあると考えている」…○　第5段落最後から2文目～第6段落の内容と一致する。　カ.「日本人は，今日の国際社会においてうそをつく習慣を変える必要がある」…×　このような記述はない。

Ⅱ〔長文読解総合―説明文〕

≪全訳≫❶語学を学ぶ学生は，自分は記憶力に問題があると考えがちである。語彙を覚えられないせいで，彼らは悩んでいる。彼らは自分の脳に問題があると考えている。実際は，脳や記憶力に問題があるわけではない。問題は，②彼らの学習の仕方なのだ。❷記憶力を改善したいのなら，記憶がどのように機能しているのかを理解することが大切だ。記憶には２種類ある――短期記憶と長期記憶である。／→C．全ての情報は，まず短期記憶に記憶される。／→B．しかし，そこにはほんの数分しかとどまれない。／→A．数分以上何かを覚えておくためには，それを長期記憶に移動させなければならない。❸長期記憶に移行される事柄は一部だけである。どういう事柄が⑤長期記憶に移行するのだろうか。これは学生にとっては重要な問題である。実は，長期記憶が保管するのは，自分にとって興味深いことや重要な事柄なのである。そういうわけで，自分の人生の一大イベントや，お気に入りのスポーツイベントは覚えていられるのである。長期記憶では他のことも覚えていられる。自分が考えたことや，使ったものを覚えていることができる。だから，単語を覚えていたいと思うなら，⑥何らかの方法で，その単語を使って取り組む必要がある。❹多くの学生は，単語を反復することで語彙を学習する。しばらくの間覚えているためであれば，それで十分かもしれない。しかし，１日か１週間もすれば，覚えたことを忘れてしまうだろう。その理由は単純である。長期記憶は膨大な数の蔵書を有するとても大きな図書館のようなものである。そして図書館と同様，それは整理されている。１冊の本――あるいは１つの記憶――をしまう場合，どこかに適当に置いておくというわけにはいかない。それを再び見つけたいと思うなら，それをある特定の場所にしまわなければならないのだ。❺新しい単語を反復したところで，それを再び見つける手立てとはならないため，それを長い間覚えておくのには役立たない。自分の長期記憶にその単語を残すための場所をつくる必要があるのだ。これをするための方法はたくさんある。頭の中でその単語を使ってイメージを思い描くのも１つの方法だ。例えば，その単語がheight「高さ」だったら，自分の知っている最も背の高い人物のことを思い描き，その人の背の高さを推測してみるといい。❻こういった行動は全て，単語を使って取り組む方法である。これらの行動は，言葉の意味を長期記憶の中で⑦強化してくれる。そして，必要なときにその言葉を見つけるための方法を与えてくれるのだ。

問１＜単語のアクセント＞re-mém-ber

ア．ín-ter-net　　イ．en-gi-néer　　ウ．fá-vor-ite　　エ．mu-sé-um

問２＜適語句・適文選択＞②この後で記憶の仕組みに注目した学習法が紹介されていることから，問題は勉強の仕方だとわかる。　⑤この後のIn factで始まる文が，空所を含む文の問いに対する答えになっていることを読み取る。　⑥文頭のSo「だから」に着目。この前後は‘理由’→‘結果’の関係になる。よって，前文の「長期記憶はそれについて考えたりそれを使って作業をしたりすることで保持される」という内容を受けた学習法が入る。　⑦空所を含む文のTheyは前文のAll of these activities「(覚えたい単語を使っての)活動全般」を指す。それらは単語の意味を「より強く」長期記憶に残す効果がある。

問３＜指示語＞‘It is ～ to …’「…することは～だ」の形式主語構文。Itはto以下の内容を指す。

問４＜文整序＞記憶の仕組みについて説明した部分。firstに注目し，短期記憶について述べたCを最初に置く。続いて，Butで始まり，短期記憶の欠点を述べるBを続ける。最後に，物事を数分以上覚えておくためには短期記憶から長期記憶に移す必要があることを述べたAを置く。

問５＜要旨把握＞第４段落第５，６文参照。長期記憶の性質を図書館にたとえて説明している。

問６＜内容真偽＞ア.「時間がたつにつれ，いくつかの長期記憶は短期記憶に移行する」…×　第２段落参照。逆である。　イ.「長期記憶は物事を永遠に保持できるので，それらを忘れることは決してない」…×　このような記述はない。　ウ.「全ての人生の大イベントは，それらを楽しんだ後，長期記憶に蓄えられる」…×　第３段落第４，５文参照。「全ての大イベント」とは書かれていない。　エ.「ある単語を覚えたければ，辞書を引く前にその単語の意味を推測するとよい」…×　このような記述はない。　オ.「単語を長期間覚えていたいのなら，その単語を長期記憶の中に保存することが重要である」…○　第２段落後半および第５段落第１，２文に一致する。カ.「『高さ』という単語を覚えたいのなら，自分の知っている最も背の高い人を思い浮かべてその人の身長を推測するのはよい考えである」…○　第５段落最終文に一致する。

Ⅲ〔長文読解総合―対話文〕

≪全訳≫❶エリス夫人(Ｅ)：もしもし。❷スズキ氏(Ｓ)：エリス夫人ですか？❸Ｅ：はい。どちらさまですか？❹Ｓ：東京のスズキと申します。昨年エリスさんが来日した際に，お会いした者ですが。❺Ｅ：ああ，はい，スズキさんですね。夫からあなたのことはいろいろと伺っております。❻Ｓ：22エリスさんとお話しできますか？❼Ｅ：23申し訳ありません，夫は今ちょうど不在でして。１時間ほどで戻ると思います。東京からお電話なさっているんですか？❽Ｓ：いや，違います。短期の出張で，今，アメリカに来ているんですよ，それでご主人にご挨拶できたらと思いまして。でも彼が非常にお忙しい方だとは存じておりますから。❾Ｅ：今どちらですか？❿Ｓ：それが，ロサンゼルスの空港からかけているんですよ。⓫Ｅ：あら，そうなんですか？　もしあまりお忙しくなければ，今夜うちにお泊まりになってはいかがですか？⓬Ｓ：そちらにご迷惑ではないですか？⓭Ｅ：24とんでもない，ちっとも問題ありませんよ。夫はお宅で過ごせてとても喜んでおりました。どうぞ今いる場所でそのままお待ちください。私が車でお迎えに参りますから。⓮Ｓ：それは本当にご親切にありがとうございます。では，ここでお待ちしています。⓯Ｅ：そうしてください。20分ほどでそちらに着くと思います。そこの人混みの中であなたを見つけるのは難しいでしょうか？⓰Ｓ：いや，そんなことはないと思います。インフォメーションデスクのすぐ横に立って，中央入り口から目を離さないようにします。私は紺色のコートを着て，茶色い帽子をかぶって，眼鏡をかけて，肩にカメラを掛けています。今のところ，この辺りにいる日本人は私だけのようですし！⓱Ｅ：それだけわかれば十分です。もしよろしければ，帰りがけに買い物をしたいんですが。⓲Ｓ：全然かまいませんよ，エリスさん。そしてわざわざこんなにしていただいてどうもありがとうございます。⓳Ｅ：いいえ，どういたしまして。それでは後ほどお会いしましょう。⓴Ｓ：ではまた後で，エリスさん。

問１＜適文選択＞22・23. 直後でエリス夫人が「彼は１時間ほどで戻る」と言っていることから，スズキ氏がエリス氏を電話口に求め，それに対してエリス夫人が夫の不在を伝えたのだとわかる。

24. 泊まらせてもらうことが迷惑ではないかと確認したスズキ氏に対するエリス夫人の返答。この後の流れから全く問題ないと伝えたのだと判断できる。

問２＜内容真偽＞ア.「スズキ氏とエリス氏は日本で出会い，ロサンゼルスで再会する約束をした」…×　「再会する約束をした」という記述はない。　イ.「エリス氏は自分の妻に，スズキ氏が１時間後に自分に会いに来るだろうと伝えた」…×　このような記述はない。　ウ.「エリス夫人の家からロサンゼルスの空港まで車で約20分かかるだろう」…○　第10～15段落に一致する。　エ．「ロサンゼルスの空港には大勢の人がいるので，エリス夫人は中央入り口でスズキ氏を待たなければならない」…×　第15，16段落参照。後半部分に関する記述はない。　オ．「スズキ氏は，紺色のコートを着た日本人男性で，インフォメーションデスクのそばに立っているはずである」…○　第16段落に一致する。　カ．「エリス夫人はロサンゼルスの空港に行く途中で買い物をしたいと思っている」…×　第17段落参照。空港から帰宅する途中である。

Ⅳ〔適語(句)選択・語形変化〕

① had better「～した方がよい」の否定形は had better not ～。　「この川で泳がない方がいい。それは危険だ」

②「電話が鳴ったとき」にトムがしていたことなので，‘過去のある時点で進行中の動作’を表す過去進行形(‘was/were＋～ing’)にする。　「電話が鳴ったとき，トムはシャワーを浴びていた」

③ forget の後に動名詞(～ing)を続けると，「～したことを忘れる」という意味を表せる。　*cf.* ‘forget＋to不定詞’「～することを忘れる」　「前回の旅行で，丘の上から美しい海を見たことを，決して忘れないだろう」

④ time「時間」は‘数えられない名詞’なので little「(量が)少ない」を選ぶ。have little time で「時間がほとんどない」という意味になるので，of は不要。　「今日はとても忙しいので，その計画について話す時間はほとんどない」

⑤空所以下は the words を先行詞とする関係代名詞節。先行詞 the words と空所直後の meaning の間には「その言葉の意味」という‘所有’の関係が成り立つので，所有格の関係代名詞 whose を選ぶ。　「自分が意味をよく理解していない言葉を使ってはならない」

⑥ during は「～の間」という意味で‘特定の期間’を表す前置詞。　「夏休み中に，海外へ行きたい」

⑦‘sound＋形容詞’「～のように聞こえる」の形。　「彼はすばらしい声の持ち主だが，マイクを通すといい声には聞こえない」

⑧ Read the directions「説明書を読みなさい」を修飾する語として適切なのは，副詞の carefully「注意深く」。　「この薬を飲む際は，説明書をよくお読みください」

⑨文の骨組みは The road is very narrow.「その道はとても狭い」。(　) the two villages は road を後ろから修飾し，「２つの村をつないでいる道」という意味になると考えられる。「～している」の意味を表すのは現在分詞(～ing)。　「その２つの村をつないでいる道はとても幅が狭い」

⑩‘It has been〔is〕＋期間＋since＋主語＋動詞...’「…してから〈期間〉が過ぎた」の形。なお，これは‘期間＋have/has passed since＋主語＋動詞...’の形でも同様の意味を表せる。　「私たちが友達になって以来，10年になる」

Ⅴ〔誤文訂正〕

① a few minutes ago「数分前」のような明確に過去を表す語句と現在完了形を一緒に使うことはできない。過去形の finished が正しい。　「私たちの先生は，数分前に大勢の人々の前ですばらしいスピーチをし終わった」

② enjoy は「～すること」という意味の目的語として to不定詞ではなく動名詞(～ing)をとるので，talking が正しい。　「家に帰る途中で，ジャックはダンに会い，彼とのおしゃべりを楽しんだ」

③‘時’や‘条件’を表す副詞節(if, when, before などから始まる副詞のはたらきをする節)では，未来のことでも現在形で表すので，will come ではなく come とする。　「明朝オフィスに来たときに，あなたは自分の名前をサインするように頼まれるだろう」

④「ウインドウズと呼ばれるシステム」という意味になるので，現在分詞 calling ではなく，受け身の意味を表す過去分詞 called が正しい。　「ご存じのとおり，マイクロソフト社はウインドウズと呼ばれるコンピューターオペレーティングシステムを開発した」

⑤文の主語 One of the ～「～のうちの１つ」は単数なので，be動詞は are ではなく is が正しい。「若い人々にとって最も大切なことの１つは，できるだけたくさんの本を読むことだ」

Ⅵ〔整序結合〕

①「親切にも～してくれた」を「～するほど十分親切だった」と読み換え，‘形容詞〔副詞〕＋enough to ～’「～できるほど〔～するほど〕十分…」の形にする。‘～’に当たる「私に駅への道を案内し」は，‘show＋人＋物’の語順で show me the way to the station と表す。　She was kind enough to show me the way to the station.

②「一番利口な生徒」を「他のどの生徒よりも利口だ」と読み換える。The boy is で始め，‘比較級＋than any other＋単数名詞’「他のどんな～よりも…」の形を続ける。　The boy is smarter than any other student in this class.

③「～するように言われた」は，‘tell＋人＋to ～’「〈人〉に～するように言う」を‘be動詞＋過去分詞’の受け身形にして She was told to ～と表す。「家に帰る」は go home。「なるべく早く」は，as ～ as possible「できるだけ～」の形で表し，文末に置く。　She was told to go home as soon as possible.

④「誰だと思いますか」のような Yes／No で答えられない疑問文は疑問詞から始め，‘疑問詞＋do you think＋(主語＋)動詞’という語順になる。本問では‘疑問詞’の Who が間接疑問の‘主語’のはたらきも兼ねるため，do you think の後には‘動詞...’に当たる will win the tournament「トーナメントで優勝する」を続ける。　Who do you think will win the tournament?

⑤ This is the museum.「ここは博物館です」が文の骨組み。「私の祖父が～働いていた博物館」は，目的格の関係代名詞を省略した‘名詞＋主語＋動詞...’の形で the museum my grandfather worked for ～と表す。　work for ～「～で働く」　This is the museum my grandfather worked for fifty years ago.

2023年度／大宮開成高等学校（併願Ａ）

数学解答

1 (1) ①…7　②…5
(2) ③…1　④…2
(3) ⑤…1　⑥…3　⑦…4　⑧…7
⑨…3　⑩…0
(4) ⑪…2　⑫…3　⑬…2
(5) ⑭…1　⑮…5
(6) ⑯…2　⑰…2

2 (1) ⑱…1　⑲…6
(2) ⑳…1　㉑…1　㉒…9
(3) ㉓…6　㉔…0　㉕…0
(4) ㉖…2　㉗…0
(5) ㉘…1　㉙…5
(6) ㉚…3　㉛…6

3 (1) ㉜…1　㉝…6　㉞…2　㉟…2
(2) ㊱…1　㊲…5　㊳…6　㊴…2
㊵…4　㊶…3　㊷…6　㊸…2
㊹…1　㊺…0　㊻…3　㊼…4

4 (1) ㊽…3　㊾…0
(2) ㊿…1　(51)…4　(52)…4
(3) (53)…2　(54)…3　(55)…2　(56)…4

5 (1) (57)…2　(58)…4
(2) (59)…5　(60)…1　(61)…7
(3) (62)…2　(63)…2　(64)…2　(65)…7
(66)…1　(67)…7

1〔独立小問集合題〕

(1)<数の計算>与式 $=\frac{3}{10}\div\left(-\frac{1}{2}\right)^2-\frac{2}{35}\times\left(-\frac{7}{2}\right)=\frac{3}{10}\div\frac{1}{4}-\left(-\frac{1}{5}\right)=\frac{3}{10}\times4+\frac{1}{5}=\frac{6}{5}+\frac{1}{5}=\frac{7}{5}$

(2)<数の計算>与式 $=(2+\sqrt{2})\times3\sqrt{2}\times(2-\sqrt{2})\times\sqrt{2}=(2+\sqrt{2})(2-\sqrt{2})\times3\sqrt{2}\times\sqrt{2}=(4-2)\times3\sqrt{2}\times\sqrt{2}=2\times3\times2=12$

(3)<式の計算>与式 $=\frac{15(a-b)-10(2a-b)+6(3a-7b)}{30}=\frac{15a-15b-20a+10b+18a-42b}{30}=\frac{13a-47b}{30}$

(4)<式の計算―因数分解>与式 $=2a(x^2-xy-6y^2)=2a(x-3y)(x+2y)$

(5)<二次方程式>$x^2-2x+1-2x+2-8=0$，$x^2-4x-5=0$，$(x+1)(x-5)=0$　$\therefore x=-1$，5

(6)<連立方程式>$3x+5y=-4$……①，$\frac{x-y}{4}=\frac{x+4}{6}$……②とする。②×12より，$3(x-y)=2(x+4)$，$3x-3y=2x+8$，$x-3y=8$……②′　①−②′×3より，$5y-(-9y)=-4-24$，$14y=-28$　$\therefore y=-2$　これを②′に代入して，$x-3\times(-2)=8$，$x+6=8$　$\therefore x=2$

2〔独立小問集合題〕

(1)<連立方程式の応用>男子生徒の人数を x 人，女子生徒の人数を y 人とすると，クラスの人数は40人だから，$x+y=40$……①が成り立つ。クラス全体では，数学が好きな生徒と嫌いな生徒の比が7：3だから，好きな生徒は $40\times\frac{7}{7+3}=28$(人)である。また，男子だけでは3：1，女子だけでは2：1だから，数学が好きな生徒は，男子が $x\times\frac{3}{3+1}=\frac{3}{4}x$(人)，女子が $y\times\frac{2}{2+1}=\frac{2}{3}y$(人)と表せる。よって，$\frac{3}{4}x+\frac{2}{3}y=28$……②が成り立つ。②×12より，$9x+8y=336$……②′となり，②′−①×8で y を消去すると，$9x-8x=336-320$，$x=16$ となるので，男子生徒の人数は16人である。

(2)<数の性質>$2023=7\times289=7\times17^2$ となるから，$m^2-n^2=2023$ より，$(m+n)(m-n)=7\times17^2$ となる。m，n はともに自然数だから，$m+n>0$ であり，$m-n>0$ となる。また，$m+n>m-n$ である。よって，$m+n$，$m-n$ の組は，$(m+n,\ m-n)=(7\times17,\ 17)$，$(17^2,\ 7)$，$(7\times17^2,\ 1)$が考えられる。$m+n=7\times17$……①，$m-n=17$……②のとき，①＋②より，$m+m=7\times17+17$，$2m=136$，$m=68$ となり，これを①に代入して，$68+n=7\times17$，$n=51$ となる。m，n ともに自然数だから適する。7

$\times 17<17^2<7\times 17^2$ だから，このとき $m+n$ の値は最小であり，最小値は $m+n=7\times 17=119$ である。

(3)＜一次方程式の応用＞S地点からP地点までの道のりを xm とする。A君はS地点からP地点まで分速75mで進んだから，かかる時間は $\frac{x}{75}$ 分である。また，S地点からG地点までの道のりが2km，つまり2000mより，P地点からG地点までの道のりは $2000-x$m である。P地点からG地点まで分速100mで進んだから，かかる時間は $\frac{2000-x}{100}$ 分である。合計で22分かかったので，$\frac{x}{75}+\frac{2000-x}{100}=22$ が成り立つ。両辺を300倍して解くと，$4x+3(2000-x)=6600$，$4x+6000-3x=6600$ より，$x=600$(m)となる。

(4)＜方程式の応用＞2%の食塩水 xg と6%の食塩水 yg を混ぜて，3%の食塩水ができるとする。このとき，3%の食塩水の量は $x+y$g となり，含まれる食塩の量は $x\times\frac{2}{100}+y\times\frac{6}{100}=\frac{1}{50}x+\frac{3}{50}y$(g)である。次に，この食塩水の半分を取り出して水を20g混ぜるので，食塩水の量は $(x+y)\times\frac{1}{2}+20=\frac{1}{2}x+\frac{1}{2}y+20$(g)となり，含まれる食塩の量は $\left(\frac{1}{50}x+\frac{3}{50}y\right)\times\frac{1}{2}=\frac{1}{100}x+\frac{3}{100}y$(g)となる。この食塩水の濃度が2%だから，含まれる食塩の量について，$\left(\frac{1}{2}x+\frac{1}{2}y+20\right)\times\frac{2}{100}=\frac{1}{100}x+\frac{3}{100}y$ が成り立つ。両辺を100倍すると，$x+y+40=x+3y$，$-2y=-40$ より，$y=20$(g)となる。

(5)＜確率―数字のカード＞1～6の6枚のカードから同時に2枚引くとき，引き方は(1，2)，(1，3)，(1，4)，(1，5)，(1，6)，(2，3)，(2，4)，(2，5)，(2，6)，(3，4)，(3，5)，(3，6)，(4，5)，(4，6)，(5，6)の15通りある。このうち，点Pが頂点Dに移動するのは，2つの数の積の最大が $5\times 6=30$ だから，積が3，8，13，18，23，28になるときである。これを満たす2枚のカードの組は，(1，3)，(2，4)，(3，6)の3通りだから，求める確率は $\frac{3}{15}=\frac{1}{5}$ となる。

(6)＜平面図形―面積＞右図のように，3点A，B，C，Dを定め，円の中心をOとする。線分CDは円Oの直径となるから，点Oは線分CD上にある。斜線部分の面積は，△OAC＋△OBC＋〔おうぎ形OAB〕となる。$\angle AOD=360^\circ\times\frac{1}{12}=30^\circ$ だから，点Aから線分CDに垂線AHを引くと，△OAHは3辺の比が $1:2:\sqrt{3}$ の直角三角形となる。これより，$AH=\frac{1}{2}OA=\frac{1}{2}\times 1=\frac{1}{2}$ だから，$\triangle OAC=\frac{1}{2}\times OC\times AH=\frac{1}{2}\times 1\times\frac{1}{2}=\frac{1}{4}$ となる。同様に，$\triangle OBC=\frac{1}{4}$ となる。また，$\angle BOD=\angle AOD=30^\circ$ より，$\angle AOB=2\angle AOD=2\times 30^\circ=60^\circ$ だから，〔おうぎ形OAB〕$=\pi\times 1^2\times\frac{60^\circ}{360^\circ}=\frac{1}{6}\pi$ である。以上より，斜線部分の面積は $\frac{1}{4}+\frac{1}{4}+\frac{1}{6}\pi=\frac{3+\pi}{6}$ となる。

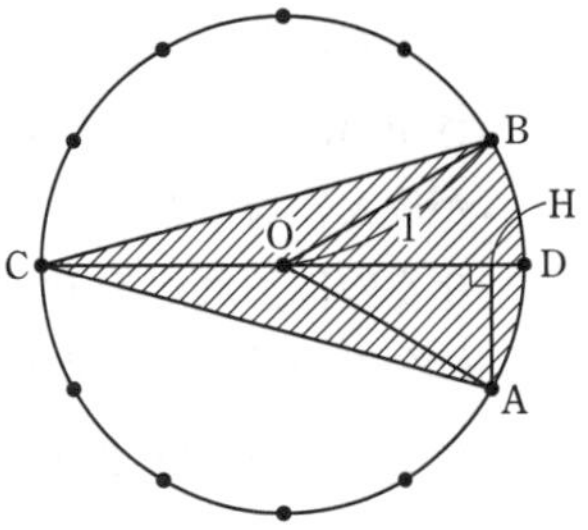

3 〔平面図形―直角二等辺三角形〕

(1)＜長さ―特別な直角三角形＞右図1で，△ABCが直角二等辺三角形より，$\angle ABC=45^\circ$ だから，$\angle ABD=\angle ABC-\angle DBC=45^\circ-15^\circ=30^\circ$ である。$\angle DEB=90^\circ$ だから，△BDEは3辺の比が $1:2:\sqrt{3}$ の直角三角形であり，$DE=\frac{1}{2}BD=\frac{1}{2}\times 2=1$ となる。$\angle BAC=45^\circ$ なので，△ADEは直角二等辺三角形であり，$AE=DE=1$ となる。また，$BE=\sqrt{3}DE=\sqrt{3}\times 1=\sqrt{3}$ であり，$AB=BE+AE=\sqrt{3}+1$ である。$AC:AB=1:\sqrt{2}$ だから，$AC=\frac{1}{\sqrt{2}}AB=\frac{1}{\sqrt{2}}\times(\sqrt{3}+1)=\frac{\sqrt{6}+\sqrt{2}}{2}$ である。

図1

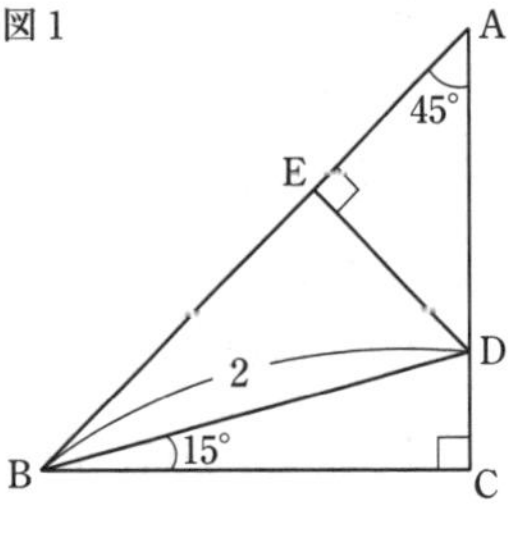

(2)<証明>右図2で，2点P，Qは正二十四角形の隣り合う頂点だから，円Oの周を24等分する点となり，$\angle POQ=360^\circ\times\frac{1}{24}=15^\circ$となる。図2の$\triangle OHP$と前ページの図1の$\triangle BCD$において，$\angle OHP=\angle BCD=90^\circ$，$\angle POH=\angle DBC=15^\circ$だから，$\triangle OHP\backsim\triangle BCD$である。相似比は$OP:BD=1:2$だから，$PH:DC=1:2$であり，$PH=\frac{1}{2}DC$となる。図1で，$\triangle ADE$が直角二等辺三角形より，$AD=\sqrt{2}AE=\sqrt{2}\times1=\sqrt{2}$だから，$DC=AC-AD=\frac{\sqrt{6}+\sqrt{2}}{2}-\sqrt{2}=\frac{\sqrt{6}-\sqrt{2}}{2}$となる。よって，$PH=\frac{1}{2}\times\frac{\sqrt{6}-\sqrt{2}}{2}=\frac{\sqrt{6}-\sqrt{2}}{4}$である。また，$\triangle OPQ=\frac{1}{2}\times OQ\times PH=\frac{1}{2}\times1\times\frac{\sqrt{6}-\sqrt{2}}{4}=\frac{\sqrt{6}-\sqrt{2}}{8}$だから，正二十四角形の面積は$S=24\triangle OPQ=24\times\frac{\sqrt{6}-\sqrt{2}}{8}=3(\sqrt{6}-\sqrt{2})$となる。$2.449<\sqrt{6}<2.450$，$1.414<\sqrt{2}<1.415$より，$\sqrt{6}-\sqrt{2}>2.449-1.415$だから，$\sqrt{6}-\sqrt{2}>1.034$である。

図2

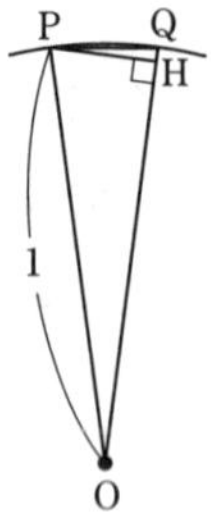

4 〔空間図形―円柱〕

(1)<面積>右図1のように，底面の円の中心をOとする。円Oの周の長さは$2\pi\times6=12\pi$であり，2点P，Qは，速さが毎秒πであることより，2秒間に$\pi\times2=2\pi$進むから，$\frac{2\pi}{12\pi}=\frac{1}{6}$より，$\overset{\frown}{AP}$の長さは円Oの周の長さの$\frac{1}{6}$である。よって，$\angle AOP=360^\circ\times\frac{1}{6}=60^\circ$だから，$\overset{\frown}{AP}$に対する円周角と中心角の関係より，$\angle AQP=\frac{1}{2}\angle AOP=\frac{1}{2}\times60^\circ=30^\circ$となる。

図1

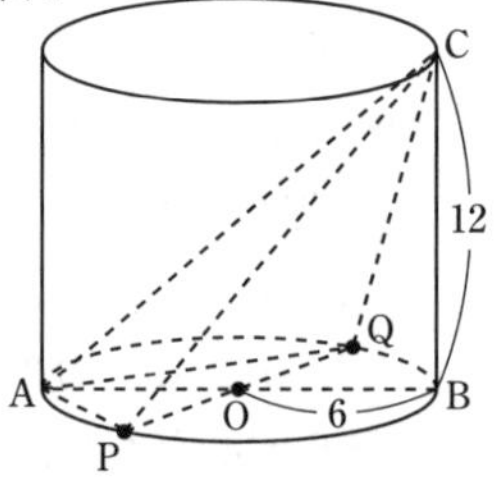

(2)<体積>右図1で，線分ABが底面の円の直径であり，2点P，Qは，それぞれ同時にA，Bを出て，同じ速さで底面の周上を動くから，線分PQは常に底面の円の直径となる。四面体APQCは，底面を$\triangle APQ$と見ると，高さが$BC=12$の三角錐だから，体積が最大になるのは底面の$\triangle APQ$の面積が最大になるときである。PQの長さは一定なので，$\triangle APQ$の面積が最大になるのは，底辺をPQと見たときの高さが最大になるときである。このようになるのは，右図2のように，$AO\perp PQ$となるときである。このとき，$PQ=2OP=2\times6=12$より，$\triangle APQ=\frac{1}{2}\times PQ\times OA=\frac{1}{2}\times12\times6=36$だから，四面体APQCの体積の最大値は，$\frac{1}{3}\times\triangle APQ\times BC=\frac{1}{3}\times36\times12=144$である。

図2

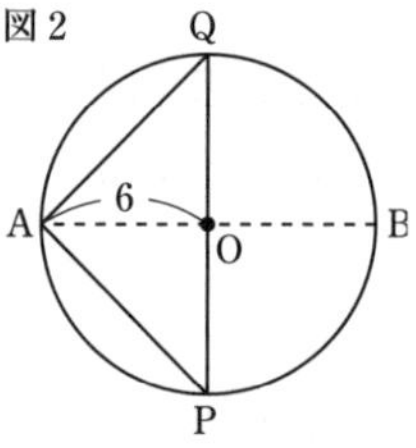

(3)<速さ>四面体APQRを，$\triangle APQ$を底面とする三角錐と見る。(2)より，$\triangle APQ$の面積は36より大きくなることはなく，点Rは円柱の側面上を動くから，高さは12より大きくなることはない。このことから，四面体APQRの体積が$V=144$になるとき，$\triangle APQ=36$，高さは12となり，点Rは点Cに到達する。点Rの速さが毎秒xだから，これが最小になるのは，点Rの動いた距離が最小となり，点Cに到達するまでの時間が最大になるときを考えればよい。点Rが点Aを出て点Cに到達するまでに動いた最小の距離は，側面を右図3のように展開したときの線分ACの長さである。右上図1で，$\overset{\frown}{AB}=\frac{1}{2}\times12\pi=6\pi$だから，図3で，$AB=6\pi$である。$\triangle ABC$で三平方の定理より，最小の距離は，$AC=\sqrt{AB^2+BC^2}=\sqrt{(6\pi)^2+12^2}=\sqrt{36\pi^2+144}=\sqrt{36(\pi^2+4)}=6\sqrt{\pi^2+4}$となる。また，$\triangle APQ=36$となるのは，$AO\perp PQ$となるときで，このようになるのは，2点P，Qが円Oの周の$\frac{1}{4}$か$\frac{3}{4}$動い

図3

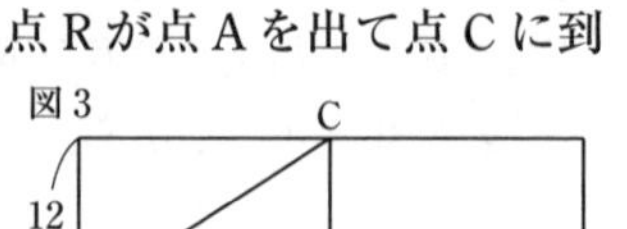

たときである。時間が最大となるのは，2点P，Qが円Oの周の$\frac{3}{4}$動いたときで，このときかかる時間は$\left(12\pi\times\frac{3}{4}\right)\div\pi=9$(秒)である。よって，求める$x$の最小値は，$x=6\sqrt{\pi^2+4}\div9=\frac{2}{3}\sqrt{\pi^2+4}$である。

5 〔関数—関数$y=ax^2$と一次関数のグラフ〕

≪基本方針の決定≫(3)　球から2つの円錐を取り除いた立体ができる。

(1)＜x座標＞右図で，2点A，Bは放物線$y=\frac{1}{2}x^2$と直線$y=x+4$の交点である。2式からyを消去して，$\frac{1}{2}x^2=x+4$より，$x^2-2x-8=0$，$(x+2)(x-4)=0$　$\therefore x=-2,\ 4$　よって，点Aのx座標は-2，点Bのx座標は4である。

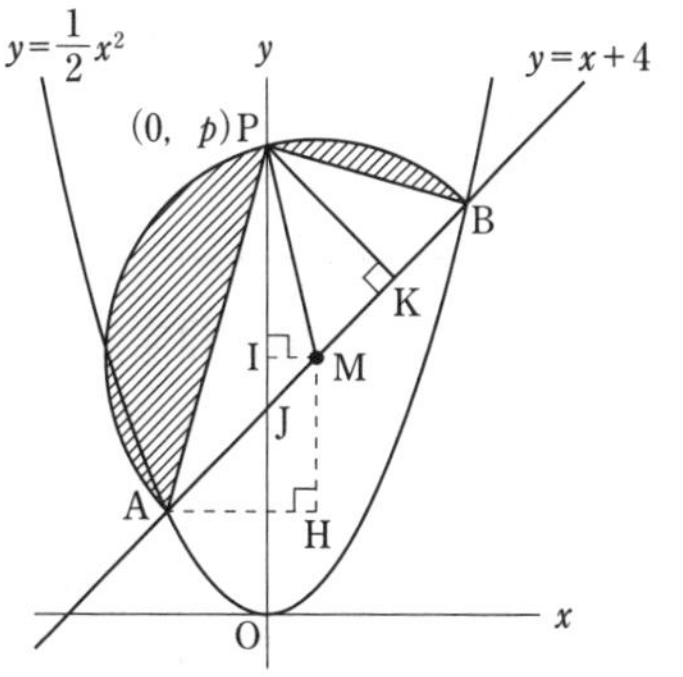

(2)＜座標＞右図で，P$(0,\ p)$とする。2点A，Bは直線$y=x+4$上の点で，x座標がそれぞれ-2，4だから，$y=-2+4=2$，$y=4+4=8$より，A$(-2,\ 2)$，B$(4,\ 8)$である。線分ABは半円の直径だから，その中点をMとして点Mと点Pを結ぶと，AM＝PMとなり，$\mathrm{AM}^2=\mathrm{PM}^2$である。また，点Mの$x$座標は$\frac{-2+4}{2}=1$，$y$座標は$\frac{2+8}{2}=5$だから，M$(1,\ 5)$である。点Aを通り$x$軸に平行な直線と点Mを通り$y$軸に平行な直線の交点をHとすると，$\mathrm{AH}=1-(-2)=3$，$\mathrm{MH}=5-2=3$で，AH＝MHとなるから，△AHMは直角二等辺三角形であり，$\mathrm{AM}=\sqrt{2}\mathrm{AH}=\sqrt{2}\times3=3\sqrt{2}$となる。点Mから$y$軸に垂線MIを引くと，$\mathrm{MI}=1$，$\mathrm{PI}=p-5$だから，△PIMで三平方の定理より，$\mathrm{PM}^2=\mathrm{MI}^2+\mathrm{PI}^2=1^2+(p-5)^2$となる。よって，$(3\sqrt{2})^2=1^2+(p-5)^2$が成り立ち，$p^2-10p+8=0$より，$p=\frac{-(-10)\pm\sqrt{(-10)^2-4\times1\times8}}{2\times1}=\frac{10\pm\sqrt{68}}{2}=\frac{10\pm2\sqrt{17}}{2}=5\pm\sqrt{17}$となる。直線ABの切片が4より，$p>4$だから，$p=5+\sqrt{17}$であり，P$(0,\ 5+\sqrt{17})$である。

(3)＜体積—回転体＞右上図で，直線ABとy軸の交点をJとし，点Pから直線ABに垂線PKを引く。斜線部を，直線$y=x+4$を軸として1回転させてできる立体の体積は，線分ABを直径とする半円がつくる球の体積から，底面の半径がPK，高さがAKの円錐と底面の半径がPK，高さがBKの円錐の体積をひけばよい。(2)より，$\mathrm{AM}=3\sqrt{2}$だから，球の体積は$\frac{4}{3}\pi\times(3\sqrt{2})^3=72\sqrt{2}\pi$である。次に，点Jの$y$座標は4だから，$\mathrm{PJ}=(5+\sqrt{17})-4=1+\sqrt{17}$である。△PAJ，△PBJの底辺をPJと見ると，高さは，2点A，Bのx座標より，それぞれ2，4だから，$\triangle\mathrm{PAB}=\triangle\mathrm{PAJ}+\triangle\mathrm{PBJ}=\frac{1}{2}\times(1+\sqrt{17})\times2+\frac{1}{2}\times(1+\sqrt{17})\times4=3+3\sqrt{17}$である。$\mathrm{AB}=2\mathrm{AM}=2\times3\sqrt{2}=6\sqrt{2}$だから，△PABの面積について，$\frac{1}{2}\times\mathrm{AB}\times\mathrm{PK}=3+3\sqrt{17}$より，$\frac{1}{2}\times6\sqrt{2}\times\mathrm{PK}=3+3\sqrt{17}$が成り立つ。これより，$\mathrm{PK}=\frac{1+\sqrt{17}}{\sqrt{2}}$となる。よって，底面の半径がPK，高さがAKの円錐と底面の半径がPK，高さがBKの円錐を合わせた立体の体積は，$\frac{1}{3}\times\pi\times\mathrm{PK}^2\times\mathrm{AK}+\frac{1}{3}\times\pi\times\mathrm{PK}^2\times\mathrm{BK}=\frac{1}{3}\pi\times\mathrm{PK}^2\times(\mathrm{AK}+\mathrm{BK})=\frac{1}{3}\pi\times\mathrm{PK}^2\times\mathrm{AB}=\frac{1}{3}\pi\times\left(\frac{1+\sqrt{17}}{\sqrt{2}}\right)^2\times6\sqrt{2}=(18\sqrt{2}+2\sqrt{34})\pi$だから，求める体積は$72\sqrt{2}\pi-(18\sqrt{2}+2\sqrt{34})\pi=54\sqrt{2}\pi-2\sqrt{34}\pi=2\sqrt{2}(27-\sqrt{17})\pi$となる。

2023年度／大宮開成高等学校（併願Ａ）

国語解答

一　問一　ア
問二　Ⅰ…イ　Ⅱ…オ　Ⅲ…ア　Ⅳ…ウ
問三　エ　　問四　ウ　　問五　エ
問六　イ，オ

二　問一　エ　　問二　ア
問三　C…ア　D…オ　　問四　ウ
問五　X…イ　Y…オ　Z…ウ

三　問一　ウ　　問二　イ　　問三　エ
問四　ウ　　問五　E…エ　F…ア
問六　ウ　　問七　ア

四　問一　エ　　問二　ウ　　問三　ア
問四　イ　　問五　(1)…ア　(2)…ウ
問六　(1)…オ　(2)…ア　(3)…オ　(4)…エ

一〔論説文の読解─哲学的分野─哲学〕出典；中山元『わたしたちはなぜ笑うのか──笑いの哲学史』「同一性と差異のシステムとしての笑い」。

≪本文の概要≫「いないいないばあ」の笑いが成立するには，三つの基本条件が必要である。同一のものが隠れてまた現れること，同一のものが現れるときに，すでに何らかの差異がそこに含まれていること，同一性と差異を可能にする「遊び」という暗黙の了解が，笑いを生み出す特定の枠組みとして存在していること，である。この同一性と差異のゲームの理論を利用しているのが，ベルクソンの笑いの理論である。彼は，人間の行為が機械的になったところで笑いをもたらすと主張し，びっくり箱，操り人形，雪だるまの三つの例を挙げている。これらのどの例も，「いないいないばあ」の笑いのメカニズムを展開したものになっているが，ベルクソンはこれらの笑いの機能を，このメカニズムに限定するのではなく，この理論に基づいて，人間が社会の中で知らず知らずに機械的な生き方をしてしまっていることを批判し，笑いが生まれるメカニズムよりも，むしろ人間の笑うべき生き方を明らかにしようとしている。

問一＜文章内容＞「いないいないばあ」の笑いが成立する条件は，第一に「同一のものが隠れ，また現われること」，第二に「同一のものが現われるときに，すでに何らかの差異がそこに含まれていること」，第三に「同一性と差異を可能にする『遊び』という暗黙の了解が，笑いを生みだす特定の枠組みとして存在していること」である。「落語ファンならだれもが知る有名なネタ」が一旦終了して次にまた落語の「会場」で取り上げられることは，第一の条件と第三の条件を満たし，その際に「時事に関する特別なアレンジ」が加えられていることは，第二の条件を満たす。

問二＜文章内容＞Ⅰ．「わたし」と「子供」が「いないいないばあ」をするとき，「『いないいないばあ』の遊びをする」とお互いに取り決めているといえる。　Ⅱ．片方が「明日の試験のこと」を語り，もう一人は「明日の夜のデートのこと」を語っているという場合，「同じことについて語っている」ように見せていても，二人の話の背景や筋道は全く異なっている。　Ⅲ．びっくり箱には，「いないいないばあ」を成り立たせている根本の法則が活用されている。　Ⅳ．「無意識のうちに定型を反復してしまう」のは，その行動を繰り返して癖になっているということである。

問三＜文章内容＞「いないいないばあ」の遊びをするときには，「わたし」と「子供」は，ともに「いないいないばあ」の遊びをするということを暗黙の了解としている。つまり，「笑いを生みだす特定の枠組み」として了解しているものが両者同じである。一方で，「かけあい漫才」に見られるように，「二人の人が同じことについて語っている」ように見せながら，実は二人は全く違う背景でその話をしているという場合，二人それぞれの語りの「枠組み」が異なっているため，二人の話はすれ違い，その結果笑いが生み出される。

問四＜文章内容＞ベルクソンは，「操り人形」の例で，「人生において無意識のうちに定型を反復してしまう人」のことを語っている。「誰もが自分は自由であると考えているし，自由に行動していると考えている」が，無意識のうちに「定型」の行動を反復してしまう。難破した商船の乗客を救助した税関の役人が，救助された人に対して「何も申告を要する物を携帯してはいませんね」と尋ねるのは，税関の役人としての職務が習慣化してそこから逃れられず，無意識にふだんの職務と同じことをしてしまうということである。「人間が社会のうちで知らず知らずに機械的な生き方をしてしまっている」ことをベルクソンは言おうとしているのである。

問五＜文章内容＞ベルクソンが示した例はどれも「『いないいないばあ』の笑いのメカニズムを展開したもの」となっている。しかし，ベルクソンは「これらの笑いの機能を，このメカニズムに限定すること」はなく，「この理論に基づいて，社会のなかで生きる人間の生活の機械化というもっと深い意味を与えようとして」いる。ベルクソンは「人間が社会のうちで知らず知らずに機械的な生き方をしてしまっていること」に批判の目を向けているのであり，「笑いが生まれるメカニズム」よりも，人間の「機械的な生き方」こそが笑うべきものであることを明らかにしようとしているのである。

問六＜要旨＞『パンセ』には，「二つの似かよった顔」は「ひとつひとつのときはおかしくないが，いっしょにすると，その似ていることが笑いをひきおこす」と述べられている(ア…×)。「違うところがあり，それでいて酷似しているところがある」二つの顔は「笑いを誘う」可能性があるが，「警察で目撃者として多数の似た写真を見せられた」ような場合は，「そもそも笑うための心のゆとりが欠けている」ため，笑いは生じない(イ…○)。びっくり箱は，「いないいないばあ」が持つ「同一性と差異のシステムによる笑いの三つの条件をすべて満たしている」が，びっくり箱が「いないいないばあ」の笑いを実現するためにつくられたとは述べられていない(ウ…×)。「雪だるま」には「最初は遊びの枠組みで行なわれていたことが，災害の枠組みに転換してしまうことによるおかしさ」があり，「このプロセスは初期のチャップリンなどのドタバタ喜劇の映画によくみられる笑いのメカニズム」であるが，それが「『笑い』の理想的なあり方」とは述べられていない(エ…×)。ベルクソンが例として挙げた「雪だるま」では，「最初は遊びの枠組みで行なわれていたことが，災害の枠組みに転換してしまうことによるおかしさ」があるが，「いないいないばあ」には最初の「同一性の反復」はあってもその枠組みの転換はない(オ…○)。ベルクソンは，人間が「人生において無意識のうちに定型を反復してしまう」こと，つまり「人間の生活の機械化」が暴露されると笑いが生まれると考えた(カ…×)。

二〔小説の読解〕出典；木内昇『庄助さん』。(『茗荷谷の猫』所収)。

問一＜文章内容＞青年は，支配人について「浪曲とかな，噺の雰囲気じゃ。そういう拍子っちうんかな，それが身体に染みついとるけん。だから選ぶ活動写真が粋でな，で，なんちうか憐れを見事に描いたもんが多かったんじゃな，とわかった」と語った。

問二＜文章内容＞支配人は，過去に，仕事をやめて妻に黙って浪曲の修業にいそしみ，失踪して妻とはそれきり会わなかったが，結局浪曲では芽が出ずに見切りをつけていた。支配人に「噺の雰囲気」や「拍子」が「身体に染みついとる」と言った青年に，そのことを話したところ，青年はすぐさま「そじゃけぇ，お陰でこねーにおもろいもんがおっさんを待っとったんじゃ」と言った。青年の反応は，支配人にとっては驚きであると同時に，「ものにはならなかった」と「自嘲」していた支配人に救いをもたらし，支配人は自分が認められたように感じたと考えられる。

問三＜文章内容＞C．青年は支配人と「桜の咲くまでに取り敢えずひとつ目の脚本を仕上げてみる」という約束をしており，その「桜の咲く」のはもう目の前だったが，青年は「ぱったり映画館に来なくなった」のだった。　D．桜がもうすぐ咲きそうな時期ではあるが，青年が突然来なくなったのは自分が過去の「挫折話」をしたせいだと思って暗い気持ちになっていた支配人の心は，寒々としていた。支配人は，まだ冬の冷たさも含んでいる風が吹けば，その冷たさの方を強く感じただろう。

問四＜心情＞支配人は，青年は自分の「挫折話」に失望し，支配人と一緒にいるのを苦痛に思ったに違いないと思う一方で，「それにしたって一言あってもよかったはずだ」とも思っていた。そんなときに突然青年が前と同じ調子で声をかけてきたため，支配人は「叱りつけようか，それとも先に事情を聞こうか」と「逡巡」はしたが，「安堵や喜びのほう」が大きかった。

問五．Ｘ＜文章内容＞「一」の文章によると，笑いを生み出すには相手と自分との間に「枠組みの同一性」が必要であり，その「枠組み」が「崩壊」して「もっと違う枠組み」が生じると，笑いは生じない。支配人と青年は，青年が映画館に通ってきていたときは「同一の枠組み」を持っていたが，青年が突然徴兵されたことで，二人の「枠組み」は違うものになってしまい，二人は一緒に笑うことができなくなったのである。　　Ｙ＜文章内容＞青年は最後まで笑っているが，それは，徴兵されるという苦悩を抱えながら「心が壊れること」を防ごうとしているからだと考えられる。実際，青年は，笑ってはいるが，「やっぱり現実は思うたよりずっと手強いんじゃのう。でも僕，負けとうないのう」と，苦悩も語っている。　　Ｚ＜ことわざ＞「顔で笑って心で泣く」は，泣きたい気持ちを抑えて，顔だけは笑う，という意味。青年は，心のうちでは徴兵という現実に苦悩しているが，だからこそ外向きには笑っている。

三〔古文の読解―物語〕出典；『大和物語』百五十七。

≪現代語訳≫下野の国に男女が住み続けていた。長年住んでいるうちに，男は，新しい妻をつくってすっかり心変わりして，この(住んでいた)家にあった物を，今度の妻のところへ，残らず持っていく。(女は)つらいと思うが，そのままさせて見ていた。(男は)塵ほどの物も残さず全て持っていく。ただ残っている物は，飼葉桶だけだった。それを，(男は，)この男の従者で，使っていた「まかじ」といった童を使わせて，この飼葉桶まで取りによこした。この童に女が，「お前ももう今後はここに来てくれないのだろう」と言ったので，「どうして来ないことがあるでしょうか。ご主人がいらっしゃらなくても，参るでしょう」などと言って立っている。女が「主人に連絡をしたいと思うが伝えてくれないか。(主人は)手紙は決してお読みにならないだろう。ただ，言葉で申し上げておくれ」と言うと，(童が)「本当に確かに申しましょう」と言ったので，(女は)こう言った。

「『飼葉桶も行ってしまいました。まかじももう見ることはないでしょう。今日からはつらい世の中をどのようにして過ごしたらよいでしょう』と申し上げておくれ」と言ったので，(童が)男に「このように(言われました)」と言ったところ，物をすっかり残さず持っていった男は，(荷物を)そっくりそのまま運び返して，もとのように(他の女に)心を移すこともなく(この女に)連れ添っていた。

問一＜現代語訳＞「すみわたる」は，住み続ける，という意味。「わたる」は，他の連用形につくと，その動作が長く続いたり広く行われたりすることを表す。

問二＜古文の内容理解＞「がり」は，人を表す名詞・代名詞について，その人のところへ，という意味になる。「かきはらひ」は，動詞「かきはらふ」の連用形で，副詞的に用いて，すっかり，残らず，という意味になる。男は，新しい妻にすっかり心変わりしてしまい，家にあった物を新しい妻のところに残らず運んだのである。

問三＜古文の内容理解＞男が荷物をすっかり持っていってしまったため，男の従者である童が使者として来たときに，女は，お前ももう今後はここに来てくれないのだろうと言った。「じ」は，打ち消しの推量を表す助詞。

問四＜古文の内容理解＞「文」は，手紙のこと。「よに」は，下に打ち消しの語を伴って，決して～ない，という意味になる。女は，男に手紙を書いても男は決して読まないだろうから，口頭で伝えてほしいと童に頼んだのである。

問五＜古文の内容理解＞Ｅ．女に，男への連絡は口頭で伝えてほしいと言われた童は，必ず申し上げましょうと答えた。　　Ｆ．女の歌を伝えられた男は，持っていった荷物を全部もとの家に運び戻し，その後は他に心を移すこともなく女に連れ添った。

問六＜古文の内容理解＞≪現代語訳≫和歌は，人の心を種として，たくさんの言葉になったものである。この世に生きている人は，(関わって)することがたくさんあるので，心で思うことを，見聞きすることに託して，(歌として)言い出すのである。花で鳴く鶯，水にすむ蛙の鳴き声を聞くと，生きとし生けるものは，どれが歌をよまないことがあろうか(，いや，ない)。力を込めずに天地を動かし，目に見えない鬼や神も感動させ，男女の仲をも親しくさせ，勇猛な武士の心を穏やかにさせるのは和歌である。

『古今和歌集』仮名序によると，和歌は，人の心を「種」として，それがたくさんの言葉になったものである(ア…○)。「花に鳴く鶯，水にすむ蛙」など，生きているものは全て歌をよむ(イ…○)。その和歌は，目に見えない鬼神をもしみじみとした思いにさせ，男女の仲を和らげたり，勇猛な武士の心を慰めたりすることができる(ウ…×，エ…○)。

問七＜和歌の内容理解＞飼葉桶も行ってしまい，まかじに会うこともないように，舟は行ってしまって舵《かじ》もない中で，私は今日からつらい世の中をどのようにして渡ろうか，という内容の歌である。

四〔国語の知識〕

問一＜古典文法＞「こそ」は係助詞で，これがあると結びは已然形になる。

問二＜歴史的仮名遣い＞語頭にあるハ行の字は，現代仮名遣いでも表記は変わらないので，「はかなき」は「はかなき」のままである。歴史的仮名遣いの「au」は，現代仮名遣いでは「ou」になるので，「やう」は「よう」になる。助動詞の「む」は，現代仮名遣いでは「ん」になる。

問三＜品詞＞「妙な」と「おだやかな」の「な」は，形容動詞「妙だ」「おだやかだ」の連体形活用語尾。「遠くはない」の「な」は，形容詞「ない」の語幹。「いろんな」と「おかしな」の「な」は，いずれも連体詞の一部。「春なのに」の「な」は，断定の助動詞「だ」の連体形。

問四＜文学史＞『雨月物語』は，江戸時代の上田秋成の読本。『好色一代男』は，江戸時代の井原西鶴の浮世草子。『土佐日記』は，平安時代の紀貫之の日記。『東海道中膝栗毛』は，江戸時代の十返舎一九の滑稽本。『源氏物語』は，平安時代の紫式部の物語。

問五⑴＜慣用句＞「食指が動く」は，何かをしたい，欲しい，という欲望が起こる，という意味。「木で鼻をくくる」は，そっけない態度で応対する，という意味。「枕を高くする」は，安心して眠る，という意味。「固唾を呑む」は，事の成り行きを緊張しながら息を凝らして見守る，という意味。「歯が浮く」は，軽薄なお世辞などを聞いて不快になる，という意味。　　⑵＜語句＞「リテラシー」は，読み書きの能力のこと。また，そこから転じて，情報を理解し，活用する能力のこと。「アイデンティティ」は，自分が変わらぬこの自分であるということ。「ユーモア」は，人を和ませほほ笑ませるようなおかしみのこと。「マインド」は，心，精神のこと。「ソース」は，「sauce」なら西洋料理に使う液体の調味料のこと，「source」なら情報の出所のこと。

問六＜漢字＞⑴「解雇」と書く。アは「回顧」，イは「介抱」，ウは「快方」，エは「開襟」，オは「解禁」。　　⑵「疎外」と書く。アは「過疎」，イは「粗末」，ウは「訴訟」，エは「措置」，オは「祖先」。　　⑶「誇張」と書く。アは「朝令暮改」，イは「偏重」，ウは「彫刻」，エは「超越」，オは「一張羅」または「一帳羅」。　　⑷「軌」と書く。アは「気候」，イは「機構」，ウは「帰港」，エは「軌跡」，オは「紀行」。

Memo

2023年度 大宮開成高等学校(併願B)

【英　語】(50分)〈満点：100点〉

Ｉ　次の英文を読んで，後の設問に答えなさい。(＊の付いている語(句)は，後にある(注)を参考にすること。)

One night, a great storm came to the jungle. The storm brought so much rain that the jungle began to look like a small river. Many animals began to move toward the big mountain to the west. ①But not Keela. How could she? [　ア　] She had two little ones to look after, and she could not carry them through the wet jungle. Keela and her family ran up into a tall tree to escape the storm. The strong winds of the storm disappeared by the next morning, (②) the sky remained gray and wet.

Keela and her little ones stayed in the tall tree. There was no one to help her. She had to take care of her children by herself. [　イ　] She did not have to worry about food. The tree held a lot of fruit for her and her children to eat.

It rained and rained, and the river rose higher and higher. The water came up to the middle of the tree. [　ウ　] The jungle looked like a lake now. Keela sat in the branches of her tree and looked up through the big leaves at the cloudy sky. Her two children played happily in the branches. Keela watched them. ③They (ア not　イ that　ウ seem　エ understand　オ to　カ did) the water below them was dangerous.

On the third day of waiting, a mountain lion swam toward Keela's tree and began to climb it. Keela and her little ones *screamed and ran high up into the tree. The mountain lion could not follow them there. [　エ　] The small branches at the top could not support a large animal like a mountain lion. So he waited on the branches below for the delicious-looking animals at the top of the tree to come down. He often *made a deep, angry sound in his throat. He was very hungry, but he could not eat fruit. Even during the night he stayed there. He watched and waited for ④a chance.

But the next day, and the day after that, the river rose much higher and began to reach the lower branches of the tree. The mountain lion became (⑤). He wanted to catch Keela and her children, but if he waited too long, he would be too weak to swim. ⑥So the mountain lion decided.

Keela heard a sound below her in the water. She looked down. The mountain lion was disappearing down the river. The river ran fast and the lion was not able to swim very well. But Keela did not feel sorry about the lion. She was very happy because, when she saw the lion in the river, she felt that the long days of cold rain were over. She and her little ones ate fruit and waited for the rain to stop.

The next morning the gray, rainy sky was gone. The sun, yellow and ⑦(warm), shone down on the jungle.

(注)　screamed　悲鳴を上げた

　　made a deep, angry sound in his throat　怒りくるってうなり声を上げた

問１　下線部①の表す内容として最も適切なものを，次のア～エの中から１つ選び，解答欄 1 にマークしなさい。

ア　Animals didn't begin to move toward Keela.
イ　Keela was not caught in a storm.
ウ　It was not Keela.
エ　Keela didn't begin to move.

問2　次の英文を本文中に補うとき，最も適切な箇所を［ア］～［エ］の中から１つ選び，解答欄[2]にマークしなさい。

However, Keela was lucky in one way.

問3　空欄②，⑤に入る最も適切なものを，次のア～エの中から１つずつ選び，それぞれ解答欄[3]，[4]にマークしなさい。

（②）　ア　so　　イ　but　　ウ　therefore　　エ　however　　[3]
（⑤）　ア　nervous　　イ　clever　　ウ　alone　　エ　shy　　[4]

問4　下線部③の意味が通るように（　）内の語を並べ替え，[5]，[6]の位置に入るものだけを，下のア～カの中から１つずつ選び，それぞれ解答欄[5]，[6]にマークしなさい。

They ＿＿＿ ＿＿＿ [5] ＿＿＿ ＿＿＿ [6] the water below them was dangerous.

ア　not　　イ　that　　ウ　seem
エ　understand　　オ　to　　カ　did

問5　下線部④の示す内容として最も適切なものを，次のア～エの中から１つ選び，解答欄[7]にマークしなさい。

ア　果物が落ちてくること　　イ　雨が止むこと
ウ　夜が明けること　　エ　獲物が降りてくること

問6　下線部⑥の示す内容として最も適切なものを，次のア～エの中から１つ選び，解答欄[8]にマークしなさい。

ア　The mountain lion decided to wait until the rain stopped.
イ　The mountain lion decided to wait until the next morning.
ウ　The mountain lion decided to climb the tree to get fruit.
エ　The mountain lion decided to give up his food.

問7　⑦（warm）の下線部と同じ発音を含むものを，次のア～エの中から１つ選び，解答欄[9]にマークしなさい。

ア　heart　　イ　laugh　　ウ　short　　エ　work

問8　本文の内容と合っているものを，次のア～キの中から２つ選び，それぞれ解答欄[10]，[11]にマークしなさい。

ア　The storm caused the rivers in the jungle to overflow and the jungle became a famous lake.
イ　Keela was able to find a tall tree to avoid the rain but could not help other animals under the tree.
ウ　Keela was able to find enough food for her family and shared some with the mountain lion.
エ　All the branches of Keela's tree were too small to support the mountain lion.
オ　The mountain lion got too tired to swim because he spent too much time waiting.
カ　Keela was happy to feel the end of the rainy days when she saw the lion in the river.
キ　The next morning after the lion disappeared, the rain stopped and the sun shone.

Ⅱ　次の英文を読んで，後の設問に答えなさい。（＊の付いている語(句)は，後にある(注)を参考にすること。）

1 Two language researchers did an interesting experiment with a group of English language students in Japan. On language tests, these students were far behind the regular university students. (①) most of these students didn't like studying English, few of them expected much improvement.

2

②

3 What was this "secret method" that produced such *dramatic results in these learners? The class was an *extensive reading course. Extensive reading is simply reading a lot of English at an easy level. The students in the course spent most of their class time simply reading easy books.

4 In study after study, researchers are finding that extensive reading can play a big role in language learning success. It is not surprising that extensive reading helps students improve reading skills. Several studies have shown that students doing extensive reading for more than one year were almost always better readers than students who did the usual "difficult" readings in the classroom.

5 The more surprising thing is (③) much extensive reading improves students' writing skills. Students who just read a lot can make better progress in writing skills than students who actually practice writing, at least about beginner and *intermediate students.

6 Surprisingly, ④extensive reading can also help speaking skills, as well as listening skills. Researchers have found that students just reading *simplified books improved in both *fluency and accuracy of expression in their speaking, even though the students did very little speaking during the course of the study.

7 How can just reading alone bring all of these benefits? Extensive reading allows students to see a lot of the language in *context over and over again, and gives them the *exposure which they need to understand, organize, remember, and use the language. It builds *fundamental vocabulary and grammar knowledge. In short, extensive reading provides a very strong *foundation and students can build all language skills on it.

8 Most language *scholars would agree that language students still need to spend a lot of time practicing speaking, listening, writing, and so on to become advanced in the language. However, ⑤adding extensive reading to your private (ア language ability　イ can　ウ great things　エ study　オ do some　カ for your). Give it a try and see what it will do for you!

（注）dramatic　劇的な　　extensive reading course　多読講座　　intermediate　中級の
simplified　平易な　　fluency and accuracy　流暢さと正確さ　　context　文脈
exposure　(言語等に)触れる機会　　fundamental　基礎的な　　foundation　基盤
scholars　学者　　semester　学期

問１　空欄①，③に入る最も適切なものを，次のア～エの中から１つずつ選び，それぞれ解答欄 12，13 にマークしなさい。

（①）　ア　Although　　イ　As　　ウ　If　　エ　After　　12

（③）　ア　what　　イ　which　　ウ　why　　エ　how　　13

問2　空欄②には次のA～Cが入る。その順序として最も適切なものを，下のア～カの中から1つ選び，解答欄 [14] にマークしなさい。

A　In just one *semester, the students in the special class improved so much that their scores on the new tests were almost as high as the regular English students.

B　The researchers put these students in a special class for the second semester of the English course.

C　At the end of the semester, the students took another language test and the results were surprising.

ア　A—B—C　　イ　A—C—B　　ウ　B—A—C

エ　B—C—A　　オ　C—A—B　　カ　C—B—A

問3　第 [4] 段落～第 [6] 段落より分かる研究結果として**適切でない**ものを，次のア～エの中から1つ選び，解答欄 [15] にマークしなさい。

ア　難解な文の読解より多読の方が読解力向上に効果があった。

イ　多読をしたことで作文力が向上した。

ウ　作文力が向上したことで読解力も向上した。

エ　聞く力の向上は多読と関係があった。

問4　下線部④の示す内容として最も適切なものを，次のア～エの中から1つ選び，解答欄 [16] にマークしなさい。

ア　多読は聞く力よりも話す力に役立つ

イ　多読は聞く力ほど話す力には役立たない

ウ　多読は聞く力だけでなく話す力にも役立つ

エ　多読は聞く力と話す力のどちらにも役立たない

問5　下線部⑤の意味が通るように，(　)内の語(句)を並べ替え，[17]，[18] の位置に入るものだけを，下のア～カの中から1つずつ選び，それぞれ解答欄 [17]，[18] にマークしなさい。

adding extensive reading to your private ＿＿＿ [17] ＿＿＿ [18] ＿＿＿ ＿＿＿

ア　language ability　　イ　can　　ウ　great things

エ　study　　オ　do some　　カ　for your

問6　本文の内容と合っているものを，次のア～キの中から2つ選び，それぞれ解答欄 [19]，[20] にマークしなさい。

ア　The students in the experiment performed better than the regular university students on language tests.

イ　Students in the extensive reading course always enjoy reading easy books.

ウ　It is surprising that students improve their reading skills by extensive reading.

エ　Better writing skills can lead to better speaking skills.

オ　Just reading a lot of easy books improves the readers' speaking skills.

カ　We need to build enough vocabulary and grammar knowledge before doing extensive reading.

キ　The author suggests that you try extensive reading and see what it will give to you.

Ⅲ　次の会話文を読んで，後の設問に答えなさい。(*の付いている語(句)は，後にある(注)を参考にすること。)

Kumi : Hi, Tom. Let me guess your blood type.

Tom : What? (21)

Kumi : Let me try. I think you are type O because you are a *generous person and have strong leadership skills. People say that a person with blood type O has that kind of personality. I'm type A, so I'm a bit shy but patient.

Tom : Well, I don't think my blood type *has anything to do with my personality.

Kumi : OK. Then (22)

Tom : Actually, I don't know.

Kumi : What? Everybody should know his or her own blood type.

Tom : I'm not sure about that. *As far as I know, none of my friends or family back in Canada knows their own blood type, either.

Kumi : Really?

Tom : And how can you *classify everyone so simply? There are only four types of blood. But there are billions of human beings in the world, and each person is *one of a kind.

Kumi : Good point. Then, (23)

Tom : Well, the other day, I saw a *blood donation bus in the city center. They said they needed type O blood *urgently. I couldn't *donate blood because I didn't know my blood type. But I really wanted to.

Kumi : How (A) you are! You're *definitely type O . . . oops.

(注) generous　寛大な　has anything to do with ～　～と何か関係がある
As far as I know　私の知る限り　classify ～　～を分類する　one of a kind　個性がある
blood donation　献血　urgently　緊急に　donate blood　献血する
definitely　きっと

問1　空欄 21 ～ 23 に入る最も適切なものを，次のア～カの中から1つずつ選び，それぞれ解答欄 21 ～ 23 にマークしなさい。(ただし，文頭に来る語も小文字で示してある。同じ記号は2度以上使用しないこと。)

ア　I don't know your blood type.
イ　there is no need to know one's own blood type, is there?
ウ　what is your blood type?
エ　how can you guess my blood type?
オ　do you know what is related to your personality?
カ　do you know any interesting stories about the history of blood types?

問2　空欄 A に入る最も適切なものを，次のア～エの中から1つ選び，解答欄 24 にマークしなさい。

ア　patient　イ　useful　ウ　kind　エ　strong

問3　本文の内容と合っているものを，次のア～エの中から1つ選び，解答欄 25 にマークしなさい。

ア　Kumi is surprised that Tom doesn't know Kumi's blood type.
イ　According to Tom, no one in Canada knows their own blood type.
ウ　Tom thinks that there may be more than four blood types because each person is one of a kind.
エ　Tom was disappointed that he couldn't donate blood.

Ⅳ　次の①～⑩の英文の空欄 [26]～[35] に入る最も適切なものを，下のア～エの中から１つずつ選び，それぞれ解答欄 [26]～[35] にマークしなさい。

① The international dog show will ([26]) in this city next week.
ア be held　イ is holding　ウ be hold　エ is held

② The ([27]) to the students were very difficult.
ア given tests　イ giving tests　ウ tests given　エ tests giving

③ Bob had a car accident.　He ([28]) me the story about it.
ア said　イ told　ウ spoke　エ talked

④ I sometimes meet ([29]) in the library.
ア a your friend　イ your a friend
ウ a friend of your　エ a friend of yours

⑤ ([30]) of the English teachers at the language school are from Canada.
ア Every　イ Most　ウ Almost　エ Much

⑥ No topic is ([31]) if you are not interested.
ア interesting　イ interested　ウ interest　エ interestingly

⑦ I have to finish my science report ([32]) tomorrow.
ア until　イ by　ウ by the time　エ on

⑧ In England it is always hotter in July ([33]).
ア as September　イ as in September
ウ than September　エ than in September

⑨ When I finish this work, I will ([34]).
ア go home　イ go back my home
ウ go to home　エ go back to home

⑩ I ([35]) Canada, so I don't know anything about the country.
ア went to　イ have never been to　ウ visited　エ won't go to

Ⅴ　次の①～⑤の英文には誤りが１箇所ずつある。誤りを含む部分を，下線部ア～エの中から１つずつ選び，それぞれ解答欄 [36]～[40] にマークしなさい。

① The most important(ア) thing is what(イ) you have(ウ) done your best(エ) or not. [36]

② We had(ア) better to talk(イ) with our boss before(ウ) we sign a long-term(エ) contract. [37]

③ Tom has decided(ア) to go to Sendai by train as(イ) it takes(ウ) about one hour less as(エ) traveling by car. [38]

④ Despite(ア) he was not good at English(イ) at the beginning(ウ), he tried hard to become(エ) a fluent speaker. [39]

⑤ One of the most important things in science class are(ア) to understand(イ) how the things learned(ウ) from the class are(エ) connected to society. [40]

VI　次の①～⑤の日本文の意味になるように，下のア～クの語(句)を並べ替えて英文を完成させ，41～50 の位置に入るものだけを，それぞれ解答欄 41～50 にマークしなさい。(ただし，文頭に来る語も小文字で示してある。)

① 明日の朝，空港まで車で送っていただけないでしょうか。

______ ______ ______ ______ [41] ______ [42] ______ airport tomorrow morning ?

ア ride　イ me　ウ the　エ a

オ give　カ you　キ would　ク to

② 冷蔵庫の中のジュースがほとんど残っていないことに気づいた。

I ______ ______ ______ [43] ______ [44] ______ ______ refrigerator.

ア juice　イ in　ウ found　エ there was

オ the　カ that　キ left　ク little

③ 私は父が買ってくれた上着をなくしてしまった。

______ ______ ______ [45] ______ ______ ______ [46] for me.

ア my　イ I　ウ father　エ jacket

オ the　カ have　キ bought　ク lost

④ 英語の本を読むことほど面白いことはない。

______ ______ [47] ______ ______ [48] ______ ______.

ア nothing　イ reading　ウ than　エ English

オ is　カ interesting　キ more　ク books

⑤ このクラスに何人の生徒がいるのか私は知らない。

I don't ______ ______ [49] ______ ______ [50] ______ ______ class.

ア there　イ know　ウ students　エ many

オ in　カ this　キ how　ク are

【数　学】 (50分) 〈満点：100点〉

（注意） (1) 問題の文中の ①② のような□には，数字（0，1，2，……，9）が入ります。解答用紙では，その数字を1つずつマークしてください。

(2) 分数で解答する場合，既約分数（それ以上約分できない分数）で答えてください。

1 次の ①～⑳ にあてはまる数字を，それぞれ1つずつ選んでマークしなさい。

(1) $(0.25)^2\times(-2)^5\div\dfrac{3}{2}+\dfrac{5}{4}$ を計算すると，$-\dfrac{\boxed{\text{①}}}{\boxed{\text{②}}\boxed{\text{③}}}$ である。

(2) $\dfrac{(\sqrt{6}-\sqrt{3})(\sqrt{2}+1)}{(\sqrt{6}-2)(\sqrt{3}+\sqrt{2})}$ を計算すると，$\dfrac{\sqrt{\boxed{\text{④}}}}{\boxed{\text{⑤}}}$ である。

(3) $(4x-y)^2-(3x+2y)^2+(2x+5y)(x-3y)=\boxed{\text{⑥}}x^2-\boxed{\text{⑦}}\boxed{\text{⑧}}xy-\boxed{\text{⑨}}\boxed{\text{⑩}}y^2$ である。

(4) $3x^3y-9x^2y^2-84xy^3$ を因数分解すると，$\boxed{\text{⑪}}xy(x+\boxed{\text{⑫}}y)(x-\boxed{\text{⑬}}y)$ である。

(5) 2次方程式 $2x^2+2x-3=0$ を解くと，$x=\dfrac{-\boxed{\text{⑭}}\pm\sqrt{\boxed{\text{⑮}}}}{\boxed{\text{⑯}}}$ である。

(6) 連立方程式 $\begin{cases}9x-3y=5\\2x+7y=-4\end{cases}$ を解くと，$x=\dfrac{\boxed{\text{⑰}}}{\boxed{\text{⑱}}}$，$y=-\dfrac{\boxed{\text{⑲}}}{\boxed{\text{⑳}}}$ である。

2 次の ㉑～㊱ にあてはまる数字を，それぞれ1つずつ選んでマークしなさい。

(1) 2次方程式 $x^2-5x+6=0$ の2つの解の和を a，積を b とするとき，2次方程式 $x^2+bx+a=0$ を解くと，$x=-\boxed{\text{㉑}}$，$-\boxed{\text{㉒}}$ である。ただし，㉑ と ㉒ の順序は問わない。

(2) 自然数 n の各位の数字の和を m とするとき，$\dfrac{n}{m}$ が平方数となるような n を「良い自然数」と定める。たとえば，$n=2023$ のとき，$m=2+0+2+3=7$，$\dfrac{2023}{7}=17^2$ より，2023は「良い自然数」である。2桁の自然数のうち，最大の「良い自然数」は，㉓㉔ である。

(3) OさんとKさんは6km離れているA地点とB地点をそれぞれ時速4kmと時速12kmの速さで往復している。OさんとKさんが9時にA地点を出発したのち，2人が3回目に出会うのは，㉕㉖ 時 ㉗㉘ 分である。

(4) 食塩水が容器Aには500g，容器Bには400g入っている。Aから300g，Bから150gを取り出して混ぜた食塩水に水150gを加えた食塩水の濃度は4％であった。また，A，Bの残りを混ぜた食塩水に食塩50gを加えた食塩水の濃度は15％であった。はじめにAに入っていた食塩水の濃度は ㉙ ％，Bに入っていた食塩水の濃度は ㉚ ％である。

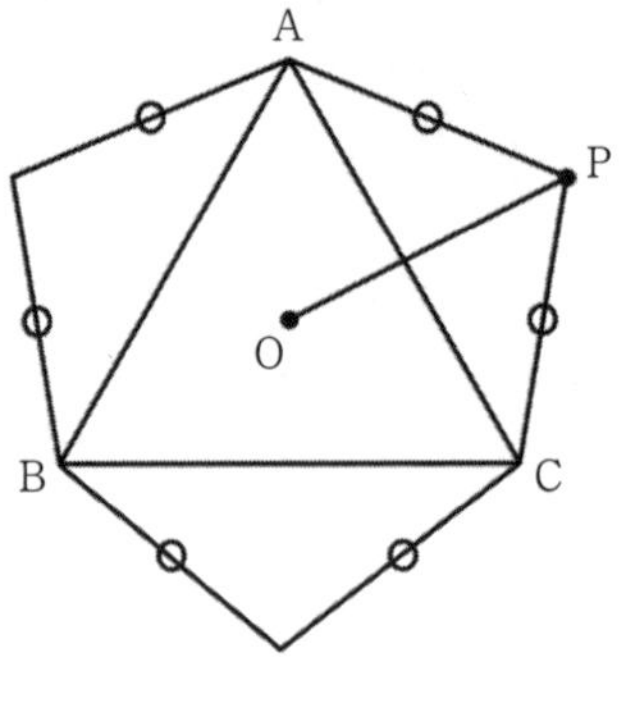

(5) 大小2個のさいころを投げて，出た目の数の積が4の倍数となる確率は，$\dfrac{\boxed{\text{㉛}}}{\boxed{\text{㉜}}\boxed{\text{㉝}}}$ である。

(6) 立体 K の展開図は，図のような1辺 $4\sqrt{3}$ の正三角形ABCの周りに3個の合同な二等辺三角形が並んだ図である。展開図上で OA＝OB＝OC，OP＝5であるとき，K の体積は，$\boxed{\text{㉞}}\sqrt{\boxed{\text{㉟}}\boxed{\text{㊱}}}$ である。

3　次の【手順】は，長方形の折り紙を用いた角の３等分線の作図の手順である。【図】の点線は，（手順３）における折り目を表す。

【手順】

（手順１）　長方形の折り紙 OABC の辺 BC 上に点Dをとる。

（手順２）　辺 OC，AB 上に，EF∥OA となるように点E，Fをとり，線分 OE，AF の中点をそれぞれG，Hとする。

（手順３）　点Oが線分 GH 上に，点Eが線分 OD 上にくるように紙を折り返し，点O，Eが移った点を O′，E′とする。このとき，線分 OO′が∠DOA の３等分線のうちのひとつである。

【図】

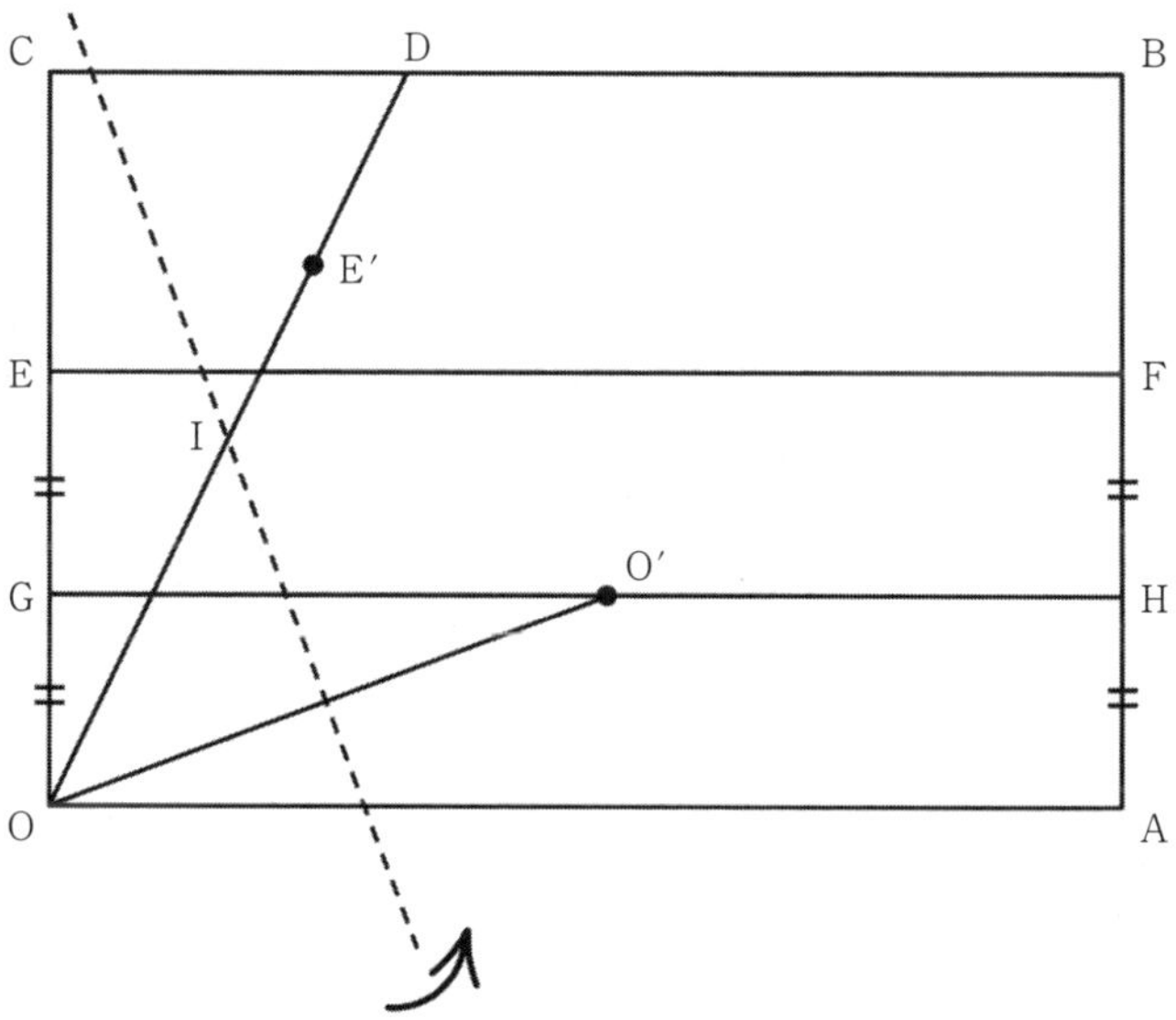

次の ㊲～㊸ にあてはまる数字を，それぞれ１つずつ選んでマークしなさい。

(1)　次の証明は，上の【図】において線分 OO′が∠DOA の３等分線のひとつであることの証明である。次の ㊲～㊴ に，それぞれの選択肢から最も適するものを１つずつ選んでマークしなさい。

（証明）
△O′GO と△O′GE において，
点Gは線分 OE の中点だから，GO＝GE…(ア)
∠GOA＝90°で OA∥GH より，∠O′GO＝∠O′GE…(イ)
辺 O′G は共通…(ウ)
(ア)，(イ)，(ウ)より，㊲ ので，△O′GO≡△O′GE
∠AOO′＝α とすると，OA∥GH より，∠OO′G＝∠EO′G＝㊳…(エ)
ここで，折り目と直線 OD の交点をＩとすると，IO＝IO′…(オ)
また，O，Ｉ，E′が一直線上にあるので，O′，Ｉ，Ｅも一直線上にある。…(カ)
(エ)，(オ)，(カ)より，∠IOO′＝㊴
ゆえに，線分 OO′ は∠DOA の３等分線のひとつである。
（証明終わり）

㊲ の選択肢

⓪　１辺とその両端の角がそれぞれ等しい

① 2辺とその間の角がそれぞれ等しい
② 直角三角形の斜辺と他の1辺がそれぞれ等しい
③ 直角三角形の斜辺と1つの鋭角がそれぞれ等しい

㊳ の選択肢

⓪ $\frac{1}{2}\alpha$　① α　② 2α　③ 3α

㊴ の選択肢

⓪ $\frac{1}{2}\alpha$　① α　② 2α　③ 3α

(2) 【図】において∠DOA＝45°のとき，手順通りに角の3等分線を作図したところ，OO′＝$4\sqrt{6}$ となった。このとき，△IO′E′ の面積は，㊵㊶－㊷$\sqrt{㊸}$ である。

4 図のような1辺の長さが$\sqrt{2}$の立方体 ABCD-EFGH がある。次の ㊹～㊽ にあてはまる数字を，それぞれ1つずつ選んでマークしなさい。

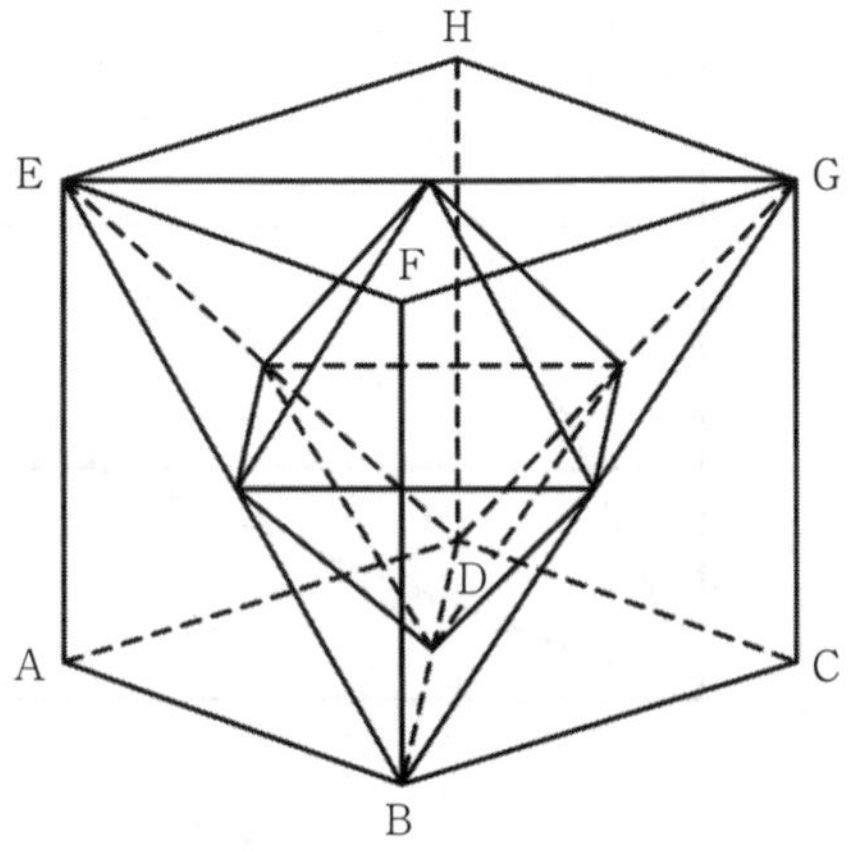

(1) △EBG の面積は，$\sqrt{㊹}$ である。

(2) 図のように，正四面体 BDEG の各辺の中点を結び正八面体を作る。正四面体 BDEG とその内部にできる正八面体の体積の比を最も簡単な整数の比で表すと，㊺：㊻ である。

(3) 1辺の長さが1の正四面体と1辺の長さが1の正八面体のそれぞれの内接球の半径の比を最も簡単な整数の比で表すと，㊼：㊽ である。ただし，内接球とは立体のすべての面に接する球のことである。

5 図のように，放物線 $y=x^2$ と直線 $y=2x+8$ が2点A，Bで交わっている。点Bを通り，傾きが3の直線とこの放物線との交点のうちBでない方をCとする。このとき，次の ㊾～㊿ にあてはまる数字を，それぞれ1つずつ選んでマークしなさい。

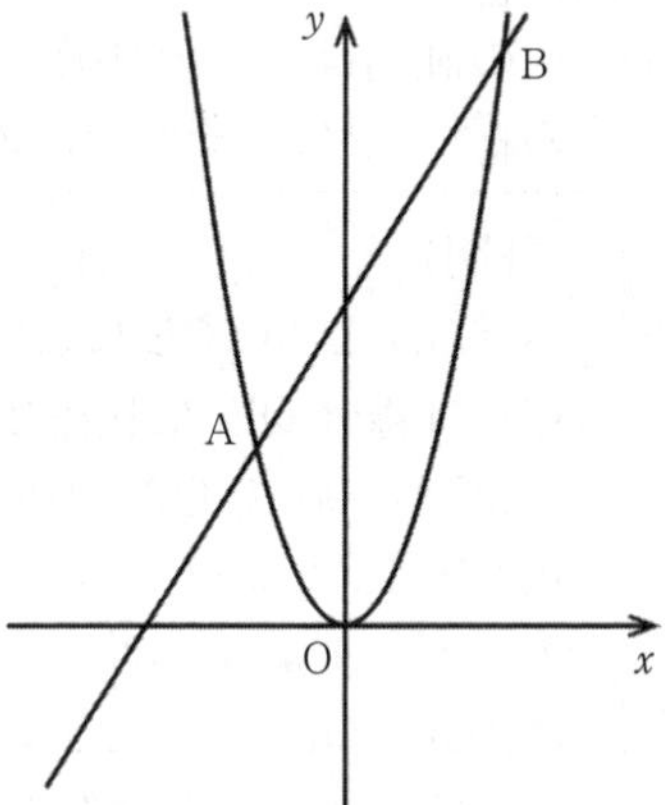

(1) A(－㊾，㊿)，B(51，5253)である。

(2) △ABC の面積は，5455 である。

(3) 直線 $y=-x+k$ が△ABC の面積を二等分するとき，k＝5657－58$\sqrt{59}$ である。

うをかしかりしか。

ア　かかるたびだちたるわざどもをしたりしこそ、あやしゅうわすれがとうおかしかりしか。

イ　かかるたびだちたるわざどもおしたりしこそ、あやしゅうわすれがたうおかしかりしか。

ウ　かかるたびだちたるわざどもをしたりしこそ、あやしくわすれがたくをかしかりしか。

エ　かかるたびだちたるわざどもをしたりしこそ、あやしゅうわすれがとうをかしかりしか。

問三　次の文の――線部と同じ意味・用法のものを、後のア～オの中から一つ選び、解答欄29にマークしなさい。　29

散らかしたと思ったが、それほど乱雑でもなかった。

ア　雪でも降りそうな寒さだ。

イ　いくら読んでもわからない。

ウ　ここでも環境は悪化している。

エ　このお茶を飲んでもいいですか。

オ　わずかでもよいから見せてもらいたい。

問四　大正時代、梶井基次郎が著した作品を、次のア～オの中から一つ選び、解答欄30にマークしなさい。　30

ア　高瀬舟　イ　檸檬　ウ　蜜柑

エ　邪宗門　オ　桜桃

問五　次の意味を表す言葉として正しいものを、後のア～オの中から一つずつ選び、解答欄31・32にそれぞれマークしなさい。

(1)　体面、品位に差し支える。　31

ア　錦を飾る　イ　一矢を報いる

ウ　薄氷を踏む　エ　沽券に関わる

オ　油を売る

(2)　考え方や文章などが固定的であること。　32

ア　エビデンス　イ　ステレオタイプ

ウ　ポストモダン　エ　カオス

オ　ディスコミュニケーション

問六　次の各文の――線部のカタカナを漢字に改めた場合、同じ漢字を使うものを、後のア～オの中から一つずつ選び、解答欄33～36にそれぞれマークしなさい。

(1)　インカンと朱肉を買う。　33

ア　カンシンに堪えない思いだ。

イ　不要なカンユウは断ろう。

ウ　絵画をカンショウする。

エ　出来映えにカンシンする。

オ　シンカンセンに乗る。

(2)　コウキュウの平和を願う。　34

ア　毎年コウレイの行事だ。

イ　先方のごコウイに感謝する。

ウ　安全対策をコウじる。

エ　コウズイに備えた設備。

オ　運動会はテンコウに恵まれた。

(3)　資料をテンプしてメールを送る。　35

ア　セキニンテンカしてはいけない。

イ　赤字をホテンする。

ウ　テンラン会に出品する絵を描いている。

エ　大成功し、ウチョウテンになる。

オ　旅行ではテンジョウ員の指示に従う。

(4)　シツジツゴウケンという校風。　36

ア　日本国ケンポウについて学習する。

イ　すれ違いからケンアクな関係になってしまった。

ウ　陸上部の彼のケンキャクには驚いた。

エ　体育館ケンセツの現場を通る。

オ　格差がケンチョに見られるようになる。

問二　——線部B「かたらひて」とあるが、ここでの意味として最も適当なものを、次のア〜エの中から一つ選び、解答欄20にマークしなさい。 20

ア　味方につけて　　イ　騙《だま》して

ウ　無視して　　エ　演じて

問三　——線部C「あらがひて」・E「ほほゑまれけんかし」の主語として最も適当なものを、次のア〜エの中から一つずつ選び、解答欄21・22にそれぞれマークしなさい。 C—21、E—22

ア　豊蔭　　イ　姫君　　ウ　姫君の母　　エ　姫君の父

問四　——線部D「さてはそらごとなりけり」について、(i)・(ii)の問いに答えなさい。

(i)　この時の父親の考えとして最も適当なものを、次のア〜エの中から一つ選び、解答欄23にマークしなさい。 23

ア　豊蔭は和歌で姫君へのあふれる愛情を表現しているので、豊蔭がもう姫君と別れたと言ったのは嘘だったのだと考えている。

イ　豊蔭は和歌で姫君に一度も会えていない苦しさを歌っているので、豊蔭が姫君に会っているという噂は嘘だったのだと考えている。

ウ　豊蔭は和歌で姫君との交際の許可を請うているので、豊蔭が姫君を迎えに来るという姫君の話は嘘だったのだと考えている。

エ　豊蔭は和歌で姫君との再会を切望しているので、豊蔭が姫君に会いに来ていないという母親の話は嘘だったのだと考えている。

(ii)　【文章Ⅱ】の中の══線部a〜dのうち、——線部Dと最も関連の深い部分として適当なものを、次のア〜エの中から一つ選び、解答欄24にマークしなさい。 24

ア　a　聞きて　　イ　b　見せければ

ウ　c　思ひなほりて　　エ　d　祓へをさへなむせさせける

問五　【文章Ⅰ】と【文章Ⅱ】の内容を比較したものとして適当なものを、次のア〜オの中から二つ選び、解答欄25・26にそれぞれマークしなさい。 25、26

ア　【文章Ⅰ】では、姫君の父親が豊蔭との恋愛に反対するが、【文章Ⅱ】では、姫君自身が豊蔭との恋愛に前向きではないということがわかる。

イ　【文章Ⅰ】では、姫君は豊蔭の身分の高さに魅力を感じたが、【文章Ⅱ】では、豊蔭の身分の低さが明らかになり、姫君は興味を失ったということがわかる。

ウ　【文章Ⅰ】では、姫君自身の行動は描かれていないが、【文章Ⅱ】では、姫君は親の指示により豊蔭を拒絶する和歌を書かされたということがわかる。

エ　【文章Ⅰ】では、姫君は両親に豊蔭との交際を許してもらえたが、【文章Ⅱ】では、和歌を詠んで頼み込んでも許してもらえなかったということがわかる。

オ　【文章Ⅰ】では、豊蔭は姫君の母親の依頼で「人知れず……」の歌を贈ったが、【文章Ⅱ】では、豊蔭自身の意志で歌を贈っているということがわかる。

四

次の各問いに答えなさい。

問一　次の文の——線部の「こそ」は係助詞である。それをふまえて、□に入る語として正しいものを、後のア〜エの中から一つ選び、解答欄27にマークしなさい。 27

よろづの事も、初め終はりこそ□。

ア　をかしかり（連用形）　　イ　をかし（終止形）

ウ　をかしき（連体形）　　エ　をかしけれ（已然形）

問二　次の古文の読み方を現代仮名遣いで表したものとして正しいものを、後のア〜エの中から一つ選び、解答欄28にマークしなさい。 28

かかる旅だちたるわざどもをしたりしこそ、あやしう忘れがた人物、雑話物などさまざまな内容があるけれど、本文の中でおあいが感じていたように、西鶴の力が最も発揮されたのが町人物なんじゃないかな。江戸時代の人々の共感を得て愛読された人気作家だったんだね。

三

【文章Ⅰ】(『宇治拾遺物語』)と【文章Ⅱ】(『一条摂政御集』)は、同様の和歌の贈答に関わる文章である。これらの文章を読んで、後の問いに答えなさい。

【文章Ⅰ】　宇治拾遺物語

今は昔、一条摂政、御かたちより始め、心用ひなどめでたく、才《ざえ》、有様、まことしく《正統派で》おはしまし、また色めかしく《女性が好きで、》、女をも多く御覧じ《お会いに》興ぜ※1させ給ひける《なりなさった》が、少し軽々《きやうきやう》に覚えさせ給ひければ《お思いになった》、御名を隠させ給ひて、豊蔭《とよかげ》と名のりて、御文も遣はしける《女性に手紙を送っていた》。※2懸想《けさう》せさせ給ひ、逢はせ給ひ《逢いなさったり》もしけるに、A皆人さ《そのように》心得て知り参らせたり。

やんごとなくよき人の姫君のもとへおはしまし初《そ》め《通いはじめなさった》にけり。※3乳母《めのと》、母などを《豊蔭は》Bかたらひて、父には知らせさせ給はぬ程に、聞きつけて、いみじく腹立ちて、母をせため《非難し、》、爪弾《つまはじ》きをして、いたくのたまひければ、「さる事なし《そのような事はない》」とCあらがひて、「まだしき《まだであること》由《よし》の文書きて給《た》べ《書いて下さい》」と、母君のわび《嘆き》申したりければ、

人知れず身はいそげども年を経てなど越えがたき《どうして越えがたいのだろうか、逢坂の関は》※4逢坂《あふさか》の関

とて遣はしたりければ、父に見すれば、「Dさてはそらごとなりけり」と思ひて、返し《返歌を父が詠んだ》、父のしける。

あづま路に行きかふ人にあらぬ身はいつかは越えん逢坂の関《東国と行き来する人ではない私はいつ逢坂の関を越えられようか　いや越えられない　あなたには会えないでしょう》

と詠みけるを見て《受け取って》、Eほほゑまれけんかし《お笑いになっただろうよ》と、御集《しふ》にあり。をかしく。

【文章Ⅱ】　一条摂政御集

女の親a聞きて、いとかしこういふ《姫君と豊蔭の交際に反対している》と聞きて、豊蔭、まだしきさまの文を書きてやる

人知れぬ身はいそげども年を経てなど越えがたき逢坂の関

これを、親に、このこと知れる人の《が》b見せければ、c思ひなほりて、かへりごと書かせけり。母、女にd祓《はら》へをさへなむせさせける《お祓いまでもさせた》

あづま路に行きかふ人にあらぬ身のいつかは越えん逢坂の関

心やましな《気をもんで》に年も経たまへ、と書かす。

女、かたはらいたかりけんかし《心苦しかっただろうよ》。

※1　させ給ひ…「させ給ふ」で、「～なさる」という意味。「せ給ふ」も同様。

※2　懸想…恋い慕うこと。

※3　乳母…母に代わって、乳幼児を養い育てる女性。

※4　逢坂の関…京都府と滋賀県の県境の関所。男女が「逢う」という意味と掛けられている。

問一　――線部A「皆人さ心得て知り参らせたり」とあるが、どういうことか。最も適当なものを、次のア～エの中から一つ選び、解答欄19にマークしなさい。 19

ア　周りの人は、一条摂政が容姿端麗で、政治の才能にも恵まれている人物だと評価していたということ。

イ　周りの人は、よく女性の元に通う豊蔭と名乗る人物が実は一条摂政であることを知っていたということ。

ウ　周りの人は、一条摂政が恋人をたくさん持つ軽々しい人物であると軽蔑していたということ。

エ　周りの人は、豊蔭と名乗る人物が複数存在してしまっている状況を認識していたということ。

事に協力していたね。【資料】におあいの名前は出てこないけれど、西鶴の華々しい活躍の陰に後継者としてのおあいがいたんだね。

オ　生徒E―【資料】によると、西鶴は小説の場面の後、二年後の元禄六年に亡くなっているね。西鶴の遺稿を門人の団水がまとめて刊行しているよ。本文の中でも彼は妻のお玉とともに西鶴親子を手助けする存在として描かれていたね。

カ　生徒F―【資料】の作品群を見てみると、好色物、武家物、町

【資料】

井原西鶴

～町人文学の確立者～

【生涯】

〈阿蘭陀西鶴〉

一六四二年、大阪難波生まれ。本名は平山藤五《とうご》とされる。十五歳のころから俳諧に親しみ、三〇歳になったころ西山宗因《そういん》の門下となる。矢数俳諧といって一定時間に多数の句を詠むことを得意とした。

三四歳のとき、妻が三人の子を残し亡くなった際にはその追善供《ついぜんく》養《よう》のため一日独吟千句を敢行した。その二年後には「一夜一日独吟千六百句」を興行し、一句を一分間で詠み続ける力量に人々は大喝《だいかつ》采《さい》したが、そのときの句、

「なんと亭主かはつた恋は
**　ござらぬか**
きのふもたはけが
**　死んだと申す」**

のような自由奔放な句は、他の俳諧師から「阿蘭陀流」と軽蔑された。

西鶴はこれらの非難を気にもせず、一六八四年の住吉神社での興行では一昼夜で二万三千五百句を独吟し、人々の度肝《どぎも》を抜いた。その発句に言う。

「俳諧の息の根とめん大矢数」

〈小説家西鶴〉

矢数俳諧における西鶴の俳諧は、形式は俳諧であっても一種の風俗詩であり、小説への限りない接近があった。師匠の宗因が没した一六八二年『好色一代男』を刊行し、浮世草子作者として出発をした。以後没するまでの十年余りの間に、二十作ほどの作品を送り出し、一六九三（元禄六）年に五十二歳で病没した。

【評価】

西鶴は、男女の愛欲や武士の生きざま、貨幣経済が発達した社会に生きる町人の姿などを、俳諧的な発想に基づく独特の文体で活写した。それまでの仮名草子とは一線を画した「浮世草子」と呼ばれる新ジャンルを開拓し、多くの人々に愛読された。そのほかにも役者の評判記など多種多様な文章を書き、挿絵も提供するなど多彩な活躍をした。

俳諧の松尾芭蕉、人形浄瑠璃の近松門左衛門とともに、元禄の三大文豪の一人として今も名高い。

〈近松門左衛門の人形浄瑠璃〉

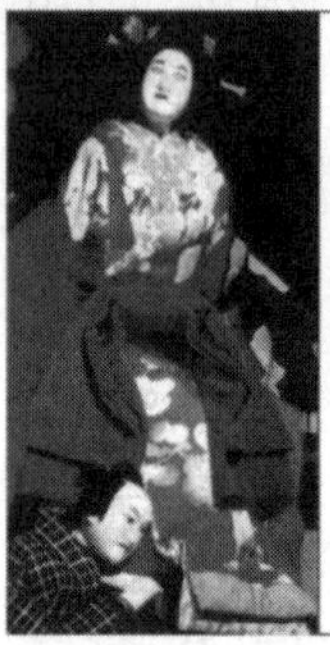

〈松尾芭蕉の俳句〉

夏草やつはものどもが夢の跡

【西鶴の浮世草子作品】

■好色物
『好色一代男』『好色五人女』

■武家物
『武道伝来記』『武家義理物語』

■町人物
『日本永代蔵』『世間胸算用』

■雑話物
『西鶴諸国ばなし』

■その他、『西鶴置土産』は門人の北条団水が遺稿をまとめて刊行したもの。

た旧年から解放されるように感じ、新年の夜風に吹かれながら生きる意欲が湧いてきていることを表現している。

イ　いつも騒がしい裏店に住む人々が新年を心静かに迎えようとする中で、おあいだけは父への想いが胸に迫り、やるせない気持ちになっていることを表現している。

ウ　父の仕事が順調に回り始めたことで、おあいは父のお陰で貧しい生活から抜け出せると感謝するとともに、父の幸福を願う気持ちになっていることを表現している。

エ　自分の命の終わりを予感しながらも、父の真骨頂ともいえる作品の出版が決まったことで、父の未来に明るさを感じ、おあいが清々しい気持ちになっていることを表現している。

オ　裏店の人々がようやく静かになった新年の静けさの中で、おあいが季節の推移と自分の死が確実に迫っていることを感じ、父との別れを悲嘆していることを表現している。

問六　この文章の内容や表現に関する説明として適当なものを、次のア～カの中から二つ選び、解答欄16・17にそれぞれマークしなさい。　16、17

ア　61行目「お父はんに知られるのだけは困るのや」は、自分が売り込みのために町中を出歩いたことを知ったら、娘思いの父がどれほど心配するかを恐れていることを伝えている。

イ　盲目のおあいを中心的な語り手にすることで、人の日鼻立ちや風景の視覚的な描写はないが、79行目「母親らしい、落ち着いた物言い」や86行目「膝を進める気配を立てた」など、聴覚的な描写が丁寧にされている。

ウ　83行目「団水の紹介だとは一言も口にしなかった」からは、父に苦労するおあいを、彼女を取り巻く周囲の人々が誠実に支えてくれるという包み込むような愛情が伝わってくる。

エ　100行目「――おらんださいかく、つつがなし」は、盲目のおあいが精いっぱい書いたものであることを表すとともに、父の健在ぶりを端的に伝えた表現である。

オ　123行目「さ、皆、外で酒盛り始めるよ」は、貧しい生活の中にあっても大阪人らしい心の弾みを失わず、正月を景気よく迎えようとする地方特有の情緒をイメージ豊かに読者に伝えている。

カ　126行目「く、薬や。いや、医者を呼ばんとあかん」は、病気を思わせるほどおあいが異常な痩せ方をしていることに取り乱している西鶴の様子から、豪胆に見える西鶴の気弱な一面を印象づけている。

問七　次に示すのは、本文を読んだ後に、井原西鶴に興味を持った大宮開成高校の生徒が、井原西鶴についての次のページの【資料】（国語便覧）を見ながら話し合っている場面である。本文と資料の読み取りとして**適当でない**生徒の発言を、後のア～カの中から一つ選び、解答欄18にマークしなさい。　18

ア　生徒A―【資料】によると、井原西鶴は俳諧師として出発したんだね。矢数俳諧って初めて聞いたけれど、一昼夜で二万句以上もの句が浮かんでくる発想力もさることながら、「浮世草子」という新しい文学を開拓したんだね。本文でも大胆不敵な人物像が感じ取れたよ。

イ　生徒B―本文のタイトル「阿蘭陀西鶴」の「阿蘭陀」は当時「異端」という軽蔑の意味で言われたんだね。【資料】にあるように俳諧の興行で「俳諧の息の根とめん」などと詠んでしまうのも、本文の中でおあいが言っていた「洒落臭いことが好き」というところと重なるね。

ウ　生徒C―確かに【資料】にある松尾芭蕉の俳句とはかなり違うね。内容は「一種の風俗詩」とあるように、小説的な内容でそれが浮世草子に繋がっていったんだね。本文で「人が好き」とおあいが言っていた通り、西鶴は浮世の人間を観察し町人生活の現実を描いたんだ。

エ　生徒D―西鶴は妻亡き後、男の子は養子に出し、おあいだけを手元に残して育てたとあったよ。そのおあいは西鶴の仕

問一　Ⅰ・Ⅱに入るものとして最も適当なものを、後のア～オの中から一つずつ選び、解答欄10・11にそれぞれマークしなさい。

Ⅰ　10

ア　息を呑《の》んでいた　　イ　息をついていた

ウ　息を弾ませていた　　エ　息を潜めていた

オ　息を切らしていた

Ⅱ　11

ア　声が渋くなった　　イ　声が上がった

ウ　声を詰まらせた　　エ　声を荒げた

オ　声を震わせた

問二　――線部A「ああ、これぞお父はんの真骨頂や」とあるが、この時のおあいの説明として最も適当なものを、次のア～オの中から一つ選び、解答欄12にマークしなさい。　12

ア　裏通りに住む町人たちの実態を世間に伝えるために、実在の人物を登場させて虚飾のない本当の姿を描き出したところが父の力量だと思っている。

イ　貧しいながらもたくましく生きる人々を、優しいまなざしで見つめ、読む人に共感をもたらすように描き出すところが、父の美点だと思っている。

ウ　懸命に生きる町人の姿をまっすぐに見つめ、誇張することも咎《とが》めることもなく、自分の体験をもとに、愛をこめて描くところが父の真価だと思っている。

エ　辛気臭くなりがちな借金に苦しむ町人の姿を、読む人に可愛げさえ感じさせるように描き出すところに、父の個性が発揮されていると思っている。

オ　評判になった前作とは反対に、大阪の場末で生きる貧しく滑稽な町人の様子を描いたところに、父の気概《きがい》が表れていると思っている。

問三　――線部B「こないな生きよう」とあるが、どのような生き方のことか。最も適当なものを、次のア～オの中から一つ選び、解答欄13にマークしなさい。　13

ア　結婚や出産は叶わなかったが、父の庇護《ひご》のもとで大切に育てられ、父との生活を楽しみながら生きるさま。

イ　結婚や出産はせず、盲目でありながらも、父の作品を売り込み、世に出すことを使命として生きるさま。

ウ　亡き母の教えを守って家事を行いつつ、父の執筆の手伝いもして、周りの女性以上に充実して生きるさま。

エ　自分の好きなことや面目を追求する父に人生を束縛されながらも、父の成功のために献身して生きるさま。

オ　他家には嫁がずに気丈に家事をこなしつつ、父の真の理解者として、陰ながら父の手助けをして生きるさま。

問四　――線部C「父はげろりと咽喉を鳴らしたものだ」とあるが、この時の西鶴の説明として最も適当なものを、次のア～オの中から一つ選び、解答欄14にマークしなさい。　14

ア　原稿が売れたことで、これまで抑えていた「鶴」の字が使えない不満が噴出し、公儀への抗議の気持ちが湧《わ》き上がっている。

イ　自信作の小説の出版がようやく決まったことが嬉しく、権力の圧迫など意に介さず自分の名で世に出そうと思っている。

ウ　大阪のみならず京と江戸でも出版が実現されるなら、これまで隠していた自分の名を世に知らしめようとたくらんでいる。

エ　出版元が決まらなかった憂いから解放されて気が大きくなり、本屋やおあいの前で公儀を罵《のの》ってやりたくなっている。

オ　原稿が売れて自信を取り戻し、公儀からどんな仕置きを受けることも覚悟して、自分の名で売り出そうと決意している。

問五　――線部D「静まり返った夜風はもう春の匂いがした」とあるが、これはどのようなことを表現しているか。最も適当なものを、次のア～オの中から一つ選び、解答欄15にマークしなさい。　15

ア　父に久しぶりに原稿料が入ったことで、おあいは心労に満ち頼もうか」

父も節をつけて返してくる。おあいは父の背後に回り、肩に手を置いた。と、ふいに手首を摑《つか》まれた。

「おあい、何や、えらい痩せて」

父の掌《てのひら》に力が籠り、※18剣呑《けんのん》な声になった。

「ちょっと、見せてみぃ」

父の肩が斜めに傾《かし》いで、気がつけば後ろに回られていた。今度は自分の肩に父の掌が置かれている。

「お父はんの手、ぬくいなあ」

「……お前、ほんまにえらい痩せてる。何でや、いつからや」

「大丈夫やて。全然しんどないもん。さ、皆、外で酒盛り始めるよ。私らも混ぜてもらおう」

おあいは右腕の肘《ひじ》を上げ、父の手に手を重ねた。

「く、薬や。いや、医者を呼ばんとあかん」

「やめて。皆に喋《しゃべ》り散らさんといてよ。もうじき、お正月になるんやから」

「わかってるけど。けどお前……」

「大丈夫、お父はんより先に死んだりせぇへんから。そないな親不孝、ないのやろ」

おあいは戯《ざ》れ言《ごと》めかして父を宥《なだ》め、背中を押した。

手前勝手でええ格好しぃで、自慢たれの阿蘭陀西鶴。都合が悪うなったら開き直って、しぶとうなる。洒落臭《しゃらくさ》いことが好きで、人が好きで、そして書くことが好きだ。

お父はん。

おあいは胸の中で呼びかけた。

お父はんのお蔭で、私はすこぶる面白かった。

たぶん私は親不孝な娘になってしまうのやろうけど、その時、きっとお父はんにこう言える。

おおきに。さよなら。

おあいは大きく息を吸って、賑やかな路地に出た。が、除夜の鐘が鳴り響いた途端、皆、一斉に口をつぐんだ。D静まり返った夜風はもう春の匂いがした。

※1 掻巻…薄く綿を入れた袖付きの夜具。

※2 西鵬…江戸幕府の五代将軍綱吉が、娘の名が「鶴」であることから、町人に対し店のしるしや名前などに鶴の字を使うことを禁止したため、西鶴は一時「西鵬」と名乗った。

※3 掛取り…後から代金をもらう約束で品物を売り渡す貸し売りの代金を取り立てること。ここでは取り立てをする人。

※4 包み銀…江戸時代の貨幣で、紙包みにした銀貨。後に出てくる銀子も銀の貨幣。

※5 板元…出版元。

※6 ごまめ…カタクチイワシの幼魚を干したもの。たづくり。

※7 質草…質屋に預け入れる物品。

※8 裏店…裏通りに建てられた粗末な家。

※9 団水やお玉…西鶴の弟子・北条団水とその妻のお玉。お玉はおあいと同い年で、団水に嫁ぐ前は西鶴の家で女中をしていた。後に出てくるおつるは二人の娘。

※10 辰彌…西鶴と親しかった美形の役者。この少し前に亡くなっている。

※11 料る…料理する。

※12 公儀…朝廷、幕府など人民を支配する為政者。御公儀《おかみ》。

※13 弟の一太郎…西鶴の長男。西鶴は妻が亡くなって、二人の息子を他家に養子に出した。本文の少し前の場面で道に迷ったおあいを偶然見つけた一太郎が助け、二人は久しぶりに再会した。

※14 おらんださいかく…西鶴の通称。「阿蘭陀《おらんだ》」とは当時、「新奇なもの」「異端」という意味で用いられていた。

※15 飛脚…江戸時代、手紙や小荷物などの送達を職業とした人。

※16 万懸帳埒明けず屋…貸し売りの代金を支払わない人という意味。西鶴は仲間内からこう呼ばれていた。

※17 按摩…もみ療治をする人。

※18 剣呑…不安をおぼえるさま。

Aああ、これぞお父はんの真骨頂《しんこっちょう》や。

おあいは無性にそう思った。だから最後の本屋が板行を断ってきた時、おあいは買物に出た足で松屋町を訪ねたのである。八つになったおつるに土産の菓子をやり、少し遊んでやった。人見知りの激しかったおつるはすっかり、口の達者な大坂の子になっていた。

そしておあいは、団水とお玉夫婦に頭を下げた。

「こんな躰《からだ》やなかったら自分で頼んで回るんやけど、そんなことしたらすぐに本屋の間で噂になる。この通りです、お父はんの本の出板をしてくれるとこ、探してくれませんか」

「嬢さんがわしらに頼みごとしてくれはるやなんて、初めてどすなあ」

団水は情のこもった声で「わかりました」と受けてくれた。お玉は黙っていたけれど、帰り道の途中までおつるをつれて送ってくれた。

道すがら、お玉はこんなことを言った。

「嬢さんはとうとう嫁ぎもせんと子も持たんと、二十五になってしまわはった。旦那さんも便利に使うて酷《こく》なことしはるて思うてたけど、今日、そんな捉えようは見当違いなんやて思うたわ。ああ、Bこないな生きようもあるんやなあて」

長い間、お玉との間を隔てていたものが少しだけ動いて、風が通ったような気がした。おあいは微笑んで、お玉とおつるに別れを告げた。

「なあ、痩《や》せてきたんと違う。※11料《りょう》るばかりやのうて、嬢さん自身もちゃんと食べなあかんで」

背後からお玉がそう言った。母親らしい、落ち着いた物言いだった。

そして七日ほど経って、おとなしい声の客があった。梶木町《かじきまち》の本屋、伊丹屋《いたみや》だと名乗り、本屋仲間の噂で父の新しい原稿があると耳にして訪ねてきたと言った。団水の紹介だとは一言も口にしなかった。

そして原稿を読み終えると、「板元にならせてもらえますか」と膝《ひざ》を進める気配を立てた。

「ああ、なったらええがな。かまへん、かまへん」

父は鷹揚《おうよう》に受け入れた。そして副題がつけられ、『世間胸算用 大晦日は一日千金』は年明けの正月に板行されることが決まったのだ。伊丹屋は京と江戸の本屋にも声を掛けてみると請け合ってくれた。

そして父は初めて、原稿の末尾に「難波《なにわ》西鶴」と筆名を入れたのである。※12公儀《こうぎ》の鶴の字法度《はっと》はまだ解かれていなかったけれど、C父はげろりと咽喉《のど》を鳴らしたものだ。

「御公儀《おかみ》が何じゃい、何するものぞ」

おあいは父の蛙のごとき笑い声に耳を澄ませながら、目尻を慌てて拭《ぬぐ》った。

あの日、おあいは台所の板ノ間で、※13弟の一太郎に文を書いた。

──※14おらんださいかく、つつがなし。

一行だけ書いて、書いた字がどんなことになっているのか、一太郎がちゃんと読めるものになっているのかどうかも心許《こころもと》なかったが、宛名《あてな》書きと※15飛脚《ひきゃく》使いは父に内緒で団水に頼んだ。

やがて掛取りの連中が引き揚げて行き、近所でそうっと様子を窺《うかが》いに戸を引く音がする。一軒、二軒、そして隣りからも出てくる。

「おあい、そろそろ良さそうやな」

「うん、ええみたいやね」

父が掻巻を撥《は》ねのけ、大きな息を吐いた。

「ああ、肩凝った」

「※16万懸帳埒《よろずかけちょうらち》明《あ》けず屋はん、肩、揉《も》ませてもらいましょか」

「おや、親切なその声はおなごの※17按摩《あんま》はんやないかえ。一つ、

二　次の文章は、史実をふまえて書かれた歴史時代小説、朝井まかて「阿蘭陀西鶴《おらんださいかく》」の一節である。これを読んで、後の問いに答えなさい。

おあいは、江戸時代の浮世草子《うきよぞうし》（小説の一種）の作者、井原《いはら》西鶴《さいかく》の娘である。おあいは盲目ながらも亡き母に家事を仕込まれたことで、父の身の周りの世話をよくこなし、とくに料理では魚をさばけるほどの腕前である。

その年、元禄《げんろく》四年（一六九一）の大晦日《おおみそか》、おあいは父と一つの※1掻巻《かいまき》にくるまって、［　Ⅰ　］。

「※2西鵬《さいほう》はん、いや西鶴はんっ、いてはりまんのやろ。居留守使うてもあきまへんでっ」

酒屋の※3掛取《かけと》りがしぶとく戸を叩《たた》く。

「あいつ、しつこいなあ。ええ加減、あきらめっちゅうねん」

「青物屋はんと魚屋はんは早々に帰ってくれたのになあ」

おあいが呑気《のんき》な声を出したので、父はふと笑う。

「お前も性根が据わってきたな」

「まあ、うちだけやないもん」

隣りと、さらに隣りでも大節季《おおせっき》の払いができないらしく、あちこちで怒声が響いているのだ。そして父もまた算段が間に合わなかった。二年半もの間、ろくろく本を出板していないのである。

味噌壺は空になり、正月の餅も用意できていない。父に久しぶりに稿料が、それもささやかな※4包み銀が入った時はもう日が暮れていた。

「ほんまに、喧《やかま》しいなあ。昔の掛取りは夜明け方まで家々を回って、それこそ命懸けの喧嘩《けんか》をして何なりと持って帰ったもんやが、近頃は声高に物を言わんようになってたやろう」

「ほんまや。近頃の掛取りは行儀が良うなってたのに」

「そのうち、内々に話をつけようて向こうが折れてくるからやな、ほしたらこの銀子《ぎんす》から最近の分だけ払うてやって、古い借銀は棒引きにさせたろて胸算用《むなざんよう》してたのに、こうも怒鳴り散らされたら談合《だんこう》に入る隙《すき》もないやないかい」

父がぼやく。

「ご近所への手前もあるしなあ。うちだけ払いを済ませたら義理が悪い」

おあいも一緒にぼやいた。

三月に仕上げた原稿は本人の自信に反して、なかなか※5板元が決まらなかった。不義理をしてつきあいが薄くなったせいもあるが、森田屋や岡田屋など何軒かは父が文を出してすぐに訪れたのである。ところが原稿を読み終えた途端、［　Ⅱ　］。

「『世間胸算用《せけんむねさんよう》』だすか……なんか辛気臭《しんきくさ》い話だすなあ。貧乏人が右往左往してるだけやおまへんか。……何だす、掛取り相手に横車を押す男の言いようは。私は金に憎まれて、どういうわけか金が近寄りません……先生、これは売れませんで。『日本永代蔵《にっぽんえいたいぐら》』みたいに、どどんと景気のええ話を書いてくれはらんと」

「いや、辛気臭いだけやないやろう。皆、滑稽《こっけい》なほど懸命に生きてるやろ。読んでるうちに、どことのう可愛げが出てくるやろう」

それは父が推敲《すいこう》のために通しで読み上げるのを聞いていて、おあいが口にしたことだった。

『世間胸算用』には、世の中の底で生きる貧乏人の身過ぎ世過ぎが描かれていた。場末《ばすえ》の大晦日に聞こえるのは夫婦喧嘩に洗濯、壁下地の修繕の音ばかり。正月を迎えるのに餅一つ、※6ごまめ一匹もなく、しかし※7質草の心当てがある者は少しも憂き世を嘆く様子がない。

父はこの※8裏店《うらだな》に住む連中のさまざまを、いろんな人物の悲喜こもごもに託していた。※9団水《だんすい》やお玉の片鱗《へんりん》も感じられる。そして、生き通すことをやめた※10辰彌《たつや》の匂いすら感じたのだ。

皆、愚かで惨《みじ》めで、けれど父は彼らを非難していない。ただひたすら、掛け値なしのまなざしを向けていた。

～オの中から一つずつ選び、解答欄[3]・[4]にそれぞれマークしなさい。

[Ⅰ]　[3]

ア　限定　イ　散在性　ウ　特有性

エ　稀少性　オ　過疎

[Ⅱ]　[4]

ア　恣意《しい》的《てき》　イ　不可逆的　ウ　自虐的

エ　逆進的　オ　逆説的

問四　[C]に入るものとして最も適当なものを、次のア～オの中から一つ選び、解答欄[5]にマークしなさい。　[5]

ア　物を捨てろ　イ　消費は無駄だ　ウ　贅沢をさせろ

エ　質素に生きろ　オ　浪費と決別しろ

問五　――線部Ｄ「消費の論理が労働をも覆い尽くしてしまった」とあるが、どういうことか。最も適当なものを、次のア～オの中から一つ選び、解答欄[6]にマークしなさい。　[6]

ア　労働が、もはや個人が進んで行うものではなく、生き甲斐や忙しさを享受させようとする広告に駆り立てられた人々によって、半強制的に行われる行為になっているということ。

イ　労働が、人々に満足をさせず常に消費を求めるように仕向けるための行為になっており、満足感を得ることができるまで延々と繰り返されるようになっているということ。

ウ　労働が、人々が忙しさや生き甲斐を得て満足するための行為になってしまっており、いまや労働そのものは社会に対しての価値を生産しなくなってしまっているということ。

エ　労働が、労働そのものへの喜びを感じるという目的を離れ、他者よりも多く働くことで自身が特別だという優越感に浸り、他者を見下そうとする行為になっているということ。

オ　労働が、価値を生産して社会へ貢献するための行為ではなく、それによって忙しさや生き甲斐という価値を得て、自身を満足させようとする行為になっているということ。

問六　二重傍線部「浪費と消費の違い」とあるが、次の具体例を浪費と消費に分類した際の組み合わせとして、最も適当なものを、後のア～オの中から一つ選び、解答欄[7]にマークしなさい。　[7]

① お金をかけて美味しい食べ物を満腹になるまで食べる。

② 可能なかぎり奮発して流行りの旅行スポットへ出かける。

③ 持っている服を組み合わせて気がすむまでおしゃれをする。

④ ＳＮＳへ投稿するためにとても値段が高い靴を購入する。

⑤ 既にタオルを持っているのに会場限定のタオルを新たに買う。

ア　浪費：①・②　消費：③・④・⑤

イ　浪費：①・④・⑤　消費：②・③

ウ　浪費：②・④・⑤　消費：①・③

エ　浪費：③・④　消費：①・②・⑤

オ　浪費：①・③　消費：②・④・⑤

問七　本文の内容として適当なものを、次のア～カの中から二つ選び、解答欄[8]・[9]にそれぞれマークしなさい。　[8]、[9]

ア　必要最低限の物しか持たないという狩猟採集民のような考えは消費社会批判として成立しない。

イ　消費社会は人々が仕事に生き甲斐を求めることで成立する社会である。

ウ　消費を促進し経済的に成長していく社会は、「豊かな社会」とは正反対の社会である。

エ　消費社会では欲求が生産に先行しているのではなく、生産が欲求に先行し、欲求を強制している。

オ　物に対する人間の欲求は物の機能や所有に向けられたものである。

カ　余暇は労働がなくとも自立的に存在するものとして規定することが可能である。

スは仕事に生き甲斐《がい》を見出《みいだ》す階級の誕生を歓迎した。しかし、それは消費の論理を労働にもち込んでいるにすぎない。彼らが労働するのは、「生き甲斐」という観念を消費するためなのだ。

　ここからさらに興味深い事態が現れる。労働が消費されるようになると、今度は労働外の時間、つまり余暇も消費の対象となる。自分が余暇においてまっとうな意味や観念を消費していることを示さなければならないのである。「自分は生産的労働に拘束されてなんかないぞ」。「余暇を自由にできるのだぞ」。そういった証拠を提示することをだれもが催促されている。

　だから余暇はもはや活動が停止する時間ではない。それは非生産的活動を消費する時間である。余暇はいまや、「俺は好きなことをしているんだぞ」と全力で周囲にアピールしなければならない時間である。［Ⅱ］だが、何かをしなければならないのが余暇という時間なのだ。

（國分功一郎『暇と退屈の倫理学』による
問題作成のために本文を一部変更したところがあります）

※1　前章で指摘したモデルチェンジの場合…本文より前のところで言及があった、家電や携帯電話において頻繁に新製品が出ることの例を指している。

※2　ボードリヤール…フランスの思想家、社会学者（一九二九～二〇〇七）。

※3　清貧…貧乏だが心が清らかで行いが潔白であり、無理に富を求めず貧しい生活に安んじていること。

※4　ガルブレイス…アメリカの経済学者（一九〇八～二〇〇六）。

問一　――線部A「選択の自由が消費者に強制される」とあるが、どういうことか。最も適当なものを、次のア～オの中から一つ選び、解答欄［1］にマークしなさい。［1］

ア　消費者は、個性的になるために消費行動を自分で選択しているつもりだが、実際は社会に自身の行動を常に強制されているということ。

イ　消費者は、個性という観念を消費するために自分なりに個性的な物を購入しているつもりだが、実際は特定の物しか消費できないように仕向けられているということ。

ウ　消費者は、個性的でありたいという欲求を満たすために自ら消費行動を選択して満足するが、実際は社会に消費を無理強いさせられているにすぎないということ。

エ　消費者は、個性を発見するために様々な情報を自ら取捨選択し個性的になろうとしているが、実際は社会に誤った情報を植え付けられているということ。

オ　消費者は、他者との差別化を図るために消費することを自ら率先して行っているつもりだが、実際は社会に消費行動を強いられているということ。

問二　――線部B「彼らは贅沢な暮らしを営んでいる」とあるが、「贅沢な」理由として最も適当なものを、次のア～オの中から一つ選び、解答欄［2］にマークしなさい。［2］

ア　狩猟採集民は、限られた物しか持たず、取得物も一度ですべてを使い切るため、貯蔵等による経済計算などの未来への思い煩いから逃れて生活をしているから。

イ　狩猟採集民は、未来に対する洞察力を持つことができないため、限られた物しか持ち合わせていないが、そのおかげで経済的計画をたてなくてもよいから。

ウ　狩猟採集民は、計画的に貯蔵や生産をする知恵がないため、物を十分に持っていないが、所有物を限定することで日々の必需品に関する心配をしなくてよいから。

エ　狩猟採集民は、食料調達の方法として農業の採用を拒んできたため、栽培から収穫、貯蔵等の経済計画といった未来を思い煩う洞察力を必要としないから。

オ　狩猟採集民は、未来に対して期待をしていないため、現代人と比べて物を多く持っていないが、必要であれば周りからすぐに調達できるから。

問三　［Ⅰ］・［Ⅱ］に入ることばとして最も適当なものを、後のア重要なのは、彼らの生活の豊かさが浪費と結びついているということである。B彼らは贅沢《ぜいたく》な暮らしを営んでいる。これが重要である。ボードリヤールやサーリンズも言うように、浪費できる社会こそが「豊かな社会」である。将来への気づかいの欠如と浪費性は「真の豊かさのしるし」、贅沢のしるしに他ならない。

消費社会はしばしば物があふれる社会であると言われる。物が過剰である、と。しかしこれはまったくのまちがいである。サーリンズを援用しつつボードリヤールも言っているように、現代の消費社会を特徴づけるのは物の過剰ではなくて[I]である。消費社会では、物がありすぎるのではなくて、物がなさすぎるのだ。

なぜかと言えば、商品が消費者の必要によってではなく、生産者の事情で供給されるからである。生産者が売りたいと思う物しか、市場に出回らないのである。消費社会とは物があふれる社会ではなく、物が足りない社会だ。

そして消費社会は、そのわずかな物を記号に仕立て上げ、消費者が消費し続けるように仕向ける。消費社会は私たちを浪費ではなくて消費へと駆り立てる。消費社会としては浪費されては困るのだ。なぜなら浪費は満足をもたらしてしまうからだ。消費社会は、私たちが浪費家ではなくて消費者になって、絶えざる観念の消費のゲームを続けることをもとめるのである。消費社会とは、人々が浪費するのを妨げる社会である。

消費社会において、私たちはある意味で我慢させられている。浪費して満足したくても、そのような回路を閉じられている。しかも消費と浪費の区別などなかなか思いつかない。浪費するつもりが、いつのまにか消費のサイクルのなかに閉じ込められてしまう。

この観点は極めて重要である。なぜならそれは、質素さの提唱とは違う仕方での消費社会批判を可能にするからである。

しばしば、消費社会に対する批判は、つつましい質素な生活の推奨を伴う。「消費社会は物を浪費する」「人々は消費社会がもたらす贅沢に慣れてしまっている」「人々はガマンして質素に暮らさねばならない」。日本でもかつて「※3清貧《せいひん》の思想」というのが流行《はや》ったがまさしくこれだ。

そうした「思想」は根本的な勘違いにもとづいている。消費は贅沢などもたらさない。消費する際に人は物を受け取らないのだから、消費はむしろ贅沢を遠ざけている。消費を徹底して推し進めようとする消費社会は、私たちから浪費と贅沢を奪っている。

しかも単にそれらを奪っているだけではない。いくら消費を続けても満足はもたらされないが、消費には限界がないから、それは延々と繰り返される。延々と繰り返されるのに、満足がもたらされないから、消費は次第に過激に、過剰になっていく。しかも過剰になればなるほど、満足の欠如が強く感じられるようになる。

これこそが、二〇世紀に登場した消費社会を特徴づける状態に他ならない。

消費社会を批判するためのスローガンを考えるとすれば、それは「[C]」になるだろう。

消費を記号や観念の消費として考えていくと、実は、現代のさまざまな領域が消費の論理で動いていることが分かる。人間のあらゆる活動が消費の論理で覆《おお》い尽くされつつある。

なかでもボードリヤールが注目するのは労働である。現在では労働までもが消費の対象になっている。どういうことかと言うと、労働はいまや、忙しさという価値を消費する行為になっているというのだ。「一日に一五時間も働くことが自分の義務だと考えている社長や重役たちのわざとらしい『忙しさ』がいい例である」。

これは労働そのものが何らの価値も生産しなくなったという意味ではない。当然ながら社会のなかにある労働は価値を生産しているし、それがなければ社会はまわらない。「労働の消費」という事態が意味しているのはそうではなくて、D消費の論理が労働をも覆い尽くしてしまったということである。

こうやって見ると、※4ガルブレイスが能天気に推奨していた「新しい階段」の問題点がさらにいっそうよく分かる。ガルブレイ

二〇二三年度 大宮開成高等学校（併願B）

【国語】（五〇分）〈満点：一〇〇点〉

一 次の文章を読んで、後の問いに答えなさい。

浪費と消費の違いは明確である。消費するとき、人は実際に目の前に出てきた物を受け取っているのではない。これは※1前章で指摘したモデルチェンジの場合と同じである。なぜモデルチェンジすれば物が売れて、モデルチェンジしないと物が売れないのかと言えば、人がモデルそのものを見ていないからである。「チェンジした」という観念だけを消費しているからである。

※2ボードリヤール自身は消費される観念の例として、「個性」に注目している。今日、広告は消費者の「個性」を煽《あお》り、消費者が消費によって「個性的」になることをもとめる。消費者は「個性的」でなければならないという強迫観念を抱く（いまの言葉ではむしろ「オンリーワン」といったところか）。

問題はそこで追求される「個性」がいったい何なのかがだれにも分からないということである。したがって、「個性」はけっして完成しない。つまり、消費によって「個性」を追いもとめるとき、人が満足に到達することはない。その意味で消費は常に「失敗」するように仕向けられている。失敗するというより、成功しない。あるいは、到達点がないにもかかわらず、どこかに到達することがもとめられる。こうしてA選択の自由が消費者に強制される。

消費社会を相対的に位置づけるために、それとは正反対の社会を紹介しよう。ボードリヤールも言及しているが、人類学者マーシャル・サーリンズ[1930–2021]は「原初のあふれる社会」という仮説を提示している。これは現代の狩猟採集民の研究を通じて、石器時代の経済の「豊かさ」を論証したものである。

狩猟採集民はほとんど物をもたない。道具は貸し借りする。計画的に食料を貯蔵《ちょぞう》したり生産したりもしない。なくなったら採りにいく。無計画な生活である。

彼らはしばしば、物をもたないから困窮《こんきゅう》していると言われる。そして、それは彼らの「未来に対する洞察力のなさ」こそが原因であると思われている。つまり、計画的に貯蔵したり生産したりする知恵がないために十分に物をもっていないとして、「文明人」たちから憐《あわ》れみの目で眺められている。

しかし、これは実情から著しくかけ離れている。彼らはすこしも困窮していない。狩猟採集民は何ももたないから貧乏なのではなくて、むしろそれ故《ゆえ》に自由である。「きわめて限られた物的所有物のおかげで、彼らは日々の必需品に関する心配からまったく免れており、生活を享受しているのである」。

また、彼らが未来に対する洞察力を欠き、貯蓄等の計画を知らないのは、知恵がないからではない。彼らのような生活では、単に未来を思い煩《わずら》う必要がないのだ。

狩猟採集生活においては少ない労力で多くの物が手に入る。彼らは何らの経済的計画もせず、貯蔵もせず、すべてを一度に使い切る大変な浪費家である。だが、それは浪費することが許される経済的条件のなかに生きているからだ。

したがって狩猟採集民の社会は、一般に考えられているのとは反対に、物があふれる豊かな社会である。彼らが食料調達のために働くのは、だいたい一日三時間から四時間だという。サーリンズは、農耕民に囲まれていたけれども農業の採用を拒否してきた、ある狩猟採集民のことを紹介している。なぜ彼らは農業の採用を拒んできたのか？ 「そうなればもっとひどく働かねばならない」からだそうである。

もちろん狩猟採集民を過度に理想化してはならない。狩猟採集民もうまく食料調達ができないことはあろうし、環境の変化によって容易に困窮に陥ることはあろう（しかし、農耕民の方がその可能性が高いとも言えるのだが……）。

英語解答

Ⅰ 問1 エ　問2 イ
問3 ②…イ　⑤…ア
問4 5…ウ　6…イ　問5 エ
問6 エ　問7 ウ　問8 カ，キ

Ⅱ 問1 ①…イ　③…エ　問2 エ
問3 ウ　問4 ウ
問5 17…イ　18…ウ　問6 オ，キ

Ⅲ 問1 21…エ　22…ウ　23…イ
問2 ウ　問3 エ

Ⅳ ① ア　② ウ　③ イ　④ エ
⑤ イ　⑥ ア　⑦ イ　⑧ エ
⑨ ア　⑩ イ

Ⅴ ① イ　② イ　③ エ　④ ア
⑤ ア

Ⅵ ① 41…エ　42…ク
② 43…ク　44…キ
③ 45…オ　46…キ
④ 47…キ　48…イ
⑤ 49…エ　50…ク

数学解答

1 (1) ①…1　②…1　③…2
(2) ④…6　⑤…2
(3) ⑥…9　⑦…2　⑧…1　⑨…1
⑩…8
(4) ⑪…3　⑫…4　⑬…7
(5) ⑭…1　⑮…7　⑯…2
(6) ⑰…1　⑱…3　⑲…2　⑳…3

2 (1) 1，5　(2) ㉓…8　㉔…1
(3) ㉕…1　㉖…1　㉗…1　㉘…5
(4) ㉙…5　㉚…6
(5) ㉛…5　㉜…1　㉝…2
(6) ㉞…4　㉟…1　㊱…5

3 (1) ㊲…①　㊳…①　㊴…②
(2) ㊵…2　㊶…4　㊷…8　㊸…3

4 (1) 3　(2) ㊺…2　㊻…1
(3) ㊼…1　㊽…2

5 (1) ㊾…2　㊿…4　(51)…4　(52)…1
(53)…6
(2) (54)…1　(55)…5
(3) (56)…2　(57)…0　(58)…6　(59)…5

国語解答

一 問一 オ　問二 ア
問三 Ⅰ…エ　Ⅱ…オ　問四 ウ
問五 オ　問六 オ　問七 ウ，エ

二 問一 Ⅰ…エ　Ⅱ…ア　問二 ウ
問三 オ　問四 イ　問五 エ
問六 イ，エ　問七 エ

三 問一 イ　問二 ア
問三 C…ウ　E…ア
問四 (i)…イ　(ii)…ウ　問五 ウ，オ

四 問一 エ　問二 ア　問三 オ
問四 イ　問五 (1)…エ　(2)…イ
問六 (1)…ウ　(2)…ア　(3)…オ　(4)…ウ

2022年度 大宮開成高等学校（単願）

【英　語】（50分）〈満点：100点〉

[I]　次の英文を読んで，後の設問に答えなさい。（＊の付いている語(句)は，後にある(注)を参考にすること。）

When people meet for the first time, they make first impressions of one another (①) a few seconds. To do this, they notice clothes, body shape, the way a person talks, and expressions he or she makes. Research shows that first impressions are very important because they have a strong impact on forming relationships.

Studies show that ②the primacy effect is an important part of first impressions. The primacy effect is the idea that the first impression is very difficult to ③(change). After the first meeting, two people may *interact again and learn more about each other, but the early impressions they formed will influence their feelings about each other in the future.

(④) interesting part of first impressions is that people act how others expect them to act. This is called ⑤a self-fulfilling prophecy. Research by Snyder and Swann supports this idea. In their study, partners played a game together. The partners did not know one another, so the researchers told each player about his partner. Sometimes they said (⑥), or good, things about a partner. Sometimes they said (⑦), or bad, things. The result of the study showed that players acted friendly when they expected their partners to be friendly, but they acted unfriendly when they expected their partners to be unfriendly. The player's expectations influenced how they acted toward one another.

A related study by Michael Sunnafrank showed that when people first meet, they quickly make *predictions about what kind of relationship they will have. Sunnafrank found that these predictions had a strong impact on future relationships. In his study of 164 first-year college students, Sunnafrank found that when students predicted they could be friends, they sat closer together in class and interacted more. As a result, (⑧). In other words, they made their predictions come true.

Clearly, first impressions are very important in forming relationships, because they influence the expectations people have of one another and how they *behave toward one another.

（注）　interact　やり取りをする　　predictions　予測　　behave　振る舞う

問1　空欄①，④に入る最も適切なものを，次のア～エの中から1つずつ選び，それぞれ解答欄[1]，[2]にマークしなさい。

(①)　ア　on　　イ　before　　ウ　in　　エ　by　　[1]

(④)　ア　Other　　イ　Others　　ウ　The others　　エ　Another　　[2]

問2　下線部②の示す内容として最も適切なものを，次のア～エの中から1つ選び，解答欄[3]にマークしなさい。

ア　the idea that first impressions are not the main point in forming good relationships

イ　the idea that it is difficult for people to change their first impressions of one another

ウ　the idea that people try to communicate again in order to learn more about each other

エ　the idea that early impressions are not related to future relationships

問3　③(change)の下線部と同じ発音を含むものを，次のア～エの中から1つ選び，解答欄[4]にマークしなさい。

ア　woman　　イ　breakfast　　ウ　damage　　エ　waste

問4　下線部⑤の示す内容として最も適切なものを，次のア～エの中から1つ選び，解答欄[5]にマークしなさい。

ア　相手の予測通りに行動すること
イ　相手の予測とは反した行動をすること
ウ　相手の期待した以上に振る舞おうとすること
エ　相手に自分と同じように振る舞ってもらうこと

問5　空欄⑥，⑦に入る語の組み合わせとして最も適切なものを，次のア～エの中から1つ選び，解答欄[6]にマークしなさい。

ア　⑥：cheerful　　⑦：sorrowful
イ　⑥：short　　⑦：long
ウ　⑥：positive　　⑦：negative
エ　⑥：unfriendly　　⑦：friendly

問6　空欄⑧に入る最も適切なものを，次のア～エの中から1つ選び，解答欄[7]にマークしなさい。

ア　they changed their first impressions
イ　they actually became friends
ウ　they told their first impressions of each other
エ　they would often sit on the same seat

問7　first impressionsについて述べているものとして**ふさわしくないもの**を，次のア～エの中から1つ選び，解答欄[8]にマークしなさい。

ア　出会って2，3秒で決まる。
イ　相手の服装や話し方などが関係している。
ウ　誰もが友好的な印象を残そうとする。
エ　その後の相手に対する自分の行動に影響する。

問8　本文の内容と合っているものを，次のア～カの中から2つ選び，それぞれ解答欄[9]，[10]にマークしなさい。

ア　Expressions a person makes are the most important part of first impressions.
イ　First impressions have a strong impact, but they are often changed as time goes by.
ウ　Future relationships with somebody will be influenced by the early impressions people formed about him or her.
エ　Snyder and Swann found that when people were told what kind of person their partner was, they were influenced by that information.
オ　When we expect our partners to be friendly, they expect us to be friendly, too.
カ　The early impressions people formed will influence not their feelings but their behavior.

[II]　次の英文を読んで，後の設問に答えなさい。(＊の付いている語は，後にある(注)を参考にすること。)

The foods you eat supply your body with energy.　Your body needs energy to move and even to sleep.　One part of your body uses a (①) amount of energy.　This body part is small — only 2-3% of your total weight — but it uses 20-30% of the energy from your food.　Can you guess what it is? It is your (②).

You already know that drugs affect the brain. Did you know that (③) affects it, too? Different types of food affect the brain in different ways. Sometimes we can feel the changes that food makes in our brains. For example, most people can feel an *immediate change after drinking coffee. *Caffeine in coffee affects the brain. Caffeine usually makes people feel more awake. After a cup of coffee, a person can think and make decisions more quickly.

Other foods affect the brain in ways that we cannot see or feel. We (④) realize how they influence us. However, everything we eat *matters. Our food affects how smart we are and how well we remember things. It also affects how long we can *concentrate. For example, ⑤scientists know that:

1. Eating breakfast makes students do better on tests.
2. *Spinach, berries, and other colorful fruits and vegetables help keep older brains from slowing down.
3. Eating large amounts of animal fat (in meat and cheese, for example) makes learning more difficult.
4. Fish really is "brain food." For years, many people believed that eating fish was good for the brain. Now scientists are finding that this is true.

For millions of years, the brains of early human beings stayed the same size. They weighed only about one pound (400-500 grams). Then, during the last million years or so, there was a big increase in brain size. The human brain grew to about three pounds. This increase in brain size meant an increase in brain (⑥). With bigger, stronger brains, human beings became smart enough to build boats and invent (⑦) languages. They developed forms of music and created works of art. ⑧Some (ア people イ changes ウ scientists エ after オ say カ happened キ these ク that) started to eat seafood. Seafood contains a certain kind of fat. According to these scientists, this fat caused the increase in brain size. Today, brain scientists agree: this fat is still important for healthy brains. They also say that most of us are not getting enough of it.

Did you know that the brains of adults continue to grow and change? The foods you eat affect how your brain grows. They affect how well you learn and remember things. Maybe you never thought about that before. Luckily, ⑨it is never too late to start feeding your brain well!

（注） immediate 即座の　Caffeine カフェイン　matters 重要である
concentrate 集中する　Spinach ホウレンソウ

問1 空欄①，④，⑦に入る語の組み合わせとして最も適切なものを，次のア～カの中から1つ選び，解答欄11にマークしなさい。

ア ①：surprising ④：can ⑦：written
イ ①：surprising ④：can ⑦：writing
ウ ①：surprising ④：don't ⑦：written
エ ①：surprised ④：don't ⑦：written
オ ①：surprised ④：can ⑦：writing
カ ①：surprised ④：don't ⑦：writing

問2　空欄②，③，⑥に入る最も適切なものを，次のア～クの中から1つずつ選び，空欄②は解答欄[12]，空欄③は解答欄[13]，空欄⑥は解答欄[14]にそれぞれマークしなさい。（ただし，同じ記号は2度以上使用しないこと。）

ア　food　　イ　drug　　ウ　body　　エ　brain

オ　health　　カ　size　　キ　power　　ク　weight

問3　下線部⑤の具体例として**ふさわしくないもの**を，次のア～エの中から1つ選び，解答欄[15]にマークしなさい。

ア　朝食を食べることでテストの成績がよくなる。

イ　ホウレンソウなどの野菜は脳をリラックスさせる効果がある。

ウ　動物性脂肪の摂りすぎは，学習に悪影響をもたらす。

エ　以前から言われていたように，魚は脳によい影響を与える。

問4　下線部⑧の意味が通るように（　）内の語を並べ換え，[16]，[17]の位置に入るものだけを，下のア～クの中から1つずつ選び，それぞれ解答欄[16]，[17]にマークしなさい。

Some ＿＿＿ ＿＿＿ ＿＿＿ [16] ＿＿＿ ＿＿＿ [17] ＿＿＿ started to eat seafood.

ア　people　　イ　changes　　ウ　scientists　　エ　after

オ　say　　カ　happened　　キ　these　　ク　that

問5　下線部⑨の内容として最も適切なものを，次のア～エの中から1つ選び，解答欄[18]にマークしなさい。

ア　脳を育てるのが遅すぎると，上手に育てることができなくなってしまう。

イ　脳を育てるのが早すぎると，上手に育てることができなくなってしまう。

ウ　脳を上手に育てることに関しては，若いうちに始めなければならない。

エ　脳を上手に育てることに関しては，大人になってから始めてもよい。

問6　本文の内容と合っているものを，次のア～カの中から2つ選び，それぞれ解答欄[19]，[20]にマークしなさい。

ア　People need more energy to sleep than to move.

イ　Drinking coffee helps people make better decisions.

ウ　Every food we eat has a positive effect on our brains.

エ　The brains of modern humans are about three times as heavy as those of early human beings.

オ　Some scientists believe that people should eat more fat in seafood.

カ　You should eat as much food as you can in order to learn and remember things better.

III

次のDoctorとEmilyの会話文を読んで，後の設問に答えなさい。（＊の付いている語(句)は，後にある(注)を参考にすること。）

Doctor : What seems to be the problem today, Emily?

Emily : Oh, Doctor, I think I have a high fever. Oh, and I have a terrible stomachache, too.

Doctor : When did your stomach start hurting?

Emily : The pain started last night, around midnight. I woke up because of the stomachache, and couldn't sleep very well.

Doctor : I see. ([21]) When did it start?

Emily : I had the ＊chills in bed, so I guess it started at the same time.

Doctor : Let's check your temperature. Huh, it is 39℃. It is quite high. I guess you feel *dizzy, don't you?

Emily : Yes, I feel dizzy when I stand up and walk, and I have pains in my arm muscles.

Doctor : What did you eat yesterday?

Emily : For breakfast, I had some cereal without milk. I had lunch at the school cafeteria, and for dinner, I had some spaghetti with meat sauce.

Doctor : OK. You may have *the flu. Let's do a *throat test. Wait 30 minutes and I'll tell you the results.

30 minutes later

Emily : What did you find out, Doctor?

Doctor : *It turns out that you have the flu. I'm going to give you some medicine. Please take these *pills for the stomachache.

Emily : OK. (22)

Doctor : Take two after each meal. These are for the fever. If your temperature goes above 38℃, take one of these, and you will feel better.

Emily : (23)

Doctor : Sure. Here is some water for you. And this one is for the flu. Take it twice a day. Try to drink as much water as possible. Hot tea and soup are good. The most important thing is to stay in bed and keep yourself warm.

Emily : When will I get well enough to go to school?

Doctor : It will take a week or so for you to *recover fully. Don't go to school, or you won't get better and your friends will catch your flu. If you still have a fever after two days, call us again. Take care of yourself!

Emily : Thank you, Doctor.

（注） chills 寒気　dizzy めまいがして　the flu インフルエンザ　throat のど
It turns out that ～ ～だと分かる　pills 錠剤　recover 回復する

問１ 空欄 21 ～ 23 に入る最も適切なものを，次のア～カの中から１つずつ選び，それぞれ解答欄 21 ～ 23 にマークしなさい。（ただし，同じ記号は２度以上使用しないこと。）

ア When should I take them?
イ How many times should I come here?
ウ Can I take them right now?
エ Can you tell me what I should do if my temperature keeps going up?
オ How about the fever?
カ How do you feel now?

問２ 本文の内容と合っているものを，次のア～キの中から２つ選び，それぞれ解答欄 24 ， 25 にマークしなさい。

ア Emily couldn't sleep at all last night because she had a stomachache.
イ Emily found that she had a fever when she checked her temperature at home.
ウ It seems difficult for Emily to stand up because of pains in her arm muscles.
エ Emily waited for half an hour to know the results of a throat test.
オ The doctor told Emily to take the pill twice a day when she has a fever.

カ　Nothing is as important to Emily as drinking water.

キ　It is not necessary for Emily to call the doctor if her temperature goes down.

Ⅳ　次の①～⑩の英文の空欄 26 ～ 35 に入る最も適切なものを，下のア～エの中から１つずつ選び，それぞれ解答欄 26 ～ 35 にマークしなさい。

① (26) when you cross the street.

ア Careful　イ Do careful　ウ Please careful　エ Be careful

② The baggage was too heavy for her (27).

ア carrying it　イ carrying　ウ to carry　エ to carry them

③ I (28) to Canada when I was two years old, but I don't remember it at all.

ア go　イ went　ウ have gone　エ have been

④ People looked at a picture (29) on the wall.

ア draw　イ drawing　ウ to draw　エ drawn

⑤ I cannot (30) you how lucky I was to have a chance to see that painting.

ア talk　イ speak　ウ say　エ tell

⑥ I was born (31) the morning of December 25.

ア in　イ on　ウ at　エ for

⑦ New York is one of (32) in the world.

ア a big city　イ the big city

ウ the biggest city　エ the biggest cities

⑧ Lucy (33) be unhappy ; she has just married a wonderful man.

ア must　イ must not　ウ cannot　エ hasn't

⑨ Ted watched TV (34) his mother told him to go to bed.

ア if　イ during　ウ still　エ until

⑩ A new supermarket is going to (35) next year.

ア build　イ building　ウ be built　エ be building

Ⅴ　次の①～⑤の英文には誤りが１箇所ずつある。誤りを含む部分を，下線部ア～エの中から１つずつ選び，それぞれ解答欄 36 ～ 40 にマークしなさい。

① Every children(ア) in the world(イ) should have enough(ウ) food(エ).　36

② I had few(ア) money at that time(イ), so(ウ) I couldn't take a taxi(エ).　37

③ Nancy is a girl(ア) who(イ) know(ウ) a lot(エ) about Japan.　38

④ My brother was kind enough(ア) to help my homework(イ) even when(ウ) he had little time(エ).　39

⑤ I asked the waitress bring(ア) me a cup of tea, but(イ) she brought(ウ) me coffee(エ).　40

Ⅵ　次の①～⑤の日本文の意味になるように，下のア～クの語(句)を並べ換えて英文を完成させ，[41]～[50]の位置に入るものだけを，それぞれ解答欄[41]～[50]にマークしなさい。(ただし，文頭に来る語も小文字で示してある。)

①　私はこのようなきれいな花を見たことがありません。

I ______ [41] ______ ______ [42] ______ ______ ______ this.

ア never　イ have　ウ a　エ as
オ such　カ flower　キ seen　ク pretty

②　私がこの都市で働くために家を出てから10年が過ぎました。

______ ______ [43] ______ ______ [44] ______ ______ work in this city.

ア since　イ ten years　ウ home　エ have
オ left　カ passed　キ I　ク to

③　今夜お客様が何人来るか知っていますか。

______ ______ ______ [45] ______ [46] ______ ______ tonight?

ア do　イ many　ウ guests　エ will
オ how　カ you　キ come　ク know

④　世界には，ナイル川ほど長い川は他にはありません。

No ______ [47] ______ ______ ______ [48] ______ ______ the Nile.

ア is　イ world　ウ other　エ than
オ the　カ river　キ longer　ク in

⑤　これが昨日君が話していた本ですか。

______ ______ ______ ______ [49] ______ ______ [50] yesterday?

ア the　イ book　ウ this　エ you
オ were　カ talking　キ is　ク about

【数　学】 (50分) 〈満点：100点〉

(注意) (1) 問題の文中の ①② のような □ には，数字(0，1，2，……，9)が入ります。解答用紙では，その数字を1つずつマークしてください。

(2) 分数で解答する場合，既約分数(それ以上約分できない分数)で答えてください。

1 次の ① ～ ㉕ にあてはまる数字を，それぞれ1つずつ選んでマークしなさい。

(1) $\left(\dfrac{3}{5}\right)^3\times\dfrac{5}{9}-\dfrac{16}{10^2}\div\dfrac{2}{3}$ を計算すると，$-\dfrac{①}{②③}$ である。

(2) $\sqrt{54}-\dfrac{18+4\sqrt{3}-3\sqrt{2}}{\sqrt{6}}-\dfrac{3-10\sqrt{12}}{\sqrt{3}}$ を計算すると，④⑤－⑥$\sqrt{⑦}$ である。

(3) $\dfrac{(a+3b)(a-3b)}{4}+\dfrac{(4a-5b)^2}{12}-\dfrac{7a^2-20ab+6b^2}{6}=\dfrac{⑧a^2-⑨⑩b^2}{⑪⑫}$ である。

(4) $12x^2z-27y^2z$ を因数分解すると，⑬z(⑭x＋⑮y)(⑯x－⑰y) である。

(5) 2次方程式 $(x+4)^2+3(x+4)-54=0$ を解くと，$x=$⑱，－⑲⑳ である。

(6) 連立方程式 $\begin{cases} y-2=4x+1 \\ 2x-3(y-2)=-1 \end{cases}$ を解くと，$x=-\dfrac{㉑}{㉒}$，$y=\dfrac{㉓㉔}{㉕}$ である。

2 次の ㉖ ～ ㊵ にあてはまる数字を，それぞれ1つずつ選んでマークしなさい。

(1) $x>y$，$x+y=2\sqrt{5}$，$xy=1$ のとき，$x-y$ の値は，㉖ である。

(2) 222は3つの素数の平方の和でただ1通りに表されることが分かっている。すなわち，

$222=p^2+q^2+r^2$ (p，q，rは素数)

である。$p<q<r$ で，rが2桁であるとき，$p=$㉗，$q=$㉘，$r=$㉙㉚ である。

(3) A君の家から学校までは5km離れており，途中にP地点がある。A君は出発してからP地点までは一定の速さで走り，P地点を通過してから到着するまでは2倍の速さで走る。行きは，家を分速100mの速さで出発したところ，家を出てから学校に着くまでに40分かかった。帰りは，学校を分速xmの速さで出発したところ，学校を出てから家に着くまでに70分かかった。このとき，$x=$㉛㉜ である。

(4) 濃度x%の食塩水が入った容器Aと濃度y%の食塩水が入った容器Bがある。空の容器にAから160g，Bから240gの食塩水を入れてよく混ぜると，濃度8%の食塩水になった。この容器にさらにAから200gの食塩水を入れた後，水を60g蒸発させたところ，濃度は8%のままであった。このとき，$x=$㉝.㉞，$y=$㉟.㊱ である。

(5) A，B，C，Dの4人を無作為に横一列に並べるとき，CとDが隣り合う確率は，$\dfrac{㊲}{㊳}$ である。

(6) 図のように，AB＝6，BC＝8である長方形ABCDがあり，AP：PB＝2：1，Qは辺ADの中点，Rは線分AQの中点である。線分PQ，CRの交点をSとするとき，四角形PBCSの面積は，㊴㊵ である。

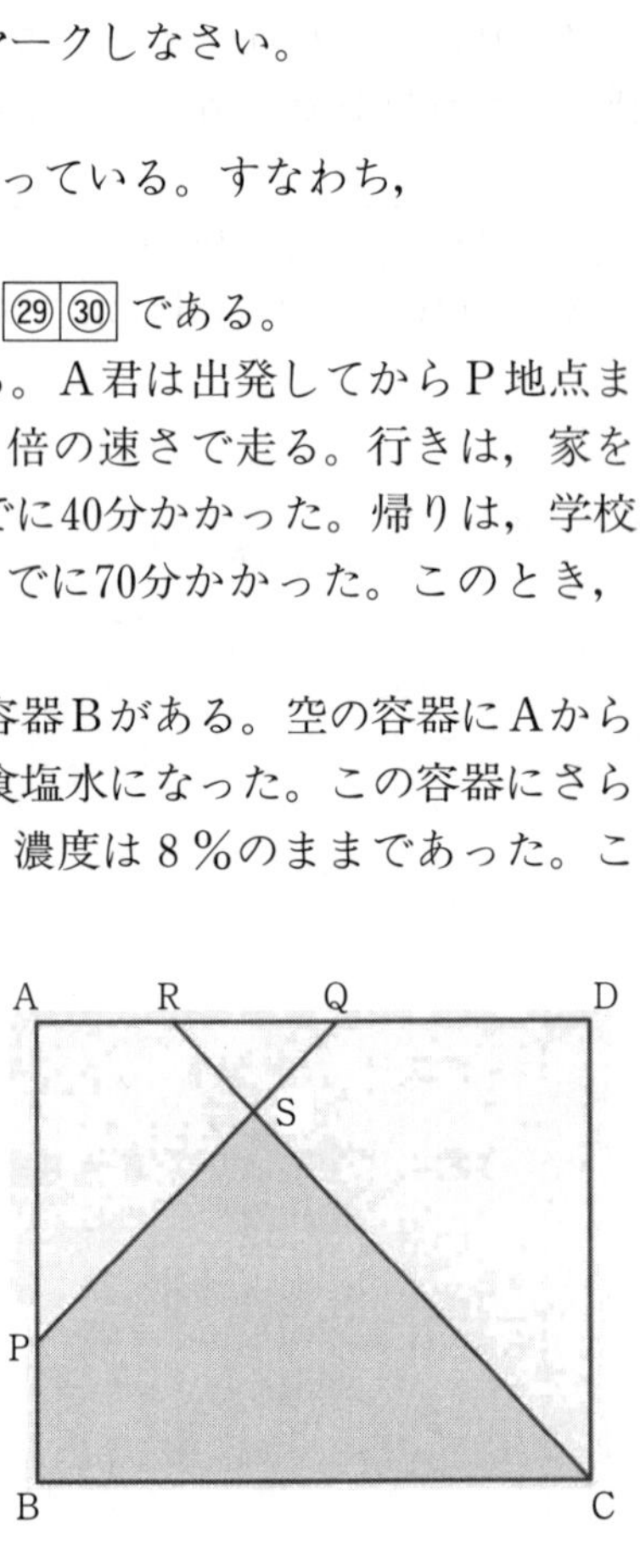

3　図のように，正三角形ABCと正三角形DEFがある。ただし，正三角形ABCの1辺の長さは4とし，点Dは辺BCの中点，点Eは辺AC上にあり，AE：EC＝1：3である。また，辺ABと辺EF，DFとの交点をそれぞれP，Qとする。このとき，次の$\boxed{41}$～$\boxed{54}$にあてはまる数字を，それぞれ1つずつ選んでマークしなさい。

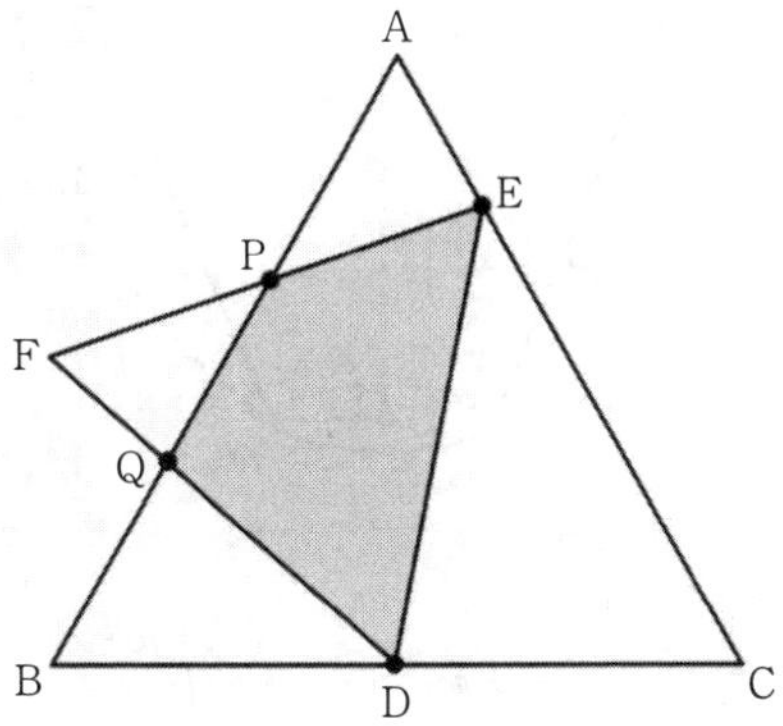

(1)　太郎さんと花子さんは△ABCと△CDEの面積について話し合っている。ただし，式中の△ABCの表記は，三角形ABCの面積を表している。

> 太郎：まず，△ABCの面積をSとして進めていこう。
> 花子：初めに△ABCと△ADCの面積について考えてみよう。
> 　　　底辺を辺BCと辺CDと見たとき，△ABCと△ADCの高さは等しいよね。だから，底辺の長さの比が面積の比になるはずだよね。
> 太郎：ということは，点Dが辺BCの中点であることから，
> 　　　$S:\triangle ADC=1:\dfrac{\boxed{41}}{\boxed{42}}$ だよね。
> 花子：次は△ADCと△CDEの面積の比を考えよう。
> 　　　今回はAE：EC＝1：3であることから，
> 　　　$\triangle ADC:\triangle CDE=1:\dfrac{\boxed{43}}{\boxed{44}}$ となるよね。
> 太郎：ということは，$\triangle CDE=\dfrac{\boxed{45}}{\boxed{46}}S$ となるね。
> 　　　Sの値を代入すれば，$\triangle CDE=\dfrac{\boxed{47}\sqrt{\boxed{48}}}{\boxed{49}}$ となるよね。

(2)　四角形PQDEの面積は，$\dfrac{\boxed{50}\boxed{51}\sqrt{\boxed{52}}}{\boxed{53}\boxed{54}}$ である。

4　図のような，上面がOを中心とする半径7の円，底面がO′を中心とする半径2の円である立体Pがある。また，線分OO′は上面と底面に垂直に交わっている。このとき，次の[55]～[62]にあてはまる数字を，それぞれ1つずつ選んでマークしなさい。ただし，円周率をπとする。

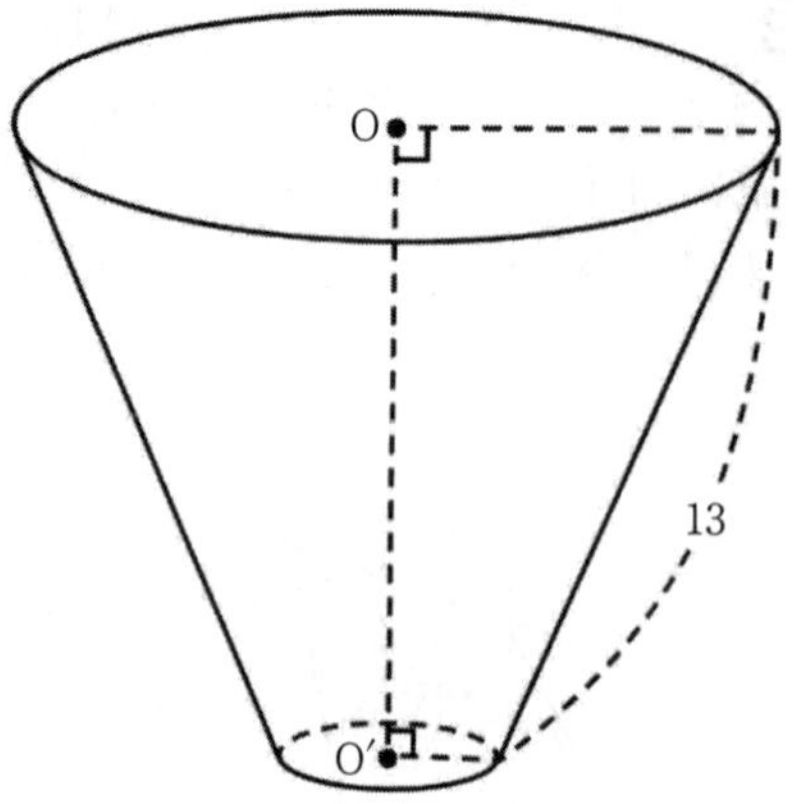

(1)　線分OO′の長さは，[55][56]である。

(2)　底面がPの底面と平行である半径5の円柱全体がPに含まれるとき，円柱の体積の最大値は，[57][58][59]πである。

(3)　半径rの球全体がPに含まれるとき，rの最大値は，$\dfrac{[60][61]}{[62]}$である。

5　図のように，放物線$y=ax^2$上の点(4, 8)をA，x座標が−2，1である点をそれぞれB，Cとする。また，直線ABとy軸との交点をD，直線CDと放物線との交点のうちCでない方をEとする。このとき，次の[63]～[68]にあてはまる数字を，それぞれ1つずつ選んでマークしなさい。

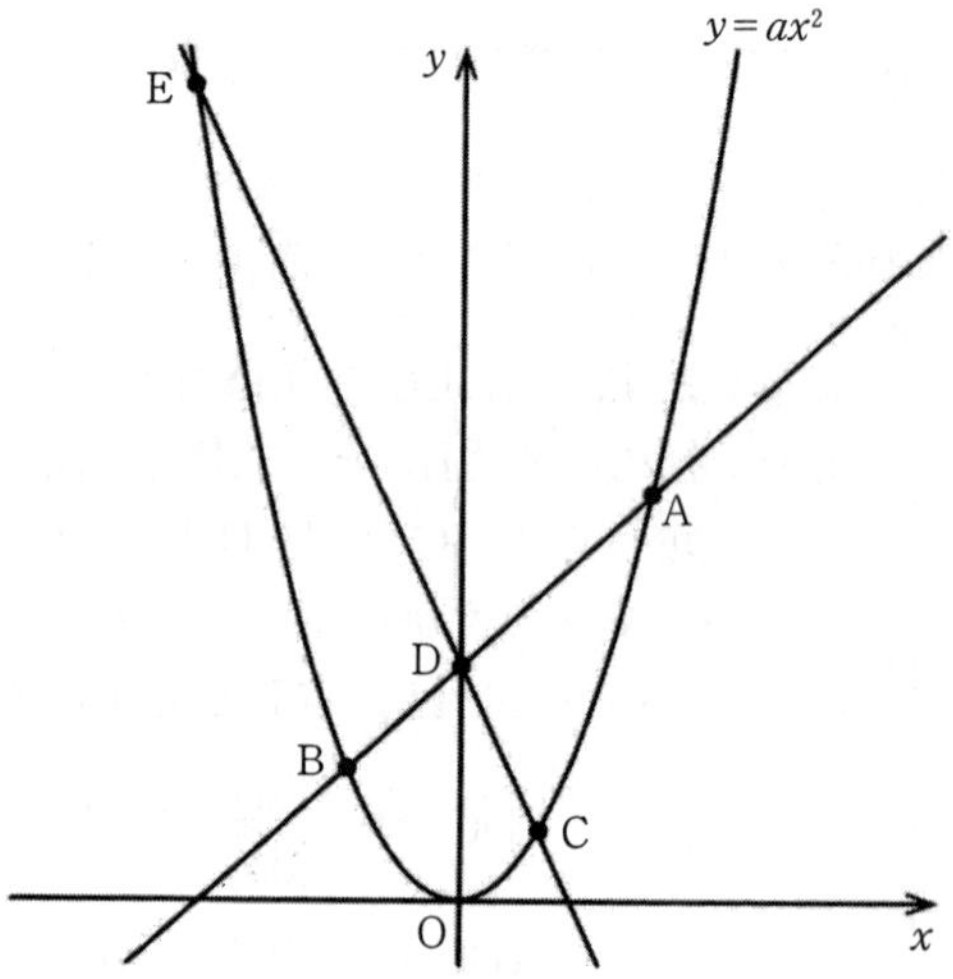

(1)　$a=\dfrac{[63]}{[64]}$である。

(2)　△ACDの面積は，[65]である。

(3)　△ACDと△EBDをそれぞれ直線ABのまわりに1回転してできる立体の体積比を最も簡単な整数で表すと，[66]：[67][68]である。

ア　劇団のコウエンが行われる。
イ　このイベントは、埼玉県のコウエンによって開かれている。
ウ　健康についてのコウエンを聞かせてもらう。
エ　台風によるコウテンのため、中止せざるを得ない。
オ　簡単な連絡をコウトウで行う。

四 次の各問いに答えなさい。

問一 次の古文の――線部の「なむ」は係助詞である。それをふまえて、□に入る語として正しいものを後のア～エの中から一つ選び、解答欄27にマークしなさい。 27

その竹の中に、もと光る竹なむ一すぢあり□。

ア けら（未然形）　イ けり（終止形）
ウ ける（連体形）　エ けれ（已然形）

問二 次の古文の――線部の読み方を現代仮名遣いで表したものとして正しいものを後のア～エの中から一つ選び、解答欄28にマークしなさい。 28

それを見れば、三寸ばかりなる人、いとうつくしうてゐたり。

ア さんずんばかりなるひと、いとうつくしゅうてえたり
イ さんずんばかりなるひと、いとうつくしうてえたり
ウ さんずんばかりなるひと、いとうつくしゅうていたり
エ さんずんばかりなんひと、いとうつくしゆうていたり

問三 次の文の――線部と同じ意味・用法のものを後のア～オの中から一つ選び、解答欄29にマークしなさい。 29

雨の降る日の、水分を含んだ空気が好きだ。

ア 雪の結晶が見えた日は幸運な気がしてしまう。
イ 机の上に、友達の本が置いたままになっていた。
ウ 兄弟で、行くの行かないのとけんかになった。
エ 心に残っているのは、母の言ったひとことだ。
オ 私は人前で話すのが苦手だ。

問四 平安時代の随筆『枕草子』の作者として正しいものを次のア～オの中から一人選び、解答欄30にマークしなさい。 30

ア 紫式部　イ 太安万侶　ウ 清少納言
エ 本居宣長　オ 鴨長明

問五 次の意味を表すことばとして正しいものを後のア～オの中から一つずつ選び、解答欄31・32にそれぞれマークしなさい。

(1) 方法を誤ると目的を達成できないということ 31

ア 木によりて魚を求む
イ 河童の川流れ
ウ おぼれる者はわらをもつかむ
エ えびで鯛を釣る
オ 捕らぬ狸の皮算用

(2) 自分で抱く誇り 32

ア アピール　イ プライド　ウ マインド
エ アイデンティティ　オ プライバシー

問六 次の各文の――線部のカタカナを漢字に改めた場合、同じ漢字を使うものを後のア～オの中から一つずつ選び、解答欄33～36にそれぞれマークしなさい。

(1) ガスを戸外にハイシュツする。 33

ア 産業ハイキ物の処理が問題になっている。
イ 惜しくも準決勝でハイタイした。
ウ こまやかなハイリョが行き届いたサービス。
エ ハイクは十七文字の芸術である。
オ よそ者をハイセキする文化がある。

(2) 研究のイッカンとして病院を訪ねる。 34

ア トンネルがカンツウする。
イ カンラン席の値段を調べる。
ウ 学習に適したカンキョウを整える。
エ 新入生カンゲイ会を開く。
オ 冬は大気がカンソウする。

(3) 彼はこの場所をヒンパンに訪れている。 35

ア メダカのハンショクについて調べる。
イ お祝いなのでセキハンを炊いた。
ウ 彼はこの行事にモハン的な態度で取り組んでいる。
エ 市民の意見をハンエイしているとはいえない。
オ 売り上げの為、ハンロを拡大する。

(4) コウトウムケイなことを言ってはいけないよ。 36

ウ　生徒C「だから弟子たちは、仕方なく自分たちが見た恐ろしい夢の話を律師に伝え、考えを改めてもらおうとしたんだね。」

エ　生徒D「それなのに、律師は恐ろしい夢の話を良い予兆だと捉えて、諦めるどころか喜んでいるところが面白いと思うよ。」

(ii)　次に示すのは教師と生徒が二つの文章から読み取れることについて話している場面である。空欄 X に入る最も適当なものを後のア～エの中から選び、解答欄 26 にマークしなさい。 26

生徒A「先生、この文章を読む中で——線部E『かの無智の翁が独覚のさとりを得たりけんには、たとへもなくこそ』という部分が分かりません。」

生徒B「私は、この『翁』がどのような人物なのか疑問に思いました。」

教　師「そうですね、『翁』というのはこの文章の直前にもう一つ別の話があって、その登場人物のことを指しているんですよ。それが次の文章になります。実際に本文と読み比べて、二つの文章から読み取れることを考えてみましょう。」

> 近きころ、いやしき《身分の低い》男ありけり。おのが身は年たけて、若き子をなん持ちたりける。二人、相《あ》ひ具《ぐ》して《連れ立って》、なすべきことありき。
>
> 奥山へ入りたりけるに、やや久しく休み居たり。父の言ふやう、「われは、今は家へも帰るまじ。法師になりて、ここに居て、のどかに《おだやかに》念仏してをらんと思ふ。わ主《ぬし》《お前》は年もいまだ若し。末はるかなれば《前途ある身なので》、とく帰りね《早く帰りなさい》」と言ふ。
>
> この男《息子が》の言ふやう、「今、齢《よはひ》盛りなりといへども、人は若くて死ぬるためし《例》多かり。さらに古郷《ふるさと》へ帰るべからず」と言ひければ、あはれに思ひたり《しみじみ感動した》。
>
> 「さらば《そうであるならば》、いと嬉しきこと」とて、人もかよはぬ深山《みやま》の中に、少《すこ》しき庵、二つ結びて、それに一人づつ、朝夕念仏して過しける。
>
> むげに近き世のことなれば《最近の事なので》、みな人知りて侍りとなん。ある人のいはく、「父、すでに往生しおはんぬ《極楽往生を遂げた》。」

生徒C「この文章を読んでみると、『翁』だけでなく翁の息子の考え方も大切だと思います。」

生徒D「なるほど、二つの文章で共通して筆者が伝えたいことは X なのですね。」

教　師「そうですね、文章を比較しながら読むことでより深く理解できるようになりますよ。」

ア　年齢に関係なく目標に向かって努力を重ねることの大切さ

イ　豊かな暮らしや名誉などの欲に固執せずに生きることの尊さ

ウ　父や師を大切にし、常に支えていこうとする孝行心の重要さ

エ　智者である律師だけでなく無教養な翁も往生させてくれた仏の寛容さ

て問ひつれば、鬼の云はく、『この坊主の律師の料なり』《この坊の主の律師を釜茹での刑にするための釜だ》と答ふるとなん見えつる。何事にかは、深き罪おはしまさん《あるのだろう》。この事心得ず侍るなり」と語る。即《すなは》ち、驚き恐れんとC思ふほどに、耳もとまで笑《ゑ》みまげて、「この所望の叶ふべきにこそ。披露なせられそ《他の人には言わないで下さい》」とて、D拝みければ、すべて云ふばかりなくてやみにけり。

智者なればこそ、この律師までものぼりけめ。年七十にてこの夢を悦《よろこ》びけん、いと心うき貪欲《とんよく》の深さなりかし。Eかの無智の翁が独覚のさとり《自力で悟りをひらいた》を得たりけんには、たとへもなくこそ《比べものにならないことだ》。

（『発心集』による）

（問題作成のために本文を一部変更したところがあります）

※1　寺の別当の闕…寺院を統括する長官に欠員が出たということ。

※2　つかさ…寺院の中の役職。

問一　――線部A「人も心にくく思ひ申したる」とあるが、周囲の人々から証空律師はどのような人物として捉えられていたと考えられるか。最も適当なものを次のア～エの中から一つ選び、解答欄20にマークしなさい。　20

ア　高齢になっても若い僧たちと同じように修行に励み、重要な役職に就くことを目指している向上心のある人物。

イ　律師という高い身分でありながら、弟子に対して驕《おご》ることなく自分の将来について相談できる謙虚な人物。

ウ　長年修行に励みながらも身分や役職に執着せず、物事に対して適切な判断ができる思慮深い人物。

エ　寺の別当に欠員が出た際に、自分以外に代わりを果たせる者がいないと判断し志願できる冷静な人物。

問二　――線部B「げにと思へるけしきなし」とあるが、どういうことか。最も適当なものを次のア～エの中から一つ選び、解答欄21にマークしなさい。　21

ア　律師に納得した様子はなかったということ。

イ　律師に不快な気持ちはなかったということ。

ウ　弟子たちに諦める様子はなかったということ。

エ　弟子たちに応援する気持ちはなかったということ。

問三　――線部C「思ふ」・D「拝み」の主語として最も適当なものを次のア～エの中から一つずつ選び、解答欄22・23にそれぞれマークしなさい。　C―22、D―23

ア　証空律師　　イ　寺の別当　　ウ　弟子　　エ　色々なる鬼

問四　弟子たちが律師に語った夢にはどのような狙いがあると考えられるか。最も適当なものを次のア～エの中から一つ選び、解答欄24にマークしなさい。　24

ア　律師が別当の位に就くために、律師がこれまで隠し続けてきた罪をすべて明らかにし、償わせようとする狙い。

イ　律師が別当になることによって、この先に恐ろしいことが起こることを暗示し、別当の位に就くことを諦めさせる狙い。

ウ　律師が別当になりこの寺を去ると、この寺が衰退することを暗示し、このまま寺に残ってもらおうとする狙い。

エ　律師が別当に推薦されるために、律師の願いを妨げる人には仏罰が下ることを暗示し、周囲の人々の反対を止める狙い。

問五　この文章について、次の(i)・(ii)について答えなさい。

(i)　次に示すのは、この文章を読んだうえで、四人の生徒が話し合っている場面である。**本文の内容と異なる**発言を次のア～エから一つ選び解答欄25にマークしなさい。　25

ア　生徒A「弟子たちは高齢の律師が別当に志願することで、これまでの評判に傷がつくのではないかと心配しているよ。」

イ　生徒B「でも、律師は弟子たちから、別当になることを諦めた方が良いという話を聞いても、自分の意志を全く変えていないね。」

た不思議な存在として描かれている。

ウ　原田を成長させたテツオは、原田がクラスの人気者になったところを見届けてから、姿を消した。

エ　かつて原田と遊んでいたテツオと、八年後にぼくが空き地で見かけたテツオは同一人物ではない。

オ　勉強ばかりで大変な生活を送る「ぼく」を助け出すために、テツオは再び「ぼく」の前に現れた。

問七　本文の表現の説明として最も適当なものを次のア～オの中から一つ選び、解答欄19にマークしなさい。　19

ア　原っぱでの出来事を中心とした小学生時代の「ぼく」の視点に、数年後、平凡な毎日を過ごしている「ぼく」がテツオと再び出会うことになるという高校生の「ぼく」の視点を加えることで、過去から現在に至るまでの「ぼく」の変化がわかりやすく描かれている。

イ　本文133行目～140行目では原田に対して「～だろう」や「～ないか」のような推量表現を用いているが、本文141行目以降ではテツオに対して「～である」や「～だ」のような断定表現を用いており、「ぼく」がテツオという存在を確信していることが強調されている。

ウ　本文28行目「………」や35行目「邪魔をするつもりか！」などのように、台詞の中に「…」や「！」などの記号を効果的に用いることで、登場人物の会話に臨場感が生まれ、それぞれの心情や性格が細やかに描写されている。

エ　本文18行目「と。」や95行目「そして。」のように各場面の冒頭に短い接続詞を挿入することで、場面の切り替わりを強調し、単調な文章にリズムがつき、読者が物語に入り込みやすいようになっている。

オ　「ぼく」の小学生時代が描かれている部分では、本文67行目「かれら」や68行目「おとな」などのように、ひらがなによる表現が多用されることによって、「ぼく」の考えの幼さが間接的に描き出されている。

三

次の文章を読んで、後の問いに答えよ。

> 薬師寺の証空律師《しょうくうりっし》は寺院で高い役職に就いていたが、高齢のため自ら役職を退き穏やかに修行に励んでいた。
> ある時、寺院を統括する別当という高い役職に欠員が出たと聞き、証空律師は別当の職に就くことを願うようになった。

薬師寺に、証空律師と云ふ僧ありけり。よはひたけて《歳をとって》後、辞して《寺の役職を辞退して》久しくなりにけるを、「かの※1寺の別当の闕《けつ》に望み申さんと思ふは、いかがあるべき《どうだろうか》」と云ふ。弟子たるに《弟子達は》、同じさまに、「あるまじき事なり。御年たけ給ひたり。※2つかさを辞し給へるに付けても、必ず、おぼす所あらんかし《お考えがあるのだろう》と、A人も心にくく思ひ申したるを、今更さやうに望み申し給はば、思はぬなる事にて、人も心劣りつか《人々の評判も下がって》まつるべし《しまうでしょう》」と、ことわり《道理》を尽《つく》していみじういさめけれど、更に、Bげにと思へるけしきなし。いかにも、そのこころざし深き事と見えければ、すべて力及ばず《全くどうにもならない》。弟子寄り合ひて、この事を嘆きつつ云ふやう、「この上には、いかに聞こゆとも、聞き入らるるまじ。いさ、空《そら》夢を見て、身もだえ給ふばかり語り申さん」とぞ定めける。

日比《ひごろ》へて後、静かなる時、ひとりの弟子云ふやう、「過ぎぬる夜、いと心得ぬ夢なん見え侍りつる。この庭に、色々なる鬼の恐しげなる、あまた出で来て、大きなる釜《かまど》を塗り侍《はべ》りつるを、あやしく覚えるようになった。

エ　原っぱで遊ぶ子供たちの姿が見られなくなった頃から、以前はこれといった特徴もなく、何もかも普通な人間であった原田が、いくつかの特技を手に入れ、周囲から特別視されるような存在に変わった。

オ　原っぱにテツオが現れなくなった頃から、以前はこれといった特技もなく、気の弱かった原田が、テツオから様々なことを学んだことにより、誰にも真似できない特技で周囲を驚かせ、たちまち人気者になった。

問五　次に示すのは、この文章を読んだうえで、四人の生徒が――線部D「ぼくは現在高校の二年生だ。よく知られた進学校に通っている。そして原田は、あまり有名でなく進学校でもない高校に行っている」について話し合っている場面である。空欄 X ・ Y に入るものとして最も適当なものを後のア～オから一つずつ選び、解答欄 16 ・ 17 にそれぞれマークしなさい。

生徒A「『ぼく』は有名な進学校に通っているけど、原田はあまり有名でなく進学校でもない学校に通っていて、二人は全く違う道に進んだんだね。」

生徒B「どの学校に進学するかは悩むところだよね。私も、中学の友達とは違う学校を選んだけれど、その子から聞いた学校の話がすごく楽しそうで、本当に自分の選択が正しかったのか分からなくなることがあるわ。」

生徒C「そう考えると、よく知られた進学校に通っている『ぼく』と、そうではない原田では、どちらが良かったかも分からないね。」

生徒D「そうだね。私自身は両親に勧められた学校に通って、自分の将来のために一生懸命勉強しているつもりだけど、どちらかというと『ぼく』に似ているのかもしれないわ。実際、『ぼく』から見た原田は、［　X　］として映っているんじゃないかな。」

生徒A「そういわれると、たしかに原田は様々な分野で活躍して、『ぼく』よりも生き生きと過ごしているように見えるね。」

生徒B「そうか！　ということは、作者は『ぼく』のようにありきたりな人生を歩むよりも、原田のように自分らしくいてほしいというメッセージを込めているんじゃないかな？」

生徒C「だからこの作品では［　Y　］んだね！　そう考えると、この文章は全体的に『ぼく』と原田が明確に対比されていることに気付けるね。」

X　16

ア　自分なりの人生を楽しそうに生きている人

イ　最初から特別な才能を持って生まれてきた人

ウ　自分の信念を最後まで貫き通す覚悟がある人

エ　誰よりも高みを目指して努力を続けている人

オ　自分の力で将来を選択することのできる人

Y　17

ア　物事の道理をわきまえている『ぼく』に対して、原田はその場の思い付きで行動する人物として描かれている

イ　何事にも無関心な『ぼく』に対して、原田は好奇心旺盛で様々なことに挑戦する人物として描かれている

ウ　何かあるとすぐに母親に相談をする『ぼく』に対して、原田は自立した『かぎっ子』として描かれている

エ　『ぼく』が平凡な学生であるのに対して、原田は『学校のホープ』として周囲から特別に優遇されている

オ　『ぼく』の名前は不明なのに対して、原田の名前は本文9行目において『勝利』とはっきり示されている

問六　本文における「テツオ」の説明として最も適当なものを次のア～オの中から一つ選び、解答欄 18 にマークしなさい。 18

ア　空き地があればどこにでも出現することができるテツオは、あらゆる子供たちのリーダーである。

イ　テツオは、出会った子供たちに変化を与える特別な力を持っ

いている子。

問一 ═線部a「つべこべいう」・b「感化を受け」の本文中での意味として最も適当なものを次のア～オの中から一つずつ選び、解答欄[11]・[12]にそれぞれマークしなさい。

a「つべこべいう」 [11]

ア あれこれと言い訳をする
イ 出しゃばって大声で騒ぐ
ウ 論理的に正論を並べる
エ うるさく文句や理屈を述べる
オ ものごとを率直に言い表す

b「感化を受け」 [12]

ア 相手の言動によって行動の意欲が高められ
イ 相手の言動によって考えが変化させられ
ウ 相手の言動によって深く感動させられ
エ 相手の言動によって言葉巧みに騙《だま》され
オ 相手の言動によって強引に説き伏せられ

問二 ——線部A「ぼくはもう何もいわなかった」とあるが、このときの「ぼく」の説明として最も適当なものを次のア～オの中から一つ選び、解答欄[13]にマークしなさい。 [13]

ア 立ち入り禁止の場所で遊んでいる連中に憤《いきどお》りを感じると同時に、「ぼく」の注意を聞き入れようともしない男の子の様子に失望し、ルールを守ることのできない子供じみた行動に、呆《あき》れてものも言えなくなっている。

イ 立ち入り禁止の場所で遊んでいる年上の男の子に注意をしたが、相手からの反論を受け、これ以上何を言っても仕方がないという諦めを感じると同時に、面倒なことに巻き込まれるのは避けたいと思っている。

ウ ルールを守らない連中のリーダーに勇気を出して注意をしたものの、相手の威圧的な態度や「警察でも呼んでこい」といった乱暴な発言に気後れしてしまい、何も言い返すことができなくなっている。

エ 立ち入り禁止の場所で遊んでいる連中を止めようとしたものの、一歩も譲らない相手の様子を見て、これ以上事件が大きくなってしまったら両親に叱《しか》られるのではないかと怖気《おじけ》づいている。

オ ルールを守らない連中を野蛮な奴らだと表向きには見下しているが、本当は自分も彼らの仲間になって一緒に遊びたいと思っており、それをどう伝えたらよいか悩んでいる。

問三 空欄[B]に入るものとして最も適当なものを次のア～オの中から一つ選び、解答欄[14]にマークしなさい。 [14]

ア いつの間にか他人に注意ができる子になっていたんだな
イ 人の心配をする前に自分の心配をしたらどうなんだ
ウ 小学生の喧嘩《けんか》だなんて結局はお遊びじゃないか
エ 随分と気が強くて気性の荒いやつがいるものだな
オ 今どきにしてはなかなか勇ましい子がいるものだな

問四 ——線部C「そのころからぼくは、原田が変わってきたのに気がついた」とあるが、「そのころ」から「原田」はどのように変化したか。最も適当なものを次のア～オの中から一つ選び、解答欄[15]にマークしなさい。 [15]

ア 原っぱにテツオが現れるようになった頃から、以前は何もかもが普通で、「ぼく」の注意にも何も言い返せなかった原田が、テツオの影響を受けて、誰も逆らうことができないような気の強い人間になった。

イ 原っぱでのことが問題になり始めた頃から、以前はかぎっ子である以外に特徴らしい特徴がなかった原田が、両親がいなくても自分で勉強をするようになり、クラスの中でも一目置かれる存在に変わった。

ウ マンションの建設が始まる少し前から、以前はあまり元気がなくクラスでいじめられていた原田が、テツオやその仲間たちに励まされたことで、クラスの中で自分の居場所を見つけられで、中の様子を眺めているのを見掛けたりもした。

このままでは、きっと、何かうるさいことになっただろう。

だが、そのうちにマンション建設が開始された。ロープの代りに高い仕切りが作られ、中には機械類が入って、ごうごうがりがりと音を立てるようになったのだ。

もちろんそうなると、もう中には入れなかった。原っぱでの、テツオとやらいうリーダーにひきいられての子供の一団の遊びは、消えてしまわねばならなかったのである。

Cそのころからぼくは、原田が変わってきたのに気がついた。マンションの建設が始まる少し前には、原田はみんなにいろいろいわれるようになっており、いじめの対象になるのはほとんど時間の問題だったのだが……妙に落ち着いてきて、おかしなことをいわれても相手にせず、それでもひやかそうとする者がいると、みんなの前で、ここで決闘しようといい、なぐり合いもするようになったのである。もっとも、いつも原田が勝つとは限らなかった。三回に一回は負けたのだ。これでつねに勝っていれば、またそれはそれで憎まれたであろうが……ほどほどに勝ったのである。のみならず、学校の成績はまあ普通でも、体育のときには宙返りをやってみせたり大車輪をやったりして、先生をびっくりさせたし、絵もうまくなった。人気マンガの主人公の絵など、誰も真似できなくなったのだ。

不思議なことだ、と、みんなはいった。そしてぼくは思うのだが、普通ならそんな風になればなるほど、みんなののけものにされるところなのに、何となく一目置かれて、誰も妙なことをいわなくなったのが……ぼくにはさらに不思議だった。

Dぼくは現在高校の二年生だ。よく知られた進学校に通っている。

そして原田は、あまり有名でなく進学校でもない高校に行っているが……聞くところによればスポーツが達者でサッカーか何かの選手であり、美術展にはたびたび入選し、高校生の発明展覧会で賞ももらったりして、その学校のホープなのだそうである。原田は原田としての人生を歩もうとしているのだろう。

今になって考えれば、原田はあの原っぱでの遊びで、テツオに教えられ鍛えられているうちに、だんだん変わってきたのではないか……テツオとはそういう魔力か超能力みたいなものを持った奴だったのではないか――という気がする。そして、テツオと遊んでいた他の子供たちにしても、テツオによって何かの能力を開発されたのではないだろうか。原っぱでの、ぼくなどから見れば馬鹿馬鹿しい遊びをやり、テツオのb感化を受けて、そうなって行ったのではなかろうか。

ぼくがこんなことをいうのには、理由がある。

この間ぼくは、学力コンクールを受けるためによその高校へ行った。

その高校の傍《そば》に、空き地があったのだ。大きな空き地で、草が茂っていた。

空き地にはロープが張られ立入禁止の札があり、その中で子供たちが走り回っていた。そのリーダーは、小学校の五年生か六年生の――あいつだった。テツオだったのだ。いくら見ても間違いない。あのときのテツオだったのである。あれからもう八年も経つのに……あのときのままのテツオが、子供たちをリードしていたのだ。

信じられなければ、信じてくれなくてもいい。

けれどもそうだったのだ。

きっとテツオは、年をとらない……空き地があればそこに出現して子供たちのリーダーになる存在なのだ。そして、一緒に遊んだ子供たち、そうしようとした子供たちに力を及ぼし、子供たちを変えようとしているのだ。人間ではなく、そういう存在なのだ。

ぼくはそうだと信じるのである。

（眉村　卓『原っぱのリーダー』による）

※1　かぎっ子…両親が勤めに出て家に誰もいないため、いつも鍵を持ち歩

ぶもんだ！　aつべこべいうな！」

「……」

　Aぼくはもう何もいわなかった。

こんな野蛮な奴を相手にしたって仕方がない。

それにまた、こんなことでわざわざ警察へいいに行く気もぼくにはなかった。そんな真似をすれば母が、つまらぬことをして、とぶつぶついうのは間違いない。だからぼくは無言でその場を離れたのだ。

　その夜、ぼくはこの件を母に喋《しゃべ》った。

「放っときなさいよ」

　案の定、母はいったのだ。「出過ぎたことをしなくてもいいの。トラブルは嫌ですからね」

もっとも……父はこの話を聞き、［　B　］と母に感想を洩《も》らしたらしいが……さすがに直接にはぼくにはいわなかったのである。

　次の日も、また次の日も、原っぱには子供たちが集まっていた。五、六人から、多いときには十数人が来ていたのだ。

　そのリーダーは、例の五年生か六年生位の奴である。みんな、リーダーのいう通り、上体をかがませて膝《ひざ》を持った者の背中を順番に飛んだり、輪を棒のようなもので押して回しながら走ったり、腕立て伏せをやったりしているのだ。その中にはいつも原田がいた。

　ぼくは一度か二度、おとなが、

「こら！　そんなところで遊ぶな！」

と、わめくのに出くわしたことがある。

するとかれらは、リーダーの、逃げろ！　という命令一下、外へ走って行くのだった。それを見るとどなったおとなのほうも、どういうつもりか、わっはっはと笑うだけなのである。そしてそのおとながいなくなると、かれらはまた戻ってくるのであった。

　ぼくはこのことを、学校でいいふらしたりはしなかった。喋ればみんなの噂《うわさ》になるだろうし、原田自身も困った立場になるに違いない。ぼくは原田には何の義理も恩義もないけれども、ぺらぺらと他人《ひと》のことを喋りまくるような人間にはなりたくなかっただけである。

　ただ、当の原田には学校で忠告してやった。

「きみ、あんなところで毎日遊んでいて、勉強はどうなってるんだ？　それに、今に近所の人もうるさくなるだろうし、学校にも知れるぞ」

「いいんだよ。ぼくはかぎっ子だから、自分で自分の面倒位見られるよ」

　原田は、意外にしっかりした口調で答えたのだ。「昼間は昼間。ぼくは塾へ行ってないしね。夜は自分で勉強してるんだ」

「……」

「あいつ……ぼくらにいろいろ遊びを教えてくれる奴ね、テツオっていうんだ」

　原田はつづけた。「テツオが教えてくれるまで、ぼくはあんな面白い遊びがたくさんあると知らなかった。それに、いろんな本を貸してくれるんだ。マンガや小説で、これも面白いんだよ。何かと元気づけてもくれるし」

「……」

　相手がそんなつもりなら、もう何をいっても仕方がないだろう、と、ぼくは諦めたのであった。

　そして。

　やっぱりぼくが思っていたように、原っぱでのことは問題になり始めた。近所のお母さん連中があれこれいうようになってきた——と、母から聞いたし、学校でも原田が他のクラスメートに何かいわれているのを何度も目にするようになったのだ。

　ときには学校からの帰り、原っぱのロープの外に何人かが並ん

オ　『可愛い』と思う感情

Z　10

ア　命を持っていない人形やロボットなどの無生物の心は、人間が勝手に読み取っているにすぎない

イ　機械は外界から受けた刺激を内部の信号装置で処理することによって知能を蓄積するものだ

ウ　実際に生命を持たないロボットであろうとも、そこから生命を感じ取れるので大切に扱うべきだ

エ　近代化によって高度に発展を遂げた科学の世界においては、生物と無生物の区別が弱まってきている

オ　人間に対して媚《こ》びてくるロボットの行動が、人間にロボットを『可愛い』と思わせる契機となっている

二

次の文章を読んで、後の問いに答えなさい。

> 小学校三年生の「ぼく」の家の近所では、何十軒もの家が立ち退きになり、マンションが建設されることになっていた。しかし、マンションの建設はなかなか始まらず、そこにできた立ち入り禁止のロープが張られている大きな原っぱに「ぼく」は興味を示さないでいた。

学校から帰ってくる途中、原っぱを見ると、四、五人の小学生が中に入っている。

一番大きいのは、五年生か六年生位の男の子で、他はぼくと同じかそれ以下の年頃であった。

みんなで、何か変なものを上のほうへ飛ばしているのだ。短い細い棒の先に羽根みたいなものをくっつけて、両手で棒を回すと羽根が飛び上がるのである。

あれは、たしか、竹とんぼとかいうんじゃなかったか？

そしてぼくはその中に、クラスメートの原田勝利《かつとし》がいるのを認めた。

原田は何もかもが普通という、あまりぱっとしない奴であった。姿かたちも普通、勉強も普通、これといって特技もない人間なのだ。そういえばたしかお父さんが海外へひとりで行っていて、お母さんが働いていて、ひとりっ子で、※1かぎっ子でもあると聞いていた。しかし、ひとりっ子のかぎっ子なんてクラスに何人もいるのだから、別に特徴とはいえないだろう。

その原田が、他の連中と一緒に竹とんぼで遊んでいる。
と。

原田の放った羽根が、ひゅうと飛んできたのだ。何とか体をひねったので肩に当たっただけで済んだけれども、そのままでは顔に命中するところだった。

原田が走って来た。

「悪い、悪い」

いいながら、相手がぼくと気がついたのだろう、少しぎくりとしたように足を止めたのだ。

ぼくは羽根を拾ってやり、しかし、一応文句をいった。

「危ないじゃないか。それにここは立ち入り禁止だぞ」

「……」

原田は黙って羽根を受け取ったものの、何もいい返さなかった。もともと気の弱い奴なのだ。

「何だ何だ」

大きな声を出してやって来たのは、五年生か六年生位の男の子である。がっちりした体格で、顔つきも荒々しかった。

「おれたちはここで遊んでいるんだ」

そいつはぼくをにらんだ。「邪魔をするつもりか！」

「ここは……立ち入り禁止ですよ」

ぼくは、ロープに下がった札を指した。

「そんなもの、お体裁でつけているんだ」

そいつはいい返した。「いかんというのなら警察でもそのへんの奴でも呼んでこい。呼べるものならな！　原っぱがあったら遊

だと考えるようになったということ。

オ　科学の世界や法律の世界においては動物を傷つけた場合は器物損壊として罰せられるということからもわかるように、動物を生命としてではなく機械と同じように扱うことが明確に定められており、動物をこのように扱うことに慣れてしまうと人間は動物を機械と同じようなものだとみなしてしまうということ。

問六　――線部Ｅ「思考型ＡＩ」・――線部Ｆ「行動型ＡＩ」とあるが、それぞれが用いられているものの具体例の組み合わせとして最も適当なものを次のア～オの中から一つ選び、解答欄[7]にマークしなさい。　[7]

ア　単純な計算式の答えを即座に導き出す電卓―非常に難解な計算式でも瞬く間に答えを導き出すスーパーコンピュータ

イ　冷蔵室のみを搭載《とうさい》している一人暮らし用のコンパクトな冷蔵庫―冷蔵室や野菜室があり各食品に適した保存ができる多機能な冷蔵庫

ウ　番組をはじまりから終わりまですべて録画するレコーダー―番組をコマーシャルを除いて録画する便利な機能が付いたレコーダー

エ　そのとき多くの人が視聴している動画をおすすめする動画サイト―自分が以前視聴した動画と関連している動画をおすすめする動画サイト

オ　毎日設定し直さなくても定刻にアラームが鳴る目覚まし時計―カレンダー機能が付いており、日曜や祝日はアラームが鳴らない目覚まし時計

問七　次に示すのは、【文章Ⅰ】・【文章Ⅱ】を読んだうえで、三人の生徒が話し合っている場面である。空欄[X]～[Z]に入るものとして最も適当なものを後のア～オの中から一つずつ選び、解答欄[8]～[10]にそれぞれマークしなさい。

生徒Ａ「【文章Ⅰ】に登場する『アイボ』は二〇一八年に最新版が発売されているから知っているけれど本当に生きているみたいだよ。」

生徒Ｂ「そう思うのはきっと私たちが、【文章Ⅱ】に書かれている『関係論的把握』を行っているからなんじゃないかな。」

生徒Ｃ「なるほど。でも『関係論的把握』を行うと、どうして『アイボ』が生きているように感じられるんだろう。」

教　師「では、整理してみましょう。【文章Ⅱ】によると、『関係論的把握』というのは、人間が機械に『〈虚焦点としての心〉を勝手に投げ入れている』ことですよね。」

生徒Ａ「はい。でも『〈虚焦点としての心〉を勝手に投げ入れている』ってどういうことだろう。」

生徒Ｂ「それは[X]だと言えるんじゃないかな。」

生徒Ｃ「ということは、『関係論的把握』というのは、【文章Ⅰ】でいう[Y]を生かした理解ということになるね。」

生徒Ａ「【文章Ⅰ】と【文章Ⅱ】は[Z]という点で共通しているね。」

生徒Ｂ「家庭用ロボットも広く普及し始めているみたいだし、機械と人間の心の関係性について色々読んでみたくなったよ。」

[X]　[8]

ア　心に相当する機能を機械に埋め込むこと

イ　誰も見たことのない機械を創り出すこと

ウ　機械の命の存在を仮定し、畏怖の念を抱くこと

エ　機械に本来存在しない心をあると想定すること

オ　機械に人間の頭脳活動を再現させること

[Y]　[9]

ア　『畏敬』の念

イ　近代的な自然観

ウ　想像力

エ　愛玩心

エ　感覚的　　オ　垂直的

Ⅱ　ア　生命　イ　自然　ウ　技術　エ　人生　オ　歴史　3

問三　空欄 B に入るものとして最も適当なものを次のア～オの中から一つ選び、解答欄 4 にマークしなさい。　4

ア　命を持たない存在なので、一緒に暮らしているうちに情が移ることもない

イ　偉大なものに対する反感を抱くことなく、可愛がることができる

ウ　自分が可愛いと思える形態に、作りかえることができる

エ　死ぬこともなく、可愛がりたくないときには電源を切って置けばよい

オ　自尊心を満たしてくれるので、淋しさを紛らわすことができる

問四　――線部C「実際には生命のない人形を可愛いと思う」とあるが、人間が「人形を可愛い」と思えるようになった背景を筆者はどのように考えているか。その説明として最も適当なものを次のア～オの中から一つ選び、解答欄 5 にマークしなさい。　5

ア　人間は元々人形を畏敬の念を抱くべき、大きな生命の象徴として扱ってきたが、時間をかけて想像力を鍛えることによって、人形を小さな生命を象徴するものだと理解するようになったこと。

イ　人間は元々物神崇拝の精神に基づいて、人形を頭を垂れるべき対象として扱っていたが、その人形に対して想像力を用い始めたことで、人形が畏怖《いふ》を感じつつも親密さも感じられる存在へと変化したこと。

ウ　人間は人形を、物神崇拝の精神を具現化したものであり、自分よりも偉大な生命を持つものだと考えていたが、想像力を養ったことで、人形を自分よりも小さな生命を持つものだと考えるようになったこと。

エ　かつての人形は形が単純だったため、生命を読み取ることが難しかったが、可愛いと感じやすい形をしている人形の登場により、人形の生命を読み取ることが容易になったこと。

オ　かつて人形は大きな生命の象徴であり、人々が畏怖の念を抱く対象であったが、長い年月の中で人々はその物神崇拝の精神を失い、人間の想像力によって人形に実在しない生命を読み取るようになったこと。

問五　――線部D「動物と機械との区別が弱くなる」とあるが、どういうことか。最も適当なものを次のア～オの中から一つ選び、解答欄 6 にマークしなさい。　6

ア　動物は動物愛護の精神の対象であり、機械は動物愛護の精神の対象ではないという違いがあったが、「アイボ」のような動物的な特徴を持つ機械の普及により、人間は想像力さえ用いれば動物も機械もどちらも可愛いと感じられるようになったということ。

イ　人間の感情移入の働きを積極的に誘発するのが生物であり、それを誘発しにくく、人間が感情移入をする際に想像力の発揮を必要とするのが無生物であったが、「アイボ」という機械でありながらも積極的に人間に感情移入させる存在の誕生により、動物も機械も想像力を用いずに愛せる存在になったということ。

ウ　動物は外界の刺激に対して抱いた感情を態度に表す存在である一方で、機械は感情を持たず人間に対して反応を示さない存在であったが、「アイボ」のような機械でありながらも動物のように外界の刺激への感情表現を行うロボットの普及によって、人間が動物と同じくらい機械をいたわるようになったということ。

エ　機械は動物に比べて感情移入をしにくいが、人間が「アイボ」のような、機械でありながらも形が動物に似ており、かつ動物のように外界の刺激に反応し喜怒哀楽を表現するロボットに接し続けることによって、機械も動物も感情を持っているの

[2]〈知能や心〉が、あの二足歩行ロボットたちに本当に存在しているのか、と言えば、明らかに否である。それにもかかわらず、彼らに〈知能や心〉があると感じてしまうとすれば、それは、対面する私たちがそれに心があると〈投げ入れて〉いるからである。そこに実際〈ある〉と感じられるロボットの心は、私たち人間が、いわば〈虚焦点としての心〉を投影しているからにほかならない。

（中略）

[3] ここ数年で、ホンダの二足歩行人間型ロボットをはじめ、三菱の本物そっくりの魚ロボットなど、コンピュータを駆使した、いわば〈デジタル生物〉ともいうべき存在が次々と出現してきている。（中略）

[4] 狭い文脈で言えば、デジタル生物たち、特に※4ＡＩＢＯは、市場を巻き込んだ行動型人工知能（ＡＩ）の実験という側面を持っている。

[5] 従来の伝統的なＡＩは、基本的に人間の頭脳活動のシミュレーションであり、Ｅ思考型ＡＩという性格を持っていた。この伝統的ＡＩは、チェスコンピュータ「※5ディープブルー」のような成果はあげたものの、基本的には、柔軟な人間知能には到底及ばず、研究上では一九八〇年代に衰退を迎えた。

[6] その代替案として登場したのが、むしろ昆虫のように単純に外界との刺激＝反応によって行動するような、Ｆ行動型ＡＩである。知能を、抽象的な記号操作ではなく、外界との相互作用によって学習・成立していくもの、と捉えたのである。ＡＩＢＯは、視覚・音声・距離・温度センサーなどを組み込んでいるということだが、それらで外界の刺激を入力し、それに応じてさまざまな反応を返す、という仕組みになっているはずである。

[7] これらのデジタル生物は、実体論的には、自ら心を持ち、自ら考えて行動しているわけではない。しかしそれにもかかわらず、それらと付き合っていくなかで、それらは、あたかも心を持ち、自ら考えて行動しているように〈見えてくる〉可能性がある。機械の心は基本的には、我々の側が、関係のうちでそこに投げ入れて認定する関係論的把握によって成立するものだからである。

（黒崎政男『デジタルを哲学する　時代のテンポに翻弄される〈私〉』による
問題作成のために本文を一部変更したところがあります）

※2　ＡＳＩＭＯ…様々な動作を行うことができる、二足歩行型ロボット。
※3　ＳＤＲ…会話や様々な動作を行うことができる、エンターテインメント用の二足歩行型ロボット。
※4　ＡＩＢＯ…【文章Ｉ】の「アイボ」と同じ。
※5　ディープブルー…ＩＢＭ社が開発した、チェス専用のスーパーコンピューター。

問一　――線部Ａ「『可愛い』」とあるが、人々に「可愛い」という感情が生じる理由として最も適当なものを次のア～オの中から一つ選び、解答欄[1]にマークしなさい。　[1]

ア　人間は一般的に自分より小さいものから自らと似た生命を感じ取ることで、生命を持つものとして同じ範疇《はんちゅう》にいると判断するから。
イ　淋しさに耐えられないわりに強大なものには敵対心を抱く人間は、無生物に親近感を持つようになるから。
ウ　強大なものに敵対心を抱きながらも淋しさを感じている人間は、無意識に何かを見下していたいと思っているから。
エ　人間には人間なりの生命があるように無生物にも彼らなりの生命があると考え、命を持つ存在としての共通点を見出すから。
オ　生物、無生物に関わらず、身の回りのものに対して可愛さを感じる人々に囲まれ、彼らの影響を受けながら成長するから。

問二　空欄[Ｉ]・[II]に入ることばとして最も適当なものを次のア～オの中から一つずつ選び、解答欄[2]・[3]にそれぞれマークしなさい。

[Ｉ]　[2]

ア　相対的　　イ　一方的　　ウ　主観的

く、もっと広く物神崇拝という伝統的な精神の文化のなかで働いていた。巨大な岩石に畏敬《いけい》を覚えたり、日常の食物や道具を「もったいない」と感じるのは、そういう文化の現れであろう。いうまでもなく巨石も一粒の米も可愛いものではなく、むしろ人が頭を垂れるべき対象であった。それをいえば人形も古代では可愛さの対象ではなく、恐れたり願いをかけたりするまじないの道具であった。なまじ人間の形をしているからややこしいが、人形は人間以上に大きい生命の象徴であって、いわば物神崇拝の精神を凝縮して具象化した対象だったようである。

[7] これにたいして一匹の子犬に可愛らしさを感じるのは、これまではもっと直接的な生命の共感によるものと考えられてきた。大きさの点でも子犬は人間を超えた生命の象徴ではなく、逆に人間より弱く小さな生命の持ち主である。それを愛するのは物神崇拝とは別の文化の現れであり、動物愛護と呼ばれる精神の発動だと考えられてきた。いったい動物愛護の感情がいつ生まれたか定かではないが、おそらく近代的な自然観の誕生と何らかの関係があるだろう。ともかくそれは一粒の米をもったいないと思う感情とは異なり、むしろ人間の子供を可愛がる感情に似ていると見なされてきた。そしてたぶん人形が人に可愛がられる対象に変わったのも、こうした文化の歴史的な変化と並行していたはずである。

[8] だが人形が初めて可愛い存在に変わったとき、それはおそらく人間の想像力の多大な発揮を必要とするものだっただろう。形も単純だったし、もちろん自分の力で動くものではなかった。犬や猫のような愛玩動物とは違って、向こうから人間の感情移入の働きを誘発する存在ではなかった。直接的な生命の共感が難しいだけに、人間はより多く努力して実在しない生命を読みとる必要があった。いいかえれば人形を可愛いと感じるためには、人は物神崇拝の文化を失いながら、物神崇拝のために求められるような強い想像力を要求されていたはずである。やがて何百年もの歳月をかけて、人間は少しずつ人形を可愛がる感情を育て、同時に可愛らしさをそそる人形の形状を生みだしてきた。しかしそれでも、近代文化は人形と愛玩動物のあいだに厳然たる区別を置く一方、どんな単純な人形にも生命を感じとる感受性を残してきたのである。

[9] こう考えると「アイボ」の出現はこの長い区別を攪乱《かくらん》し、物神崇拝と動物愛護の文化の終わりの始まりになるのかもしれない。まるで生きた動物のように反応する機械にたいして、人間にはそこに生命を読みとる強い想像力はいらない。可愛らしさは対象のほうからやってきて、人間の心を直接にとらえてくれる。これを続けて行けば感情移入の能力は萎縮《いしゅく》して、やがて動かない人形は可愛いものではなくなるかもしれない。同時に愛玩動物の可愛らしさも生物の特権的な特徴ではなくなり、少なくとも感情の次元でD動物と機械との区別が弱くなることが考えられるのである。

[10] すでに科学の世界では物神崇拝的な生命観は完全に否定され、生物と無生物の距離さえ大きく縮まろうとしている。法律の世界でも動物と物体の区別は捨てられ、飼い犬を殺しても器物損壊としてしか罰せられない。そこへまったく思いがけない方向から、いま感情文化の世界にも同じ流れの変化が迫っているのかもしれないのである。

（山崎正和『物神崇拝と動物愛護ののちに』による）

※1 たまごっち…画面上でキャラクターを育てることによって、キャラクターが変化することを楽しむ小型ゲーム機器。

【文章II】

[1] ホンダの※2 ASIMOやソニーの※3 SDRは感動的な存在ですらある。これらの二足歩行ロボットに対しては、一方では、「異次元からの訪問者」という〈感覚的・本能的感じ〉、そして他方では、それは私が関係論的に「虚焦点としての心」を勝手に投げ入れているだけだという〈理解〉とが、見事に交錯する。虚焦点は実焦点のように実際に存在するのではない。

二〇二二年度
大宮開成高等学校（単願）

【国語】（五〇分）〈満点：一〇〇点〉

一　次の二つの文章を読んで、後の問いに答えなさい。

【文章Ⅰ】

1　機会があって最近、電子愛玩《あいがん》犬「アイボ」というものの商品カタログを見た。一言でいえば犬のかたちをしたロボットだが、電子技術の粋をこらしてなかなか精密にできているらしい。複雑な動作もするし、内部に巧妙な信号装置が組みこまれていて、人の態度に反応して喜怒哀楽の感情表現もする。可愛がってやれば快活な性格を身につけ、放置すると拗《す》ねて元気を失うのだという。かつて流行した「※1たまごっち」にも似ているが、金属ながら立体的な犬の姿をしているだけに、これは一段と人の愛玩心をそそりそうである。

2　聞くところでは、同じような愛玩動物のロボットが他社からも発売されていて、もう少し安価版の犬もあれば鳥のかたちをした玩具もあるという。ペットは飼いたいが手数がかかるのが厭《いや》だとか、一人暮らしで飼いにくいというような人たちが、その代替物を求めるのが流行になっているのだろう。「アイボ」を飼う同好者が集まって、自分の「犬」の成長ぶりを見せあう会もあるし、修繕に出した玩具の脚が取り替えられたのを見て、個性が変わったのに涙ぐんだ女性があるという話も聞いた。こうなるとロボットはすっかり生き物同様の存在になり、ほとんど同じような感情移入の対象になりつつあるといえるだろう。

3　この新流行を揶揄《やゆ》的に見て、一通りの文明批評をくだすことはいたってたやすい。たとえば「たまごっち」の場合もそうだったが、現代人はどうしてこう何かを可愛がりたがるのだろう。そういえば若者のあいだではA「可愛い」という言葉が氾濫して、無差別にあてはまる褒め言葉として乱用されている。おそらく現代人は淋しさに耐えかねているのだろうし、そのくせ強いもの、偉大なものには反射的な反感を覚えるのだろう。いつも何かを肌身の近くに置いて、しかもそれを上に立って見下ろしていたいのにちがいない。世紀の変り目の「淋しい群衆」は自尊心が強くなり、水平的な「他人志向」から［Ⅰ］な愛玩志向に移りつつある、などともいえそうである。

4　それに加えて現代人の精神は衰弱して、手数のかかるもの、不潔なもの、うるさいものに耐えがたくなっている。生きたペットは飼うのが面倒なうえに、死んだときには悲しい思いをさせられる。感情のなかに向こうから踏み込んできて、心の平穏がかき乱される。その点、機械仕掛けのペットなら［B］。何ごとであれ関わりたいが、関わられたくないという現代人気質にとって、電子愛玩動物はまさにぴったりだなどと、皮肉をいうこともできるだろう。

5　だがそういう通り一遍の批判は措《お》いて、もう少しこの現象の深部をのぞきこむと、そこには意外にも、人間心理のかなり重大な問題がかいま見られるようにも思われる。ひょっとするといま、人間の「可愛い」という感情に微妙な変質が生じ、それは現代の［Ⅱ］観の変化に繋がっているかもしれないのである。一般に人間には対象のなかに自分と同質の生命を感じとる能力があって、この共感によって対象の生命と一体化することを感情移入という。そして犬や花であれ無生物の人形であれ、とくに自分より小さいものに感情を移入したときに、その対象を可愛いと感じる。そういう感情移入が起こるのは対象の形や性質にもよるが、それ以上に人間の心の側の積極的な能力によっている。現にC実際には生命のない人形を可愛いと思うのは、明らかに特定の文化に育てられた心の作用の結果だろう。

6　ところで、この心の作用はもともとは「可愛さ」とは関係がな

2022年度／大宮開成高等学校（単願）

英語解答

Ⅰ 問1　①…ウ　④…エ　問2　イ
問3　エ　問4　ア　問5　ウ
問6　イ　問7　ウ　問8　ウ，エ

Ⅱ 問1　ウ
問2　②…エ　③…ア　⑥…キ
問3　イ　問4　16…キ　17…エ
問5　エ　問6　エ，オ

Ⅲ 問1　21…オ　22…ア　23…ウ
問2　エ，キ

Ⅳ ①　エ　②　ウ　③　イ　④　エ
⑤　エ　⑥　イ　⑦　エ　⑧　ウ
⑨　エ　⑩　ウ

Ⅴ ①　ア　②　ア　③　ウ　④　イ
⑤　ア

Ⅵ ①　41…ア　42…ウ
②　43…カ　44…オ
③　45…オ　46…ウ
④　47…カ　48…ア
⑤　49…エ　50…ク

Ⅰ〔長文読解総合─説明文〕

≪全訳≫❶人々が初めて出会うとき，数秒でお互いの第一印象が決まる。人々が服装や体型，その人のしゃべり方，その人の表情に注目することで，それが決まる。研究により，第一印象は人間関係の構築に強い影響を及ぼすため，非常に重要だということがわかっている。❷研究は，初頭効果は第一印象の重要な一部であることを示している。初頭効果とは，第一印象は変えるのが非常に難しいという考えである。初めて出会った後，２人は再び交流してお互いのことをもっとよく知るかもしれないが，彼らがつくり上げた初期の印象は，将来におけるお互いに関する感情にも影響を及ぼすのだ。❸第一印象のもう１つの興味深い部分は，人々は他者が自分たちの行動を予測しているように行動するという点である。これは自己充足的予言と呼ばれている。スナイダーとスワンによる研究がこの考えを裏づけている。彼らの研究では，二人一組になって一緒にあるゲームをした。パートナーたちはお互いのことを知らないので，研究者たちがそれぞれの被験者に彼らのパートナーについて説明した。あるときにはパートナーについて肯定的な，良いことを言った。あるときには，否定的な，悪いことを言った。この研究の結果は，自分のパートナーが友好的だろうと予測した場合には友好的に振る舞うが，自分のパートナーが友好的ではないと思った場合には友好的ではないように振る舞うということを示した。被験者たちの予測は自分たちがお互いに対してどう振る舞うかに影響を及ぼしたのである。❹マイケル・スンナフランクによる関連研究は，人々は初めて出会ったとき，自分たちがどのような関係を持つことになるかについてすぐに予測するということを示した。スンナフランクは，これらの予測が未来の人間関係に強い影響を及ぼすことに気づいた。164人の大学１年生を対象とした彼の研究において，学生は自分たちが友達になれそうだと予測した場合，彼らは授業中により近くに座り，より多く交流することがわかった。その結果，⑧彼らは実際に友達になった。つまり，彼らは自分たちの予測を実現させたのだ。❺明らかに，第一印象は人間関係の構築において非常に重要であり，これはなぜなら第一印象は人々がお互いに抱く予測や，自分たちがお互いに対してどのように振る舞うかに影響するからなのだ。

問１＜適語（句）選択＞①‘in＋期間’「～後に」の形。　④直後の interesting part にかかる形容詞が入るので，イ，ウは不可。ここは第２段落で初頭効果という第一印象の１つの重要な部分について述べた後，第一印象の「別の」側面について述べようとしている場面である。

問２＜語句解釈＞直後の文でThe primacy effect is the idea that ～と説明されている。この内容に最も近いのはイ．「人々がお互いの第一印象を変えるのは難しいという考え」。なお，このthatは「～という」の意味で前の名詞の内容を説明する‘同格’の接続詞で，the primacy effect「初頭効果」とは心理学の用語である。

問３＜単語の発音＞change[ei]

ア．woman[ə]　　イ．breakfast[e]　　ウ．damage[i]　　エ．waste[ei]

問４＜語句解釈＞This is called a self-fulfilling prophecy「これは自己充足的予言と呼ばれている」とあるのだから，Thisが何を指すかを考える。このThisが受けているのは直前の文の，people act how others expect them to act「人々は他者が自分たちの行動を予測しているように行動する」。アは，この内容に一致する。

問５＜適語選択＞空所直後のorは「つまり」の意味で，それぞれgood「良い」，bad「悪い」で言い換えられている。　positive「肯定的な」　negative「否定的な」　cheerful「陽気な」　sorrowful「悲しげな」

問６＜適文選択＞空所直後のIn other words「言い換えれば」に着目。この後they made their predictions come true「彼らは自分たちの予測を実現させた」とあり，「自分たちの予測」とは前の文でstudents predicted they could be friendsと説明されている。

問７＜要旨把握＞アは第１段落第１文に，イは第１段落第２文に，エは第５段落後半にそれぞれ記述があるが，ウに関する記述はない。

問８＜内容真偽＞ア．「人が見せる表情は，第一印象の最も重要な部分である」…×　第１段落第２文参照。第一印象の一部分である。　イ．「第一印象は強い影響を及ぼすが，多くの場合，時がたつにつれて変化する」…×　第２段落第２，３文参照。　ウ．「誰かとの将来の人間関係は，その人に対して抱いた初期の印象によって影響される」…○　第１段落最終文および第５段落に一致する。　エ．「スナイダーとスワンは，自分のパートナーがどのような人間かを伝えられた場合，人々はその情報によって影響を受けるということに気づいた」…○　第３段落第３文以降に一致する。　オ．「我々が自分のパートナーは友好的だろうと思うと，彼らも我々が友好的だろうと思う」…×　第３段落最後から２文目参照。　カ．「人が抱いた初期の印象は，感情ではなく行動に影響を与える」…×　第２段落最終文および第５段落参照。

Ⅱ〔長文読解総合―説明文〕

≪全訳≫❶あなたが食べる食物は，身体にエネルギーを供給している。身体は動いたり眠ったりするのにもエネルギーを必要としている。体のある部分は驚くほど大量のエネルギーを消費している。この体の部分は小さくて，全体重のほんの２，３パーセントにすぎないが，食物から得たエネルギーの20～30パーセントを消費している。それが何かおわかりだろうか。それは脳である。❷薬が脳に影響を与えることはすでにご存じだろう。食物も脳に影響を及ぼすことをご存じだろうか。食物の種類が違えば脳への影響の仕方も異なる。食物が自分の脳で起こす変化を感じられる場合もある。例えば，ほとんどの人はコーヒーを飲んだ後すぐに変化を感じることができる。コーヒーに含まれるカフェインが脳に影響するのだ。カフェインは普通，人をより覚醒した気分にさせる。１杯のコーヒーを飲んだ後は，人はよりすばやく考えたり決断したりすることができる。❸食物の中には我々が見たり感じたりできない方法で脳に影響を及ぼすものもある。それが我々にどう影響しているのか，自分では気づかない。しかしながら，我々が食べる物は全て重要である。自分の食べた物は，自分がどれだけ賢く，どれだけよく物事を覚えていられるかに影響するのだ。それはまた，自分がどれだけ長く集中していられるかにも影響する。例えば，科学者には以下のことがわかっている。／1．朝食をとると学生はテストでより良い点数をとれる。／2．ほうれん草，ベリー類，その他の色とりどりの果物や野菜は，老化した脳の衰えを防ぐのに役立つ。／3．大量の動物性脂肪(例えば肉やチーズに含まれるもの)は学習をより困難にする。／4．魚類はまさに「ブレインフード」である。長年，魚を食べることは脳に良いと広く考えられてきた。現在，科学者はこれが正しいことを解明しつつある。❹数百万年の間，初期の人類の脳は同じ大きさのままだった。その重さは約1ポンド(400～500グラム)にすぎなかった。その後，この百万年ほどの間に，脳のサイズが大きく増加した。ヒトの脳は約3ポンドまで成長したのだ。この脳の大きさの増加は，脳の能力の増大を意味する。より大きくて強い脳のおかげで，人類は船をつくったり書き言葉を発明したりできるほど賢くなったのである。人類は音楽の形式を発達させ，芸術作品を創造した。⑧科学者の中には，人間が魚介類を食べるようになった後，これらの変化が生じたという人もいる。魚介類はある種の脂肪を含んでいる。これらの科学者によれば，この脂肪が脳の大きさの増加を引き起こした。今日，脳科学者の間では，この脂肪は健康な脳にとってもやはり重要であるという点で意見が一致している。彼らはまた，我々のほとんどがこの脂肪を十分に摂取できていないと述べている。❺成人の脳が成長と変化を続けているということをご存じだろうか。あなたが食べる食物は，自分の脳がどう成長するかに影響する。食物は，どれだけよく物事を学習し，覚えられるかに影響するのだ。あなたはこれまでそれについて考えたことは一度もなかったかもしれない。幸いなことに，自分の脳に十分な栄養を与え始めるのに遅すぎるということは決してないのである。

問1＜適語選択＞①動詞 surprise は「～を驚かせる」という意味。ここから現在分詞 surprising は「驚かせるような，驚くべき」，過去分詞 surprised は「驚いた(← 驚かされた)」という意味になる。a surprising amount で「驚くべき量」となる。　④直前で in ways that we cannot see or feel「我々が見たり感じたりできない方法で」とあるのだから，「私たちは気づかない」となる。　⑦ written language で「書き言葉(← 書かれた言語)」となる。

問2＜適語選択＞②話題提起となる文。この後本文では食物が「脳」に与える影響について述べられている。　③この後，「食物」によって脳にもたらされる影響について述べられている。　⑥この後述べられている，より大きくて強くなった脳のおかげで，人類が賢くなりいろいろなものをつくったり発明したりしたという内容は，脳の「力」が増大したことの具体例になっている。

問3＜要旨把握＞下線部の後の1～4の項目参照。ア，ウ，エはそれぞれ1，3，4の内容に一致するが，イは2の内容と異なる。　'keep ～ from …ing'「～が…するのを防ぐ，妨げる」

問4＜整序結合＞この2文後に According to these scientists とあるので，ここで科学者の考えが述べられていると考えられる。まず Some scientists say that ～「～という科学者もいる」の形をつくり，that節に入る科学者が考えている内容を，前後の内容から考えて these changes happened after people とまとめて文末の started 以下につなげる。　Some scientists say that these changes happened after people started to eat seafood.

問５＜英文解釈＞下線部は‘too 〜 to …’で「…するには〜すぎる，〜すぎて…できない」の構文。これを never「決して〜ない」で打ち消しているので，「…するのに〜すぎるということは決してない」という意味になる。「遅すぎることはない」とは「大人になってからでもできる」ということである。 feed「〜に食べ物を与える，〜を育てる」

問６＜内容真偽＞ア．「人間は動くよりも眠るのにより多くのエネルギーを必要とする」…× 第１段落第２文参照。動くことや眠ることに必要なエネルギーの量については書かれていない。 イ．「コーヒーを飲むことは，人がより良い決断を下すのに役立つ」…× 第２段落最終文参照。「良い決断を下す」ではなく「早く決断できるようになる」。 ウ．「我々の食べる全ての食物は，脳に良い効果を与える」…× 第３段落中の３つ目の項目参照。 エ．「現代人の脳は初期の人類の脳の約３倍の重さがある」…○ 第４段落第２〜４文に一致する。 オ．「人は魚介類に含まれる脂肪をもっとたくさんとるべきだと考える科学者もいる」…○ 第４段落後半に一致する。 カ．「物事をよりよく学び記憶するためには，できるだけたくさんの食物を食べるべきだ」…× 「できるだけたくさん食べるべき」という記述はない。

Ⅲ〔長文読解総合─対話文〕

≪全訳≫❶医師（D）：今日はどこの調子が悪いんですか，エミリー？❷エミリー（E）：ええ，先生，高熱があるみたいなんです。あっ，それにひどい腹痛もあるんです。❸D：いつおなかが痛み始めたんですか？❹E：痛みが始まったのは昨夜，真夜中くらいです。腹痛で目が覚めて，あまりよく眠れなかったんです。❺D：なるほど。21熱についてはどうですか？ いつ発熱したんですか？❻E：ベッドの中で寒気を感じたので，たぶん腹痛と同時に発熱したんだと思います。❼D：体温を測ってみましょう。おや，39度だ。かなり高いですね。めまいがすると思うんですが，どうですか？❽E：はい，立ち上がったり歩いたりするとめまいがしますし，腕の筋肉に痛みがあります。❾D：昨日は何を食べましたか？❿E：朝食には牛乳をかけないでシリアルを少し食べました。学校の食堂で昼食をとって，夕食にはミートソーススパゲティを食べました。⓫D：わかりました。インフルエンザかもしれませんね。のどの検査をしましょう。30分お待ちください，その後結果をお伝えします。⓬30分後⓭E：何かわかりましたか，先生？⓮D：インフルエンザにかかっていることがわかりましたよ。お薬をお出ししましょう。腹痛にはこの錠剤を服用してください。⓯E：わかりました。22いつ飲めばいいですか？⓰D：毎食後に２錠です。こちらは解熱剤です。熱が38度より高ければ１錠飲んでください，そうすればよくなりますよ。⓱E：23これは今飲んでもいいですか？⓲D：いいですよ。お水をどうぞ。あと，こちらがインフルエンザの薬です。１日２回服用してください。できるだけたくさん水分をとるようにしてください。熱いお茶やスープがいいですね。一番大切なことは，ベッドに入って暖かくしていることですよ。⓳E：学校に行けるくらいまで回復するのはいつ頃ですか？⓴D：完全に回復するには１週間くらいかかるでしょう。学校へ行ってはだめですよ，でないと治らないし，お友達にインフルエンザがうつってしまいますからね。２日後になってもまだ高熱があるようなら，また連絡してください。お大事に！㉑E：ありがとうございました，先生。

問１＜適文選択＞21．この後エミリーがベッドの中で寒気がした時期を答え，さらに体温を測っていることから判断できる。 22．この後医師が薬を飲む時間について説明している。 23．この後医師が水を手渡している。それはエミリーがその場で薬を飲むためだと考えられる。

問２＜内容真偽＞ア.「エミリーは腹痛がするので昨夜全く眠れなかった」…×　第４段落参照。 ‘not 〜 at all’「全く〜ない」　イ.「エミリーは，家で体温を測ったとき，高熱があるとわかった」…×　第２段落および第７段落参照。家では体温を測っていない。　ウ.「腕の筋肉の痛みのせいで，エミリーは立ち上がるのが困難なようである」…×　第７，８段落参照。　エ.「エミリーはのどの検査の結果を知るのに30分待った」…○　第11〜14段落に一致する。　オ.「医師はエミリーに，熱がある場合は１日２回錠剤を飲むように言った」…×　第16〜18段落参照。カ.「エミリーにとって水を飲むことほど重要なことはない」…×　第18段落最終文参照。　キ.「熱が下がれば，エミリーは医師のところに連絡する必要はない」…○　第20段落最後から２文目に一致する。

Ⅳ〔適語(句)選択・語形変化〕

①careful は形容詞。命令文は動詞の原形で始まるので be動詞の原形で始める。　「この通りを横断するときは気をつけなさい」

②‘too 〜 for … to —’で「…が—するには〜すぎる，〜すぎて…は—できない」。なお，この構文において to不定詞の意味上の目的語が文の主語と一致する場合，目的語を示すこともあるが，baggage「荷物」は‘数えられない名詞’で単数扱いなのでエは不可。　「この荷物は重すぎて彼女には運べない」

③when I was 〜「私が〜だったとき」と明確に過去を表す語句があるので過去形にする。　go－went－gone　「私は２歳のときにカナダへ行ったが，そのことを全く覚えていない」

④「壁に描かれた絵」となればよい。「〜された」という受け身の意味を表すのは過去分詞(過去分詞の形容詞的用法)。　draw－drew－drawn　「人々はその壁に描かれた絵を見た」

⑤‘tell＋人＋物事’「〈人〉に〈物事〉を話す，伝える」の形。talk，speak，say はいずれもこの形をとらない。　「あの絵画を見られるチャンスを持てるなんて自分がどれほど幸運なのか，あなたにお伝えのしようもありません」

⑥‘特定の日の朝・昼・晩’につく前置詞は on。　「私は12月25日の朝に生まれた」

⑦‘one of the＋最上級＋複数名詞’「最も〜な…のうちの１つ」の形。　「ニューヨークは世界で最も大きな都市の１つである」

⑧後半の内容から，「不幸なはずがない」という文意だと考える。cannot には「〜するはずがない」という意味がある。　「ルーシーが不幸なはずがない，彼女はすばらしい男性と結婚したばかりだ」

⑨「〜まで(ずっと)」という意味を表す until が適切。　「母に寝なさいと言われるまでずっと，テッドはテレビを見た」

⑩be going to 〜「〜するだろう，する予定だ」の後は動詞の原形がくる。主語が A new supermarket なので，‘be動詞＋過去分詞’の受け身で「建てられる」とする。　「来年，新しいスーパーマーケットが建てられる予定だ」

Ⅴ〔誤文訂正〕

①every の後にくる名詞は単数形になるので，children ではなく単数形の child が正しい。　「世界の全ての子どもに十分な食料が与えられるべきだ」

② money「お金」は‘数えられない名詞’。few「ほとんどない」は‘数えられる名詞’につくので，fewではなく，同じ意味で‘数えられない名詞’につくlittleが正しい。　「そのときお金がほとんどなかったので，タクシーに乗れなかった」

③主格の関係代名詞whoの先行詞は3人称単数のa girlなので，それを受ける動詞はknowsとするのが正しい。　「ナンシーは日本についてよく知っている少女だ」

④動詞helpは，目的語に直接‘物事’をとらない。‘help＋人＋with＋物事’「〈人〉の〈物事〉を手伝う」の形でhelp me with my homeworkとするのが正しい。　「私の兄は，時間がほとんどないときでも，私の宿題を手伝ってくれるほど親切だ」

⑤‘ask＋人＋to ～’で「〈人〉に～してくれるよう頼む」となるので，bringではなくto bringとするのが正しい。　「私はウェイトレスにお茶を1杯持ってきてくれるよう頼んだが，彼女はコーヒーを持ってきた」

Ⅵ〔整序結合〕

①「～を見たことがありません」は‘have/has＋過去分詞’の現在完了でhave never seenと表せる。「このようなきれいな花」は‘such (a/an)＋形容詞＋名詞＋as ～’「～のような…な―」の形でsuch a pretty flower as thisとまとめる。　I have never seen such a pretty flower as this.

②「～してから10年が過ぎました」は，‘期間＋have/has passed since＋主語＋動詞...’「…してから〈期間〉がたった」の形でTen years have passed since ～とする。この後はI left homeとし，最後に‘目的’を表すto不定詞のtoを置く。　Ten years have passed since I left home to work in this city.

③ Do you knowとした後，「お客様が何人来るか」を間接疑問で表す。間接疑問は通例‘疑問詞＋主語＋動詞...’の語順になるが，本問ではhow many guestsという疑問詞が主語でもあるので，‘疑問詞＋動詞...’の形になる。　Do you know how many guests will come tonight?

④‘No other＋単数名詞＋is＋比較級＋than ～’で「～よりも…な―はない」という意味になる。No other river in the world is longer than the Nile.

⑤「これが本ですか」→Is this the book?が文の骨組み。「昨日君が話していた」は，you were talking aboutとまとめてbookの後に置く。the book you were talking aboutはbookとyouの間に目的格の関係代名詞が省略された‘名詞＋主語＋動詞...’の形で，aboutの目的語のthe bookが先行詞として前に出ている。　Is this the book you were talking about yesterday?

数学解答

1 (1) ①…3　②…2　③…5
(2) ④…2　⑤…0　⑥…2　⑦…2
(3) ⑧…5　⑨…1　⑩…4　⑪…1　⑫…2
(4) ⑬…3　⑭…2　⑮…3　⑯…2　⑰…3
(5) ⑱…2　⑲…1　⑳…3
(6) ㉑…1　㉒…5　㉓…1　㉔…1　㉕…5

2 (1) 4
(2) ㉗…2　㉘…7　㉙…1　㉚…3
(3) ㉛…5　㉜…0
(4) ㉝…5　㉞…6　㉟…9　㊱…6
(5) ㊲…1　㊳…2
(6) ㊴…2　㊵…3

3 (1) ㊶…1　㊷…2　㊸…3　㊹…4　㊺…3　㊻…8　㊼…3　㊽…3　㊾…2
(2) ㊿…3　(51)…5　(52)…3　(53)…2　(54)…4

4 (1) (55)…1　(56)…2
(2) (57)…1　(58)…2　(59)…0
(3) (60)…1　(61)…4　(62)…3

5 (1) (63)…1　(64)…2　(2) 9
(3) (66)…1　(67)…3　(68)…2

1〔独立小問集合題〕

(1)＜数の計算＞与式＝$\frac{3^3}{5^3}\times\frac{5}{9}-\frac{16}{10^2}\times\frac{3}{2}=\frac{3}{25}-\frac{6}{25}=-\frac{3}{25}$

(2)＜数の計算＞与式＝$\sqrt{3^2\times6}-\left(\frac{18}{\sqrt6}+\frac{4\sqrt3}{\sqrt6}-\frac{3\sqrt2}{\sqrt6}\right)-\left(\frac{3}{\sqrt3}-\frac{10\sqrt{12}}{\sqrt3}\right)=3\sqrt6-\left(\frac{18\times\sqrt6}{\sqrt6\times\sqrt6}+\frac{4\sqrt3\times\sqrt6}{\sqrt6\times\sqrt6}-\frac{3\sqrt2\times\sqrt6}{\sqrt6\times\sqrt6}\right)-\left(\frac{3\times\sqrt3}{\sqrt3\times\sqrt3}-\frac{10\sqrt{2^2\times3}\times\sqrt3}{\sqrt3\times\sqrt3}\right)=3\sqrt6-\left(\frac{18\sqrt6}{6}+\frac{4\times3\times\sqrt2}{6}-\frac{3\times2\times\sqrt3}{6}\right)-\left(\frac{3\sqrt3}{3}-\frac{10\times2\times3}{3}\right)=3\sqrt6-3\sqrt6-2\sqrt2+\sqrt3-\sqrt3+20=20-2\sqrt2$

(3)＜式の計算＞与式＝$\frac{a^2-9b^2}{4}+\frac{16a^2-40ab+25b^2}{12}-\frac{7a^2-20ab+6b^2}{6}=\frac{3(a^2-9b^2)+(16a^2-40ab+25b^2)-2(7a^2-20ab+6b^2)}{12}=\frac{3a^2-27b^2+16a^2-40ab+25b^2-14a^2+40ab-12b^2}{12}=\frac{5a^2-14b^2}{12}$

(4)＜式の計算―因数分解＞与式＝$3z(4x^2-9y^2)=3z\{(2x)^2-(3y)^2\}=3z(2x+3y)(2x-3y)$

(5)＜二次方程式＞$x^2+8x+16+3x+12-54=0$，$x^2+11x-26=0$，$(x-2)(x+13)=0$　$\therefore x=2,\ -13$
≪別解≫ $x+4=X$ とすると，$X^2+3X-54=0$，$(X-6)(X+9)=0$，$X=6,\ -9$ となる。よって，$x+4=6$ より，$x=2$，$x+4=-9$ より，$x=-13$ となる。

(6)＜連立方程式＞$y-2=4x+1$ より，$-4x+y=3$……①，$2x-3(y-2)=-1$ より，$2x-3y+6=-1$，$2x-3y=-7$……②とする。②×2 より，$4x-6y=-14$……②′　①＋②′より，$y-6y=3-14$，$-5y=-11$　$\therefore y=\frac{11}{5}$　これを①に代入すると，$-4x+\frac{11}{5}=3$，$-20x+11=15$，$-20x=4$　$\therefore x=-\frac{1}{5}$

2〔独立小問集合題〕

(1)＜式の値＞$(x+y)^2=x^2+2xy+y^2$ より，$(x+y)^2-4xy=x^2+2xy+y^2-4xy=x^2-2xy+y^2=(x-y)^2$ と考えると，$(x-y)^2=(x+y)^2-4xy=(2\sqrt5)^2-4\times1=20-4=16$ となるから，$x-y=\pm4$ となる。よって，$x>y$ より，$x-y>0$ だから，$x-y=4$ である。

(2)＜数の性質＞r は 2 けたの素数であり，$p^2+q^2+r^2=222$ より，r^2 は 222 より小さいので，$11^2=121$，$13^2=169$，$17^2=289$ より，r の値は 11 か 13 である。$r=11$ とすると，$p^2+q^2+11^2=222$ より，p^2+

$q^2=222-121=101$ となる。p と q は1けたの素数なので，それらの平方は，$2^2=4$，$3^2=9$，$5^2=25$，$7^2=49$ であり，これらの中に和が101となる2数はない。次に，$r=13$ とすると，$p^2+q^2+13^2=222$ より，$p^2+q^2=222-169=53$ となる。よって，$53=4+49$ より，$p=2$，$q=7$ のとき，$p^2+q^2+r^2=222$ となる。以上より，$p=2$，$q=7$，$r=13$ である。

(3)＜一次方程式の利用―速さ＞家からP地点までの距離を ym とすると，家から学校までは5km，つまり $5\times1000=5000$(m)離れているので，P地点から学校までの距離は $5000-y$m と表せる。行きは家からP地点まで分速100m，P地点から学校までは $100\times2=200$ より分速200mで走り，かかった時間が40分であったことから，$\dfrac{y}{100}+\dfrac{5000-y}{200}=40$ が成り立つ。これを解くと，$2y+(5000-y)=8000$ より，$y=3000$ となる。よって，家からP地点までは3000m，P地点から学校までは $5000-3000=2000$(m)である。また，帰りは学校からP地点まで分速 xm，P地点から家までは，その2倍の分速 $2x$m で進んだことになる。このとき，帰りにかかった時間が70分であったことから，$\dfrac{2000}{x}+\dfrac{3000}{2x}=70$ が成り立つ。これを解くと，$4000+3000=140x$ より，$x=50$ となる。

(4)＜連立方程式の応用―濃度＞容器Aの濃度 x%の食塩水160gに含まれる食塩の量は，$160\times\dfrac{x}{100}=\dfrac{8}{5}x$(g)，容器Bの濃度 y%の食塩水240gに含まれる食塩の量は，$240\times\dfrac{y}{100}=\dfrac{12}{5}y$(g)となる。これらの食塩水を空の容器に入れて混ぜると，食塩水の量は $160+240=400$(g)，濃度が8%となったことから，含まれる食塩の量は，$400\times\dfrac{8}{100}=32$(g)となる。よって，食塩の量について，$\dfrac{8}{5}x+\dfrac{12}{5}y=32$，$8x+12y=160$，$2x+3y=40$……(*)が成り立つ。さらに，この容器に，容器Aから200gの食塩水を入れた後，水を60g蒸発させると，食塩水の量は，$400+200-60=540$(g)となり，含まれる食塩の量は，$200\times\dfrac{x}{100}=2x$(g)増え，$32+2x$g となる。これと，濃度が8%のままであったことから，食塩の量について，$540\times\dfrac{8}{100}=32+2x$ が成り立ち，$32+2x=43.2$，$2x=11.2$ より，$x=5.6$ となる。これを(*)に代入して，$2\times5.6+3y=40$，$11.2+3y=40$，$3y=28.8$ より，$y=9.6$ となる。

(5)＜確率―並べ方＞A，B，C，Dの4人を横一列に並べるとき，一番左にはA～Dの4通りあり，その右隣には一番左の人以外の3通りあり，さらにその右隣には左の2人以外の2通り，一番右には残りの1人が並ぶので，並び方は全部で $4\times3\times2\times1=24$(通り)ある。このうち，隣り合うCとDを1つのグループと見ると，A，B，CとDのグループの並び方は，同様に考えると $3\times2\times1=6$(通り)あるが，CとDの並び方はC－D，D－Cの2通りあるから，CとDが隣り合う並び方は $6\times2=12$(通り)ある。よって，求める確率は $\dfrac{12}{24}=\dfrac{1}{2}$ である。

(6)＜平面図形―面積―相似＞右図のように，線分CQを引き，線分QPと辺BCの延長が交わる点をTとする。AP：PB＝2：1よりAP $=\dfrac{2}{2+1}$AB $=\dfrac{2}{3}\times6=4$，AQ $=\dfrac{1}{2}$AD $=\dfrac{1}{2}\times8=4$ となるので，△APQはAP＝AQの直角二等辺三角形となる。また，AQ∥TBより，△APQ∽△BPTなので，△BPTもPB＝TBの直角二等辺三角形となり，PB＝AB－AP＝$6-4=2$ より，TB＝2となる。また，RQ∥TCより，△QRS∽△TCSであり，QR $=\dfrac{1}{2}$AQ $=\dfrac{1}{2}\times4=2$，TC＝TB＋BC＝$2+8=10$ より，相似比は $2:10=1:5$ となる。よって，

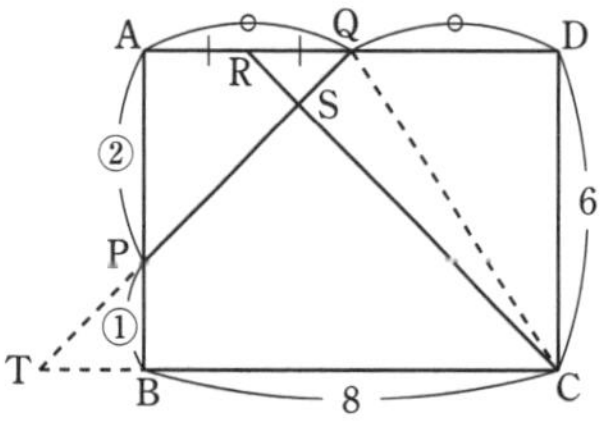

QS：TS＝1：5より，△QCS：△TCS＝1：5となる。これと，△QTC $=\dfrac{1}{2}\times$TC$\times$AB $=\dfrac{1}{2}\times10\times6=30$ より，△TCS $=\dfrac{5}{1+5}$△QTC $=\dfrac{5}{6}\times30=25$ となる。したがって，△BPT $=\dfrac{1}{2}\times$TB$\times$PB $=\dfrac{1}{2}\times2\times$

2=2より，〔四角形PBCS〕=△TCS−△BPT=25−2=23である。

3 〔平面図形—正三角形—相似〕

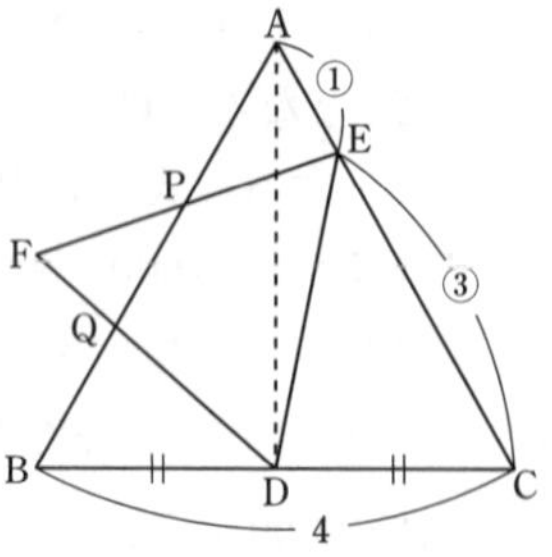

(1)＜面積—長さの比，面積比＞右図のように線分ADを引くと，点Dは辺BCの中点で，BD：CD=1：1より，△ADB：△ADC=BD：CD=1：1となる。これより，△ABC：△ADC=1：$\frac{1}{1+1}$=1：$\frac{1}{2}$となる。また，AE：EC=1：3より，△ADE：△CDE=AE：EC=1：3となるから，△ADC：△CDE=1：$\frac{3}{1+3}$=1：$\frac{3}{4}$となり，△ABCの面積をSとすると，△CDE=$\frac{3}{4}$△ADC=$\frac{3}{4}\times\frac{1}{2}$△ABC=$\frac{3}{8}S$と表せる。さらに，△ABDは，∠ADB=90°，∠ABD=60°より，3辺の比が1：2：$\sqrt{3}$の直角三角形なので，AD=$\frac{\sqrt{3}}{2}$AB=$\frac{\sqrt{3}}{2}\times4=2\sqrt{3}$となる。したがって，$S=\frac{1}{2}\times$BC$\times$AD$=\frac{1}{2}\times4\times2\sqrt{3}=4\sqrt{3}$より，△CDE=$\frac{3}{8}S=\frac{3}{8}\times4\sqrt{3}=\frac{3\sqrt{3}}{2}$である。

(2)＜面積—相似＞右上図で，△DEFも正三角形なので，∠EDF=60°である。△CDEと△BQDにおいて，∠ECD=∠DBQ=60°で，∠CDE=180°−∠EDF−∠BDQ=180°−60°−∠BDQ=120°−∠BDQ，△BQDの内角の和より，∠BQD=180°−∠DBQ−∠BDQ=180°−60°−∠BDQ=120°−∠BDQとなるから，∠CDE=∠BQDである。よって，2組の角がそれぞれ等しいので，△CDE∽△BQDとなり，CE=$\frac{3}{1+3}$AC=$\frac{3}{4}\times4=3$，BD=$\frac{1}{2}$BC=$\frac{1}{2}\times4=2$より，相似比はCE：BD=3：2となる。これと，面積比は相似比の2乗になることから，△CDE：△BQD=3^2：2^2=9：4となり，△BQD=$\frac{4}{9}$△CDE=$\frac{4}{9}\times\frac{3\sqrt{3}}{2}=\frac{2\sqrt{3}}{3}$である。同様に，△CDE∽△AEPであり，CD=BD=$\frac{1}{2}$BC=$\frac{1}{2}\times4=2$，AE=AC−CE=4−3=1より，相似比はCD：AE=2：1で，面積比は△CDE：△AEP=2^2：1^2=4：1となる。したがって，△AEP=$\frac{1}{4}$△CDE=$\frac{1}{4}\times\frac{3\sqrt{3}}{2}=\frac{3\sqrt{3}}{8}$である。以上より，〔四角形PQDE〕=△ABC−△CDE−△BQD−△AEP=$4\sqrt{3}-\frac{3\sqrt{3}}{2}-\frac{2\sqrt{3}}{3}-\frac{3\sqrt{3}}{8}=\frac{96\sqrt{3}}{24}-\frac{36\sqrt{3}}{24}-\frac{16\sqrt{3}}{24}-\frac{9\sqrt{3}}{24}=\frac{35\sqrt{3}}{24}$となる。

4 〔空間図形—円錐台〕

図1

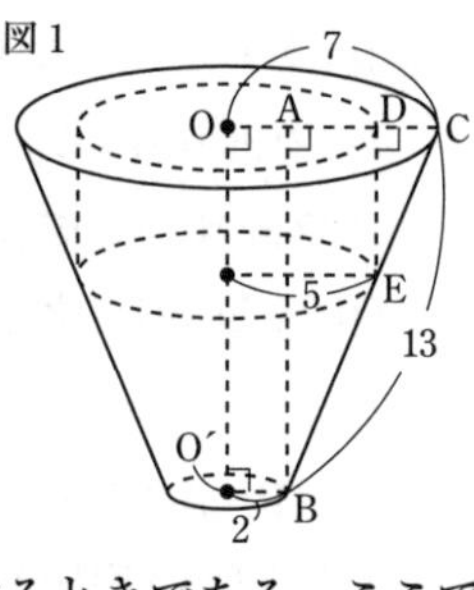

(1)＜長さ—三平方の定理＞右図1のように，上面の円の半径をOC，下面の円の半径をO′Bとし，点Bから半径OCに垂線ABを引くと，四角形OO′BAは長方形になるから，OO′=AB，OA=O′B=2であり，AC=OC−OA=7−2=5となる。ここで，△ABCは∠BAC=90°の直角三角形だから，三平方の定理より，AB=$\sqrt{\mathrm{BC}^2-\mathrm{AC}^2}=\sqrt{13^2-5^2}=\sqrt{144}=12$となる。よって，OO′=AB=12である。

(2)＜体積—相似＞右図1のように，底面の半径が5の円柱が立体Pに含まれるとき，その体積が最大になるのは，円柱の下面の周が立体Pの側面と接するときである。ここで，台形OO′BCにおいて，円柱の下面が辺BCと交わる点をEとし，点Eから辺OCに引いた垂線をEDとすると，線分EDの長さが円柱の体積が最も大きくなるときの円柱の高さとなる。AB∥DEより，△ABC∽△DECであり，AC：DC=AB：DEとなる。(1)で，AC=5，AB=12であり，DC=OC−OD=7−5=2なので，5：2=12：DEが成り立ち，これより，5DE=24，DE=$\frac{24}{5}$となる。よって，円柱の体積の最大値は，$\pi\times\mathrm{OD}^2\times\mathrm{DE}=\pi\times5^2\times\frac{24}{5}=120\pi$となる。

(3)＜長さ―球の半径＞右図2のように，立体Pに含まれる球の半径が最大になるのは，球が立体Pの側面に接するときである。このときの球の中心をQとすると，台形OO′BCで，中心Qは辺OO′上の点となる。また，球と辺BCの接点をFとすると，線分QFは球の半径となり，QF⊥BC，QF＝QO＝rとなる。また，線分BQ，CQを引き，台形OO′BCを△QBO′，△QBC，△QCOに分け，それぞれの底辺をO′B，BC，OCとすると，高さはそれぞれQO′＝OO′－QO＝12－r，QF＝r，QO＝rとなる。よって，〔台形OO′BC〕＝△QBO′＋△QBC＋△QCO＝$\frac{1}{2}\times 2\times(12-r)+\frac{1}{2}\times 13\times r+\frac{1}{2}\times 7\times r=12+9r$と表せる。また，〔台形OO′BC〕＝$\frac{1}{2}\times$(OC＋O′B)×OO′＝$\frac{1}{2}\times(7+2)\times 12=54$となる。よって，$12+9r=54$が成り立ち，これを解くと，$r=\frac{14}{3}$となる。

図2

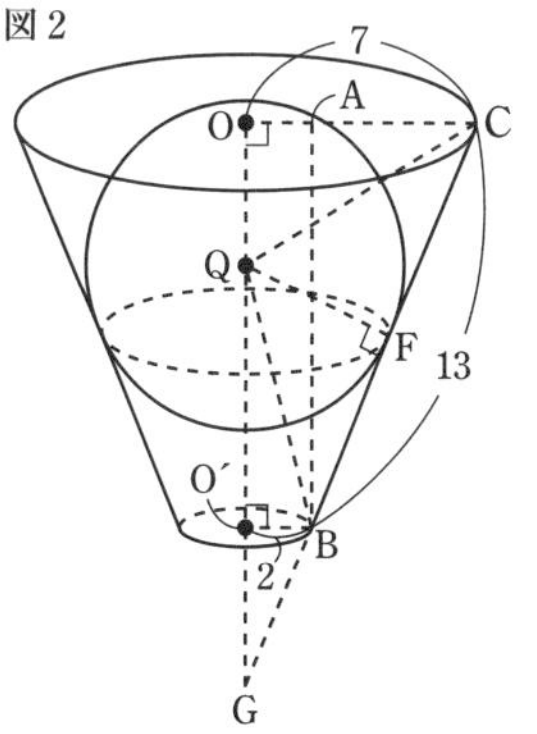

≪別解≫図2のように，辺OO′の延長と辺CBの延長との交点をGとする。OG∥ABより△OGC∽△ABCで，相似比はOC：AC＝7：5だから，OG＝$\frac{7}{5}$AB＝$\frac{7}{5}\times 12=\frac{84}{5}$，CG＝$\frac{7}{5}$CB＝$\frac{7}{5}\times 13=\frac{91}{5}$となる。また，△OGCと△FGQは，∠COG＝∠QFG＝90°，∠OGC＝∠FGQより，△OGC∽△FGQで，OC：FQ＝CG：QGとなり，QG＝OG－OQ＝$\frac{84}{5}-r$だから，$7:r=\frac{91}{5}:\left(\frac{84}{5}-r\right)$が成り立つ。これを解くと，$7\left(\frac{84}{5}-r\right)=\frac{91}{5}r$より，$r=\frac{14}{3}$である。

5〔関数―関数$\boldsymbol{y=ax^2}$―関数と図形〕

(1)＜比例定数＞右図1で，A(4, 8)は放物線$y=ax^2$上にあるので，$x=4$，$y=8$を代入すると，$8=a\times 4^2$より，$a=\frac{1}{2}$となる。

図1

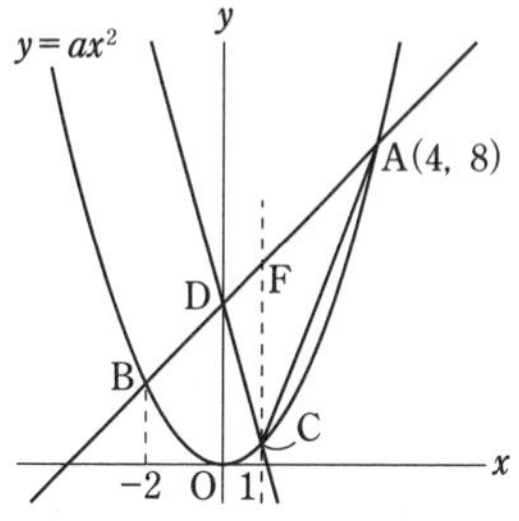

(2)＜面積―三角形＞(1)より，放物線の式は$y=\frac{1}{2}x^2$となる。2点B，Cはこの放物線上にあって，x座標はそれぞれ－2，1なので，$y=\frac{1}{2}\times(-2)^2=2$，$y=\frac{1}{2}\times 1^2=\frac{1}{2}$より，B(－2, 2)，C$\left(1,\ \frac{1}{2}\right)$となる。次に，直線ABの式を求める。この直線の傾きは，2点A，Bの座標から，$\frac{8-2}{4-(-2)}=1$となるので，その式を$y=x+b$として，点Aの座標から$x=4$，$y=8$を代入すると，$8=4+b$より，$b=4$となる。よって，直線ABの式は$y=x+4$であり，この直線とy軸との交点Dの座標は(0, 4)となる。ここで，点Cを通りy軸に平行な直線と直線ABとの交点をFとすると，点Fのx座標は点Cのx座標と等しく1だから，$y=1+4=5$より，F(1, 5)となる。この直線FCにより，△ACDは△AFCと△DFCに分けられ，底辺をFC＝$5-\frac{1}{2}=\frac{9}{2}$と見ると，高さはそれぞれ点A，D，Fの$x$座標より4－1＝3，1だから，△ACD＝△AFC＋△DFC＝$\frac{1}{2}\times\frac{9}{2}\times 3+\frac{1}{2}\times\frac{9}{2}\times 1=9$である。

(3)＜体積比―回転体＞次ページの図2のように，2点C，Eから直線ABにそれぞれ垂線CQ，EPを引くと，△ACDを直線ABの周りに1回転してできる立体は，△ACQを直線ABの周りに1回転してできる円錐から，△DCQを直線ABの周りに1回転してできる円錐を除いたものであり，△EBDを直線ABの周りに1回転してできる立体は，△EBPを直線ABの周りに1回転してできる円錐から，△EDPを直線ABの周りに1回転してできる円錐を除いたものになる。直線ABの切片より，D(0, 4)だから，直線CDの式を$y=mx+4$として，点Cの座標から$x=1$，$y=\frac{1}{2}$を代入すると，$\frac{1}{2}=m\times1+4$，$m=-\frac{7}{2}$より，直線CDの式は$y=-\frac{7}{2}x+4$となる。点Eは，直線CDと放物線$y=\frac{1}{2}x^2$の交点だから，2式からyを消去して，$\frac{1}{2}x^2=-\frac{7}{2}x+4$，$x^2+7x-8=0$，$(x+8)(x-1)=0$，$x=-8$，1より，$x$座標は$-8$で，$y$座標は，$y=\frac{1}{2}\times(-8)^2=32$となり，E$(-8,\ 32)$である。ここで，点Eから$y$軸に垂線EE′を引き，点Cから$y$軸に垂線CC′を引くと，EE′∥C′Cより△DEE′∽△DCC′となり，EE′=8，CC′=1より，相似比はEE′=CC′=8：1となるので，DE：DC=8：1となる。また，EP∥QCより△EDP∽△CDQであり，相似比はDE：DC=8：1となる。よって，EP：CQ=8：1だから，CQ=rとすると，EP=$8r$と表せる。次に，点Pのx座標を求める。垂直に交わる2直線の傾きの積は-1になり，(2)より直線ABの傾きは1なので，直線ABと垂直に交わる直線EPの傾きは-1となる。そこで，直線EPの式を$y=-x+c$として，点Eの座標から$x=-8$，$y=32$を代入すると，$32=-(-8)+c$より，$c=24$となるので，直線EPの式は$y=-x+24$となる。点Pはこの直線EPと直線$y=x+4$の交点だから，2式からyを消去すると，$x+4=-x+24$，$2x=20$より，$x=10$となる。これより，点Pからx軸に垂線PP′を引くと，P′(10, 0)となり，P′O=10となる。点Qからx軸に垂線QQ′を引くと，PP′∥DO∥QQ′より，P′O：Q′O=PD：QD=EP：CQ=8：1となる。よって，10：Q′O=8：1となり，8Q′O=10×1，Q′O=$\frac{5}{4}$である。さらに，2点A，Bからx軸に垂線AA′，BB′を引くと，A′(4, 0)，B′(−2, 0)より，A′O=4，OB′=2となるので，BQ：QD：DA：AP=B′Q′：Q′O：OA′：A′P′=$\left(2-\frac{5}{4}\right)$：$\frac{5}{4}$：4：(10−4)=$\frac{3}{4}$：$\frac{5}{4}$：4：6=3：5：16：24となる。ここで，BP=hとすると，BD：DP=2：10=1：5より，DP=$\frac{5}{1+5}$BP=$\frac{5}{6}h$となり，QA=$\frac{5+16}{3+5+16+24}h=\frac{21}{48}h=\frac{7}{16}h$，QD=$\frac{5}{48}h$と表せる。したがって，△ACQを直線ABの周りに1回転してできる円錐の体積は，$\frac{1}{3}\times\pi\times\mathrm{CQ}^2\times\mathrm{QA}=\frac{1}{3}\times\pi\times r^2\times\frac{7}{16}h=\frac{7}{48}\pi r^2h$，△DCQを直線ABの周りに1回転してできる円錐の体積は，$\frac{1}{3}\times\pi\times\mathrm{CQ}^2\times\mathrm{QD}=\frac{1}{3}\times\pi\times r^2\times\frac{5}{48}h=\frac{5}{144}\pi r^2h$となるので，△ACDを直線ABの周りに1回転してできる立体の体積は，$\frac{7}{48}\pi r^2h-\frac{5}{144}\pi r^2h=\frac{16}{144}\pi r^2h=\frac{1}{9}\pi r^2h$となる。一方，△EBPを直線ABの周りに1回転してできる円錐の体積は，$\frac{1}{3}\times\pi\times\mathrm{EP}^2\times\mathrm{BP}=\frac{1}{3}\times\pi\times(8r)^2\times h=\frac{64}{3}\pi r^2h$，△EDPを直線ABの周りに1回転してできる円錐の体積は，$\frac{1}{3}\times\pi\times\mathrm{EP}^2\times\mathrm{DP}=\frac{1}{3}\times\pi\times(8r)^2\times\frac{5}{6}h=\frac{160}{9}\pi r^2h$となるので，△EBDを直線ABの周りに1回転してできる立体の体積は，$\frac{64}{3}\pi r^2h-\frac{160}{9}\pi r^2h=\frac{32}{9}\pi r^2h$となる。以上より，△ACDと△EBDをそれぞれ直線ABの周りに1回転してできる立体の体積比は，$\frac{1}{9}\pi r^2h:\frac{32}{9}\pi r^2h=1:32$となる。

図2

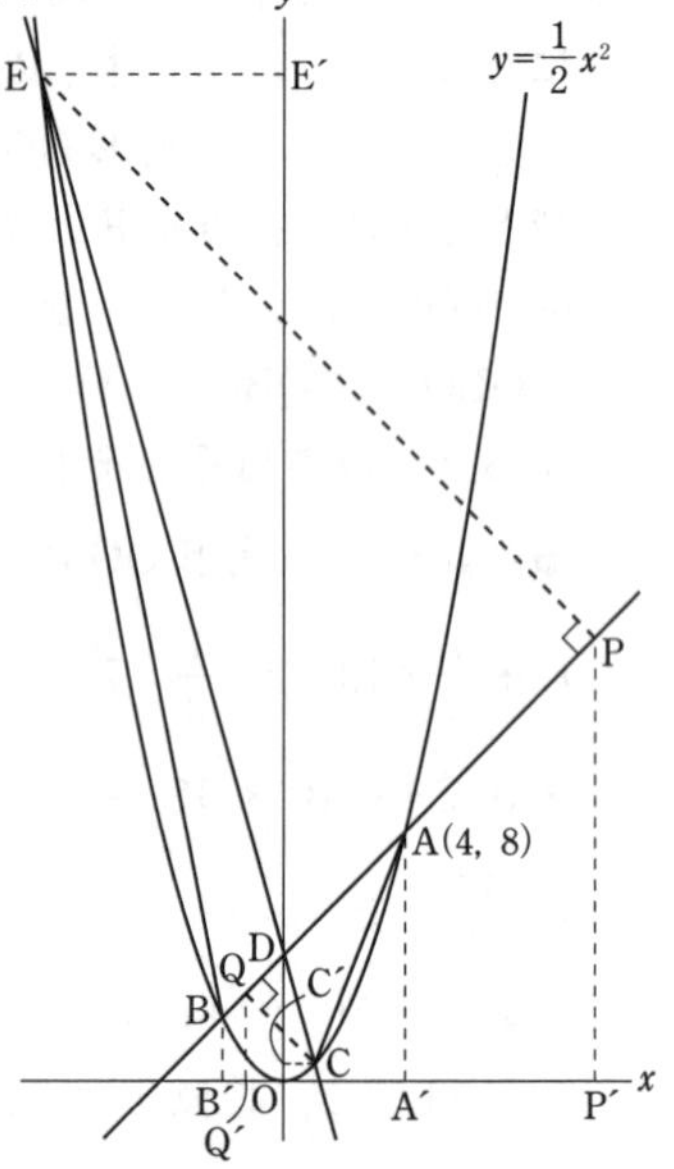

国語解答

一 問一 ア　問二 Ⅰ…オ　Ⅱ…ア
問三 エ　問四 オ　問五 イ
問六 エ
問七 X…エ　Y…ウ　Z…ア

二 問一 a…エ　b…イ　問二 イ
問三 オ　問四 エ
問五 X…ア　Y…オ　問六 イ
問七 イ

三 問一 ウ　問二 ア
問三 C…ウ　D…ア　問四 イ
問五 (i)…ウ　(ii)…イ

四 問一 ウ　問二 ウ　問三 エ
問四 ウ　問五 (1)…ア　(2)…イ
問六 (1)…オ　(2)…ウ　(3)…ア　(4)…エ

一〔論説文の読解―自然科学的分野―技術〕出典；山崎正和『物神崇拝と動物愛護ののちに――「可愛らしさ」の文明史』／黒崎政男『デジタルを哲学する――時代のテンポに翻弄される〈私〉』「ロボットを哲学する」。

≪本文の概要≫【文章Ⅰ】「アイボ」がほとんど生き物同様の感情移入の対象になりつつある今，人間の「可愛い」という感情は変質し，それは生命観の変化にもつながっているかもしれない。子犬に可愛らしさを感じるのは，対象に自分と同質の生命を感じ取る共感によるもので，それは動物愛護の精神の発動だと考えられてきた。一方，人形は，本来物神崇拝の精神を凝縮して具象化したものだったようで，それが可愛い存在に変わるには，実在しない生命を読み取る強い想像力が必要だった。やがて人間は，人形を可愛がる感情を育てたが，それでも近代文化は，人形と愛玩動物を厳然と区別し，どんな単純な人形にも生命を感じ取る感受性を残してきた。こう考えると，「アイボ」の出現は，この区別をかき乱し，物神崇拝と動物愛護の文化は終わっていくのかもしれない。生き物のように反応する機械に対しては，生命を読み取る想像力は不要である。このまま行けば，科学の世界や法律の世界のように，少なくとも感情の次元で動物と機械の区別が弱くなる可能性がある。

【文章Ⅱ】二足歩行ロボットに〈知能や心〉があるように感じるのは，私たちがそれに心があると〈投げ入れて〉いるからであり，〈虚焦点としての心〉を投影しているからである。ここ数年で出現したデジタル生物，特にAIBOは，外界との刺激＝反応によって行動する行動型AIの実験という側面を持ち，外界の刺激を入力すると，それに応じてさまざまな反応を返すという仕組みになっている。これらのデジタル生物は，つき合っていく中で，心を持ち，自ら考えて行動しているように〈見えてくる〉可能性がある。機械の心は，関係論的把握によって成立するものだからである。

問一＜文章内容＞人間には，「対象のなかに自分と同質の生命を感じとる能力」があり，「この共感によって対象の生命と一体化すること」を「感情移入」という。そして，「自分より小さいものに感情を移入したとき」に，「その対象を可愛いと感じる」のである。

問二．Ⅰ＜表現＞現代人は，「いつも何かを肌身の近くに」置いて，しかも「それを上に立って見下ろしていたい」のに違いない。相手と対等な関係を求めるのが「水平的」な「他人志向」だとすると，ロボットなどを「可愛がり」たがり「上に立って見下ろしていたい」と思うのは，「垂直的」な「愛玩志向」である。　Ⅱ＜文章内容＞「アイボ」の出現で「人間の『可愛い』という感情」に「微妙な変質」が生じた。生命のないものに生命を読み取る想像力が不要になり，これを続けていけば，「少なくとも感情の次元で動物と機械との区別が弱くなる」というように「生命観」も変化することが考えられる。

問三＜文章内容＞「生きたペット」は「飼うのが面倒」で「死んだときには悲しい思い」をさせられ

る。これに対し，「機械仕掛けのペット」は，関わりたくないときは電源を切っておけば手間はかからないし，死ぬということがないので「悲しい思いをさせられる」こともない。

問四＜文章内容＞人間は，子犬などには「直接的な生命の共感」によって「可愛らしさ」を感じてきた。一方，人形は，「生命の象徴」であり「物神崇拝の精神を凝縮して具象化した対象」であっても，「可愛さ」とは無関係だった。人形のように「直接的な生命の共感」が難しいものに対し人間は，「物神崇拝のために求められるような強い想像力」を発揮して，愛玩動物に対するよりも「より多く努力して実在しない生命を読みとる」ようになり，「人形を可愛がる感情を育て」てきた。

問五＜文章内容＞人間は，生命を持つものに対しては「直接的な生命の共感」によって「可愛らしさ」を感じてきた。一方で，人形など生命を持たないものに「可愛らしさ」を感じるためには，「想像力」によって「実在しない生命を読みとる」必要があった。ところが，「アイボ」は，生命を持たない機械ではあっても，「まるで生きた動物のように反応する機械」であり，「可愛らしさは対象のほうからやってきて，人間の心を直接にとらえてくれる」ため，「生命を読みとる強い想像力」は不要である。こうして，「可愛らしさ」の感じ方という点で，動物と機械との間にあった区別は，はっきりしなくなったのである。

問六＜文章内容＞「思考型 AI」は，「基本的に人間の頭脳活動のシミュレーション」であり，「ディープブルー」のように，入力されたデータを比較・分析しながら最適解を導き出す。一方，「行動型 AI」は，「単純に外界との刺激＝反応によって行動する」もので，「外界の刺激を入力し，それに応じてさまざまな反応を返す」という仕組みになっている。「自分が以前視聴した動画と関連している動画をおすすめする」には，単に今誰がどの動画を視聴しているかを示すのとは違い，「自分が以前視聴した動画」についてのデータに応じてそれと「関連している動画」をはじき出す必要があり，これは「行動型 AI」の行うことである。

問七＜文章内容＞X．二足歩行ロボットに対しては，私たちは「関係論的に『虚焦点としての心』を勝手に投げ入れて」いる。二足歩行ロボットに「心」が「実際に存在するのではない」のに，「心」があると想定するのである。　Y．生命を持たないものに対して，人間は「想像力」を発揮して「実在しない生命を読みとる」ようになった。　Z．文章Ⅰでは，人間が「より多く努力」して生命を持たないものに「実在しない生命を読みと」ってきたことが述べられている。文章Ⅱでは，人間は二足歩行ロボットに対して「関係論的に『虚焦点としての心』を勝手に投げ入れている」と述べられている。

二〔小説の読解〕出典；眉村卓『原っぱのリーダー』。

問一＜語句＞a．「つべこべ」は，相手に逆らって自分の考えを述べたり理屈を並べ立てたりするさま。　b．「感化」は，他人に影響を及ぼしてその心を変化させること。

問二＜心情＞「ぼく」が「五年生か六年生位の男の子」に，原っぱは立ち入り禁止だと注意すると，相手は猛然と反発してきた。それを見て，「ぼく」は「こんな野蛮な奴を相手にしたって仕方がない」と思った。また，警察に言いに行けば「母が，つまらぬことをして，とぶつぶついうのは間違いない」とも思った。そのため，「ぼく」は「無言でその場を離れた」のである。

問三＜文章内容＞「ぼく」が立ち入り禁止の場所で遊んでいた子どもたちに注意をしたことを，母は「案の定」とがめた。一方，父は，母とも「ぼく」とも違う考えであり，「さすがに直接にはぼくにはいわなかった」のであるが，立ち入り禁止の場所で遊んでいた子どもたちの行為を好意的に受けとめたのである。

問四＜文章内容＞原田は，以前は何もかも「普通」で，「これといって特技もない人間」だった。しかし，「そのころから」は，冷やかそうとする者がいると，「みんなの前で，ここで決闘しようといい，なぐり合いもするようになった」うえに，「体育のときには宙返りをやってみせたり大車輪をやったり」し，「絵もうまく」なった。

問五＜文章内容＞Ｘ．原田は，「ぼく」とは違って「あまり有名でなく進学校でもない高校に行っている」が，スポーツや美術や発明などで活躍している。そんな原田を，「ぼく」は「原田は原田としての人生を歩もうとしているのだろう」と思って見ている。　Ｙ．作者は，「ぼく」を「ありきたりな人生を歩む」者，原田を「自分らしく」いる者として描き，原田の方をよりよい人生を歩んでいる者だと考えているらしい。それは，「ぼく」の名は記さず，原田については名前を出すだけでなくその名前が「勝利」であることにもあらわれている。

問六＜文章内容＞「これといって特技もない人間」だった原田は，テツオと出会ってからさまざまな分野で活躍するようになった。そのテツオは，今も八年前と変わらず空き地で子どもたちのリーダーになっている。テツオは，「人間」ではなく，「空き地があればそこに出現して子供たちのリーダーになる存在」であり，「一緒に遊んだ子供たち，そうしようとした子供たちに力を及ぼし，子供たちを変えようとしている」存在なのである。

問七＜表現＞「ぼく」は，テツオについて，原田が変わったのはテツオの影響ではないかと推察していた。しかし，その推察の根拠になった「よその高校へ行った」後に聞いた原田の様子を思い起こすうちに，テツオのことを，人間でなく，「空き地があればそこに出現して子供たちのリーダーになる存在」であり，「一緒に遊んだ子供たち，そうしようとした子供たちに力を及ぼし，子供たちを変えようとして」いる存在なのだと「信じる」ようになった。

三〔古文の読解―説話〕出典；鴨長明『発心集』第三ノ十，第三ノ九。

≪現代語訳≫・薬師寺に，証空律師という僧がいた。歳をとった後，寺の役職を辞退して長くなったが，「あの寺の別当の欠員に志願しようと思うが，どうだろうか」と言う。弟子たちは，口をそろえて，「あってはならないことです。お歳を召されています。寺の役職を辞退なさったことについても，必ず，お考えがあるのだろうと，人も見事だとお思い申し上げているのに，今さらそんなことをお望みになっては，思いがけないことで，人々の評判も下がってしまうでしょう」と，道理を尽くしてたいそういさめたが，(律師は)一向に，もっともだと思っている様子がない。いかにも，その意志が深いことと見えたので，全くどうにもならない。弟子は集まって，このことを嘆きながら，「こうなった以上は，どう申し上げても，お聞き入れにならないだろう。それなら，架空の夢の話をして，身もだえするほど怖がるようお話し申し上げよう」と決めた。／日がたって，静かなとき，一人の弟子が，「この間の夜，たいそう不思議な夢を見ました。この庭に，さまざまな色の恐ろしげな鬼が，たくさん出てきて，大きな釜《かま》を塗っておりますのを，変だと思われて尋ねたところ，鬼が，『この坊の主の律師を釜茹《ゆ》での刑にするための釜だ』と答えたと見えました。何によって，深い罪があるのだろう。このことがわからないのです」と語る。すぐに，(律師は)驚いて恐れるだろうと思っていると，(律師は，)耳もとまで曲がるほど(口をあけて)笑って，「この願いはかなうということだろう。他の人には言わないでください」と言って，拝んだので，いっさい言うべきことがなくて終わってしまった。／学識のある僧だからこそ，この律師(の地位)まで昇任したのだろうに。七十歳でこの夢を喜ぶというのは，実になさけない欲の深さであるよ。あの無知の翁《おきな》が自力で悟りをひらいたというのとは，比べものにならないことだ。

・近頃のことだが，身分の低い男がいた。自分は歳をとっていたが，若い子を持っていた。二人は，連れ立って，しなくてはならないことがあった。／奥山へ入ったとき，少し長く休んでいた。父は，「私は，もう家には帰るまい。法師になって，ここにいて，おだやかに念仏を唱えていようと思う。お前は歳もまだ若い。前途ある身なので，早く帰りなさい」と言う。／この息子が，「今は，盛りの歳だといっても，人は若死にする例もたくさんあります。決して家には帰りません」と言ったので，(父は)しみじみ感動した。／「そうであるならば，とてもうれしいこと」といって，人も通わない深い山の中に，小さな庵《いおり》を，二つ建てて，それに一人ずつ(住んで)，朝夕念仏を唱えて過ごした。／ごく最近のことなので，皆が知っているという。ある人は，「父は，すでに極楽往生を遂げた」と言う。

問一＜古文の内容理解＞証空律師が歳をとって寺の役職を辞したことについて，人々はきっと深い考えがあってのことだろうと思い，律師を立派な人物と見なしていた。身分や地位・役職に執着せず，よく考えて物事を判断する人だと思っていたのである。

問二＜古文の内容理解＞弟子たちは，別当に志願しないよう律師を説得しようとした。しかし，律師は納得する様子はなかった。「げに」は，本当にそうだ，もっともだ，という意味。

問三＜古文の内容理解＞C．弟子たちは，恐ろしい夢の話をしたら律師は驚き恐れるだろうと思っていた。　　D．律師は，弟子たちの話を聞いて喜び，他の人に言わないでほしいと拝んだ。

問四＜古文の内容理解＞弟子たちは，別当に志願するという律師の考えに反対したが，律師を説得することができなかった。そこで，恐ろしい夢の話をして律師を怖がらせようと考えた。恐ろしい夢はよくないことが起こることを暗示するとして，志願を諦めさせようと考えたのである。

問五＜古文の内容理解＞(ⅰ)弟子たちは，別当に志願しようという律師の考えに反対して諦めさせようとしたが，説得できなかったので，実際には見てもいない夢を見たといって考え直させようとした。
(ⅱ)「別の話」では，父と子はともに，俗世間での暮らしに執着せず，山奥で念仏を唱えて心おだやかに過ごすことを選んだ。作者は，歳をとって一度引退してもまた別当になろうとした証空律師は，この父とは比べものにならないほど，欲が深くてなさけない，と述べている。作者は，身分や地位に執着しない生き方こそが尊いと考えているのである。

四〔国語の知識〕

問一＜古典文法＞係助詞の「なむ」があると，係り結びの法則により，結びは連体形になる。

問二＜歴史的仮名遣い＞歴史的仮名遣いの「iu」は，現代仮名遣いでは「yuu」になる。「ゐ」は，ワ行イ段の字で，現代仮名遣いでは「い」になる。

問三＜品詞＞「雨の降る日」と「母の言った」の「の」は，主格を示す格助詞で，「が」に置き換えることができる。「雪の結晶」と「机の上」の「の」は，連体修飾語をつくる格助詞。「行くの行かないの」の「の」は，並立助詞。「話すのが」の「の」は，体言の代用を示す準体助詞。

問四＜文学史＞『枕草子』は，清少納言による随筆。

問五．⑴＜ことわざ＞「河童《かっぱ》の川流れ」は，達人もときには失敗すること。「おぼれる者はわらをもつかむ」は，非常に困難な状況にあるときは頼りにならないものにでも頼ろうとする，という意味。「えびで鯛《たい》を釣る」は，わずかな労力で多くの利益を得る，という意味。「捕らぬ狸《たぬき》の皮算用」は，不確実なことをあてにして計画をいろいろ立てること。　　⑵＜語句＞「アピール」は，呼びかけ訴えかけること。「マインド」は，心のこと。「アイデンティティ」は，自己同一性のこと。「プライバシー」は，個人の私生活の面のこと。

問六＜漢字＞⑴「排出」と書く。アは「廃棄」，イは「敗退」，ウは「配慮」，エは「俳句」，オは「排斥」。　　⑵「一環」と書く。アは「貫通」，イは「観覧」，ウは「環境」，エは「歓迎」，オは「乾燥」。　　⑶「頻繁」と書く。アは「繁殖」，イは「赤飯」，ウは「模範」，エは「反映」，オは「販路」。　　⑷「荒唐無稽」と書く。アは「公演」，イは「後援」，ウは「講演」，エは「荒天」，オは「口頭」。

2022年度 大宮開成高等学校（併願A）

【英　語】（50分）〈満点：100点〉

Ⅰ　次の英文を読んで，後の設問に答えなさい。（＊の付いている語(句)は，後にある(注)を参考にすること。）

Do you sometimes feel lonely? Do you sometimes feel stressed? Even in such cases, you might not need a doctor. (①) you might just need a pet. Pets, like dogs, cats, or even birds, can make you feel better. In fact, many people feel happy when they have a pet to take care of.

People who have pets often feel calmer and less lonely than people who do not have pets. [ア] For example, Juliet Locke has a six-year-old cat named Snowball. "Snowball knows when I'm having a bad day. When I'm sitting in a chair, she'll jump on my *lap and I'll *pet her. She really helps me feel relaxed," says Juliet. Pets can help you have a healthy mind, and they can give you a healthy body, too. Dr. R. K. Anderson, a *veterinarian, started CENSHARE, ②(ア that　イ how　ウ researches　エ affect　オ people　カ organization　キ pets　ク an). These researchers believe that people with pets are healthier than people without pets.

③

In fact, people own many different kinds of pets. Researchers studied the effects of these animals on their owner's health. They found that some people actually *lower their blood pressure by watching fish in a tank, or by listening to the sounds of birds. [イ]

Richard Waxman believes that all people should have the chance to spend time with a pet. He started a group called "Paws and Hearts." [ウ] It is a volunteer organization that brings animals to *nursing homes and hospitals. Mr. Waxman says that each patient can become friends with a loving dog. (④), the patients feel calmer, and also have less physical pain. This is called "pet therapy," and people love the animals' visit. For example, Clara Wu, who lives at a nursing home in California, says, "I just love it when the volunteers bring the dogs to visit us. It brings back wonderful memories of other dogs I've owned." Mr. Waxman says, "It is one of the *aims of pet therapy. It can *establish a connection between (⑤)."

Paws and Hearts is not only for adults. The organization also has a reading program for children called "Paws to Read." Volunteers bring dogs to schools and libraries. There, children sit with the dogs and read stories to ⑥them. This activity often improves the children's reading skills as well as their self-confidence. Then when they return to their classrooms, they feel more sure of themselves and can read aloud more easily and clearly. It is easy to see that pet therapy is useful for people of all ages. [エ]

(注) lap　ひざ　　pet ～　～を優しくなでる　　veterinarian　獣医　　lower ～　～を下げる
nursing homes　老人ホーム　　aims　目的　　establish ～　～をつくる

問１　空欄①，④，⑤に入る最も適切なものを，次のア～エの中から１つずつ選び，それぞれ解答欄[1]～[3]にマークしなさい。

（①）　ア　So　　　　イ　Also
　　　　ウ　Instead　　エ　For example　　[1]

（④）　ア　However　　イ　As a result
　　　　ウ　By the way　エ　On the other hand　　[2]

（⑤）　ア　the past and the present
　　　　イ　the present and the future
　　　　ウ　the past and the future
　　　　エ　the memories and the dreams　　[3]

問２　次の英文を本文中に補うとき，最も適切な箇所を本文中の［ア］～［エ］の中から１つ選び，解答欄[4]にマークしなさい。

These activities are very calming.

問３　下線部②が「ペットがどのように人に影響を及ぼすかを研究する組織」という意味になるように，（　）内の語を並べ換え，[5]，[6]の位置に入るものだけを，下のア～クの中から１つずつ選び，それぞれ解答欄[5]，[6]にマークしなさい。

＿＿＿ ＿＿＿ ＿＿＿ ＿[5]＿ ＿＿＿ ＿[6]＿ ＿＿＿ ＿＿＿

ア　that　　イ　how　　ウ　researches　　エ　affect
オ　people　カ　organization　キ　pets　ク　an

問４　空欄③には次のA～Cが入る。その順番として最も適切なものを，下のア～カの中から１つ選び，解答欄[7]にマークしなさい。

A　Though most people think of dogs and cats as pets, having birds and fish can also be effective.

B　For instance, pet owners often have low rates of heart disease.

C　Many pet owners do not have high blood pressure, either.

ア　A—B—C　　イ　A—C—B　　ウ　B—A—C
エ　B—C—A　　オ　C—A—B　　カ　C—B—A

問５　下線部⑥が指すものとして最も適切なものを，次のア～エの中から１つ選び，解答欄[8]にマークしなさい。

ア　adults　　イ　children　　ウ　volunteers　　エ　the dogs

問６　本文の内容と合っているものを，次のア～キの中から２つ選び，それぞれ解答欄[9]，[10]にマークしなさい。

ア　If people have a pet to take care of, they don't need to see a doctor even when they feel sick.

イ　Pets can help people have a healthy body as well as a healthy mind.

ウ　Pets such as dogs and cats can help people feel calmer, but fish and birds cannot.

エ　Some pets lower their blood pressure by listening to the sounds of birds.

オ　"Paws and Hearts" is an organization that collects money by selling dogs to old people.

カ　Pet therapy will develop the memories of the volunteers.

キ　Pet therapy has a good effect on a lot of people from children to elderly people.

II　次の英文を読んで，後の設問に答えなさい。（＊の付いている語(句)は，後にある(注)を参考にすること。）

Probably you know dolphins often follow ships while they are playing and jumping in the sea. They have been friends to human beings since ancient times. They seem to be among the most friendly of all living creatures. They enjoy playing with each other and with people. Dolphins seem to be unhappy if they are (①) alone. They also seem to remember humans that they have met. [ア]

Dolphins have a number of abilities which have interested and surprised scientists a great deal. The speed of dolphins, for example, is really surprising. They travel at twenty *knots or 37 kilometers an hour. The fastest ships can only travel at speeds a little over thirty knots. The ship must have large engines to sail at such speeds, (②) the dolphin uses only its small *muscular system. Scientists wonder (③) dolphins can swim so fast. [イ]

Dolphins can dive very deep — to several hundred feet under the sea. ④

Their sense of hearing is surprising, too. It is much sharper than that of humans. ⑤(ア send out イ hear ウ humans エ cannot オ which カ can キ they ク high-frequency sound waves). These waves hit objects in the water and the *echoes *enable dolphins to know exactly what the objects are. We have a sonar, an electronic sensing machine which uses sound. But dolphins' "sonars" are much better than ours. They can even *distinguish between dead fish and ⑥(live) ones. They can distinguish between different kinds of fish, too. They are also able to keep away from objects like fishing nets. [ウ]

It seems that dolphins are able to communicate with each other by sound. When danger is near, they *warn each other and sometimes they seem to discuss the problem. They make several different sounds. These sounds serve as a signal in various situations. Also, ⑦they may be put *in sequence so that dolphins can send different messages.

Finally, studies show that the brain of a dolphin is *highly developed. Dolphins have a large brain for their body size. The *layers of gray matter seem to be developed. Both of these *aspects are also true for humans. [エ]

（注）knots　ノット(速度の単位)　　muscular　筋肉の　　the bends　潜水病
echoes　エコー　　enable ～ to …　～が…することを可能にする
distinguish ～　～を区別する　　warn ～　～に警告する　　in sequence　連続して
highly　非常に　　layers of gray matter　(脳の)灰白質の層　　aspects　側面

問1　空欄①～③に入る最も適切なものを，次のア～エの中から1つずつ選び，それぞれ解答欄 11 ～ 13 にマークしなさい。

(①)　ア　caught and left　　イ　catching and left
　　ウ　caught and leaving　　エ　catching and leaving　　11

(②)　ア　for　　イ　during　　ウ　so　　エ　while　　12

(③)　ア　which　　イ　when　　ウ　what　　エ　how　　13

問2　次の英文を本文中に補うとき，最も適切な箇所を本文中の[ア]～[エ]の中から1つ選び，解答欄[14]にマークしなさい。

Therefore some scientists believe that dolphins have a language system.

問3　空欄④には次のA～Dが入る。その順序として最も適切なものを，下のア～クの中から1つ選び，解答欄[15]にマークしなさい。

A　The other is how they can come to the surface from these depths without suffering from *the bends.

B　Humans suffer from this when they dive deep and try to surface too fast.

C　One is how the dolphins can stand the pressure from the weight of the water at such depths.

D　Here we have two questions.

ア　A—B—C—D　　イ　A—B—D—C
ウ　B—A—C—D　　エ　B—A—D—C
オ　C—D—A—B　　カ　C—D—B—A
キ　D—C—A—B　　ク　D—C—B—A

問4　下線部⑤の意味が「イルカは，人間には聞こえない高周波の音波を発することができます。」となるように，(　)内の語(句)を並べ換え，[16]，[17]の位置に入るものだけを，下のア～クの中から1つずつ選び，それぞれ解答欄[16]，[17]にマークしなさい。(ただし，文頭に来る語も小文字で示してある。)

＿＿＿ ＿＿＿ ＿＿＿ ＿＿＿ ＿[16]＿ ＿＿＿ ＿[17]＿ ＿＿＿.

ア　send out　　イ　hear　　ウ　humans
エ　cannot　　オ　which　　カ　can
キ　they　　ク　high-frequency sound waves

問5　⑥(live)の下線部と同じ発音を含むものを，次のア～エの中から1つ選び，解答欄[18]にマークしなさい。

ア　fire　イ　first　ウ　fish　エ　field

問6　下線部⑦の日本語訳として，最も適切なものを，次のア～エの中から1つ選び，解答欄[19]にマークしなさい。

ア　それらの音は，イルカが様々なメッセージを送れるように，連続して出されるかもしれない。

イ　それらの音は，イルカが様々なメッセージを送れるので，連続して出されるかもしれない。

ウ　そのような危険は，イルカが様々なメッセージを送ることができても，連続して起こってしまうかもしれない。

エ　そのような危険が，連続して起こらないように，イルカは様々なメッセージを送るのかもしれない。

問7　本文の内容と合っているものを，次のア～キの中から2つ選び，それぞれ解答欄[20]，[21]にマークしなさい。

ア　It seems that dolphins never forget humans that they have met.

イ　Dolphins have few skills but have surprised scientists many times.

ウ　Dolphins can travel a little faster than the fastest ships.

エ　Dolphins can hear better than any other animal.

オ　Dolphins can distinguish living creatures and objects by using sound.

カ　Dolphins seem to communicate with each other only when danger is near.

キ　Humans have a large brain for their body size.

III　次の Rio と Joe の会話文を読んで，後の設問に答えなさい。

Rio：What are you doing today, Joe? If you aren't busy, why don't you help me in the garden?

Joe：Oh, I remember you telling me that you liked gardening. Sure, I'll help you. But I'm new to this. ([22])

Rio：I think we have two main jobs. First of all, we need to clean up around the plants and flowers. We've had a lot of rain, so we don't need to water anything. But there are a lot of weeds.

Joe：What do you mean?

Rio：If you look at the garden, you'll see all the flowers that I have grown. But because of the rain, you'll see some plants that shouldn't be there. They are the weeds, and we have to pull them out.

Joe：That sounds fine, but I'm worried that I won't know which ones are the flowers, and which ones are the weeds.

Rio：You'll be fine. I'll show you what to do. After we've finished that, we'll move on to the vegetable garden.

Joe：Oh, so you are growing things to eat, too? ([23])

Rio：I have a lot of different vegetables and some fruit. You'll see strawberry plants and even an apple tree.

Joe：I love strawberries!

Rio：Everyone loves strawberries, but they are not ready yet. We need to check some of the vegetables. I want you to see whether the carrots are ready, and if they are, I want you to take them out.

Joe：([24])

Rio：They will be orange, not green or yellow. We also need to check the broccoli to see whether there are any flowers.

Joe：Are flowers good?

Rio：Not for us. It's best to pick broccoli before you see the flowers. Actually, let's check that first.

Joe：Fantastic. Take me there.

問１　空欄 [22] ～ [24] に入る最も適切なものを，次のア～カの中から１つずつ選び，それぞれ解答欄 [22] ～ [24] にマークしなさい。（ただし，同じ記号は２度以上使用しないこと。）

ア　How will I know that?
イ　How many vegetables do you want?
ウ　How long have you grown vegetables?
エ　What color do you like?
オ　What are you growing now?
カ　What do we have to do?

問２　本文の内容と合っているものを，次のア～キの中から２つ選び，それぞれ解答欄 [25]，[26] にマークしなさい。

ア　Joe loves gardening better than Rio.
イ　Thanks to the rain, there is no need to give water to the plants.
ウ　Rio and Joe will plant some flowers in the garden.

エ　Joe knows the difference between the flowers and the weeds very well.
オ　After the gardening, Rio and Joe will eat strawberries.
カ　Joe will not pick the yellow carrots but the orange ones.
キ　Joe will take the flowers out of broccoli.

Ⅳ　次の①～⑩の英文の空欄[27]～[36]に入る最も適切なものを，下のア～エの中から１つずつ選び，それぞれ解答欄[27]～[36]にマークしなさい。

① What time will this train ([27]) New York ?
ア get　イ arrive　ウ reach at　エ get to

② "([28]) with me tomorrow."　"Of course, I'd be glad to."
ア I'd like you come　イ I'd like you to come
ウ I'd like yours coming　エ I'd like to your coming

③ The shop ([29]) for the last three weeks.
ア closes　イ is closed　ウ closed　エ has been closed

④ He was ([30]) at the bad news.
ア surprise　イ surprising　ウ surprised　エ to surprise

⑤ Show me the first letter ([31]) you got from Canada.
ア that　イ whom　ウ when　エ what

⑥ ([32]) they are more than seventy years old, they look very young.
ア But　イ Though　ウ Because　エ As

⑦ Susan married Tom ([33]) 10th June 2004, and they have been happy ever since.
ア in　イ at　ウ on　エ for

⑧ You ([34]) walk in this area after dark.
ア had not better　イ had better not
ウ not had better　エ had not better to

⑨ This watch costs ([35]) that one.
ア as much as twice　イ as much twice as
ウ twice as much as　エ as twice much as

⑩ He has ([36]) finished the work.
ア yet　イ still　ウ already　エ till

Ⅴ　次の①～⑤の英文には誤りが１箇所ずつある。誤りを含む部分を，下線部ア～エの中から１つずつ選び，それぞれ解答欄[37]～[41]にマークしなさい。

① Last night I met(ア) a boy named(イ) David.　He has(ウ) an aunt worked(エ) in Tokyo.　[37]

② I hope that(ア) you have(イ) a wonderful time during you(ウ) stay with(エ) us.　[38]

③ The number of students(ア) who(イ) attended the afternoon lecture were(ウ) larger(エ) than we had expected.　[39]

④ You must not to(ア) eat(イ) too many sweets if you want to(ウ) stay healthy(エ).　[40]

⑤ I wonder if anyone can give me good advices about how to improve my English. [41]
(下線部：ア if　イ can　ウ advices　エ how to)

[Ⅵ] 次の①～⑤の日本文の意味になるように，下のア～クの語(句)を並べ換えて英文を完成させ，[42]～[51]の位置に入るものだけを，それぞれ解答欄[42]～[51]にマークしなさい。(ただし，文頭に来る語も小文字で示してある。)

① 彼女は病気で何も食べずに寝込んでいる。

______ ______ ______ [42] ______ ______ [43] ______ anything.

ア she　イ been　ウ without　エ sick
オ has　カ bed　キ eating　ク in

② 彼の絵の意味を理解するのは難しいと思います。

I think ______ ______ [44] ______ ______ [45] ______ ______.

ア the meaning　イ understand　ウ it　エ of
オ his paintings　カ is　キ hard　ク to

③ 英語ほど幅広く使われている言語は他にない。

______ ______ [46] ______ ______ ______ [47] ______.

ア so　イ as　ウ is　エ language
オ no　カ widely used　キ other　ク English

④ 私が昨日読んだ本はそれほど面白くなかった。

______ ______ ______ [48] ______ ______ [49] ______.

ア I　イ not　ウ so　エ was
オ book　カ the　キ read yesterday　ク interesting

⑤ 彼がこの学校に赴任してどのくらいになるのか知っていますか。

Do you know ______ ______ [50] ______ ______ [51] ______ ______?

ア this　イ school　ウ how　エ he
オ long　カ been　キ has　ク at

【数　学】（50分）〈満点：100点〉

（注意）(1) 問題の文中の①②のような□には，数字（0，1，2，……，9）が入ります。解答用紙では，その数字を1つずつマークしてください。

(2) 分数で解答する場合，既約分数（それ以上約分できない分数）で答えてください。

1　次の①～⑲にあてはまる数字を，それぞれ1つずつ選んでマークしなさい。

(1) $(-0.4)^3 \div \frac{1}{5} + 2$ を計算すると，$\frac{\text{①②}}{\text{③④}}$ である。

(2) $(1+\sqrt{3})(2+\sqrt{3})(3-\sqrt{3})$ を計算すると，$\text{⑤}+\text{⑥}\sqrt{\text{⑦}}$ である。

(3) $\frac{(a+b)(a-2b)}{2} - \frac{(a-b)(a+2b)}{4} = \frac{a^2 - \text{⑧}ab - \text{⑨}b^2}{\text{⑩}}$ である。

(4) $7x^4 - 28x^2y^2$ を因数分解すると，$\text{⑪}x^{\text{⑫}}(x+\text{⑬}y)(x-\text{⑭}y)$ である。

(5) 2次方程式 $(x+3)(x-1) = 3x+9$ を解くと，$x = -\text{⑮}$，⑯ である。

(6) 連立方程式 $\begin{cases} 4x+2y=13 \\ -3x+\frac{1}{5}y=-\frac{5}{4} \end{cases}$ を解くと，$x=\frac{\text{⑰}}{\text{⑱}}$，$y=\text{⑲}$ である。

2　次の⑳～㊲にあてはまる数字を，それぞれ1つずつ選んでマークしなさい。

(1) 3000人が住むある村は，A地区，B地区，C地区の3つの地区に分かれている。この村全体のワクチン接種率は40％であり，地区ごとのワクチン接種が完了した人数の比は，AとBは11：18，BとCは6：7であった。このとき，C地区のワクチン接種が完了した人数は，⑳㉑㉒人である。

(2) 2022はある3桁の正の整数aで割りきれ，そのときの商に正の整数bをかけると2桁の平方数になる。このようなbがとりうる最大の値は，㉓㉔である。

(3) AさんとBさんは一定の速さで，4 km離れたP地点とQ地点の間を移動する。2人が同時に，AさんがP地点を出発してQ地点に向かい，BさんがQ地点を出発してP地点に向かうと，2人は出発してから20分後に出会った。また，Aさんが先にP地点を出発してQ地点に向かい，Aさんが出発してから10分後にBさんがP地点を出発してQ地点に向かうと，Bさんは出発してから20分後にAさんに追いついた。

Aさんの速さを分速x m，Bさんの速さを分速y mとするとき，$x=\text{㉕㉖}$，$y=\text{㉗㉘㉙}$ である。

(4) 容器Aには濃度x％の食塩水が30 g，容器Bには濃度y％の食塩水が50 g，容器Cには水が110 g入っている。Aから10 g，Bから20 g，Cから10 gを取り出して混ぜ合わせると濃度6.5％の食塩水ができ，それぞれの容器の残りをすべて混ぜ合わせると濃度3％の食塩水ができた。このとき，$x=\text{㉚㉛}$，$y=\text{㉜}$ である。

(5) 大小2個のさいころを投げて，出た目をそれぞれa，bとするとき，a^2+b^2を4で割った余りが2となる確率は，$\frac{\text{㉝}}{\text{㉞}}$ である。

(6) 図のように，円周を12等分した位置に点Aから点Lが並んでいる。このとき，$\angle \mathrm{DPF} = \text{㉟㊱㊲}^\circ$ である。

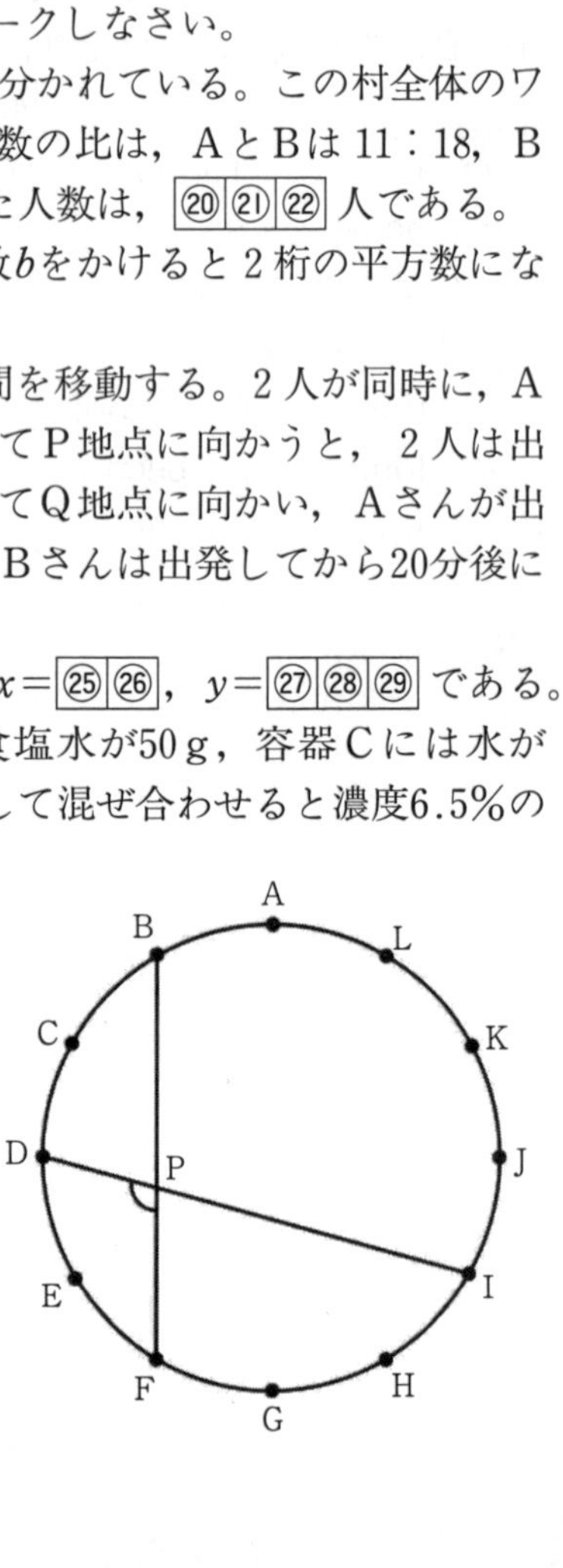

3　図のように，ABを直径とする半円の$\overset{\frown}{AB}$上に点Cをとり，さらに△ABCの外側にBC，CAを直径とする半円をつくるとき，3つの半円の弧によって囲まれてできる色で塗られた図形をKとし，Kの面積をSとする。このとき，次の㊳～㊷にあてはまる数字を，それぞれ1つずつ選んでマークしなさい。ただし，円周率をπとする。

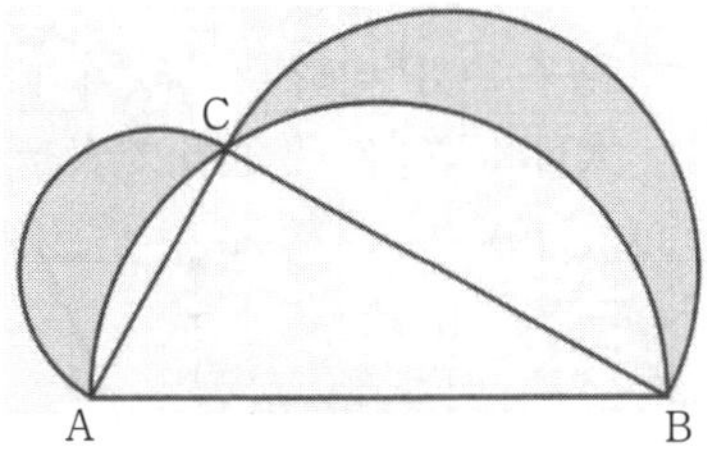

(1)　AB＝13，BC＝12のとき，S＝㊳㊴である。

(2)　AB＝8とする。$\overset{\frown}{AB}$上で点Cを動かすときのSの最大値をS_0とする。$S:S_0=\sqrt{3}:2$となるように点Cの位置を定めるとき，Kの周の長さは，(㊵＋㊶$\sqrt{㊷}$)πである。

4　図のように，1辺の長さが12の立方体ABCD-EFGHがある。辺BCの中点をＩとする。また，四角形ABCDと四角形EFGHのそれぞれにおける2本の対角線の交点をＪ，Ｋとする。このとき，次の㊸～㊿にあてはまる数字を，それぞれ1つずつ選んでマークしなさい。ただし，円周率をπとする。

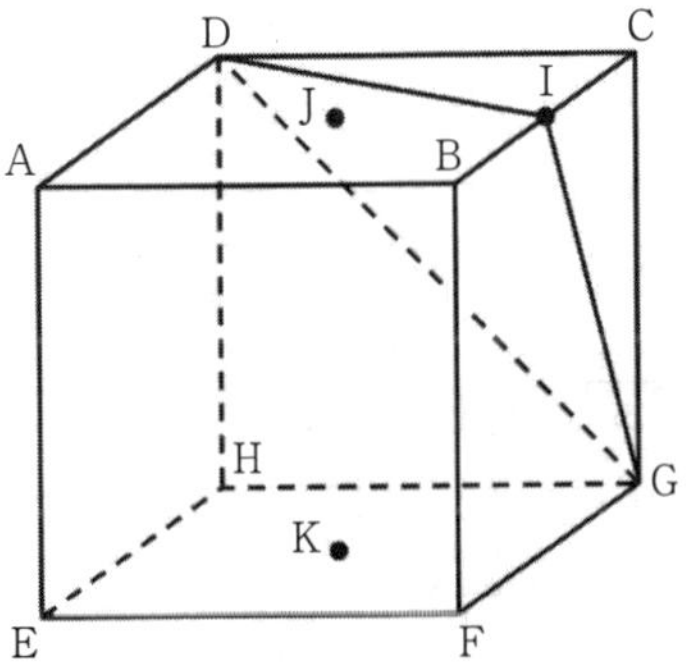

(1)　三角すいG-CDIの体積は，㊸㊹㊺である。

(2)　線分JK上にKO＝4となる点Oをとる。Oを通り面ABCDに平行な平面と線分CG，線分DG，線分IGの交点をそれぞれP，Q，Rとする。このとき，△PQRの面積は，㊻である。

(3)　(2)における△PQRを直線JKを軸として1回転させたとき，△PQRが通過する部分の面積は，$\dfrac{㊼㊽㊾}{㊿}\pi$である。

5　図のように，放物線$y=x^2$上に点A(1，1)，B(b，b^2)がある。直線$y=\dfrac{1}{4}x+\dfrac{27}{2}$に関してA，Bが対称であるとき，次の(51)～(60)にあてはまる数字を，それぞれ1つずつ選んでマークしなさい。

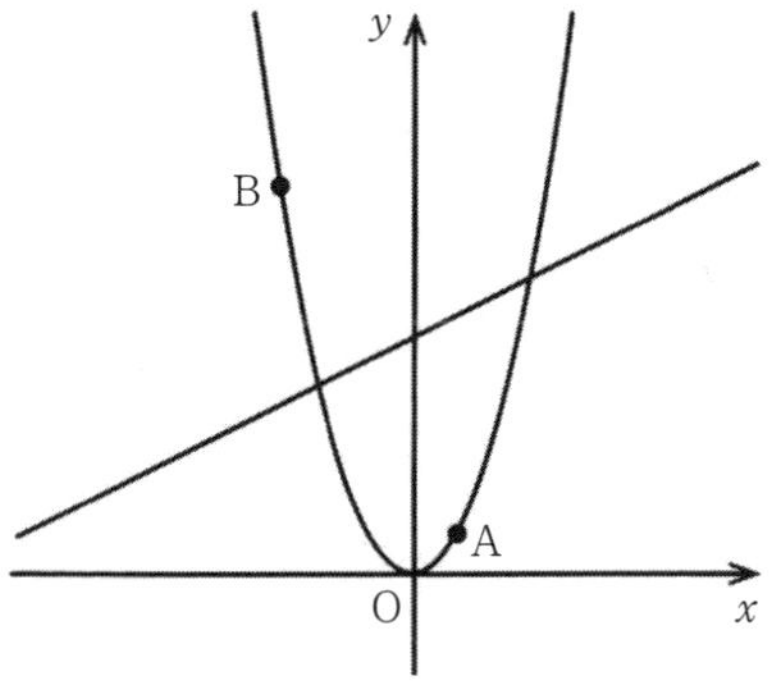

(1)　太郎さんと花子さんは，座標軸に平行でない2直線が垂直に交わる条件について話している。次の(51)～(55)に，それぞれの選択肢からもっとも適するものを1つずつ選んでマークしなさい。

太郎：2つの直線が垂直に交わる条件は2つの直線の傾きだけで決まるはずだよね。
花子：そうだね。じゃあ，原点で垂直に交わる直線$y=mx$，$y=nx$を考えてみようよ。
太郎：片方の直線の傾きが正なら，もう片方は負にならないといけないね。
花子：じゃあmを正の数，nを負の数とすると，図1のようになるよ。
太郎：x座標が1である直線上の点をそれぞれP，Qとすると，P(1，m)，Q(1，n)となるから，PQ＝[51] とわかるね。

花子：OP＝[52]，OQ＝[53] となるから，三平方の定理よりPQ＝[54] とも表せるね。

太郎：PQ^2が２通りで表せるから，２直線が垂直に交わる条件は[55] であることがわかるね！

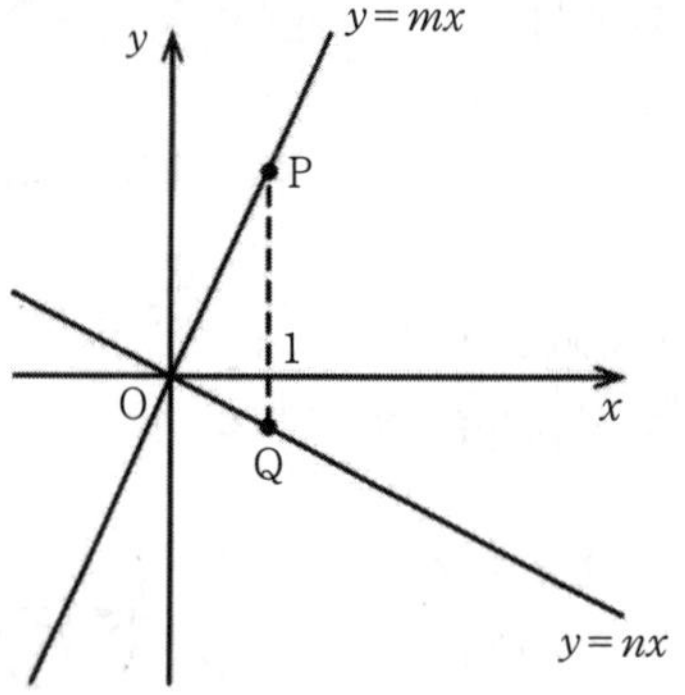

図１

[51] の選択肢

⓪　2　　①　m^2+n^2　　②　$m+n$　　③　$m-n$

[52] の選択肢

⓪　m^2　　①　$1+m^2$　　②　$\sqrt{1+m^2}$　　③　$1+m$

[53] の選択肢

⓪　n^2　　①　$1+n^2$　　②　$\sqrt{1+n^2}$　　③　$1+n$

[54] の選択肢

⓪　$\sqrt{m^2+n^2}$　　①　$\sqrt{m^2+n^2+2}$

②　$\sqrt{m^2+n^2+2m+2n+2}$　　③　$\sqrt{m^4+n^4+2m^2+2n^2+2}$

[55] の選択肢

⓪　傾きの和が１となること　　①　傾きの積が１となること

②　傾きの和が−1となること　　③　傾きの積が−1となること

(2)　$b=-$[56] である。

(3)　直線$y=\frac{1}{4}x+\frac{27}{2}$上に点S，$x$軸上に点Tをとり，△ASTをつくる。このとき，△ASTの周の長さの最小値は，[57]$\sqrt{\text{[58][59][60]}}$ である。

(1) コウイシツで体育着に着替える。 39

ア 今回のイドウ手段は電車です。

イ 彼とはイシンデンシンの仲である。

ウ 母の反応はヨウイに想像できる。

エ イショク足りて礼節を知る。

オ 業務の一部を他社にイタクする。

(2) タイショウ的な性格の兄弟だ。 40

ア 発表会にショウタイする。

イ 小さなショウテンを営む。

ウ 組織の力関係をショウアクする。

エ シショウがない範囲で教えてください。

オ ショウメイ器具の点検をする。

(3) シンキイッテン、頑張ってみようと思う。 41

ア キゾンのプログラムで調整する。

イ 彼女の心のキビを捉えた対応。

ウ キセツの変わり目には風邪をひきやすい。

エ キタクしてすぐに荷物を整理する。

オ 姉はキチョウメンな性格だ。

(4) 歴史のカトキに活躍した人物。 42

ア 海外にトコウする際の注意点をまとめる。

イ 彼の努力はトロウに終わってしまった。

ウ 胸に秘めていた内面をトロする。

エ 初めてのトザンで、頂上に来られて嬉しい。

オ まだ壁のトリョウが乾いていません。

らえず銀を失った。

イ　不誠実な言動のせいで、得をするどころかもともと持っていた財までも失った。

ウ　疑い深かったため、問題を解決するのに金だけでなく時間も費やした。

エ　欲は無かったが、愛される人柄で恵みを施されることが多く、銀を得ることができた。

オ　親切で優しかったことが評判になり、よく褒められ、銀までも得ることができた。

カ　素直で正直者であったことが幸いし、持ち主に届けようとしていた銀を得ることができた。

(か)　32

ア　返す返すも事は明らかにすべきものなり

イ　返す返すも政《まつりごと》は平らかに行ふべきものなり

ウ　返す返すも財は宝とすべきものなり

エ　返す返すも心浄《きよ》くすなほなるべきものなり

四

次の各問いに答えなさい。

問一　次の古文の――線部の「こそ」は係助詞である。それをふまえて、□に入る語として正しいものを後のア～エの中から一つ選び、解答欄33にマークしなさい。

変化の者にてはべりけむ身とも知らず、親とこそ思ひ□。　33

ア　けら（未然形）　イ　けり（終止形）

ウ　ける（連体形）　エ　けれ（已然形）

問二　次の古文の――線部の読み方を現代仮名遣いで表したものとして正しいものを後のア～エの中から一つ選び、解答欄34にマークしなさい。　34

かぐや姫、「何事をか、のたまはむことは、うけたまはらざらむ。」

ア　のたまはむことは、うけたまわらざあむ

イ　のたまわんことは、うけたまわらざらん

ウ　のたまはむことは、うけたまわらざらぬ

エ　のたまわんことは、うけたまはらざらん

問三　次の文の――線部と同じ意味・用法のものを後のア～オの中から一つ選び、解答欄35にマークしなさい。　35

彼女はとても元気で、よく話す。

ア　ただ話したくない気分だったのであって、他意はない。

イ　きれいですっきりした部屋にしたほうが仕事がはかどる。

ウ　私は図書委員で、弟は体育委員だ。

エ　これは私が小さい頃から大切にしている本である。

オ　クラスの団結力で、文化祭は充実した。

問四　明治時代の小説『吾輩は猫である』の作者として正しいものを次のア～オの中から一人選び、解答欄36にマークしなさい。　36

ア　森　鷗外　イ　志賀直哉　ウ　芥川龍之介

エ　田山花袋　オ　夏目漱石

問五　次の意味を表すことばとして正しいものを後のア～オの中から一つずつ選び、解答欄37・38にそれぞれマークしなさい。

(1)　物事に取り組むことをためらうこと　37

ア　さじを投げる　イ　らちが明かない

ウ　二の足を踏む　エ　虻蜂取らず

オ　お茶を濁す

(2)　独特であること　38

ア　ユーモア　イ　カオス

ウ　ディスコミュニケーション　エ　ユニーク

オ　イノベーション

問六　次の各文の――線部のカタカナを漢字に改めた場合、同じ漢字を使うものを後のア～オの中から一つずつ選び、解答欄39～42にそれぞれマークしなさい。

【資料2】

それ道に入《い》る方便《はうべん》、一《ひと》つにあらず。悟《さと》りを開く因縁《いんえん》、これ多し。その大《おほき》なる意《こころ》を知れば、諸教《しよけう》の義《ぎ》異《こと》ならず。万行《まんぎやう》を修《しゆ》する旨《むね》皆《みな》同じき者をや。この故《ゆゑ》に、雑談《ざふたん》の次《ついで》に教門《けうもん》をひき、戯論《けろん》の中に解行《げぎやう》をしめす。

これを見む人、拙《つたな》き語《ことば》を欺《あざむ》かずして法義《ほふぎ》を覚《さと》り、うかれたる事をたださずして因果《いんぐわ》をわきまへ、生死《しやうじ》の郷《さと》を出《い》づる媒《なかだち》とし、涅槃《ねはん》の都へ到《いた》るしるべとせよとなり。これ則《すなは》ち愚老《ぐらう》が志《こころざし》のみ。

そもそも、仏道に入る方法は一つではない。悟りを開く因縁も様々である。仏の大いなる心を知れば、もろもろの教義は同じである。様々な行法《ぎょうほう》を修行するその趣旨は皆同じであろう。そのため、雑談のついでに教説を引き、戯れの言葉の中に理論と実践を示した。

これを読む人は、私の拙《つたな》い言葉をあなどらずに仏法の理を悟り、浮薄な内容をとがめたてずに因果の道理をわきまえ、輪廻《りんね》の世界から解脱するための媒《なかだち》とし、悟りの世界に至る道しるべとしてほしい。これが、すなわち愚かな私の志である。

（小島孝之『新編日本古典文学全集52　沙石集』より）

生徒A　『沙石集』は、[(あ)]という思いで書かれた物なんですね。

先　生　そうです。では、この文章の要点を表にまとめて整理した上で、『沙石集』の編集意図に合うようなまとめの一文を選びましょう。

本文	誰が	どうした
心直ければ、自ら天の与へて、宝を得たり。	(い)	(う)
心曲れば、冥のとがめにて、宝を失ふ。	(え)	(お)
まとめ	(か)	

生徒B　『沙石集』の編集意図をふまえると、空欄[E]に入るのは[(か)]です。

先　生　作品全体の方向性や思想を想定して読むと、理解が深まりますね。

[(あ)]　[27]

ア　立派に仏道に入るために、人々は様々な話からものの道理を学び、教訓を得てほしい

イ　立派な僧になるために、人々は長生きして様々なことを学んでほしい

ウ　立派な僧になるために、人々は様々な話から仏のあるべき姿を学び、子どもに伝えてほしい

エ　立派に仏道に入るために、人々は様々な修行を知り、一生信じられる道を見つけてほしい

[(い)]・[(え)]　[(い)]―[28]、[(え)]―[29]

ア　賤しき夫婦　　イ　主と云ふ者

ウ　国の守　　エ　宋朝の人

[(う)]・[(お)]　[(う)]―[30]、[(お)]―[31]

ア　日頃から嘘が多かったため、大切な場面で主張を信じても

ア　国の守の判決は夫婦にとっては喜ばしいものであったが、盗人は納得せずどなりちらした。
イ　国の守の判決は優れた内容であったと言って賞賛した人々は、のちに出世した。
ウ　国の守の判決はまったくすばらしいものであったと、人々の中で広く評判となった。
エ　国の守の判決は庶民を苦しめる恐ろしいものであったと、多くの人々は騒いだ。

(ii)　――線部Dの理由として最も適当なものを次のア〜エの中から一つ選び、解答欄 26 にマークしなさい。 26

ア　国の守は人の言うことを盲信せずによく調べ、事実を明らかにしてくれたから。
イ　国の守は機転を利かせて正直者を助けると同時に、不誠実な者を懲らしめてくれたから。
ウ　国の守は作り話をして、正直者も不誠実な者もだますことになったから。
エ　国の守は仏道の教えに従って弱い立場の者を守り、正直者が損をせずに済んだから。

問五　次に示すのは、この文章を読んだ上で二人の生徒が本文中の空欄 E に入る内容について話し合っている場面である。あ〜かに入る最も適当なものを後の選択肢の中から一つずつ選び、解答欄 27 〜 32 にそれぞれマークしなさい。

先　生　この文章は、「説話」というジャンルである『沙石集』巻七の三という文章の全文です。それをふまえて空欄 E に入る内容を考えてみましょう。
生徒A　「説話」であるということは何か意味があるんですか。
先　生　いいところに気がつきました。「説話」では、話の最後に編者が伝えたいことをまとめた一文が載っていることがあります。この文章もその形になっています。では、この文章で編者が何を伝えたかったかを考えるためのヒントになるので、『沙石集』の編集の意図が書いてある序文【資料2】を見てみましょう。

エ　国の守　　オ　宋朝の人

問二　――線部B「論ずる」とあるが、どういうことか。最も適当なものを次のア～エの中から一つ選び、解答欄[22]にマークしなさい。　[22]

ア　貧しい夫婦が、拾った銀を持ち主と名乗る男に渡したが、夫婦は保管している間に七つのうち一つを落としてしまっていたため、その過失を持ち主と名乗る男に責められ、言い争いになった。

イ　貧しい夫婦が、拾った銀を持ち主と名乗る男に渡したにもかかわらず、持ち主と名乗る男が用意したお礼が少なかったため、謝礼として納得するわけにはいかず、言い争いになった。

ウ　貧しい夫婦が、拾った銀を持ち主と名乗る男に渡したにもかかわらず、持ち主と名乗る男はお礼を渡すどころか盗みの疑いをかけたため対立し、言い争いになった。

エ　貧しい夫婦が、拾った銀を持ち主と名乗る男に渡したが、持ち主と名乗る男は、夫婦が貧乏であることから礼も言わず侮辱的な発言をして怒らせたため、言い争いになった。

問三　本文中のa【　】～e【　】のうち、国の守の**本心と異なる**ものを次のア～オの中から二つ選び、解答欄[23]・[24]にそれぞれマークしなさい。　[23]、[24]

ア　a【この男は正直の者】

イ　b【この妻は極めたる正直の者】

ウ　c【共に正直の者と見えたり】

エ　d【夫妻また詞変らず】

オ　e【主の詞も正直に聞こゆれば】

問四　――線部D「いみじき成敗とぞ、普く讃めののしりける」について(i)・(ii)の問いに答えなさい。

(i)　この現代語訳として最も適当なものを後のア～エの中から一つ選び、解答欄[25]にマークしなさい。ただし、【資料1】を参考にすること。　[25]

【資料1】

いみ・じ（形シク）〔じから・じく（じかり）・じ・じき（じかる）・じけれ・じかれ〕

語義パネル

●重点義　**よいにつけ悪いにつけ、不吉なほど程度がはなはだしいさま。**

不吉として避ける意の動詞「忌む」（マ四）と同根の形容詞と考えられる。

❶❷ **はなはだしい。なみなみでない。**

❷ **よい。すぐれている。すばらしい。りっぱだ。うれしい。**

❸ **大変だ。ひどい。恐ろしい。悲しい。**

ののし・る【罵る】（自ラ四）〔ら・り・る・る・れ・れ〕

語義パネル

●重点義　**周囲を気にせず大声を立てる。**

現代語では、もっぱら中世末期以降広く用いられるようになった⑤の意で用いる。③④は①から転じたもの、②は主体が人間以外になったもの。

❶ **大声で言い騒ぐ。大騒ぎをする。**わいわい言う。

❷ やかましく音をたてる。声高く鳴く。

❸ **盛んに評判が立つ。うわさをする。**

❹ **勢力が盛んである。威勢がよくなる。時めく。**

❺ 口やかましく言う。悪《あ》しざまに言う。

❻（動詞の連用形の下に付いて）大声をあげて…。大騒ぎして…。

（宮腰　賢　石井正己　小田　勝　編『旺文社全訳古語辞典』より）

オ　本文160〜161行目の『自分を罰しようという気持を抱いていた』という『私』の思想

[Z]

ア　学問の自由と教育機会の均等　　イ　構造の変革
ウ　他者理解の重要性　　エ　社会との連携
オ　格差の是正　　[19]

三　次の文章を読んで、後の問いに答えなさい。

近比《ちかきころ》、※1帰朝《きてう》の僧の説とて、ある人語りしは、唐《もろこし》に賤《いや》しき（貧しい）夫婦《ふうふ》有り。餅《もち》を売りて世を渡りけり。夫の道の辺《ほとり》にして餅を売りけるに、人の袋を落としたりけるを見ければ、銀《しろがね》の軟挺《なんてい》（上質の銀）六つ有りけり。家に持ちて帰りぬ（帰った）。

妻、心すなほに欲なき者にて、「我等は商《あきな》うて過ぐれば、事も欠けず。この主、いかばかり歎《なげ》き求むらん（求めているだろう）。いとほしき事なり。主を尋《たづ》ねて返し給へ」と云《い》ひければ、「誠に」とて、普《あまね》くA触《ふ》れける（言い広めたところ）に、主と云ふ者出来《いでき》て、是《これ》を得て、あまりに嬉しくて、「三つをば奉《たてまつ》らん（さしあげよう）」と云ひて、既《すで》に分《わか》つべかりける時、思ひ返して、煩《わづら》ひを出《いだ》さん（厄介なことを思い付いて）が為に、「七つこそ有りしに、六つあるこそ不思議なれ。一つは隠されたるにや（だろうか）」と云ふ。「さる事なし。本《もと》より六つこそ有りしか」とB論ずる程に、果ては、※2国の守《かみ》の許《もと》にして、是を断らしむ（判断してもらうことにした）。国の守、眼賢《まなこかしこ》くして、「この主は不実の者なり。a【この男は正直の者】」と見ながら、不審なりければ、かの妻を召して別の所にて、事の子細《しさい》（詳細）を尋ぬるに、夫が状（夫の言い分）に少しもたがはず。「b【この妻は極めたる正直の者】」と見て、かの主、不実の事慥《たし》かなりければ、国の守の判《はん》に云はく、「この事、慥かの証拠なければ判じがたし。但《ただ》し、c【共に正直の者と見えたり】。d【夫妻また詞《ことば》変らず】、e【主の詞も正直に聞こゆれば】、七つあらん（ある）軟挺を尋ねてC取るべし（探して手に入れるのがよい）。是は六つあれば、別の人のにこそ」とて、六つながら（すべて）夫妻に給はりけり（くださった）。

※3宋朝《そうてう》の人、Dいみじき成敗《せいばい》（裁決）とぞ、普く讃《ほ》めののしりける。

心直《なほ》ければ、自《おのづか》ら天の与へて、宝を得たり。心曲《まが》れば、冥《みやう》（目に見えぬ神仏）のとがめにて、宝を失ふ。この理《ことわり》は少しも違《たが》ふべからず。

[E]。

（『沙石集』による　問題作成のために本文を一部変更したところがあります）

※1　帰朝の僧の説…中国から帰ってきた僧の話。
※2　国の守…国司（古代の役人）のこと。本文は中国の話だが、日本風に言いかえている。
※3　宋朝の人…宋の時代（九六〇〜一二七九年）の人たち。

問一　――線部A「触れ」・C「取る」の主語として最も適当なものを次のア〜オの中から一つずつ選び、解答欄[20]・[21]にそれぞれマークしなさい。　A―[20]、C―[21]

ア　妻　　イ　夫　　ウ　主と云ふ者

あなたたちはがんばれば報われる、と思ってここまで来たはずです。ですが、冒頭で不正入試に触れたとおり、がんばってもそれが公正に報われない社会があなたたちを待っています。そしてがんばったら報われるとあなたがたが思えることそのものが、あなたがたの努力の成果ではなく、環境のおかげだったことを忘れないようにしてください。あなたたちが今日「がんばったら報われる」と思えるのは、これまであなたたちの周囲の環境が、あなたたちを励まし、背を押し、手を持ってひきあげ、やりとげたことを評価してほめてくれたからこそです。世の中には、がんばっても報われないひと、がんばろうにもがんばれないひと、がんばりすぎて心と体をこわしたひと…たちがいます。がんばる前から、「しょせんおまえなんか」「どうせわたしなんて」とがんばる意欲をくじかれるひとたちもいます。

あなたたちのがんばりを、どうぞ自分が勝ち抜くためだけに使わないでください。恵まれた環境と恵まれた能力とを、恵まれないひとびとを貶めるためにではなく、そういうひとびとを助けるために使ってください。そして強がらず、自分の弱さを認め、支え合って生きてください。女性学を生んだのはフェミニズムという女性運動ですが、フェミニズムはけっして女も男のようにふるまいたいとか、弱者が強者になりたいという思想ではありません。フェミニズムは弱者が弱者のままで尊重されることを求める思想です。

あなた方を待ち受けているのは、これまでのセオリーが当てはまらない、予測不可能な未知の世界です。これまであなた方は正解のある知を求めてきました。これからあなた方を待っているのは、正解のない問いに満ちた世界です。学内に多様性がなぜ必要かと言えば、新しい価値とはシステムとシステムのあいだ、異文化が摩擦するところに生まれるからです。学内にとどまる必要はありません。東大には海外留学や国際交流、国内の地域課題の解決に関わる活動をサポートする仕組みもあります。未知を求めて、よその世界にも飛び出してください。異文化を怖れる必要はありません。人間が生きているところでなら、どこでも生きていけます。あなた方には、東大ブランドがまったく通用しない世界でも、どんな環境でも、どんな世界でも、たとえ難民になってでも、生きていける知を身につけてもらいたい。大学で学ぶ価値とは、すでにある知を身につけることではなく、これまで誰も見たことのない知を生み出すための知を身に付けることだと、わたしは確信しています。知を生み出す知を、メタ知識といいます。そのメタ知識を学生に身につけてもらうことこそが、大学の使命です。ようこそ、東京大学へ。

上野千鶴子「平成31年度東京大学学部入学式　祝辞」

（東京大学ホームページより）

『教師』は、そうした全ての登場人物を支配する立場にいるんだね。だからこそ、『歴史』という世界全体の流れを考える教科について彼は教えているんだね。」

(ii) 次に示すのは、この文章と本試験における[一]の評論文（二七ページ～二五ページ）を読んだうえで、四人の生徒が話し合っている場面である。空欄[X]～[Z]に入るものとして最も適当なものを後のア～オの中から一つずつ選び、解答欄[17]～[19]にそれぞれマークしなさい。

生徒A「この小説では、栄子との会話によって自分を見つめ直していく『私』の姿が描かれているわ。けれど、その一方で秋山や榎本が三年生だけしか使用できないテーブルを問題視していない点もまた描かれているように私には思えるの。どう思う？」

生徒B「僕もそう思う。でも、なぜ『私』は自分の立場を見直すことができたのに、他の登場人物はそれができなかったのだろう？」

生徒C「やっぱり栄子と直接話をしたことが大きいんじゃない？ そういう点では『私』は、[一]でいうところの[X]があると言えるのではないかしら。」

生徒D「そうだね。本文でも『私』は『栄子とともに、腹を立てていたのだ』と言っている点が、まさしくその証拠だと思う。ところで、その話と関係すると思うのだけど、次のページの文章を見てもらえないかな。少し前に話題になった文章なんだけど、ぼくは今回の小説と非常に大事な関係があるように思うんだ。」

生徒D「ここに書いてある、『がんばってもそれが公正に報われない社会』（傍線部）という言葉は、まさしく本文冒頭の『でも、あなたがたみんな、いずれ帝大にゆくわけでしょ？ 帝大にゆけば、自然と偉くなれるのよ』という栄子の話とつながるように思うんだけど、どうだろう？」

生徒A「確かにそうね。でも、もしこの文章にあるように『がんばったら報われるとあなたがたが思えることそのものが、あなたがたの努力の成果ではなく、環境のおかげだった』のであるならば、[Y]は間違っているという事になるのかしら。」

生徒B「なるほど。確かにそうだね。……僕たちも一人一人が学ぶことが出来る環境に対する感謝をもって、学ばなければいけないんだな。」

生徒C「なんだか私も一生懸命勉強しなきゃならない気持ちが湧いてきたわ。」

生徒D「今扱っている三つの文章はどれも、学校や大学における[Z]を強調しているね。正解のない世界で活躍していくために、僕ら一人一人が成長していく必要があるね。」

[X] [17]

ア 『研究の成果を広く社会に還元』しようとする精神
イ 『人間のもっとも優れた能力である知性』
ウ 『普遍的な真理をどこまでも追究』する意志
エ 『他者に対する共感の心と、みずからを顧みる目』
オ 『人間から人間的な人間』になろうとする義務感

[Y] [18]

ア 本文18～19行目の『何か権力を求めたり地位に憧れたりすることはなかった』という『私』の考え
イ 本文58～59行目の『帝大に入れなかった連中のひがみとしか思えないがね、そういう考え方は』という秋山の考え
ウ 本文76行目の『三年生に敬意を払う必要がある』という『荒々しい感じの三年生』の主張
エ 本文132～133行目の『反抗には反抗の仕方がある』という榎本の主張

イ　荒々しい三年生たちに殴られる覚悟をしながらも、テーブルの問題を解決するためには相手を説得しなければならないため、なんとか興奮をおさえ、冷静であろうとしている。

ウ　三年生たちの理不尽な主張に憤りを覚えつつも、どれだけ相手が暴力的でも自分からは暴力をふるってはならないと思い、自分を落ち着かせ、なんとか相手を説得しようとしている。

エ　居合わせた生徒たちが誰も自分の応援をしないことに怒りを感じつつも、彼らの代表である自分こそがテーブルを解放しなければならないと考え、先輩をどう説得するかを必死に考えている。

オ　学校の規則に反した主張をする三年生に怒りを感じつつも、愛する栄子への義理立ては何とか果たしたいと思い、怒りを抑え、落ち着いて相手を説得しなければならないと考えている。

問四　――線部E「『剛情じゃありませんが、そう言いはらなければならぬ理由があるんです』」とあるが、「私」が「そう言いはらなければならぬ理由」とは何か。その説明として最も適当なものを次のア～オの中から一つ選び、解答欄 15 にマークしなさい。　15

ア　自分は権力や地位を求めていないと思っていたにも関わらず、気付かないうちに特権を甘受する一人となっていたため、そうした自分を自分でゆるすことが出来ないと考えたから。

イ　自分は父と違って権力や地位の亡者ではないつもりだったが、栄子から特権階級としての利益を享受していると責められたため、これまでの自分を罰しなければならないと考えたから。

ウ　自分でも気付かない間に惹《ひ》かれていた栄子に、彼女と自分では身分が違い過ぎることを遠回しに指摘されたために、自分と彼女は平等であることを証明しなければならないと考えたから。

エ　秋山の言う通り社会の秩序は確かに必要だが、それでもただ特権を享受しているだけの自分をゆるすことができず、栄子への義理としても自分自身を罰しなければ気が済まないと感じたから。

オ　三年生というだけで特権を得ている上級生の姿が、栄子に指摘されるまで特権を得ていると気付かなかった自分自身の姿に重なり、強烈な自己嫌悪を感じたから。

問五　この文章について、次の(i)・(ii)について答えよ。

(i)　次に示すのは、この文章を読んだうえで、五人の生徒が文章の特徴について話し合っている場面である。本文内容の説明として**適当でない**生徒の発言を次のア～オの中から一つ選び、解答欄 16 にマークしなさい。　16

ア　生徒A「この小説は、各登場人物の立場がとても明確であることが特徴ではないかな？　例えば『栄子』は本文一～二行目で『いずれ帝大にゆくわけでしょ？　帝大にゆけば、自然と偉くなれるのよ。』と旧制高校の生徒が持つ特権を明確に批判しているよ。」

イ　生徒B「なるほどね。だとすれば、本文五五行目で『社会がある以上、秩序が必要だ』という『秋山』は、『栄子』とは反対の立場だということになるね。言われてみれば、確かに秋山はテーブルの利用について三年生に逆らわないようにしている。」

ウ　生徒C「その考えからすれば、『荒々しい感じの三年生』はまさに学校における特権階級の象徴ということになるのかな。だからこそ、本文七三行目で『不文律で決っているんだ』と言って自分たちの理不尽を押し通そうとするし、どこか暴力的にも描かれているね。」

エ　生徒D「きっとそうだよ。『秋山』の友人である『私』は階級意識に無自覚なまま生きてきたけれど、『栄子』の言葉を受けて、意識が変わったんだ。だから、三年生に逆らうことで、自分自身の階級意識と戦っているのだと思うよ。」

オ　生徒E「そうか。ということは、最後に登場する西洋史の一人になろうと努めてきたと思うと――そのぶんまで含めて、罰しようと考えていたのだ。それとも、栄子に惚れているのか――

私は、そう思って、ぎくっとした。

「まさか。それだけはなかった。栄子に惚れているなんてことはなかった」

そのとき私は背中をつつかれるのを感じた。くすくす笑う声がした。

「二十八頁を読むんだぜ」背後で鳥見が囁《ささや》いた。「三行目からだ」

私は西洋史の教科書を、まるで国語の時間のように声を出して読まされた。途中でよほどやめたくなったが、我慢して読みおえた。

「君は少しぼんやりしていたのと違うかね？」

眼の小さな教師が机の向うからのび上るようにして訊ねた。

「ええ、いろいろ考えごとがあるものですから」

私の言葉にクラス中が笑った。教師は何か口のなかでぶつぶつ言った。間もなく授業が終った。

（辻　邦生「高原の町から」による）

※1　帝大…日本が戦前に設置していた旧制高等教育機関。現在の東京大学、京都大学の前身となった九つの大学。

※2　高文…高等文官試験の略称。一八九四年から一九四八年まで日本で実施された高級官僚の採用試験。

※3　高等官…明治憲法下の官吏の等級の一つ。

問一　空欄 A ・ D に入るものとして最も適当なものを次のア～オの中から一つずつ選び、解答欄 11 ・ 12 にそれぞれマークしなさい。

A　11

ア　汝の敵を愛せよ、さ

イ　人間万事塞翁が馬というやつさ

ウ　それじゃ軍隊と同じだよ

エ　ぼくらは教師の奴隷じゃないはずだ

オ　ぼくたちの主人は、ぼくたち自身でなければならないよ

D　12

ア　校長に訴状を送る

イ　実家の父に頼る

ウ　教師たちに密告する

エ　有力な卒業生の協力を仰ぐ

オ　生徒会の議事に申請する

問二　――線部B『それなら、それを破ろうじゃないか？』とあるが、「私」がこのように言うのはなぜか。その説明として最も適当なものを次のア～オの中から一つ選び、解答欄 13 にマークしなさい。　13

ア　いくら伝統とはいえ、三年生しか使えないテーブルなどというものは自由と平等を愛する自分の主義や主張に反すると思ったから。

イ　学校に籍を置くものとして、自由と平等という校訓は守らねばならないと考え、その校訓をどうにかして実現したいと思ったから。

ウ　たまたま空いていた席に座っただけで怒られたことを理不尽に感じ、そうした社会秩序に反発したいと感じたから。

エ　栄子の指摘を受け、自身が無意識に権力意識を抱いていたことに気づき、抑えがたい怒りを感じていたから。

オ　上級生がテーブルを占領し、下級生は使えないという現状に、社会の権力構造があらわれているように感じ、反抗心を覚えたから。

問三　――線部C「私は息を静かに吐くように努めながら言った」とあるが、この時の「私」の説明として最も適当なものを次のア～オの中から一つ選び、解答欄 14 にマークしなさい。　14

ア　強面の三年生に暴力をふるわれることを恐れつつも、栄子に対する義理立てを果たすためには相手を懲らしめる必要があるため、相手を言い負かす理屈を考えている。

ともない。そうじゃないか」

「そうです」

「そうだったら、ここは上級生に譲れよ」

　私は三年生たちに袋叩きにされ、結局、三年の特権は守られたままになるだろうと覚悟していた。殴られたあとのみじめな思いも、一瞬味わったような気がしていた。それだけに、榎本の登場は私には有難かった。私は榎本を楯《たて》に三年生とやり合うこともできたが、これは別の手段で――たとえば　D　というような方法で――解決したほうが効果的である、とその瞬間判断した。

　私はテーブルから帽子をとると、三年生に、もうコーヒーは飲み終りましたので、どうかお坐り下さい、と言った。私の言葉に毒があったが、榎本の顔を立てて誰も黙りこくっていた。私は榎本について校舎の向いにある図書館にいった。

「あんな形で上級生にさからわないほうがいいな」榎本は眼鏡の向うから眼をぎょろぎょろさせた。「喧嘩《けんか》にもやり方がある。相手の逃げ場をふさいでおくと、死にもの狂いになる。そいつは喧嘩のやり方としてはまずいんだ」

「しかしあの場合、ぼくのほうには、そんな余裕なんかありませんでした。上級生のやり方に腹が立っていましたから」

「もちろん君のほうが正論だ。だから、よけい相手はおこるんだ」

「しかし殴られても何でもあそこのテラスは平等に開放して貰《もら》いたいと思います」

「君は剛情だね」

E「剛情じゃありませんが、そう言いはらなければならぬ理由があるんです」

「それは何だね?」

「言いたくありません」

「言いたくなければ言わなくったっていい。だが、反抗には反抗の仕方がある。それを覚えておけよ」

　私は榎本に礼を言った。榎本は渡り廊下を校舎のほうへ消えた。私は急に身体から力がぬけてゆくのがわかった。ヒマラヤ杉の深々とした枝に隠された図書館の入口に腰をおろして、私は、草の上に、六月の光がきらきら光るのを眺めていた。

　午後の授業のベルが鳴った。

「おい、元気を出せよ」

　私は秋山がそばにいてくれたのをその瞬間まで気がつかなかった。

「もう大丈夫だ。ちょっと無理しちゃったな」

　私は笑おうとした。しかし笑えなかった。

「君は案外律儀なんだな。下宿の女の子《メッチェン》にそう義理立てすることはないんだぜ」

「下宿のメッチェン?」

「君があんなに頑張ったのも、栄子に義理立てしたからだろ? それとも、あの子に惚《ほ》れているのか?」

　私は秋山の言葉が意外であった。なるほどプラタナスの下に坐ったとき、栄子が高等学校の生徒を憎んでいる話はした。しかし私のその後の行動が、栄子を意識していた結果だなどとは思ってもみなかった。

　秋山と別れて教室にいってからも、彼の言葉が耳から離れなかった。午後の授業は西洋史だった。眼の小さな、半白の、温厚な教師がメソポタミアの文明について話していた。

　私は窓の外に見える藤棚のほうへ眼をやっていた。もう花は終り、緑の葉群のなかに日がきらきら射していた。

「ぼくは本当に栄子に義理立てしてあんなことを言ったのだろうか?」

　そうだ、という声が聞えた。「その証拠に、お前は、自分を罰しようという気持を抱いていたではないか」

　たしかにそうだった。ぼくは特権に甘んじる連中に、栄子とともに、腹を立てていたのだ。自分もその一人だと思うと――その私は秋山を坐らせると、頭を坊主刈りにしたひ弱そうな男の子にコーヒーを持ってくるように言った。

「何か言われたらいやだぜ」

秋山は腰の落着かぬような様子をした。

「別に悪いことをしているわけじゃないし、構《かま》やしない。校内の食堂だから、誰が使ったっていいはずだよ。自由と平等、それがわが校の伝統さ」

「ばかに景気がいいんだな」

「いや、本当はそうじゃないんだ」

私は栄子の話を秋山にした。

「仕方がないんじゃないかな」秋山はコーヒーを飲むと言った。「社会がある以上、秩序が必要だ。秩序がある以上、上と下があるのは当然だ。上が命令し、下がそれを実行する。それで秩序が保たれるわけだ。だから、上に立つ人間は学問もするし、技術も磨くんだ。ぼくには、帝大に入れなかった連中のひがみとしか思えないがね、そういう考え方は」

またしても〈ひがみ〉なのか——私はしばらくそう考えた。

そのとき私たちのテーブルに四、五人の生徒がやってきた。私は知らぬ顔をして秋山に「それとは違うと思うね」と言った。秋山は私の言葉には返事をせず、しきりと目配せを送ってきた。

「君らは三年か？」

私のそばにいた一人が言った。

「いいえ、一年です」

私はプラタナスを仰ぐようにして言った。

「それなら、どきたまえ」

「どうしてですか？」

「君は新入生だから知らないだろうが、ここは三年生だけが使うことになっているんだ」

「どこかに、そんな規則があるんですか」

「不文律《ふぶんりつ》で決《きま》っているんだ。代々、そういうことになっているんだ」

「でも、なぜ三年生だけがよくって、一年生はいけないんですか」

「三年生に敬意を払う必要があるからだ」

「もちろん敬意を払っていますけれど、でも食後にコーヒーを飲みたかったり、喋《しゃべ》ったりしたいのは、三年も一年も変りないと思いますが」

気がつくと、私たちのほうに、居合わせた生徒たちの視線が集まっていた。プラタナスの下の草地に寝ころんでいる者もいれば、テーブルを囲んでいる者もいた。いずれも自分たちの話をやめ、私と三年生とのやりとりを見つめていた。私は自分が興奮しているのがわかった。とにかく冷静に何とか相手を説得する必要があると思った。

「そりゃ変りないだろうさ。しかしここは三年だけが坐ることになっているんだ」

「それでは自由と平等という校風に反するのじゃないですか」

C私は息を静かに吐くように努めながら言った。「コーヒーを飲みたいという点では三年も一年も平等だと思います」

私は運動部に属しているらしい荒々しい感じの三年生が、このまま引っ込むはずはないと思った。ふだんなら、私も、そこまで意固地《いこじ》に言いはることはなかったが、栄子の言葉で、自分が一種の特権を享受していることに朝から悩ましい思いをしていたので、自分への反省と罰をこめて、一歩も引くまいと、プラタナスの下で立っていたのだった。

そのとき「まあ、いいじゃないか。二人とも、落着けよ」という声がかかった。前の下宿にいた榎本が分厚い眼鏡の向うから冷たい潤《うる》んだ眼を、笑いかけようとしていた。

「あ、榎本さん」

三年生は先輩の出現にちょっと鼻白《はなじろ》んだ表情をした。

「君もそんなに頑張らないで、すこし上級生の顔を立ててやれよ。何もコーヒーを飲むのはテーブルにつかなけりゃならんというこ

イ　自分とは異なる時代や社会、文化や価値観を理解するのに必要な想像力を養うのに不可欠である。
ウ　かつては自由学芸と呼ばれたが、現在では哲学や文学、歴史学といった自然科学の諸分野の総称である。
エ　人々の固定化された価値観を解放し、自由なものの見方を獲得するために役立つ。
オ　現代社会が抱えている、人々の自文化への依存という問題を解消し、多文化と共生することを目指している。
カ　廃絶されかけたこともあったが、地道な努力の結果、現在では地域や社会の人々を中心に学問的営みが続けられている。

二

次の文章を読んで、後の問いに答えなさい。ただし、設問の一部に[一]の文章を読んでいないと解けない問題がある。

> 旧制松本高校に通う「私」は、ある朝、下宿先の栄子という娘と話をしていた。そのなかで「私」は栄子が自分の通う旧制高校の生徒たちを嫌っていることを知る。

「でも、あなたがたみんな、いずれ※1帝大にゆくわけでしょ？　帝大にゆけば、自然と偉くなれるのよ。いいこと。帝大を出て※2高文を通れば、すぐ※3高等官八等よ。でも、うちの父さんなんか、小学校を出て、検定で警察官になって、一生、県内の警察署をあちこち転勤して、やっと、保穂村の警察署長になって、そして定年よ。その定年のときに、高等官八等を貰《もら》ったのよ。それだって、大変な出世だってみんなに言われたのよ。私ね、子供の時、父さんが県庁の内務部長にぺこぺこ頭をさげていたのが忘れられないわ。内務部長なんていうけれど、大学を出てすぐ来た若い男だったわ」

　私は、自分は役人志望でもなければ、そうした出世を志しているわけでもない、と言おうとした。しかし結果的にみれば、私も、中学の頃、あれほど高等学校に入らなければならぬと思ったのも、暗黙のうちに、こうした社会構造を知っていたからではなかったろうか。父が役所をやめて外国に住みついてしまい、親戚縁者からそうした父のやり方に対して批判が集まるたびに、私は、何とか、そうした批判を見返すためにも、自分が文句のない経歴を辿る必要があると思ったのだった。私は、父と同じように、何か権力を求めたり地位に憧れたりすることはなかったが、文句ない経歴とは、やはり一種の権力意識ではなかったろうか。

　私はその日一日、学校に出ても、妙に心が晴れなかった。すでに六月に入っていて、高原の町も、さすがに日ざしは強く、光線は純粋な感じだった。校内のヒマラヤ杉の並木も深々と古典的な静謐《せいひつ》さを漂わせ、そのあいだから見える灰色の木造校舎には神秘な威厳があった。いかにも深遠な思想がそこで育まれているような気がした。

　校舎の裏手に食堂があり、食堂の前に巨大なプラタナスが枝を拡げ、その下にテーブルと椅子《いす》が並んでいた。六月の太陽がプラタナスの葉を通してテーブルの上に光の斑点《はんてん》を散らしていた。昼食後、私はたまたま空いた椅子を見つけて腰をおろし、ざらざらした舌ざわりのコーヒーを飲んでいた。そこへ秋山が通りがかった。

「なんだ、もう三年生気どりか」

　秋山の言葉に、私はおどろいて周囲を見ると、ほとんど最上級生だけが坐《すわ》っていた。

「別に三年専用の椅子じゃないだろう？」

　私は何となく上級生下級生の関係にこだわりを感じて言った。

「そりゃそうさ。しかしここでコーヒーを飲むのは三年生だけさ」

「ぼくはそういうのには反対だな。いつか言ったように、[　A　]」

「しかし伝統と仕きたりだからね」

B「それなら、それを破ろうじゃないか？」

ア　グローバル化により人々が経済的利益の追求にばかり関心を持つようになった結果、大学で普遍的な真理を探究したいと考える事自体が批判され始めたため、人文学の歴史をふり返り、その重要性を伝える必要があると考えたから。

イ　近年の実益ばかりを求める社会風潮の中で、本来、絶対的な真理を探る場である大学全体が、経済的観点からの制度改変を余儀なくされた実態があるため、人文学の歴史をふり返ることで、大学の価値を再認識する必要があると考えたから。

ウ　世論が目に見える利益ばかりを求めた結果、人間的教養としての人文学への理解が薄れ、社会全体に退廃的な雰囲気が生まれてしまったため、人文学の歴史についてふり返ることを通じ、人々に人間性回復の必要性を訴えるため。

エ　グローバル化の進行が人々に利潤追求を促した結果、短期的な成果が出にくい人文学は不要であるという論調が増えてきたが、利潤追求が生み出す社会的分断を解決するためにも、人文学の歴史をふり返り、その必要性を説くため。

オ　目に見える成果ばかり求める現代社会では、人文学は不要なのではないかという指摘が増えてきたため、人文学が歴史的にどのように役立ってきたかを説明することで、人文学もまた短期的な利益を出すことが可能だということを主張するため。

問四　――線部C「われわれは彼らを決して野蛮と呼ぶことはできない」とあるが、その理由として最も適当なものを次のア～オの中から一つ選び、解答欄 7 にマークしなさい。 7

ア　パリの町並みの壮麗さと先進性に驚きながらも、フランス人たちの中で身分や貧富の差が広がっていることに疑念を抱いた未開人たちの方が、柔軟な精神と自らを顧みる目が養われていると感じたから。

イ　おおぜいの恰幅のよい大人たちが一人の子どもに服従している姿を理解できないと感じながらも、異文化を受け入れようと努力した未開人たちの方が、閉鎖的なフランス人よりも柔軟だと感じたから。

ウ　誰もが非人道的行いに手を染めているフランス人よりも、苦しむフランス人たちに同情のまなざしを注ぎ、手を差し伸べようとした未開人たちの方が、よほど美しい心の持ち主だと思ったから。

エ　孤独と飢えが広まった現状に疑問を持たないフランス人よりも、なぜ同じフランス人なのに、暮らしの豊かな者と貧しい者がいるのかと激怒した未開人の方が、はるかに文明的だと感じたから。

オ　横行している残虐な行為を看過しているフランス人たちよりも、なぜ同じフランス人の中に貧富の差があるのかを純粋に疑問に思った未開人たちの方が、よほど人道的だと感じたから。

問五　――線部D「人間が『人間的な人間になろうとする』」とあるが、どういうことか。最も適当なものを次のア～オの中から一つ選び、解答欄 8 にマークしなさい。 8

ア　人間が教養を身につけることで、自身の幼児性を打消し、合理的な大人になろうとすること。

イ　人間が教養を身につけることで、動物的本能を否定し、生物としてより進歩した存在になろうとすること。

ウ　人間が教養を身につけることで、自分の内にある動物的な部分を抑え、人格的に完成した存在を目指すこと。

エ　人間が道徳を身につけることで、自身が持つ欲望をおさえつけ、誰にでも優しい存在になろうとすること。

オ　人間が道徳を身につけることで、自身の感情を制御する方法を学び、常に自己犠牲ができる人間を目指すこと。

問六　「人文学」に関する本文の内容として適当なものを次のア～カの中から二つ選び、解答欄 9・10 にそれぞれマークしなさい。 9、10

ア　理系的思考が支配的な価値観を持つ現代社会では、役に立たないため廃止すべきであるという声があがっている。

海外から熱い視線が向けられている。ここ一、二年のあいだにアメリカの研究者を中心に国際日本哲学会(IAJP)が作られ、またヨーロッパの研究者を中心にヨーロッパ日本哲学ネットワーク(ENOJP)が作られた。中華日本哲学会は長い歴史をもつが、『日本哲学与思想』という学会誌がシリーズで刊行されることが決まり、昨年その創刊号が出版された。

国内でも、大学に関して言えば、その研究の成果を広く社会に還元しようという動きが強くなっているし、社会・地域の方でもその場所を提供したり、研究に欠かせない情報を積極的に収集したりしている。大学と社会とのつながりのなかで人文学研究がいっそう豊かなものになっている。たとえば昨年の二月に石川県西田幾多郎記念哲学館(かほく市)・鈴木大拙館(金沢市)・学習院大学史料館による三館合同特別展示「西田幾多郎と鈴木大拙」と講演会が学習院大学で開かれた。同年七月には西田幾多郎没後七十年に当たり、西田幾多郎記念哲学館・上智大学大学院哲学研究科・岩波書店の主催で記念シンポジウム「西田幾多郎を語る」が上智大学で開催された(本誌二〇一五年十二月号にその要旨を掲載)、また八月には信濃教育会が主催(長野県長野市)、西田幾多郎記念哲学館が共催で「西田幾多郎博士没後七〇年記念事業」として記念講演会が信濃教育会で行われた。いずれも多くの方が参加されたと聞いている。

D人間が「人間的な人間になろうとする」限り、その人間性を支える人間的教養は求められつづけるであろうし、現代のように相互理解が困難な時代であるからこそ、人文学が果たす意義はいっそう大きいと確信している。

（藤田正勝「人文科学を学び、研究する意義はどこに」による）

※1　アリストテレス…古代ギリシアの哲学者(前384年〜前322年)
※2　シューレ…ドイツ語で「学校」という意味。
※3　ルネサンス…十四世紀にイタリアで始まり、その後西欧各国に広まった古典古代の文化を復興しようとした文化運動。
※4　ギムナジウム…ドイツの中等学校。高等教育への準備を行う場と位置づけられた。
※5　グローバリズム…国家や地域を越え、地球全体を一つのものとして捉えようとする考え方。
※6　アイデンティティ…個人の存在証明。
※7　ナショナリズム…国粋主義。国家主義。民族主義。

問一　空欄[Ⅰ]〜[Ⅳ]に入ることばとして最も適当なものを次のア〜オの中から一つずつ選び、解答欄[1]〜[4]にそれぞれマークしなさい。(ただし、同じ記号を二度以上選んではならない。)

Ⅰ—[1]、Ⅱ—[2]、Ⅲ—[3]、Ⅳ—[4]

ア　排他　　イ　基本　　ウ　近視眼
エ　空間　　オ　一方

問二　――線部A「スクールやシューレという現代語はその意味を受けついでいる」とあるが、筆者の述べる「スクール」の意味をふまえた活動の例として最も適当なものを、次のア〜オの中から一つ選び、解答欄[5]にマークしなさい。　[5]

ア　研究発表会で入賞するため、仲間と協力しながら地球温暖化に関する発表の準備をすること。
イ　小さい頃から大好きだった園芸に熱中しつつ、花の植生に関するレポートを仕上げること。
ウ　ロボット好きの仲間が集まり、優勝賞金を狙って、コンテスト用のロボットを製作すること。
エ　お世話になった先生への恩返しの意味を込めて、クラスのみんなで合唱の練習を必死に行うこと。
オ　とある文豪の作品をひたすら読み込むことで技術を学び、権威ある文学賞に作品を送ること。

問三　――線部B「そのことを少し歴史をふり返りながら考えてみたい」とあるが、その理由として最も適当なものを次のア〜オの中から一つ選び、解答欄[6]にマークしなさい。　[6]

の代表的な哲学者であったモンテーニュ(Michel Eyquem de Montaigne)の主著『エセー(随想録)』のなかに「人食い人たちについて」(Des Cannibales)というちょっと変わった——現代の感覚では相当に問題的な——タイトルの文章が収められている(このエセーのことを筆者は佐々木健一氏に教えていただいた)。そこでモンテーニュは、未開の国の人々がフランスにやってきて、その壮麗な町並みやきらびやかな文化を目の当たりにしたときの様子を描いている。彼らはパリの町並みの壮麗さに驚きながらも、他方、どうしても理解できないことが二つあると語ったという話をモンテーニュは紹介している。一つは、おおぜいの恰幅《かっぷく》のよい大人たちが一人の子ども(そのとき十二歳であったフランス王シャルル九世を指す)にひたすら服従している姿であり、もう一つは、豊かな暮らしをする人々がいる一方で、その他の人々が——それを彼らは「半身」(moitié)と呼んだとモンテーニュは記している——貧困と飢《う》えで骨と皮となっているのに、他の「半身」が何もしないことであった。

モンテーニュは、未開の人々が抱いたこの困惑を紹介するとともに、フランスが置かれている状況、つまり、裏切りや圧制、残虐《ざんぎゃく》な行為が日常茶飯事になっているフランスの現状を顧みて、野蛮さのあらゆる面で彼らをはるかに超えているC われわれは彼らを決して野蛮と呼ぶことはできないと記している。ここには異なったものの見方に驚き、それに共感するモンテーニュの柔軟な精神が脈打っている。このような精神こそ人文学が培ってきたものと言えるのではないだろうか。人文学は、自己のなかに閉じこもりがちになるわれわれの心を外に向かって開き、異なったものの見方に触れさせ、他者に対する共感の心と、みずからを顧みる目とを養ってきたのである。

そういう意味で人文学は III 的に他に開かれたものである。自己自身の文化の枠組みのなかでは見えないもの、つまり異なったものの見方や世界観に目を向け、自分のものの見方や考え方を根底から揺さぶり(ちょうどモンテーニュが「半身」という言葉、そして「半身」がなぜもう一つの「半身」を助けないのかという未開の人々からの問いかけから大きな衝撃を受けたように)、自分自身のものの見方を固定しているくさびを抜くという役割を果たしてきた。

そのように他の文化や他のものの見方に触れることによって、われわれはわれわれの文化をより豊かなものにしてきたし、同時に、異他的なものとの共存を可能にする基盤を形成してきた。そしてそれを支えてきたのが人文学であったと言えるであろう。

いま世界は※[5]グローバリズムの波に洗われている。それによって人々の関心が経済的な利益追求にのみ向けられるようになったことも大きな問題であるが、なりふりかまわない利益追求や激しい競争は、富める国と貧しい国、富める層と貧しい層の激しい対立、社会のなかのさまざまな集団に対する偏見や差別、他を排斥《はいせき》することによって自らの※[6]アイデンティティを保持しようとする IV 的※[7]ナショナリズム、攻撃的な原理主義などを生みだしている。集団と集団、民族と民族、宗教と宗教、国家と国家の軋轢《あつれき》や対立がかつてないほどに深く強いものになっている。

そのような状況のなかでまず求められるのは、改めて多様な文化や価値に目を向け、相互に理解しあうことではないだろうか。自己の文化や宗教のなかに閉じこもるのではなく、自己を他に開き、他を理解することがいまほど求められていることはない。人文学は、従来からそのような役割を果たし、そのことを通してそれぞれの文化を豊かにしてきたが、いままさにそのような役割が重要になってきていると言える。そのような地道な努力を通してしか、現代社会が直面している困難な問題は解決されないであろう。

最後に、近年、人文学の研究は決して衰退しているのではなく、むしろ大きな盛り上がりを見せていることを記しておきたい。筆者が関心を寄せている日本哲学の研究に関して言えば、とくに最近、

二〇二二年度　大宮開成高等学校（併願A）

【国語】（五〇分）〈満点：一〇〇点〉

一　次の文章を読んで、後の問いに答えなさい。

※1アリストテレスは人間のもっとも優れた能力である知性（ヌース）を発揮《はっき》することを、人間にとって最高の幸福であり、最大の善であるとしたが、その理由を、何か別のものを追い求めるのではなく、それ自体がもっとも快適であり、それ自身の故に愛される行為であるという点に求め、その自足したあり方を「スコレー」という言葉で言い表した（『ニコマコス倫理学』第十巻第七章参照）。この言葉は多くの場合「閑暇《かんか》」と訳されるが、ただ単に時間があり、暇であるということではない。それ自体が目的であるものを、ゆっくり時間をかけて楽しむということ、つまり、実利に結びつくとか、結びつかないとかいう［Ⅰ］的な立場に立つのではなく、事柄の本来の姿を、あるいは普遍的な真理をどこまでも追究していくことを意味する。Aスクールや※2シューレという現代語はその意味を受けついでいる。

しかし近年、大学はそのように普遍的な真理を、あるいは事柄の本来の姿を時間をかけて探究するという場所ではなくなりつつある。短期間で目に見える成果を出すことが求められるようになってきたからである。短期間で成果を出すことが難しい人文科学系の学部に対しては風当りが強くなってきている。学部の改廃さえ求めるような声が出てきている。

しかし、人文科学系の諸学問、いわゆる人文学（humanities）が果たしてきた役割は決して小さくはない。むしろきわめて大きな役割を果たしてきたし、現代においても大きな役割を担っていると考えられる。Bそのことを少し歴史をふり返りながら考えてみたい。

ヨーロッパにおいて大学が作られたのは十二世紀であるが、それ以降、大学の基礎的な研究と教育を担ってきたのは、いわゆる自由学芸（artes liberales, liberal arts）であった。それは具体的には「三科」と呼ばれた文法学・修辞学・論理学（弁証法）と、「四科」と呼ばれた算術・幾何・天文・音楽からなるものであった。そして哲学がその「自由七科」の中心に位置づけられた。

この自由学芸の意義を高く評価したのが、イタリア・※3ルネサンスの人文主義者たちであった。ルネサンスを代表する思想家ペトラルカ（Francesco Petrarca）の表現を借りて言えば、人間が動物性（feritas）を脱ぎ捨て、人間性（humanitas）をまとうことによって「単なる人間から人間的な人間になる」こと、そして人間として完成することをルネサンスの人文主義者たちは目ざした。そして単なる人間から人間的な人間になるために重視されたのが「フマニタス」であった。フマニタスは「人間的な人間であること」、つまり「人間性」を意味すると同時に、「人間的教養」をも意味する言葉であった。そしてフマニタスを可能にするものとして重視されたのが自由学芸であった（近藤恒一『ルネサンス論の試み』参照）。

中世の大学において神学部・法学部・医学部という上級学部のための基礎学という役割を担った自由学芸は、十九世紀に入って近代的な総合大学が形づくられるとともに、ドイツで言えば、※4ギムナジウムと、神学部などと並ぶ独立の学部としての哲学部に引き継がれていった。そしてやがて哲学部から自然科学の分野が独立していき、そのあとに残った哲学部で講じられた哲学や文学、歴史学が、現在、人文学（humanities）という名前で呼ばれている。

人文学が果たしてきた役割はきわめて多岐にわたり、それを一言で表現することは難しいが、たとえば「［Ⅱ］的に、あるいは時間的に異なった文化、異なったものの考え方、異なった価値観へと人々の目を開き、そのようなものを理解する想像力と思惟《しい》の力とを培ってきた」と言うことができるのではないだろうか。

そのことを具体的な例を通して示してみたい。十六世紀フランス

英語解答

Ⅰ 問１　①…ウ　④…イ　⑤…ア
問２　イ　　問３　5…ウ　6…キ
問４　エ　　問５　エ　　問６　イ，キ

Ⅱ 問１　①…ア　②…エ　③…エ
問２　エ　　問３　キ
問４　16…オ　17…エ　　問５　ア
問６　ア　　問７　オ，キ

Ⅲ 問１　22…カ　23…オ　24…ア
問２　イ，カ

Ⅳ ①　エ　　②　イ　　③　エ　　④　ウ
⑤　ア　　⑥　イ　　⑦　ウ　　⑧　イ
⑨　ウ　　⑩　ウ

Ⅴ ①　エ　　②　ウ　　③　ウ　　④　ア
⑤　ウ

Ⅵ ①　42…エ　43…ウ
②　44…キ　45…ア
③　46…エ　47…イ
④　48…キ　49…ウ
⑤　50…エ　51…ク

Ⅰ〔長文読解総合―説明文〕

≪全訳≫❶あなたはときおり孤独を感じることはあるだろうか。ストレスを感じることはあるだろうか。そのような場合でも，医者は必要ないかもしれない。代わりに，ペットが必要なだけなのかもしれない。犬や猫，あるいは鳥でさえ，ペットは人の気分を良くしてくれるのだ。事実，世話をするペットがいると幸せを感じる人が多いのだ。❷ペットを飼っている人たちは，ペットを飼っていない人たちよりもより心が落ち着いていて，孤独を感じることが少ない。例えば，ジュリエット・ロックはスノーボールという名前の６歳の猫を飼っている。「スノーボールは，私がその日嫌な１日を送っていることがわかるんです。私が椅子に座っていると，あの子は私の膝に飛び乗ってきて，私はあの子を優しくなでてやります。あの子は本当に，私がリラックスするのに役立ってくれています」とジュリエットは言う。ペットは人が健全な心でいるのに役立つし，また人を健康な体にしてくれる。獣医のR.K.アンダーソン医師はCENSHAREという，ペットがどのように人に影響を及ぼすかを研究する組織を立ち上げた。これらの研究者たちは，ペットを飼っている人はペットを飼っていない人よりも健康だと考えている。／→Ｂ．例えば，ペットの飼い主は多くの場合，心臓病のり患率が低い。／→Ｃ．多くのペットの飼い主は高血圧でもない。／→Ａ．ペットというと犬と猫を思い浮かべる人がほとんどだが，鳥や魚を飼うこともまた効果的である。／実際，人はたくさんのさまざまな種類のペットを飼っている。研究者たちはこれらの動物たちが飼い主の健康に及ぼす効果について研究した。水槽の中の魚を眺めたり，鳥の鳴き声を聞いたりすることによって，実際に血圧が下がる人もいることがわかった。これらの行動はとても心を落ち着かせてくれるのだ。❸リチャード・ワックスマンは，全ての人がペットと時を過ごす機会を持つべきだと考えている。彼はPaws and Hearts「（動物の）足と心」という団体を設立した。これは動物を老人ホームや病院に連れていくボランティア団体である。ワックスマン氏は，患者はそれぞれ愛らしい犬と友達になれると言う。その結果，患者たちは気持ちがより穏やかになり，また身体的な痛みも軽減される。これは「ペットセラピー」と呼ばれており，人々は動物たちの訪問を大変気に入っている。例えば，カリフォルニアの老人ホームで暮らすクララ・ウーは，「ボランティアの人たちが犬たちを連れて私たちの所に来てくれるのが，私は本当に大好きなの。自分の飼っていた他の犬たちとのすばらしい思い出を呼び起こしてくれるのよ」と語る。ワックスマン氏は，「それがペットセラピーの目的の１つです。ペットセラピーは過去と現在との結びつきを構築してくれるのです」と述べている。

4 Paws and Heartsは大人だけのためのものではない。この団体はPaws to Read「読書のための(動物の)足」という子ども向けの読書プログラムも行っている。ボランティアの人が学校や図書館に犬を連れてくる。そこで子どもたちは犬たちと一緒に座り，犬たちに向かってお話を読み聞かせる。この活動は多くの場合子どもたちの読書能力を向上させるとともに子どもたちに自信をつけさせる。その後，子どもたちが教室に戻ると，以前よりも自信を感じ，より楽にはっきりと大きな声で読むことができるようになるのだ。ペットセラピーが全ての年代の人々にとって有用であることは容易にわかるのである。

問１＜適語(句)選択＞①「医者ではなく，ペットが必要」という文脈を読み取る。　instead「その代わりに，そうではなく」　　④空所直後の内容は，空所前で述べられた「患者が犬と友達になる」ことによってもたらされる結果である。　as a result「その結果」　on the other hand「一方で」　　⑤老人ホームで犬と接することで，昔飼っていた犬との記憶がよみがえり明るい気持ちになれるという体験談を受けた部分。それは「過去と現在」をつなぐ役割をしていると考えられる。

問２＜適所選択＞脱落文のThese activitiesが何を指すか考える。イの前にwatching fish in a tank, or by listening to the sounds of birdsとあり，これらはとてもcalming「心を落ち着かせてくれる」活動といえる。

問３＜整序結合＞an organization「組織」を最初に置き，「ペットが～研究する」はthatを主格の関係代名詞として用いて表す。thatの後に動詞としてresearches「研究する」を置き，「ペットがどのように人に影響を及ぼすか」は‘疑問詞＋主語＋動詞…’の語順の間接疑問で表す。　an organization that researches how pets affect people

問４＜文整序＞Ｂの内容は空所直前の「ペットを飼っている人はそうでない人よりも健康だ」という内容の具体例なので，まずこれを最初に置く。Ｃのeither「～もまた(…ない)」に注目し，これもペットの飼い主は健康状態が良いことを示す文なのでＢの後に続ける。最後に犬や猫だけでなく鳥や魚でも効果があると述べたＡを置くと，空所の後の魚や鳥を飼うことにも健康改善効果があることが示されているという内容に自然につながる。

問５＜指示語＞themなので前に出ている複数名詞を探す。前に出ている複数名詞でここに当てはめて意味が通るのは，同じ文の前半にあるthe dogsである。子どもたちが犬と一緒に座って「それら」に向かって本を読むことで自信を持って音読できるようになるという文脈を読み取る。

問６＜内容真偽＞ア．「世話をするべきペットを飼っていれば，具合が悪くても医者に行く必要はない」…×　そのような記述はない。　　イ．「ペットは人々が心を健康にするだけでなく体を健康にするのにも役立つことがある」…○　第２段落第６文に一致する。　　ウ．「犬や猫のようなペットは人々がより心穏やかになるのに役立つ場合があるが，魚や鳥はそうではない」…×　第２段落第終わりの３文参照。　　エ．「ペットの中には鳥の歌声を聞くことによって血圧が下がるものもいる」…×　第２段落終わりから２文目参照。血圧が下がることもあるといっているのは人間についてである。　　オ．「『Paws and Hearts』は，高齢者に犬を売ることでお金を集めている団体である」…×　第３段落第２，３文参照。　　カ．「ペットセラピーはボランティアの人の記憶力を向上させるだろう」…×　第３段落第７～９文参照。高齢者が昔の記憶を思い出すと言っているのであり，ボランティアが記憶力を向上させるわけではない。　キ.「ペットセラピーは子どもから高齢者まで多くの人々に良い効果を持っている」…○　第４段落最終文に一致する。

Ⅱ〔長文読解総合―説明文〕

≪全訳≫❶イルカが海で遊んだりジャンプしたりしている間，よく船を追いかけることがあるということを，皆さんはおそらくご存じだろう。イルカは古代よりずっと人間の友達だった。イルカは全ての生物のうちで最も人懐っこいものの１つであるようだ。イルカはイルカどうしや人間と遊んで楽しむ。イルカは捕獲されたり，１頭にされたりすると不幸になるようだ。また，会ったことのある人間のことを覚えているらしい。❷イルカは大いに科学者たちの興味を引き驚かせてきた数々の能力を持っている。例えば，イルカの速度は本当に驚くべきものである。イルカは20ノット，つまり時速37キロメートルで移動する。最速の船でも30ノットをわずかに超える速度で航行できるにすぎない。船にはそのような速度で航行するための大型エンジンが搭載されているはずだが，一方でイルカはその小さな筋肉組織を使うのみである。科学者たちはどうすればイルカはそんなに速く泳げるのか知りたいと思っている。❸イルカは非常に深く――数百フィートの海の底まで潜ることができる。／→D．ここで２つの疑問が生じる。／→C．１つは，そのような深さで水の重さから生じる圧力に，イルカはどうやって耐えることができるのかという点である。／→A．もう１つは，イルカはどうやって潜水病にかかることなくそのような深い所から水面まで上がってこられるのかという点である。／→B．人間は，深く潜って，あまりにも速いスピードで水面に上がろうとすると，これにかかってしまうのだ。❹イルカたちの聴覚もまた驚くべきものである。それは人間の聴覚よりもはるかに鋭敏である。⑤イルカは人間には聞こえない高周波の音波を発することができる。この音波が水中の物体にぶつかると，その反響音によってイルカはその物体が何であるかを正確に知ることができるのだ。人間にはソナーという，音を利用した電子式センサー装置がある。だがイルカの「ソナー」は人間のものよりもはるかに高性能である。それは死んだ魚と生きている魚を区別することさえできる。種類の違う魚を区別することもできる。また，漁網などの物体をよけることもできるのだ。❺イルカは音によってお互いにコミュニケーションをとることができるようだ。危険が近づくと，お互いに警告し合い，ときにはその問題について話し合うこともあるらしい。イルカはいくつかの異なる音を出す。これらの音はさまざまな状況で信号としての役割を果たしている。また，イルカがさまざまなメッセージを送ることができるように，それらの音は連続して発せられているのかもしれない。❻最後に，イルカの脳は非常に発達していることを研究は示している。イルカは体の大きさに対して大きな脳を持っている。灰白質の層が発達しているらしい。これら２つの点はどちらも人間にも当てはまることである。それゆえに，イルカには言語システムがあると考えている科学者もいる。

問１＜適語(句)選択＞①前にある主語の they は Dolphins を受ける。イルカが unhappy「不幸」になる条件を述べた部分なので，‘be動詞＋過去分詞’の受け身にして「捕まえられ，(１頭に)される」とする。この leave は「～のままにする」という意味。　catch－caught－caught　leave－left－left　②船とイルカを‘対比’している部分。接続詞 while には「～の一方で」という意味がある。　③ wonder は「～を知りたいと思う」という意味。小さな筋肉組織しかないイルカが「どのようにして」それほど高速で泳ぐことができるのかを疑問に思っているのである。

問２＜適所選択＞脱落文の「それゆえに，イルカには言語システムがあると考えている科学者もいる」という内容から，イルカの脳が非常に発達しており，人間との共通点があると述べている第6段落のエに入ると判断できる。

問3＜文整序＞A～Dの内容から，「2つの疑問がある」と問題提起するD，One is ～「1つは～」とそのうちの1つについて述べるC，The other is ～「もう1つは～」で始まるAの順に続くとわかる。残りのBは，Humans suffer from thisのthisが，Aの終わりにあるthe bends「潜水病」を受けていると考えられるので，Aの後に置く。　suffer from ～「～に苦しむ，～を患う」

問4＜整序結合＞「イルカは高周波の音波を発することができます」→They can send out high-frequency sound wavesが文の骨組み。「人間には聞こえない」は，whichを目的格の関係代名詞として用いてwhich humans cannot hearとまとめてwavesの後に置けばよい。　They can send out high-frequency sound waves which humans cannot hear.

問5＜単語の発音＞このliveはonesを修飾する形容詞(前に出ているdeadの対義語)で「生きている」という意味。形容詞のliveは[liv]ではなく[laiv]と発音する。

ア．fire[ai]　　イ．first[ə]　　ウ．fish[i]　　エ．field[i]

問6＜英文解釈＞theyが指すのは前文のThese sounds「これらの音声」で，may be put in sequenceは「連続して出されるかもしれない」という意味。so thatは「～するために」と‘目的’を表す接続詞で，so that以下は「イルカがさまざまなメッセージを送ることができるように」という意味。

問7＜内容真偽＞ア．「イルカは会ったことのある人間を決して忘れないらしい」…×　第1段落最終文参照。「決して忘れない」という記述はない。　イ．「イルカにはほとんど能力はないが，科学者を何度も驚かせてきた」…×　第2段落第1文参照。　a number of ～「多くの～」　ウ．「イルカは最速の船より少し速く移動できる」…×　第2段落第3，4文参照。　エ．「イルカは他のどの動物よりも耳がよく聞こえる」…×　第4段落第1，2文参照。比較しているのは人間だけである。　オ．「イルカは音を使って生き物と物体を区別できる」…○　第4段落終わりの3文に一致する。　カ．「イルカは危険が迫っているときにだけお互いにコミュニケーションをとるようだ」…×　第5段落参照。　キ．「人間は身体の大きさにしては大きな脳を持っている」…○　第6段落第2，4文に一致する。

Ⅲ〔長文読解総合─対話文〕

≪全訳≫❶リオ(R)：今日は何をする予定なの，ジョー？　忙しくなければ，庭で私を手伝ってくれない？❷ジョー(J)：ああ，君は園芸が好きだって言ってたのを思い出したよ。もちろん手伝うよ。でもやったことがないんだ。22何をすればいいのかな？❸R：主な仕事は2つあると思うの。まずは最初に草花の周りをきれいにする必要があるわね。雨がたくさん降ったから，どれにも水はあげなくていいわ。でも雑草がたくさん生えてるわね。❹J：どういうこと？❺R：庭を見てみると，私が育ててきたお花が全部見えるよね。でも雨のせいで，そこにない方がいい植物が生えてるのよ。それは雑草で，抜かないといけないの。❻J：それはいいんだけど，僕にはどれが花で，どれが雑草なのかわからないと思う。❼R：大丈夫。どうすればいいか私が教えてあげるから。それが終わったら，菜園に移動するよ。❽J：へえ，ということは，君は食べられる物も育ててるんだね？　23今は何を育ててるの？❾R：いろんな野菜と，果物をいくらかね。イチゴがあるし，リンゴの木だってあるわよ。❿J：僕はイチゴが大好きだよ！⓫R：イチゴはみんな大好きよね，でもまだ熟れてないの。いくつかの野菜をチェックする必要があるのよ。あなたにはニンジンが収穫できる状態かどうか確認してほしいの，それでもしそうなってたら，収穫してほしいんだ。⓬Ｊ：24どうすればわかるの？⓭Ｒ：緑や黄色じゃなくて，オレンジ色になってるはずよ。あとブロッコリーをチェックして，花が咲いてるかどうか確認しないと。⓮Ｊ：花が咲いてるといいの？⓯Ｒ：私たちにとってはよくないの。花が咲く前にブロッコリーを収穫するのが一番なのよ。まずはそれを確認してみましょう。⓰Ｊ：いいね。そこへ連れていってよ。

問１＜適文選択＞22．直前のI'm new to this.のnewは「不慣れの，未経験の」という意味で，thisは前にあるgardeningを受けている。ジョーは園芸の経験がないので何をすればいいのか尋ねたのである。この後リオがこれから何をするのか具体的に説明していることからもわかる。

23．この後リオが育てているものを紹介している。　24．直後のThey will be orange ...はニンジンの収穫できる状態について説明していると考えられる。つまり，ジョーはニンジンが収穫できる状態はどうすればわかるのか尋ねたのである。アのthatは，前のリオの発言中にあるwhether the carrots are readyを受けている。　whether「～かどうか」

問２＜内容真偽＞ア．「ジョーはリオよりも庭仕事が好きである」…×　第２段落参照。ジョーが園芸をするのは初めてである。　イ．「雨のおかげで，植物に水をやる必要はない」…○　第３段落第３文に一致する。　ウ．「リオとジョーは庭に花を少し植えるつもりだ」…×　そのような記述はない。　エ．「ジョーは花と雑草の違いをとてもよく知っている」…×　第６段落参照。オ．「園芸作業の後，リオとジョーはイチゴを食べるつもりだ」…×　第11段落参照。イチゴはまだ収穫できない。　カ．「ジョーは黄色いニンジンではなくオレンジ色のニンジンを収穫するつもりだ」…○　第11段落最終文～第13段落第１文に一致する。　'not ～ but …'「～ではなく…」　キ．「ジョーはブロッコリーから花をつみ取るつもりだ」…×　第13段落最終文～第15段落第２文参照。ブロッコリーは花が咲く前に収穫する。

Ⅳ〔適語(句)選択・語形変化〕

①「～に着く」はget to ～，arrive at〔in〕～，reach ～で表せる。arriveは自動詞なので前置詞at〔in〕が必要。一方reachは他動詞なので前置詞atは不要。　「この電車は何時にニューヨークに到着しますか」

②「明日あなたに私と一緒に来てほしいのですが」―「もちろん，喜んでそうします」　'would like＋人＋to ～'で「〈人〉に～してほしい」。

③for the last three weeks「この３週間」とあるので，「ずっと～し続けている」という'継続'の意味を表す'have/has＋過去分詞'の現在完了の文。　「その店はこの３週間ずっと閉まっている」

④be surprised at ～で「～に驚く」。　「彼はその悪い知らせに驚いた」

⑤the first letterがgotの目的語の関係になっているので，目的格の関係代名詞としてthatを選ぶ。「あなたがカナダからもらった初めての手紙を私に見せてください」

⑥前半と後半が対照的な内容である。　though「～だけれども」　「彼らは70歳以上だが，とても若く見える」

⑦'日付'の前につく前置詞はon。　「スーザンは2004年６月10日にトムと結婚し，２人はそれ以来ずっと幸せだ」

⑧had better「～した方がよい」の否定形はhad better not ～「～しない方がよい」。　「暗くな

った後はこの地域を歩かない方がよい」

⑨‘twice as ～ as …’で「…の２倍～」。　「この時計はあの時計の２倍の値段だ」

⑩‘have/has already＋過去分詞’で「すでに，もう～してしまった」と‘完了’を表す。　「彼はすでにその仕事を終えてしまった」

Ⅴ〔誤文訂正〕

①エを含む部分は「東京で働いているおば」という意味になるので，「～された」という意味を表す過去分詞の worked ではなく「～している」という意味を表す現在分詞の working が正しい。「昨夜，私はデイビッドという名の少年に会った。彼には東京で働いているおばがいる」

② during「～の間」は前置詞なので，後ろには‘主語＋動詞...’ではなく名詞句が続く。よってウの you を所有格の your に変え，your stay「あなたの滞在」とするのが正しい。　「あなたが私たちと滞在する間，あなたが楽しく過ごせることを願っています」

③ the number of ～で「～の数」。文全体の主語は The number でこれは単数名詞なので，それに対応する動詞のウは were ではなく was が正しい。　「午後の講義に出席した学生の人数は，我々が予想していたよりも多かった」

④ must は助動詞なので，後ろには動詞の原形が続く。よってアにある to は不要。　「健康でいたいのなら，甘い物をたくさん食べすぎてはいけない」

⑤ advice「アドバイス，忠告」は‘数えられない名詞’なので，ウは advice とするのが正しい。「どうすれば私の英語力が向上するか，誰か私に良いアドバイスをしてくれないだろうか」

Ⅵ〔整序結合〕

①「彼女は病気で寝込んでいる」は，ここでは be sick in bed「病気で寝ている」を‘継続’を表す‘have/has＋過去分詞’の現在完了で She has been sick in bed とする。残りは without ～ing「～せずに」の形にまとめる。　She has been sick in bed without eating anything.

②‘It is ～ to …’「…するのは～だ」の形式主語構文をつくる。「彼の絵の意味を理解する」は understand the meaning of his paintings とまとめる。　I think it is hard to understand the meaning of his paintings.

③‘No other＋単数名詞＋is so ～ as …’「…ほど～な―はない」の形にする。　No other language is so widely used as English.

④「私が昨日読んだ本」は，目的格の関係代名詞を省略した‘名詞＋主語＋動詞...’の形で The book I read yesterday とまとめる。「それほど面白くなかった」は was not so interesting。　The book I read yesterday was not so interesting.

⑤ Do you know の目的語となる「彼がこの学校に赴任してどのくらいになるのか」を‘疑問詞＋主語＋動詞...’の語順の間接疑問で表す。‘疑問詞’は how long。「この学校に赴任して」は「この学校に（ずっと）いる」と読み換えて‘have/has＋過去分詞’の現在完了で has been at this school とまとめる。　Do you know how long he has been at this school?

数学解答

1
(1) ①…4　②…2　③…2　④…5
(2) ⑤…6　⑥…4　⑦…3
(3) ⑧…3　⑨…2　⑩…4
(4) ⑪…7　⑫…2　⑬…2　⑭…2
(5) ⑮…3　⑯…4
(6) ⑰…3　⑱…4　⑲…5

2
(1) ⑳…5　㉑…0　㉒…4
(2) ㉓…2　㉔…7
(3) ㉕…8　㉖…0　㉗…1　㉘…2
㉙…0
(4) ㉚…1　㉛…2　㉜…7
(5) ㉝…1　㉞…4
(6) ㉟…1　㊱…0　㊲…5

3
(1) ㊳…3　㊴…0
(2) ㊵…6　㊶…2　㊷…3

4
(1) ㊸…1　㊹…4　㊺…4　(2) 4
(3) ㊼…1　㊽…6　㊾…4　㊿…5

5
(1) (51)…③　(52)…②　(53)…②　(54)…①
(55)…③
(2) 5
(3) (57)…2　(58)…1　(59)…7　(60)…8

1〔独立小問集合題〕

(1)＜数の計算＞与式 $=\left(-\frac{2}{5}\right)^3\times5+2=-\frac{2^3}{5^3}\times5+2=-\frac{8}{25}+\frac{50}{25}=\frac{42}{25}$

(2)＜数の計算＞与式 $=(2+\sqrt{3}+2\sqrt{3}+3)(3-\sqrt{3})=(5+3\sqrt{3})(3-\sqrt{3})=15-5\sqrt{3}+9\sqrt{3}-9=6+4\sqrt{3}$

《別解》$3-\sqrt{3}=\sqrt{3}(\sqrt{3}-1)$ より，与式 $=(1+\sqrt{3})(2+\sqrt{3})\times\sqrt{3}(\sqrt{3}-1)=(\sqrt{3}+1)(\sqrt{3}-1)\times\sqrt{3}(2+\sqrt{3})=(3-1)\times\sqrt{3}(2+\sqrt{3})=2\sqrt{3}(2+\sqrt{3})=6+4\sqrt{3}$

(3)＜式の計算＞与式 $=\frac{2(a+b)(a-2b)-(a-b)(a+2b)}{4}=\frac{2(a^2-ab-2b^2)-(a^2+ab-2b^2)}{4}=\frac{2a^2-2ab-4b^2-a^2-ab+2b^2}{4}=\frac{a^2-3ab-2b^2}{4}$

(4)＜式の計算―因数分解＞与式 $=7x^2(x^2-4y^2)=7x^2(x+2y)(x-2y)$

(5)＜二次方程式＞$x^2+2x-3=3x+9$，$x^2-x-12=0$，$(x+3)(x-4)=0$　$\therefore x=-3,\ 4$

(6)＜連立方程式＞$4x+2y=13$……①，$-3x+\frac{1}{5}y=-\frac{5}{4}$……②とする。②×20 より，$-60x+4y=-25$……②′　①×2－②′より，$8x-(-60x)=26-(-25)$，$68x=51$　$\therefore x=\frac{3}{4}$　これを①に代入して，$3+2y=13$，$2y=10$　$\therefore y=5$

2〔独立小問集合題〕

(1)＜一次方程式の応用＞A 地区，B 地区，C 地区合わせて 3000 人が住んでいて，そのうちの 40％がワクチン接種を完了したので，3 つの地区でワクチン接種が完了した人数は，$3000\times0.4=1200$(人)である。また，A 地区と B 地区で完了した人数の比は 11：18 だから，A 地区で完了した人数を $11x$ 人，B 地区で完了した人数を $18x$ 人と表すと，B 地区と C 地区で完了した人数の比が 6：7 より，C 地区で完了した人数は，$18x\times\frac{7}{6}=21x$(人)と表せる。よって，$11x+18x+21x=1200$ が成り立つ。これを解くと，$50x=1200$，$x=24$ となるから，C 地区のワクチン接種が完了した人数は，$21\times24=504$(人)である。

(2)＜数の性質＞2022 を素因数分解すると，$2022=2\times3\times337$ となるので，2022 が 3 けたの正の整数 a でわりきれるとき，a は 337 か，$2\times337=674$ であり，a でわった商は，$2022\div674=3$ か，$2022\div337=6$ のいずれかとなる。まず，3 に正の整数 b をかけると 2 けたの平方数(整数を 2 乗した数)になるとき，m を正の整数とすると，$b=3m^2$ と表せる。このような b の値は，$3\times1^2=3$，$3\times2^2=12$，$3\times3^2=27$，$3\times4^2=48$，……となり，このうち，3 と b の積が 2 けたになる最大のものは，$b=27$ である。次に，6 に正の整数 b をかけると 2 けたの平方数になるとき，$100\div6=\frac{50}{3}$ より，b は 27 より小さい。よって，b がとりうる最大の値は 27 である。

(3)＜連立方程式の応用―速さ＞A さんが P 地点を，B さんが Q 地点を同時に出発してから 20 分後に 2 人が出会ったとき，出会うまでに，A さんが進んだ道のりは $x\times20=20x$，B さんが進んだ道のりは $y\times20=20y$ で，その道のりの和は，P 地点と Q 地点の間の道のりの 4km，すなわち 4000m だから，$20x+20y=4000$……①が成り立つ。また，A さんが P 地点を出発してから 10 分後に B さんが P 地点を出発して，その 20 分後に A さんに追いついたとき，B さんが追いつくまでに，A さんが進んだ道のりは $x\times(10+20)=30x$，B さんが進んだ道のりは $y\times20=20y$ で，これらの道のりは等しいから，$30x=20y$……②が成り立つ。②より $20y=30x$ を①に代入すると，$20x+30x=4000$，$50x=4000$ より，$x=80$ となる。これを②に代入すると，$30\times80=20y$ より，$y=120$ となる。

(4)＜連立方程式の応用―濃度＞A から濃度 x%の食塩水 10g，B から濃度 y%の食塩水 20g，C から水 10g を取り出して混ぜ合わせると，濃度 6.5%の食塩水が $10+20+10=40$(g)できたので，食塩水に含まれる食塩の量について，$10\times\frac{x}{100}+20\times\frac{y}{100}=40\times\frac{65}{1000}$……①が成り立つ。また，取り出した後，A には濃度 x%の食塩水が $30-10=20$(g)，B には濃度 y%の食塩水が $50-20=30$(g)，C には水が $110-10=100$(g)残っていて，これらを全て混ぜ合わせると，濃度 3%の食塩水が $20+30+100=150$(g)できたので，$20\times\frac{x}{100}+30\times\frac{y}{100}=150\times\frac{3}{100}$……②が成り立つ。①×10 より，$x+2y=26$……①′となり，②×10 より，$2x+3y=45$……②′となる。①′×2－②′より，$y=7$(%)となり，これを①′に代入すると，$x+14=26$ より，$x=12$(%)となる。

(5)＜確率―さいころ＞大小 2 個のさいころを投げるとき，さいころの目は 6 通りあるから，目の出方は全部で $6\times6=36$(通り)あり，a，b の組も 36 通りある。このうち，a^2+b^2 を 4 でわった余りが 2 となるのは，a^2+b^2 が 4 の倍数ではない偶数となる場合だから，a，b ともに奇数の場合となり，$(a, b)=(1, 1)$，$(1, 3)$，$(1, 5)$，$(3, 1)$，$(3, 3)$，$(3, 5)$，$(5, 1)$，$(5, 3)$，$(5, 5)$の 9 通りある。よって，求める確率は $\frac{9}{36}=\frac{1}{4}$ である。

(6)＜平面図形―角度＞右図のように，円の中心を O とし，線分 OB，OD，OF，OI，FI を引く。$\overset{\frown}{DF}$ は円周の長さの $\frac{2}{12}=\frac{1}{6}$ なので，$\angle DOF=360°\times\frac{1}{6}=60°$ である。よって，$\overset{\frown}{DF}$ に対する円周角と中心角の関係より，$\angle DIF=\frac{1}{2}\angle DOF=\frac{1}{2}\times60°=30°$ となる。同様に，$\overset{\frown}{BI}$ に対する中心角 $\angle BOI$ の大きさは，$360°\times\frac{5}{12}=150°$ だから，$\angle BFI=\frac{1}{2}\angle BOI=\frac{1}{2}\times150°=75°$ となる。したがって，△PFI で内角と外角の関係より，$\angle DPF=\angle DIF+\angle BFI=30°+75°=105°$ である。

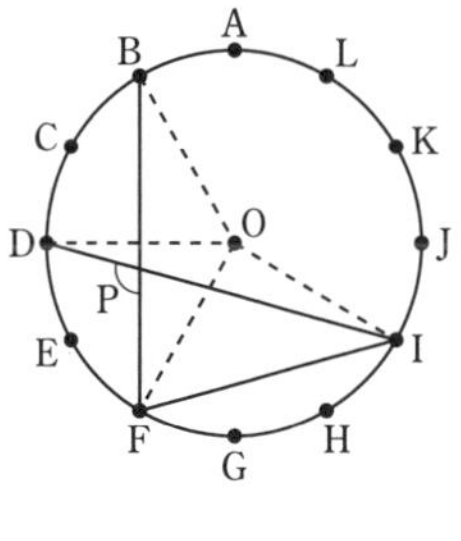

3 〔平面図形―半円〕

(1)＜面積＞右図 1 で，AB は半円の直径だから，$\angle ACB=90°$ である。よって，$AB=13$，$BC=12$ のとき，△ABC で三平方の定理より，$CA=\sqrt{13^2-12^2}=\sqrt{25}=5$ となる。K の面積 S は，BC を直径とする半円の面積と CA を直径とする半円の面積，△ABC の面積の和から，AB を直径とする半円の面積をひいたものになる。BC を直径とする半円の

図 1

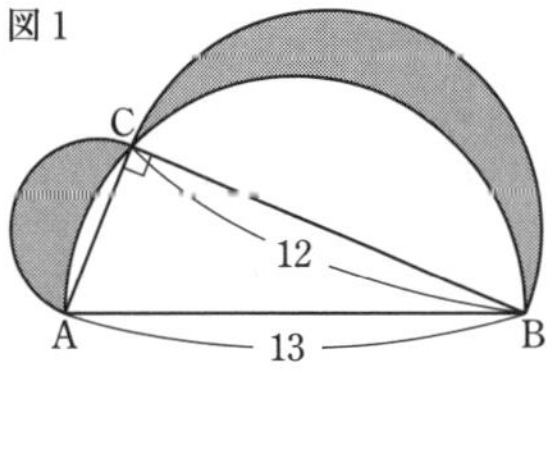

半径は $12\div2=6$，CA を直径とする半円の半径は $5\div2=\frac{5}{2}$，AB を直径とする半円の半径は $13\div2=\frac{13}{2}$だから，$S=\pi\times6^2\times\frac{1}{2}+\pi\times\left(\frac{5}{2}\right)^2\times\frac{1}{2}+\frac{1}{2}\times5\times12-\pi\times\left(\frac{13}{2}\right)^2\times\frac{1}{2}=18\pi+\frac{25}{8}\pi+30-\frac{169}{8}\pi=30$ となる。

(2)＜長さ＞前ページの図 1 で，$\mathrm{BC}=a$，$\mathrm{CA}=b$，$\mathrm{AB}=c$ とおき，(1)と同様に考えると，$S=\pi\times\left(\frac{a}{2}\right)^2\times\frac{1}{2}+\pi\times\left(\frac{b}{2}\right)^2\times\frac{1}{2}+\frac{1}{2}ab-\pi\times\left(\frac{c}{2}\right)^2\times\frac{1}{2}=\frac{1}{8}\pi a^2+\frac{1}{8}\pi b^2+\frac{1}{2}ab-\frac{1}{8}\pi c^2=\frac{1}{8}\pi(a^2+b^2)+\frac{1}{2}ab-\frac{1}{8}\pi c^2$ となり，三平方の定理より，$a^2+b^2=c^2$ が成り立つから，$S=\frac{1}{8}\pi c^2+\frac{1}{2}ab-\frac{1}{8}\pi c^2=\frac{1}{2}ab$ となる。つまり，S は常に △ABC の面積に等しいことがわかる。よって，右図 2 のように，S が最大となるときの点 C の位置を点 $\mathrm{C_0}$ とすると，点 $\mathrm{C_0}$ は △ABC の面積が最大となる点 C の位置で，辺 AB までの距離が最も大きくなる $\overset{\frown}{\mathrm{AB}}$ 上の点だから，$\mathrm{C_0}$ は $\overset{\frown}{\mathrm{AB}}$ の中点となる。点 $\mathrm{C_0}$ から辺 AB に垂線 $\mathrm{C_0H}$ を引くと，点 H は AB を直径とする半円の中心と一致する。また，$S:S_0=\sqrt{3}:2$ となるときの点 C の位置を点 $\mathrm{C_1}$ とすると，$\triangle\mathrm{ABC_1}:\triangle\mathrm{ABC_0}=\sqrt{3}:2$ であり，点 $\mathrm{C_1}$ から辺 AB に垂線 $\mathrm{C_1I}$ を引き，線分 $\mathrm{C_1H}$ を引くと，$\mathrm{C_1I}$ と $\mathrm{C_0H}$ は，$\triangle\mathrm{ABC_1}$ と $\triangle\mathrm{ABC_0}$ で底辺を AB と見たときの高さだから，$\mathrm{C_1I}:\mathrm{C_0H}=\triangle\mathrm{ABC_1}:\triangle\mathrm{ABC_0}=\sqrt{3}:2$ となる。さらに，$\mathrm{C_0H}=\mathrm{C_1H}$ より，$\mathrm{C_1I}:\mathrm{C_1H}=\sqrt{3}:2$ となるから，$\triangle\mathrm{C_1IH}$ は 3 辺の比が $1:2:\sqrt{3}$ の直角三角形であり，$\angle\mathrm{AHC_1}=60^\circ$ である。これより，$\triangle\mathrm{AHC_1}$ は正三角形だから，$\angle\mathrm{C_1AB}=60^\circ$ であり，$\triangle\mathrm{ABC_1}$ も 3 辺の比が $1:2:\sqrt{3}$ の直角三角形で，$\mathrm{C_1A}=\mathrm{C_1H}=8\div2=4$ より，$\mathrm{BC_1}=\sqrt{3}\,\mathrm{C_1A}=\sqrt{3}\times4=4\sqrt{3}$ である。したがって，K の周の長さは，$\pi\times4\sqrt{3}\times\frac{1}{2}+\pi\times4\times\frac{1}{2}+\pi\times8\times\frac{1}{2}=2\sqrt{3}\pi+2\pi+4\pi=(6+2\sqrt{3})\pi$ となる。なお，点 $\mathrm{C_1}$ は点 $\mathrm{C_0}$ の右側にもとれるが，同様に K の周の長さは $(6+2\sqrt{3})\pi$ である。

図 2

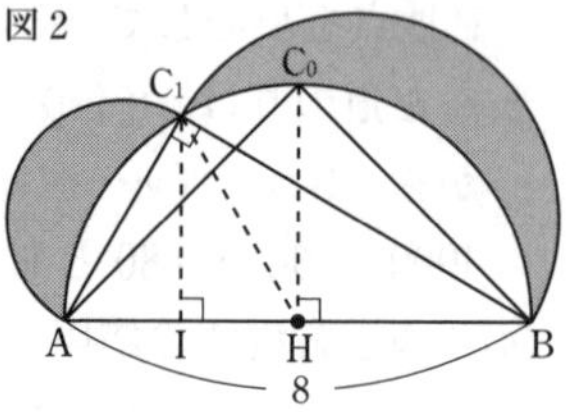

4 〔空間図形─立方体〕

(1)＜体積＞右図 1 で，三角錐 G-CDI の底面を △CDI，高さを CG と見ると，$\mathrm{CI}=\frac{1}{2}\mathrm{BC}=\frac{1}{2}\times12=6$ より，〔三角錐 G-CDI〕$=\frac{1}{3}\times\left(\frac{1}{2}\times12\times6\right)\times12=144$ である。

図 1

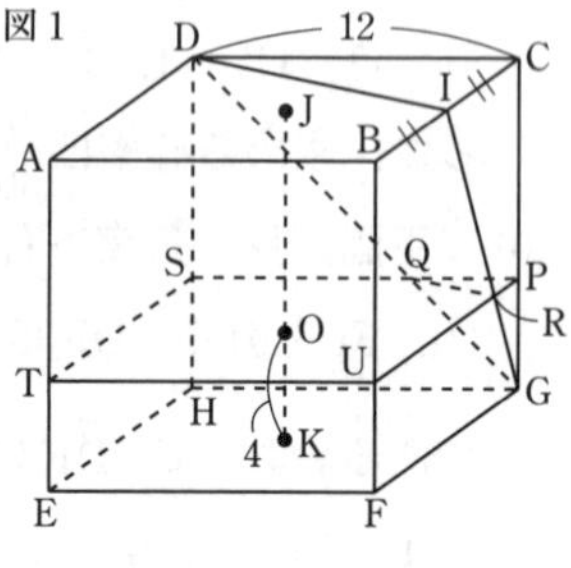

(2)＜面積＞右図 1 で，O を通り面 ABCD に平行な平面は，面 EFGH からの距離が KO＝4 だから，PG＝4 となる。また，面 ABCD と面 PQR は平行なので，CD∥PQ，CI∥PR となる。よって，CD：PQ＝CI：PR＝CG：PG＝12：4＝3：1 より，$\mathrm{PQ}=\frac{1}{3}\mathrm{CD}=\frac{1}{3}\times12=4$，$\mathrm{PR}=\frac{1}{3}\mathrm{CI}=\frac{1}{3}\times6=2$ となるから，$\triangle\mathrm{PQR}=\frac{1}{2}\times4\times2=4$ である。

(3)＜面積＞右上図 1 のように，O を通り面 ABCD に平行な平面と，辺 DH，AE，BF の交点をそれぞれ S，T，U とすると，△PQR を直線 JK を軸として 1 回転させたとき，△PQR が通過する部分は，右図 2 のように，平面 PSTU 上で，△PQR を O を中心として 1 回転させたときに △PQR が通過する部分となる。中心 O から辺 QR に垂線 OL を引くと，△PQR 上にある点の中で，中心 O から最も近い位置にあるのは点 L であり，最も遠い位置にあるのは点 P である。よって，△PQR が通過する部分は，図 2 で影をつけた点 L が通過してできる円周と点

図 2

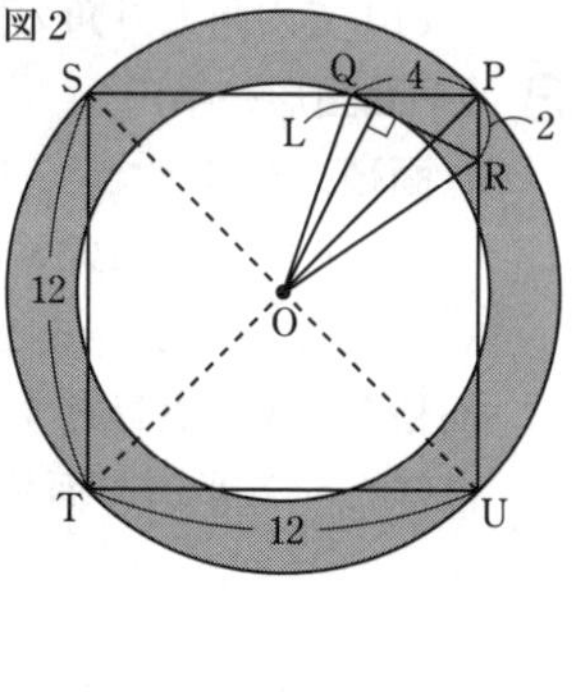

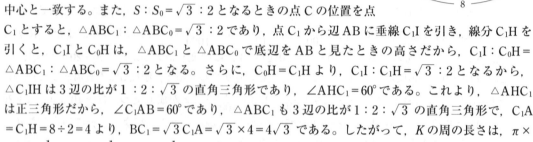

Pが通過してできる円周の間に挟まれた部分だから，その面積は，半径OPの円の面積から半径OLの円の面積をひいたものになる。まず，△POUは直角二等辺三角形なので，$OP=\frac{1}{\sqrt{2}}PU=\frac{1}{\sqrt{2}}\times 12=6\sqrt{2}$ となる。次に，OLは△OQRで底辺をQRと見たときの高さであり，△PQRで三平方の定理より，$QR=\sqrt{4^2+2^2}=\sqrt{20}=2\sqrt{5}$ となる。また，△OQR＝△OPQ＋△OPR－△PQRであり，△OPQ，△OPRで底辺をそれぞれPQ，PRと見たときの高さは，どちらも $12\div 2=6$ だから，$\triangle OQR=\frac{1}{2}\times 4\times 6+\frac{1}{2}\times 2\times 6-4=14$ となる。よって，△OQRの面積について，$\frac{1}{2}\times 2\sqrt{5}\times OL=14$ が成り立ち，これを解くと，$OL=\frac{14\sqrt{5}}{5}$ となる。したがって，求める面積は，$\pi\times(6\sqrt{2})^2-\pi\times\left(\frac{14\sqrt{5}}{5}\right)^2=72\pi-\frac{196}{5}\pi=\frac{164}{5}\pi$ である。

5 〔関数―関数 $y=ax^2$ と一次関数のグラフ〕

(1)<2直線の直交条件>右図1で，P(1，m)，Q(1，n)であり，PQ∥〔y軸〕より，$PQ=m-n$ となる。また，PQと x 軸の交点をRとすると，△OPR，△OQRは直角三角形であり，OR＝1，PR＝m，QR＝$0-n=-n$ だから，三平方の定理より，$OP=\sqrt{1^2+m^2}=\sqrt{1+m^2}$，$OQ=\sqrt{1^2+(-n)^2}=\sqrt{1+n^2}$ となる。さらに，直線 $y=mx$ と $y=nx$ は垂直に交わるから，△OPQも直角三角形であり，$PQ=\sqrt{OP^2+OQ^2}=\sqrt{(1+m^2)+(1+n^2)}=\sqrt{m^2+n^2+2}$ とも表せる。よって，PQ^2 の値について，$(m-n)^2=m^2+n^2+2$ が成り立つ。これを整理すると，$m^2-2mn+n^2=m^2+n^2+2$，$-2mn=2$，$mn=-1$ となるから，2直線が垂直に交わる条件は，傾きの積が－1となることである。

図1

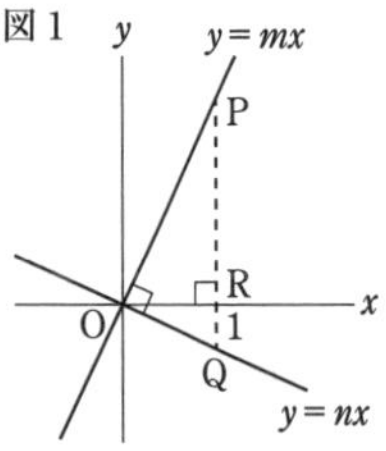

(2)<x座標>右図2のように，点A，Bが直線 $y=\frac{1}{4}x+\frac{27}{2}$ に関して対称であるとき，直線 $y=\frac{1}{4}x+\frac{27}{2}$ は線分ABの垂直二等分線なので，直線ABと直線 $y=\frac{1}{4}x+\frac{27}{2}$ は垂直に交わる。よって，(1)より，この2直線の傾きの積は－1だから，直線ABの傾きは，$-1\div\frac{1}{4}=-4$ となる。これより，直線ABの式を $y=-4x+c$ とおくと，A(1，1)を通るので，$1=-4\times 1+c$，$c=5$ より，直線ABの式は $y=-4x+5$ となる。この直線上にB(b，b^2)があるので，$b^2=-4b+5$ が成り立つ。これを解くと，$b^2+4b-5=0$，$(b+5)(b-1)=0$ より，$b=-5$，1となり，1は点Aの x 座標なので，$b=-5$ である。

図2

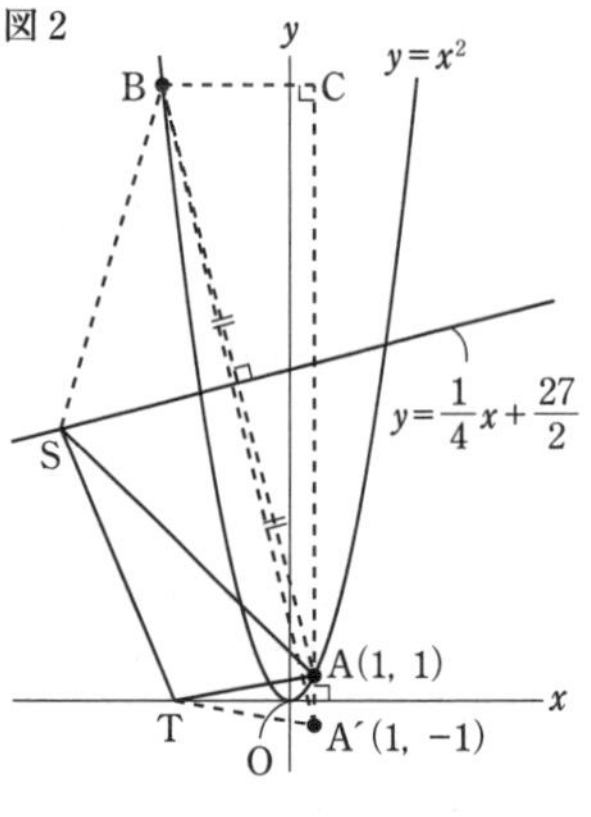

(3)<長さ>右上図2のように，x 軸について点Aと対称な点(1，－1)をA′とする。点S，Tがそれぞれ直線 $y=\frac{1}{4}x+\frac{27}{2}$ 上，x 軸上のどの部分にあるときも，AS＝BS，TA＝TA′となるから，△ASTの周の長さAS＋ST＋TAは常に，BS＋ST＋TA′と等しくなる。よって，△ASTの周の長さが最小となるのは，BS＋ST＋TA′が最小となるときで，点S，Tがともに線分BA′上にあるときだから，求める最小値は線分BA′の長さとなる。$b^2=(-5)^2=25$ よりB(－5，25)となり，図2のように，点A′を通り y 軸に平行な直線と，点Bを通り x 軸に平行な直線との交点をCとすると，C(1，25)である。したがって，△A′BCにおいて，2点A′，Cの y 座標より，$A'C=25-(-1)=26$，2点B，Cの x 座標より，$BC=1-(-5)=6$ なので，求める最小値は，$BA'=\sqrt{A'C^2+BC^2}=\sqrt{26^2+6^2}=\sqrt{712}=2\sqrt{178}$ である。

2022年度／大宮開成高等学校（併願Ａ）

国語解答

一 問一　Ⅰ…ウ　Ⅱ…エ　Ⅲ…イ　Ⅳ…ア
問二　イ　問三　エ　問四　オ
問五　ウ　問六　イ，エ

二 問一　Ａ…ウ　Ｄ…オ　問二　オ
問三　イ　問四　ア
問五　(i)…オ
(ii)　Ｘ…エ　Ｙ…イ　Ｚ…ウ

三 問一　Ａ…イ　Ｃ…ウ　問二　ウ
問三　ウ，オ　問四　(i)…ウ　(ii)…イ
問五　㋐…ア　㋑…ア　㋓…イ　㋒…カ
㋔…イ　㋕…エ

四 問一　エ　問二　イ　問三　イ
問四　オ　問五　(1)…ウ　(2)…エ
問六　(1)…エ　(2)…オ　(3)…イ　(4)…ア

一〔論説文の読解―哲学的分野―哲学〕出典；藤田正勝「人文科学を学び，研究する意義はどこに」（「図書」2016年４月号掲載）。

≪本文の概要≫近年，短期間で成果を出すことが難しい人文科学系の学部への風当たりが，強くなっている。しかし，人文学は，現代でも大きな役割を担っている。現在人文学と呼ばれているのは，中世の自由学芸から自然科学が独立した後に残った哲学や文学，歴史学である。人文学は，異なった文化やものの考え方や価値観へと人々の目を開き，そのようなものを理解する想像力と思惟の力を培ってきた。今，世界はグローバリズムの波に洗われ，なりふりかまわない利益追求や激しい競争により，集団間，民族間，宗教間，国家間の軋轢や対立が深く強いものになっている。そのような状況の中でまず求められるのは，多様な文化や価値に目を向け，相互に理解し合うことだろう。人文学が従来果たしてきた役割が，今まさに重要になってきているのである。人間が「人間的な人間になろうとする」かぎり，その人間性を支える人間的教養は，求められ続けるであろうし，相互理解が困難な時代であるからこそ，人文学が果たす意義は，いっそう大きいと確信している。

問一＜表現＞Ⅰ．「実利に結びつくとか，結びつかないとか」を考えるのは，「事柄の本来の姿を，あるいは普遍的な真理をどこまでも追究していくこと」に比べると，目先のことしか見えていない状態といえる。　Ⅱ．「時間」とともにあらゆる方向への広がりのあるさまを，「空間的」という。　Ⅲ．人文学は，「自己のなかに閉じこもりがちになるわれわれの心を外に向かって開き，異なったものの見方に触れさせ，他者に対する共感の心と，みずからを顧みる目とを養ってきた」という意味で，本質的に他に開かれたものである。　Ⅳ．「他を排斥」しようとするさまを，「排他的」という。

問二＜文章内容＞「スクール」という語は，「事柄の本来の姿を，あるいは普遍的な真理をどこまでも追究していくこと」を意味する「スコレー」の意味を受け継いでいる。それは，「実利に結びつくとか，結びつかないとか」というような目先の目的・目標にとらわれた行為とは異なる。

問三＜文章内容＞短期間で成果を出すのが難しい人文科学系の学部への風当たりが，強くなってきているが，人文学は，「きわめて大きな役割を果たしてきたし，現代においても大きな役割を担って」いる。というのも，今，世界は「グローバリズムの波」によって「人々の関心が経済的な利益追求にのみ向けられるように」なり，「集団と集団，民族と民族，宗教と宗教，国家と国家の軋轢や対立がかつてないほどに深く強いものになっている」が，そのような状況下で求められるのは「改めて多様な文化や価値に目を向け，相互に理解しあうこと」であり，「人文学は，従来からそのような役割を果たし，そのことを通してそれぞれの文化を豊かにしてきた」からである。

問四＜文章内容＞フランスにやってきた「未開の国の人々」は，「貧困と飢えで骨と皮となっている」人々がいるのに「豊かな暮らしをする人々」が「何もしない」ことが理解できないと語った。一方，

フランスでは，「裏切りや圧制，残虐な行為が日常茶飯事になって」おり，モンテーニュは，「われわれ」は「野蛮さのあらゆる面で彼らをはるかに超えている」と記している。

問五＜文章内容＞ルネサンスの人文主義者たちは，人間が「動物性」を脱ぎ捨てて「人間性」をまとうことによって「『単なる人間から人間的な人間になる』こと，そして人間として完成すること」を目指した。そして，「単なる人間から人間的な人間になるため」に，「人間性」と「人間的教養」を意味する「フマニタス」が重視された。

問六＜要旨＞近年，「短期間で成果を出すことが難しい人文科学系の学部に対しては風当りが強くなってきて」おり，「学部の改廃さえ求めるような声が出てきて」いる(ア…×)。「現在，人文学(humanities)という名前で呼ばれている」ものは，自由学芸が哲学部に引き継がれ，その「哲学部から自然科学の分野が独立」した後に残った，「哲学や文学，歴史学」である(ウ…×)。人文学は，「空間的に，あるいは時間的に異なった文化，異なったものの考え方，異なった価値観へと人々の目を開き，そのようなものを理解する想像力と思惟の力とを培って」きた(イ…○)。人文学は，「自己自身の文化の枠組みのなかでは見えないもの，つまり異なったものの見方や世界観に目を向け，自分のものの見方や考え方を根底から」揺さぶって，「自分自身のものの見方を固定しているくさびを抜くという役割」を果たしてきた(エ…○)。「なりふりかまわない利益追求や激しい競争」が「富める国と貧しい国，富める層と貧しい層の激しい対立，社会のなかのさまざまな集団に対する偏見や差別，他を排斥することによって自らのアイデンティティを保持しようとする排他的ナショナリズム，攻撃的な原理主義などを生みだしている」のが，現代の世界であり，そのような状況下で求められるのは，従来から人文学が果たしてきた「自己を他に開き，他を理解する」という役割である(オ…×)。「人文学の研究は決して衰退しているのではなく，むしろ大きな盛り上がりを見せて」おり，「国内でも，大学に関して言えば，その研究の成果を広く社会に還元しようという動きが強くなっているし，社会・地域の方でもその場所を提供したり，研究に欠かせない情報を積極的に収集したりして」いる(カ…×)。

二〔小説の読解〕出典；辻邦生『高原の町から』。

問一＜文章内容＞Ａ．「ここでコーヒーを飲むのは三年生だけ」というように，「上級生下級生の関係」に厳しいのは，規律を重んじる軍隊と同じである。　Ｄ．「上級生下級生の関係」が厳しくて「三年の特権」を守るということに対して抗議するには，自分で三年生と「やり合う」以外に，生徒会のように皆で議論する場に持ち込む方法もある。

問二＜文章内容＞「私」は，「ここでコーヒーを飲むのは三年生だけ」という現状が，「帝大にゆけば，自然と偉くなれる」が，小学校出では出世できないという「社会構造」を反映したもののように思え，「特権に甘んじる連中」を腹立たしく感じ，その「伝統と仕きたり」を破ろうと考えたのである。

問三＜文章内容＞「私」は，三年生の生徒が「どきたまえ」と言ったのに対して反抗し始めた。反抗しながら「自分が興奮しているのがわかった」ので，「とにかく冷静に何とか相手を説得」しようと思い，自分で自分を落ち着かせるために「息を静かに吐くように」努めた。

問四＜心情＞「私」は，「役人志望」でもないし，「帝大にゆけば，自然と偉くなれる」という形での「出世」を志しているわけでもないつもりだった。しかし，「文句のない経歴を辿る必要がある」と思っていたのは「やはり一種の権力意識ではなかったろうか」と気づき，「私」は，三年生に特権を認めることに同意すれば，自分も「一種の特権を享受している」人間の一人になってしまうと考えたのである。

問五＜文章内容＞(i)「私」は，栄子と話したことで自分の中にも「一種の権力意識」があることに気づき，「特権に甘んじる」ことに腹を立てていた。そんな「私」が授業中「少しぼんやり」していることに気づいた教師は，「私」をとがめたが，この教師が登場人物全員に対してどういう立場にあるのかについては，特に述べられていない。　(ⅱ)Ｘ．「私」は，高等学校の生徒たちや帝大を出て出世する人々に対して批判的な考えを持つ栄子と話したことから，自分にも「一種の権力意識」があることに気づいて，自分自身を見直すことになった。それは，「異なったものの見方」にふれることで「他者に対する共感の心と，みずからを顧みる目」を持つことができたということである。Ｙ．栄子は，「帝大にゆけば，自然と偉くなれる」けれども，小学校出ではなかなか出世などできないと言う。そのような栄子の話を「帝大に入れなかった連中のひがみとしか思えない」という秋山の考えは，帝大に入れたのは自分の努力の成果だと思い，自分が努力すれば報われる恵まれた環境にあることに気づいていないという点で「間違って」いる。　Ｚ．一の課題文では，自分とは異なる文化・考え方・価値観を持った人々との相互理解・共感・共生の重要性が述べられている。二では，「私」は「特権」を持てない人の考えに目を向け，自分の中に「一種の権力意識」があることに気づいて「自分を罰しようという気持」を抱く。そして，問五にある「祝辞」では，「がんばれば報われる，と思ってここまで来たはず」の新入生に対して「がんばってもそれが公正に報われない社会」があることにふれ，自分の「恵まれた環境と恵まれた能力」を「恵まれないひとびと」を助けるために使うように，と述べられている。いずれも，自分とは異なる「他者」に目を向けて理解することの重要性が述べられていると考えることができる。

三〔古文の読解―説話〕出典；無住法師『沙石集』巻第七ノ三。

≪現代語訳≫近頃，中国から帰ってきた僧の話として，ある人が語ったのは，(次のようなことである。)唐に貧しい夫婦がいた。餅を売って生計を立てていた。夫が道端で餅を売っていたとき，ある人が袋を落としたのを見ると，上質の銀貨が六枚入っていた。(夫は，それを)家に持ち帰った。／妻は，心が素直で欲のない者で，「私たちは商いをして暮らしているので，不足することもない。この(銀貨の)持ち主は，どんなにか嘆いて(捜し)求めているだろう。気の毒なことだ。持ち主を捜してお返しください」と言ったので，(夫は)「本当に(そうだ)」と思って，言い広めたところ，持ち主という者が出てきて，これを手にして，あまりにうれしくて，「三枚を差し上げよう」と言って，もう分けてしまおうとなったとき，思い返して，やっかいなことを思いついて，「七枚あったのに，六枚しかないのはおかしい。一枚はお隠しになったのだろうか」と言う。(夫は)「そのようなことはない。はじめから六枚だった」と言い争ううちに，遂には，国の守の所で，これを判断してもらうことにした。／国の守は，見る目が優れていて，「この持ち主は不実な者だ。この男は正直者」と見たものの，はっきりしなかったので，その妻を呼んで別の所で，事の詳細を尋ねると，夫の言い分と少しも違わない。(国の守は)「この妻は非常に正直な者」と見て，例の持ち主が，不実であることがはっきりしたので，国の守の判断として，「このことは，確かな証拠がないので判断しがたい。ただし，ともに正直の者と見えた。夫妻はまた話が食い違わず，持ち主の言うことも正直と思われるので，(持ち主は)七枚ある銀貨を捜して手に入れるのがよい。これは六枚なので，別の人のものだろう」と言って，六枚全て夫妻に下さった。／宋朝の人たちは，全くすばらしい裁決であったと，広く褒め(その裁決は)評判となった。／心が素直なので，自然と天が与えて，宝を得たのであった。心が曲がっていれば，目に見えぬ神仏のとがめで，宝を失う。この道理は少しも違わない。〈くれぐれも心は清らかで素直であるべきである〉。

問一＜古文の内容理解＞Ａ．夫は，妻が銀貨の持ち主を捜して返すように言ったので，銀貨を拾ったことを言い広めた。　Ｃ．持ち主は，七枚ある銀貨を捜して手に入れるようにと，国の守が言った。

問二＜古文の内容理解＞夫婦は，拾った銀貨を持ち主に渡した。持ち主は，お礼をすると言ったが，お礼を渡そうというときになって思い直し，七枚あったのに六枚しかないということは，隠しているのではないかと言い出し，夫がはじめから六枚だと言ったため，言い争いになった。

問三＜古文の内容理解＞国の守は，持ち主は不実な者，夫は正直者と見た(ア…○)。それでもはっきりしなかったので，妻を呼んで話を聞くと，夫婦の言うことは少しも違わなかったので，国の守は，この妻は非常に正直な者だと思った(イ…○)。そこで，国の守は，裁決として，意図的に，二人とも正直な者と見えた(ウ…×)，夫妻は話が食い違っていないし(エ…○)，持ち主の言うことも正直に思われたと言い(オ…×)，持ち主はその言い分どおり七枚の銀貨を捜すようにと言った。

問四(i)＜現代語訳＞「いみじき成敗」は，すばらしい裁決。「ののしりける」は，評判になった，という意味。　(ii)＜古文の内容理解＞国の守は，持ち主の言うことも正直に思われると，持ち主の言い分を否定せず，その言い分どおりの銀貨を捜させ，銀貨が全て夫婦に渡るようにした。国の守は，機転の利いた裁決を下すことで，正直な夫婦を助け，うそを言っていた持ち主を懲らしめたのであり，その見事さを，人々は褒めたたえたのである。

問五＜古文の内容理解＞(あ)『沙石集』は，序文によれば，この書物を読むことで仏法の理《ことわり》を悟り，因果の道理をわきまえ，悟りの世界に至る道しるべとしてほしいという思いで書かれた。　(い)・(う)夫婦は，正直に話したので拾った銀貨を得ることができた。　(え)・(お)持ち主は，うそを言ったために持っていた銀貨を失った。　(か)この話から，くれぐれも心は清らかで正直であるのがよいという教訓が得られる。

四〔国語の知識〕

問一＜古典文法＞係助詞の「こそ」があると，係り結びの法則により，結びは已然形になる。

問二＜歴史的仮名遣い＞歴史的仮名遣いの語頭以外のハ行の字は，現代仮名遣いでは原則として「わいうえお」になる。また，助動詞の「む」は，現代仮名遣いでは「ん」になる。

問三＜品詞＞「元気で」と「きれいで」の「で」は，形容動詞「元気だ」「きれいだ」の連用形活用語尾。「気分だったのであって」と「図書委員で」と「本で」の「で」は，断定の助動詞「だ」の連用形。「団結力で」の「で」は，格助詞。

問四＜文学史＞『吾輩は猫である』は，明治38～39(1905～06)年に発表された夏目漱石の小説。

問五(1)＜慣用句＞「さじを投げる」は，見込みがないとして諦める，という意味。「らちが明かない」は，物事に片がつかないさま。「虻蜂取らず」は，あれもこれもと欲張って，結局一つも得られない，という意味。「お茶を濁す」は，いい加減にその場をごまかしてしのぐ，という意味。

(2)＜語句＞「ユーモア」は，気の利いたおもしろさのこと。「カオス」は，秩序がなく混乱しているさま。「ディスコミュニケーション」は，意思伝達がうまくいかないこと。「イノベーション」は，新しく改めること，特に技術革新のこと。

問六＜漢字＞(1)「更衣室」と書く。アは「移動」，イは「以心伝心」，ウは「容易」，エは「衣食」，オは「委託」。　(2)「対照」と書く。アは「招待」，イは「商店」，ウは「掌握」，エは「支障」，オは「照明」。　(3)「心機一転」と書く。アは「既存」，イは「機微」，ウは「季節」，エは「帰宅」，オは「几帳面」。　(4)「過渡期」と書く。アは「渡航」，イは「徒労」，ウは「吐露」，エは「登山」，オは「塗料」。

Memo

2022年度 大宮開成高等学校（併願Ｂ）

【英　語】（50分）〈満点：100点〉

Ⅰ　次の英文を読んで，後の設問に答えなさい。（＊の付いている語（句）は，後にある（注）を参考にすること。）

Most high school students would be *delighted to be accepted by Harvard University. But Harvard had little to offer young Bill Gates. After several *semesters, he dropped (①) and went to work. [ア] The thing which he did with his free time was to make him one of the richest men in America.

Actually, his *career started ②while he was in high school. His parents sent him to an *all-boys preparatory school in Seattle. At school, he discovered the amazing world of computers. He quickly learned the programming language called BASIC. He spent hours finding out what a computer could do. [イ] Before long, he and Paul Allen, a classmate, became local experts on computer programming. They *could not afford to buy a computer, but they could borrow one.

Even though they were only high school students, they found an unusual after-school job. It was not serving hamburgers or (③) on customers in a shop. They were *hired to create a system for checking on activities in a *power plant. Gates and Allen were young ④workaholics. ⑤They (ア program イ which ウ see エ competed to オ and カ the fastest キ could ク of them) the longest. They would sometimes work several days nonstop. In addition to receiving pay, they were also learning a lot about how computers can be made to operate.

After they graduated from high school, the friends went separate ways. Allen stayed in Seattle, and Gates went to Boston to attend Harvard. At Harvard, however, Gates was not a serious student. [ウ]

In late 1974 Gates received a phone call from his old friend. Allen had heard about a new minicomputer that only cost $400. It was a price that ordinary people *could afford. However, the price was for just the machine. To operate, it needed an *operating system. Allen made an exciting *proposal. Why didn't they create an operating system for the inexpensive computer?

Bill was excited about the *possibility. They called the inventor and offered him ⑥an operating system for his new computer. They said they had a system and wanted to *demonstrate it to him. The inventor agreed to meet with them.

The only problem was that they had told a lie. They did not have a system yet. For eight weeks, with little sleep or food, Allen and Gates wrote the computer program. They created an operating system, and Allen took it to New Mexico for the demonstration. [エ] He put it in the new computer for the very first time, and—it worked! The inventor of the *hardware agreed to sell his machine with their operating system already *installed. It was their first major (⑦).

（注） delighted　喜んで　　semesters　学期　　career　経歴
all-boys preparatory school　（大学進学準備のための）男子の私立高等学校
could not afford to ～　～する余裕がなかった　　hired　雇われた
power plant　発電所　　could afford ～　～を購入できた
operating system　オペレーティングシステム（コンピュータの基本プログラム，OS）
proposal　提案　　possibility　可能性
demonstrate ～　～をデモンストレーションする　　hardware　ハードウェア
installed　組み込まれた

問１　空欄①，③，⑦に入る最も適切なものを，次のア～エの中から１つずつ選び，それぞれ解答欄 1 ～ 3 にマークしなさい。

(①)　ア　in　　イ　of　　ウ　to　　エ　out　　1
(③)　ア　waiting　　イ　shopping　　ウ　buying　　エ　eating　　2
(⑦)　ア　mistake　　イ　success　　ウ　lie　　エ　company　　3

問２　次の英文を本文中に補うとき，最も適切な箇所を本文中の[ア]～[エ]の中から１つ選び，解答欄 4 にマークしなさい。

He spent most of his time in the university computer center.

問３　下線部②の期間にGatesが行ったこととして，最も適切なものを，次のア～エの中から１つ選び，解答欄 5 にマークしなさい。

ア　He started to learn a programming language and named it BASIC.
イ　He spent a lot of time discovering what he could do with a computer.
ウ　He became an international expert on computer programming.
エ　He couldn't afford to buy a computer, so he created one.

問４　下線部④の意味として最も適切なものを，次のア～エの中から１つ選び，解答欄 6 にマークしなさい。

ア　people who give lessons to just one student or a small group of students
イ　people who buy goods from a particular shop, restaurant, or company
ウ　people who choose to work a lot and do not have time to do anything else
エ　people who do not have a job and are looking for one

問５　下線部⑤が「彼らはどちらが最も速く，最も長くプログラムを組むことができるかを競った。」という意味になるように，(　)内の語(句)を並べ換え， 7 ， 8 の位置に入るものだけを，下のア～クの中から１つずつ選び，それぞれ解答欄 7 ， 8 にマークしなさい。

They ＿＿＿ 7 ＿＿＿ 8 ＿＿＿ ＿＿＿ ＿＿＿ ＿＿＿ the longest.

ア　program　　イ　which　　ウ　see　　エ　competed to
オ　and　　カ　the fastest　　キ　could　　ク　of them

問６　下線部⑥について述べているものとして最も適切なものを，次のア～エの中から１つ選び，解答欄 9 にマークしなさい。

ア　Gates と Allen は小型コンピュータの発明家に，「オペレーティングシステムを８週間で作成し，それを提供する」と申し出た。
イ　Gates と Allen は小型コンピュータの発明家に，「既にオペレーティングシステムを持っているので，それを見せたい」と言った。
ウ　ニューメキシコでのデモンストレーションの前にオペレーティングシステムの動作確認は済んでいた。

エ　ニューメキシコでのデモンストレーション後，小型コンピュータの発明家はオペレーティングシステムとハードウェアを別々で売ることに同意した。

問７　本文の内容と合っているものを，次のア～カの中から２つ選び，それぞれ解答欄[10]，[11]にマークしなさい。

ア　ハーバード大学が若きGatesに与えられるものはほとんどなかった。

イ　GatesとAllenは高校時代，ハンバーガー店で働いていた。

ウ　GatesとAllenの発電所での仕事は，報酬がなかった。

エ　1974年に，AllenはGatesから小型コンピュータのことを電話で聞いた。

オ　400ドルの小型コンピュータは，それ自体を購入しただけでは使用できなかった。

カ　Gatesはニューメキシコでデモンストレーションをするためにオペレーティングシステムを持っていった。

[II]　次の英文を読んで，後の設問に答えなさい。（*の付いている語は，後にある(注)を参考にすること。）

What is the color of the sun? Japanese children use a red piece of *crayon when they draw the sun, because Japanese people think it is red. However, American children use yellow because Americans think the sun is yellow. How about a rainbow? How many colors does a rainbow have? Many Japanese children will probably say, "Seven." Children from other countries may say, "Six." There may be children who say, "Three."

①

In some other countries, people think that a rainbow has six colors and they tell children so. People see the ②(same) thing, but they don't see it in the same way.

There are some differences in (③), too. In most cultures, people put a hand on a child's head. [ア] In India, however, if you do so, parents will be angry because this means the child is not smart. In Spain, people don't look at the eyes of others when they talk to them. [イ] By not doing so, they try to show respect. Things are different in France or in the United States, however. In these countries, they make eye contact when they talk to someone. For this reason, Spanish people sometimes feel (④) when they talk with people from these countries. Smiling sometimes has different meanings, too. American people usually smile when they are happy, but Japanese sometimes smile even when they are not happy. They sometimes smile when they don't know what to say or what to do. American people don't understand such smiles at all.

There are also some differences in (⑤). For example, when you are invited to dinner in Japan, it is polite to eat all the food on the dish. In China, however, ⑥(ア do not　イ of　ウ they　エ eat　オ are served　カ people　キ all　ク the food). If they do so, it means that the host did not serve enough food. In Japan, people hold their bowls in their hands when they eat rice, but in Korea, picking up bowls to eat is not good.

These days, many people go to foreign countries and many foreign people come to Japan. [ウ] We have a lot of chances to meet people from all over the world. When we see people with different customs, we should not think their customs are strange. [エ] Each custom has its own history. We should try to understand that people are different from each other, and we should also try to learn to respect each other. This is the best way to create international understanding.

（注） crayon クレヨン

問１ 空欄①には次のＡ～Ｃが入る。その順序として最も適切なものを，下のア～カの中から１つ選び，解答欄 12 にマークしなさい。

Ａ In Japan people say to children, "You can see seven colors in a rainbow."

Ｂ Why do Japanese children think that a rainbow has seven colors?

Ｃ That is why children think a rainbow has seven colors.

ア Ａ－Ｂ－Ｃ　イ Ａ－Ｃ－Ｂ　ウ Ｂ－Ａ－Ｃ

エ Ｂ－Ｃ－Ａ　オ Ｃ－Ａ－Ｂ　カ Ｃ－Ｂ－Ａ

問２ ②(same)の下線部と同じ発音を含むものを，次のア～エの中から１つ選び，解答欄 13 にマークしなさい。

ア stranger　イ private　ウ image　エ climate

問３ 空欄③～⑤に入る最も適切なものを，次のア～エの中から１つずつ選び，それぞれ解答欄 14 ～ 16 にマークしなさい。

(③) ア parents　イ customs　ウ gestures　エ smiles　14

(④) ア uncomfortable　イ comfortable

ウ uncomfortably　エ comfortably　15

(⑤) ア manners　イ food　ウ gender　エ characters　16

問４ 次の英文を本文中に補うとき，最も適切な箇所を［ア］～［エ］の中から１つ選び，解答欄 17 にマークしなさい。

We can't tell which is better.

問５ 下線部⑥の意味が通るように（　）内の語（句）を並べ換え，18，19 の位置に入るものだけを，下のア～クの中から１つずつ選び，それぞれ解答欄 18，19 にマークしなさい。

＿＿＿ ＿＿＿ ＿＿＿ ＿＿＿ ＿＿＿ 18 ＿＿＿ 19

ア do not　イ of　ウ they　エ eat

オ are served　カ people　キ all　ク the food

問６ 本文の内容と合っているものを，次のア～キの中から２つ選び，それぞれ解答欄 20，21 にマークしなさい。

ア Only Japanese children think a rainbow has seven colors.

イ People can influence how many colors children can see in a rainbow.

ウ In most cultures, people put both their hands on a child's head.

エ Not making eye contact makes Spanish people unhappy.

オ In China, it is not accepted to pick up bowls when people eat.

カ Respecting the history of a country makes a good custom.

キ We should understand every custom is unique.

III　次の会話文は，バレンタインデー当日のYukiとMaryの会話である。この会話文を読んで，後の設問に答えなさい。（*の付いている語(句)は，後にある(注)を参考にすること。）

Yuki：（ 22 ）
Mary：For me, of course.
Yuki：No. I mean, who are you going to give them to?
Mary：Well, you can have some if you want.
Yuki：Hold on. I mean, （ 23 ）
Mary：Him? Please! He's 20 years older than me, and married. As I said, they're for me. Here, have one.
Yuki：No thanks. I want to know the mystery of the chocolates. （ 24 ）
Mary：Taro gave them to me.
Yuki：But in Japan, women give chocolate to men.
Mary：Yes, he explained that. But he once lived in the States, so this morning, he celebrated Valentine's Day in the American way.
Yuki：Now I understand. What a nice thing to do!
Mary：He's a nice guy. He thought I needed some cheering up. I really *appreciate the chocolates I got from him. How can I return the *favor, Yuki?
Yuki：In Japan, there's a thing called White Day.
Mary：Does it *have something to do with Valentine's?
Yuki：Yes. A boy who receives a Valentine gift can give his special friend a White Day gift one month later.
Mary：I'll be in the States by then. But before I leave, I think I'll give him an early White Day gift.
Yuki：That's the *opposite way. It's not usual.
Mary：Sure, but he changed the way first, so I will too.
Yuki：（ A ） He has a sense of *humor. It'll make him happy.

（注） appreciate ～　～を感謝している　　favor　好意
have something to do with ～　～と何か関係がある　　opposite　反対の
humor　ユーモア

問1　空欄 22 ～ 24 に入る最も適切なものを，次のア～オの中から1つずつ選び，それぞれ解答欄 22 ～ 24 にマークしなさい。（ただし，文頭に来る語も小文字で示してある。同じ記号は2度以上使用しないこと。）

ア　what's going on?
イ　who are those Valentine's Day chocolates for?
ウ　who are you going to make it for?
エ　who did you buy them for? For Mr. Smith?
オ　who did you give them to?

問2　空欄 A に入れるのに最も適切なものを，次のア～エの中から1つ選び，解答欄 25 にマークしなさい。

ア　Not yet.　　イ　Why not?　　ウ　Of course not.　　エ　Not so fast!

問3　本文の内容に合っているものを，次のア～エの中から1つ選び，解答欄 26 にマークしなさい。

ア　Mary and Yuki are twenty years younger than Mr. Smith.

イ　Yuki was impressed to learn the mystery of Mary's chocolates.

ウ　Before Mary leaves the States, she'll give Taro an early White Day gift.

エ　Mary will give Taro an early White Day gift in the Japanese way.

Ⅳ　次の①～⑩の英文の空欄 27 ～ 36 に入る最も適切なものを，下のア～エの中から１つずつ選び，それぞれ解答欄 27 ～ 36 にマークしなさい。

① I'm interested in (27) music.

ア　to hear from　　イ　hearing from　　ウ　to listen to　　エ　listening to

② Today's papers (28) that our exports are down.

ア　say　　イ　read　　ウ　talk　　エ　write

③ Some of the people (29) to the party couldn't come.

ア　invited　　イ　who invited　　ウ　inviting　　エ　were invited

④ (30) of them has two cars.

ア　Each　　イ　Both　　ウ　Many　　エ　Some

⑤ These vintage jeans are (31) regular jeans.

ア　as ten times expensive as　　イ　as expensive ten times as

ウ　as expensive as ten times　　エ　ten times as expensive as

⑥ How delicious this cake is！ May I have (32)？

ア　other　　イ　another　　ウ　anything　　エ　something

⑦ I was almost hit by a car (33) I was crossing the street near my house.

ア　during　　イ　in　　ウ　if　　エ　while

⑧ Today there are (34) students in the library than yesterday.

ア　less　　イ　few　　ウ　many　　エ　fewer

⑨ She (35) the book and can return it to the library now.

ア　will read　　イ　reads　　ウ　has read　　エ　is reading

⑩ It is important (36) different cultures.

ア　of us to understand　　イ　for us to understand

ウ　to us to understand　　エ　us to understanding

Ⅴ　次の①～⑤の英文には誤りが１箇所ずつある。誤りを含む部分を，下線部ア～エの中から１つずつ選び，それぞれ解答欄 37 ～ 41 にマークしなさい。

① James said that(ア) he was(イ) looking(ウ) forward to meet(エ) the President.　37

② The number of(ア) overweight(イ) Americans are(ウ) rising every(エ) day.　38

③ I'm afraid that it takes(ア) a long time to get home by bus(イ) tomorrow because of(ウ) the heavy(エ) traffic.　39

④ Peter hasn't gone(ア) to work yesterday ; he wasn't(イ) feeling well(ウ) and took(エ) the day off.　40

⑤ We can see how(ア) a great engineer(イ) he is by carefully(ウ) examining all his work(エ).　41

VI　次の①～⑤の日本文の意味になるように，下のア～クの語(句)を並べ換えて英文を完成させ，42～51の位置に入るものだけを，それぞれ解答欄42～51にマークしなさい。(ただし，文頭に来る語も小文字で示してある。)

① ハワイで撮った写真を見せてくれますか。

Will you ＿＿ 42 ＿＿ ＿＿ 43 ＿＿ ＿＿ ＿＿ ?

ア pictures　イ me　ウ you　エ show
オ the　カ Hawaii　キ took　ク in

② こんな寒い日には一杯のコーヒーほどいいものはない。

＿＿ ＿＿ 44 ＿＿ ＿＿ ＿＿ ＿＿ 45 a cold day.

ア a cup of　イ is　ウ than　エ coffee
オ on　カ better　キ such　ク nothing

③ 今朝誰が窓を割ったと思いますか。

46 ＿＿ ＿＿ ＿＿ 47 ＿＿ ＿＿ ＿＿ morning?

ア broke　イ do　ウ think　エ the
オ this　カ who　キ window　ク you

④ 私は父に車を洗うように言われた。

I ＿＿ ＿＿ 48 ＿＿ ＿＿ 49 ＿＿ ＿＿ car.

ア his　イ told　ウ by　エ to
オ was　カ wash　キ my　ク father

⑤ 20歳までに英語をよく理解できるようになるでしょう。

You ＿＿ ＿＿ 50 ＿＿ ＿＿ ＿＿ ＿＿ 51 you are twenty.

ア able　イ well　ウ before　エ understand
オ be　カ English　キ to　ク will

【数　学】（50分）〈満点：100点〉

（注意）(1) 問題の文中の $\boxed{\text{①}}\boxed{\text{②}}$ のような $\boxed{}$ には，数字（0，1，2，……，9）が入ります。解答用紙では，その数字を1つずつマークしてください。

(2) 分数で解答する場合，既約分数（それ以上約分できない分数）で答えてください。

1

次の $\boxed{\text{①}}$～$\boxed{\text{⑳}}$ にあてはまる数字を，それぞれ1つずつ選んでマークしなさい。

(1) $\left(\frac{1}{4}+\frac{1}{6}\right)+\left(\frac{2}{3}-\frac{1}{8}\right)\times 2$ を計算すると，$\frac{\boxed{\text{①}}}{\boxed{\text{②}}}$ である。

(2) $\sqrt{12}-\frac{50}{\sqrt{10}}+(\sqrt{5}+\sqrt{2})^2-(\sqrt{3}-2)^2$ を計算すると，$\boxed{\text{③}}\sqrt{\boxed{\text{④}}}-\boxed{\text{⑤}}\sqrt{\boxed{\text{⑥}}\boxed{\text{⑦}}}$ である。

(3) $(x+5)(x-2)+(x-4)(x+4)-(2x-3)^2=-\boxed{\text{⑧}}x^2+\boxed{\text{⑨}}\boxed{\text{⑩}}x-\boxed{\text{⑪}}\boxed{\text{⑫}}$ である。

(4) $(a+b)^2-2(a+b)-15$ を因数分解すると，$(a+b+\boxed{\text{⑬}})(a+b-\boxed{\text{⑭}})$ である。

(5) 2次方程式 $2x^2+5x-4=0$ を解くと，$x=\frac{-\boxed{\text{⑮}}\pm\sqrt{\boxed{\text{⑯}}\boxed{\text{⑰}}}}{\boxed{\text{⑱}}}$ である。

(6) 連立方程式 $\begin{cases}3x+2y=18\\(x-2):(3y-1)=1:4\end{cases}$ を解くと，$x=\boxed{\text{⑲}}$，$y=\boxed{\text{⑳}}$ である。

2

次の $\boxed{\text{㉑}}$～$\boxed{\text{㊴}}$ にあてはまる数字を，それぞれ1つずつ選んでマークしなさい。

(1) KさんはAさんより13歳年上である。Kさんの年齢の12倍は，Aさんの年齢の2乗より33小さい。このとき，Kさんは，$\boxed{\text{㉑}}\boxed{\text{㉒}}$ 歳である。

(2) 連続する4つの自然数 a，b，c，d が，等式 $2ac-bd=2022$ を満たすとき，$a=\boxed{\text{㉓}}\boxed{\text{㉔}}$ である。ただし，$a<b<c<d$ とする。

(3) 太郎くんがA地点とC地点をB地点を経由し往復した。A地点からC地点は3600mあり，行きはA地点からB地点は上り坂になっていて，B地点からC地点は下り坂になっていた。行きは60分かかり，帰りは57分かかった。太郎くんの上りの速さと下りの速さはそれぞれ一定で，その比は5：8であった。このとき，A地点からB地点は，$\boxed{\text{㉕}}\boxed{\text{㉖}}\boxed{\text{㉗}}\boxed{\text{㉘}}$ mである。

(4) 濃度4％の食塩水Aを x gと濃度10％の食塩水Bを y g混ぜると濃度8％の食塩水Cができた。さらに，この食塩水Cに水を100g入れると，濃度6％の食塩水ができた。このとき，$x=\boxed{\text{㉙}}\boxed{\text{㉚}}\boxed{\text{㉛}}$，$y=\boxed{\text{㉜}}\boxed{\text{㉝}}\boxed{\text{㉞}}$ である。

(5) 2個のサイコロA，Bを同時に投げて，出た目の数をそれぞれ a，b とする。このとき，x についての方程式 $ax+b=2$ の解が整数となる確率は，$\frac{\boxed{\text{㉟}}}{\boxed{\text{㊱}}\boxed{\text{㊲}}}$ である。

(6) 【図】において，$\angle\mathrm{OBA}=\boxed{\text{㊳}}\boxed{\text{㊴}}^\circ$ である。

【図】

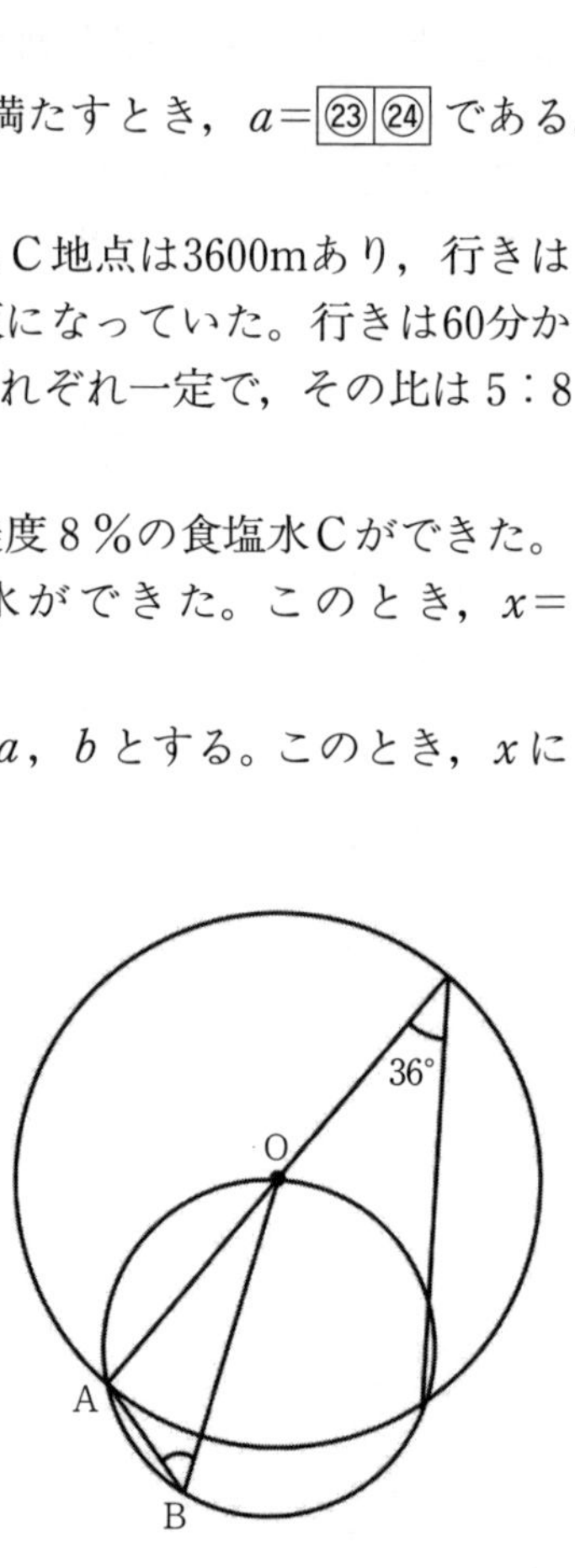

3 図のように，AB＝4 である長方形ABCDがある。辺BC上にAE＝5 となるように点Eをとり，AEを直径とする半円と辺ADの交点をF，辺CDとの交点のうちDに近いものをGとすると，FG∥AE となった。このとき，次の$\boxed{40}$～$\boxed{46}$にあてはまる数字を，それぞれ1つずつ選んでマークしなさい。

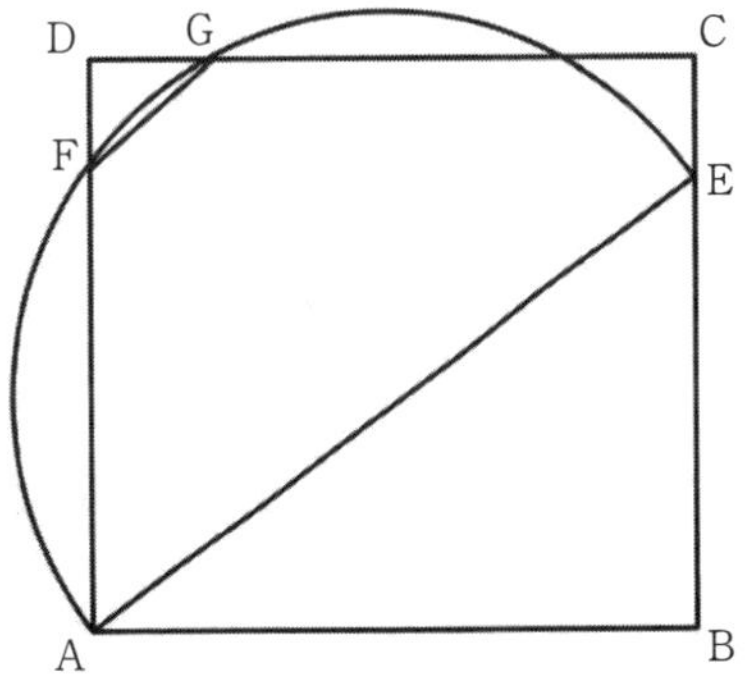

(1) △ABE と相似な三角形の番号を以下の選択肢から2つ選び，$\boxed{40}$ と $\boxed{41}$ にマークしなさい。ただし，解答の順序は問わない。

選択肢：⓪ △AGD　① △GDF　② △ECG
　　　　③ △BCD　④ △AGE

(2) 台形AEGFの面積は，$\dfrac{\boxed{42}\boxed{43}\boxed{44}}{\boxed{45}\boxed{46}}$ である。

4 図のように，1辺の長さが4である正四面体ABCDがある。辺ABの中点をEとし，辺AD上にAF：FD＝3：1となる点Fをとる。このとき，次の$\boxed{47}$～$\boxed{55}$にあてはまる数字を，それぞれ1つずつ選んでマークしなさい。

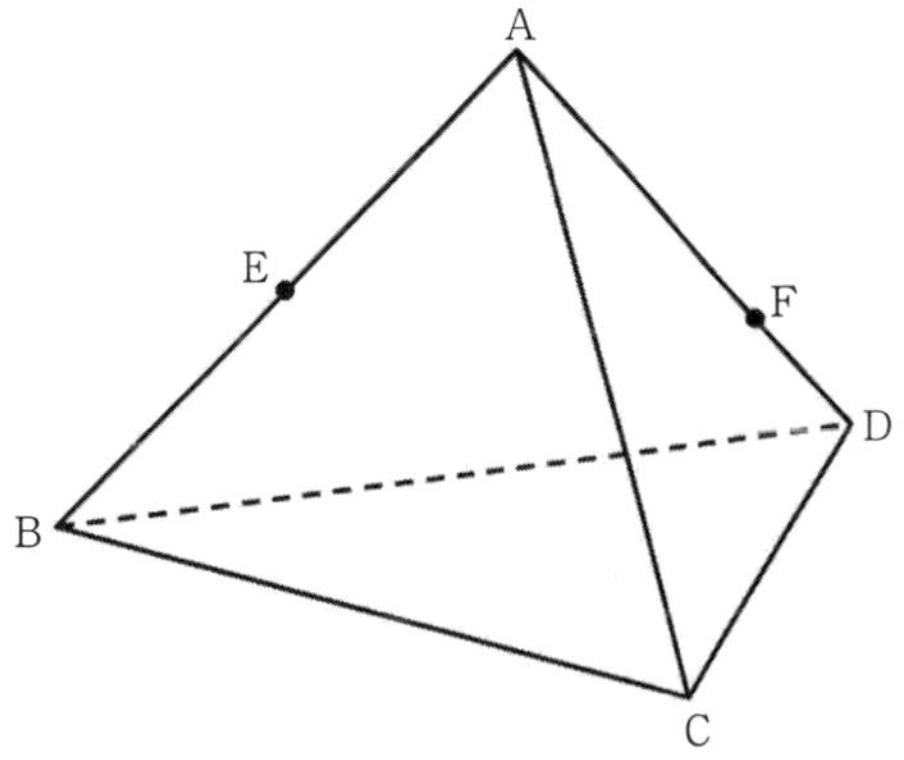

(1) △AEFの面積は，$\dfrac{\boxed{47}\sqrt{\boxed{48}}}{\boxed{49}}$ である。

(2) △CEFの面積は，$\dfrac{\boxed{50}\sqrt{\boxed{51}}}{\boxed{52}}$ である。

(3) 点Aから平面CEFに垂線AHを引くとき，線分AHの長さは，$\dfrac{\boxed{53}\sqrt{\boxed{54}}}{\boxed{55}}$ である。

5 図のように，放物線 $y=2x^2$ と直線 $y=ax+b$ が2点A，Bで交わっており，A，Bの x 座標はそれぞれ-1，$\dfrac{3}{2}$である。このとき，次の$\boxed{56}$～$\boxed{65}$にあてはまる数字を，それぞれ1つずつ選んでマークしなさい。ただし，円周率を π とする。

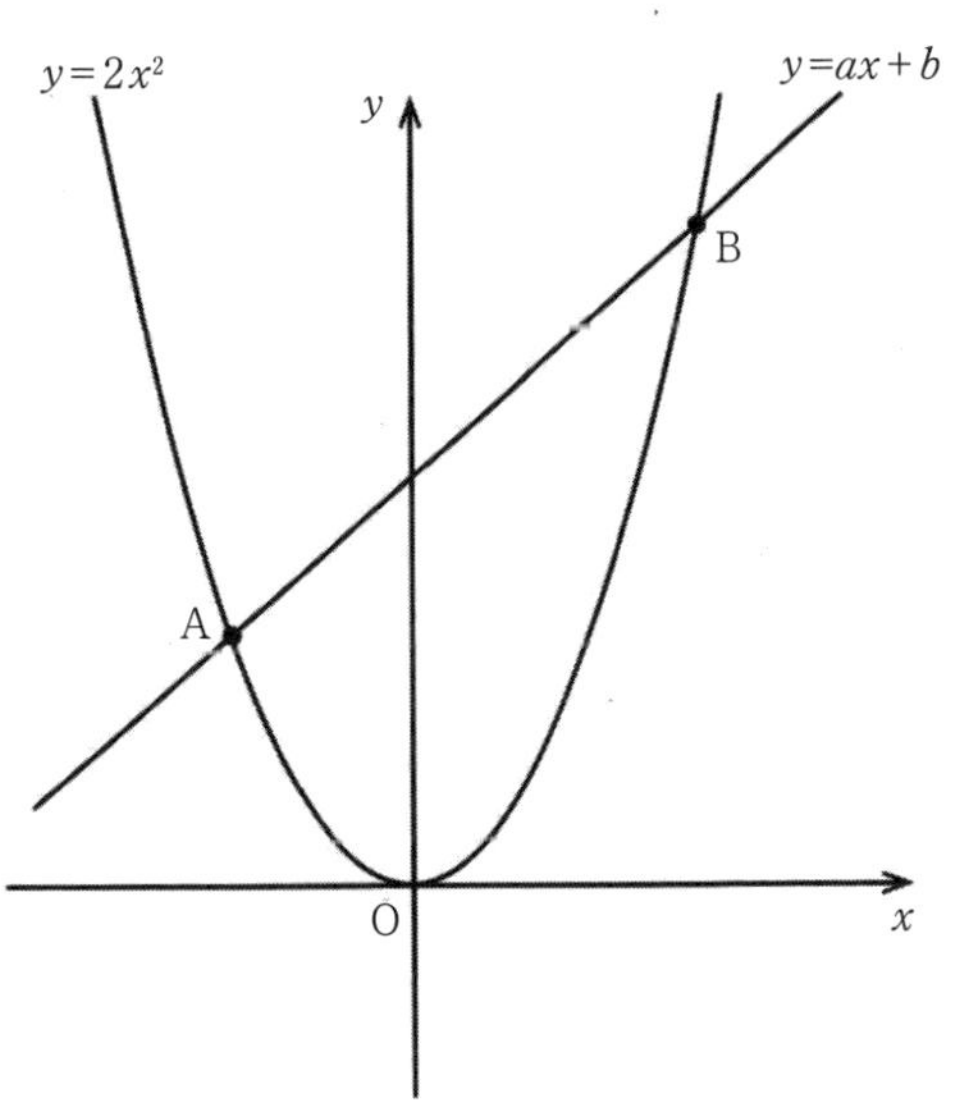

(1) $a=\boxed{56}$，$b=\boxed{57}$ である。

(2) 放物線上のAとBの間に，△OABと△ABCの面積が等しくなるように点Cをとる。このとき，直線BCと直線OAの交点Dの座標は，$\left(\dfrac{\boxed{58}}{\boxed{59}},\ -\dfrac{\boxed{60}}{\boxed{61}}\right)$ である。

(3) (2)で定めたC，Dに対して，△OCDを直線OCのまわりに1回転してできる立体の体積は，$\dfrac{\boxed{62}\sqrt{\boxed{63}}}{\boxed{64}\boxed{65}}\pi$ である。

ア　情けは人のためならず
イ　火中の栗を拾う
ウ　鹿を追う者は山を見ず
エ　背に腹は代えられぬ
オ　おぼれる者はわらをもつかむ

(2)　仕事の経験や経歴　30

ア　キャリア　イ　マネジメント　ウ　オファー
エ　エビデンス　オ　マニフェスト

問六　次の各文の――線部のカタカナを漢字に改めた場合、同じ漢字を使うものを後のア～オの中から一つずつ選び、解答欄31～34にそれぞれマークしなさい。

(1)　ヒボンな才能の持ち主である。　31
ア　ショウヒシャとしてよく考えて物を買う。
イ　商品についてのヒヒョウをする。
ウ　ヒナン訓練を行う。
エ　目のヒロウは頭痛につながる。
オ　この政策についてのゼヒを問う。

(2)　外国の首脳とカイダンする。　32
ア　私はその技術についてはカイギ的だ。
イ　恐ろしいカイダンを聞いて怖がる。
ウ　ユカイな昔話を読む。
エ　これまでにない、カイシンの出来だ。
オ　環境ハカイについて学習する。

(3)　コウオツつけがたい。　33
ア　コウシンリョウを輸入する。
イ　蟹《かに》はコウカクルイに分類される。
ウ　親コウコウをする。
エ　コウキシンから研究が始まった。
オ　ギョコウに船がつく。

(4)　ヨクヨウに注意して朗読する。　34
ア　菌をバイヨウする研究をしている。
イ　スイヨウエキの実験を行う。
ウ　人権をヨウゴする。
エ　東北のミンヨウを学ぶ。
オ　多くの拍手に、気分がコウヨウしてくる。

ウ　Cさん―昭王が藺相如の言葉に反論することができずに、最後には仕方なく許して帰したところも本文の成方と俊綱のやり取りと一緒だよ。

エ　Dさん―でも、藺相如が宝玉を壊さなかったところは成方が俊綱の前で実際に笛を壊して見せた本文とは異なっているね。

(ii)　次に示すのは教師と生徒が二つの文章から読み取れることについて話し合っている場面である。空欄［X］に入る最も適当なものを後のア～エの中から選び、解答欄［24］にマークしなさい。　［24］

Aさん―二つの文章は登場人物や国も全く違うのに、どうして続きとして書かれているのだろう。

Bさん―この文章を読んでみると「成方が風情、あひ似たり。」と言っているから、きっと関連があるんだね。

教　師―そうですね、二つの文章で類似している内容を見つけて、どのような点が共通しているか考えてみましょう。

Cさん―それぞれの内容を比べてみると、二つの話に共通しているのは［　X　］が大切だということになると思います。

教　師―そうですね、一見すると全く違った文章に見えますが、伝えたいことは同じであることがわかりますね。

ア　権力で人を屈服させる姿勢に真っ向から対立する正義感

イ　大金を提示されても欲に惑わされずに物の価値を見抜ける審美眼

ウ　追い詰められた状況でも機転を利かせて切り抜ける判断力

エ　笛や宝玉を授けてくれた、入道や文王の恩に報いようとする忠誠心

四

次の各問いに答えなさい。

問一　次の古文の――線部の「こそ」は係助詞である。それをふまえて、［　］に入る語として正しいものを後のア～エの中から一つ選び、解答欄［25］にマークしなさい。　［25］

これは、龍のしわざにこそあり［　］。

ア　けら（未然形）　イ　けり（終止形）

ウ　ける（連体形）　エ　けれ（已然形）

問二　次の古文の――線部の読み方を現代仮名遣いで表したものとして正しいものを後のア～エの中から一つ選び、解答欄［26］にマークしなさい。　［26］

つかうまつるべきひとびと、みなにはまで御送りしける。

ア　つかいまつるべきひとびと、みなにはまで

イ　つかいまつるべきひとびと、みなにわまで

ウ　つこうまつるべきひとびと、みなにわまで

エ　つこうまつるべきひとびと、みなにはまで

問三　次の文の――線部と同じ意味・用法のものを後のア～オの中から一つ選び、解答欄［27］にマークしなさい。　［27］

ここがこの主人公らしさなのだ。

ア　とても異様な姿である。

イ　何も言えなくなる。

ウ　昨日のようなミスは無くそう。

エ　おかしな話があるものだね。

オ　冬なのに暖かいね。

問四　現存している最古の和歌集として正しいものを次のア～オの中から一つ選び、解答欄［28］にマークしなさい。　［28］

ア　新古今和歌集　イ　貫之集　ウ　万葉集

エ　古今和歌集　オ　古本説話集

問五　次の意味を表すことばとして正しいものを後のア～オの中から一つずつ選び、解答欄［29］・［30］にそれぞれマークしなさい。

(1)　大事のため、他のことはかえりみないということ　［29］

いのに、俊綱が笛を買い取る話を進めており困惑している。

イ　成方は笛を売る気がないことを示すため千石という大金を提示したのに、それでも俊綱が買うと言っているので驚いている。

ウ　成方は冗談のつもりで高額であれば笛を売ると言っただけなのに、俊綱が真に受けてお金の準備をしているので焦っている。

エ　成方は笛を売ることを断り続けているのに、大金を提示し強引に買い取ろうとする俊綱の態度に激怒している。

問三　――線部D「このゆゑにこそ、かかる目は見れ。情けなき笛なり」とあるが、成方はどのようなことを言っているのか。最も適当なものを次のア～エの中から一つ選び、解答欄 21 にマークしなさい。 21

ア　高価な笛なので、俊綱を言いくるめて高値で売れると思っていたのに、逆に怒りを買ってしまうとは忌々《いまいま》しい笛だ。

イ　入道殿よりいただいた価値のある笛なので、大切に扱ってきたのに、笛のために辛い目にあってしまうとは役立たずの笛だ。

ウ　大変に貴重な笛なので、丁重に扱っていたのに、思ったような値で売ることができないとは価値のない笛だ。

エ　神聖な笛なので、丁寧に扱ってきたのに、無実の罪を着せられ困っている状況でも助けてくれないとは薄情な笛だ。

問四　――線部E「大夫の烏滸にてやみにけり」とあるが、どういうことか。最も適当なものを次のア～エの中から一つ選び、解答欄 22 にマークしなさい。 22

ア　成方を騙《だま》してまで笛を奪おうとしていた俊綱であったが、最後には自らの行いを反省し成方を逃がしてやったということ。

イ　成方の笛に固執していた俊綱が、最後には大丸と同じ素晴らしい笛を手に入れることができ喜んだということ。

ウ　お金さえ出せば欲しい物を手に入れられると思っていた俊綱が、最後には大切な笛自体を壊されて失望したということ。

エ　成方を騙し笛を奪おうとした俊綱が、逆に成方に騙され笛を手に入れられないという愚かな結果になったということ。

問五　次の(i)・(ii)について答えなさい。

(i)　次に示すのは、四人の生徒が本文とそれに続く文章を読んだ後に話し合っている場面である。生徒A～Dの中で**二つの文章の内容と異なる**ことを述べている生徒の発言を後のア～エの中から選び、解答欄 23 にマークしなさい。 23

> 当時の中国は戦国時代であり、武力に勝る秦《しん》の昭王《しょうおう》は他国の領地を奪い、領地を拡大しようとしていた。「和氏《かし》の璧《へき》」とは趙《ちょう》の文王《ぶんおう》が所有する有名な宝玉であり、秦の昭王は「和氏の璧」を手に入れようと画策していた。
>
> 昔、趙の文王、和氏が璧、宝とせり。秦の昭王、「いかで《どうにかして》、この玉を得てしがな《宝玉を手に入れたい》」と思ひて、使を遣はして、「十五城を分《わか》ちて、玉にかへむ《交換したい》」と聞こゆ。趙王《文王》、大きに嘆き驚きて、藺相如《りんしやうじよ》を使として、玉を持たせて、秦にやる。昭王、うちとりて、返《かへ》さむともせざりければ、はかりごとをめぐらして、「潔斎《けつさい》の人にあらざれば《身を清めた人でなければ》、この玉を取ることなし」といひて、玉を乞ひ取りてのち、にはかに《突然》怒《いか》れる色をなして、柱をにらみて、玉をうち割らむとす《打ち割ろうとした》。時に秦王《昭王》、許して帰してけり。玉をこそくだかねども、成方が風情、あひ似たり。

ア　Aさん―この文章を読んでみると、強国である秦が権力を後ろ盾に他人の大切にしているものを奪おうとしたところが本文と同じだよ。

イ　Bさん―そうだね、登場人物も文王が俊綱に、和氏が入道に、藺相如が成方にそれぞれ対応していることがわかるね。

れこれ考えて、感情をおさめようとする性格だなと思ったよ。

オ　Eさん―そうかな。最後の場面で、圭作の気持ちを受けて、厳しい紙漉きの仕事に引き込もうと挑発的に言ったところは、彼女がそれまで内に秘めていた感情の激しさの表れだと感じたけれど。

カ　Fさん―綾乃は色々なことによく気が付くし、自分の言動を圭作がどう思うかと気遣いする女性だなと思って読んでいたけれど……。最後の場面は、綾乃の感情が溢れる印象的なシーンだったね。

三

次の文章を読んで、後の問いに答えなさい。

> 笛の名手であった成方《なりかた》は御堂入道殿《みどうにゅうどう》から大丸という大変に素晴らしい笛をいただき、大切にしていた。伏見修理大夫《ふしみのすりだいぶ》俊綱朝臣《としつなあそん》はこの話を聞きつけ、どうにかして大丸という笛を手に入れたいと思っていた。

成方といふ笛吹《ふえふき》ありけり。御堂入道殿より大丸といふ笛をたまは《いただいて》りて、吹きけり。めでたきもの《素晴らしい笛》なれば、伏見修理大夫俊綱朝臣ほしがりて、「千石に買はむ《で買いたい》」とありけるを、売らざりければ、謀《たばか》りて、A使《つかひ》をやりて、売るべきの由《よし》いひけり。そらごと《嘘》をいひつけて、成方を召して、「笛得させむといひける、本意《ほい》なり」と悦《よろこ》びて、「あたひは《値段は》乞《こ》ふによるべし《希望の通りで》」とて、「ただ買ひに買はむ」といひければ、B成方、色を失ひて、「さること申さず《そのような事は言っていません》」といふ。この《俊綱は》使を召し迎へて、尋ねらるるに《尋ねなさったところ》、「まさしく申し候ふ《本当に言っていました》」とCいふほどに、俊綱大きに怒りて、「人をあざむき、すかす《だます》は、その咎《とが》、軽《かろ》からぬことなり」とて、雑色所《ざふしきどころ》へ下《くだ》して、木馬《もくば》に乗せむ《木馬責めの拷問にかけよう》とするあひだ《とする間に》、成方いはく、「身の暇《いとま》をたまはりて、この笛を持ちて参《まゐ》るべし」といひければ、人をつけて遣はす。

帰り来て、腰より笛をぬきいでていふやう、「Dこのゆゑにこそ、かかる目は見れ。情けなき笛なり」とて、軒のもとに下《お》りて、石を取りて、灰のごとくにうちくだきつ。

大夫《俊綱は》、笛を取らむ《手に入れよう》と思ふ心の深さにこそ、さまざまかまへけれ。今はいふかひなければ、いましむるに及ばずして、追ひ放ちにけり。

後に聞けば、あらぬ《別の》笛を、大丸とてうちくだきて、もとの大丸はささいなく《少しも変わりなく》吹き行きければ、E大夫の烏滸《をこ》にてやみにけり。はじめはゆゆしくはやりごちたりけれど《たいそう意気込んでいたけれど》、つひに《最後には》いだしぬかれにけり。

（『十訓抄』による
問題作成のために本文を一部変更したところがあります）

問一　――線部A「使をやり」・C「いふ」の主語として最も適当なものを次のア～エの中から一つずつ選び、解答欄 18 ・ 19 にそれぞれマークしなさい。　A― 18 、C― 19

ア　成方　イ　御堂入道殿　ウ　俊綱　エ　俊綱の使

問二　――線部B「成方、色を失ひ」とあるが、このときの成方の説明として最も適当なものを次のア～エの中から一つ選び、解答欄 20 にマークしなさい。 20

ア　成方は入道殿からいただいた笛を自分から売ると言っていな

味を持った。次に示すのは【資料】をもとにした先生の話を聞き、生徒たちが感想を述べている場面である。本文の内容と**異なる**発言を後のア～カの中から二つ選び、解答欄16・17にそれぞれマークしなさい。16、17

【資料】

花筐（異表記　**花形見**）

作者　世阿弥

人物　照日前
狂女（照日前）
侍女
継体天皇
皇子の使者　他

内容　越前の国に住んでいた男大迹皇子は、即位のため急に都へ向かうことになった旨の手紙と形見の花籠《はなかご》を、使者を派遣して愛する照日前に届けさせる。照日前は、継体天皇となった皇子を恋しく思うあまり狂乱状態となり、大和国の玉穂《たまほ》の都へと急ぐ。狂乱するほどに激しかった彼女のひたむきな思いがその恋を成就させ、めでたく彼女は妃《きさき》の一人となった。

先生―花筐とは、写真の照日前が持っているような花籠のことです。【資料】からは「筐」に「形見」の意が込められていると分かりますね。また、世阿弥の「花筐」を読むと皇子の手紙に「雲に隔てられても、空行く月がめぐるようにやがてそなたとめぐり逢うはず　それを秋のころと期待して　これを残すのである。」とありますよ。これらのことを踏まえて、この小説の感想を、みなさんで話し合ってください。

ア　Aさん―世阿弥の「花筐」がこの小説のタイトルの由来であり、展開に即して「花筐」の内容が引用されていて、二組の男女の様子を重ね合わせて読むことができたよ。どちらも舞台は薄墨桜の地で、皇子は照日前に手紙と形見としての花籠を残し、圭作は綾乃にはがきを送っていたね。

イ　Bさん―でも、皇子は手紙の中で「そなたとめぐり逢うはず」と書いて、自分の愛情を告げていたけれど、圭作のはがきは綾乃への返信で、内容はあいさつ程度のものだったよね。あと、皇子の約束が「秋のころ」だったのに対し、圭作と綾乃の約束は薄墨桜の咲く春だよね。

ウ　Cさん―そうだね。圭作のほうは、神秘的な薄墨桜を目の前にして、はじめて紙漉きや綾乃への気持ちを自覚したんだと思う。東京と福井に分かれた二人を結びつけた薄墨桜と、皇子が残した形見としての花籠と、それぞれの話で「花」が重要な役割を果たしていたね。

先生―では綾乃の人物像についてはどうでしょうか。意見を出し合ってみましょう。

エ　Dさん―皇子へのひたむきな慕情ゆえに我を失う照日前のような激しさは、綾乃にはないよね。綾乃は自分ひとりであ

ウ　淡白な圭作の態度がもどかしいので、自分に好意を持ってもらおうと、手紙が上手く書けているかを何度も見直してから、ようやく完成させて投函した。
エ　圭作との心の距離感を量ることができないので、自分の気持ちが強く入り過ぎないように注意深く手紙を書き、かなりためらったのちに、やっとの思いで投函した。
オ　圭作に対する過剰な期待がはずれて、自分がみじめに思えていたが、ずっと以前から約束していたことなので、迷った挙句、義理を果たすために手紙を投函した。

問二　――線部B「花筐公園の桜が満開になった、と聞いたが、綾乃は見に行く気にもなれなかった」とあるが、このときの綾乃の説明として最も適当なものを、次のア～オの中から一つ選び、解答欄 11 にマークしなさい。 11

ア　今年は純子と圭作と一緒に花見に行けると思っていたのにその当てが外れて、今度もまた自分だけが一方的な期待を寄せていたのかと愚かしく思えていた。
イ　圭作だけでなく、必ず花見に来ると言った純子からも何も連絡がないので、二人に裏切られたと思って、桜への関心よりも腹立たしさのほうがまさっていた。
ウ　純子と圭作から連絡がないので寂しさと不満を抱き、つまらない我を張って素直に見頃を知らせることもしないまま、花見への気持ちがそがれてしまっていた。
エ　今年の桜は圭作と見られると期待していたので、それが叶わないと分かった今、地元の桜をわざわざ人ごみの中に入ってまで見に行く必要はないと思っていた。
オ　純子と圭作が花見に来ると信じていたが、手紙の返事すらないので疎外感を味わった上に、期待が裏切られ、家族と出かける気力が湧《わ》かないでいた。

問三　C に入るものとして最も適当なものを、次のア～オの中から一つ選び、解答欄 12 にマークしなさい。 12

ア　初恋は実らないものだとはよく言ったものだ
イ　自分はまだ、桜のように色褪《あ》せたりしないのだ
ウ　それでも思い出が形見として残ったのだ
エ　出会う前の生活に戻っただけだ
オ　狂おしいほど好きになる前でよかった

問四　＝＝線部a「咄嗟に」、b「狼狽した」の本文中での意味として最も適当なものを、後のア～オの中から一つずつ選び、解答欄 13 ・ 14 にそれぞれマークしなさい。

a「咄嗟に」 13
ア　前後不覚に　イ　すぐさま　ウ　思うがままに
エ　機転をきかせ　オ　早口に

b「狼狽した」 14
ア　驚き疑った　イ　緊張してこわばった
ウ　恐れ震えた　エ　圧倒され気弱になった
オ　とまどい慌てた

問五　――線部D「圭作は、いきなり綾乃の両手を掴んで言った。綾乃は驚いて手をひいたが、圭作は一層強く握りしめてきた」とあるが、このときの圭作の説明として最も適当なものを、次のア～オの中から一つ選び、解答欄 15 にマークしなさい。 15

ア　今立で紙漉き業に就くという決意と、綾乃への思いを伝えたくて、緊張と興奮に包まれている。
イ　綾乃に質問を畳みかけ、期待通りの返事を得たので、いよいよ綾乃に告白しようと意気込んでいる。
ウ　堂々たる桜を見て心が解き放たれて、綾乃への恋心を実感し、綾乃を離すまいと切迫している。
エ　これまでの不本意な仕事ではなく、生涯の仕事を見つけた喜びが心に溢《あふ》れ、感極まっている。
オ　人手不足のつらい仕事でも、紙漉きの伝統を守るために綾乃と一緒になろうと決意している。

問六　この小説を授業で読んだ生徒たちは、世阿弥の「花筐」に興

さく、色も浅いが、山中の夕闇の中に咲く老いた桜は神秘的な趣さえたたえて、いかにも皇子が愛《め》でた桜という言い伝えが真実らしく思われてくる。

四月とはいえ、山の空気は冷えてきて、夕闇は次第に濃く二人を包み込んでくる。綾乃の軀《からだ》が細かく震えはじめた。

もう下りましょう、と圭作に声をかけようとした時、圭作は綾乃のほうへ向き直った。綾乃は、あまりに間近に圭作が立っているので、b狼狽した。

「もう、来ならんと思うてました」

思わず口にした言葉が恨みがましく聞こえなかったろうか。

「あれから、ずっと考えていました」

圭作は、綾乃を見つめながら、緊張した表情で言った。

「離村して多治見へ行ったんは、多治見に行きたいと思うたからではありません。ちょうど仕事があったからです」

そう言ってから、圭作は口をつぐんだ。何を言おうとしているのだろう……。

綾乃は圭作の言葉を待った。

長い沈黙が続いた。綾乃は、動悸《どうき》が早くなるのを感じていた。

「紙漉き、つらい仕事やで、どこの家でも人手が足りんと言うたでしょう」

圭作が、思い切ったように言った。

「言いました」

綾乃は、声が掠《かす》れた。

「働き口は、いくらでもあるんでしょう」

「あります。いくらでもあります。ほんでも、本当に大変な仕事です」

「ようわかってます」

「わかっていません。見ただけではわかりません。わかるもんではありません」

「ほんなら、やってみる。やってみればわかる」

D圭作は、いきなり綾乃の両手を摑《つか》んで言った。

綾乃は驚いて手をひいたが、圭作は一層強く握りしめてきた。

「ほんなら、やってみなさい。やってみて後悔しても、あんたには帰る故郷がないんやでね」

綾乃は動転のあまり口走った。

思いがけなく涙が溢《あふ》れ、仰いだ空に桜の色がにじんでひろがっていった。

（津村節子『花がたみ』による）

※1 北陸線…石川県金沢市金沢駅と滋賀県米原市米原駅を結ぶ鉄道路線。

※2 薄墨桜…綾乃が住む市内にある「花筐《かきょう》公園」の上の三里山にある桜。「花筐公園」はおよそ千本の桜が咲く名所。

※3 今立…越前和紙の生産地域で綾乃の実家がある町。以前圭作を招き、一緒に紙漉きの工房を見学した。

※4 富士ストアー…綾乃の東京での就職先。

※5 隆治…綾乃の兄。この数か月前にくも膜下《まっか》出血で急死した。

※6 おとろしい…恐ろしい。

※7 世阿弥作の謡曲…世阿弥は室町時代の能役者、能作者。謡曲は能楽の詞章。

※8 継体天皇…六世紀前半の第二十六代目の天皇。武烈天皇の後を継ぐため、越前にいた男大迹皇子が都に迎えられ即位した。

問一 ——線部A「綾乃は圭作宛の簡単な手紙を何度も書き直し、何日も逡巡したあげくにようやく投函した」とあるが、このときの綾乃の説明として最も適当なものを、次のア～オの中から一つ選び、解答欄[10]にマークしなさい。[10]

ア 圭作に一方的な思いを抱いていたことを自覚して恥ずかしい思いをしたので、手紙を出すことをためらったが、淡々と用件だけを伝える内容にすることで投函した。

イ 故郷を失った圭作への手紙のなかで、自分の故郷のことに触れていたずらに彼を傷つけてしまわないようにと、何度も内容を確かめながら書きあげて、投函した。

純子との友情も日々疎くなり、圭作との思い出もやがて薄れてゆくだろう。【C】、と綾乃は自分の遅い初恋の痛手が浅くてすんだことを、せめてもの幸いだったと思うことにした。

　車に乗ろうとした時、見馴《な》れた父の車が公園に向かって来るのが見えた。父も、家族に遅ればせながら花見に来たのであろう、と三人はその場に立って待っていた。

　車が停《とま》った。父が降り、反対側のドアが開いた。

　綾乃は、声をあげた。圭作が降りて来たのだ。

「今、着かれたとこや」

　父は、満面に笑みを浮かべて言った。

「純子さんは？」

　綾乃はａ咄嗟《とっさ》に尋ねた。

「二人で約束していたんです。突然行って驚かそうと」

「それで」

「急に都合が悪くなった、と言い出して」

　多分、それは嘘だろう、純子らしい配慮だ、と綾乃は思った。

「どれが薄墨桜ですか」

　圭作は、咲き揃《そろ》った桜を見廻《まわ》しながら言った。

「薄墨桜は、山の上のほうです。見頃になるまでまだ二、三日かかりますやろ。それまでゆっくりしていってくんなさいの」

　祖母が言った。

「私ら、先に帰るで、お客さんともう少し花見をして行きねえの」

　母は綾乃に言うと、祖母をうながして父の車に乗った。

「私も、もう帰るわ」

「何言うてるんや。遠いところから来たお客さんやのに。公園の桜は今日が見頃やざ」

　母は、二人に言い残して去った。

　人気のなくなった花筐公園の桜の中に、二人は取り残された。

「まだ少し早いけど、薄墨桜を見に行きますか」

　二人きりになって、息苦しさから逃れるように綾乃は圭作を誘った。

「ええ」

　圭作は、言葉少なに応えた。

「山道で、急坂ですけど」

「山道は馴れてますで」

　二人並んでは通れぬ細くて歩きにくい道である。

「一本道やで、先に登って下さい」

　綾乃は、後から圭作に見られながら登ることに抵抗があり、彼を先に行かせた。和泉村の谷間に住み、山仕事をしていた圭作の足どりは軽やかである。花筐公園の花見はしても、薄墨桜を見るために山の上までわざわざ登る人は少ないので、道は整備されておらず、歩きにくい。綾乃は都会育ちではないが、山歩きに馴れているわけではないので、半分ほど登ったあたりから息切れがしてきた。

「大丈夫ですか」

　綾乃が遅れがちなので、圭作は時々立ち止まって振り返る。

「私も足には自信があるつもりやけど、圭作さんは鹿のようやわ」

　綾乃は追いついて息をついた。

「あれが薄墨桜？」

　圭作が前方に見える桜を見上げながら言った。

「いいえ、あれは孫桜です。薄墨桜はもっと上……」

「ずいぶん高い所にあるんやね」

「形見の桜が俗風に染まるのを恐れて山の上のほうへ植えかえたちゆうんやけど、樹齢六百年では、※8継体《けいたい》天皇の時代と年代的に合わんのです」

　綾乃は、額の汗をぬぐいながら言った。

　薄墨桜は、そこからさらに登った崖の上にあった。幹の周囲四・五メートルの巨木で、老桜ながら天空に向かって四囲に枝をひろげた姿は、長い風雪に耐えてきた風格がある。花は八分咲きであったが、暮れなずむ空の一部をぼうっと明るませていた。

　圭作は、その偉容《いよう》に打たれたように黙って見上げていた。花も小

A　綾乃は圭作宛《あて》の簡単な手紙を何度も書き直し、何日も逡巡《しゅんじゅん》したあげくにようやく投函《とうかん》した。

九頭竜ダムと※3今立《いまだて》の旅から帰ってすぐ、綾乃は圭作に手紙を出し、圭作からも、今立の礼状が来た。自分の手紙のほうが長くて感情がはいり過ぎていることを、圭作の簡略なはがきを手にした時、恥ずかしく思った。男の人がはがきを書くだけでもなかなかなことよ、と純子は言ったが、綾乃は今立で圭作が寡黙《かもく》だったことを思い出し、やはり故郷を失ったかれの傷を深める結果になったのだろうか、と悔やんだりした。

いや、それは思い過《す》ごしで、圭作はあの旅を、綾乃ほど感銘深く思ってはいないのかもしれない。

綾乃はかれの心を量りかねていた。

圭作とはもう少し親しみを増すだろうという期待も失せたが、寒中見舞だけは出した。今立へ帰っていた綾乃にも、綾乃の家宛にも、圭作から簡単な近況報告が来た。それきり二人の間に音信はなく過ぎていた。

純子にも、同じ内容の手紙を書いて、綾乃は三月いっぱいで※4富士ストアーを退職し、郷里へ帰った。

沖縄に桜が咲き、桜前線は次第に北上して来た。

圭作はもとより、薄墨桜を必ず見に行くと約束した純子からも、返事は来ない。誘い合って、と書いたから、純子は圭作を誘ってくれたろう。圭作はどう返事をしただろうか。それを聞くことが怖くて、綾乃は純子に電話をするのもためらわれる。

圭作とは、何もあったわけではない。ただ偶然列車の中で会い、同じ福井県の生まれということで、圭作は今立に興味をもち、綾乃は九頭竜ダムに興味をもち、それぞれの故郷を案内しただけだ。それで目的は終わったのである。圭作が興味をもったのは、今立であって、綾乃ではなかった、ということなのだ。

綾乃は自分の思い込みが滑稽《こっけい》だった。

花筐《かきょう》公園の桜が咲きはじめた。公園の裏手にあたる山の中腹の薄墨桜は、それより三、四日遅れる。

花見に誘ったのだから、見頃を二人に知らせねば、と綾乃は思いながらも、見に来る気があれば何とか言って来るべきだ、と純子にまで依怙地《いこじ》になって連絡しなかった。

B　花筐公園の桜が満開になった、と聞いたが、綾乃は見に行く気にもなれなかった。

「ちょうど見頃やというで、行こうかの」

母は、娘が帰って来ると知ってから、一緒に花見に行くのを楽しみにしていたらしく、はずんだ声で言った。※5隆治が亡くなってから、初めて見せた笑顔であった。

「見頃やと、人出も多いやろうに」

「ほんなら、暮れ方に行こうか」

母は、その気になっている。

綾乃は、母の楽しみを無にするのも心ない気がして、祖母と母を隆治の車に乗せ、女ばかり三人で花筐公園に行った。日中は人出も多かったであろうが、日が落ちかかったウイークデイの公園は、人影もまばらだった。

公園を埋め尽《つ》くす桜が満開の花をつけ、薄暮の空も明るむほどである。

「何やら、※6おとろしいようやね」

母は、短い盛りを精いっぱいに咲き競っている桜を見て言った。

※7世阿弥作の謡曲《ようきょく》「花筐《はながたみ》」の中で、即位のために俄《にわ》かに上洛した男大迹皇子《おおどのみこ》を慕う照日前《てるひのまえ》の狂乱は、この狂おしいまでに咲く桜からの連想であろうか。

皇子が形見として残した桜は、皇子の寵愛を失って色が薄れたというが、必ず見に行くと約束した二人が来ないいま、その言い伝えも色褪《あ》せたものに思われる。恐らく老木ゆえに花つきが悪くなり、色も薄れたのであろう、と綾乃は興醒めた気持ちで、三里山を仰いだ。

圭作への思いは、今のうちなら消し止めることができそうだった。

かな。

Bさん―なるほどね。そういうことか。「心＝身体」の発する好き嫌いを封じ込める必要はないんだね。人間の心に「神聖なルール」があると信じて、自分らしい在り方を追求せよというメッセージを感じることができたね。

ア　幼児が小学校に通うようになって、集団生活の中で徐々に規律を理解したり、思いやりの心を備えたりしていく

イ　自主自立を校訓とする学校において、生徒たちが既存の校則を廃して、自分たちで校則を作ろうと奮起する

ウ　長時間スマートフォンを使うのは良くないと聞いたので、自分自身で時間のルールを決めて使うように律する

エ　自分の好きなスポーツにおいて、勝つためにどんな練習でもするというのではなく、ただ心から楽しんで満ち足りている

オ　クラス委員が、たとえ嫌われてもクラスメイトの間違いを率直に指摘するように、正義感と義務感で行動する

問六　この文章の構成・展開と表現についての説明として適切なものを、次のア～カの中から二つ選び、解答欄 8 ・ 9 にそれぞれマークしなさい。　8 、 9

ア　筆者は、「わがまま」や「自由」の概念が、国や時代に関係なく誤解されやすいものであることを示すためにヘッセやネイガウスの説を引用し、さらに現代の親や教育者の誤解と誤ったしつけを批判している。

イ　筆者は、将来の職業や実生活に役に立つことだけを教え込もうとする教育が、子供の意欲を奪い、かつ不感症や離人症などの現代病をもたらしていると医学的な知見から分析している。

ウ　筆者は、96～97行目の「人間のつくった法律を無視する」と、119行目の「自覚の上でなされる必然性」とは、全く同趣旨であると述べ、筆者自身の「わがまま」と「自由」についての説を補強するのに用いている。

エ　32行目「ロボット的」、37行目「ガソリン補給」という表現を用いて、「心＝身体」の発する声を軽視すると、いかに人間らしさが失われてしまうかを強調している。

オ　65行目「ロボット的人間の拡大再生産」という表現を用いて、感情や感覚が鈍くなったロボット的人間が大人になると、その子供もロボット的に育てるようになると予言し、異様な社会の到来を危惧《きぐ》している。

カ　107～109行目「何らかの人間がこしらえた外的ルール」と、「自らの『心』の中にある神聖なルール」を対比的に用いて、世間で賞賛されている価値観よりも、自分自身の「心＝身体」を大切にするべきだと述べている。

二

次の文章を読んで、後の問いに答えなさい。

綾乃《あやの》は福井県の出身で、実家は伝統的な越前和紙の紙漉《かみす》き業をしている。故郷を出て東京で働いていたとき、同じ職場の寮で同室の友人・純子を伴って一緒に里帰りしたことがあった。そのとき偶然同郷の圭作《けいさく》と出会う。彼は福井県大野郡和泉《いずみ》村の生まれで、その地は九頭竜《くずりゅう》ダムになってしまったため、離村して同県の多治見《たじみ》市で働いていた。その後、純子は勤めを辞めて実家に戻り、綾乃も故郷への思いが強くなっていた。

三月いっぱいで、勤めを辞め、郷里へ帰ることにしました。帰ってからの計画はまだ何もありませんが、家の者たちは喜んでくれています。

初めて※1北陸線の中でお会いした時、※2薄墨桜《うすずみざくら》をごらんになりたいとおっしゃっていましたが、あれから十ヵ月経ちます。もしまだそのお気持ちがあれば、純子さんと誘い合わせてお出で下さい。お待ちしています。

[C] [3]

ア 必然性　イ 一貫性　ウ 利便性
エ 普遍性　オ 妥当性

問三 ――線部D「『頭』の一方的な独裁体制」とあるが、どういうことか。最も適当なものを、次のア～オの中から一つ選び、解答欄[4]にマークしなさい。 [4]

ア 自分の直感的な好みを抑え付け、望ましい将来を展望して物事の可否を判断し、自分の行動を決めるということ。
イ 人間の自然な感情は挟まない、機械的、非人道的な判断だけがその人の考えや行動を支配しているということ。
ウ 感情や感覚ではなく、知識に基づく論理的な思考や判断だけがその人の考えや行動を支配しているということ。
エ 自分では一切思考せず、決められた規則やマニュアルが無条件に正しいものと判断して、それに従うということ。
オ 自分の価値観ではなく、学校で教え込まれた価値観だけが絶対的に正しいものと判断して、それに従うということ。

問四 ――線部Eの「逆説的関係」について、Kさんは内容をよく理解するためにノートにまとめた。空欄[X]・[Y]に入るものとして最も適当なものを、後のア～エの中から一つずつ選び、解答欄[5]・[6]にそれぞれマークしなさい。

○逆説的関係とは
「逆説＝パラドックス」の意味……[X]ということ
(例)「負けるが勝ち」や、「急がば回れ」など
↓
○本文ではどのような点が「逆説的」なのか
[Y]になっている点
＝真の自分らしさを確立していない人間が、周囲を困らせる勝手気ままな行動をとってしまうということ

[X] [5]

ア 害を与える面もあるが、役に立つ面もある
イ 一見出鱈目《でたらめ》なことが結果として本当のことになる
ウ 事実に反しているように思えるが、実は正しい
エ ものごとが二つの要素から成り立っている

[Y] [6]

ア 「わがまま」になることで「わがまま」から脱却するという因果関係
イ 「わがまま」でないから「わがまま」だという一見矛盾した関係
ウ 内的な「わがまま」と外的な「わがまま」という相反するものが共存した関係
エ 「わがまま」が場面に応じて良くも悪くもなるという相関的な関係

問五 次に示すのは、この文章を読んだうえで三人の生徒が話し合っている場面である。本文の趣旨を踏まえ、空欄[Z]に入る発言として最も適当なものを、後のア～オの中から一つ選び、解答欄[7]にマークしなさい。 [7]

Aさん―私は小さい頃、わがままを言ってはいけませんとよく言われていたから、ヘッセがわがままを「最高の美徳」とする考えに驚いたわ。わがままって本来は自分らしい在り方を意味するのね。
Bさん―本当だね。「わがままも服従である」という表現にも意表をつかれたよ。その「わがまま」と同じように意味を混同されがちなものとして、ネイガウスは「自由」の概念について述べていたね。
Cさん―二人の考えの根底にあるのは、人間の心は無秩序なものではない、ということだね。筆者もその認識の重要性を述べているけれど、どういうことかな。
Aさん―そうね……筆者の言う「無秩序」ではない「人間の心」って、例えば、[Z]、というようなことじゃない

について、ヘッセとまったく同じ趣旨のことを、ロシアのピアニストで名教師としても名高かったゲンリッヒ・ネイガウスが、こう述べている。

……自由とは〈自覚の上でなされる必然性〉であるということは、私たちが皆知っていることです。ここから直接、結論が出てきます。つまり自由は勝手気ままの対蹠点《たいせき》（正反対）であり、無秩序の敵です。それは、宇宙《コスモス》が（古代ギリシャの概念を使えば）混沌《カオス》の敵であり、秩序が無秩序の敵である等々の対立と同様です。

※2弁証法的に思索することを修得していない人びとや、人生での活動の経験を充分に持っていない人びとは、つぎの2つの概念、つまり、自由と勝手気まま――これらは現実には対立するものなのですが――をよく混同しています。……

ゲンリッヒ・ネイガウス

『ピアノ演奏芸術　ある教育者の手記』森松皓子訳、音楽之友社

「自由」とは決して「勝手気まま」な状態を指すのではなく「自覚の上でなされる必然性」なのであり、宇宙のごとき秩序を持ったものだとネイガウスは述べている。

これはヘッセの論じたのと同様、「自由」とは内的な秩序もしくはルールの存在を認識しこれに従う在り方のことであり、外的なルールに従った窮屈な在り方でもないし「勝手気まま」なものでもない、と言っているのだ。

つまり、人間の「心」というものは、決して無秩序で気紛れなものではない。この確信を持つことができなければ、人は、ヘッセやネイガウスのような認識に開かれることはできない。これを逆から言えば、「心」にはそれ自体の「神聖なる秩序」があるのだということが認識できていない者が、「好き・嫌い」を封じ込める誤ったしつけや教育を行ってしまうということである。

（泉谷閑示『反教育論　猿の思考から超猿の思考へ』による）

※1　離人症…自分が自分の心や体から離れていったり、また自分が自身の観察者となったりするような状態を感じる症状のこと。

※2　弁証法…意見（定立）と反対意見（反定立）との対立・矛盾を通じて、より高い段階の認識に至る哲学的方法。

問一　――線部A「この価値観が、直接的にではないにしろ、『自分が何がしたいのかわからない』という人間を生み出す精神的土壌になっている」とあるが、その理由として最も適当なものを、次のア～オの中から一つ選び、解答欄[1]にマークしなさい。　[1]

ア　生き物としての原始的な欲求は邪《よこしま》なものだとする価値観に基づいてしつけや教育を受けてきたために、好きなことやしたいことを表現できなくなるから。

イ　自分の好き嫌いを表現することを封じ込められ、大人や教育者の価値観で行動を管理されてきたために、受動的な生き方が身についてしまい、思考能力が低下するから。

ウ　自分の好みを否定されて、マニュアルや学問的知識を重視する価値観を押し付けられてきたために、自我が確立されず、自分自身に関心が持てなくなるから。

エ　快・不快、好き・嫌いで物事に反応するのはよくないという価値観を擦《す》り込まれてきたために、好きなことを表現することに罪悪感や恐怖を感じてしまうから。

オ　自分の好き・嫌いによって物事を取捨選択することは好ましくないとする価値観に縛られてきたために、自分の好悪の感情が分からなくなってしまうから。

問二　[B]・[C]に入ることばとして最も適当なものを、次のア～オの中から一つずつ選び、解答欄[2]・[3]にそれぞれマークしなさい。

[B]　[2]

ア　朝令暮改　イ　不易流行　ウ　叱咤《しった》激励《げきれい》

エ　千言万語　オ　大義名分

こえなくなってしまい、「就職に有利だから」「食いっぱぐれがないから」「人気があるから」「安定しているから」といった他律的な動機によってしか決められない状態に陥ることになる。

　そしてこのようなことが、その先の人生においても、延々と繰り返されていくことになる。「三十歳までに結婚しておかなければ格好が悪い」からと焦って結婚をし、「三十五歳くらいまでには子供を産んでおいた方が良い」と言われているからと慌てて出産し、「良い学校に入れた方が良い」と躍起になって子供にお受験をさせ、「みんな水泳教室に通わせているから」と子供の意志に関係なく水泳教室に通わせる等々、他律的な動機による判断が繰り返され、こうしてロボット的人間の拡大再生産が続いていくのである。

　先ほどの「好き・嫌い」を封じるような考え方は、十中八九「子供の好き・嫌いをそのまま認めてしまったら、きっとわがままで偏った人間になってしまうに違いない」という懼《おそ》れから生じたものだろうと思われる。

　この「わがまま」については、かつて拙著《せっちょ》『「普通がいい」という病』においても言及したことがあったが、この言葉は本来、「我が／まま」という自分らしい在り方を指すものだったはずである。しかし、通常用いられている困った意味での「ワガママ」とは、その内面において「自分らしく」なっていない状態の人が周囲に撒《ま》き散らす無茶な言動を示したものであり、むしろ「我が／まま」の対極にある状態を指している。つまり、内的に「我が／まま」になっていない人間が、外に対して「ワガママ」に振舞うことになるという E逆説的関係になっているのだ。

　さて、このパラドックスをどう考えたら良いだろうか。

　ドイツ語にも「わがまま」という意味の Eigensinn という言葉があって、日本語の場合と同様に、あまり評判がよろしくないようである。しかし、作家ヘルマン・ヘッセは「わがまま」というエッセイの中で、これを「最高の美徳」であると力強く宣言している。

　ひとつの美徳がある。私が非常に愛している唯一の美徳である。その名を「わがまま」という。――私たちが書物で読んだり、先生のお説教のなかで聞かされたりするあの非常にたくさんの美徳の中で、わがままほど私が高く評価できるものはほかにない。けれどそれでも人類が考え出した数多くの美徳のすべてを、ただひとつの名前で総括することができよう。すなわち「服従」である。問題はただ、誰に服従するかにある、つまり「わがまま」も服従である。けれどもわがまま以外のすべての、非常に愛され、称賛されている美徳は、人間によってつくられた法律への服従である。唯一わがままだけが、これら人間のつくった法律を無視するのである。わがままな者は、人間のつくったものではない法律に、唯一の、無条件に神聖な法律に、自分自身の中にある法律に、「我」の「心」のままに従うのである。（中略）けれどもとにかくこのわがままという言葉を文字通りに解釈してみようではないか！　一体「わがまま」とは何を意味するのであろうか？　われのままの心をもつことであろう。……

　ヘルマン・ヘッセ著／フォルカー・ミヒェルス編
　『わがままこそ最高の美徳』岡田朝雄訳、草思社

人は必ず何かに「服従」するものである。しかし、何らかの人間がこしらえた外的ルールに従うのか、自らの「心」の中にある神聖なルールに従うのかによって、人間は二種類に分かれる。そしてこの後者の在り方を「わがまま」と言う。つまり、一般に思い違いされているように「わがまま」とは、決して勝手気ままや出鱈目《でたらめ》、滅茶苦茶《めちゃくちゃ》のことを指すものではない、とヘッセは強調しているのだ。

　この「わがまま」と同様に誤解されやすい「自由」という概念

二〇二二年度 大宮開成高等学校（併願B）

【国　語】（五〇分）〈満点：一〇〇点〉

一　次の文章を読んで、後の問いに答えなさい。

「好き・嫌いなく何でもよく食べる子供に育てましょう」といったスローガンは学校などでかなりおなじみのものであるが、このような考え方の社会に私たちは育ち、また、それを疑いもなく次世代へのしつけや教育のポリシーにしてきた。

　このような考え方の根本には、「好き・嫌いがあるのは良くないことである」という価値観が横たわっている。Aこの価値観が、直接的にではないにしろ、「自分が何がしたいのかわからない」という人間を生み出す精神的土壌になっていることを見落としてはならない。

　これと同様に、「朝ご飯は必ず摂《と》るようにしましょう」「毎日栄養バランスのとれた食事を心がけましょう」といったスローガンも、「食育」という［　B　］のもとに昨今、声高に唱えられているが、「毎朝必ず」とか「バランス」といった考え方は「頭」由来の栄養学的判断を優先していて、人間の身体というものが生き物として日々刻々変化するものであることや、「身体」の発する「好き・嫌い」には「身体」の側の［　C　］があるということを見落としてしまっている。

「好き・嫌い」という最も自然な「心＝身体」の反応を、あたかも悪であるかのように封じ込めるということは、何を食べても好きとも嫌いとも感じないような、いわば不感症の人間を育てようと躍起《やっき》になっているようなものである。

　現代人に多い「何が好きなのかわからない」「自分の感情が動かない」「自分の感覚が信じられない」といった感情・感覚の動かない※1離人症《りじんしょう》的問題の背景には、このように「心＝身体」を軽視した人間観に基づいて行われる教育やしつけの問題が横たわっている。

　そもそも「心＝身体」の発する声とは、「快・不快」や「好き・嫌い」といった内容であり、これを禁じられて育つのだとすれば、人間は当然のことながらD「頭」の一方的な独裁体制に傾かざるを得ない。

　それは理性的で良いことではないか、と考える人もいるかもしれないが、そのような人間の在り方は、限りなくロボット的であり、不自然かつ不健康である。

　食べ物の選び方を例にとれば、「好み」なぞは無視して、不完全で発展途上の栄養学的知識を鵜呑《うの》みにし、そこで奨励されることに闇雲《やみくも》に従って、栄養バランスの良いものを規則正しい時間に、規則正しいローテーションで、ガソリン補給のごとくに摂取することになる。もちろん、そこには食の快楽など入り込む余地はない。

　快楽とはそもそも「好き・嫌い」を基本として成立するものであるが、これを邪《よこしま》なるものと意味付けられ育てられる人間は、生きることの素晴らしさを味わうことから遠ざけられてしまう。また、それのみならず、身体が真に必要としているもの、要らないものをせっかく「好き・嫌い」で知らしめてくれているにもかかわらず、それを無視し、マニュアル化した栄養学的知識によって管理しようというやり方は、実はとても不健康なことでもある。

　もちろんこのような問題は、食生活のみに認められるわけではない。

　人が何を学ぶのかといったことについても、「好き・嫌い」という感覚が重視されずに、浅く広く学ぶことを求められる状況がすっかり定着している。

　その結果、大学進学や就職といった進路選択を行う頃には、もうすっかり本人の中から「好き・嫌い」を発する「心」の声が聞

英語解答

I 問1　①…エ　③…ア　⑦…イ

問2　ウ　問3　イ　問4　ウ

問5　7…ウ　8…ク　問6　イ

問7　ア，オ

II 問1　ウ　問2　ア

問3　③…イ　④…ア　⑤…ア

問4　エ　問5　18…ク　19…オ

問6　イ，キ

III 問1　22…イ　23…エ　24…ア

問2　イ　問3　イ

IV ①　エ　②　ア　③　ア　④　ア

⑤　エ　⑥　イ　⑦　エ　⑧　エ

⑨　ウ　⑩　イ

V ①　エ　②　ウ　③　ア　④　ア

⑤　ア

VI ①　42…イ　43…ウ

②　44…カ　45…キ

③　46…カ　47…ア

④　48…ウ　49…エ

⑤　50…ア　51…ウ

数学解答

1 (1)　①…3　②…2

(2)　③…6　④…3　⑤…3　⑥…1

⑦…0

(3)　⑧…2　⑨…1　⑩…5　⑪…3

⑫…5

(4)　⑬…3　⑭…5

(5)　⑮…5　⑯…5　⑰…7　⑱…4

(6)　⑲…4　⑳…3

2 (1)　㉑…3　㉒…4

(2)　㉓…4　㉔…5

(3)　㉕…2　㉖…0　㉗…0　㉘…0

(4)　㉙…1　㉚…0　㉛…0　㉜…2

㉝…0　㉞…0

(5)　㉟…5　㊱…1　㊲…2

(6)　㊳…5　㊴…4

3 (1)　①，④

(2)　㊷…1　㊸…9　㊹…2　㊺…2

㊻…5

4 (1)　㊼…3　㊽…3　㊾…2

(2)　㊿…5　(51)…3　(52)…2

(3)　(53)…4　(54)…6　(55)…5

5 (1)　(56)…1　(57)…3

(2)　(58)…1　(59)…4　(60)…1　(61)…2

(3)　(62)…3　(63)…2　(64)…6　(65)…4

国語解答

一 問一　オ　問二　B…オ　C…ア

問三　ウ　問四　X…ウ　Y…イ

問五　エ　問六　エ，カ

二 問一　エ　問二　ウ　問三　オ

問四　a…イ　b…オ　問五　ア

問六　ウ，オ

三 問一　A…ウ　C…エ　問二　ア

問三　イ　問四　エ

問五　(i)…イ　(ii)…ウ

四 問一　エ　問二　ウ　問三　オ

問四　ウ　問五　(1)…エ　(2)…ア

問六　(1)…オ　(2)…エ　(3)…イ　(4)…オ

Memo

Memo

2025年度用

高校スーパー過去問

■編集人　声の教育社・編集部

■発行所　株式会社　声の教育社

〒162-0814 東京都新宿区新小川町8-15

☎03-5261-5061㈹ FAX03-5261-5062

https://www.koenokyoikusha.co.jp

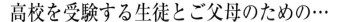

公立高校過去問シリーズ

- 東京都立高校
- 神奈川県公立高校
- 千葉県公立高校
- 埼玉県公立高校
- 茨城県公立高校
- 栃木県公立高校
- 群馬県公立高校

掲載全問に
わかりやすい解説つき
各教科の
出題傾向と対策

定価1100円(税込)

都立独自高校 公立高校過去問シリーズ

251 都立日比谷高校
252 都立西高校
253 都立八王子東高校
254 都立国立高校
255 都立戸山高校
256 都立国分寺高校
257 都立立川高校
258 都立新宿高校
259 都立青山高校

定価2090円(税込)

高校ベスト10シリーズ

出題形式別、入試によく出る順!!

ベスト10Neo **国語** 読解問題

ベスト10Neo **数学** 図形問題

英語 文法問題ベスト10

定価990～1100円(税込)

高校受験面接ブック

別冊がウリ!! 首都圏の各高校の面接内容

本 体 質問回答例ベスト150
面接ワークシート
自己PR書の書き方とワークシート

別 冊 首都圏の私国立高校などの面接方法、時間、質問具体例
推薦・一般入試の面接内容
主要校の面接会場のようす
(各校図示)

小冊子 試験場に持って行ける
チェックBOOK
など面接対策がつまった1冊

定価1320円(税込)

図解でわかる!! 作文・小論文

本 体 (88P) **合格作文の書き方**
①7日間で仕上げる基礎編
②4日間で仕上げる応用編

別 冊 (52P) 首都圏の各高校の作文課題、制限時間、文字数の具体例調査
①首都圏の作文課題2000例を代表的な15パターンに分類(書き易くするため)
②着眼点、キーワード、ポイントを各パターンごとにコメント
③推薦と一般入試の作文出題校と課題例を一挙公開!!
④首都圏公立高校4年間課題調査

定価1100円(税込)

公立の漢字

公立高校の試験によく出る漢字

1 漢字は全都道府県で出題!!
2 公立の漢字の配点は高い!!
3 10年間の頻度をデータ化!!
4 最頻出漢字を5段階評価!!

定価748円(税込)

声の教育社 〒162-0814 東京都新宿区新小川町8-15
TEL.03(5261)5061 FAX.03(5261)5062

カコを追いかけ
ミライをつかめ
「今の説明、もう一回」を何度でも
web過去問
ストリーミング配信による入試問題の解説動画
声の教育社
詳しくはこちらから

これで入試は完璧 高校入試用

最新版 高校ベスト10シリーズ

ベスト10Neo 国語 読解問題

入試によく出る作品を著者別・作品別に分類し、出題頻度順にランキング。実際の入試問題を解きながら効率よく学習ができます。論理的文章と文学的文章を分野別に掲載した、取り組みやすい構成。学習の基礎となる読解力を着実に身につけるとともに、国語の入試問題の全体的傾向を知ることができる問題集です。

最新版 高校ベスト10シリーズ

ベスト10Neo 数学 図形問題

入試に頻出の図形問題を網羅した本書は、基礎を固めるBasic(基礎編)、テーマ別に分類し、出題ランキングを表示したStandard(標準編)、難関校レベルのChallenge(発展編)の3部構成。基礎から応用問題まで幅広く学べます。便利な別冊「らくらく解答シート」がついており、声の教育社webサイトで作図動画も公開中です。

新改訂版 高校ベスト10シリーズ

高校入試 英語 文法問題ベスト10

出題頻度の高い文法問題をパターン別に分類し、ランキング順に掲載。解法のヒントや頻出事項を確認しながら問題に取り組むことができます。さらに、他に類を見ない詳しい解説、文法用語の意味や用法といった基礎知識を分かりやすくまとめた「文法用語mini事典」もつくなど、英語の力を着実にＵＰさせる情報が満載です。

声の教育社 〒162-0814 東京都新宿区新小川町8-15
TEL.03(5261)5061 FAX.03(5261)5062

大宮開成高等学校

別冊解答用紙

丁寧に抜きとって、別冊としてご使用ください。

★合格基準点

	2024 年度		2023 年度	2022 年度
単願	特進選抜先進　201 特進選抜Ⅰ類　188 特進選抜Ⅱ類　170	単願	特進選抜先進　194 特進選抜Ⅰ類　182 特進選抜Ⅱ類　169	特進選抜先進　192 特進選抜Ⅰ類　179 特進選抜Ⅱ類　163
第１回併願	特進選抜先進　215 特進選抜Ⅰ類　206 特進選抜Ⅱ類　193	併願Ａ	特進選抜先進　209 特進選抜Ⅰ類　193 特進選抜Ⅱ類　183	特進選抜先進　201 特進選抜Ⅰ類　185 特進選抜Ⅱ類　171
第２回併願	特進選抜先進　209 特進選抜Ⅰ類　198 特進選抜Ⅱ類　185	併願Ｂ	特進選抜先進　212 特進選抜Ⅰ類　200 特進選抜Ⅱ類　191	特進選抜先進　203 特進選抜Ⅰ類　189 特進選抜Ⅱ類　178

注意

○ 解答用紙は、収録の都合により縮小したものや、小社独自に作成したものもあります。
○ 学校配点は学校発表のもの、推定配点は小社で作成したものです。

○ 解答用紙を拡大コピーする場合、表示した拡大率に対応する用紙サイズは以下のとおりです。
101%～102%=B5　103%～118%=A4　119%～144%=B4　145%～167%=A3
（タイトルと配点表は含みません）

２０２４年度　大宮開成高等学校　単願・第１回併願

英語解答用紙

評点
/100

《注意》
1. 受験番号と氏名を確認し、間違っていたら申し出ること。
2. 解答は所定欄に正しくマークすること。
3. マークする時は、ＨＢ以上の濃さの鉛筆を使用すること。
4. 訂正の場合は、消しゴムを用いて完全に消し、消しくずを残さないこと。
5. 解答用紙を汚したり、折り曲げないこと。
6. マークの方法

（良い例　）（悪い例　）

氏名

受験番号

0	0	0	0	0	0
1	1	1	1	1	1
2	2	2	2	2	2
3	3	3	3	3	3
4	4	4	4	4	4
5	5	5	5	5	5
6	6	6	6	6	6
7	7	7	7	7	7
8	8	8	8	8	8
9	9	9	9	9	9

欠席	この欠席欄には何も記入しないこと

マークシート識別欄

上の欄には何も記入しないこと

1	ア イ ウ エ オ カ キ ク ケ コ	21	ア イ ウ エ オ カ キ ク ケ コ	41	ア イ ウ エ オ カ キ ク ケ コ	61	ア イ ウ エ オ カ キ ク ケ コ
2	ア イ ウ エ オ カ キ ク ケ コ	22	ア イ ウ エ オ カ キ ク ケ コ	42	ア イ ウ エ オ カ キ ク ケ コ	62	ア イ ウ エ オ カ キ ク ケ コ
3	ア イ ウ エ オ カ キ ク ケ コ	23	ア イ ウ エ オ カ キ ク ケ コ	43	ア イ ウ エ オ カ キ ク ケ コ	63	ア イ ウ エ オ カ キ ク ケ コ
4	ア イ ウ エ オ カ キ ク ケ コ	24	ア イ ウ エ オ カ キ ク ケ コ	44	ア イ ウ エ オ カ キ ク ケ コ	64	ア イ ウ エ オ カ キ ク ケ コ
5	ア イ ウ エ オ カ キ ク ケ コ	25	ア イ ウ エ オ カ キ ク ケ コ	45	ア イ ウ エ オ カ キ ク ケ コ	65	ア イ ウ エ オ カ キ ク ケ コ
6	ア イ ウ エ オ カ キ ク ケ コ	26	ア イ ウ エ オ カ キ ク ケ コ	46	ア イ ウ エ オ カ キ ク ケ コ	66	ア イ ウ エ オ カ キ ク ケ コ
7	ア イ ウ エ オ カ キ ク ケ コ	27	ア イ ウ エ オ カ キ ク ケ コ	47	ア イ ウ エ オ カ キ ク ケ コ	67	ア イ ウ エ オ カ キ ク ケ コ
8	ア イ ウ エ オ カ キ ク ケ コ	28	ア イ ウ エ オ カ キ ク ケ コ	48	ア イ ウ エ オ カ キ ク ケ コ	68	ア イ ウ エ オ カ キ ク ケ コ
9	ア イ ウ エ オ カ キ ク ケ コ	29	ア イ ウ エ オ カ キ ク ケ コ	49	ア イ ウ エ オ カ キ ク ケ コ	69	ア イ ウ エ オ カ キ ク ケ コ
10	ア イ ウ エ オ カ キ ク ケ コ	30	ア イ ウ エ オ カ キ ク ケ コ	50	ア イ ウ エ オ カ キ ク ケ コ	70	ア イ ウ エ オ カ キ ク ケ コ
11	ア イ ウ エ オ カ キ ク ケ コ	31	ア イ ウ エ オ カ キ ク ケ コ	51	ア イ ウ エ オ カ キ ク ケ コ	71	ア イ ウ エ オ カ キ ク ケ コ
12	ア イ ウ エ オ カ キ ク ケ コ	32	ア イ ウ エ オ カ キ ク ケ コ	52	ア イ ウ エ オ カ キ ク ケ コ	72	ア イ ウ エ オ カ キ ク ケ コ
13	ア イ ウ エ オ カ キ ク ケ コ	33	ア イ ウ エ オ カ キ ク ケ コ	53	ア イ ウ エ オ カ キ ク ケ コ	73	ア イ ウ エ オ カ キ ク ケ コ
14	ア イ ウ エ オ カ キ ク ケ コ	34	ア イ ウ エ オ カ キ ク ケ コ	54	ア イ ウ エ オ カ キ ク ケ コ	74	ア イ ウ エ オ カ キ ク ケ コ
15	ア イ ウ エ オ カ キ ク ケ コ	35	ア イ ウ エ オ カ キ ク ケ コ	55	ア イ ウ エ オ カ キ ク ケ コ	75	ア イ ウ エ オ カ キ ク ケ コ
16	ア イ ウ エ オ カ キ ク ケ コ	36	ア イ ウ エ オ カ キ ク ケ コ	56	ア イ ウ エ オ カ キ ク ケ コ	76	ア イ ウ エ オ カ キ ク ケ コ
17	ア イ ウ エ オ カ キ ク ケ コ	37	ア イ ウ エ オ カ キ ク ケ コ	57	ア イ ウ エ オ カ キ ク ケ コ	77	ア イ ウ エ オ カ キ ク ケ コ
18	ア イ ウ エ オ カ キ ク ケ コ	38	ア イ ウ エ オ カ キ ク ケ コ	58	ア イ ウ エ オ カ キ ク ケ コ	78	ア イ ウ エ オ カ キ ク ケ コ
19	ア イ ウ エ オ カ キ ク ケ コ	39	ア イ ウ エ オ カ キ ク ケ コ	59	ア イ ウ エ オ カ キ ク ケ コ	79	ア イ ウ エ オ カ キ ク ケ コ
20	ア イ ウ エ オ カ キ ク ケ コ	40	ア イ ウ エ オ カ キ ク ケ コ	60	ア イ ウ エ オ カ キ ク ケ コ	80	ア イ ウ エ オ カ キ ク ケ コ

（注）この解答用紙は実物を縮小してあります。Ｂ４用紙に141％拡大コピーすると、ほぼ実物大で使用できます。（タイトルと配点表は含みません）

学校配点	
Ⅰ 問１、問２ 各２点×４ 問３ ３点 問４ ２点 問５、問６ 各３点×３〔問５は完答〕 Ⅱ 問１ ３点 問２、問３ 各２点×４ 問４〜問６ 各３点×４〔問４は完答〕 Ⅲ〜Ⅴ 各２点×20 Ⅵ 各３点×５	
計	100点

２０２４年度　大宮開成高等学校　単願・第１回併願

数学解答用紙

評点　／100

《注意》
1. 受験番号と氏名を確認し、間違っていたら申し出ること。
2. 解答は所定欄に正しくマークすること。
3. マークする時は、ＨＢ以上の濃さの鉛筆を使用すること。
4. 訂正の場合は、消しゴムを用いて完全に消し、消しくずを残さないこと。
5. 解答用紙を汚したり、折り曲げないこと。
6. マークの方法
（良い例　）（悪い例　）

氏名

受験番号

0	0	0	0	0	0
1	1	1	1	1	1
2	2	2	2	2	2
3	3	3	3	3	3
4	4	4	4	4	4
5	5	5	5	5	5
6	6	6	6	6	6
7	7	7	7	7	7
8	8	8	8	8	8
9	9	9	9	9	9

欠席　この欠席欄には何も記入しないこと

マークシート識別欄

上の欄には何も記入しないこと

①	0 1 2 3 4 5 6 7 8 9	㉑	0 1 2 3 4 5 6 7 8 9	㊶	0 1 2 3 4 5 6 7 8 9	61	0 1 2 3 4 5 6 7 8 9
②	0 1 2 3 4 5 6 7 8 9	㉒	0 1 2 3 4 5 6 7 8 9	㊷	0 1 2 3 4 5 6 7 8 9	62	0 1 2 3 4 5 6 7 8 9
③	0 1 2 3 4 5 6 7 8 9	㉓	0 1 2 3 4 5 6 7 8 9	㊸	0 1 2 3 4 5 6 7 8 9	63	0 1 2 3 4 5 6 7 8 9
④	0 1 2 3 4 5 6 7 8 9	㉔	0 1 2 3 4 5 6 7 8 9	㊹	0 1 2 3 4 5 6 7 8 9	64	0 1 2 3 4 5 6 7 8 9
⑤	0 1 2 3 4 5 6 7 8 9	㉕	0 1 2 3 4 5 6 7 8 9	㊺	0 1 2 3 4 5 6 7 8 9	65	0 1 2 3 4 5 6 7 8 9
⑥	0 1 2 3 4 5 6 7 8 9	㉖	0 1 2 3 4 5 6 7 8 9	㊻	0 1 2 3 4 5 6 7 8 9	66	0 1 2 3 4 5 6 7 8 9
⑦	0 1 2 3 4 5 6 7 8 9	㉗	0 1 2 3 4 5 6 7 8 9	㊼	0 1 2 3 4 5 6 7 8 9	67	0 1 2 3 4 5 6 7 8 9
⑧	0 1 2 3 4 5 6 7 8 9	㉘	0 1 2 3 4 5 6 7 8 9	㊽	0 1 2 3 4 5 6 7 8 9	68	0 1 2 3 4 5 6 7 8 9
⑨	0 1 2 3 4 5 6 7 8 9	㉙	0 1 2 3 4 5 6 7 8 9	㊾	0 1 2 3 4 5 6 7 8 9	69	0 1 2 3 4 5 6 7 8 9
⑩	0 1 2 3 4 5 6 7 8 9	㉚	0 1 2 3 4 5 6 7 8 9	㊿	0 1 2 3 4 5 6 7 8 9	70	0 1 2 3 4 5 6 7 8 9
⑪	0 1 2 3 4 5 6 7 8 9	㉛	0 1 2 3 4 5 6 7 8 9	51	0 1 2 3 4 5 6 7 8 9	71	0 1 2 3 4 5 6 7 8 9
⑫	0 1 2 3 4 5 6 7 8 9	㉜	0 1 2 3 4 5 6 7 8 9	52	0 1 2 3 4 5 6 7 8 9	72	0 1 2 3 4 5 6 7 8 9
⑬	0 1 2 3 4 5 6 7 8 9	㉝	0 1 2 3 4 5 6 7 8 9	53	0 1 2 3 4 5 6 7 8 9	73	0 1 2 3 4 5 6 7 8 9
⑭	0 1 2 3 4 5 6 7 8 9	㉞	0 1 2 3 4 5 6 7 8 9	54	0 1 2 3 4 5 6 7 8 9	74	0 1 2 3 4 5 6 7 8 9
⑮	0 1 2 3 4 5 6 7 8 9	㉟	0 1 2 3 4 5 6 7 8 9	55	0 1 2 3 4 5 6 7 8 9	75	0 1 2 3 4 5 6 7 8 9
⑯	0 1 2 3 4 5 6 7 8 9	㊱	0 1 2 3 4 5 6 7 8 9	56	0 1 2 3 4 5 6 7 8 9	76	0 1 2 3 4 5 6 7 8 9
⑰	0 1 2 3 4 5 6 7 8 9	㊲	0 1 2 3 4 5 6 7 8 9	57	0 1 2 3 4 5 6 7 8 9	77	0 1 2 3 4 5 6 7 8 9
⑱	0 1 2 3 4 5 6 7 8 9	㊳	0 1 2 3 4 5 6 7 8 9	58	0 1 2 3 4 5 6 7 8 9	78	0 1 2 3 4 5 6 7 8 9
⑲	0 1 2 3 4 5 6 7 8 9	㊴	0 1 2 3 4 5 6 7 8 9	59	0 1 2 3 4 5 6 7 8 9	79	0 1 2 3 4 5 6 7 8 9
⑳	0 1 2 3 4 5 6 7 8 9	㊵	0 1 2 3 4 5 6 7 8 9	60	0 1 2 3 4 5 6 7 8 9	80	0 1 2 3 4 5 6 7 8 9

（注）この解答用紙は実物を縮小してあります。Ｂ４用紙に141％拡大コピーすると、ほぼ実物大で使用できます。（タイトルと配点表は含みません）

学校配点	
[1]〜[4] 各5点×17 [5] (1) ㊻〜59 3点　60 61 2点　(2)、(3) 各5点×2	
100点	計

二〇二四年度　大宮開成高等学校　単願・第一回併願

国語解答用紙

評点　／100

《注意》
1. 受験番号と氏名を確認し、間違っていたら申し出ること。
2. 解答は所定欄に正しくマークすること。
3. マークする時は、ＨＢ以上の濃さの鉛筆を使用すること。
4. 訂正の場合は、消しゴムを用いて完全に消し、消しくずを残さないこと。
5. 解答用紙を汚したり、折り曲げないこと。
6. マークの方法

（良い例　）（悪い例　）

氏名

受験番号

0	0	0	0	0	0
1	1	1	1	1	1
2	2	2	2	2	2
3	3	3	3	3	3
4	4	4	4	4	4
5	5	5	5	5	5
6	6	6	6	6	6
7	7	7	7	7	7
8	8	8	8	8	8
9	9	9	9	9	9

欠席	この欠席欄には何も記入しないこと
0	

マークシート識別欄

上の欄には何も記入しないこと

1	ア	イ	ウ	エ	オ	カ	キ	ク	ケ	コ
2	ア	イ	ウ	エ	オ	カ	キ	ク	ケ	コ
3	ア	イ	ウ	エ	オ	カ	キ	ク	ケ	コ
4	ア	イ	ウ	エ	オ	カ	キ	ク	ケ	コ
5	ア	イ	ウ	エ	オ	カ	キ	ク	ケ	コ
6	ア	イ	ウ	エ	オ	カ	キ	ク	ケ	コ
7	ア	イ	ウ	エ	オ	カ	キ	ク	ケ	コ
8	ア	イ	ウ	エ	オ	カ	キ	ク	ケ	コ
9	ア	イ	ウ	エ	オ	カ	キ	ク	ケ	コ
10	ア	イ	ウ	エ	オ	カ	キ	ク	ケ	コ
11	ア	イ	ウ	エ	オ	カ	キ	ク	ケ	コ
12	ア	イ	ウ	エ	オ	カ	キ	ク	ケ	コ
13	ア	イ	ウ	エ	オ	カ	キ	ク	ケ	コ
14	ア	イ	ウ	エ	オ	カ	キ	ク	ケ	コ
15	ア	イ	ウ	エ	オ	カ	キ	ク	ケ	コ
16	ア	イ	ウ	エ	オ	カ	キ	ク	ケ	コ
17	ア	イ	ウ	エ	オ	カ	キ	ク	ケ	コ
18	ア	イ	ウ	エ	オ	カ	キ	ク	ケ	コ
19	ア	イ	ウ	エ	オ	カ	キ	ク	ケ	コ
20	ア	イ	ウ	エ	オ	カ	キ	ク	ケ	コ
21	ア	イ	ウ	エ	オ	カ	キ	ク	ケ	コ
22	ア	イ	ウ	エ	オ	カ	キ	ク	ケ	コ
23	ア	イ	ウ	エ	オ	カ	キ	ク	ケ	コ
24	ア	イ	ウ	エ	オ	カ	キ	ク	ケ	コ
25	ア	イ	ウ	エ	オ	カ	キ	ク	ケ	コ
26	ア	イ	ウ	エ	オ	カ	キ	ク	ケ	コ
27	ア	イ	ウ	エ	オ	カ	キ	ク	ケ	コ
28	ア	イ	ウ	エ	オ	カ	キ	ク	ケ	コ
29	ア	イ	ウ	エ	オ	カ	キ	ク	ケ	コ
30	ア	イ	ウ	エ	オ	カ	キ	ク	ケ	コ
31	ア	イ	ウ	エ	オ	カ	キ	ク	ケ	コ
32	ア	イ	ウ	エ	オ	カ	キ	ク	ケ	コ
33	ア	イ	ウ	エ	オ	カ	キ	ク	ケ	コ
34	ア	イ	ウ	エ	オ	カ	キ	ク	ケ	コ
35	ア	イ	ウ	エ	オ	カ	キ	ク	ケ	コ
36	ア	イ	ウ	エ	オ	カ	キ	ク	ケ	コ
37	ア	イ	ウ	エ	オ	カ	キ	ク	ケ	コ
38	ア	イ	ウ	エ	オ	カ	キ	ク	ケ	コ
39	ア	イ	ウ	エ	オ	カ	キ	ク	ケ	コ
40	ア	イ	ウ	エ	オ	カ	キ	ク	ケ	コ
41	ア	イ	ウ	エ	オ	カ	キ	ク	ケ	コ
42	ア	イ	ウ	エ	オ	カ	キ	ク	ケ	コ
43	ア	イ	ウ	エ	オ	カ	キ	ク	ケ	コ
44	ア	イ	ウ	エ	オ	カ	キ	ク	ケ	コ
45	ア	イ	ウ	エ	オ	カ	キ	ク	ケ	コ
46	ア	イ	ウ	エ	オ	カ	キ	ク	ケ	コ
47	ア	イ	ウ	エ	オ	カ	キ	ク	ケ	コ
48	ア	イ	ウ	エ	オ	カ	キ	ク	ケ	コ
49	ア	イ	ウ	エ	オ	カ	キ	ク	ケ	コ
50	ア	イ	ウ	エ	オ	カ	キ	ク	ケ	コ
51	ア	イ	ウ	エ	オ	カ	キ	ク	ケ	コ
52	ア	イ	ウ	エ	オ	カ	キ	ク	ケ	コ
53	ア	イ	ウ	エ	オ	カ	キ	ク	ケ	コ
54	ア	イ	ウ	エ	オ	カ	キ	ク	ケ	コ
55	ア	イ	ウ	エ	オ	カ	キ	ク	ケ	コ
56	ア	イ	ウ	エ	オ	カ	キ	ク	ケ	コ
57	ア	イ	ウ	エ	オ	カ	キ	ク	ケ	コ
58	ア	イ	ウ	エ	オ	カ	キ	ク	ケ	コ
59	ア	イ	ウ	エ	オ	カ	キ	ク	ケ	コ
60	ア	イ	ウ	エ	オ	カ	キ	ク	ケ	コ
61	ア	イ	ウ	エ	オ	カ	キ	ク	ケ	コ
62	ア	イ	ウ	エ	オ	カ	キ	ク	ケ	コ
63	ア	イ	ウ	エ	オ	カ	キ	ク	ケ	コ
64	ア	イ	ウ	エ	オ	カ	キ	ク	ケ	コ
65	ア	イ	ウ	エ	オ	カ	キ	ク	ケ	コ
66	ア	イ	ウ	エ	オ	カ	キ	ク	ケ	コ
67	ア	イ	ウ	エ	オ	カ	キ	ク	ケ	コ
68	ア	イ	ウ	エ	オ	カ	キ	ク	ケ	コ
69	ア	イ	ウ	エ	オ	カ	キ	ク	ケ	コ
70	ア	イ	ウ	エ	オ	カ	キ	ク	ケ	コ
71	ア	イ	ウ	エ	オ	カ	キ	ク	ケ	コ
72	ア	イ	ウ	エ	オ	カ	キ	ク	ケ	コ
73	ア	イ	ウ	エ	オ	カ	キ	ク	ケ	コ
74	ア	イ	ウ	エ	オ	カ	キ	ク	ケ	コ
75	ア	イ	ウ	エ	オ	カ	キ	ク	ケ	コ
76	ア	イ	ウ	エ	オ	カ	キ	ク	ケ	コ
77	ア	イ	ウ	エ	オ	カ	キ	ク	ケ	コ
78	ア	イ	ウ	エ	オ	カ	キ	ク	ケ	コ
79	ア	イ	ウ	エ	オ	カ	キ	ク	ケ	コ
80	ア	イ	ウ	エ	オ	カ	キ	ク	ケ	コ

（注）この解答用紙は実物を縮小してあります。Ｂ４用紙に141％拡大コピーすると、ほぼ実物大で使用できます。（タイトルと配点表は含みません）

学校配点

一　問一、問二　各２点×５　問三　４点　問四、問五　各３点×２　問六　４点　問七　各３点×２

二　問一　各２点×２　問二～問五　各４点×５　問六　各３点×２

三　問一　３点　問二、問三　各２点×２　問四、問五　各３点×２　問六　各２点×２　問七　３点

四　各２点×10

計	100点

２０２４年度　大宮開成高等学校　第２回併願

英語解答用紙

評点
/100

《注意》
1. 受験番号と氏名を確認し、間違っていたら申し出ること。
2. 解答は所定欄に正しくマークすること。
3. マークする時は、ＨＢ以上の濃さの鉛筆を使用すること。
4. 訂正の場合は、消しゴムを用いて完全に消し、消しくずを残さないこと。
5. 解答用紙を汚したり、折り曲げないこと。
6. マークの方法
（良い例　）（悪い例　）

氏名	

受験番号					
0	0	0	0	0	0
1	1	1	1	1	1
2	2	2	2	2	2
3	3	3	3	3	3
4	4	4	4	4	4
5	5	5	5	5	5
6	6	6	6	6	6
7	7	7	7	7	7
8	8	8	8	8	8
9	9	9	9	9	9

欠席	この欠席欄には何も記入しないこと

マークシート識別欄

上の欄には何も記入しないこと

1	ア	イ	ウ	エ	オ	カ	キ	ク	ケ	コ
2	ア	イ	ウ	エ	オ	カ	キ	ク	ケ	コ
3	ア	イ	ウ	エ	オ	カ	キ	ク	ケ	コ
4	ア	イ	ウ	エ	オ	カ	キ	ク	ケ	コ
5	ア	イ	ウ	エ	オ	カ	キ	ク	ケ	コ
6	ア	イ	ウ	エ	オ	カ	キ	ク	ケ	コ
7	ア	イ	ウ	エ	オ	カ	キ	ク	ケ	コ
8	ア	イ	ウ	エ	オ	カ	キ	ク	ケ	コ
9	ア	イ	ウ	エ	オ	カ	キ	ク	ケ	コ
10	ア	イ	ウ	エ	オ	カ	キ	ク	ケ	コ
11	ア	イ	ウ	エ	オ	カ	キ	ク	ケ	コ
12	ア	イ	ウ	エ	オ	カ	キ	ク	ケ	コ
13	ア	イ	ウ	エ	オ	カ	キ	ク	ケ	コ
14	ア	イ	ウ	エ	オ	カ	キ	ク	ケ	コ
15	ア	イ	ウ	エ	オ	カ	キ	ク	ケ	コ
16	ア	イ	ウ	エ	オ	カ	キ	ク	ケ	コ
17	ア	イ	ウ	エ	オ	カ	キ	ク	ケ	コ
18	ア	イ	ウ	エ	オ	カ	キ	ク	ケ	コ
19	ア	イ	ウ	エ	オ	カ	キ	ク	ケ	コ
20	ア	イ	ウ	エ	オ	カ	キ	ク	ケ	コ
21	ア	イ	ウ	エ	オ	カ	キ	ク	ケ	コ
22	ア	イ	ウ	エ	オ	カ	キ	ク	ケ	コ
23	ア	イ	ウ	エ	オ	カ	キ	ク	ケ	コ
24	ア	イ	ウ	エ	オ	カ	キ	ク	ケ	コ
25	ア	イ	ウ	エ	オ	カ	キ	ク	ケ	コ
26	ア	イ	ウ	エ	オ	カ	キ	ク	ケ	コ
27	ア	イ	ウ	エ	オ	カ	キ	ク	ケ	コ
28	ア	イ	ウ	エ	オ	カ	キ	ク	ケ	コ
29	ア	イ	ウ	エ	オ	カ	キ	ク	ケ	コ
30	ア	イ	ウ	エ	オ	カ	キ	ク	ケ	コ
31	ア	イ	ウ	エ	オ	カ	キ	ク	ケ	コ
32	ア	イ	ウ	エ	オ	カ	キ	ク	ケ	コ
33	ア	イ	ウ	エ	オ	カ	キ	ク	ケ	コ
34	ア	イ	ウ	エ	オ	カ	キ	ク	ケ	コ
35	ア	イ	ウ	エ	オ	カ	キ	ク	ケ	コ
36	ア	イ	ウ	エ	オ	カ	キ	ク	ケ	コ
37	ア	イ	ウ	エ	オ	カ	キ	ク	ケ	コ
38	ア	イ	ウ	エ	オ	カ	キ	ク	ケ	コ
39	ア	イ	ウ	エ	オ	カ	キ	ク	ケ	コ
40	ア	イ	ウ	エ	オ	カ	キ	ク	ケ	コ
41	ア	イ	ウ	エ	オ	カ	キ	ク	ケ	コ
42	ア	イ	ウ	エ	オ	カ	キ	ク	ケ	コ
43	ア	イ	ウ	エ	オ	カ	キ	ク	ケ	コ
44	ア	イ	ウ	エ	オ	カ	キ	ク	ケ	コ
45	ア	イ	ウ	エ	オ	カ	キ	ク	ケ	コ
46	ア	イ	ウ	エ	オ	カ	キ	ク	ケ	コ
47	ア	イ	ウ	エ	オ	カ	キ	ク	ケ	コ
48	ア	イ	ウ	エ	オ	カ	キ	ク	ケ	コ
49	ア	イ	ウ	エ	オ	カ	キ	ク	ケ	コ
50	ア	イ	ウ	エ	オ	カ	キ	ク	ケ	コ
51	ア	イ	ウ	エ	オ	カ	キ	ク	ケ	コ
52	ア	イ	ウ	エ	オ	カ	キ	ク	ケ	コ
53	ア	イ	ウ	エ	オ	カ	キ	ク	ケ	コ
54	ア	イ	ウ	エ	オ	カ	キ	ク	ケ	コ
55	ア	イ	ウ	エ	オ	カ	キ	ク	ケ	コ
56	ア	イ	ウ	エ	オ	カ	キ	ク	ケ	コ
57	ア	イ	ウ	エ	オ	カ	キ	ク	ケ	コ
58	ア	イ	ウ	エ	オ	カ	キ	ク	ケ	コ
59	ア	イ	ウ	エ	オ	カ	キ	ク	ケ	コ
60	ア	イ	ウ	エ	オ	カ	キ	ク	ケ	コ
61	ア	イ	ウ	エ	オ	カ	キ	ク	ケ	コ
62	ア	イ	ウ	エ	オ	カ	キ	ク	ケ	コ
63	ア	イ	ウ	エ	オ	カ	キ	ク	ケ	コ
64	ア	イ	ウ	エ	オ	カ	キ	ク	ケ	コ
65	ア	イ	ウ	エ	オ	カ	キ	ク	ケ	コ
66	ア	イ	ウ	エ	オ	カ	キ	ク	ケ	コ
67	ア	イ	ウ	エ	オ	カ	キ	ク	ケ	コ
68	ア	イ	ウ	エ	オ	カ	キ	ク	ケ	コ
69	ア	イ	ウ	エ	オ	カ	キ	ク	ケ	コ
70	ア	イ	ウ	エ	オ	カ	キ	ク	ケ	コ
71	ア	イ	ウ	エ	オ	カ	キ	ク	ケ	コ
72	ア	イ	ウ	エ	オ	カ	キ	ク	ケ	コ
73	ア	イ	ウ	エ	オ	カ	キ	ク	ケ	コ
74	ア	イ	ウ	エ	オ	カ	キ	ク	ケ	コ
75	ア	イ	ウ	エ	オ	カ	キ	ク	ケ	コ
76	ア	イ	ウ	エ	オ	カ	キ	ク	ケ	コ
77	ア	イ	ウ	エ	オ	カ	キ	ク	ケ	コ
78	ア	イ	ウ	エ	オ	カ	キ	ク	ケ	コ
79	ア	イ	ウ	エ	オ	カ	キ	ク	ケ	コ
80	ア	イ	ウ	エ	オ	カ	キ	ク	ケ	コ

（注）この解答用紙は実物を縮小してあります。Ｂ４用紙に141％拡大コピーすると、ほぼ実物大で使用できます。（タイトルと配点表は含みません）

学校配点	
Ⅰ 問１ 各２点×３　問２ ３点　問３ ２点　問４ ３点　問５ ２点　問６ 各３点×２ Ⅱ 問１ 各２点×４　問２ ３点　問３、問４ 各２点×２　問５ 各３点×２ Ⅲ 問１ 各２点×３　問２ 各３点×２　Ⅳ、Ⅴ 各２点×15 Ⅵ 各３点×５	
計	100点

2024年度　大宮開成高等学校　第2回併願

数学解答用紙

《注意》
1. 受験番号と氏名を確認し、間違っていたら申し出ること。
2. 解答は所定欄に正しくマークすること。
3. マークする時は、ＨＢ以上の濃さの鉛筆を使用すること。
4. 訂正の場合は、消しゴムを用いて完全に消し、消しくずを残さないこと。
5. 解答用紙を汚したり、折り曲げないこと。
6. マークの方法
（良い例 ▮ ）（悪い例 ）

氏名

受験番号

0	0	0	0	0	0
1	1	1	1	1	1
2	2	2	2	2	2
3	3	3	3	3	3
4	4	4	4	4	4
5	5	5	5	5	5
6	6	6	6	6	6
7	7	7	7	7	7
8	8	8	8	8	8
9	9	9	9	9	9

欠席　この欠席欄には何も記入しないこと

マークシート識別欄

上の欄には何も記入しないこと

①	0	1	2	3	4	5	6	7	8	9	㉑	0	1	2	3	4	5	6	7	8	9	㊶	0	1	2	3	4	5	6	7	8	9	61	0	1	2	3	4	5	6	7	8	9
②	0	1	2	3	4	5	6	7	8	9	㉒	0	1	2	3	4	5	6	7	8	9	㊷	0	1	2	3	4	5	6	7	8	9	62	0	1	2	3	4	5	6	7	8	9
③	0	1	2	3	4	5	6	7	8	9	㉓	0	1	2	3	4	5	6	7	8	9	㊸	0	1	2	3	4	5	6	7	8	9	63	0	1	2	3	4	5	6	7	8	9
④	0	1	2	3	4	5	6	7	8	9	㉔	0	1	2	3	4	5	6	7	8	9	㊹	0	1	2	3	4	5	6	7	8	9	64	0	1	2	3	4	5	6	7	8	9
⑤	0	1	2	3	4	5	6	7	8	9	㉕	0	1	2	3	4	5	6	7	8	9	㊺	0	1	2	3	4	5	6	7	8	9	65	0	1	2	3	4	5	6	7	8	9
⑥	0	1	2	3	4	5	6	7	8	9	㉖	0	1	2	3	4	5	6	7	8	9	㊻	0	1	2	3	4	5	6	7	8	9	66	0	1	2	3	4	5	6	7	8	9
⑦	0	1	2	3	4	5	6	7	8	9	㉗	0	1	2	3	4	5	6	7	8	9	㊼	0	1	2	3	4	5	6	7	8	9	67	0	1	2	3	4	5	6	7	8	9
⑧	0	1	2	3	4	5	6	7	8	9	㉘	0	1	2	3	4	5	6	7	8	9	㊽	0	1	2	3	4	5	6	7	8	9	68	0	1	2	3	4	5	6	7	8	9
⑨	0	1	2	3	4	5	6	7	8	9	㉙	0	1	2	3	4	5	6	7	8	9	㊾	0	1	2	3	4	5	6	7	8	9	69	0	1	2	3	4	5	6	7	8	9
⑩	0	1	2	3	4	5	6	7	8	9	㉚	0	1	2	3	4	5	6	7	8	9	㊿	0	1	2	3	4	5	6	7	8	9	70	0	1	2	3	4	5	6	7	8	9
⑪	0	1	2	3	4	5	6	7	8	9	㉛	0	1	2	3	4	5	6	7	8	9	51	0	1	2	3	4	5	6	7	8	9	71	0	1	2	3	4	5	6	7	8	9
⑫	0	1	2	3	4	5	6	7	8	9	㉜	0	1	2	3	4	5	6	7	8	9	52	0	1	2	3	4	5	6	7	8	9	72	0	1	2	3	4	5	6	7	8	9
⑬	0	1	2	3	4	5	6	7	8	9	㉝	0	1	2	3	4	5	6	7	8	9	53	0	1	2	3	4	5	6	7	8	9	73	0	1	2	3	4	5	6	7	8	9
⑭	0	1	2	3	4	5	6	7	8	9	㉞	0	1	2	3	4	5	6	7	8	9	54	0	1	2	3	4	5	6	7	8	9	74	0	1	2	3	4	5	6	7	8	9
⑮	0	1	2	3	4	5	6	7	8	9	㉟	0	1	2	3	4	5	6	7	8	9	55	0	1	2	3	4	5	6	7	8	9	75	0	1	2	3	4	5	6	7	8	9
⑯	0	1	2	3	4	5	6	7	8	9	㊱	0	1	2	3	4	5	6	7	8	9	56	0	1	2	3	4	5	6	7	8	9	76	0	1	2	3	4	5	6	7	8	9
⑰	0	1	2	3	4	5	6	7	8	9	㊲	0	1	2	3	4	5	6	7	8	9	57	0	1	2	3	4	5	6	7	8	9	77	0	1	2	3	4	5	6	7	8	9
⑱	0	1	2	3	4	5	6	7	8	9	㊳	0	1	2	3	4	5	6	7	8	9	58	0	1	2	3	4	5	6	7	8	9	78	0	1	2	3	4	5	6	7	8	9
⑲	0	1	2	3	4	5	6	7	8	9	㊴	0	1	2	3	4	5	6	7	8	9	59	0	1	2	3	4	5	6	7	8	9	79	0	1	2	3	4	5	6	7	8	9
⑳	0	1	2	3	4	5	6	7	8	9	㊵	0	1	2	3	4	5	6	7	8	9	60	0	1	2	3	4	5	6	7	8	9	80	0	1	2	3	4	5	6	7	8	9

（注）この解答用紙は実物を縮小してあります。Ｂ４用紙に141％拡大コピーすると、ほぼ実物大で使用できます。（タイトルと配点表は含みません）

評点　／100

学校配点	
1、2 各5点×12 3 (1) ㊳ 2点 ㊴㊵ 3点 (2) 5点 4、5 各5点×6	
計	100点

二〇二四年度　大宮開成高等学校　第二回併願

国語解答用紙

評点　／100

《注意》
1. 受験番号と氏名を確認し、間違っていたら申し出ること。
2. 解答は所定欄に正しくマークすること。
3. マークする時は、ＨＢ以上の濃さの鉛筆を使用すること。
4. 訂正の場合は、消しゴムを用いて完全に消し、消しくずを残さないこと。
5. 解答用紙を汚したり、折り曲げないこと。
6. マークの方法

（良い例 ▮ ）（悪い例 ▮ ◖ ⦚ ↕ ╲ 0 ）

氏名

受験番号					
0	0	0	0	0	0
1	1	1	1	1	1
2	2	2	2	2	2
3	3	3	3	3	3
4	4	4	4	4	4
5	5	5	5	5	5
6	6	6	6	6	6
7	7	7	7	7	7
8	8	8	8	8	8
9	9	9	9	9	9

欠席　この欠席欄には何も記入しないこと

マークシート識別欄

上の欄には何も記入しないこと

1	ア イ ウ エ オ カ キ ク ケ コ	21	ア イ ウ エ オ カ キ ク ケ コ	41	ア イ ウ エ オ カ キ ク ケ コ	61	ア イ ウ エ オ カ キ ク ケ コ
2	ア イ ウ エ オ カ キ ク ケ コ	22	ア イ ウ エ オ カ キ ク ケ コ	42	ア イ ウ エ オ カ キ ク ケ コ	62	ア イ ウ エ オ カ キ ク ケ コ
3	ア イ ウ エ オ カ キ ク ケ コ	23	ア イ ウ エ オ カ キ ク ケ コ	43	ア イ ウ エ オ カ キ ク ケ コ	63	ア イ ウ エ オ カ キ ク ケ コ
4	ア イ ウ エ オ カ キ ク ケ コ	24	ア イ ウ エ オ カ キ ク ケ コ	44	ア イ ウ エ オ カ キ ク ケ コ	64	ア イ ウ エ オ カ キ ク ケ コ
5	ア イ ウ エ オ カ キ ク ケ コ	25	ア イ ウ エ オ カ キ ク ケ コ	45	ア イ ウ エ オ カ キ ク ケ コ	65	ア イ ウ エ オ カ キ ク ケ コ
6	ア イ ウ エ オ カ キ ク ケ コ	26	ア イ ウ エ オ カ キ ク ケ コ	46	ア イ ウ エ オ カ キ ク ケ コ	66	ア イ ウ エ オ カ キ ク ケ コ
7	ア イ ウ エ オ カ キ ク ケ コ	27	ア イ ウ エ オ カ キ ク ケ コ	47	ア イ ウ エ オ カ キ ク ケ コ	67	ア イ ウ エ オ カ キ ク ケ コ
8	ア イ ウ エ オ カ キ ク ケ コ	28	ア イ ウ エ オ カ キ ク ケ コ	48	ア イ ウ エ オ カ キ ク ケ コ	68	ア イ ウ エ オ カ キ ク ケ コ
9	ア イ ウ エ オ カ キ ク ケ コ	29	ア イ ウ エ オ カ キ ク ケ コ	49	ア イ ウ エ オ カ キ ク ケ コ	69	ア イ ウ エ オ カ キ ク ケ コ
10	ア イ ウ エ オ カ キ ク ケ コ	30	ア イ ウ エ オ カ キ ク ケ コ	50	ア イ ウ エ オ カ キ ク ケ コ	70	ア イ ウ エ オ カ キ ク ケ コ
11	ア イ ウ エ オ カ キ ク ケ コ	31	ア イ ウ エ オ カ キ ク ケ コ	51	ア イ ウ エ オ カ キ ク ケ コ	71	ア イ ウ エ オ カ キ ク ケ コ
12	ア イ ウ エ オ カ キ ク ケ コ	32	ア イ ウ エ オ カ キ ク ケ コ	52	ア イ ウ エ オ カ キ ク ケ コ	72	ア イ ウ エ オ カ キ ク ケ コ
13	ア イ ウ エ オ カ キ ク ケ コ	33	ア イ ウ エ オ カ キ ク ケ コ	53	ア イ ウ エ オ カ キ ク ケ コ	73	ア イ ウ エ オ カ キ ク ケ コ
14	ア イ ウ エ オ カ キ ク ケ コ	34	ア イ ウ エ オ カ キ ク ケ コ	54	ア イ ウ エ オ カ キ ク ケ コ	74	ア イ ウ エ オ カ キ ク ケ コ
15	ア イ ウ エ オ カ キ ク ケ コ	35	ア イ ウ エ オ カ キ ク ケ コ	55	ア イ ウ エ オ カ キ ク ケ コ	75	ア イ ウ エ オ カ キ ク ケ コ
16	ア イ ウ エ オ カ キ ク ケ コ	36	ア イ ウ エ オ カ キ ク ケ コ	56	ア イ ウ エ オ カ キ ク ケ コ	76	ア イ ウ エ オ カ キ ク ケ コ
17	ア イ ウ エ オ カ キ ク ケ コ	37	ア イ ウ エ オ カ キ ク ケ コ	57	ア イ ウ エ オ カ キ ク ケ コ	77	ア イ ウ エ オ カ キ ク ケ コ
18	ア イ ウ エ オ カ キ ク ケ コ	38	ア イ ウ エ オ カ キ ク ケ コ	58	ア イ ウ エ オ カ キ ク ケ コ	78	ア イ ウ エ オ カ キ ク ケ コ
19	ア イ ウ エ オ カ キ ク ケ コ	39	ア イ ウ エ オ カ キ ク ケ コ	59	ア イ ウ エ オ カ キ ク ケ コ	79	ア イ ウ エ オ カ キ ク ケ コ
20	ア イ ウ エ オ カ キ ク ケ コ	40	ア イ ウ エ オ カ キ ク ケ コ	60	ア イ ウ エ オ カ キ ク ケ コ	80	ア イ ウ エ オ カ キ ク ケ コ

（注）この解答用紙は実物を縮小してあります。Ｂ４用紙に141％拡大コピーすると、ほぼ実物大で使用できます。（タイトルと配点表は含みません）

学校配点	
一 問一 各2点×4　問二、問三 各3点×2　問四～問七 各4点×4 二 問一 4点　問二 各3点×2　問三～問五 各4点×3 問六 X 3点　Y 2点　Z 3点 三 問一 2点　問二 3点　問三、問四 各2点×3　問五～問七 各3点×3 四 各2点×10	
計	100点

2023年度　大宮開成高等学校　単願

英語解答用紙

《注意》
1. 受験番号と氏名を確認し、間違っていたら申し出ること。
2. 解答は所定欄に正しくマークすること。
3. マークする時は、ＨＢ以上の濃さの鉛筆を使用すること。
4. 訂正の場合は、消しゴムを用いて完全に消し、消しくずを残さないこと。
5. 解答用紙を汚したり、折り曲げないこと。
6. マークの方法
（良い例 ▮ ）（悪い例 ）

評点
/100

氏名	

受験番号					
0	0	0	0	0	0
1	1	1	1	1	1
2	2	2	2	2	2
3	3	3	3	3	3
4	4	4	4	4	4
5	5	5	5	5	5
6	6	6	6	6	6
7	7	7	7	7	7
8	8	8	8	8	8
9	9	9	9	9	9

欠席	この欠席欄には何も記入しないこと

マークシート識別欄

上の欄には何も記入しないこと

1	ア	イ	ウ	エ	オ	カ	キ	ク	ケ	コ
2	ア	イ	ウ	エ	オ	カ	キ	ク	ケ	コ
3	ア	イ	ウ	エ	オ	カ	キ	ク	ケ	コ
4	ア	イ	ウ	エ	オ	カ	キ	ク	ケ	コ
5	ア	イ	ウ	エ	オ	カ	キ	ク	ケ	コ
6	ア	イ	ウ	エ	オ	カ	キ	ク	ケ	コ
7	ア	イ	ウ	エ	オ	カ	キ	ク	ケ	コ
8	ア	イ	ウ	エ	オ	カ	キ	ク	ケ	コ
9	ア	イ	ウ	エ	オ	カ	キ	ク	ケ	コ
10	ア	イ	ウ	エ	オ	カ	キ	ク	ケ	コ
11	ア	イ	ウ	エ	オ	カ	キ	ク	ケ	コ
12	ア	イ	ウ	エ	オ	カ	キ	ク	ケ	コ
13	ア	イ	ウ	エ	オ	カ	キ	ク	ケ	コ
14	ア	イ	ウ	エ	オ	カ	キ	ク	ケ	コ
15	ア	イ	ウ	エ	オ	カ	キ	ク	ケ	コ
16	ア	イ	ウ	エ	オ	カ	キ	ク	ケ	コ
17	ア	イ	ウ	エ	オ	カ	キ	ク	ケ	コ
18	ア	イ	ウ	エ	オ	カ	キ	ク	ケ	コ
19	ア	イ	ウ	エ	オ	カ	キ	ク	ケ	コ
20	ア	イ	ウ	エ	オ	カ	キ	ク	ケ	コ
21	ア	イ	ウ	エ	オ	カ	キ	ク	ケ	コ
22	ア	イ	ウ	エ	オ	カ	キ	ク	ケ	コ
23	ア	イ	ウ	エ	オ	カ	キ	ク	ケ	コ
24	ア	イ	ウ	エ	オ	カ	キ	ク	ケ	コ
25	ア	イ	ウ	エ	オ	カ	キ	ク	ケ	コ
26	ア	イ	ウ	エ	オ	カ	キ	ク	ケ	コ
27	ア	イ	ウ	エ	オ	カ	キ	ク	ケ	コ
28	ア	イ	ウ	エ	オ	カ	キ	ク	ケ	コ
29	ア	イ	ウ	エ	オ	カ	キ	ク	ケ	コ
30	ア	イ	ウ	エ	オ	カ	キ	ク	ケ	コ
31	ア	イ	ウ	エ	オ	カ	キ	ク	ケ	コ
32	ア	イ	ウ	エ	オ	カ	キ	ク	ケ	コ
33	ア	イ	ウ	エ	オ	カ	キ	ク	ケ	コ
34	ア	イ	ウ	エ	オ	カ	キ	ク	ケ	コ
35	ア	イ	ウ	エ	オ	カ	キ	ク	ケ	コ
36	ア	イ	ウ	エ	オ	カ	キ	ク	ケ	コ
37	ア	イ	ウ	エ	オ	カ	キ	ク	ケ	コ
38	ア	イ	ウ	エ	オ	カ	キ	ク	ケ	コ
39	ア	イ	ウ	エ	オ	カ	キ	ク	ケ	コ
40	ア	イ	ウ	エ	オ	カ	キ	ク	ケ	コ
41	ア	イ	ウ	エ	オ	カ	キ	ク	ケ	コ
42	ア	イ	ウ	エ	オ	カ	キ	ク	ケ	コ
43	ア	イ	ウ	エ	オ	カ	キ	ク	ケ	コ
44	ア	イ	ウ	エ	オ	カ	キ	ク	ケ	コ
45	ア	イ	ウ	エ	オ	カ	キ	ク	ケ	コ
46	ア	イ	ウ	エ	オ	カ	キ	ク	ケ	コ
47	ア	イ	ウ	エ	オ	カ	キ	ク	ケ	コ
48	ア	イ	ウ	エ	オ	カ	キ	ク	ケ	コ
49	ア	イ	ウ	エ	オ	カ	キ	ク	ケ	コ
50	ア	イ	ウ	エ	オ	カ	キ	ク	ケ	コ
51	ア	イ	ウ	エ	オ	カ	キ	ク	ケ	コ
52	ア	イ	ウ	エ	オ	カ	キ	ク	ケ	コ
53	ア	イ	ウ	エ	オ	カ	キ	ク	ケ	コ
54	ア	イ	ウ	エ	オ	カ	キ	ク	ケ	コ
55	ア	イ	ウ	エ	オ	カ	キ	ク	ケ	コ
56	ア	イ	ウ	エ	オ	カ	キ	ク	ケ	コ
57	ア	イ	ウ	エ	オ	カ	キ	ク	ケ	コ
58	ア	イ	ウ	エ	オ	カ	キ	ク	ケ	コ
59	ア	イ	ウ	エ	オ	カ	キ	ク	ケ	コ
60	ア	イ	ウ	エ	オ	カ	キ	ク	ケ	コ
61	ア	イ	ウ	エ	オ	カ	キ	ク	ケ	コ
62	ア	イ	ウ	エ	オ	カ	キ	ク	ケ	コ
63	ア	イ	ウ	エ	オ	カ	キ	ク	ケ	コ
64	ア	イ	ウ	エ	オ	カ	キ	ク	ケ	コ
65	ア	イ	ウ	エ	オ	カ	キ	ク	ケ	コ
66	ア	イ	ウ	エ	オ	カ	キ	ク	ケ	コ
67	ア	イ	ウ	エ	オ	カ	キ	ク	ケ	コ
68	ア	イ	ウ	エ	オ	カ	キ	ク	ケ	コ
69	ア	イ	ウ	エ	オ	カ	キ	ク	ケ	コ
70	ア	イ	ウ	エ	オ	カ	キ	ク	ケ	コ
71	ア	イ	ウ	エ	オ	カ	キ	ク	ケ	コ
72	ア	イ	ウ	エ	オ	カ	キ	ク	ケ	コ
73	ア	イ	ウ	エ	オ	カ	キ	ク	ケ	コ
74	ア	イ	ウ	エ	オ	カ	キ	ク	ケ	コ
75	ア	イ	ウ	エ	オ	カ	キ	ク	ケ	コ
76	ア	イ	ウ	エ	オ	カ	キ	ク	ケ	コ
77	ア	イ	ウ	エ	オ	カ	キ	ク	ケ	コ
78	ア	イ	ウ	エ	オ	カ	キ	ク	ケ	コ
79	ア	イ	ウ	エ	オ	カ	キ	ク	ケ	コ
80	ア	イ	ウ	エ	オ	カ	キ	ク	ケ	コ

（注）この解答用紙は実物を縮小してあります。Ｂ４用紙に141％拡大コピーすると、ほぼ実物大で使用できます。（タイトルと配点表は含みません）

学校配点	
Ⅰ 問1～問4 各2点×6　問5 3点　問6 2点　問7 各3点×2 Ⅱ 問1 1点　問2、問3 各2点×4　問4 3点　問5 2点　問6 各3点×2 Ⅲ 問1 各2点×3　問2 各3点×2 Ⅳ、Ⅴ 各2点×15　Ⅵ 各3点×5	
100点	計

２０２３年度　大宮開成高等学校　単願

数学解答用紙

《注意》
1. 受験番号と氏名を確認し、間違っていたら申し出ること。
2. 解答は所定欄に正しくマークすること。
3. マークする時は、ＨＢ以上の濃さの鉛筆を使用すること。
4. 訂正の場合は、消しゴムを用いて完全に消し、消しくずを残さないこと。
5. 解答用紙を汚したり、折り曲げないこと。
6. マークの方法

（良い例 ▮ ）（悪い例 ▮ ◖ ⦂ ↕ ⧵ 0 ）

氏名

受験番号

0	0	0	0	0	0
1	1	1	1	1	1
2	2	2	2	2	2
3	3	3	3	3	3
4	4	4	4	4	4
5	5	5	5	5	5
6	6	6	6	6	6
7	7	7	7	7	7
8	8	8	8	8	8
9	9	9	9	9	9

欠席　この欠席欄には何も記入しないこと

マークシート識別欄

上の欄には何も記入しないこと

①	0	1	2	3	4	5	6	7	8	9	㉑	0	1	2	3	4	5	6	7	8	9	㊶	0	1	2	3	4	5	6	7	8	9	61	0	1	2	3	4	5	6	7	8	9
②	0	1	2	3	4	5	6	7	8	9	㉒	0	1	2	3	4	5	6	7	8	9	㊷	0	1	2	3	4	5	6	7	8	9	62	0	1	2	3	4	5	6	7	8	9
③	0	1	2	3	4	5	6	7	8	9	㉓	0	1	2	3	4	5	6	7	8	9	㊸	0	1	2	3	4	5	6	7	8	9	63	0	1	2	3	4	5	6	7	8	9
④	0	1	2	3	4	5	6	7	8	9	㉔	0	1	2	3	4	5	6	7	8	9	㊹	0	1	2	3	4	5	6	7	8	9	64	0	1	2	3	4	5	6	7	8	9
⑤	0	1	2	3	4	5	6	7	8	9	㉕	0	1	2	3	4	5	6	7	8	9	㊺	0	1	2	3	4	5	6	7	8	9	65	0	1	2	3	4	5	6	7	8	9
⑥	0	1	2	3	4	5	6	7	8	9	㉖	0	1	2	3	4	5	6	7	8	9	㊻	0	1	2	3	4	5	6	7	8	9	66	0	1	2	3	4	5	6	7	8	9
⑦	0	1	2	3	4	5	6	7	8	9	㉗	0	1	2	3	4	5	6	7	8	9	㊼	0	1	2	3	4	5	6	7	8	9	67	0	1	2	3	4	5	6	7	8	9
⑧	0	1	2	3	4	5	6	7	8	9	㉘	0	1	2	3	4	5	6	7	8	9	㊽	0	1	2	3	4	5	6	7	8	9	68	0	1	2	3	4	5	6	7	8	9
⑨	0	1	2	3	4	5	6	7	8	9	㉙	0	1	2	3	4	5	6	7	8	9	㊾	0	1	2	3	4	5	6	7	8	9	69	0	1	2	3	4	5	6	7	8	9
⑩	0	1	2	3	4	5	6	7	8	9	㉚	0	1	2	3	4	5	6	7	8	9	㊿	0	1	2	3	4	5	6	7	8	9	70	0	1	2	3	4	5	6	7	8	9
⑪	0	1	2	3	4	5	6	7	8	9	㉛	0	1	2	3	4	5	6	7	8	9	51	0	1	2	3	4	5	6	7	8	9	71	0	1	2	3	4	5	6	7	8	9
⑫	0	1	2	3	4	5	6	7	8	9	㉜	0	1	2	3	4	5	6	7	8	9	52	0	1	2	3	4	5	6	7	8	9	72	0	1	2	3	4	5	6	7	8	9
⑬	0	1	2	3	4	5	6	7	8	9	㉝	0	1	2	3	4	5	6	7	8	9	53	0	1	2	3	4	5	6	7	8	9	73	0	1	2	3	4	5	6	7	8	9
⑭	0	1	2	3	4	5	6	7	8	9	㉞	0	1	2	3	4	5	6	7	8	9	54	0	1	2	3	4	5	6	7	8	9	74	0	1	2	3	4	5	6	7	8	9
⑮	0	1	2	3	4	5	6	7	8	9	㉟	0	1	2	3	4	5	6	7	8	9	55	0	1	2	3	4	5	6	7	8	9	75	0	1	2	3	4	5	6	7	8	9
⑯	0	1	2	3	4	5	6	7	8	9	㊱	0	1	2	3	4	5	6	7	8	9	56	0	1	2	3	4	5	6	7	8	9	76	0	1	2	3	4	5	6	7	8	9
⑰	0	1	2	3	4	5	6	7	8	9	㊲	0	1	2	3	4	5	6	7	8	9	57	0	1	2	3	4	5	6	7	8	9	77	0	1	2	3	4	5	6	7	8	9
⑱	0	1	2	3	4	5	6	7	8	9	㊳	0	1	2	3	4	5	6	7	8	9	58	0	1	2	3	4	5	6	7	8	9	78	0	1	2	3	4	5	6	7	8	9
⑲	0	1	2	3	4	5	6	7	8	9	㊴	0	1	2	3	4	5	6	7	8	9	59	0	1	2	3	4	5	6	7	8	9	79	0	1	2	3	4	5	6	7	8	9
⑳	0	1	2	3	4	5	6	7	8	9	㊵	0	1	2	3	4	5	6	7	8	9	60	0	1	2	3	4	5	6	7	8	9	80	0	1	2	3	4	5	6	7	8	9

評点　/100

（注）この解答用紙は実物を縮小してあります。Ｂ４用紙に141％拡大コピーすると、ほぼ実物大で使用できます。（タイトルと配点表は含みません）

学校配点	
1～5　各5点×20	
100点	計

二〇二三年度　大宮開成高等学校　単願

国語解答用紙

評点	/100

《注意》
1. 受験番号と氏名を確認し、間違っていたら申し出ること。
2. 解答は所定欄に正しくマークすること。
3. マークする時は、ＨＢ以上の濃さの鉛筆を使用すること。
4. 訂正の場合は、消しゴムを用いて完全に消し、消しくずを残さないこと。
5. 解答用紙を汚したり、折り曲げないこと。
6. マークの方法　（良い例 ▮ ）（悪い例 ）

氏名

番号										
1	ア	イ	ウ	エ	オ	カ	キ	ク	ケ	コ
2	ア	イ	ウ	エ	オ	カ	キ	ク	ケ	コ
3	ア	イ	ウ	エ	オ	カ	キ	ク	ケ	コ
4	ア	イ	ウ	エ	オ	カ	キ	ク	ケ	コ
5	ア	イ	ウ	エ	オ	カ	キ	ク	ケ	コ
6	ア	イ	ウ	エ	オ	カ	キ	ク	ケ	コ
7	ア	イ	ウ	エ	オ	カ	キ	ク	ケ	コ
8	ア	イ	ウ	エ	オ	カ	キ	ク	ケ	コ
9	ア	イ	ウ	エ	オ	カ	キ	ク	ケ	コ
10	ア	イ	ウ	エ	オ	カ	キ	ク	ケ	コ
11	ア	イ	ウ	エ	オ	カ	キ	ク	ケ	コ
12	ア	イ	ウ	エ	オ	カ	キ	ク	ケ	コ
13	ア	イ	ウ	エ	オ	カ	キ	ク	ケ	コ
14	ア	イ	ウ	エ	オ	カ	キ	ク	ケ	コ
15	ア	イ	ウ	エ	オ	カ	キ	ク	ケ	コ
16	ア	イ	ウ	エ	オ	カ	キ	ク	ケ	コ
17	ア	イ	ウ	エ	オ	カ	キ	ク	ケ	コ
18	ア	イ	ウ	エ	オ	カ	キ	ク	ケ	コ
19	ア	イ	ウ	エ	オ	カ	キ	ク	ケ	コ
20	ア	イ	ウ	エ	オ	カ	キ	ク	ケ	コ
21	ア	イ	ウ	エ	オ	カ	キ	ク	ケ	コ
22	ア	イ	ウ	エ	オ	カ	キ	ク	ケ	コ
23	ア	イ	ウ	エ	オ	カ	キ	ク	ケ	コ
24	ア	イ	ウ	エ	オ	カ	キ	ク	ケ	コ
25	ア	イ	ウ	エ	オ	カ	キ	ク	ケ	コ
26	ア	イ	ウ	エ	オ	カ	キ	ク	ケ	コ
27	ア	イ	ウ	エ	オ	カ	キ	ク	ケ	コ
28	ア	イ	ウ	エ	オ	カ	キ	ク	ケ	コ
29	ア	イ	ウ	エ	オ	カ	キ	ク	ケ	コ
30	ア	イ	ウ	エ	オ	カ	キ	ク	ケ	コ
31	ア	イ	ウ	エ	オ	カ	キ	ク	ケ	コ
32	ア	イ	ウ	エ	オ	カ	キ	ク	ケ	コ
33	ア	イ	ウ	エ	オ	カ	キ	ク	ケ	コ
34	ア	イ	ウ	エ	オ	カ	キ	ク	ケ	コ
35	ア	イ	ウ	エ	オ	カ	キ	ク	ケ	コ
36	ア	イ	ウ	エ	オ	カ	キ	ク	ケ	コ
37	ア	イ	ウ	エ	オ	カ	キ	ク	ケ	コ
38	ア	イ	ウ	エ	オ	カ	キ	ク	ケ	コ
39	ア	イ	ウ	エ	オ	カ	キ	ク	ケ	コ
40	ア	イ	ウ	エ	オ	カ	キ	ク	ケ	コ
41	ア	イ	ウ	エ	オ	カ	キ	ク	ケ	コ
42	ア	イ	ウ	エ	オ	カ	キ	ク	ケ	コ
43	ア	イ	ウ	エ	オ	カ	キ	ク	ケ	コ
44	ア	イ	ウ	エ	オ	カ	キ	ク	ケ	コ
45	ア	イ	ウ	エ	オ	カ	キ	ク	ケ	コ
46	ア	イ	ウ	エ	オ	カ	キ	ク	ケ	コ
47	ア	イ	ウ	エ	オ	カ	キ	ク	ケ	コ
48	ア	イ	ウ	エ	オ	カ	キ	ク	ケ	コ
49	ア	イ	ウ	エ	オ	カ	キ	ク	ケ	コ
50	ア	イ	ウ	エ	オ	カ	キ	ク	ケ	コ
51	ア	イ	ウ	エ	オ	カ	キ	ク	ケ	コ
52	ア	イ	ウ	エ	オ	カ	キ	ク	ケ	コ
53	ア	イ	ウ	エ	オ	カ	キ	ク	ケ	コ
54	ア	イ	ウ	エ	オ	カ	キ	ク	ケ	コ
55	ア	イ	ウ	エ	オ	カ	キ	ク	ケ	コ
56	ア	イ	ウ	エ	オ	カ	キ	ク	ケ	コ
57	ア	イ	ウ	エ	オ	カ	キ	ク	ケ	コ
58	ア	イ	ウ	エ	オ	カ	キ	ク	ケ	コ
59	ア	イ	ウ	エ	オ	カ	キ	ク	ケ	コ
60	ア	イ	ウ	エ	オ	カ	キ	ク	ケ	コ
61	ア	イ	ウ	エ	オ	カ	キ	ク	ケ	コ
62	ア	イ	ウ	エ	オ	カ	キ	ク	ケ	コ
63	ア	イ	ウ	エ	オ	カ	キ	ク	ケ	コ
64	ア	イ	ウ	エ	オ	カ	キ	ク	ケ	コ
65	ア	イ	ウ	エ	オ	カ	キ	ク	ケ	コ
66	ア	イ	ウ	エ	オ	カ	キ	ク	ケ	コ
67	ア	イ	ウ	エ	オ	カ	キ	ク	ケ	コ
68	ア	イ	ウ	エ	オ	カ	キ	ク	ケ	コ
69	ア	イ	ウ	エ	オ	カ	キ	ク	ケ	コ
70	ア	イ	ウ	エ	オ	カ	キ	ク	ケ	コ
71	ア	イ	ウ	エ	オ	カ	キ	ク	ケ	コ
72	ア	イ	ウ	エ	オ	カ	キ	ク	ケ	コ
73	ア	イ	ウ	エ	オ	カ	キ	ク	ケ	コ
74	ア	イ	ウ	エ	オ	カ	キ	ク	ケ	コ
75	ア	イ	ウ	エ	オ	カ	キ	ク	ケ	コ
76	ア	イ	ウ	エ	オ	カ	キ	ク	ケ	コ
77	ア	イ	ウ	エ	オ	カ	キ	ク	ケ	コ
78	ア	イ	ウ	エ	オ	カ	キ	ク	ケ	コ
79	ア	イ	ウ	エ	オ	カ	キ	ク	ケ	コ
80	ア	イ	ウ	エ	オ	カ	キ	ク	ケ	コ

受験番号

0	0	0	0	0	0
1	1	1	1	1	1
2	2	2	2	2	2
3	3	3	3	3	3
4	4	4	4	4	4
5	5	5	5	5	5
6	6	6	6	6	6
7	7	7	7	7	7
8	8	8	8	8	8
9	9	9	9	9	9

欠席　この欄には何も記入しないこと

マークシート識別欄

上の欄には何も記入しないこと

（注）この解答用紙は実物を縮小してあります。Ｂ４用紙に141％拡大コピーすると、ほぼ実物大で使用できます。（タイトルと配点表は含みません）

学校配点		計
	一　問一　各2点×4　問二～問四　各4点×3　問五　各3点×2　問六　4点 二　問一～問五　各4点×6　問六　各3点×2 三　問一～問四　各2点×5　問五　3点　問六　各2点×2　問七　3点 四　各2点×10	100点

2023年度　大宮開成高等学校　併願A

英語解答用紙

評点
/100

《注意》1. 受験番号と氏名を確認し、間違っていたら申し出ること。
2. 解答は所定欄に正しくマークすること。
3. マークする時は、ＨＢ以上の濃さの鉛筆を使用すること。
4. 訂正の場合は、消しゴムを用いて完全に消し、消しくずを残さないこと。
5. 解答用紙を汚したり、折り曲げないこと。
6. マークの方法
（良い例 ▮ ）（悪い例 ▮ ◖ ◌ ↕ ╲ ▯ ）

氏名

受験番号

0	0	0	0	0	0
1	1	1	1	1	1
2	2	2	2	2	2
3	3	3	3	3	3
4	4	4	4	4	4
5	5	5	5	5	5
6	6	6	6	6	6
7	7	7	7	7	7
8	8	8	8	8	8
9	9	9	9	9	9

欠席	この欄には何も記入しないこと

マークシート識別欄

上の欄には何も記入しないこと

1	ア イ ウ エ オ カ キ ク ケ コ	21	ア イ ウ エ オ カ キ ク ケ コ	41	ア イ ウ エ オ カ キ ク ケ コ	61	ア イ ウ エ オ カ キ ク ケ コ
2	ア イ ウ エ オ カ キ ク ケ コ	22	ア イ ウ エ オ カ キ ク ケ コ	42	ア イ ウ エ オ カ キ ク ケ コ	62	ア イ ウ エ オ カ キ ク ケ コ
3	ア イ ウ エ オ カ キ ク ケ コ	23	ア イ ウ エ オ カ キ ク ケ コ	43	ア イ ウ エ オ カ キ ク ケ コ	63	ア イ ウ エ オ カ キ ク ケ コ
4	ア イ ウ エ オ カ キ ク ケ コ	24	ア イ ウ エ オ カ キ ク ケ コ	44	ア イ ウ エ オ カ キ ク ケ コ	64	ア イ ウ エ オ カ キ ク ケ コ
5	ア イ ウ エ オ カ キ ク ケ コ	25	ア イ ウ エ オ カ キ ク ケ コ	45	ア イ ウ エ オ カ キ ク ケ コ	65	ア イ ウ エ オ カ キ ク ケ コ
6	ア イ ウ エ オ カ キ ク ケ コ	26	ア イ ウ エ オ カ キ ク ケ コ	46	ア イ ウ エ オ カ キ ク ケ コ	66	ア イ ウ エ オ カ キ ク ケ コ
7	ア イ ウ エ オ カ キ ク ケ コ	27	ア イ ウ エ オ カ キ ク ケ コ	47	ア イ ウ エ オ カ キ ク ケ コ	67	ア イ ウ エ オ カ キ ク ケ コ
8	ア イ ウ エ オ カ キ ク ケ コ	28	ア イ ウ エ オ カ キ ク ケ コ	48	ア イ ウ エ オ カ キ ク ケ コ	68	ア イ ウ エ オ カ キ ク ケ コ
9	ア イ ウ エ オ カ キ ク ケ コ	29	ア イ ウ エ オ カ キ ク ケ コ	49	ア イ ウ エ オ カ キ ク ケ コ	69	ア イ ウ エ オ カ キ ク ケ コ
10	ア イ ウ エ オ カ キ ク ケ コ	30	ア イ ウ エ オ カ キ ク ケ コ	50	ア イ ウ エ オ カ キ ク ケ コ	70	ア イ ウ エ オ カ キ ク ケ コ
11	ア イ ウ エ オ カ キ ク ケ コ	31	ア イ ウ エ オ カ キ ク ケ コ	51	ア イ ウ エ オ カ キ ク ケ コ	71	ア イ ウ エ オ カ キ ク ケ コ
12	ア イ ウ エ オ カ キ ク ケ コ	32	ア イ ウ エ オ カ キ ク ケ コ	52	ア イ ウ エ オ カ キ ク ケ コ	72	ア イ ウ エ オ カ キ ク ケ コ
13	ア イ ウ エ オ カ キ ク ケ コ	33	ア イ ウ エ オ カ キ ク ケ コ	53	ア イ ウ エ オ カ キ ク ケ コ	73	ア イ ウ エ オ カ キ ク ケ コ
14	ア イ ウ エ オ カ キ ク ケ コ	34	ア イ ウ エ オ カ キ ク ケ コ	54	ア イ ウ エ オ カ キ ク ケ コ	74	ア イ ウ エ オ カ キ ク ケ コ
15	ア イ ウ エ オ カ キ ク ケ コ	35	ア イ ウ エ オ カ キ ク ケ コ	55	ア イ ウ エ オ カ キ ク ケ コ	75	ア イ ウ エ オ カ キ ク ケ コ
16	ア イ ウ エ オ カ キ ク ケ コ	36	ア イ ウ エ オ カ キ ク ケ コ	56	ア イ ウ エ オ カ キ ク ケ コ	76	ア イ ウ エ オ カ キ ク ケ コ
17	ア イ ウ エ オ カ キ ク ケ コ	37	ア イ ウ エ オ カ キ ク ケ コ	57	ア イ ウ エ オ カ キ ク ケ コ	77	ア イ ウ エ オ カ キ ク ケ コ
18	ア イ ウ エ オ カ キ ク ケ コ	38	ア イ ウ エ オ カ キ ク ケ コ	58	ア イ ウ エ オ カ キ ク ケ コ	78	ア イ ウ エ オ カ キ ク ケ コ
19	ア イ ウ エ オ カ キ ク ケ コ	39	ア イ ウ エ オ カ キ ク ケ コ	59	ア イ ウ エ オ カ キ ク ケ コ	79	ア イ ウ エ オ カ キ ク ケ コ
20	ア イ ウ エ オ カ キ ク ケ コ	40	ア イ ウ エ オ カ キ ク ケ コ	60	ア イ ウ エ オ カ キ ク ケ コ	80	ア イ ウ エ オ カ キ ク ケ コ

（注）この解答用紙は実物を縮小してあります。Ｂ４用紙に141％拡大コピーすると、ほぼ実物大で使用できます。（タイトルと配点表は含みません）

学校配点	計
Ⅰ 問1 2点　問2 3点　問3～問5 各2点×5　問6、問7 各3点×3〔問6は完答〕 Ⅱ 問1 1点　問2～問5 各2点×7　問6 各3点×2 Ⅲ～Ⅴ 各2点×20 Ⅵ 各3点×5	100点

2023年度　大宮開成高等学校　併願A

数学解答用紙

《注意》
1. 受験番号と氏名を確認し、間違っていたら申し出ること。
2. 解答は所定欄に正しくマークすること。
3. マークする時は、HB以上の濃さの鉛筆を使用すること。
4. 訂正の場合は、消しゴムを用いて完全に消し、消しくずを残さないこと。
5. 解答用紙を汚したり、折り曲げないこと。
6. マークの方法

（良い例 ▮ ）（悪い例 ）

氏名

受験番号

0	0	0	0	0	0
1	1	1	1	1	1
2	2	2	2	2	2
3	3	3	3	3	3
4	4	4	4	4	4
5	5	5	5	5	5
6	6	6	6	6	6
7	7	7	7	7	7
8	8	8	8	8	8
9	9	9	9	9	9

欠席	この欠席欄には何も記入しないこと
0	

マークシート識別欄

上の欄には何も記入しないこと

番号										
①	0	1	2	3	4	5	6	7	8	9
②	0	1	2	3	4	5	6	7	8	9
③	0	1	2	3	4	5	6	7	8	9
④	0	1	2	3	4	5	6	7	8	9
⑤	0	1	2	3	4	5	6	7	8	9
⑥	0	1	2	3	4	5	6	7	8	9
⑦	0	1	2	3	4	5	6	7	8	9
⑧	0	1	2	3	4	5	6	7	8	9
⑨	0	1	2	3	4	5	6	7	8	9
⑩	0	1	2	3	4	5	6	7	8	9
⑪	0	1	2	3	4	5	6	7	8	9
⑫	0	1	2	3	4	5	6	7	8	9
⑬	0	1	2	3	4	5	6	7	8	9
⑭	0	1	2	3	4	5	6	7	8	9
⑮	0	1	2	3	4	5	6	7	8	9
⑯	0	1	2	3	4	5	6	7	8	9
⑰	0	1	2	3	4	5	6	7	8	9
⑱	0	1	2	3	4	5	6	7	8	9
⑲	0	1	2	3	4	5	6	7	8	9
⑳	0	1	2	3	4	5	6	7	8	9
㉑	0	1	2	3	4	5	6	7	8	9
㉒	0	1	2	3	4	5	6	7	8	9
㉓	0	1	2	3	4	5	6	7	8	9
㉔	0	1	2	3	4	5	6	7	8	9
㉕	0	1	2	3	4	5	6	7	8	9
㉖	0	1	2	3	4	5	6	7	8	9
㉗	0	1	2	3	4	5	6	7	8	9
㉘	0	1	2	3	4	5	6	7	8	9
㉙	0	1	2	3	4	5	6	7	8	9
㉚	0	1	2	3	4	5	6	7	8	9
㉛	0	1	2	3	4	5	6	7	8	9
㉜	0	1	2	3	4	5	6	7	8	9
㉝	0	1	2	3	4	5	6	7	8	9
㉞	0	1	2	3	4	5	6	7	8	9
㉟	0	1	2	3	4	5	6	7	8	9
㊱	0	1	2	3	4	5	6	7	8	9
㊲	0	1	2	3	4	5	6	7	8	9
㊳	0	1	2	3	4	5	6	7	8	9
㊴	0	1	2	3	4	5	6	7	8	9
㊵	0	1	2	3	4	5	6	7	8	9
㊶	0	1	2	3	4	5	6	7	8	9
㊷	0	1	2	3	4	5	6	7	8	9
㊸	0	1	2	3	4	5	6	7	8	9
㊹	0	1	2	3	4	5	6	7	8	9
㊺	0	1	2	3	4	5	6	7	8	9
㊻	0	1	2	3	4	5	6	7	8	9
㊼	0	1	2	3	4	5	6	7	8	9
㊽	0	1	2	3	4	5	6	7	8	9
㊾	0	1	2	3	4	5	6	7	8	9
㊿	0	1	2	3	4	5	6	7	8	9
51	0	1	2	3	4	5	6	7	8	9
52	0	1	2	3	4	5	6	7	8	9
53	0	1	2	3	4	5	6	7	8	9
54	0	1	2	3	4	5	6	7	8	9
55	0	1	2	3	4	5	6	7	8	9
56	0	1	2	3	4	5	6	7	8	9
57	0	1	2	3	4	5	6	7	8	9
58	0	1	2	3	4	5	6	7	8	9
59	0	1	2	3	4	5	6	7	8	9
60	0	1	2	3	4	5	6	7	8	9
61	0	1	2	3	4	5	6	7	8	9
62	0	1	2	3	4	5	6	7	8	9
63	0	1	2	3	4	5	6	7	8	9
64	0	1	2	3	4	5	6	7	8	9
65	0	1	2	3	4	5	6	7	8	9
66	0	1	2	3	4	5	6	7	8	9
67	0	1	2	3	4	5	6	7	8	9
68	0	1	2	3	4	5	6	7	8	9
69	0	1	2	3	4	5	6	7	8	9
70	0	1	2	3	4	5	6	7	8	9
71	0	1	2	3	4	5	6	7	8	9
72	0	1	2	3	4	5	6	7	8	9
73	0	1	2	3	4	5	6	7	8	9
74	0	1	2	3	4	5	6	7	8	9
75	0	1	2	3	4	5	6	7	8	9
76	0	1	2	3	4	5	6	7	8	9
77	0	1	2	3	4	5	6	7	8	9
78	0	1	2	3	4	5	6	7	8	9
79	0	1	2	3	4	5	6	7	8	9
80	0	1	2	3	4	5	6	7	8	9

評点　／100

（注）この解答用紙は実物を縮小してあります。B４用紙に141％拡大コピーすると、ほぼ実物大で使用できます。（タイトルと配点表は含みません）

学校配点	
1、2 各5点×12　3 (1) ㉜ 2点　㉝～㉟ 3点　(2) ㊱㊲ 1点　㊳～㊵ 2点　㊶～㊸、㊹～㊼ 各1点×2　4、5 各5点×6	
計	100点

二〇二三年度　大宮開成高等学校　併願A

国語解答用紙

《注意》
1. 受験番号と氏名を確認し、間違っていたら申し出ること。
2. 解答は所定欄に正しくマークすること。
3. マークする時は、ＨＢ以上の濃さの鉛筆を使用すること。
4. 訂正の場合は、消しゴムを用いて完全に消し、消しくずを残さないこと。
5. 解答用紙を汚したり、折り曲げないこと。
6. マークの方法
（良い例 ▮ ）（悪い例 ）

氏名

受験番号

0	0	0	0	0	0
1	1	1	1	1	1
2	2	2	2	2	2
3	3	3	3	3	3
4	4	4	4	4	4
5	5	5	5	5	5
6	6	6	6	6	6
7	7	7	7	7	7
8	8	8	8	8	8
9	9	9	9	9	9

欠席　この欠席欄には何も記入しないこと

マークシート識別欄

上の欄には何も記入しないこと

1	ア イ ウ エ オ カ キ ク ケ コ	21	ア イ ウ エ オ カ キ ク ケ コ	41	ア イ ウ エ オ カ キ ク ケ コ	61	ア イ ウ エ オ カ キ ク ケ コ
2	ア イ ウ エ オ カ キ ク ケ コ	22	ア イ ウ エ オ カ キ ク ケ コ	42	ア イ ウ エ オ カ キ ク ケ コ	62	ア イ ウ エ オ カ キ ク ケ コ
3	ア イ ウ エ オ カ キ ク ケ コ	23	ア イ ウ エ オ カ キ ク ケ コ	43	ア イ ウ エ オ カ キ ク ケ コ	63	ア イ ウ エ オ カ キ ク ケ コ
4	ア イ ウ エ オ カ キ ク ケ コ	24	ア イ ウ エ オ カ キ ク ケ コ	44	ア イ ウ エ オ カ キ ク ケ コ	64	ア イ ウ エ オ カ キ ク ケ コ
5	ア イ ウ エ オ カ キ ク ケ コ	25	ア イ ウ エ オ カ キ ク ケ コ	45	ア イ ウ エ オ カ キ ク ケ コ	65	ア イ ウ エ オ カ キ ク ケ コ
6	ア イ ウ エ オ カ キ ク ケ コ	26	ア イ ウ エ オ カ キ ク ケ コ	46	ア イ ウ エ オ カ キ ク ケ コ	66	ア イ ウ エ オ カ キ ク ケ コ
7	ア イ ウ エ オ カ キ ク ケ コ	27	ア イ ウ エ オ カ キ ク ケ コ	47	ア イ ウ エ オ カ キ ク ケ コ	67	ア イ ウ エ オ カ キ ク ケ コ
8	ア イ ウ エ オ カ キ ク ケ コ	28	ア イ ウ エ オ カ キ ク ケ コ	48	ア イ ウ エ オ カ キ ク ケ コ	68	ア イ ウ エ オ カ キ ク ケ コ
9	ア イ ウ エ オ カ キ ク ケ コ	29	ア イ ウ エ オ カ キ ク ケ コ	49	ア イ ウ エ オ カ キ ク ケ コ	69	ア イ ウ エ オ カ キ ク ケ コ
10	ア イ ウ エ オ カ キ ク ケ コ	30	ア イ ウ エ オ カ キ ク ケ コ	50	ア イ ウ エ オ カ キ ク ケ コ	70	ア イ ウ エ オ カ キ ク ケ コ
11	ア イ ウ エ オ カ キ ク ケ コ	31	ア イ ウ エ オ カ キ ク ケ コ	51	ア イ ウ エ オ カ キ ク ケ コ	71	ア イ ウ エ オ カ キ ク ケ コ
12	ア イ ウ エ オ カ キ ク ケ コ	32	ア イ ウ エ オ カ キ ク ケ コ	52	ア イ ウ エ オ カ キ ク ケ コ	72	ア イ ウ エ オ カ キ ク ケ コ
13	ア イ ウ エ オ カ キ ク ケ コ	33	ア イ ウ エ オ カ キ ク ケ コ	53	ア イ ウ エ オ カ キ ク ケ コ	73	ア イ ウ エ オ カ キ ク ケ コ
14	ア イ ウ エ オ カ キ ク ケ コ	34	ア イ ウ エ オ カ キ ク ケ コ	54	ア イ ウ エ オ カ キ ク ケ コ	74	ア イ ウ エ オ カ キ ク ケ コ
15	ア イ ウ エ オ カ キ ク ケ コ	35	ア イ ウ エ オ カ キ ク ケ コ	55	ア イ ウ エ オ カ キ ク ケ コ	75	ア イ ウ エ オ カ キ ク ケ コ
16	ア イ ウ エ オ カ キ ク ケ コ	36	ア イ ウ エ オ カ キ ク ケ コ	56	ア イ ウ エ オ カ キ ク ケ コ	76	ア イ ウ エ オ カ キ ク ケ コ
17	ア イ ウ エ オ カ キ ク ケ コ	37	ア イ ウ エ オ カ キ ク ケ コ	57	ア イ ウ エ オ カ キ ク ケ コ	77	ア イ ウ エ オ カ キ ク ケ コ
18	ア イ ウ エ オ カ キ ク ケ コ	38	ア イ ウ エ オ カ キ ク ケ コ	58	ア イ ウ エ オ カ キ ク ケ コ	78	ア イ ウ エ オ カ キ ク ケ コ
19	ア イ ウ エ オ カ キ ク ケ コ	39	ア イ ウ エ オ カ キ ク ケ コ	59	ア イ ウ エ オ カ キ ク ケ コ	79	ア イ ウ エ オ カ キ ク ケ コ
20	ア イ ウ エ オ カ キ ク ケ コ	40	ア イ ウ エ オ カ キ ク ケ コ	60	ア イ ウ エ オ カ キ ク ケ コ	80	ア イ ウ エ オ カ キ ク ケ コ

評点　/100

（注）この解答用紙は実物を縮小してあります。Ｂ４用紙に141％拡大コピーすると、ほぼ実物大で使用できます。（タイトルと配点表は含みません）

学校配点

一 問一　4点　問二　各2点×4　問三～問五　各4点×3　問六　各3点×2

二 問一、問二　各4点×2　問三　各3点×2　問四、問五　各4点×4

三 問一、問二　各2点×2　問三　3点　問四、問五　各2点×3　問六　3点　問七　4点

四 各2点×10

計	100点

2023年度 大宮開成高等学校 併願B

英語解答用紙

評点 /100

《注意》
1. 受験番号と氏名を確認し、間違っていたら申し出ること。
2. 解答は所定欄に正しくマークすること。
3. マークする時は、ＨＢ以上の濃さの鉛筆を使用すること。
4. 訂正の場合は、消しゴムを用いて完全に消し、消しくずを残さないこと。
5. 解答用紙を汚したり、折り曲げないこと。
6. マークの方法

（良い例 ▮ ）（悪い例 ▮ ◗ ⦂ ↕ ⤡ ▯ ）

氏名

受験番号

0	0	0	0	0	0
1	1	1	1	1	1
2	2	2	2	2	2
3	3	3	3	3	3
4	4	4	4	4	4
5	5	5	5	5	5
6	6	6	6	6	6
7	7	7	7	7	7
8	8	8	8	8	8
9	9	9	9	9	9

欠席	この欠席欄には何も記入しないこと
▯	

マークシート識別欄

上の欄には何も記入しないこと

1	ア イ ウ エ オ カ キ ク ケ コ	21	ア イ ウ エ オ カ キ ク ケ コ	41	ア イ ウ エ オ カ キ ク ケ コ	61	ア イ ウ エ オ カ キ ク ケ コ
2	ア イ ウ エ オ カ キ ク ケ コ	22	ア イ ウ エ オ カ キ ク ケ コ	42	ア イ ウ エ オ カ キ ク ケ コ	62	ア イ ウ エ オ カ キ ク ケ コ
3	ア イ ウ エ オ カ キ ク ケ コ	23	ア イ ウ エ オ カ キ ク ケ コ	43	ア イ ウ エ オ カ キ ク ケ コ	63	ア イ ウ エ オ カ キ ク ケ コ
4	ア イ ウ エ オ カ キ ク ケ コ	24	ア イ ウ エ オ カ キ ク ケ コ	44	ア イ ウ エ オ カ キ ク ケ コ	64	ア イ ウ エ オ カ キ ク ケ コ
5	ア イ ウ エ オ カ キ ク ケ コ	25	ア イ ウ エ オ カ キ ク ケ コ	45	ア イ ウ エ オ カ キ ク ケ コ	65	ア イ ウ エ オ カ キ ク ケ コ
6	ア イ ウ エ オ カ キ ク ケ コ	26	ア イ ウ エ オ カ キ ク ケ コ	46	ア イ ウ エ オ カ キ ク ケ コ	66	ア イ ウ エ オ カ キ ク ケ コ
7	ア イ ウ エ オ カ キ ク ケ コ	27	ア イ ウ エ オ カ キ ク ケ コ	47	ア イ ウ エ オ カ キ ク ケ コ	67	ア イ ウ エ オ カ キ ク ケ コ
8	ア イ ウ エ オ カ キ ク ケ コ	28	ア イ ウ エ オ カ キ ク ケ コ	48	ア イ ウ エ オ カ キ ク ケ コ	68	ア イ ウ エ オ カ キ ク ケ コ
9	ア イ ウ エ オ カ キ ク ケ コ	29	ア イ ウ エ オ カ キ ク ケ コ	49	ア イ ウ エ オ カ キ ク ケ コ	69	ア イ ウ エ オ カ キ ク ケ コ
10	ア イ ウ エ オ カ キ ク ケ コ	30	ア イ ウ エ オ カ キ ク ケ コ	50	ア イ ウ エ オ カ キ ク ケ コ	70	ア イ ウ エ オ カ キ ク ケ コ
11	ア イ ウ エ オ カ キ ク ケ コ	31	ア イ ウ エ オ カ キ ク ケ コ	51	ア イ ウ エ オ カ キ ク ケ コ	71	ア イ ウ エ オ カ キ ク ケ コ
12	ア イ ウ エ オ カ キ ク ケ コ	32	ア イ ウ エ オ カ キ ク ケ コ	52	ア イ ウ エ オ カ キ ク ケ コ	72	ア イ ウ エ オ カ キ ク ケ コ
13	ア イ ウ エ オ カ キ ク ケ コ	33	ア イ ウ エ オ カ キ ク ケ コ	53	ア イ ウ エ オ カ キ ク ケ コ	73	ア イ ウ エ オ カ キ ク ケ コ
14	ア イ ウ エ オ カ キ ク ケ コ	34	ア イ ウ エ オ カ キ ク ケ コ	54	ア イ ウ エ オ カ キ ク ケ コ	74	ア イ ウ エ オ カ キ ク ケ コ
15	ア イ ウ エ オ カ キ ク ケ コ	35	ア イ ウ エ オ カ キ ク ケ コ	55	ア イ ウ エ オ カ キ ク ケ コ	75	ア イ ウ エ オ カ キ ク ケ コ
16	ア イ ウ エ オ カ キ ク ケ コ	36	ア イ ウ エ オ カ キ ク ケ コ	56	ア イ ウ エ オ カ キ ク ケ コ	76	ア イ ウ エ オ カ キ ク ケ コ
17	ア イ ウ エ オ カ キ ク ケ コ	37	ア イ ウ エ オ カ キ ク ケ コ	57	ア イ ウ エ オ カ キ ク ケ コ	77	ア イ ウ エ オ カ キ ク ケ コ
18	ア イ ウ エ オ カ キ ク ケ コ	38	ア イ ウ エ オ カ キ ク ケ コ	58	ア イ ウ エ オ カ キ ク ケ コ	78	ア イ ウ エ オ カ キ ク ケ コ
19	ア イ ウ エ オ カ キ ク ケ コ	39	ア イ ウ エ オ カ キ ク ケ コ	59	ア イ ウ エ オ カ キ ク ケ コ	79	ア イ ウ エ オ カ キ ク ケ コ
20	ア イ ウ エ オ カ キ ク ケ コ	40	ア イ ウ エ オ カ キ ク ケ コ	60	ア イ ウ エ オ カ キ ク ケ コ	80	ア イ ウ エ オ カ キ ク ケ コ

（注）この解答用紙は実物を縮小してあります。Ｂ４用紙に141%拡大コピーすると、ほぼ実物大で使用できます。（タイトルと配点表は含みません）

学校配点	
Ⅰ 問1 2点 問2 3点 問3 各2点×2 問4 3点 問5～問7 各2点×3 問8 各3点×2 Ⅱ 問1 各2点×2 問2 3点 問3、問4 各2点×2 問5、問6 各3点×3〔問5は完答〕 Ⅲ 問1、問2 各2点×4 問3 3点 Ⅳ、Ⅴ 各2点×15 Ⅵ 各3点×5	
100点	計

2023年度　大宮開成高等学校　併願B

数学解答用紙

《注意》
1. 受験番号と氏名を確認し、間違っていたら申し出ること。
2. 解答は所定欄に正しくマークすること。
3. マークする時は、ＨＢ以上の濃さの鉛筆を使用すること。
4. 訂正の場合は、消しゴムを用いて完全に消し、消しくずを残さないこと。
5. 解答用紙を汚したり、折り曲げないこと。
6. マークの方法

（良い例　）（悪い例　）

氏名

受験番号

0	0	0	0	0	0
1	1	1	1	1	1
2	2	2	2	2	2
3	3	3	3	3	3
4	4	4	4	4	4
5	5	5	5	5	5
6	6	6	6	6	6
7	7	7	7	7	7
8	8	8	8	8	8
9	9	9	9	9	9

欠席	この欠席欄には何も記入しないこと

マークシート識別欄

上の欄には何も記入しないこと

①	0	1	2	3	4	5	6	7	8	9	㉑	0	1	2	3	4	5	6	7	8	9	㊶	0	1	2	3	4	5	6	7	8	9	61	0	1	2	3	4	5	6	7	8	9
②	0	1	2	3	4	5	6	7	8	9	㉒	0	1	2	3	4	5	6	7	8	9	㊷	0	1	2	3	4	5	6	7	8	9	62	0	1	2	3	4	5	6	7	8	9
③	0	1	2	3	4	5	6	7	8	9	㉓	0	1	2	3	4	5	6	7	8	9	㊸	0	1	2	3	4	5	6	7	8	9	63	0	1	2	3	4	5	6	7	8	9
④	0	1	2	3	4	5	6	7	8	9	㉔	0	1	2	3	4	5	6	7	8	9	㊹	0	1	2	3	4	5	6	7	8	9	64	0	1	2	3	4	5	6	7	8	9
⑤	0	1	2	3	4	5	6	7	8	9	㉕	0	1	2	3	4	5	6	7	8	9	㊺	0	1	2	3	4	5	6	7	8	9	65	0	1	2	3	4	5	6	7	8	9
⑥	0	1	2	3	4	5	6	7	8	9	㉖	0	1	2	3	4	5	6	7	8	9	㊻	0	1	2	3	4	5	6	7	8	9	66	0	1	2	3	4	5	6	7	8	9
⑦	0	1	2	3	4	5	6	7	8	9	㉗	0	1	2	3	4	5	6	7	8	9	㊼	0	1	2	3	4	5	6	7	8	9	67	0	1	2	3	4	5	6	7	8	9
⑧	0	1	2	3	4	5	6	7	8	9	㉘	0	1	2	3	4	5	6	7	8	9	㊽	0	1	2	3	4	5	6	7	8	9	68	0	1	2	3	4	5	6	7	8	9
⑨	0	1	2	3	4	5	6	7	8	9	㉙	0	1	2	3	4	5	6	7	8	9	㊾	0	1	2	3	4	5	6	7	8	9	69	0	1	2	3	4	5	6	7	8	9
⑩	0	1	2	3	4	5	6	7	8	9	㉚	0	1	2	3	4	5	6	7	8	9	㊿	0	1	2	3	4	5	6	7	8	9	70	0	1	2	3	4	5	6	7	8	9
⑪	0	1	2	3	4	5	6	7	8	9	㉛	0	1	2	3	4	5	6	7	8	9	51	0	1	2	3	4	5	6	7	8	9	71	0	1	2	3	4	5	6	7	8	9
⑫	0	1	2	3	4	5	6	7	8	9	㉜	0	1	2	3	4	5	6	7	8	9	52	0	1	2	3	4	5	6	7	8	9	72	0	1	2	3	4	5	6	7	8	9
⑬	0	1	2	3	4	5	6	7	8	9	㉝	0	1	2	3	4	5	6	7	8	9	53	0	1	2	3	4	5	6	7	8	9	73	0	1	2	3	4	5	6	7	8	9
⑭	0	1	2	3	4	5	6	7	8	9	㉞	0	1	2	3	4	5	6	7	8	9	54	0	1	2	3	4	5	6	7	8	9	74	0	1	2	3	4	5	6	7	8	9
⑮	0	1	2	3	4	5	6	7	8	9	㉟	0	1	2	3	4	5	6	7	8	9	55	0	1	2	3	4	5	6	7	8	9	75	0	1	2	3	4	5	6	7	8	9
⑯	0	1	2	3	4	5	6	7	8	9	㊱	0	1	2	3	4	5	6	7	8	9	56	0	1	2	3	4	5	6	7	8	9	76	0	1	2	3	4	5	6	7	8	9
⑰	0	1	2	3	4	5	6	7	8	9	㊲	0	1	2	3	4	5	6	7	8	9	57	0	1	2	3	4	5	6	7	8	9	77	0	1	2	3	4	5	6	7	8	9
⑱	0	1	2	3	4	5	6	7	8	9	㊳	0	1	2	3	4	5	6	7	8	9	58	0	1	2	3	4	5	6	7	8	9	78	0	1	2	3	4	5	6	7	8	9
⑲	0	1	2	3	4	5	6	7	8	9	㊴	0	1	2	3	4	5	6	7	8	9	59	0	1	2	3	4	5	6	7	8	9	79	0	1	2	3	4	5	6	7	8	9
⑳	0	1	2	3	4	5	6	7	8	9	㊵	0	1	2	3	4	5	6	7	8	9	60	0	1	2	3	4	5	6	7	8	9	80	0	1	2	3	4	5	6	7	8	9

（注）この解答用紙は実物を縮小してあります。Ｂ４用紙に141％拡大コピーすると、ほぼ実物大で使用できます。（タイトルと配点表は含みません）

評点
/100

学校配点	
1、2 各5点×12 3 (1) ㊲ 1点　㊳、㊴ 各2点×2　(2) 5点 4、5 各5点×6	
100点	計

二〇二三年度　大宮開成高等学校　併願B

国語解答用紙

評点
/100

《注意》
1. 受験番号と氏名を確認し、間違っていたら申し出ること。
2. 解答は所定欄に正しくマークすること。
3. マークする時は、ＨＢ以上の濃さの鉛筆を使用すること。
4. 訂正の場合は、消しゴムを用いて完全に消し、消しくずを残さないこと。
5. 解答用紙を汚したり、折り曲げないこと。
6. マークの方法

（良い例 ▮ ）（悪い例 ▮ ◖ ◌ ↕ ⧄ ▯ ）

氏名

受験番号					
0	0	0	0	0	0
1	1	1	1	1	1
2	2	2	2	2	2
3	3	3	3	3	3
4	4	4	4	4	4
5	5	5	5	5	5
6	6	6	6	6	6
7	7	7	7	7	7
8	8	8	8	8	8
9	9	9	9	9	9

欠席　この欠席欄には何も記入しないこと

マークシート識別欄

上の欄には何も記入しないこと

1	ア	イ	ウ	エ	オ	カ	キ	ク	ケ	コ
2	ア	イ	ウ	エ	オ	カ	キ	ク	ケ	コ
3	ア	イ	ウ	エ	オ	カ	キ	ク	ケ	コ
4	ア	イ	ウ	エ	オ	カ	キ	ク	ケ	コ
5	ア	イ	ウ	エ	オ	カ	キ	ク	ケ	コ
6	ア	イ	ウ	エ	オ	カ	キ	ク	ケ	コ
7	ア	イ	ウ	エ	オ	カ	キ	ク	ケ	コ
8	ア	イ	ウ	エ	オ	カ	キ	ク	ケ	コ
9	ア	イ	ウ	エ	オ	カ	キ	ク	ケ	コ
10	ア	イ	ウ	エ	オ	カ	キ	ク	ケ	コ
11	ア	イ	ウ	エ	オ	カ	キ	ク	ケ	コ
12	ア	イ	ウ	エ	オ	カ	キ	ク	ケ	コ
13	ア	イ	ウ	エ	オ	カ	キ	ク	ケ	コ
14	ア	イ	ウ	エ	オ	カ	キ	ク	ケ	コ
15	ア	イ	ウ	エ	オ	カ	キ	ク	ケ	コ
16	ア	イ	ウ	エ	オ	カ	キ	ク	ケ	コ
17	ア	イ	ウ	エ	オ	カ	キ	ク	ケ	コ
18	ア	イ	ウ	エ	オ	カ	キ	ク	ケ	コ
19	ア	イ	ウ	エ	オ	カ	キ	ク	ケ	コ
20	ア	イ	ウ	エ	オ	カ	キ	ク	ケ	コ
21	ア	イ	ウ	エ	オ	カ	キ	ク	ケ	コ
22	ア	イ	ウ	エ	オ	カ	キ	ク	ケ	コ
23	ア	イ	ウ	エ	オ	カ	キ	ク	ケ	コ
24	ア	イ	ウ	エ	オ	カ	キ	ク	ケ	コ
25	ア	イ	ウ	エ	オ	カ	キ	ク	ケ	コ
26	ア	イ	ウ	エ	オ	カ	キ	ク	ケ	コ
27	ア	イ	ウ	エ	オ	カ	キ	ク	ケ	コ
28	ア	イ	ウ	エ	オ	カ	キ	ク	ケ	コ
29	ア	イ	ウ	エ	オ	カ	キ	ク	ケ	コ
30	ア	イ	ウ	エ	オ	カ	キ	ク	ケ	コ
31	ア	イ	ウ	エ	オ	カ	キ	ク	ケ	コ
32	ア	イ	ウ	エ	オ	カ	キ	ク	ケ	コ
33	ア	イ	ウ	エ	オ	カ	キ	ク	ケ	コ
34	ア	イ	ウ	エ	オ	カ	キ	ク	ケ	コ
35	ア	イ	ウ	エ	オ	カ	キ	ク	ケ	コ
36	ア	イ	ウ	エ	オ	カ	キ	ク	ケ	コ
37	ア	イ	ウ	エ	オ	カ	キ	ク	ケ	コ
38	ア	イ	ウ	エ	オ	カ	キ	ク	ケ	コ
39	ア	イ	ウ	エ	オ	カ	キ	ク	ケ	コ
40	ア	イ	ウ	エ	オ	カ	キ	ク	ケ	コ
41	ア	イ	ウ	エ	オ	カ	キ	ク	ケ	コ
42	ア	イ	ウ	エ	オ	カ	キ	ク	ケ	コ
43	ア	イ	ウ	エ	オ	カ	キ	ク	ケ	コ
44	ア	イ	ウ	エ	オ	カ	キ	ク	ケ	コ
45	ア	イ	ウ	エ	オ	カ	キ	ク	ケ	コ
46	ア	イ	ウ	エ	オ	カ	キ	ク	ケ	コ
47	ア	イ	ウ	エ	オ	カ	キ	ク	ケ	コ
48	ア	イ	ウ	エ	オ	カ	キ	ク	ケ	コ
49	ア	イ	ウ	エ	オ	カ	キ	ク	ケ	コ
50	ア	イ	ウ	エ	オ	カ	キ	ク	ケ	コ
51	ア	イ	ウ	エ	オ	カ	キ	ク	ケ	コ
52	ア	イ	ウ	エ	オ	カ	キ	ク	ケ	コ
53	ア	イ	ウ	エ	オ	カ	キ	ク	ケ	コ
54	ア	イ	ウ	エ	オ	カ	キ	ク	ケ	コ
55	ア	イ	ウ	エ	オ	カ	キ	ク	ケ	コ
56	ア	イ	ウ	エ	オ	カ	キ	ク	ケ	コ
57	ア	イ	ウ	エ	オ	カ	キ	ク	ケ	コ
58	ア	イ	ウ	エ	オ	カ	キ	ク	ケ	コ
59	ア	イ	ウ	エ	オ	カ	キ	ク	ケ	コ
60	ア	イ	ウ	エ	オ	カ	キ	ク	ケ	コ
61	ア	イ	ウ	エ	オ	カ	キ	ク	ケ	コ
62	ア	イ	ウ	エ	オ	カ	キ	ク	ケ	コ
63	ア	イ	ウ	エ	オ	カ	キ	ク	ケ	コ
64	ア	イ	ウ	エ	オ	カ	キ	ク	ケ	コ
65	ア	イ	ウ	エ	オ	カ	キ	ク	ケ	コ
66	ア	イ	ウ	エ	オ	カ	キ	ク	ケ	コ
67	ア	イ	ウ	エ	オ	カ	キ	ク	ケ	コ
68	ア	イ	ウ	エ	オ	カ	キ	ク	ケ	コ
69	ア	イ	ウ	エ	オ	カ	キ	ク	ケ	コ
70	ア	イ	ウ	エ	オ	カ	キ	ク	ケ	コ
71	ア	イ	ウ	エ	オ	カ	キ	ク	ケ	コ
72	ア	イ	ウ	エ	オ	カ	キ	ク	ケ	コ
73	ア	イ	ウ	エ	オ	カ	キ	ク	ケ	コ
74	ア	イ	ウ	エ	オ	カ	キ	ク	ケ	コ
75	ア	イ	ウ	エ	オ	カ	キ	ク	ケ	コ
76	ア	イ	ウ	エ	オ	カ	キ	ク	ケ	コ
77	ア	イ	ウ	エ	オ	カ	キ	ク	ケ	コ
78	ア	イ	ウ	エ	オ	カ	キ	ク	ケ	コ
79	ア	イ	ウ	エ	オ	カ	キ	ク	ケ	コ
80	ア	イ	ウ	エ	オ	カ	キ	ク	ケ	コ

（注）この解答用紙は実物を縮小してあります。Ｂ４用紙に141％拡大コピーすると、ほぼ実物大で使用できます。（タイトルと配点表は含みません）

学校配点	
一 問一、問二 各4点×2 問三 各2点×2 問四～問六 各4点×3 問七 各3点×2 二 問一 各2点×2 問二～問五 各4点×4 問六 各3点×2 問七 4点 三 問一～問三 各2点×4 問四、問五 各3点×4 四 各2点×10	
100点	計

２０２２年度　大宮開成高等学校　単願

英語解答用紙

評点
/100

《注意》
1. 受験番号と氏名を確認し、間違っていたら申し出ること。
2. 解答は所定欄に正しくマークすること。
3. マークする時は、ＨＢ以上の濃さの鉛筆を使用すること。
4. 訂正の場合は、消しゴムを用いて完全に消し、消しくずを残さないこと。
5. 解答用紙を汚したり、折り曲げないこと。
6. マークの方法

（良い例　▮　）（悪い例　▮ ◖ ⁝ ↕ ╲ ▯　）

氏名

受験番号

0	0	0	0	0	0
1	1	1	1	1	1
2	2	2	2	2	2
3	3	3	3	3	3
4	4	4	4	4	4
5	5	5	5	5	5
6	6	6	6	6	6
7	7	7	7	7	7
8	8	8	8	8	8
9	9	9	9	9	9

欠席	この欠席欄には何も記入しないこと

マークシート識別欄

上の欄には何も記入しないこと

1	ア イ ウ エ オ カ キ ク ケ コ	21	ア イ ウ エ オ カ キ ク ケ コ	41	ア イ ウ エ オ カ キ ク ケ コ	61	ア イ ウ エ オ カ キ ク ケ コ
2	ア イ ウ エ オ カ キ ク ケ コ	22	ア イ ウ エ オ カ キ ク ケ コ	42	ア イ ウ エ オ カ キ ク ケ コ	62	ア イ ウ エ オ カ キ ク ケ コ
3	ア イ ウ エ オ カ キ ク ケ コ	23	ア イ ウ エ オ カ キ ク ケ コ	43	ア イ ウ エ オ カ キ ク ケ コ	63	ア イ ウ エ オ カ キ ク ケ コ
4	ア イ ウ エ オ カ キ ク ケ コ	24	ア イ ウ エ オ カ キ ク ケ コ	44	ア イ ウ エ オ カ キ ク ケ コ	64	ア イ ウ エ オ カ キ ク ケ コ
5	ア イ ウ エ オ カ キ ク ケ コ	25	ア イ ウ エ オ カ キ ク ケ コ	45	ア イ ウ エ オ カ キ ク ケ コ	65	ア イ ウ エ オ カ キ ク ケ コ
6	ア イ ウ エ オ カ キ ク ケ コ	26	ア イ ウ エ オ カ キ ク ケ コ	46	ア イ ウ エ オ カ キ ク ケ コ	66	ア イ ウ エ オ カ キ ク ケ コ
7	ア イ ウ エ オ カ キ ク ケ コ	27	ア イ ウ エ オ カ キ ク ケ コ	47	ア イ ウ エ オ カ キ ク ケ コ	67	ア イ ウ エ オ カ キ ク ケ コ
8	ア イ ウ エ オ カ キ ク ケ コ	28	ア イ ウ エ オ カ キ ク ケ コ	48	ア イ ウ エ オ カ キ ク ケ コ	68	ア イ ウ エ オ カ キ ク ケ コ
9	ア イ ウ エ オ カ キ ク ケ コ	29	ア イ ウ エ オ カ キ ク ケ コ	49	ア イ ウ エ オ カ キ ク ケ コ	69	ア イ ウ エ オ カ キ ク ケ コ
10	ア イ ウ エ オ カ キ ク ケ コ	30	ア イ ウ エ オ カ キ ク ケ コ	50	ア イ ウ エ オ カ キ ク ケ コ	70	ア イ ウ エ オ カ キ ク ケ コ
11	ア イ ウ エ オ カ キ ク ケ コ	31	ア イ ウ エ オ カ キ ク ケ コ	51	ア イ ウ エ オ カ キ ク ケ コ	71	ア イ ウ エ オ カ キ ク ケ コ
12	ア イ ウ エ オ カ キ ク ケ コ	32	ア イ ウ エ オ カ キ ク ケ コ	52	ア イ ウ エ オ カ キ ク ケ コ	72	ア イ ウ エ オ カ キ ク ケ コ
13	ア イ ウ エ オ カ キ ク ケ コ	33	ア イ ウ エ オ カ キ ク ケ コ	53	ア イ ウ エ オ カ キ ク ケ コ	73	ア イ ウ エ オ カ キ ク ケ コ
14	ア イ ウ エ オ カ キ ク ケ コ	34	ア イ ウ エ オ カ キ ク ケ コ	54	ア イ ウ エ オ カ キ ク ケ コ	74	ア イ ウ エ オ カ キ ク ケ コ
15	ア イ ウ エ オ カ キ ク ケ コ	35	ア イ ウ エ オ カ キ ク ケ コ	55	ア イ ウ エ オ カ キ ク ケ コ	75	ア イ ウ エ オ カ キ ク ケ コ
16	ア イ ウ エ オ カ キ ク ケ コ	36	ア イ ウ エ オ カ キ ク ケ コ	56	ア イ ウ エ オ カ キ ク ケ コ	76	ア イ ウ エ オ カ キ ク ケ コ
17	ア イ ウ エ オ カ キ ク ケ コ	37	ア イ ウ エ オ カ キ ク ケ コ	57	ア イ ウ エ オ カ キ ク ケ コ	77	ア イ ウ エ オ カ キ ク ケ コ
18	ア イ ウ エ オ カ キ ク ケ コ	38	ア イ ウ エ オ カ キ ク ケ コ	58	ア イ ウ エ オ カ キ ク ケ コ	78	ア イ ウ エ オ カ キ ク ケ コ
19	ア イ ウ エ オ カ キ ク ケ コ	39	ア イ ウ エ オ カ キ ク ケ コ	59	ア イ ウ エ オ カ キ ク ケ コ	79	ア イ ウ エ オ カ キ ク ケ コ
20	ア イ ウ エ オ カ キ ク ケ コ	40	ア イ ウ エ オ カ キ ク ケ コ	60	ア イ ウ エ オ カ キ ク ケ コ	80	ア イ ウ エ オ カ キ ク ケ コ

（注）この解答用紙は実物を縮小してあります。Ｂ４用紙に141％拡大コピーすると、ほぼ実物大で使用できます。（タイトルと配点表は含みません）

学校配点	
Ⅰ　問１～問７　各２点×８　問８　各３点×２ Ⅱ　問１～問３　各２点×５　問４　３点　問５　２点　問６　各３点×２ Ⅲ　問１　各２点×３　問２　各３点×２ Ⅳ、Ⅴ　各２点×15 Ⅵ　各３点×５	
100点	計

2022年度　大宮開成高等学校　単願

数学解答用紙

評点
/100

《注意》
1. 受験番号と氏名を確認し、間違っていたら申し出ること。
2. 解答は所定欄に正しくマークすること。
3. マークする時は、ＨＢ以上の濃さの鉛筆を使用すること。
4. 訂正の場合は、消しゴムを用いて完全に消し、消しくずを残さないこと。
5. 解答用紙を汚したり、折り曲げないこと。
6. マークの方法

（良い例 ▮ ）（悪い例 ）

氏名

受験番号					
0	0	0	0	0	0
1	1	1	1	1	1
2	2	2	2	2	2
3	3	3	3	3	3
4	4	4	4	4	4
5	5	5	5	5	5
6	6	6	6	6	6
7	7	7	7	7	7
8	8	8	8	8	8
9	9	9	9	9	9

欠席	この欠席欄には何も記入しないこと

マークシート識別欄

上の欄には何も記入しないこと

①	0	1	2	3	4	5	6	7	8	9
②	0	1	2	3	4	5	6	7	8	9
③	0	1	2	3	4	5	6	7	8	9
④	0	1	2	3	4	5	6	7	8	9
⑤	0	1	2	3	4	5	6	7	8	9
⑥	0	1	2	3	4	5	6	7	8	9
⑦	0	1	2	3	4	5	6	7	8	9
⑧	0	1	2	3	4	5	6	7	8	9
⑨	0	1	2	3	4	5	6	7	8	9
⑩	0	1	2	3	4	5	6	7	8	9
⑪	0	1	2	3	4	5	6	7	8	9
⑫	0	1	2	3	4	5	6	7	8	9
⑬	0	1	2	3	4	5	6	7	8	9
⑭	0	1	2	3	4	5	6	7	8	9
⑮	0	1	2	3	4	5	6	7	8	9
⑯	0	1	2	3	4	5	6	7	8	9
⑰	0	1	2	3	4	5	6	7	8	9
⑱	0	1	2	3	4	5	6	7	8	9
⑲	0	1	2	3	4	5	6	7	8	9
⑳	0	1	2	3	4	5	6	7	8	9
㉑	0	1	2	3	4	5	6	7	8	9
㉒	0	1	2	3	4	5	6	7	8	9
㉓	0	1	2	3	4	5	6	7	8	9
㉔	0	1	2	3	4	5	6	7	8	9
㉕	0	1	2	3	4	5	6	7	8	9
㉖	0	1	2	3	4	5	6	7	8	9
㉗	0	1	2	3	4	5	6	7	8	9
㉘	0	1	2	3	4	5	6	7	8	9
㉙	0	1	2	3	4	5	6	7	8	9
㉚	0	1	2	3	4	5	6	7	8	9
㉛	0	1	2	3	4	5	6	7	8	9
㉜	0	1	2	3	4	5	6	7	8	9
㉝	0	1	2	3	4	5	6	7	8	9
㉞	0	1	2	3	4	5	6	7	8	9
㉟	0	1	2	3	4	5	6	7	8	9
㊱	0	1	2	3	4	5	6	7	8	9
㊲	0	1	2	3	4	5	6	7	8	9
㊳	0	1	2	3	4	5	6	7	8	9
㊴	0	1	2	3	4	5	6	7	8	9
㊵	0	1	2	3	4	5	6	7	8	9
㊶	0	1	2	3	4	5	6	7	8	9
㊷	0	1	2	3	4	5	6	7	8	9
㊸	0	1	2	3	4	5	6	7	8	9
㊹	0	1	2	3	4	5	6	7	8	9
㊺	0	1	2	3	4	5	6	7	8	9
㊻	0	1	2	3	4	5	6	7	8	9
㊼	0	1	2	3	4	5	6	7	8	9
㊽	0	1	2	3	4	5	6	7	8	9
㊾	0	1	2	3	4	5	6	7	8	9
㊿	0	1	2	3	4	5	6	7	8	9
51	0	1	2	3	4	5	6	7	8	9
52	0	1	2	3	4	5	6	7	8	9
53	0	1	2	3	4	5	6	7	8	9
54	0	1	2	3	4	5	6	7	8	9
55	0	1	2	3	4	5	6	7	8	9
56	0	1	2	3	4	5	6	7	8	9
57	0	1	2	3	4	5	6	7	8	9
58	0	1	2	3	4	5	6	7	8	9
59	0	1	2	3	4	5	6	7	8	9
60	0	1	2	3	4	5	6	7	8	9
61	0	1	2	3	4	5	6	7	8	9
62	0	1	2	3	4	5	6	7	8	9
63	0	1	2	3	4	5	6	7	8	9
64	0	1	2	3	4	5	6	7	8	9
65	0	1	2	3	4	5	6	7	8	9
66	0	1	2	3	4	5	6	7	8	9
67	0	1	2	3	4	5	6	7	8	9
68	0	1	2	3	4	5	6	7	8	9
69	0	1	2	3	4	5	6	7	8	9
70	0	1	2	3	4	5	6	7	8	9
71	0	1	2	3	4	5	6	7	8	9
72	0	1	2	3	4	5	6	7	8	9
73	0	1	2	3	4	5	6	7	8	9
74	0	1	2	3	4	5	6	7	8	9
75	0	1	2	3	4	5	6	7	8	9
76	0	1	2	3	4	5	6	7	8	9
77	0	1	2	3	4	5	6	7	8	9
78	0	1	2	3	4	5	6	7	8	9
79	0	1	2	3	4	5	6	7	8	9
80	0	1	2	3	4	5	6	7	8	9

（注）この解答用紙は実物を縮小してあります。Ｂ４用紙に141％拡大コピーすると、ほぼ実物大で使用できます。（タイトルと配点表は含みません）

学校配点

1、2　各5点×12

3　(1)　㊶～㊻　各1点×3　㊼～㊾　2点　(2)　5点

4、5　各5点×6

計	100点

二〇二三年度　大宮開成高等学校　単願

国語解答用紙

《注意》
1. 受験番号と氏名を確認し、間違っていたら申し出ること。
2. 解答は所定欄に正しくマークすること。
3. マークする時は、ＨＢ以上の濃さの鉛筆を使用すること。
4. 訂正の場合は、消しゴムを用いて完全に消し、消しくずを残さないこと。
5. 解答用紙を汚したり、折り曲げないこと。
6. マークの方法

（良い例 ▮ ）（悪い例 ▮ ◖ ⦚ ↕ ⟍ 0 ）

氏名	

受験番号					
0	0	0	0	0	0
1	1	1	1	1	1
2	2	2	2	2	2
3	3	3	3	3	3
4	4	4	4	4	4
5	5	5	5	5	5
6	6	6	6	6	6
7	7	7	7	7	7
8	8	8	8	8	8
9	9	9	9	9	9

欠席	この欄には何も記入しないこと
0	

マークシート識別欄

上の欄には何も記入しないこと

1	ア	イ	ウ	エ	オ	カ	キ	ク	ケ	コ
2	ア	イ	ウ	エ	オ	カ	キ	ク	ケ	コ
3	ア	イ	ウ	エ	オ	カ	キ	ク	ケ	コ
4	ア	イ	ウ	エ	オ	カ	キ	ク	ケ	コ
5	ア	イ	ウ	エ	オ	カ	キ	ク	ケ	コ
6	ア	イ	ウ	エ	オ	カ	キ	ク	ケ	コ
7	ア	イ	ウ	エ	オ	カ	キ	ク	ケ	コ
8	ア	イ	ウ	エ	オ	カ	キ	ク	ケ	コ
9	ア	イ	ウ	エ	オ	カ	キ	ク	ケ	コ
10	ア	イ	ウ	エ	オ	カ	キ	ク	ケ	コ
11	ア	イ	ウ	エ	オ	カ	キ	ク	ケ	コ
12	ア	イ	ウ	エ	オ	カ	キ	ク	ケ	コ
13	ア	イ	ウ	エ	オ	カ	キ	ク	ケ	コ
14	ア	イ	ウ	エ	オ	カ	キ	ク	ケ	コ
15	ア	イ	ウ	エ	オ	カ	キ	ク	ケ	コ
16	ア	イ	ウ	エ	オ	カ	キ	ク	ケ	コ
17	ア	イ	ウ	エ	オ	カ	キ	ク	ケ	コ
18	ア	イ	ウ	エ	オ	カ	キ	ク	ケ	コ
19	ア	イ	ウ	エ	オ	カ	キ	ク	ケ	コ
20	ア	イ	ウ	エ	オ	カ	キ	ク	ケ	コ
21	ア	イ	ウ	エ	オ	カ	キ	ク	ケ	コ
22	ア	イ	ウ	エ	オ	カ	キ	ク	ケ	コ
23	ア	イ	ウ	エ	オ	カ	キ	ク	ケ	コ
24	ア	イ	ウ	エ	オ	カ	キ	ク	ケ	コ
25	ア	イ	ウ	エ	オ	カ	キ	ク	ケ	コ
26	ア	イ	ウ	エ	オ	カ	キ	ク	ケ	コ
27	ア	イ	ウ	エ	オ	カ	キ	ク	ケ	コ
28	ア	イ	ウ	エ	オ	カ	キ	ク	ケ	コ
29	ア	イ	ウ	エ	オ	カ	キ	ク	ケ	コ
30	ア	イ	ウ	エ	オ	カ	キ	ク	ケ	コ
31	ア	イ	ウ	エ	オ	カ	キ	ク	ケ	コ
32	ア	イ	ウ	エ	オ	カ	キ	ク	ケ	コ
33	ア	イ	ウ	エ	オ	カ	キ	ク	ケ	コ
34	ア	イ	ウ	エ	オ	カ	キ	ク	ケ	コ
35	ア	イ	ウ	エ	オ	カ	キ	ク	ケ	コ
36	ア	イ	ウ	エ	オ	カ	キ	ク	ケ	コ
37	ア	イ	ウ	エ	オ	カ	キ	ク	ケ	コ
38	ア	イ	ウ	エ	オ	カ	キ	ク	ケ	コ
39	ア	イ	ウ	エ	オ	カ	キ	ク	ケ	コ
40	ア	イ	ウ	エ	オ	カ	キ	ク	ケ	コ
41	ア	イ	ウ	エ	オ	カ	キ	ク	ケ	コ
42	ア	イ	ウ	エ	オ	カ	キ	ク	ケ	コ
43	ア	イ	ウ	エ	オ	カ	キ	ク	ケ	コ
44	ア	イ	ウ	エ	オ	カ	キ	ク	ケ	コ
45	ア	イ	ウ	エ	オ	カ	キ	ク	ケ	コ
46	ア	イ	ウ	エ	オ	カ	キ	ク	ケ	コ
47	ア	イ	ウ	エ	オ	カ	キ	ク	ケ	コ
48	ア	イ	ウ	エ	オ	カ	キ	ク	ケ	コ
49	ア	イ	ウ	エ	オ	カ	キ	ク	ケ	コ
50	ア	イ	ウ	エ	オ	カ	キ	ク	ケ	コ
51	ア	イ	ウ	エ	オ	カ	キ	ク	ケ	コ
52	ア	イ	ウ	エ	オ	カ	キ	ク	ケ	コ
53	ア	イ	ウ	エ	オ	カ	キ	ク	ケ	コ
54	ア	イ	ウ	エ	オ	カ	キ	ク	ケ	コ
55	ア	イ	ウ	エ	オ	カ	キ	ク	ケ	コ
56	ア	イ	ウ	エ	オ	カ	キ	ク	ケ	コ
57	ア	イ	ウ	エ	オ	カ	キ	ク	ケ	コ
58	ア	イ	ウ	エ	オ	カ	キ	ク	ケ	コ
59	ア	イ	ウ	エ	オ	カ	キ	ク	ケ	コ
60	ア	イ	ウ	エ	オ	カ	キ	ク	ケ	コ
61	ア	イ	ウ	エ	オ	カ	キ	ク	ケ	コ
62	ア	イ	ウ	エ	オ	カ	キ	ク	ケ	コ
63	ア	イ	ウ	エ	オ	カ	キ	ク	ケ	コ
64	ア	イ	ウ	エ	オ	カ	キ	ク	ケ	コ
65	ア	イ	ウ	エ	オ	カ	キ	ク	ケ	コ
66	ア	イ	ウ	エ	オ	カ	キ	ク	ケ	コ
67	ア	イ	ウ	エ	オ	カ	キ	ク	ケ	コ
68	ア	イ	ウ	エ	オ	カ	キ	ク	ケ	コ
69	ア	イ	ウ	エ	オ	カ	キ	ク	ケ	コ
70	ア	イ	ウ	エ	オ	カ	キ	ク	ケ	コ
71	ア	イ	ウ	エ	オ	カ	キ	ク	ケ	コ
72	ア	イ	ウ	エ	オ	カ	キ	ク	ケ	コ
73	ア	イ	ウ	エ	オ	カ	キ	ク	ケ	コ
74	ア	イ	ウ	エ	オ	カ	キ	ク	ケ	コ
75	ア	イ	ウ	エ	オ	カ	キ	ク	ケ	コ
76	ア	イ	ウ	エ	オ	カ	キ	ク	ケ	コ
77	ア	イ	ウ	エ	オ	カ	キ	ク	ケ	コ
78	ア	イ	ウ	エ	オ	カ	キ	ク	ケ	コ
79	ア	イ	ウ	エ	オ	カ	キ	ク	ケ	コ
80	ア	イ	ウ	エ	オ	カ	キ	ク	ケ	コ

評点
/100

（注）この解答用紙は実物を縮小してあります。Ｂ４用紙に141%拡大コピーすると、ほぼ実物大で使用できます。（タイトルと配点表は含みません）

学校配点	
一 問一 4点　問二 各2点×2　問三～問六 各4点×4　問七 各2点×3 二 問一 各2点×2　問二～問四 各4点×3　問五 X 3点　Y 4点 問六 3点　問七 4点 三 問一、問二 各3点×2　問三 各2点×2　問四 3点 問五 (i) 3点　(ii) 4点　四 各2点×10	
100点	計

２０２２年度　大宮開成高等学校　併願Ａ

英語解答用紙

《注意》
1. 受験番号と氏名を確認し、間違っていたら申し出ること。
2. 解答は所定欄に正しくマークすること。
3. マークする時は、ＨＢ以上の濃さの鉛筆を使用すること。
4. 訂正の場合は、消しゴムを用いて完全に消し、消しくずを残さないこと。
5. 解答用紙を汚したり、折り曲げないこと。
6. マークの方法
（良い例 ▮ ）（悪い例 ）

評点　／100

氏名

受験番号

0	0	0	0	0	0
1	1	1	1	1	1
2	2	2	2	2	2
3	3	3	3	3	3
4	4	4	4	4	4
5	5	5	5	5	5
6	6	6	6	6	6
7	7	7	7	7	7
8	8	8	8	8	8
9	9	9	9	9	9

欠席	この欠席欄には何も記入しないこと

マークシート識別欄

上の欄には何も記入しないこと

1	アイウエオカキクケコ	21	アイウエオカキクケコ	41	アイウエオカキクケコ	61	アイウエオカキクケコ
2	アイウエオカキクケコ	22	アイウエオカキクケコ	42	アイウエオカキクケコ	62	アイウエオカキクケコ
3	アイウエオカキクケコ	23	アイウエオカキクケコ	43	アイウエオカキクケコ	63	アイウエオカキクケコ
4	アイウエオカキクケコ	24	アイウエオカキクケコ	44	アイウエオカキクケコ	64	アイウエオカキクケコ
5	アイウエオカキクケコ	25	アイウエオカキクケコ	45	アイウエオカキクケコ	65	アイウエオカキクケコ
6	アイウエオカキクケコ	26	アイウエオカキクケコ	46	アイウエオカキクケコ	66	アイウエオカキクケコ
7	アイウエオカキクケコ	27	アイウエオカキクケコ	47	アイウエオカキクケコ	67	アイウエオカキクケコ
8	アイウエオカキクケコ	28	アイウエオカキクケコ	48	アイウエオカキクケコ	68	アイウエオカキクケコ
9	アイウエオカキクケコ	29	アイウエオカキクケコ	49	アイウエオカキクケコ	69	アイウエオカキクケコ
10	アイウエオカキクケコ	30	アイウエオカキクケコ	50	アイウエオカキクケコ	70	アイウエオカキクケコ
11	アイウエオカキクケコ	31	アイウエオカキクケコ	51	アイウエオカキクケコ	71	アイウエオカキクケコ
12	アイウエオカキクケコ	32	アイウエオカキクケコ	52	アイウエオカキクケコ	72	アイウエオカキクケコ
13	アイウエオカキクケコ	33	アイウエオカキクケコ	53	アイウエオカキクケコ	73	アイウエオカキクケコ
14	アイウエオカキクケコ	34	アイウエオカキクケコ	54	アイウエオカキクケコ	74	アイウエオカキクケコ
15	アイウエオカキクケコ	35	アイウエオカキクケコ	55	アイウエオカキクケコ	75	アイウエオカキクケコ
16	アイウエオカキクケコ	36	アイウエオカキクケコ	56	アイウエオカキクケコ	76	アイウエオカキクケコ
17	アイウエオカキクケコ	37	アイウエオカキクケコ	57	アイウエオカキクケコ	77	アイウエオカキクケコ
18	アイウエオカキクケコ	38	アイウエオカキクケコ	58	アイウエオカキクケコ	78	アイウエオカキクケコ
19	アイウエオカキクケコ	39	アイウエオカキクケコ	59	アイウエオカキクケコ	79	アイウエオカキクケコ
20	アイウエオカキクケコ	40	アイウエオカキクケコ	60	アイウエオカキクケコ	80	アイウエオカキクケコ

（注）この解答用紙は実物を縮小してあります。Ｂ４用紙に141%拡大コピーすると、ほぼ実物大で使用できます。（タイトルと配点表は含みません）

学校配点	
Ⅰ 問１ 各２点×３ 問２～問４ 各３点×３ 問５ １点 問６ 各３点×２ Ⅱ 問１、問２ 各２点×４ 問３、問４ 各３点×２ 問５ １点 問６ ２点 問７ 各３点×２ Ⅲ～Ⅴ 各２点×20 Ⅵ 各３点×５	
計	100点

２０２２年度　大宮開成高等学校　併願Ａ

数学解答用紙

《注意》
1. 受験番号と氏名を確認し、間違っていたら申し出ること。
2. 解答は所定欄に正しくマークすること。
3. マークする時は、ＨＢ以上の濃さの鉛筆を使用すること。
4. 訂正の場合は、消しゴムを用いて完全に消し、消しくずを残さないこと。
5. 解答用紙を汚したり、折り曲げないこと。
6. マークの方法

（良い例　）（悪い例　）

氏名

受験番号

0	0	0	0	0	0
1	1	1	1	1	1
2	2	2	2	2	2
3	3	3	3	3	3
4	4	4	4	4	4
5	5	5	5	5	5
6	6	6	6	6	6
7	7	7	7	7	7
8	8	8	8	8	8
9	9	9	9	9	9

欠席　この欠席欄には何も記入しないこと

マークシート識別欄

上の欄には何も記入しないこと

①	0	1	2	3	4	5	6	7	8	9
②	0	1	2	3	4	5	6	7	8	9
③	0	1	2	3	4	5	6	7	8	9
④	0	1	2	3	4	5	6	7	8	9
⑤	0	1	2	3	4	5	6	7	8	9
⑥	0	1	2	3	4	5	6	7	8	9
⑦	0	1	2	3	4	5	6	7	8	9
⑧	0	1	2	3	4	5	6	7	8	9
⑨	0	1	2	3	4	5	6	7	8	9
⑩	0	1	2	3	4	5	6	7	8	9
⑪	0	1	2	3	4	5	6	7	8	9
⑫	0	1	2	3	4	5	6	7	8	9
⑬	0	1	2	3	4	5	6	7	8	9
⑭	0	1	2	3	4	5	6	7	8	9
⑮	0	1	2	3	4	5	6	7	8	9
⑯	0	1	2	3	4	5	6	7	8	9
⑰	0	1	2	3	4	5	6	7	8	9
⑱	0	1	2	3	4	5	6	7	8	9
⑲	0	1	2	3	4	5	6	7	8	9
⑳	0	1	2	3	4	5	6	7	8	9
㉑	0	1	2	3	4	5	6	7	8	9
㉒	0	1	2	3	4	5	6	7	8	9
㉓	0	1	2	3	4	5	6	7	8	9
㉔	0	1	2	3	4	5	6	7	8	9
㉕	0	1	2	3	4	5	6	7	8	9
㉖	0	1	2	3	4	5	6	7	8	9
㉗	0	1	2	3	4	5	6	7	8	9
㉘	0	1	2	3	4	5	6	7	8	9
㉙	0	1	2	3	4	5	6	7	8	9
㉚	0	1	2	3	4	5	6	7	8	9
㉛	0	1	2	3	4	5	6	7	8	9
㉜	0	1	2	3	4	5	6	7	8	9
㉝	0	1	2	3	4	5	6	7	8	9
㉞	0	1	2	3	4	5	6	7	8	9
㉟	0	1	2	3	4	5	6	7	8	9
㊱	0	1	2	3	4	5	6	7	8	9
㊲	0	1	2	3	4	5	6	7	8	9
㊳	0	1	2	3	4	5	6	7	8	9
㊴	0	1	2	3	4	5	6	7	8	9
㊵	0	1	2	3	4	5	6	7	8	9
㊶	0	1	2	3	4	5	6	7	8	9
㊷	0	1	2	3	4	5	6	7	8	9
㊸	0	1	2	3	4	5	6	7	8	9
㊹	0	1	2	3	4	5	6	7	8	9
㊺	0	1	2	3	4	5	6	7	8	9
㊻	0	1	2	3	4	5	6	7	8	9
㊼	0	1	2	3	4	5	6	7	8	9
㊽	0	1	2	3	4	5	6	7	8	9
㊾	0	1	2	3	4	5	6	7	8	9
㊿	0	1	2	3	4	5	6	7	8	9
51	0	1	2	3	4	5	6	7	8	9
52	0	1	2	3	4	5	6	7	8	9
53	0	1	2	3	4	5	6	7	8	9
54	0	1	2	3	4	5	6	7	8	9
55	0	1	2	3	4	5	6	7	8	9
56	0	1	2	3	4	5	6	7	8	9
57	0	1	2	3	4	5	6	7	8	9
58	0	1	2	3	4	5	6	7	8	9
59	0	1	2	3	4	5	6	7	8	9
60	0	1	2	3	4	5	6	7	8	9
61	0	1	2	3	4	5	6	7	8	9
62	0	1	2	3	4	5	6	7	8	9
63	0	1	2	3	4	5	6	7	8	9
64	0	1	2	3	4	5	6	7	8	9
65	0	1	2	3	4	5	6	7	8	9
66	0	1	2	3	4	5	6	7	8	9
67	0	1	2	3	4	5	6	7	8	9
68	0	1	2	3	4	5	6	7	8	9
69	0	1	2	3	4	5	6	7	8	9
70	0	1	2	3	4	5	6	7	8	9
71	0	1	2	3	4	5	6	7	8	9
72	0	1	2	3	4	5	6	7	8	9
73	0	1	2	3	4	5	6	7	8	9
74	0	1	2	3	4	5	6	7	8	9
75	0	1	2	3	4	5	6	7	8	9
76	0	1	2	3	4	5	6	7	8	9
77	0	1	2	3	4	5	6	7	8	9
78	0	1	2	3	4	5	6	7	8	9
79	0	1	2	3	4	5	6	7	8	9
80	0	1	2	3	4	5	6	7	8	9

評点　／100

（注）この解答用紙は実物を縮小してあります。Ｂ４用紙に141％拡大コピーすると、ほぼ実物大で使用できます。（タイトルと配点表は含みません）

学校配点	
1〜4 各５点×17　5 (1) 各１点×５　(2)、(3) 各５点×２	
100点	計

二〇二三年度　大宮開成高等学校　併願A

国語解答用紙

評点
/100

《注意》
1. 受験番号と氏名を確認し、間違っていたら申し出ること。
2. 解答は所定欄に正しくマークすること。
3. マークする時は、ＨＢ以上の濃さの鉛筆を使用すること。
4. 訂正の場合は、消しゴムを用いて完全に消し、消しくずを残さないこと。
5. 解答用紙を汚したり、折り曲げないこと。
6. マークの方法

（良い例 ▮ ）（悪い例 ▮ ◖ ⋮ ⊘ ⧵ ⃝ ）

氏名

受験番号					
0	0	0	0	0	0
1	1	1	1	1	1
2	2	2	2	2	2
3	3	3	3	3	3
4	4	4	4	4	4
5	5	5	5	5	5
6	6	6	6	6	6
7	7	7	7	7	7
8	8	8	8	8	8
9	9	9	9	9	9

欠席	この欄には何も記入しないこと

マークシート識別欄

上の欄には何も記入しないこと

1	ア イ ウ エ オ カ キ ク ケ コ	21	ア イ ウ エ オ カ キ ク ケ コ	41	ア イ ウ エ オ カ キ ク ケ コ	61	ア イ ウ エ オ カ キ ク ケ コ
2	ア イ ウ エ オ カ キ ク ケ コ	22	ア イ ウ エ オ カ キ ク ケ コ	42	ア イ ウ エ オ カ キ ク ケ コ	62	ア イ ウ エ オ カ キ ク ケ コ
3	ア イ ウ エ オ カ キ ク ケ コ	23	ア イ ウ エ オ カ キ ク ケ コ	43	ア イ ウ エ オ カ キ ク ケ コ	63	ア イ ウ エ オ カ キ ク ケ コ
4	ア イ ウ エ オ カ キ ク ケ コ	24	ア イ ウ エ オ カ キ ク ケ コ	44	ア イ ウ エ オ カ キ ク ケ コ	64	ア イ ウ エ オ カ キ ク ケ コ
5	ア イ ウ エ オ カ キ ク ケ コ	25	ア イ ウ エ オ カ キ ク ケ コ	45	ア イ ウ エ オ カ キ ク ケ コ	65	ア イ ウ エ オ カ キ ク ケ コ
6	ア イ ウ エ オ カ キ ク ケ コ	26	ア イ ウ エ オ カ キ ク ケ コ	46	ア イ ウ エ オ カ キ ク ケ コ	66	ア イ ウ エ オ カ キ ク ケ コ
7	ア イ ウ エ オ カ キ ク ケ コ	27	ア イ ウ エ オ カ キ ク ケ コ	47	ア イ ウ エ オ カ キ ク ケ コ	67	ア イ ウ エ オ カ キ ク ケ コ
8	ア イ ウ エ オ カ キ ク ケ コ	28	ア イ ウ エ オ カ キ ク ケ コ	48	ア イ ウ エ オ カ キ ク ケ コ	68	ア イ ウ エ オ カ キ ク ケ コ
9	ア イ ウ エ オ カ キ ク ケ コ	29	ア イ ウ エ オ カ キ ク ケ コ	49	ア イ ウ エ オ カ キ ク ケ コ	69	ア イ ウ エ オ カ キ ク ケ コ
10	ア イ ウ エ オ カ キ ク ケ コ	30	ア イ ウ エ オ カ キ ク ケ コ	50	ア イ ウ エ オ カ キ ク ケ コ	70	ア イ ウ エ オ カ キ ク ケ コ
11	ア イ ウ エ オ カ キ ク ケ コ	31	ア イ ウ エ オ カ キ ク ケ コ	51	ア イ ウ エ オ カ キ ク ケ コ	71	ア イ ウ エ オ カ キ ク ケ コ
12	ア イ ウ エ オ カ キ ク ケ コ	32	ア イ ウ エ オ カ キ ク ケ コ	52	ア イ ウ エ オ カ キ ク ケ コ	72	ア イ ウ エ オ カ キ ク ケ コ
13	ア イ ウ エ オ カ キ ク ケ コ	33	ア イ ウ エ オ カ キ ク ケ コ	53	ア イ ウ エ オ カ キ ク ケ コ	73	ア イ ウ エ オ カ キ ク ケ コ
14	ア イ ウ エ オ カ キ ク ケ コ	34	ア イ ウ エ オ カ キ ク ケ コ	54	ア イ ウ エ オ カ キ ク ケ コ	74	ア イ ウ エ オ カ キ ク ケ コ
15	ア イ ウ エ オ カ キ ク ケ コ	35	ア イ ウ エ オ カ キ ク ケ コ	55	ア イ ウ エ オ カ キ ク ケ コ	75	ア イ ウ エ オ カ キ ク ケ コ
16	ア イ ウ エ オ カ キ ク ケ コ	36	ア イ ウ エ オ カ キ ク ケ コ	56	ア イ ウ エ オ カ キ ク ケ コ	76	ア イ ウ エ オ カ キ ク ケ コ
17	ア イ ウ エ オ カ キ ク ケ コ	37	ア イ ウ エ オ カ キ ク ケ コ	57	ア イ ウ エ オ カ キ ク ケ コ	77	ア イ ウ エ オ カ キ ク ケ コ
18	ア イ ウ エ オ カ キ ク ケ コ	38	ア イ ウ エ オ カ キ ク ケ コ	58	ア イ ウ エ オ カ キ ク ケ コ	78	ア イ ウ エ オ カ キ ク ケ コ
19	ア イ ウ エ オ カ キ ク ケ コ	39	ア イ ウ エ オ カ キ ク ケ コ	59	ア イ ウ エ オ カ キ ク ケ コ	79	ア イ ウ エ オ カ キ ク ケ コ
20	ア イ ウ エ オ カ キ ク ケ コ	40	ア イ ウ エ オ カ キ ク ケ コ	60	ア イ ウ エ オ カ キ ク ケ コ	80	ア イ ウ エ オ カ キ ク ケ コ

（注）この解答用紙は実物を縮小してあります。Ｂ４用紙に141％拡大コピーすると、ほぼ実物大で使用できます。（タイトルと配点表は含みません）

学校配点		
□一 問一　各２点×４　問二～問五　各４点×４　問六　各３点×２ □二 問一　各２点×２　問二～問四　各５点×３ 問五　（ⅰ）　４点　（ⅱ）　Ｘ　３点　Ｙ、Ｚ　各２点×２ □三 問一～問四　各２点×６〔問三は完答〕 問五　あ　２点　い～お、か　各３点×２ □四 各２点×10	計	100点

２０２２年度　大宮開成高等学校　併願Ｂ

英語解答用紙

評点
／100

《注意》1. 受験番号と氏名を確認し、間違っていたら申し出ること。
2. 解答は所定欄に正しくマークすること。
3. マークする時は、ＨＢ以上の濃さの鉛筆を使用すること。
4. 訂正の場合は、消しゴムを用いて完全に消し、消しくずを残さないこと。
5. 解答用紙を汚したり、折り曲げないこと。
6. マークの方法
（良い例 ▮ ）（悪い例 ）

氏名

受験番号					
0	0	0	0	0	0
1	1	1	1	1	1
2	2	2	2	2	2
3	3	3	3	3	3
4	4	4	4	4	4
5	5	5	5	5	5
6	6	6	6	6	6
7	7	7	7	7	7
8	8	8	8	8	8
9	9	9	9	9	9

欠席	この欄には何も記入しないこと
0	

マークシート識別欄

上の欄には何も記入しないこと

1	ア	イ	ウ	エ	オ	カ	キ	ク	ケ	コ
2	ア	イ	ウ	エ	オ	カ	キ	ク	ケ	コ
3	ア	イ	ウ	エ	オ	カ	キ	ク	ケ	コ
4	ア	イ	ウ	エ	オ	カ	キ	ク	ケ	コ
5	ア	イ	ウ	エ	オ	カ	キ	ク	ケ	コ
6	ア	イ	ウ	エ	オ	カ	キ	ク	ケ	コ
7	ア	イ	ウ	エ	オ	カ	キ	ク	ケ	コ
8	ア	イ	ウ	エ	オ	カ	キ	ク	ケ	コ
9	ア	イ	ウ	エ	オ	カ	キ	ク	ケ	コ
10	ア	イ	ウ	エ	オ	カ	キ	ク	ケ	コ
11	ア	イ	ウ	エ	オ	カ	キ	ク	ケ	コ
12	ア	イ	ウ	エ	オ	カ	キ	ク	ケ	コ
13	ア	イ	ウ	エ	オ	カ	キ	ク	ケ	コ
14	ア	イ	ウ	エ	オ	カ	キ	ク	ケ	コ
15	ア	イ	ウ	エ	オ	カ	キ	ク	ケ	コ
16	ア	イ	ウ	エ	オ	カ	キ	ク	ケ	コ
17	ア	イ	ウ	エ	オ	カ	キ	ク	ケ	コ
18	ア	イ	ウ	エ	オ	カ	キ	ク	ケ	コ
19	ア	イ	ウ	エ	オ	カ	キ	ク	ケ	コ
20	ア	イ	ウ	エ	オ	カ	キ	ク	ケ	コ
21	ア	イ	ウ	エ	オ	カ	キ	ク	ケ	コ
22	ア	イ	ウ	エ	オ	カ	キ	ク	ケ	コ
23	ア	イ	ウ	エ	オ	カ	キ	ク	ケ	コ
24	ア	イ	ウ	エ	オ	カ	キ	ク	ケ	コ
25	ア	イ	ウ	エ	オ	カ	キ	ク	ケ	コ
26	ア	イ	ウ	エ	オ	カ	キ	ク	ケ	コ
27	ア	イ	ウ	エ	オ	カ	キ	ク	ケ	コ
28	ア	イ	ウ	エ	オ	カ	キ	ク	ケ	コ
29	ア	イ	ウ	エ	オ	カ	キ	ク	ケ	コ
30	ア	イ	ウ	エ	オ	カ	キ	ク	ケ	コ
31	ア	イ	ウ	エ	オ	カ	キ	ク	ケ	コ
32	ア	イ	ウ	エ	オ	カ	キ	ク	ケ	コ
33	ア	イ	ウ	エ	オ	カ	キ	ク	ケ	コ
34	ア	イ	ウ	エ	オ	カ	キ	ク	ケ	コ
35	ア	イ	ウ	エ	オ	カ	キ	ク	ケ	コ
36	ア	イ	ウ	エ	オ	カ	キ	ク	ケ	コ
37	ア	イ	ウ	エ	オ	カ	キ	ク	ケ	コ
38	ア	イ	ウ	エ	オ	カ	キ	ク	ケ	コ
39	ア	イ	ウ	エ	オ	カ	キ	ク	ケ	コ
40	ア	イ	ウ	エ	オ	カ	キ	ク	ケ	コ
41	ア	イ	ウ	エ	オ	カ	キ	ク	ケ	コ
42	ア	イ	ウ	エ	オ	カ	キ	ク	ケ	コ
43	ア	イ	ウ	エ	オ	カ	キ	ク	ケ	コ
44	ア	イ	ウ	エ	オ	カ	キ	ク	ケ	コ
45	ア	イ	ウ	エ	オ	カ	キ	ク	ケ	コ
46	ア	イ	ウ	エ	オ	カ	キ	ク	ケ	コ
47	ア	イ	ウ	エ	オ	カ	キ	ク	ケ	コ
48	ア	イ	ウ	エ	オ	カ	キ	ク	ケ	コ
49	ア	イ	ウ	エ	オ	カ	キ	ク	ケ	コ
50	ア	イ	ウ	エ	オ	カ	キ	ク	ケ	コ
51	ア	イ	ウ	エ	オ	カ	キ	ク	ケ	コ
52	ア	イ	ウ	エ	オ	カ	キ	ク	ケ	コ
53	ア	イ	ウ	エ	オ	カ	キ	ク	ケ	コ
54	ア	イ	ウ	エ	オ	カ	キ	ク	ケ	コ
55	ア	イ	ウ	エ	オ	カ	キ	ク	ケ	コ
56	ア	イ	ウ	エ	オ	カ	キ	ク	ケ	コ
57	ア	イ	ウ	エ	オ	カ	キ	ク	ケ	コ
58	ア	イ	ウ	エ	オ	カ	キ	ク	ケ	コ
59	ア	イ	ウ	エ	オ	カ	キ	ク	ケ	コ
60	ア	イ	ウ	エ	オ	カ	キ	ク	ケ	コ
61	ア	イ	ウ	エ	オ	カ	キ	ク	ケ	コ
62	ア	イ	ウ	エ	オ	カ	キ	ク	ケ	コ
63	ア	イ	ウ	エ	オ	カ	キ	ク	ケ	コ
64	ア	イ	ウ	エ	オ	カ	キ	ク	ケ	コ
65	ア	イ	ウ	エ	オ	カ	キ	ク	ケ	コ
66	ア	イ	ウ	エ	オ	カ	キ	ク	ケ	コ
67	ア	イ	ウ	エ	オ	カ	キ	ク	ケ	コ
68	ア	イ	ウ	エ	オ	カ	キ	ク	ケ	コ
69	ア	イ	ウ	エ	オ	カ	キ	ク	ケ	コ
70	ア	イ	ウ	エ	オ	カ	キ	ク	ケ	コ
71	ア	イ	ウ	エ	オ	カ	キ	ク	ケ	コ
72	ア	イ	ウ	エ	オ	カ	キ	ク	ケ	コ
73	ア	イ	ウ	エ	オ	カ	キ	ク	ケ	コ
74	ア	イ	ウ	エ	オ	カ	キ	ク	ケ	コ
75	ア	イ	ウ	エ	オ	カ	キ	ク	ケ	コ
76	ア	イ	ウ	エ	オ	カ	キ	ク	ケ	コ
77	ア	イ	ウ	エ	オ	カ	キ	ク	ケ	コ
78	ア	イ	ウ	エ	オ	カ	キ	ク	ケ	コ
79	ア	イ	ウ	エ	オ	カ	キ	ク	ケ	コ
80	ア	イ	ウ	エ	オ	カ	キ	ク	ケ	コ

（注）この解答用紙は実物を縮小してあります。Ｂ４用紙に141%拡大コピーすると、ほぼ実物大で使用できます。（タイトルと配点表は含みません）

学校配点	
Ⅰ 問１ 各２点×３ 問２ ３点 問３～問６ 各２点×４ 問７ 各３点×２ Ⅱ 問１ ３点 問２ １点 問３ 各２点×３ 問４～問６ 各３点×４〔問５は完答〕 Ⅲ～Ⅴ 各２点×20 Ⅵ 各３点×５	
100点	計

2022年度 大宮開成高等学校 併願B

数学解答用紙

《注意》
1. 受験番号と氏名を確認し、間違っていたら申し出ること。
2. 解答は所定欄に正しくマークすること。
3. マークする時は、ＨＢ以上の濃さの鉛筆を使用すること。
4. 訂正の場合は、消しゴムを用いて完全に消し、消しくずを残さないこと。
5. 解答用紙を汚したり、折り曲げないこと。
6. マークの方法

（良い例 ）（悪い例 ）

氏名

受験番号

欠席 この欠席欄には何も記入しないこと

マークシート識別欄

上の欄には何も記入しないこと

評点 /100

学校配点

1、2 各5点×12
3 (1) 各3点×2 (2) 4点
4、5 各5点×6

100点 計

二〇二二年度 大宮開成高等学校 併願B

国語解答用紙

《注意》
1. 受験番号と氏名を確認し、間違っていたら申し出ること。
2. 解答は所定欄に正しくマークすること。
3. マークする時は、ＨＢ以上の濃さの鉛筆を使用すること。
4. 訂正の場合は、消しゴムを用いて完全に消し、消しくずを残さないこと。
5. 解答用紙を汚したり、折り曲げないこと。
6. マークの方法

（良い例 ）（悪い例 ）

氏名

受験番号

欠席 この欠席欄には何も記入しないこと

マークシート識別欄

上の欄には何も記入しないこと

評点 /100

学校配点

一 問一 4点 問二 各2点×2 問三 4点 問四 各3点×2 問五、問六 各4点×3
二 問一～問三 各4点×3 問四 各3点×2 問五、問六 各4点×3
三 問一 各2点×2 問二～問四 各3点×3 問五 (i) 3点 (ii) 4点
四 各2点×10

100点 計

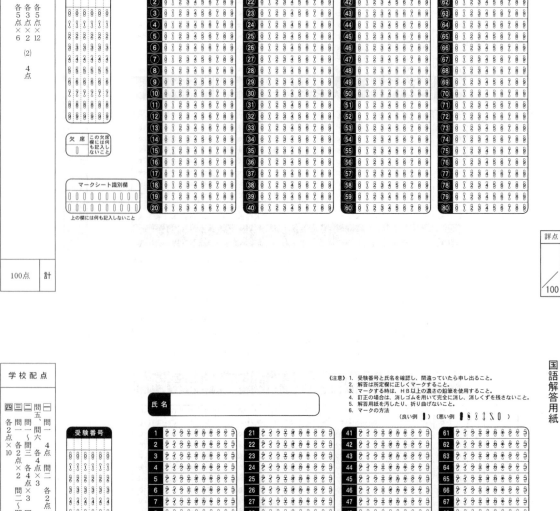